Heldensagen

Heldensagen

LECHNER VERLAG

Vorwort

In dieser Sagensammlung haben wir versucht, einen möglichst umfassenden Überblick über den germanischen Sagenschatz zu bieten, was aufgrund der großen Vielfalt unserer Sagen und Legenden ein nicht unbedingt einfaches Unterfangen ist. Besonders die Auswahl fiel uns schwer, denn am liebsten hätten wir sie alle in die Sammlung aufgenommen: Die Sagen des Harzes, die der Insel Rügen, schwäbische und friesische, nordische und alpenländische Sagen, alle hätten eigentlich einen Platz verdient. Wir hoffen, daß wir mit der letztendlich getroffenen Wahl einen guten Querschnitt durch diese faszinierende Welt zeigen können.

Natürlich darf die Nibelungensage nicht fehlen. Die Abenteuer des Helden Siegfried, Kriemhilds, Brunhildes und Hagens von Tronje bilden sozusagen das Herzstück der germanischen Heldensagen. Daneben findet man in dieser Sammlung Ritter- und Feldherrengeschichten aller Art, auch von Wilhelm Tell und Richard Löwenherz wird erzählt.

Aber es gibt auch andere Helden: kluge Zwerge, schlaue Schneider und den Berggeist Rübezahl, die alle einen Teil unseres Kulturgutes darstellen und sich hier in den „Heldensagen" wiederfinden.

Wir wünschen viel Spaß beim Lesen.

Ina Friedrich und Ulrike Schütz

Inhalt

Die Nibelungensage

Deutsche Sagen

Die Abenteuer Rübezahls

Wikinger-Sagen

Das deutsche Mittelalter

Die Geschichte der Kaiser- und Herrensagen

Sagen Österreichs

Die
Nibelungensage

1.
Wie Siegfried zu Mime kam und den Drachen erschlug

Auf der Burg zu Xanten am Niederrhein herrschte schon lange Jahre machtvoll und vom Glück begünstigt das stolze Königsgeschlecht der Wälsungen, das seine Herkunft direkt von Wotan ableitete, der Götter Höchstem. Auch Siegmund und Sieglinde hatten ihre Herrschaft mit Glanz geführt. Da kam Unheil über ihr Haus. Siegmund fiel im Kampfe gegen plötzlich hereinbrechende Feinde, welche Xanten erstürmten. Sieglinde flüchtete in einen tiefen Wald, wo sie noch einem holdem Knaben das Leben gab, aber selbst vom Tode hinweggerafft wurde.

Dem armen Knaben, der, verlassen und vor Hunger schreiend, hilflos am Boden lag, nahte eine Hirschkuh, faßte ihn mit dem Maule und trug ihn zu ihrem Lager, wo schon zwei junge Tiere der säugenden Mutter harrten. Sie mochte wohl der Lenker des Schicksals der Götter und Menschen, der hohe Wotan selbst, gesendet haben, der dem letzten des edlen Geschlechtes der Wälsungen ein zwar kurzes, aber ruhmvolles Leben bestimmt hatte.

Zwölf Monate lebte so der Knabe, von der Hirschkuh gesäugt, und gedieh schnell zu ungewöhnlicher Schönheit, Kraft und Stärke.

Fern von der Lagerstatt des Tieres hatte ein weitberühmter Schmied, Mime geheißen, seine vielbesuchte Werkstatt. Hier lebte er mit seinem Weibe und vielen Gesellen, aber zu seinem großen Leidwesen ohne Kinder.

Als Mime nun einst tief in den Wald gedrungen war, um Bäume zu suchen, die er für seine Schmiede wollte fällen lassen, trat ihm plötzlich aus dem Gebüsche ein junger nackter Knabe entgegen, dem eine Hirschkuh folgte, die ihm zutraulich Gesicht und Hände leckte. Der Knabe war außerstande, ein Wort zu reden. Mime aber, voller Freude über das so unerwartet gewonnene Kind, nahm es mit in sein Haus und nannte es Siegfried.

Unter des Schmiedes und seiner Frau sorgender Pflege wuchs der junge Knabe kräftig heran, und als er zwölf Jahre alt geworden, bezwang er alle Gesellen Mimes und ließ sie, wenn sie ihn neckten, nicht selten seine Kraft fühlen, ja, einmal hatte er sie so hart gezüchtigt, daß sie kaum arbeiten konnten.

Sein Pflegevater zürnte. „Wenn du mir meine Gesellen wund schlägst, magst du dich selbst an die Arbeit machen!"

„Wohl", sprach Siegfried, „gebt mir nur Werkzeug und Eisen, so will ich wohl schmieden." Als er nun zum erstenmal am Amboß stand, schlug er so gewaltig auf das Eisen, daß dieses zersplittert umhersprang und der Amboß tief in die Erde sank. Mit Entsetzen blickten alle auf das, was Jung–Siegfried getan, und Mime begann sich vor ihm zu fürchten. Hinterlistig, wie er war, sann er darauf, wie er sich seiner entledigen könne. Er besaß einen Bruder, Fafner mit Namen, der seines schlimmen Charakters und übler Taten wegen in einen grimmen Lindwurm verwandelt worden war und nun in einer finsteren Feldschlucht des Landes der Nibelungen hauste. Zu ihm ging Mime und versprach, daß er ihm den Knaben schicken wolle. Schon freute sich der Lindwurm im voraus auf die Beute, die ihm in Aussicht gestellt war.

Arglos nahm Siegfried, den Jahren nach noch ein Knabe, an Größe und Leibeskraft aber ein gar stattlicher Jüngling von liebreizender Gestalt, den Auftrag des Pflegevaters entgegen, zu einem fernwohnenden Köhler zu gehen und diesem zu helfen Kohlen brennen für den nächsten Wintervorrat. Mime beschrieb ihm genau den Weg, den er zu nehmen habe; dieser aber sollte den jungen Helden so schweren Gefahren entgegenführen, daß der Schmied sicheren Untergang für ihn erhoffte.

In der Nacht, ehe er sich daran machte, den Auftrag des Meisters zu vollführen, zündete Siegfried in der Schmiede ein so gewaltiges Feuer an, daß Mime und seine Gesellen in Furcht gerieten, die ganze Schmiede werde in Flammen aufgehen. Unbekümmert aber schmiedete sich Siegfried von dem besten Stück Eisen, das er auffinden konnte, ein scharfes Schwert; es sollte ihn begleiten auf seiner Wanderung.

Jubelnd und singend zog Siegfried am nächsten Morgen durch den Wald dahin. Mime und seine Gesellen hörten ihn singen. „Der kehrt nie wieder", sprach der Schmied spottend. „Wenn er auch der Schlangengrube entrinnt, so tötet ihn sicher der grimme Lind-wurm."

Frohen Herzens war der junge Held im strahlenden Sonnenschein eine weite Strecke gewandert; nun wollte er rasten und sich an Speise und Trank erlaben. Reichlichen Mundvorrat und Wein für neun Tage hatte ihm Mime auf den Weg gegeben, aber so gewaltig war Siegfrieds Hunger und Durst, daß er nicht einhielt, bis der letzte Rest des Mitgebrachten verzehrt war. Neu gestärkt zog Siegfried des Weges weiter, den ihm Mime gewiesen, und der ihn, wie der Böse hoffte, in den sicheren Tod leiten sollte. Führte er doch unmittelbar zu der tiefen Bergschlucht, auf deren Grund sich eine Unzahl giftiger Schlangen wälzte, ihre edlen Leiber zu Knoten ineinandergeschlungen. Ahnungslos war Siegfried der Schlucht genaht. Nun sah er, wie Kopf an Kopf das Gewürms sich ihm züngelnd entgegenstreckte. Furchtlos trat er heran, und manchen Kopf hieb sein scharfes Schwert herab. Doch endlose Arbeit wäre es gewesen, sie alle zu töten. „Wartet, ich will es euch warm machen", rief ihnen der Jüngling entgegen. Er stieg zur Höhe hinauf, riß Baum um Baum mit den Wurzeln aus und warf sie hinab auf das Gewürm, bis die ganze Schlucht zum Rande hin mit Gehölz gefüllt war, das die Schlangenbrut bedeckte.

Fern im Walde hatte er Rauch aufsteigen sehen; dort mußte der Köhler wohnen, zu dem ihn Mime gesandt. Nach einigem Umherirren fand Siegfried die Hütte und erbat sich vom Köhler einen brennenden Baum. Mit diesem eilte er zur Schlangengrube und setzte das aufgetürmte Holz in hellen Brand. Wie die Flamme brausend aufschlug und sich verbreitete, regte es sich in dem Schlunde und suchte den Ausgang aus Tod und Verderben, aber die furchtbare Glut hatte bald alles Leben in der Schlucht getötet. Als Siegfried forschend an der tiefsten, ganz engen Ausgangsstelle der Schlucht vorbeikam, wehte ihm ein starker, wunderkräftiger Geruch entgegen, und er sah mitten im dunklen Unrat einen klaren Strom rinnenden Schlangenfettes hell hervorschimmern. Neugierig tauchte er einen Finger in den Sud, und augenblicks war dieser mit einer festen Hornschicht überzogen, die auch scharfes Schwert nicht zu ritzen vermochte. Wenn ich in dem Fette bade, dachte der junge Held, werde ich am ganzen Leibe unverwundbar, und schnell machte er den Gedanken zur Tat. Entkleidet wälzte er sich in dem rinnenden Fette, und sein ganzer Körper wurde mit einer undurchdringbaren Hornhaut überzogen. Nur zwischen die Schulterblätter hatte sich ein Lindenblatt festgelegt, und da hier das Fett die Haut nicht berühren konnte, blieb diese Stelle verwundbar; hier sollte ihm tückischer Verrat frühe die Todeswunde schlagen.

Zum Köhler zurückgekehrt, der über die Nachricht von der Vernichtung der Natternbrut in lauten Jubel ausbrach, bat Siegfried diesen, ihm den Weg zum Lindwurm zu weisen. „Das tat ich noch niemandem", lehnte der Köhler ab, „das hieße, dich in den sichern Tod senden." Als aber Siegfried in froher Zuversicht auf siegreiches Bestehen des Kampfes seine Bitte wiederholte, gab der Köhler nach. So zog denn der Held mit seinen Waffen, einen gewaltigen Feuerbrand schwingend, nach Weisung des Köhlers zwischen zwei immer enger zusammentretenden Felsenwänden dahin, wo der grimme Lindwurm hauste.

Als es den Herankommenden erblickte, erhob sich das furchtbare Ungetüm.

Die Doppelzunge züngelte, der Rachen hauchte heiß.

Der Schuppenschweif umringelte den Wälsungsohn im Kreis.

Doch mutig schwang Siegfried den gewaltigen Feuerbrand und ließ ihn krachend auf den Lindwurm niedersausen. Der furchtbare Schlag hatte ihm fast das Haupt zerschmettert. Nun griff Siegfried zu seinem guten Schwerte, und neun Schläge raubten dem gräßlichen Leibe bald die letzte Lebenskraft. Ein so furchtbares Gebrüll stieß der mit dem Tode ringende Lindwurm aus, daß es weithin über die Höhle hinaus die Luft erfüllte. Doch ein letzter Hieb trennte ihm das Haupt vom Rumpfe, das Siegfried als Siegeszeichen mit sich führte.

Als Eckart, der von Mimes Gesellen, der am meisten mit Siegfried Streit gehabt, ihn mit dem furchtbaren Drachenhaupte sorglos des Weges daherziehen sah, lief er eilig ins Haus und warnte den Meister und seine Gesellen. Diese folgten dem Rate und flüchteten schnell in den nahen Wald. Mime aber, der mit geheimem Grauen den, wie er meinte, in sicheren Tod gesandten Jüngling gesund und wohlerhalten vor sich stehen sah, ging mit verstellter Freundlichkeit seinem Pflegesohne entgegen und heuchelte Freude über seine glückliche Wiederkehr. Doch Siegfried ließ sich nicht mehr täuschen. „Ihr habt übel an mir gehandelt, und ich mag nicht länger bei Euch bleiben." Das hörte Mime nicht ungern. „Wenn du ziehen willst, kann ich dich nicht aufhalten. Aber ich will dir zum Abschiede starke Wehr und Waffe geben. Ein Roß freilich kann ich dir nicht schenken, aber ich will dir sagen, wie du zum Isenstein gelangen magst, wo Königin Brunhilde in großer Kraft und Schönheit die Herrschaft führt. Dort wirst du Grane finden, den herrlichsten aller Hengste."

Siegfried war es zufrieden, und er erhielt vom Schmied gar herrliche Waffen, Helm, Schild und einen Panzer aus lichtem Golde geschmiedet. Als ihm dann Mime den Weg nach Island gewiesen, zog der Held frohen Mutes der Burg Brunhildes entgegen.

2.
Wie Siegfried den Hengst Grane gewann

Es war ein weiter Weg, bis endlich Brunhildes Burg, der mächtige Isenstein, vor den Blicken des Wandernden emporstieg. Aus grünem Marmor errichtet, erhob sich gewaltig der Bau mit seinen zahlreichen großen Sälen und vielen Zimmern. Hoch ragten die sechsundachtzig Türme über die Zinne des Schlosses hervor.

Staunend schaute der Held auf den Prachtbau, den ein großes Eisentor verschloß. Kein Pförtner erschien, es zu öffnen. Da schaffte sich Siegfried selbst freie Bahn, indem er mit gewaltigem Fußtritt die eisernen Riegel sprengte, so daß das Tor aufflog und er den Burghof betreten konnte. Durch den Lärm gelockt, eilten sieben Wächter herbei, den Eindringling zu strafen, er aber erschlug sie einen nach dem andern. Und als nun Ritter hinzukamen, die das Getöse des Kampfes aufmerksam gemacht, stand auch ihnen der junge Held in kräftiger Abwehr mutig gegenüber.

Man hatte Brunhilde Kunde gebracht von dem, was geschehen. „Mich dünkt", sprach die geheimen Wissens Kundige, „Siegfried ist gekommen, Siegmunds Sohn. Und hätte er mir auch zu den sieben Knechten noch sieben Ritter erschlagen, ich wollte ihn doch willkommen heißen." Dann ging sie zum Burghofe und befahl, mit dem Kampfe innezuhalten. „Wer ist es, der in meine Burg gekommen", fragte sie. – „Ich heiße Siegfried." – „Und wer sind deine Eltern?" – „Das weiß ich nicht; ich wuchs auf bei Mime, dem Schmied, und habe meine Eltern nie gesehen. Nicht einmal ihre

Namen weiß ich." – „Da kann ich dir Kunde geben", sprach Brunhilde. „Sei hochwillkommen, Siegfried, du Königskind, Siegmunds und Sieglindens Sohn. Wohin ist deine Fahrt gerichtet?" – „Hierher, du herrliche Maid, zu deiner Burg. Mein Pflegevater Mime wies mich hierher. Du sollst ein herrliches Roß besitzen, Grane geheißen. Willst du mir den Hengst gewähren, ich nehme ihn gern."

„Du sollst ihn haben, wenn du willst. Sei willkommen als lieber Gast." Fröhlich nahm Siegfried die dargebotene Hand, und sie gingen zum Saale, wo man ihm treffliche Pflege bot.

Die Königin hatte Leute hinausgeschickt, die das Roß einfangen sollten. Aber sie bemühten sich den ganzen Tag vergebens und kehrten abends unverrichteter Sache heim, denn Grane hatte sich von niemand berühren lassen.

Am anderen Tage zog Siegfried mit zwölf Männern aus, die sich vergebens anstrengten, das edle Tier einzufangen. Da ließ sich Siegfried den Zaum reichen und trat auf den Hengst zu, der ihm zutraulich entgegenlief. Er fing das Tier ein, legte ihm den Zaum um und schwang sich leicht auf seinen Rücken. Dann ritt er zur Burg zurück, dankte Brunhilde für ihre Gastfreundschaft und beurlaubte sich. Ungern entließ ihn die Königin und bat ihn, bald wieder bei ihr einzukehren. Er schien, als er davonging, nicht zu ahnen, wie sehr er Brunhildes Neigung gewonnen. Unter allen Männern der Welt hätte sie keinen andern als ihn zum Gatten gewählt. Mit einem tiefen Seufzer sah sie ihn davonziehen.

3.
Wie Siegfried der Nibelungen Reich und Schatz gewann

Wohlgemut schaute fortan Siegfried von seinem hohen Rosse herab, wie er weiter und weiter zog von Ort zu Ort, von Land zu Land. So kam er endlich in das Gebiet der Nibelungen, hoch im Norden gelegen, zu einem reichen und mächtigen Zwergvolke, das weit umher auch manchen tapferen Recken seiner Herrschaft unterworfen hatte. Unermeßlich groß war der Schatz von Gold und edlem Gestein, den der König des Zwergvolkes, der alte Nibelung, aus den Bergen hatte sammeln und in einer mächtigen Höhle aufhäufen lassen. Er war gestorben, und Land und Schätze besaßen jetzt seine Söhne und Erben, die Könige Schilbung und Nibelung. Doch ein Fluch schien auf dem roten Golde zu ruhen; keinem seiner Besitzer brachte es Segen.

Auch Schilbung und Nibelung hatten keine Freude daran; die beiden Brüder haderten unablässig um den Besitz des Schatzes, jeder hätte ihn gern ganz gehabt und keiner gönnt ihn dem andern. Da beschlossen sie endlich, ihn zu teilen. Sie ließen das Gold und die Kleinodien aus der Höhle hervortragen und die ungeheure Masse in Haufen am Berge lagern. Aber wie sehr sie sich nun auch um die Teilung mühten, immer blieben sie unzufrieden, denn jeder meinte, daß doch der Teil des Bruders größer sei als sein eigener, und keiner war da, der als Schiedsrichter hätte walten können.

Wieder standen so die Könige, miteinander hadernd, als Siegfried durch den Wald herangeritten kam. „Hört", sprach da ein alter, kundiger Zwerg zu den Königen, „dort kommt Siegfried, der starke Held von Niederland, bittet ihn, daß er den Schatz teile."

Der Vorschlag gefiel den Königsbrüdern. Sie hießen den Helden willkommen und baten ihn, sich der Mühe der Teilung zu unterziehen. Als Lohn für seine Arbeit gaben sie ihm im voraus das Schwert Balmung, das einst ihr Vater, der alte Nibelung, kräftig geschwungen; ein besseres Schwert mochte wohl auf Erden nicht gefunden werden.

Siegfried dankte für die herrliche Gabe, die er empfangen und machte sich sogleich an das schwere Geschäft, den ungeheuren Schatz zu teilen, den er staunend betrachtet hatte. Seiner redlichen Mühe gelang die schwere Aufgabe so gut, daß auch die neidischen Brüder sahen, es sei kein Teil größer als der andere. Aber gerade das kränkte beide, denn jeder hoffte im stillen, den größeren Teil zu erlangen. So murrten sie und verlangten neue Teilung. Entschieden wies Siegfried eine solche Forderung zurück. „Ihr habt euch einmal meinem Urteil unterworfen; ich habe nach bestem Vermögen die Teilung vorgenommen, und ihr müßt euch nun meinem Spruche fügen."

Aber Schildung und Nibelung griffen gleichzeitig nach dem kleinen silbernen Horn, das ihnen an der Seite herabhing. Zwölf furchtbare Riesen kamen auf den Hornruf herbei und drangen mit langen Stahlstangen auf Siegfried ein. Doch nicht lange währte es, da lagen sie alle erschlagen am Boden. Ein grimmer Zorn ergriff Siegfried über das verräterische Handeln der beiden Könige, die sein freundschaftliches Tun so übel hatten vergelten wollen. Zweimal zuckte der Balmung und beider Köpfe rollten zur Erde.

Wie nun Siegfried als siegreicher Überwinder dastand, erging es ihm seltsam. Kein Feind schien nahe, und doch fühlte er Schlag auf Schlag auf sich niederfallen. Hätte ihn nicht die Hornhaut geschützt, so wären es wohl Todeswunden geworden. Er begriff, daß da irgendein Zauber im Spiele sei, gegen den wohl auch das schärfste Schwert nicht helfe. So ließ er den Balmung fallen und griff mit beiden Händen nach der Richtung, von der her die Schläge zu kommen schienen. Und siehe, als er so zufaßte, hielt er plötzlich ein dickes Gewebe, wie eine Kappe mit daranhängendem Schleier, in seinen Händen. Es war eine Tarnkappe, die ihren Träger unsichtbar machte. Und nun, seiner verhehlenden Hülle beraubt, stand auch der sichtbar vor ihm, der ihn so heimlich angegriffen. Es war der graubärtige, starke Zwerg Alberich. Siegfried ergriff ihn an seinem langen Barte und schleuderte ihn mit solcher Kraft gegen die Felswand, daß ihm die Glieder krachten. „Schone meiner, edler Held", flehte der Zwerg, „und ich will dir in alle Zukunft treu zu Diensten sein." Und gern gewährte Siegfried Alberichs Bitte und nahm ihn in seinen Dienst.

„Du hast nun den Nibelungenschatz gewonnen, und das ganze Land ist zu deinem Dienst", sprach Alberich; „nur ein Kampf steht dir noch bevor. In einer Höhle, hier dicht in der Nähe, wohnt der furchtbare Riese Kuperan; er wird dir die Herrschaft nimmer gönnen, wenn du ihn nicht bezwingst." – „Zeige mir seine Wohnung", rief Siegfried eilig, „damit ich ihn sogleich bestehen kann." Willig geleitete ihn der Zwerg zur Felsenwohnung des Riesen. „Komm' heraus, Kuperan", rief der junge Held, als er vor die Höhle gekommen war; „komm' heraus und huldige deinem neuen Herrn."

Kaum war der Ruf erschollen, da stürzte Kuperan hervor und führte mit seiner mächtigen Keule einen so furchtbaren Schlag auf Siegfried, daß diesem das Blut aus Nase und Ohren drang. „Du elender Wicht", rief der Riese höhnend, „bald sollst du dein Leben verloren haben." Aber die Wunde, die ihm Balmung nun schlug, ließ ihn schnell die ungeahnte Stärke seines jungen Gegners erkennen. Heulend warf er die Keule von sich und floh nach seiner Wohnung, dort verband er seine Wunde und hüllte sich in einen goldenen Panzer, der in Drachenblut gehärtet war. Ein fester Stahlhelm, ein gewaltiges Schwert und ein ungeheurer Schild dünkten ihm sicherer Schutz gegen jeden Angriff. Dann drang er abermals auf Siegfried ein. „Mit dem Tode sollst du es büßen, daß du mich verwundet hast." Gewaltig schlugen sie aufeinander los, aber der Wucht des scharfen Balmung konnte des Riesen Wehr nicht standhalten. Bald blutete er aus sechzehn Wunden. Da verzagte Kuperan. „Wenn du mich leben läßt, edler Held", rief er demütig, „so übergebe ich dir Wehr und Waffe und mich selber dir zu eigen."

„Wenn du mir Treue gelobst, will ich das wohl tun", erklärte Siegfried bereitwillig. Da schwur ihm Kuperan einen Eid, daß er ihm sein Leben lang in Treue dienen wolle, und der mitleidige Sieger zerriß sein seidenes Untergewand und verband ihm die Wunden. Dann gingen sie alle drei zu dem Berge, wo der Nibelungenschatz lag. Aber fast wäre dem jungen Helden sein Vertrauen übel bekommen. Als der Riese den Schatz sah, kam über ihn die Begierde, ihn lieber für sich zu behalten, und hinterlistig führte er von hinten auf seinen arglos voranschreitenden Bezwinger einen so starken Schlag, daß dieser wie tot zur Erde sank. Und hätte nicht Alberich, der Zwerg, schnell die Tarnkappe über den Betäubten geworfen, die ihn unsichtbar machte, so hätte sein junges Heldenleben wohl hier schon geendet. Nun aber suchte ihn Kuperan, gräßlich fluchend, überall vergebens; er war ungewiß, ob ihn der Teufel davongetragen, oder ein Gott ihn in seinen Schutz genommen.

Erst nach geraumer Weile kam Siegfried wieder zu sich und dankte dem Zwerg für seine Hilfe. „Nimm die Tarnkappe und entferne dich eilig, ehe der Riese dich wiedersieht", riet Alberich. „Wie immer es mir ergehe", entgegnete Siegfried, „niemand soll je sagen können, daß ich vor ihm geflohen bin." Er ergriff sein Schwert und eilte ungestüm auf den Riesen zu. Als dieser den

vergeblich Gesuchten so unerwartet auf sich zukommen sah, wurde
er von solchem Schreck erfaßt, daß er seine Waffen von sich warf
und hinwegfloh. Aber schneller ist nicht der wilde Panther im
Sprunge, als Siegfried ihm nachjagte. Auf dem Gipfel eines steilen
Felsens hatte er ihn endlich eingeholt. Hier warf auch er sein
Schwert fort und rang mit dem Riesen, den er vom Felsen
hinabwarf, daß er in den Abgrund hinunterstürzte und sich zu Tode
fiel.

So war nun das ganze Nibelungenreich Siegfried fortan unbe-
stritten zu eigen; alle schwuren ihm Treue, und nachdem er alles
geordnet, ließ er den treuen Alberich als Verwalter des Schatzes
und Landes zurück. Er nahm nur die Tarnkappe und zwölf der
edelsten Ritter mit sich als Begleiter auf seinen künftigen Helden-
fahrten.

4.
Wie Siegfried nach Worms kam

In der alten Königstadt Worms am Rhein herrschte das mächtige
Königsgeschlecht der Burgunden, dem kaum ein anderes an Ruhm,
Macht und Reichtum gleichkommen mochte. Der alte König
Dankrat war gestorben, und es herrschten seine drei Söhne,
Gunther, Gernot und Giselher. Unter ihrer Mutter, der alten Königin
Ute, und ihrer Brüder Hut erwuchs in holder Schönheit die junge
Kriemhild.

Viele edle Helden, im Kampfe erprobt, dienten den Königen.
Allen voran stand, weitberühmt durch Erfahrung und Tapferkeit,
ein Blutsverwandter des Königshauses, Hagen von Tronje, des
tapferen Adrian Sohn, der Könige Waffenmeister, der einst in seiner
Jugend als Geisel am Hofe des Hunnenkönigs Etzel gelebt; sein
jüngerer Bruder Dankwart, ein gar streithafter Recke, war des
Heeres Marschall. Aber neben den Tronjern standen andere als
kühn und tapfer bewährte Männer in Verwaltung der Hofämter. Da
war Truchseß Herr Ortwin von Metz, der Tronjer Neffe, Schenke
der wackere Sindold; als Kämmerer waltete Heinolt, und der kluge
und vorsichtige Rumolt war Küchenmeister. Neben den beiden
Markgrafen Eckeward und Gere stand der Liebling aller, der

waffenstarke Volker von Alzey, der das Schwert nicht minder geschickt führte als den Fiedelbogen, und dessen herrliches Spiel alle, die ihn hörten, in Leid und Freude tröstete und erhob. In solcher Umgebung wuchs, von einer edlen Mutter geleitet und behütet, die holde Kriemhild zur herrlich aufblühenden Jungfrau heran.

Einst träumte Kriemhild, sie habe mit großer Freude einen schönen, mutigen Falken großgezogen. Den zur luftigen Höhe aufsteigenden erfaßten zwei daherkommende Adler und erwürgten ihn. Traurig erwachte Kriemhild und erzählte, noch weinend, ihrer Mutter Ute, was sie geträumt. „Der Falke, den zu zogest", so deutete ihr die Mutter den Traum, „das ist ein edler Mann. Möge ihn Gott behüten, daß du ihn nicht frühe verlierst."

„Was redet du mir vom Manne, vielliebe Mutter", sprach Kriemhild kopfschüttelnd. „Ich will wohl ohne Mannes Minne bleiben bis an meinen Tod." – „Nun", meinte die Mutter, „verrede es nicht zu sehr. Willst du in deinem Leben so recht von Herzen froh werden, das geschieht durch eines Helden Liebe. Bald bist du nun ein schönes Weib. Möge dir Gott einen edlen Mann bescheren."

„Oh, liebe Mutter, laß doch solche Rede. Du selbst hast mir oft erzählt, wie manchem Weibe Liebe zuletzt mit Leide lohnte. Ich will sie beide meiden, dann wird mir's niemals schlimm gehen." So dachte Kriemhild. Doch anders war's dem jungen Mägdlein beschieden, als sie es zu lenken gedachte. Der Liebe höchste Freude sollte ihr das tiefste Leid bringen.

Weit war indes mit seinen zwölf Nibelungenrecken der kühne Siegfried in der Welt umhergezogen, und ringsum erschallte der Ruhm seiner Taten. Er verschmähte es, nach seinem väterlichen Erbe, den Niederlanden, zu fahren und dort sein Volk, das ihn freudig willkommen geheißen hätte, in Frieden zu regieren. Sich ein neues Reich mit starker Hand zu erkämpfen, erschien ihm weit rühmlicher. Auf solche Tat sinnend, zog er jetzt mit den Seinen am Rheine dahin, dem festen Worms entgegen, das er am Morgen eines hellen Tages erreichte. Die Kunde von der Ankunft des Fremden verbreitete sich schnell bis zur Burg hinauf. Von überall kam man herbei, die Angekommenen verwundert und staunend zu betrachten.

Und wohl war da Grund zum Staunen. Kaum hatte man je so herrliche Waffen und Rosse gesehen. Das seidene Riemenzeug der Tiere schimmerte, und hell leuchtete das Gold der prächtigen Bäume. Und so leuchteten vom Golde auch Helme, Panzer und Schilde, während die langen Schwerter bis zu den Sporen herabreichten.

Nach der Sitte der Zeit kamen ihnen Gunthers Mannen freundlich entgegen; sie wollten nach Ritterbrauch gastlich die Schilde abnehmen und die Rosse zum Stalle führen. „Laßt die Rosse stehen. Nicht lange will ich hier verweilen. Sagt mir lieber, wo ich den König Gunther finden mag?" „So geht nur hinauf zu jenem weißen Saale", antwortete einer von des Königs Gefolge; „dort habe ich König Gunther vor kurzem gesehen."

Auch Gunther hatte inzwischen erfahren, daß stolze Helden, die niemand kenne, zur Burg gekommen seien. Keiner der Mannen um ihn wußte ihm zu sagen, wer und woher die Fremden sein möchten. „Sendet nach meinem Onkel Hagen und laßt ihn die Fremden sehen", riet Ortwin von Metz; „ihm sind der Erde Länder bekannt, er wird auch diese Fremden wohl kennen." Und nicht lange, so kam hohen Ganges der mächtige Hagen von Tronje mit stattlichem Gefolge in den Saal geschritten und fragte nach seines Herrn Befehl. „Kannst du mir die fremden Helden nennen, die hergekommen sind und dort auf dem Hofe stehen, so tue es schnell", forderte Gunther. Hagen trat ans Fenster und der scharfe Blick des einen Auges, das ihm geblieben – das rechte Auge hatte ihm einst ein furchtbarer Schwerthieb Walthers von Aquitanien im Kampfe geraubt – musterte er die Gäste. „Ich kenne sie nicht", sprach er, „doch sie scheinen edel und hochgemutet. Ich habe Siegfried nie gesehen, doch möchte ich meinen, daß nur er jener Recke sein kann, der dort so herrlich dasteht. Laßt uns den jungen Helden wohl empfangen und zum Freunde zu gewinnen suchen, denn einen besseren könnten wir nicht finden. Gar manches Wunder hat er schon mit seiner Kraft vollbracht. Er hat den Lindwurm erschlagen und im Kampfe den unermeßlichen Schatz der Nibelungen errungen."

Willig folgte Gunther der Mahnung des welterfahrenen Hagen. Er verließ mit seinem Gefolge den Saal und ging Siegfried entgegen, um ihn freundlich willkommen zu heißen. „Was führt Euch nach Worms, edler Siegfried?" fragte er den sich zum Gegengruß Neigenden.

„Das sollt Ihr sogleich erfahren. Ich hörte sagen, daß bei dir die allerbesten Recken seien, die je einem Könige dienten. Und auch dein Heldenmut wird gerühmt. Es gebe keinen kühneren König als dich. Ob das Wahrheit sei, möchte ich erproben. Auch ich bin eines Königs Kind und berufen, Krone zu tragen. Doch möchte ich erweisen, daß ich mit Recht Held und Herrscher heiße; Ruhm zu erwerben, dafür bin ich bereit, Ehre und Leben einzusetzen. Mit dir um Krone und Leben zu kämpfen, kam ich her. Bist du so kühn, mich im ritterlichen Zweikampfe zu bestehen, so ringe mit mir um Krone und Leben. Gern möchte ich diese Burg mein eigen nennen."

Zorn erfaßte Gunthers Helden, als sie solche Worte hörten. Der König aber erschrak, denn er wußte wohl, daß er gegen Siegfried im Kampfe nicht bestehen könnte. „Wie sollte ich das durch eines andern Hand verlieren", antwortete er fast erschrocken, „was schon mein Vater lange besaß?" „Höre, was ich dagegen setzen will", fuhr Siegfried fort. „Mein ganzes Hab und Gut soll dein eigen sein, wenn du mich besiegst. Der Nibelungen Land wird dir dann in Zukunft gehorchen, und ich selbst will dir meines Vaters Erbe gewinnen helfen." Als Gunther noch schwieg, trat Gernot für den Bruder ein. „Nicht gelüstet es uns, noch anderer Erbe zu gewinnen und deshalb eines Mannes Leben aufs Spiel zu setzen. Reich genug sind unsere Lande, die wir mit Recht beherrschen."

„Sprecht doch nicht so friedlich und versöhnlich", rief Ortwin von Metz in vollem Zorn. „Ganz ohne Grund kündigt der Fremde Euch Fehde an. Wohlan, gebt mit blankem Schwerte dem Übermütigen die Antwort."

Doch streng wies der junge König den Zürnenden zurück. „Schweigt", rief er; „nicht hat uns Siegfried so Schlimmes getan, daß wir nicht in Frieden mit ihm bleiben und ihn zum Freunde gewinnen könnten!"

„Auch mich kränkt es", sprach der grimme Hagen, „daß Siegfried so trotzig meinen Herrn zum Kampfe fordert. Er hätte lieber bleiben sollen, wo er war, wenn er nur deshalb hierherkam."

„Wenn dir mißfällt, Hagen, was ist", sprach Siegfried, „so versuche doch selbst, ob meine Hände nicht stark genug sind, dies Reich zu erstreiten."

Aber ehe noch Hagen antworten konnte, trat abermals Gernot dazwischen. „Dies gedenke ich wohl zu hindern. Ihr aber, meine Recken, schweiget still. Genug der stolzen Worte sind gesprochen."

Da trat Jung–Giselher schnell zu Siegfried und begrüßte ihn mit freundlichem Wort. „In Frieden seid gegrüßt, edler Held; gern wollen wir Euch in Treuen dienen."

Die holde Anmut des kaum dem Knabenalter entwachsenen Jünglings nahm Siegfrieds Herz gefangen, und freundlich erwiderte er den Gruß des jungen Königskindes. Gunther aber ließ Siegfried eine goldene Schale mit duftendem Wein reichen und bot ihm treue Gemeinschaft.

Da war aller Streit zu Ende. Von den Rossen stieg Siegfried mit seinen Gefährten; die beste Herberge wurde ihnen geboten, und Tag um Tag lebten die Könige mit ihrem Gast in fröhlichem Zusammensein.

5.
Wie Siegfried mit den Sachsen stritt

Fast war schon ein Jahr vergangen, seit Siegfried nach Worms gekommen. Wenig war er in der Burg zu finden; wenn er nicht mit den Königen auf Kampf und Abenteuer zog, ging er wohl allein zur Jagd hinaus in die mächtigen Waldungen, wo der wütige Auerochse, der wilde Bär ihm willkommene Beute waren.

Noch hatte er niemals in der ganzen Zeit Kriemhild mit Augen gesehen, das Mägdlein aber schaute oft heimlich aus dem Fenster ihres Gemaches hinab auf den Schloßhof, wenn der junge Held, mit reicher Beute beladen, von der Jagd heimkehrte oder die tüchtigen Recken im Turniere ihre Kräfte übten. Und wieviel hörte sie oft erzählen von den Taten des herrlichen Gastes. Unbemerkt wuchs täglich ihr Interesse für den alle an Kraft und Wohlgestalt überragenden Helden; Siegfried aber, der viel die erblühende Schönheit Kriemhildens rühmen hörte, ahnte nicht, daß er der Gegenstand heimlicher Bewunderung geworden.

Da erschienen eines Tages fremde Boten vor König Gunther, der sie freundlich empfing und sie fragte, was sie in sein Land führe. „Laß es uns nicht entgelten, o König, wenn wir Euch üble Kunde überbringen müssen. Uns senden zwei mächtige Herren, der Sachsen König und sein Bruder Lüdegast, der im Dänenlande die Herrschaft führt. Sie hegen bittern Haß gegen Euch und wollen binnen zwölf Wochen Euer Land mit Heeresmacht überziehen. Wollet Ihr sie aber um Frieden bitten, so laßt es ihnen melden. Dann mag wohl manchem Helden das Leben erhalten bleiben."

„Man wird euch zur Herberge weisen", beschied sie König Gunther. „Dort wartet, bis ich mit den Meinen Rat gehalten und die Sache erwogen habe. Dann soll euch Bescheid werden." So geschah es und sie wurden in der Herberge trefflich verpflegt.

Was ihm die Boten berichtet, bekümmerte König Gunther gar schwer, denn es waren mächtige Feinde, die ihm den Krieg erklärt hatten. Als er so in trübem Sinnen dasaß, kam Siegfried in den Saal und erkannte sofort, daß seinen Gastfreund schwerer Kummer drücke. „Offenbare mir", bat er freundlich, „was dein Gemüt beschwert." – „Das kann ich nicht jedem tun, nur meinen besten Freunden pflege ich meinen Kummer zu offenbaren."

Daß der König ihn so zurückwies, machte Siegfried sehr unmutig; er erblaßte und errötete. Doch bald bezwang er sich und bat freundlich: „Laß solche Rede und bekenne mir frei, was dich bedrückt. Du kannst keinen treueren Freund finden, als ich es dir bin. Darum vertraue mir deine Sorge. Kann ich dir irgend helfen, so will ich es gerne tun." Da erhellte sich des Königs sorgenvolles Antlitz. „Habe Dank für den guten Willen, den du mir gezeigt. Er hat mich hoch gefreut. Die Könige Lüdiger und Lüdegast haben mir Krieg angesagt und wollen mit Heeresmacht mir ins Land fallen."

„Ist es nichts Schlimmeres, was dich bekümmert", rief Siegfried frohgemut, „dann sei ohne Sorge. Gib mir tausend Mann von den deinen, und ich will hinziehen und die trotzigen Feinde in ihrem eigenen Lande aufsuchen und züchtigen. Die Boten aber entlaß mit der Meldung, daß wir bald bei ihnen sein werden."

Da ward Gunther frohen Mutes und ließ die Königsboten wieder vor sich kommen. „Sagt euren Herren, da sie selbst Streit begehrt, so solle er ihnen werden; sie hätten besser von ihrem Übermute gelassen." Doch gab er den Boten reiche Geschenke und ließ sie sicher bis an des Landes Grenze geleiten.

Mit Verdruß empfingen die stolzen Könige die Botschaft der Burgunden, besonders aber war ihnen die Kunde leid, daß Siegfried, dessen Kraft und Stärke sie kannten und fürchteten, der Kampfgenosse der Burgunden sein werde. So brachten sie denn ein großes Heer auf. Mit zwanzigtausend Mann zog Lüdegast vom Dänenlande herbei, und nicht minder groß war die Schar, die Lüdiger aus dem Sachsenlande gegen den Rhein zu führen gedachte.

Inzwischen hatte Gunther seine besten Krieger nach Worms beschieden und die tausend Tüchtigsten aus ihnen wurden Siegfried und seinen zwölf Kampfgenossen zugeteilt. König Gernot und die Tronjer, Ortwin von Metz und auf Siegfrieds besonderen Wunsch auch Volker von Alzey, der ihm im Kampfe die Fahne tragen sollte, standen zum Auszuge gerüstet da.

Auch Gunther wollte mitziehen, aber Siegfried bat ihn, im Lande zu bleiben, sie würden mit den Feinden schon fertig werden. „Wir werden so schnell reiten, daß wir sie noch in ihrem eigenen Lande treffen und ihr Übermut soll ihnen leid werden."

Frohgemut zogen die tausend Burgunden und Siegfried mit seinen zwölf Begleitern durch Hessen nach der Sachsen Lande. Schon hatten sie die Grenze überschritten, da ließ Siegfried seine Schar Halt machen. „Bleibet hier und erwartet meine Rückkehr", mahnte er. „Ich will indes auf Kundschaft ausziehen, um zu erfahren, wo der Feind steht." So bestieg er sein gutes Roß Grane und ritt sorglos hinein in das feindliche Land. Durch einen tiefen Wald ging es zuerst, wo er nur auf wilde Tiere stieß, die ihn jetzt nicht zu fürchten hatten; dann öffnete sich der Wald, und vor ihm lag eine weite Ebene, mit Zelten bedeckt; hier hatte das heranziehende Heer der Dänen und Sachsen sich gelagert.

Eifrig musterte Siegfried aus der Ferne das Heer der Feinde, um zu erkunden, wie sie gelagert waren. Da kam ihm aus dem Feindesheere ein einzelner Reiter entgegen, gehüllt in goldstrahlende Rüstung, einen von Edelsteinen leuchtenden Schild am Arm. Es war der Dänenkönig Lüdegast, der wie sein Gegner allein daherritt, um Kundschaft vom Feinde zu gewinnen. Dreißig Reiter, die zu ihm gehören mochten, folgten erst in ziemlich bedeutender Entfernung.

Kaum waren die beiden sich gewahr geworden, als sie auch schon kampfbegierig aufeinander lossprengten. Und fürwahr: Keinen üblen Gegner hatte Siegfried getroffen. Dem Speerstoße wichen beide mit gleicher Gewandtheit aus, indem sie aneinander vorbeisprengten. Dann wandten sie ihre Rosse, und nun erscholl das Feld von den wuchtigen Schwerthieben, die rote Funken aus Panzer und Helm schlugen. Aber wie wacker auch der Dänenfürst sein Schwert schwang, seines Gegners gewaltige Stärke brachte ihn bald in Not. Die dreißig seines Gefolges sahen aus der Ferne die Gefahr, in der ihr Gebieter schwebte, und sprengten heran, ihm zu helfen. Aber schon hatte sich Lüdegast dem übermächtigen Gegner ergeben, um wenigstens sein Leben zu retten, und Siegfried wollte ihn gefesselt davonführen. Wohl versuchten die dreißig, wie sie einzeln an ihn kamen, ihren Herrn zu befreien, aber der scharfe Balmung schlug einem nach dem andern die Todeswunde, und nur einer von ihnen entkam und meldete im Lager, welchen Verlust sie erlitten.

Siegfried ritt wieder zu den Seinen zurück, den gefangenen König mit sich führend, und forderte sie auf, sogleich die Banner zu entrollen und unter seiner Leitung dem Feinde entgegenzuziehen. Willig und kampfesfroh folgten die Burgunden seiner Führung.

Gar zu ungleich schien freilich der Kampf, denn der Dänen und Sachsen waren mehr als vierzigtausend, Siegfried aber konnte dem Feinde nicht mehr als seine tausendzwölf Mann entgegenstellen. Aber wo der gewaltige Drachensieger vordrang, da erlag vor ihm der Feind. Schon flohen Lüdigers Scharen; wutentbrannt trieb sie der König von neuem in die Schlacht zurück. Doch vergebens war sein Bemühen. Da sprengte er voll Ingrimm allein gegen seinen furchtbaren Gegner an, und auf beiden Seiten wichen die Krieger zurück, auf den Kampf ihrer Gebieter schauend. So gewaltig drang der Sachse auf Siegfried ein, daß unter der Wucht der Schläge dessen edles Roß strauchelte. Aber schnell erhob sich Grane wieder, und den grimmen Schlägen, die nun auf ihn niedersausten, konnte Lüdiger nicht länger widerstehen.

„Laßt vom Streite, ihr meine Mannen alle", rief er den Seinen zu. Da senkten sich die Banner der Sachsen und Dänen; Lüdiger bat um Frieden und ward als Gefangener fortgeführt wie sein Bruder. Die dem Schlachttode entronnen waren von Siegfrieds Gegnern, kehrten traurig in ihre Heimat zurück.

Ehe Siegfried mit den Seinen den Rückweg antrat, wurden schnelle Boten vorausgesandt an den Rhein, um dort den erfreulichen Verlauf des Zuges zu melden.

Mit Jubel nahm man in Worms die Botschaft auf und bald drang auch etwas von der Freudenkunde in die Frauengemächer. Da ließ Kriemhild einen der Boten in ihr Gemach kommen, um sich von ihm genauen Bericht geben zu lassen. „Sage mir, lieber Bote, der Wahrheit gemäß, wer hat das Beste getan dort im Kampfe?"

„Ich will Euch in Wahrheit berichten, edle Königstochter", sprach der Bote. „Wie tapfer auch alle gestritten, keiner war doch herrlicher als der edle Held von Niederland." Dann rühmte er die Taten Gernots und Hagens, Dankwarts und Volkers, aber immer wieder kam er darauf zurück, daß mehr als sie alle der herrliche Siegfried vollbracht habe. Er habe mit eigener Hand die beiden Könige gefangen genommen und führe sie nach Worms.

Lieberes hätte die edle Kriemhild wohl nicht hören können, als daß der, dem sich ihr Herz zuneigte, so gepriesen wurde. Freudenröte stieg in ihre Wangen. „Gute Kunde hast du mir gebracht", sprach sie heiter lächelnd, „so soll dir auch reichlicher Lohn werden. Und in ihrer Herzensfreude ließ sie dem Boten ein kostbares Gewand und zehn Mark roten Goldes reichen. Mit vielen Danksagungen für die unverhofft reiche Gabe verließ sie der beglückte Bote.

Bald kam die Nachricht, daß die Helden ihren Einzug in die Stadt halten würden. Aus allen Fenstern schauten Frauen und Jungfrauen herab auf die siegreich Heimkehrenden. König Gunther war ihnen gar freudig entgegengezogen und seine Freude wurde noch größer, als er erfuhr, daß von den zu Felde Gezogenen nur sechzig Mann in der Schlacht gefallen seien. Die gefangenen und verwundeten Feinde wurden gut verpflegt und die beiden Könige in freier Haft gehalten, nachdem sie ihr Ehrenwort gegeben, nicht heimlich zu entfliehen. Gunther überlegte, wie er seine treuen Mannen belohnen könnte, die nach Hause zu reiten begehrten. Auf Gernots Rat entließ er sie; nach sechs Wochen aber sollten sie wiederkehren zu einem großen Hofgelage. Auch Siegfried begehrte Urlaub; er erdachte nach Niederland zu ziehen, um die Herrschaft in seines Vaters Reich anzutreten. Doch unschwer gelang es Gunther, ihn zum Bleiben zu bewegen.

Als Kriemhild von dem nahenden Feste hörte, traf sie mit ihren Frauen eifrige Vorbereitungen. Bald war das schöne Pfingstfest herangekommen, das zweiunddreißig Fürsten und viele Ritter am Hofe zu Worms versammelte. Am eifrigsten bei den Vorbereitungen erwies sich der junge Giselher, der mit Gernot die Heimischen und Gäste und deren Mannen froh empfing und alle aufs Beste unterbrachte, obwohl über fünftausend zum Feste versammelt waren. Es war ein buntes Leben und Treiben auf dem großen Platze vor der Königsburg und auf dem Hofe des Schlosses. Denn während drinnen zahlreiche Ritter ihre Kräfte maßen in edlem Wettstreit, wimmelte es draußen von fahrenden Leuten aller Art, die das Fest herbeigezogen. Spielleute ließen ihre heitern Weisen erschallen, Taschenspieler zeigten ihre Künste; in ihrer hübschen Landestracht bewegten sich zahlreiche Paare von Landleuten in munterm Tanze. Und wer das begehrte, dem wurde reichlich Wein geschenkt aus den zahlreichen Fässern, welche König Gunther aus seinen Kellern hatte herausbringen lassen.

Während so alles sich in Freude bewegte, traf König Gunther auf seinen Truchseß Ortwin von Metz, dessen Züge dem Könige große Verdrossenheit verrieten. Verwundert fragte ihn der König, was seinen treuen Diener bekümmere mitten in der allgemeinen Fröhlichkeit? Ihm erscheine das Fest wie ein Frühlingstag ohne Sonnenschein, war die Antwort. Für Männer, die aus siegreicher Schlacht heimkehren, sei holdes Frauenlächeln ihrer Taten süßester Lohn. Er vermisse die Teilnahme der königlichen Frauen.

Gern folgte Gunther der Mahnung seines Getreuen. Er sandte Botschaft ins Schloß und ließ Frau Ute und seine Schwester bitten, mit ihren Frauen beim Feste zu erscheinen. Hundert seiner Mannen stellte er in der Königinnen und ihrer Begleiterinnen Dienst, und beide erschienen mit mehr als hundert reichgeschmückten Frauen.

Wie das Morgenrot aus dunklen Wolken bricht, so trat mit ihrer Mutter Ute, strahlend in Schönheit und Jugend, Kriemhild aus dem dunklen Tore der Burg hervor auf den großen Festplatz, und aller Augen wandten sich bewundernd der herrlichen Erscheinung zu. Denn wie der Mond an Glanz und Schönheit alle Gestirne des Himmels überstrahlt, so übertraf Kriemhilds jugendfrische, strahlende Schönheit alle die schönen Frauen ihres Gefolges.

Als Siegfried die Herrliche in ihrer lichten Schöne vor sich sah, kam es wie Zagheit über das Herz des Tapferen. Fast schien sie ihm eine Göttin, die aus des Himmels lichten Höhen zur Verherrlichung des Festes herabgestiegen. Liebe war in sein Herz gezogen, wie er sie erblickt, aber zugleich banger Zweifel. „Wie könnte es ergehen, daß ich dich minnen sollte? Das wird nie geschehen. Doch soll ich dir fremde bleiben, so läge ich lieber tot im Sachsenlande", sprach es in seinem Herzen.

So stand da Siegmunds Sohn, von Lieblichkeit umstrahlt, bald blaß, bald rot vor Erregung und man hörte sagen, daß man einen so schönen Helden nie im Leben gesehen. „Sieh', Bruder", sprach Gernot, zu König Gunther tretend, „wie dort in Sinnen versunken Siegfried steht, dem wir vor allen den glücklichen Ausgang des Kampfes verdanken. Auf Kriemhild ruhen seine Augen; laß unsere Schwester hingehen und nach deutscher Sitte den Gast mit Wort und Kuß begrüßen; so werden wir uns den stattlichen Helden ganz gewinnen." – „Gern tue ich das, lieber Bruder, und während des Festes soll Siegfried unserer Schwester Ritter sein."

Schüchtern trat Kriemhild dem heimlich Geliebten entgegen; sie reichte ihm die Hand und bot ihm die Lippen zum Kusse. „Seid willkommen, Herr Siegfried, Ritter von Niederland."

Nun erhob Kriemhild die Augen und sie schauten einander an. Noch nie wohl hatte der Held so große Freude empfunden.

Der Gang zum Münster trennte die beiden. Als sie aber nach dem Gottesdienste wieder zusammenkamen, da erst dankte ihm Kriemhild für sein kühnes Streiten. Da sah er Kriemhilden zärtlich an. „Immer will ich Euch dienen. Mein Haupt soll nimmer eher müßig ruhen, bis Euer Wunsch geschehen, so lange mein Leben währt. Das tue ich, Frau Kriemhilde, daß mir Eure Gunst beschert sei."

Es waren Tage des Glücks, diese Festtage, die Kriemhild und Siegfried beständig beieinander zu sein erlaubten. Nur zu schnell waren sie verflogen, und die Königstochter kehrte wieder in die Einsamkeit ihrer Frauengemächer zurück. Die Gäste bereiteten die Abfahrt; auch Siegfrieds Mannen und Rosse standen zur Fahrt gerüstet, und er wollte sich von den Brüdern verabschieden. „Wie wagst du davonziehen", sprach Giselher, „ohne meine Schwester darum zu fragen. Bleibe noch und gehe bei Gunther und seinen Mannen und den schönen Frauen ein und aus. Mich deucht, Kriemhild hegt Liebe zu dir in ihrem Herzen." Nichts Froheres hätte Siegfried hören können. „Sattelt die Rosse ab", rief er den Seinen zu, „wir blieben noch."

Reiche Gaben hatte Gunther den scheidenden Gästen reichen lassen. Nun baten auch Lüdiger und Lüdegast um Entlassung.

Da fragte Gunther Siegfried um seinen Rat. „Was soll ich tun?" sprach er. „Sie bitten mich und mein Volk um stete Sühne und sind bereit, mir für ihre Freilassung an Gold zu geben, was man auf fünfhundert Pferde laden kann." „Unköniglich wäre es, wenn Ihr das Gold von ihnen nehmen wolltet. Laßt sie geloben, niemals wieder in Unfrieden Euer Land zu betreten, und laßt sie ohne Buße frei und ledig", erklärte Siegfried. Gunther folgte dem Rate Siegfrieds, und froh zogen die Könige ihrer Heimat entgegen.

6.
Wie Gunther gen Island
zu Brunhilde fuhr

Fahrende Sänger trugen vielfache Kunde nach Worms, daß fern im Islande ein Weib von auserlesener Schönheit die Herrschaft führe, ein Weib von so außerordentlicher Kraft und Stärke, daß sie den stärksten Männern gewachsen, ja überlegen sei. Sie habe gelobt, sie wolle keinem Manne angehören, der sie nicht im Speerwurf, Steinschleudern und Weitsprung überwinde. Manch tapferer Held habe den Wettkampf zu bestehen versucht, aber sie alle hätten ihr Leben dabei verloren.

Auch zu Gunther war die Kunde gedrungen, und er faßte den Entschluß, um Brunhilde von Island zu werben und Leib und Leben zu wagen. „Das möchte ich widerraten", sprach Siegfried warnend. „Leicht möchte es geschehen, daß du dort Leib und Leben verlierest." Aber Gunther ließ sich nicht abschrecken und beharrte auf Ausführung seines Vorsatzes. „Wohl", sprach Hagen, „wenn du durchaus darauf bestehst, so bitte Siegfried, daß er dir seine Hilfe leihe."

Dieser erklärte sich dazu bereit, wenn Gunther ihm seine Schwester zur Ehe gebe; andern Lohn begehre er für seine Mühe nicht. „In Königstreue gelobe ich dir das", rief Gunther hocherfreut und bot Siegfried zur Besiegelung seines Versprechens die Rechte. So rüstete man sogleich die Fahrt nach Island. Siegfried nahm seine Tarnkappe mit, jene über den Kopf zu ziehende Mantelumhüllung; wer sie trug, dessen Stärke wurde um zwölf Männer Kraft vermehrt und er wurde seiner Umgebung völlig unsichtbar.

Gunther hatte dreißigtausend Mann auf die Brautfahrt mitnehmen wollen; doch Siegfried erklärte, Brunhilde sei so mächtig, daß, wenn es zum Streite komme, sie die alle besiegen würde. Für ihre Fahrt genüge es, wenn sich noch Hagen und Dankwart zu ihnen gesellten. Reiche Kleidung ließ ihnen Kriemhild nach Gunthers Wunsch bereiten. Jedem der Vier arbeitete man aus schneeweißer arabischer Seide und andern kostbaren Stoffen zwölf Gewande; reich mit Hermelinpelz waren sie besetzt und mit kostbaren Edelsteinen geschmückt. Auch ein starkes Schiff ward gezimmert, das sie vom Rhein zum Meere herabtragen sollte. Als nun die reichen Gewande angeprobt wurden und wohl paßten, da zollte man den Frauen für ihre Mühe gar reichen Dank.

Nur mit Bangen sah Kriemhild den Bruder scheiden; er möge das Wagestück lassen, wünschte sie; er könne näher eine ebenso hochgeborene Maid finden. Als aber Gunther auch gegen ihre Bitten fest blieb, da bat sie den abschiednehmenden Siegfried, ihn vor Gefahren zu beschirmen. Er versprach es in ihre Hand, daß dem Bruder in Brunhildes Land nichts geschehen solle. „Ich bringe ihn als Gesunden wieder an den Rhein, das sollt Ihr sicher wissen."

Schon hatte man reichlichen Wein und Speisen auf das Schiff gebracht und ihre vier guten Rosse. So bestiegen die Helden das wohlgerüstete Schiff. Siegfried ergriff sogleich die Ruderstange und stieß vom Ufer ab. König Gunther und die andern beiden führten kräftig die Ruder und schnell hinab ging's rheinabwärts zum Meere. Schon am zwölften Morgen kamen sie zum Isenstein in Brunhildes Land.

„Wenn wir vor Brunhilde kommen", mahnte Siegfried die Gefährten, „so saget dort alle, Gunther sei mein Lehnsherr und ich sein Lehnsmann, dann wird alles gut gehen. Das alles tue ich um deiner Schwester willen, Gunther; sie ist mir wie die Seele und wie mein eigener Leib! Ich will es gern verdienen, daß sie werde mein Weib."

7.
Wie Gunther Brunhilde gewann

Als das Schiff der stolzen Burg nahte, schauten viele schöne Frauen aus den Fenstern herab. „Nun sage mir, Gunther, welche ist die schönste, welche würdest du wählen, wenn du die Macht hättest?", fragte Siegfried. „Die dort in jenem Fenster steht, schneeweiß das Kleid, rabenschwarz die Locken, die Augen leuchtend, die müßte mein Weib werden."

„Du hast recht gesehen, das ist die edle Brunhilde."

Die Burgundenhelden staunten über die herrliche Schönheit, und auch Hagen gab zu, ein so herrliches Weib sei jedes Kampfes wert. Nun führte Siegfried selbst Gunthers Roß herbei und hielt vor aller Augen die Zügel, bis Gunther es bestiegen, dann erst gingen auch die andern zu ihren Rossen. Unbehütet ließen die Helden ihr Schifflein und ritten zur Burg hinan. Brunhildes zahlreiche Mannen kamen den Gästen freundlich entgegen, um sie in ihrer Herrin Land zu empfangen. Als sie ihnen Schwert und Panzer abnehmen wollten, weigerte sich Hagen und gab nur ungern nach, als Siegfried ihm erklärte, es sei in dieser Burg Sitte, daß fremde Gäste nie Waffen führten.

Die Königin wollte wissen, wer die Recken seien, deren Ankunft man ihr gemeldet, aber keiner konnte ihr sicheren Bescheid geben. Doch eine der Frauen meinte: „Der eine, der so stolz dasteht, muß wohl Siegfried sein, der einst Grane von hier mitnahm; die anderen kenne ich nicht. Der zweite sieht wohl einem König gleich; furchtbar anzuschauen ist der grimme dritte, ein machtvoller

Kämpfer, und so schön und freundlich der vierte dreinschaut, auch er scheint ein guter Streiter zu sein."

Ihr bestes Gewand ließ sich die Königin reichen, im Innern froher Hoffnung, daß Siegfried um ihretwillen gekommen sei. Herrlich geschmückt, von vielen Frauen und fünfhundert Rittern begleitet, ging Brunhilde den Fremden entgegen. „Seid mir willkommen, Herr Siegfried, in diesem Lande. Was Eure Reise bedeutet, möchte ich gern erfahren?"

„Höflich danke ich Euch, edle Königin, für Euren freundlichen Gruß. Aber der erste gebührt nicht mir, sondern diesem edlen Recken, meinem Herrn, König Gunther vom Burgunderland. Er ist vom Rhein gekommen, um dich zu werben. Er hieß mich mit ihm fahren, und ich konnte es ihm nicht verweigern."

Ein tiefes Weh erfaßte Brunhilde, als sie diese Worte vernahm; so hatte ihr geheimes Hoffen sie getäuscht. Doch schnell gefaßt erwiderte sie: „Ich kannte ihn nicht; er wird es mir verzeihen, daß ich ihn nicht zuerst begrüßte. Ist er dein Lehnsherr und zeigt er sich als Meister in den Spielen, die ich ihm biete, so werde ich sein Weib. Gewinne ich, so kostet es euch allen das Leben."

Siegfried trat zu König Gunther und flüsterte ihm zu, er möge furchtlos alles zu der Königs-Jungfrau reden, was er wolle. Mit seinen Künsten werde er ihn wohl vor ihr behüten. „Hehre Königin", sprach Gunther, „wählet Spiele, wie Ihr wollt. Wären es auch mehr, ich wollte sie alle bestehen um Eurer Schönheit willen. Ich will mein Haupt verlieren oder Euch als mein Weib sehen."

Einen Schild von rotem Golde trug das Gesinde herbei, mit stahlharten Spangen, der Schildhalter war eine reich mit Smaragden besetzte Borde. Der Buckel des Schildes war wohl drei Spannen dick; kaum konnten ihn vier Kämmerer forttragen. Der Speer war groß und schwer, an tausend Pfund Metall mochten dazu verwendet sein. Mühsam trugen ihn drei von Brunhildes Mannen herbei, den gewaltigen Feldstein aber vermochten kaum zwölf Männer von der Stelle zu bewegen. Der Anblick brachte Gunther Sorge. Was soll hier geschehen. Der könnte der Teufel aus der Hölle nicht entgehen. Wäre ich wieder lebend bei den Burgundern, so möchte ich gern auf jede Liebeswerbung verzichten. Der kühne Dankwart, Hagens Bruder, sprach: „Von Herzen reut mich die Fahrt an diesen

Hof. Es wäre eine Schande, wenn uns Recken hier die Frauen verderben sollten. Es grämt mich, daß wir hier ins Land kamen. Hätte nur mein Bruder Hagen sein Schwert und ich das meine, der Brunhilde Mannen sollten sich wohl in acht nehmen. Und hätte ich tausend Eide geschworen; ehe ich meinen lieben Herrn sterben sähe, büßte das schöne Mägdelein sein Leben ein."

„Wir wollten dies Land wohl ungefangen räumen", sprach Hagen, „hätten wir nur unser Kriegsgewand und die guten Schwerter. Dann sollte die Jungfrau wohl ihren Übermut zähmen." Brunhilde hatte der Helden Worte wohl verstanden. Lächelnd befahl sie: „Da er sich so kühn dünket, so bringet ihnen doch ihr Gewand und gebt den edlen Recken die Waffen in die Hand." Vor Freude rot ward Dankwart, als er sein Schwert wieder in der Hand hielt. „Nun tut, was Ihr wollt. Gunther ist unbezwungen, denn wir haben unser Schwert!"

Während man die Vorbereitungen zum Wettkampfe betrieb, war Siegfried zu ihrem Schiffe am Ufer geeilt, hatte sich mit der Tarnkappe bekleidet und begab sich nun, allen Augen verborgen, mitten durch die Reckenschar an Gunthers Seite. Leise berührte er den erschreckenden König mit der Hand und flüsterte: „Sei getrost, König Gunther. Ich bin dir nahe und streite für dich. Unser ist der Sieg."

Auf Brunhildes Wink schlossen ihre Recken einen Kreis um die weite Ebene. Als sie die Ärmel ihres Gewandes emporgestreift hatte, faßte sie den furchtbaren Speer und zielte, ihn in der Rechten wiegend, auf den Gegner.

Mit hell sausendem Ton durchschnitt die Waffe die Luft und traf Gunthers Schild mit solcher Macht, daß er wie Bast zersplitterte. Gunther und Siegfried strauchelten von der Gewalt des Stoßes, der sie aber unverwundet ließ. Doch brach Siegfried von der gewaltigen Erschütterung das Blut aus dem Munde. Schnell aber hob er Gunther empor und schleuderte den durch dessen Hand vom Boden aufgehobenen Speer, ihn umkehrend, um das Mägdlein nicht zu verwunden, mit solcher Wucht auf die Jungfrau, daß diese erbleichend in die Knie sank.

Doch sogleich raffte sich Brunhilde wieder auf. Sie schüttelte ihre langen schwarzen Locken, die sich wie Schlangen auf dem schimmernden Panzer ringelten, und rief: „Habe Dank, Gunther, für den Schuß." Nun hob sie den ungeheuren Feldstein vom Boden auf, fing ihn wie einen Ball spielend auf und schleuderte ihn wohl zwölf Klafter weit. Und sogleich sprang sie, mit Vogelschnelle durch die Luft fliegend, daß der Panzer klirrte, dem Steine nach, überholte ihn im Fluge und blickte, wieder fest auf den Füßen stehend, triumphierend nach Gunther zurück.

Lauter Beifall erscholl von allen Seiten; König Gunther schien verloren. Da ergriff Siegfried mit gewaltiger Kraft den riesigen Stein, schleuderte ihn weit über das Ziel hinaus und sprang dann, Gunther fassend, mit dem Könige noch über den Stein hinweg. Doch alle Umstehenden sahen nur Gunther.

Unbegreiflich schien allen, was sie mit Augen gesehen. Brunhilde erblaßte und errötete. Dann bezwang sie sich mit Gewalt und rief: „Du hast gesiegt, König Gunther. Wohl, ich werde dein Weib. Kommt, ihr Recken alle und huldigt dem König Gunther als Eurem Herrn und Gebieter." Gehorsam traten alle Mannen hinzu und leisteten den Eid der Treue. Siegfried war zum Schiffe geeilt und hatte die Tarnkappe abgelegt. Nun kam er zurück und stellte sich, als wisse er nicht, was geschehen.

„Was zögert Ihr noch, Herr; beginnt doch das Spiel!" „Wie ging das zu, Herr Siegfried", fragte Brunhilde, „daß Ihr nicht gesehen habt, wie Herr Gunther den Sieg gewann?" „Ich war indes bei den Schiffen. Nun freue ich mich, daß doch noch jemand lebt, der Euer Meister ist. Jetzt werdet Ihr uns an den Rhein folgen."

„Nicht eher kann das sein, bis alle meine Mannen erfahren haben, was geschehen ist." Nach allen Seiten schickte Brunhilde Boten aus, und täglich strömten neue Scharen ihrer Mannen ins Schloß, so daß Hagen in ernstliche Besorgnis geriet, sie könnten von der Übermacht überwältigt werden.

Siegfried versprach dem vorzubeugen; er wolle in kurzem tausend der besten Mannen herbeibringen. Sie sollten Brunhilde sagen, daß er mit einem Auftrage hinweggeschickt sei und bald zurückkehren werde.

8.
Wie Siegfried nach Nibelungenland fuhr

So nahm Siegfried Urlaub und eilte der Bucht zu, wo ihr Schifflein lag. Er warf die Tarnkappe um, nahm das Ruder zur Hand und stieß das Fahrzeug in die Flut, das unter seinen kräftigen Schlägen dahinfuhr, als werde es vom Sturm getrieben. Niemand konnte den Fährmann sehen, und verwundert blickte man vom Ufer auf das scheinbar ohne Führer eilig dahintreibende Gefährt, das unaufhaltsam die rauschenden Wogen durchfurchte.

So fuhr Siegfried den ganzen Tag und die Nacht hindurch, da hatte er das Land der Nibelungen erreicht. Er band sein Schiff am Ufer fest und strebte der nahen, auf einem Berge stehenden Burg zu. Mit dem Knaufe des Schwertes schlug er heftig an die fest verschlossene Tür, bis am Fenster die Gestalt eines Riesen erschien, der mit rauher Stimme frage, wer da draußen ans Tor poche?

Seine Stimme verstellend, sprach Siegfried: „Ein fahrender Recke bin ich; schließe schnell auf, sonst wird es dir übel ergehen!" Der verdrossene Pförtner legte eilig seine Rüstung an und bewaffnete sich mit Helm, Schild und starker Eisenstange; dann riß er die Türe auf und stürmte wild auf Siegfried ein. „Wie darfst du es wagen, die guten Leute hier zu erwecken?" schrie er erbost und schlug ungestüm auf den Helden ein, daß dieser fast in Bedrängnis kam. Der Schall ihrer Waffen brachte die Burgbewohner völlig aus dem Schlafe, doch ehe sie herankamen, war der Pförtner schon überwältigt, und an Händen und Füßen gebunden lag er am Boden.

Auch Alberich, der starke Zwerg, hatte den Lärm vernommen. Er eilte schnell dahin, wo eben der Kampf getobt hatte und nun der Riese gefesselt lag. Da schwang er die schwere Geißel mit ihren sieben goldenen Knöpfen gegen Siegfrieds Schild, der von der Gewalt des Schlages auseinanderbarst. Siegfried aber stieß sein Schwert in die Scheide, denn er wollte seinen treuen Diener nicht verwunden, und faßte den Zwerg mit beiden Händen. Schreiend mußte Aberich es erdulden, daß der Held ihm an den Bart griff und die Hände band.

„So laßt mich doch am Leben und sagt mir, wer Ihr seid?" rief Alberich jammernd. „Ich bin Siegfried von Niederland. Du müßtest mich doch von früher kennen", lachte der Held. Als nun Alberich seinem Gegner ins Antlitz sah, da war er hocherfreut. „Heil mir, daß ich Euch sehe! Ihr habt mir wieder gezeigt, daß Ihr mit Recht über Nibelungenland herrscht. Saget nun, was Euch hergeführt und was Ihr wünschet. Gern will ich alles tun, was Ihr befehlt." Siegfried löste beiden Gebundenen ihre Fesseln. „Beeilet euch, und bringt mir schnell tausend der besten Recken vom Nibelungenlande hierher."

Bald war die Schar der Recken versammelt. „Beeilet euch", hatte Alberich sie gemahnt. „Siegfried, unser Herr, ist ins Land gekommen und verlangt nach euch!" Die kühnen Recken waffneten sich auf diesen Ruf und eilten, Siegfried zu begrüßen. Er dankte ihnen für ihr schnelles Erscheinen und nahm mit ihnen das Morgenbrot ein. Als sie erfuhren, daß sie ihren Herrn zum Isenstein begleiten sollten, waren sie froh bereit. Schiffe wurden zur Fahrt gerüstet, und schon am nächsten Morgen erreichte Siegfried mit seinen tausend Mannen Brunhildes Burg. Die Königin stand eben am Fenster und schaute zum Gestade, als die trefflichen Helden landeten. „Weiß jemand, wer die fremden Gäste sind?" fragte sie. Da trat Gunther zu ihr ans Fenster: „Wohl weiß ich es, edle Frau. Es sind meine Mannen, die ich unfern zurückließ. Ich sandte Siegfried hinweg, sie zu holen, und freue mich, daß sie gekommen sind. Bitte, geht ihnen entgegen und heißet sie willkommen."

Das tat Brunhilde nach Gunthers Willen. Alle empfingen ihren freundlichen Gruß, nur einer nicht, Siegfried. Ehe sie ihr Reich verließ, das sie nicht wiedersehen sollte, ordnete Brunhilde die Verwaltung des Landes. Ein vornehmer Verwandter ihrer Mutter wurde als Vogt des Reiches eingesetzt. Zweitausend auserwählte Recken sollten sie ins Burgundenland begleiten, hundert Frauen und sechsundachtzig Jungfrauen bildeten ihr stattliches Gefolge, und manche weinten, die zu Hause bleiben mußten. Zu Worms sollte die Hochzeit gefeiert werden.

9.
Wie Siegfried nach Worms gesandt ward

Neun Tage waren die Helden schon unterwegs auf der Fahrt

nach Worms, da sprach Hagen zu Gunther: „Es wird nun Zeit, daß wir einen Boten voraussenden, der unser baldiges Kommen meldet." „Wohl, aber wen senden wir?" „So bittet Siegfried, daß er es übernimmt. Er wird es tun um Eurer Schwester willen."

Siegfried war sogleich zur Übernahme der Botschaft bereit. Mit vierundzwanzig seiner besten Recken ging es in schnellem Ritte rheinaufwärts am Ufer hin; kaum mochte je ein Bote schneller gewesen sein.

Auf der Königsburg in Worms erregte ihre Ankunft heftigen Schrecken. Als nur Siegfried zurückkehrte, fürchtete man, Gunther sei dort im fernen Lande tot geblieben. „Seid ohne Sorge", tröstete Siegfried den schnell herbeigeeilten und ängstlich fragenden Giselher. „Gunther ist gesund und sandte mich als Boten voraus, um Frau Ute und Eurer Schwester die frohe Kunde zu bringen."

Sogleich wurde Siegfried in das Gemach geführt, wo die beiden Königinnen mit ihren Frauen weilten. Als Kriemhild den Helden erblickte, sprang sie schnell von ihrem Sitz auf und eilte ihm entgegen. „Willkommen, Herr Siegfried. Nun saget mir: wo ist Gunther, mein Bruder. Ich fürchte, daß ihm Brunhildes Stärke Schlimmes bereitet hat?" „Gebet mir nun Botenbrot", sprach der Held lächelnd. „Wißt, edle Frauen, ihr grämet Euch ohne Not. Gunther ist wohlauf, und er und seine Braut entbieten Euch freundlich holden Dienst. Lasset Euer Weinen. Sie werden bald hier sein."

Da gab Kriemhild, ihre Tränen trocknend, dem lieben Boten gar holden Dank. „Gern gäbe ich Euch mein Gold als Botenlohn", sprach sie lächelnd; „doch dazu seid Ihr zu vornehm." „Und hätte ich dreißig Lande, ich empfinge aus Eurer Hand doch die Gabe gern." Da ließ sie vom Kämmerer vierundzwanzig reich mit Edelgestein geschmückte Spangen holen. Er nahm sie mit freundlichem Dank und gab sie sogleich an die Frauen der Königinnen, die er im Gemache fand.

Auch Frau Ute begrüßte den willkommenen Boten und er berichtete, wie es mit Gunther stehe, und daß er sie bitten lasse, die reichen Gäste wohl zu empfangen. „Er bittet Euch ganz herzlich, ihnen vor Worms an den Strand entgegenzureiten."

„Gern will ich das tun", sprach Frau Ute; „gewiß kommen wir

seinem Wunsche nach." Schnell wurde ringsherum an die Freunde und Mannen Bericht gesendet. Herr Ortwin von Metz ordnete alles auf das Prächtigste an. Teppiche wurden ausgebreitet, Sitze am Strande errichtet und der weite Landungsplatz festlich geschmückt. Und so schmückten sich auch die Männer und Frauen in froher Erwartung eines hohen Festes.

Als Kunde kam, daß sich die Schiffe auf dem Rhein zeigten, und Horngeschmetter von den Türmen ihre Ankunft meldete, da eilte alles zum Strande, die Gäste froh zu begrüßen.

10.
Wie Brunhilde zu Worms empfangen ward

Bis vor das Tor der Feste hatte Markgraf Gere Kriemhildens Roß am Zaume geleitet, nun trat Siegfried hervor und führte sie den Kommenden entgegen. Schon erkannte man am Hauptmaste des vorderen Schiffes die krongeschmückten hohen Gestalten des Königs und der Brunhilde. Und bald stiegen diese mit ihrer Begleitung ans Land zu festlicher Begrüßung.

Freundlich trat Kriemhild der jungen Königin entgegen, neigte sich vor ihr und küßte sie dann auf den Mund. „Seid uns in diesem Lande froh gegrüßt, hehre Königin. Ich und meine Mutter und alle, die uns Freund sind, wollen auch Eure Freunde sein."

Brunhilde wurde durch den Liebreiz und die Freundlichkeit Kriemhildens völlig gewonnen; sie erwiderte ihren Gruß und reichte ihr die Hand. In Eintracht schritten nun die beiden Jungfrauen nebeneinander her und wurden viel bewundert. Wenn alle die strahlende Schönheit Brunhildes priesen, so meinten doch manche, Kriemhild in ihrer lieblichen Anmut sei wohl noch schöner. Nach der Sitte wurde sogleich am Gestade ein großes Turnier abgehalten, in dem die Burgunden mit denen vom Islande und den Nibelungenhelden ihre Kräfte maßen. Als man dann auf Hagens Rat Halt geboten, traten Ritter und Frauen in den zahlreichen Zelten zu eifriger Unterhaltung zusammen. Erst beim Sinken der Sonne begab man sich zum Schlosse, wo indes der Küchenmeister Rumolt alles zum herrlichen Hochzeitsmahle hatte herrichten lassen.

Ehe sich alle zu ihren Plätzen gefunden und das Gelage begann, trat Siegfried zu Gunther und erinnerte ihn an seinen Eid. „Du mahnst mich zur rechten Zeit", sprach Gunther fröhlich. „Was ich gelobt, will ich gern halten." Kriemhild wurde sogleich zum Könige gerufen. Als sie, von ihren Jungfrauen begleitet, zum Bruder treten wollte, rief Giselher lachend ihren Begleiterinnen zu: „Tretet alle zurück, nur Kriemhild allein wünscht der König zu sprechen."

„Nun, liebe Schwester", sprach Gunther, „löse mir meinen Eid ein. Ich schwur dich einem Recken zu. Nimmst du ihn zum Manne, so hast du treulich meinen Willen getan." „Lieber Bruder, ich will gehorsam sein und tun, was Ihr gebietet. Gern laß ich mir es gefallen, wen Ihr mir zum Gemahle gebt."

Siegfried und Kriemhild mußten nun in den Kreis treten und wurden gefragt, ob sie einander zur Ehe begehrten? Beide willigten mit Freuden ein. Siegfried umarmte und küßte seine Braut, und dann wurden sie zum hohen Ehrenplatze geführt, wo man sie nebeneinander sitzen sah.

Inzwischen war Brunhilde mit ihren Frauen im Saale erschienen, und bald hatte auch Gunther neben ihr seinen Platz eingenommen. Das Fest begann.

Als nun Brunhilde über den Saal schaute und Kriemhild neben Siegfried sitzen sah, wurde sie von tiefer Traurigkeit erfaßt, und Tränen entrannen ihren Augen. Erschrocken fragte sie Gunther, was ihr fehle und warum sie weine? „Wohl habe ich Grund zu weinen", ward ihm zur Antwort. „Tiefes Herzeleid trage ich um deine Schwester, die ich bei einem Dienstmanne sitzen sehe. Ich muß immer weinen, daß sie, die hehre Königstochter, so schlecht vermählt sein soll."

„Schweigt jetzt nur", sagte Gunther verlegen. „Ein andermal sage ich euch die Gründe, warum ich meine Schwester an Siegfried gab. Sie mag wohl bei dem Recken ein fröhliches Leben führen. Er hat nicht minder Burgen und weites Land als ich und ist ein reicher König, der über Niederland und das Nibelungenreich herrscht. Darum gönne ich ihm die Jungfrau gern." „Ein König und doch ein Lehensmann", beharrte Brunhilde. „Das kann ich nicht verstehen. Wahrlich, ich werde nicht eher Ruhe finden, bis ich den wahren Grund erfahre." Und was auch Gunther noch sagen mochte,

Brunhilde blieb traurig und gab dem Könige kaum Antwort auf seine Fragen. Ein finsterer Argwohn war über sie gekommen und ließ ihr keine Ruhe. Nun war des Festes Ende gekommen, und alle begaben sich nach Hause. Freundlich grüßten sich die beiden Frauen, als sie sich scheidend begegneten. Bald war es still im Schlosse. In Liebe ruhten Siegfried und Kriemhild beieinander, und er fühlte, daß sie ihm teurer war als sein eigenes Leben.

Anders erging es Gunther in dieser Nacht. Als er die Kämmerlinge entlassen und nun Brunhilde in Liebe umfassen wollte, wehrte sie ihn heftig ab. Nicht eher solle er ihr nahen, bis sie erfahren, wie es sich mit Siegfried und Kriemhild verhalte. Auch ein neuer Versuch Gunthers blieb ohne Erfolg. Mit gewaltiger Kraft ergriff ihn das starke Weib, band ihm Hände und Füße und hängte ihn an einen Nagel in der Wand. Erst als der Morgen tagte und man den Eintritt der Kämmerlinge erwarten mußte, befreite sie ihn auf seine flehende Bitte aus der schmählichen Lage.

Der nächste Morgen versammelte die Festgenossen aufs neue. Siegfried und Kriemhild erschienen strahlend vor Glück und gingen dem burgundischen Königspaar mit freundlichem Gruße entgegen. Kriemhild bemerkte in ihrer Unbefangenheit gar nicht den Ausdruck bitteren Hohns, mit dem Brunhilde ihren Gruß erwiderte. Siegfried aber sah voll Erstaunen, wie verstört und gramvoll Gunther vor sich hinblickte und sich scheute, ihm in die Augen zu schauen. Das war nicht das Aussehen eines Glücklichen. Auch entging ihm nicht, daß Brunhilde Gunther kaum beachtete.

Er nahm den König beiseite, um ihn zu befragen, und dieser fand schwer den Mut, ihm zu erzählen, was ihm in der Nacht widerfahren war. „Wo wäre hier Hilfe", schloß er klagend; „nur der Tod bleibt mir Elendem als Ende meiner Schmach." – „Dein Los ist hart und du tust mir leid", tröstete ihn Siegfried. „Ich hoffe aber, es wird noch alles gut werden. Ich will heute abend in meiner Tarnkappe in dein Gemach kommen. Ich werde das Licht, das der eine Page trägt, auslöschen; daran wirst du erkennen, daß ich da bin. Denn entlasse deine Kämmerlinge und vertraue mir."

Nun war wieder der Abend herangekommen und von ihren Dienern begleitet, begaben sich Gunther und Brunhilde in ihr Schlafgemach. Als Gunther an dem verabredeten Zeichen bemerkte, daß Siegfried da sein müsse, entfernte er die Kämmerlinge und Pagen. Die Lichter erloschen und Gunther stand hinter einem Vorhang verborgen, voll Sorge still erwartend, was geschehen werde.

Siegfried trat zu Brunhilde heran und umfaßte sie mit beiden Armen. „Zurück, Gunther! Rühre mich nicht an, wenn dir dein Leben lieb ist", rief die Königin voll Zorn, und sie drückte seine Hände so gewaltig, daß das Blut unter den Nägeln hervordrang.

Aber ein Stärkerer war über ihr. Siegfried nahm seine ganze Kraft zusammen und drückte Brunhilde mit solcher Gewalt nieder, daß sie laut aufschrie und flehend sprach: „Oh, schone meiner. Ich sehe nun, daß du unwiderstehlich bist. Nicht länger will ich mich weigern, dir gehorsam zu sein." Da trat Siegfried einen Augenblick von ihr weg, und Gunther, der angstvoll gelauscht, schlüpfte eilig an seine Stelle. Leise verließ Siegfried das Gemach. Während des Ringens hatte er der Königin unbemerkt einen Ring vom Finger gezogen; auch den Gürtel, der zur Erde gefallen, nahm er an sich. Nun war Brunhilde ihrer übermenschlichen Kraft beraubt und fortan nicht stärker als ein anderes Weib. Da sie sich von Gunther bezwungen glaubte, wurde sie willig seine treue und folgsame Gattin.

Volle vierzehn Tage der Freizeit waren verflossen. Da nahm Siegfried Urlaub und zog mit Kriemhilden nach Niederland, wo er als Siegmunds und der Sieglinde Sohn vom ganzen Volke mit Jubel empfangen und als König willkommen geheißen wurde.

Ehe sie von Worms schieden, hatte Gunther der Schwester gestattet, sich außer den zweiunddreißig Edelfräulein ihrer Begleitung noch einen Recken mit fünfhundert Mann zur Gefolgschaft zu wählen. „So sei es mein Onkel, Hagen von Tronje", bat Kriemhild.

Dieser aber weigerte sich. „Die Tronjer dienen nur den Burgunderkönigen, die ihnen verwandt sind, sonst niemandem in der Welt." Das verdroß Kriemhild sehr, Siegfried aber sprach scherzend: „Man sieht, daß Hagen sich nicht von seinem guten Weine trennen mag; der läßt ihn nicht fort." Markgraf Eckeward mit seinen Mannen wurde ihr bis in den Tod getreuer Begleiter. Bis an des Landes Grenze aber begleiteten sie die Brüder Gernot und Giselher.

Auf ihrer Burg Xanten lebten nun Siegfried und Kriemhild in

glücklicher Verbindung Jahr um Jahr. Ein Sohn wurde ihnen geboren, den sie Gunther nannten und der zur Freude der Eltern sich zu einem prächtigen Knaben entwickelte, der des Vaters Ebenbild zu werden versprach. Den Nibelungenschatz hatte Siegfried der geliebten Gattin als Morgengabe geschenkt; auch Brunhildes Ring und Gürtel hatte er ihr gegeben. Der Schatz war von Kriemhild unter des treuen Alberich sicherer Hut gelassen.

11.
Besuch in Worms –
Zank der Königinnen

Auch Gunther und Brunhilde hatten bald einen jungen Sohn, aber zu einem herzlich vertrauten Verkehr zwischen ihnen wollte es nicht kommen; nie kam ein fröhliches Wort über Brunhildes Lippen; niemand sah sie je lächeln; auch Gunther lebte beständig in Furcht vor der Entdeckung seines Betruges.

Jahr um Jahr ging dahin, und unablässig lag es Brunhilde im Sinne, wie es doch komme, daß Siegfried so lange schon keine Dienste als Lehensmann geleistet. Zehn Jahre hatten sie nun so nebeneinander gelebt. Da trat eines Tages Brunhilde zu Gunther: „Wie kommt es, daß deine Schwester Kriemhild uns niemals besucht? Ihr Gatte ist doch dein Vasall, und doch hat er uns seit seiner Hochzeit nie einen Dienst geleistet. Fordere ihn doch einmal auf, an deinen Hof zu kommen."

„Wie sollte ich das; sie wohnen doch so weit entfernt; ich kann solche Reise nicht von ihm verlangen." „Kein Untertan ist so mächtig, daß er nicht seines Herrn Befehl erfüllen müßte", entgegnete Brunhilde. „Auch verlangt es mich sehr, deine Schwester Kriemhild einmal wiederzusehen. Gern denke ich an die Tage, als wir hier zusammen waren, und ich sehne mich nach ihrem Anblick. Tue es mir zuliebe, Gunther, und lade sie hierher an unseren Hof." So freundliche und liebevolle Worte hatte Gunther kaum je von seinem Weibe gehört. Freude erfüllte sein Herz. „Auch ich möchte die Schwester hier sehen. Deshalb willfahre ich deiner Bitte gern. Wohl, ich will Boten nach Xanten senden und sie hierher einladen."

Unter des Markgrafen Gere Führung wurden dreißig Mannen wohl ausgerüstet und zu Siegfried gesandt. In Xanten fanden sie ihn nicht, gelangten aber innerhalb dreier Wochen glücklich in das Land der Nibelungen, wo sich Siegfried mit Gattin und Sohn gerade aufhielt.

Glückselig war Kriemhild, als sie die lieben Gäste aus ihrer Heimat erkannte. Ehe Markgraf Gere der Aufforderung folgte, sich zu setzen und von der langen Reise auszuruhen, entledigte er sich erst seines Auftrages.

„Frau Ute und König Gunther, Brunhilde, Gernot und Giselher, sie alle bitten Siegfried und seine Gattin, sie in Worms zu besuchen. Am Sonnenwendfest will man sie dort erwarten."

„Weilt hier und erquickt euch", bat Siegfried; „ich will die Meinen befragen, dann soll euch Antwort werden." Siegfrieds Mannen rieten ihm, mit tausend Begleitern die Reise zu unternehmen. So erhielt Gere, nachdem er und sein Gefolge mit reichen Geschenken bedacht war, den Bescheid, in Worms die baldige Ankunft der Gäste zu melden.

Als Gere und die Seinen in Worms die reichen Geschenke zeigten, meinte Hagen mürrisch: „Der kann leicht geben. Möchte der reiche Schatz nur einmal ins Burgundenland kommen." Nun rüsteten sich Siegfried und Kriemhild, die ihren jungen Sohn in Xanten zurückließen und ihn nie wiedersehen sollten, zur Fahrt nach Worms; dort aber wurden große Vorbereitungen für einen festlichen Empfang getroffen.

Gunther erinnerte Brunhilde daran, wie freundlich sie einst von seiner Schwester begrüßt worden sei. „Wir wollen ihnen morgen an den Rhein entgegenreiten und sie empfangen." So geschah es und freundlich begrüßten sich die beiden Frauen. Bald saß man zu Tische, und als Brunhilde die reiche Kleidung Siegfrieds und der Seinen sah, freute sie sich neidlos darüber, daß wohl kein König einen reicheren Lehnsmann habe als ihr Gatte.

Täglich waren die Königinnen in Eintracht beieinander, besuchten zusammen die Messe, schauten den Turnieren zu und ergötzten sich am Festgelage. So waren elf Tage in Freuden dahingegangen. Wieder saßen in der Vesperstunde des zwölften Tages die beiden Frauen beieinander und schauten von dem hohen Fenster des

Schlosses herab auf den Hof, wo die Recken wie sonst ihre Kräfte im Lanzenstechen miteinander maßen. Wie geschickt und kräftig auch die anderen sich zeigten, allen schien doch Siegfried weitaus voranzustehen. Das sah Kriemhild, und in ihrer Herzensfreude sprach sie ihre Gedanken laut aus: „Ich habe einen Mann, dem billig alle diese Reiche angehörten." Brunhilde fühlte sich durch diese Worte verletzt. „Wie könnte das sein", sprach sie unmutig; „doch nur, wenn niemand lebte als du und er. Solange Gunther lebt, wird es niemals geschehen." Aber Kriemhild, noch völlig versunken in das Anschauen des geliebten Mannes, achtete nicht auf Brunhildes Erregung, sondern sprach weiter. „Siehst du, wie er vor allen Recken herrlich dahergeht, wie der lichte Vollmond vor den Sternen. Wahrlich, ich darf mit vollem Rechte fröhlich sein." „Wie tüchtig, schön und bieder dein edler Mann auch ist, Gunther, dein edler Bruder, muß doch vor allen Königen sein." „Ich darf meinen Mann wohl loben; er ist reich an Ehren und kommt Gunther wohl gleich." „Was ich sagte", entgegnete Brunhilde, „geschah nicht ohne Grund. Als damals Gunther meine Minne gewann, hat Siegfried selber gesagt, daß er des Königs Eigenmann sei."

„Übel wäre mir dann geschehen", rief Kriemhild klagend, „wenn meine Brüder mich einem Lehensmanne vermählt hätten. Ich bitte dich freundlich, laß künftig solche Reden." Zornig fuhr Kriemhild auf, als Brunhilde erklärte: „Ich kann und will nicht auf die Dienste so vieler Recken verzichten. Nein, mit seinen Mannen soll er mir noch manchmal dienen, wie es des Eigenmannes Pflicht ist."

„Verzichte nur darauf", rief sie. „Dir wird er nimmer einen Dienst tun, denn er ist viel hehrer als mein Bruder Gunther. Töricht hast du geredet, unerträglich ist dein Übermut. Wenn du doch so gewaltig über Siegfried sein willst, wie kommt es denn, daß er dir so lange keinen Zins gezahlt hat?" „Zu sehr überhebst du dich", rief Brunhilde. „Ich will doch sehen, ob man dir dieselben Ehren wie mir erweist." „Wohl", rief Kriemhild dagegen; „weil du meinen edlen Gatten für deinen Eigenmann erklärt hast, so sollen doch heute beider Könige Mannen merken, ob ich vor Gunthers Weibe zur Kirche gehen darf?" Als nun Kriemhild den Saal verlassen wollte, rief ihr Brunhilde nach: „Willst du nicht dienstbar sein, so mußt du dich mit deinen Mägden von meinem Gesinde trennen, wenn es zum Münster geht." „Das wird gern geschehen", rief Kriemhild und verließ den Saal. So trennten sich die Königinnen in bitterem Haß.

Alle aufs prächtigste geschmückt, Kriemhild selbst in königlicher Pracht, gingen sie zum Münster, vor dessen Portal schon Brunhilde mit ihrem Gefolge erwartend stand. Bewundert und Böses ahnend sahen die Leute, daß die Königinnen nicht mehr in freundlichem Verein gingen. Als Kriemhild, ohne Gruß an ihr vorüberschreitend, ins Münster gehen wollte, trat ihr Brunhilde in den Weg und rief laut: „Stehe hier stille. Es geziemt sich nicht, daß eine Magd vor des Königs Weib dieses Haus betritt." Erschreckend hörten es die Männer und Frauen im Gefolge beider Königinnen. Zornig erregt entgegnete Kriemhild: „Besser wäre dir, wenn du geschwiegen hättest. Dir wird deine Rede zur eigenen Schande. Die ein Lehensmann bezwang, ist kein rechtes Königsweib." „Wen hat ein Lehensmann bezwungen?" schrie Brunhilde auf. „Dich", antwortete Kriemhild. „So mag es ans Licht kommen, was für immer verborgen bleiben sollte. Wisse denn, nicht König Gunther hat dich im Kampfe bezwungen; das tat Siegfried, mein Gatte; er war es, der dir deine verderbliche Stärke nahm." Vor Entsetzen sprachlos starrte Brunhilde die Feindin an. Das war also die Lösung des Geheimnisses, über dem sie so lange gebrütet. Gebrochen beugte sie ihr Haupt. „Das will ich Gunther sagen", kam es zitternd über ihre Lippen. „Wohl, sage es ihm; er wird es nicht leugnen. Du hast mich Lehensfrau gescholten; ich heiße dich eine vom Lehensmann Bezwungene. Unsere Rechnung ist ausgeglichen." Tränen stürzten aus Brunhildes Augen; sie stand wir versteinert. Kriemhild aber mit ihren Frauen ging stolz schreitend voran ins Münster. Wenig wohl mochten die in so bitteren Streit Geratenen von der heiligen Handlung in sich aufnehmen.

Brunhilde suchte sich zu fassen und beschloß, von der Feindin Beweise für ihre Behauptung zu fordern. Zuerst aufbrechend, erwartete sie Kriemhild vor der Türe des Münsters. „Eine freche Lügnerin heiße ich dich", rief sie der Kommenden entgegen, „wenn du mir nicht beweist, was du vorhin sprachst. Und wehe Siegfried, wenn er sich dessen gerühmt." Mit höhnischem Lachen hob

Kriemhild die Hand empor und rief: „So schau doch her, Brunhilde. Kennst du nicht den Ring an meinem Finger?"

Seit ihrem Hochzeitstage hatte die Königin den Ring vermißt und vergeblich nach ihm gesucht. „Wohl erkenne ich den Ring; er ward mir vor langer Zeit gestohlen. Nun weiß ich auch, wer der Dieb war." „Du hättest besser geschwiegen. Sieh hier den Gürtel, den ich trage. Mein Gatte Siegfried hat ihn dir genommen, als er an Gunthers Statt deine Stärke bezwang."

So sprechend wandte sie der Königin den Rücken und ging mit ihrem Gefolge hinweg. „Ruft Gunther hierher", rief Brunhilde, nachdem sie sich etwas gesammelt. „Er soll erfahren, wie seine Schwester mich beschimpft. Er soll bezeugen, ob das böse Weib die Wahrheit gesprochen." Als Gunther kam und seine Gattin in Tränen fand, war er bestürzt. „Was ist hier geschehen, daß die Königin weint? Bei meiner Krone, der Urheber dieser Tränen soll es büßen."

„Schweres Leid ist mir geschehen", klagte Brunhilde. „Ich sei von einem Lehensmann bezwungen, hat deine Schwester gesagt. Nicht du, sondern Siegfried habe mich in den Wettspielen und im nächtlichen Kampfe besiegt. Und sie trägt meinen Ring und Gürtel. Sage, daß sie lügt. Schirme mich vor Schande, oder ich mag nicht mehr Königin der Burgunden heißen."

„Man rufe den König von Niederland hierher", gebot König Gunther zornig. „Er selbst soll sagen, ob er sich solcher Tat gerühmt." Als Siegfried die Königin und ihre Frauen in Tränen fand, fragte er voller Bestürzung: „Weshalb sandtest du nach mir, Gunther, und warum weinen diese Frauen?" „Schweres Leid ist mir widerfahren. Dein Weib hat sich gerühmt, nicht ich, sondern du habest zuerst Brunhilde besessen. Sage nun, hast du ihr solches gesagt?" „Gewiß nicht", antwortete Siegfried, der Kriemhild nur erzählt, daß er Brunhilde im Kampfe bezwungen. „Kannst du das beschwören?" fragte Brunhilde. „Ja, das kann ich beschwören." Die Recken schlossen sogleich einen Kreis um ihn, und er erhob die Rechte zum Schwur. „Ich erlasse dir den Eid", sprach Gunther, ihm freundlich die Hand reichend; „ich sehe wohl, daß Kriemhild allein die Schuld trägt." „Es ist mir leid, was sie getan", sprach Siegfried. „Ich schäme mich meines Weibes und wahrlich, sie soll es büßen.

Nun aber, genug des häßlichen Gezänkes. Man soll Frauen ziehen, daß sie vorlaute Worte unterlassen."

Als nun Siegfried davonging, schien alles von dem Ausgang befriedigt; nur Hagen schaute auf die bleiche Königin und murmelte: Mit dem Leben mußt du die Schmach büßen, König von Niederland, die du ihr durch deines Weibes Zunge angetan. Er trat zu Gunther und seinen Brüdern. „Siegfried muß sterben", sprach er. „Die Königin ist beschimpft, und nur Blut vermag den Schandfleck auszutilgen." Als auch Ortwin von Metz zustimmte, wies ihn Jung – Giselher zornig zurück. „Schweige, Ortwin, nicht dir gebührt es, über einen König zu richten. Siegfried ist ohne Schuld und hat uns stets nur Liebes erwiesen." Und auch Gunther stimmte ihm bei. „Ja, Siegfried ist ohne Schuld, und in Frieden soll er unter uns wandeln."

So schien der Streit geschlichtet, und Siegfried verkehrte mit seinen Verwandten wir früher.

Aber nie mehr sah man fortan die Königinnen beieinander. Brunhilde mied die Gesellschaft; einsam saß sie in ihrem Gemache und oft suchte sie die verlassensten Stellen am Ufer des Rheins, um hier ihren trüben Gedanken nachzuhängen.

So war es gewesen, grübelte sie; nicht Gunther, sondern Siegfried hatte sie im Kampfe besiegt und ihr die Stärke und Ring und Gürtel geraubt. Und er hatte sich dessen vor Kriemhild gerühmt. Bitterer Haß erfüllte ihre Seele, wenn sie daran dachte. Er, der das getan, muß sterben, sprach es in ihr. Und derselbe Gedanke beschäftigte immer wieder den grimmen Hagen, sooft er Siegfried erblickte. Unablässig drängte er den schwachen Gunther und wurde nicht müde, ihm vorzustellen, wie sehr Siegfrieds Tod seine Macht und sein Ansehen mehren müßte. Die Niederlande und das Nibelungenreich werde er gewinnen, kein König an Macht ihm gleichen, und sein werde vor allem der unermeßlich reiche Nibelungenschatz. „Und nie, Gunther, solange Siegfried lebt, wird Brunhilde getröstet sein; nie wird sie sich dir in Liebe nahen; der Gram wird ihr Leben aufzehren."

So lockend gewann er endlich den schwachen und goldlüsternen König mehr und mehr für seinen schwarzen Plan. „Und wenn wir auch Siegfrieds Tod beschlössen", wandte er nur noch ein, „wer würde es wagen, den Starken anzugreifen?" „List, nicht Gewalt soll uns zum Ziele führen. Wir lassen falsche Boten Krieg ansagen von Lüdiger und Lüdegast. Willfährig wird Siegfried bereit sein, mit uns in den Krieg zu ziehen, und in Sorge um ihn verrät mir Kriemhild leicht, an welcher Stelle seines Körpers er verwundbar ist. Wissen wir das, so kommen Friedensboten, und auf der Jagd, die wir veranstalten, wird Siegfried erschlagen." Schaudernd hatte sich Gunther zuerst abgewandt, als Hagen ihm seinen höllischen Plan entwickelte, aber der immer erneute Hinweis, daß er auf keine andere Weise Brunhildes Gunst wieder gewinnen werde und die lockende Aussicht auf Mehrung von Macht und Besitz brachten ihn endlich dazu, in den Mordplan einzuwilligen, nachdem Hagen auch sein letztes Bedenken niedergeschlagen. „Wer will die Hand gegen den Gewaltigen erheben?" fragte Gunther zweifelnd. „Ich will es tun; ich hasse den Sohn der Sonne", war Hagens entschlossene Antwort.

Da war Gunthers Widerstand gebrochen, und Siegfrieds Tod ward beschlossen. Und nun zögerte man nicht mit der Ausführung des schrecklichen Mordplans. Bald sah man zweiunddreißig Fremde in den Hof reiten. Sie seien gekommen, meldete man dem Könige, um den Burgunden Fehde anzusagen. Vor Gunther geführt, sprach ihr Anführer: „Herr, die Könige Lüdiger und Lüdegast, erzürnt über die Beleidigung, die Ihr ihnen angetan, lassen Euch Fehde ansagen. Sie wollen mit Heeresmacht in Euer Land kommen."

Gunther ließ die Boten zur Herberge geleiten. Er schien schwer bekümmert und voller Sorge. Als Siegfried erfuhr, was ihn betrübe, war er sofort zur Hilfe bereit. Am andern Morgen sollte man ausziehen.

Hagen ging, Abschied nehmend, zu Kriemhild und fragte sie, wie er ihren Gatten im Kampfe am besten schützen könne. „Nur an einer Stelle ist er verwundbar", erklärte Kriemhild, „ich fürchte immer, wenn er sich ins dichteste Kampfgewühl stürzt, könnte ein Speer ihn dort treffen." – „Kennte ich die Stelle, so wollte ich ihn wohl mit meinem Schilde beschützen." Da versprach Kriemhild, sie wolle auf den Mantel an jener Stelle ein kleines Kreuz nähen und empfahl den Gatten der Obhut ihres Verwandten.

12.
Wie Siegfried erschlagen ward

Als am andern Morgen vor dem Auszuge des Heeres Hagen sich hinter Siegfried geschlichen und auf seinem Mantel das kleine rote Kreuz gesehen hatte, ging er frohlockend zu Gunther. Nun war kein Kriegszug mehr nötig. Schnell erschienen neue Boten mit Friedensantrag, und Gunthers Vorschlag, wenigstens zur Jagd in den Odenwald zu reiten, wurde von Siegfried froh begrüßt. Doch ehe sie hinauszogen, ging er zu seinem Weibe, um ihr zu erzählen, wie nun alles anders gekommen sei und daß es nur zur Jagd gehe. Kriemhild aber umfaßte weinend den geliebten Mann und flehte ihn an, heute nicht zur Jagd zu gehen. „Ein böser Traum hat mich in der Nacht erschreckt. Ich sah zwei wilde Eber dich über die Heide verfolgen, und rot von Blut waren Blumen und Gras. Mir ahnt Unheil. Vielleicht sinnt dir mancher Verrat, den du ohne Wissen und Willen beleidigt hast. Oh, tue es mir zuliebe und bleibe heute von der Jagd."

„Liebes Weib", sprach Siegfried tröstend und ihr mit gütigem Lächeln das blonde Haar streichelnd. „Ich komme ja bald wieder. Wen sollte ich auch fürchten? Keinen hier kenne ich, der Haß gegen mich im Herzen trüge. Hold sind mir alle deine Blutsverwandten, und ich habe es auch nicht anders verdient."

„Oh", flehte Kriemhild ängstlich, „bleibe doch hier. Zwei Berge, träumte mir, stürzten über dir zusammen und begruben dich unter sich, so daß dich mein Auge nimmermehr schauen konnte. Bleibe, oh bleibe, ich vergehe vor Leid." Verwundert hörte der Held seines Weibes Klagen, dann umfaßte er sie, küßte sie zärtlich und verließ schnell das Gemach.

Bald ritten nun Siegfried, Gunther und Hagen mit Gefolge unter fröhlichem Hörnerschall dem fernen Walde zu. Gernot und Giselher waren in Worms geblieben. Als sie an einen grünen Anger gekommen waren, wurde Halt gemacht, und auf Hagens Vorschlag trennten sich die Jäger; jeder sollte auf eigene Hand dem Wilde nachspüren, da werde sich dann ergeben, wer die beste Beute erlangt. So geschah es.

Von einem alten, erfahrenen Waidmanne gut geführt, hatte

Siegfried bald Hirsche und Rehe, Auerochsen und Elentiere, ein Wisent und zuletzt einen wilden Eber erlegt. Fast schien es ihm genug der Beute; die Knechte wurden gerufen, die Hunde anzubinden und das erlegte Getier aufzuladen. Von allen Seiten strömte es schon der Feuerstätte des Königs zu, wo sich auf Gunthers Ruf die Jäger zum Imbiß sammeln sollten, und auch Siegfried mit seinem Begleiter begab sich zur allgemeinen Sammelstätte, die lockender Hornruf allen kenntlich machte. Wie sie so dahinzogen, brach plötzlich ein wilder Bär durch das Dickicht; der sich von allen Seiten erhebende Lärm hatte ihn aufgeschreckt. „Lasset den Spürhund los", rief Siegfried; „ich will uns eine Kurzweil bereiten, der Bär soll mit uns." Und wie flüchtig auch das erschreckte Tier dahineilen mochte, Hund und Roß waren doch schneller. Als aber der Bär, schon fast eingeholt, zu einem Felsengrunde flüchtete, wo Steine und Gestrüpp es Grane unmöglich machten, hindurchzudringen und ihm zu folgen, da sprang Siegfried vom Rosse. Mit Windesschnelle eilte er dem Bären nach, ergriff ihn mit starken Händen, schnürte ihm Hals und Beine so eng zusammen, daß er nicht beißen konnte, und band ihn an den Sattel seines Grane, dem auch die doppelte Last nicht zu schwer war.

Als sie nun zur Feuerstätte gelangt, sahen die Jagdgefährten staunend das gewaltige Tier, das gebunden am Sattel hing, und bewunderten Siegfrieds Stärke. Dieser aber sprang schnell vom Rosse und zerschnitt des Bären Bande. Von den Hunden gehetzt, verfehlte das befreite Tier den Weg zum Walde und geriet in die Küche, wo die Köche schreiend entwichen, und mancher Topf umgeworfen wurde. Alles verfolgte den fliehenden Bären, der doch von keinem Speer getroffen wurde, da die Jäger einen der edlen Hunde zu verletzen fürchteten. Nun eilte Siegfried dem flüchtenden Tiere nach und erlegte es mit kräftigem Schwerthiebe. Dann setzten sich alle Jagdgenossen fröhlich zum Mahle.

Treffliche Speise wurde aufgetragen, die allen köstlich mundete. Aber bald sprach Siegfried: „Es wundert mich, warum bei soviel Gutem, das uns die Köche bieten, kein Wein gereicht wird? Wenn das hier so Jagdgebrauch ist, dann mag ich künftig bei keiner Jagd mehr sein." „Verzeihe", sprach Gunther mit falschem Sinn. „Daran trägt Hagen die Schuld; es scheint, er ließe uns gern verdursten."

„Leid ist mir mein Versehen", entschuldigte sich Hagen. „Ich glaubte, wir würden drüben im Wasgenwalde jagen, und ließ den Wein dorthin schaffen. Verzeiht mir."

„Des weiß ich Euch wenig Dank", sprach Siegfried unmutig. „Könnten wir nur wenigstens mit Wasser unsern Durst löschen." „Da kann ich helfen, ihr Helden", tröstete Hagen. „Ich weiß hier in der Nähe einen kühlen Brunnen im Schatten einer mächtigen Linde, zu dem wollen wir hin." Fast ungeduldig mahnte Siegfried zu schnellem Aufbruch. „Oft hörte ich die Leute sagen", begann da Hagen, „es könnt sich keiner im Laufe messen mit Kriemhildens Manne. Gerne möchte ich es erproben, ob sie wahr reden?" „Wohl, wollt Ihr mit mir zum Quell laufen um die Wette, ich bin dazu bereit. Wer zuerst am Brunnen anlangt, hat gesiegt." „Das wollen wir versuchen", rief Hagen eifrig, und auch Gunther erklärte sich zum Wettlaufe bereit. „Gern will ich euch einen Vorsprung gönnen. Wenn ihr zum Sprunge bereit steht, will ich mich erst der Länge nach ins Gras strecken und dann aufstehen und meinen Lauf beginnen. Auch mögt ihr euer Gewand ablegen, ich aber will in meiner Jagdkleidung mit Schild und Speer laufen und Schwert und Köcher mit mir tragen."

Eilig legten Gunther und Hagen Gewand und Waffen ab; im bloßen Unterkleide liefen sie wie zwei wilde Bardel durch den Klee; aber wie sehr sie sich auch anstrengten, Siegfried war ihnen halb weit voraus. Als er den Brunnen erreichte, legte er den Schild zu seinen Füßen ins Gras, die anderen Waffen aber lehnte er an einen etwas entfernter stehenden Baum. Dann stand er wartend da; so sehr ihn dürstete, er wollte seinen Durst nicht löschen, bevor Gunther vor ihm getrunken.

Keuchend kamen endlich auch die beiden heran, und Gunther neigte sich schlürfend zum Brunnen. „Nichts ist doch erquickender für den Durstigen als ein Trunk aus frischem Quell", rief er, Siegfried Platz machend, der sich schnell niederbeugte, um zu trinken. Inzwischen hatte Hagen geräuschlos die Waffen Siegfrieds entfernt; nur den Schild, der zu des Helden Füßen lag, konnte er nicht unbemerkt fortbringen. Er ergriff den starken Speer, und hinter Siegfried tretend, spähte er nach dem Zeichen in des Helden Gewande. Und da schimmerte das kleine Kreuz von roter Seide, das die liebende Gattin eingenäht, ohne zu ahnen, wie sie mit eigener Hand dem Geliebten das Verderben bereitete. Hoch hob Hagen den Speer und traf mit sicherem Wurfe den arglos Trinkenden an der Stelle, wo keine feste Hornhaut den Körper schützte. Der aufspringende Strahl roten Blutes netzte Hagens Gewand. Vom Rücken her das Herz durchbohrend, war die Spitze der tödlichen Waffe zur Brust herausgedrungen.

Auf sprang der Verwundete mit schrecklichem Schrei, wild seine Waffen suchend. Als er sie nicht fand, erfaßte er den Schild zu seinen Füßen. Vergeblich suchte Hagen schnell zu entrinnen. Siegfried erreichte ihn und schlug mit letzter Kraftanstrengung so gewaltig auf den tückischen Mörder ein, daß dieser betäubt zu Boden stürzte. Hätte Siegfried sein Schwert gehabt, Hagen hätte fürwahr seinen Lohn empfangen. Dann schwand dem wunden Helden die Kraft; der Schild entsank seinen Händen; da fiel in die Blumen der Kriemhilde Mann, und sein unablässig aus der furchtbaren Herzwunde strömendes Blut färbte Gras und Blumen rot. „Oh, wehe über euch feige Mörder", rief der Sterbende. „Stets war ich euch treu gesinnt, und so übel vergeltet ihr nun die Dienste, die ich euch getan." Und als sein Blick auf Hagen fiel, der halb freudig, halb mit Entsetzen den sterbenden Helden betrachtete, rief er ihm mit letzter Kraftanstrengung zu: „Du hast gesiegt, aber wehe dir und dem Könige von Burgund. Der Tag der Rache wird einst kommen. Wie die Sonne dort blutrot untergeht, so wird einst das Königshaus der Burgunden in Blut versinken."

Als nun die Jagdgenossen alle herangekommen waren, da erhob sich allenthalben bittere Klage, und auch Gunther klagte laut. Der Todeswunde aber sprach, sich mühsam halb aufrichtend: „Es ist nicht not, daß der den Schaden beweint, der ihn selbst verursacht hat. Spare deine Tränen, du falscher König." Da wandte sich Hagen zu Gunther und sprach: „Warum klagt Ihr? Nun hat alle unsere Sorge ein Ende. Es gibt keinen mehr, der uns gleich wäre. Ich freue mich, daß dieser zu Fall kam." „Leicht magst du dich rühmen", entgegnete Siegfried. „Hätte ich deinen bösen Sinn erkannt, ich würde mich wohl vor dir gewahrt haben. Nichts jammert mich so als mein Weib Kriemhild. Laß dir mein liebes Weib empfohlen sein, edler König. Denke, daß sie deine Schwester ist, und sei ihr hold.

Nun werden Kriemhild und meine Mannen meiner vergebens harren. Sie werden schweres Leid erdulden!"

So klagte der Sterbende; bald aber sank er ins Gras zurück und sein Auge brach. Die Jagdgenossen legten den Toten auf seinen Schild und hielten Rat, wie es verborgen bleiben könnte, daß Hagen ihn ermordet. „Wir wollen sagen, daß Räuber ihn erschlugen, als er allein im wilden Walde jagte." Gunther billigte den Ratschlag, Hagen aber erklärte trotzig, ihn kümmere es wenig, wer darum wisse, daß er Siegfried erschlagen.

Als es Abend geworden, brachte man den Leichnam des Ermordeten nach Worms.

13.
Wie Siegfried bestattet ward

Auf Hagens Befehl hatte man in der Nacht Siegfrieds Leiche vor die Schwelle seines Hauses gelegt. Als nun am frühen Morgen die Mettenglocke läutete und die Königin nach ihrer frommen Gewohnheit zum Münster gehen wollte, da trat einer ihrer Kämmerer zu ihr: „Wartet ein wenig, Herrin! Draußen vor der Schwelle liegt ein toter Mann. Ich will die Knechte rufen, daß sie ihn hinwegtragen." Kaum hatte die Königin diese Worte gehört, als sie mit gräßlichem Aufschrei, der durch das weite Haus gellte, ohnmächtig zu Boden sank. Helfend eilten ihre Frauen herbei und bemühten sich um die Herrin. Als sie endlich aus ihrer Erstarrung erwachte und zur Besinnung kam, da wußte sie klar, welch furchtbares Leid sie getroffen. „Ich weiß es, es ist Siegfried, mein lieber Mann; sie haben ihn erschlagen. Brunhilde hat es geraten, und Hagen hat es getan."

Dann eilte sie hinaus und kniete draußen bei dem Toten nieder. Wie auch geronnenes Blut sein blasses Antlitz entstellte, als sie mit ihren weißen Händen sein schönes Haupt emporhob, erkannte sie sogleich den geliebten, teuren Gatten. „Wehe des Leids", klagte sie. „Nicht im Kampfe bist du gefallen, ermordet hat man dich. Bis an meines Lebens Ende sinne ich dem Mörder auf Rache." Sie ließ Siegfrieds Mannen wecken, die bald klagend seinen Leichnam umstanden und in wildem Grimm ihre Waffen erhoben. Sie verlangten stürmisch von Kriemhild zu erfahren, wer der Mörder sei. Blutig wollten sie an ihm des Helden Tod rächen. „Nicht euch gebührt die Rache", sprach sie beruhigend, „sie ist mein! Ich schwöre es, daß mein Gatte nicht ungerächt bleiben soll. Ihr aber haltet Friede. Ihr seid wenige gegen viele und würdet der Übermacht erliegen. Geht nun, bis ich euch rufe, daß wir meinen lieben Gatten in den Sarg legen."

Kriemhild erschien fortan in ruhiger Gefaßtheit. Sie ließ den Leichnam ins Gemach tragen, wusch seine Wunden, und dann wurde er in schönes Gewand gekleidet und auf eine Bahre gelegt. Kriemhild ließ geschickte Schmiede kommen, die mußten aus Gold und Silber und starkem Stahl einen herrlichen Sarg schmieden. Als der Morgen angebrochen war, ließ Kriemhild ihren toten Gatten zum Münster tragen. Und erschien auch Gunther mit den Seinen. „Mich jammert dein großes Leid, liebe Schwester", sprach er zu Kriemhild; „wir müssen alle um ihn klagen." Doch die Königin wies ihn derb zurück. „Wenn Ihr es nicht gewollt hättet, wäre es nicht geschehen. Ihr habt mir meinen Mann geraubt." Als nun alle das leugneten und ihre Unschuld beschworen, sprach Kriemhild: „Wer sich frei weiß von Schuld, der trete hier zur Bahre, daß man die Wahrheit erkenne." Sie alle taten, was die Trauernde verlangte; sie traten zur Bahre und legten schwörend ihre Hand auf den Leichnam. Als auch Hagen herantrat, da brachen des Erschlagenen Wunden auf, und das Blut begann wieder zu fließen, als sei der Mord eben geschehen. Schnell trat Gunther zur Bahre, um dem Kreise der Umstehenden das fließende Blut zu verbergen, und versicherte laut: „Ich schwöre es dir, Räuber haben im Walde Siegfried getötet; Hagen ist unschuldig an dem Morde." „Ich kenne die Räuber wohl", erwiderte Kriemhild in tiefer Trauer; „gebe Gott, daß ich einst seinen Tod an ihnen rächen kann."

Der Sarg war bereitet und Siegfried in ihn gebettet. Aber Kriemhild wehrte dem, daß er schon geschlossen wurde. „Laßt mich noch bei dem Geliebten, daß ich sein teures Antlitz sehe. Drei Tage und drei Nächte will ich beim offenen Sarge bleiben; vielleicht erbarmt sich Gott meiner Not und schickt auch mir den Tod." Und es geschah nach Kriemhilds Willen; bis an den dritten Morgen blieb sie trauernd an des Toten Seite. Am Morgen des dritten Tages wurde das Totenamt gehalten und unter Wehklagen der Sarg zur Gruft getragen. Ganz Burgund betrauerte den Verlust.

14.
Wie der Nibelungenschatz nach Worms kam

Als nun Siegfried bestattet war, kamen seine Nibelungenrecken zu Kriemhild und baten sie, mit ihnen heim zu ziehen nach Xanten und über Siegfrieds ganzes Reich als Königin zu herrschen. „Alles soll dir untertan sein, und wir werden dir gern und mit Freuden dienen." Kriemhild dankte ihnen für ihre Liebe und Treue, doch sie könne nicht mit ihnen ziehen; sie müsse hier bleiben, es geschehe, was da wolle. Wer solle auch sonst an Siegfrieds Grabe klagen!

Mit tiefer Trauer fügten sich Siegfrieds Mannen in das Unvermeidliche und schieden mit schwerem Herzen von ihrer Herrin. Traurigen Mutes sah man sie rheinabwärts ziehen der Heimat entgegen. Kriemhild aber blieb in ihrem Hause zu Worms und ging täglich zum Grabe des Gatten, seinen Tod und ihr trübes Geschick beklagend. Es vermochte niemand sie zu trösten, und selbst Mutter Utes und ihres liebsten Bruders Giselher freundlichen Worten gelang es nicht, sie aufzurichten.

So waren schon mehr als drei Jahre dahingegangen seit Siegfrieds Tode und noch immer hielt sich Kriemhild dem Umgange mit den Ihrigen fern. Zu ihrem Bruder Gunther sprach sie kein Wort; Hagen hatte es vermieden, ihr unter die Augen zu treten. Da gab endlich Hagen dem Könige den Rat, er solle versuchen, sich mit der Schwester auszusöhnen. „Gewinnt Ihr sie wieder zur Freundin, dann kommt der Nibelungen unermeßlicher Schatz nach Worms, und Ihr werdet der reichste Herrscher auf Erden." „Versuchen will ich es", sprach Gunther bereitwillig und sandte seine Brüder Gernot und Giselher zur Schwester. Eindringlich sprach Gernot auf Kriemhild ein. „Zu lange schon trauerst du um deines Gatten Tod und bleibst den Deinen fern. Auch will es dir Gunther mit feierlichem Eide beschwören, daß er dir den Gatten nicht erschlug." „Niemand beschuldigt ihn des Mordes", entgegnete Kriemhild. „Ich weiß wohl, daß Hagen meinen Siegfried erschlagen hat. Hätte ich seinen bösen Sinn erkannt, so hätte er nie von mir erfahren, an welcher Stelle mein Gatte verwundbar war, und ich dürfte jetzt nicht in Not und Jammer klagen."

Als aber auch Giselher seine herzliche Bitte zu der des Bruders fügte, erklärte Kriemhild sich endlich bereit, König Gunther wieder zu grüßen. Bald kam dieser mit großem Gefolge, und sie versöhnte sich mit allen am Hofe, außer mit Hagen. „Allen will ich verzeihen", erklärte sie, „nur dem einen nicht, der mir den Gatten mordete." Auf ihrer Brüder Rat willigte Kriemhild auch bald darein, daß der Nibelungenschatz nach Worms gebracht werde. Ein wunderbarer Schatz war es, von unerhörtem Reichtum. Vier Tage und vier Nächte lang fuhren zwölf fast überladene Lastwagen von der Burg, die ihn verwahrte, herab zum Gestade; jeder brachte täglich drei Lasten zum Schiffe, alles Gold und köstliches Gestein.

Als Kriemhild ihn empfangen, begann sie mit vollen Händen Gaben auszustreuen, und immer zahlreicher wurde die Zahl der Einheimischen und Fremden, die sie durch ihre Darbietungen sich verpflichtete und in ihre Dienste zog. Das sah Hagen mit Sorge. „Wenn das so weitergeht", warnte er König Gunther, „so gewinnt sie sich ein zu zahlreiches Dienstgefolge. Siehe zu, o König, daß uns das keinen Schaden bringt."

Als aber Gunther und seine Brüder der Warnung nicht achteten, benutzte Hagen einmal die Abwesenheit derselben; er bemächtigte sich fast des ganzen Schatzes und ließ ihn bei Lochheim in den Rhein versenken.

15.
Wie König Etzel gen Burgund nach Kriemhild sandte

Als Frau Helche, die vielgepriesene Gattin des mächtigen Hunnenkönigs Etzel, gestorben war und der Fürst an eine neue Ehe dachte, riet man ihm, um Frau Kriemhild, die stolze Witwe Siegfrieds im Burgundenland zu werben. „Wenn Ihr ein edles Weib gewinnen wollt", mahnte ihn sein erster Minister, „so nehmt jene Frau, deren Mann der starke Drachentöter war; sie ist die Höchste und Beste, die je ein Fürst gewann." „Das ist ein mißlich Ding", sprach der reiche König. „Ich bin ein Heide, nie getauft, die Frau ist Christin. Es wäre ein Wunder, wenn sie zustimmte." „Wenn sie es aber doch tut", entgegnete ein anderer seiner Vertrauten. „Bei Eurem hohen Namen und reichen Gut solltet Ihr es doch versuchen."

„Wem unter euch ist das Volk und Land am Rheine bekannt?" fragte der König.

Da sprach der edle Markgraf Rüdiger von Bechelaren: „Ich kenne die hohen Könige seit ihrer Kindheit, die tapferen Helden Gunther und Gernot und den jungen Giselher. Wie ihre Ahnen halten sie auf Tugend und Ehre."

„Sage mir", sprach Etzel, „ziemt es ihr, die Krone zu tragen in meinem Lande? Ist sie von großer Schönheit, so werden meine besten Freunde es sicher nicht beklagen!" „Sie mag wohl an Schönheit meiner Herrin gleichen, der edlen Helche. Keine Königin hier auf Erden könnte schöner sein. Wohl dem, den sie zum Freunde erkoren hat." „Hast du mich lieb", sprach Etzel, „so wirb um sie für mich. Ich will es dir lohnen, so gut ich immer kann. Wann wollt ihr euch auf die Fahrt machen?"

„Erst müssen wir zur Reise Waffen und Gewand rüsten, daß wir vor den Fürsten uns Ehre einlegen", sagte Rüdiger. „Ich nehme fünfhundert edle Ritter mit an den Rhein. Man soll es bei den Burgunden zugestehen, daß nie ein König so reiche Botschaft gesandt. In vierundzwanzig Tagen brechen wir auf. Ich lasse es sogleich meiner lieben Gattin Gotelind melden, daß ich selbst Bote zu Kriemhild sein will." Als Rüdigers Gattin die Botschaft vernommen, ward ihr das Herz froh und schwer. Mit liebreichem Sinne gedachte sie der schönen Helche und weinend fragte sie sich, ob sie wohl eine Herrin gewinnen werde, die so edel und gut wäre, wir Helche es gewesen. Schon nach sieben Tagen brach Rüdiger von Ungarn auf nach Wien, wo inzwischen die Kleider angefertigt waren und für die Helden bereit lagen; in Bechelaren harrten seiner die Gattin und seine liebe Tochter Dietlinde, ein edles Kind. Mit lachendem Herzen begrüßte die Jungfrau den Vater und seine hunnischen Helden. Als die Gatten in Ruhe beieinander waren, befragte Gotelind den Markgrafen nach dem, was er vorhabe, und dieser berichtete ihr von dem Zwecke seiner Sendung. Kriemhild aus Burgund soll hier bei den Hunnen gewaltige Königin sein. „Gern möchten wir sie gekrönt im Hunnenlande sehen", sprach Gotelind, „da wir ihr so viel Ehren zugestehen hören. Sie könnte uns unsere liebe Frau Helche ersetzen."

. Am siebenten Morgen brach Rüdiger aus Bechelaren auf. Reich bewaffnet und gekleidet ritten sie durch der Bayern Land; des mächtigen Etzel Boten wagte auch der Kühnste nicht zu belästigen, und binnen zwölf Tagen kamen sie zum Rhein. Dem König Gunther und seinen Mannen wurde bald angesagt, daß fremde Gäste kämen, und er erkundigte sich, ob jemand die Herren kenne, deren mitgeführte Lasttiere schwer beladen waren und den Reichtum der Ankömmlinge verrieten. Man gab ihnen sofort Herberge in der Stadt, und dann wurde nach Hagen gesandt, ob er wisse, wer die Fremden seien? „Ich habe sie noch nicht gesehen", sprach Hagen; „sie müßten von weit herkommen, wenn ich sie nicht erkennen könnte."

Als nun der Bote mit seinen Heergesellen in reicher Kleidung zu Hofe ritt, sprach Hagen: „Ich habe den Helden schon lange nicht gesehen, doch scheint es Rüdiger aus Hunnenland zu sein." „Wie sollte Rüdiger aus Bechelaren in dieses Land kommen?" fragte der König zweifelnd. Aber als die fünfhundert Mann von den Rossen stiegen, da hatte Hagen auch schon Rüdiger erkannt und eilte ihm entgegen. „Hochwillkommen seien uns diese Degen, der Vogt von Bechelaren, der Vater der Heimatlosen, der mildeste Wirt in deutschen Landen, mit all seinen Mannen", rief er freudig. Als sie in den Saal getreten waren, wo König Gunther saß, erhob er sich höflich von seinem Sitze, um sie zu begrüßen. Er nahm Rüdiger bei der Hand und geleitete ihn zu dem Sitze, wo er selber saß. Gernot, Giselher, Markgraf Gere, Dankwart und Volker kamen alle wohlgemut herbei, die Boten zu begrüßen. „Wie geht es Etzel und Helche in der Hunnen Land?" begann Gunther zu fragen. – „Gern mache ich Euch das bekannt", erwiderte Rüdiger, indem er sich mit seinen Mannen von seinem Sitze erhob. „Erlaubet Ihr, Fürst, so gebe ich Euch willig Bericht, was ich zu melden beauftragt bin. Mein großer Schirmherr erweist Euch treue Dienste hierher an den Rhein, Euch und allen Freunden, die Euch nahestehen. Der edle König läßt Euch seine Not klagen. Tot ist Frau Helche, die reiche, seine königliche Gemahlin, sein Volk ist ohne Freude. Viel schöne Jungfrauen, edler Fürsten Kinder, die sie erzogen hat, sind ratlos und wissen im Lande keinen, der sie pflegt."

„Die Welt", sprach der Recke Gernot, „darf der schönen Helche Tod wohl betrauern; sie war mit reichen Tugenden geschmückt." Auch Hagen bekräftigte das.

„Erlaubt Ihr es mir, Herr König", fuhr Rüdiger fort, „so sag ich Euch noch mehr. Man hat meinem Könige gesagt, Kriemhild sei ohne Mann, Herr Siegfried sei gestorben. Wohlan, wenn es sich so verhält, wollt Ihr es ihr gönnen, daß sie in Etzels Land die Königskrone trägt? Das fragt Euch mein Herr!" „Tut sie es gern, so sage ich ihr meinen Willen", sprach Gunther. „Warum sollte ich es Etzel versagen, ehe ich es von ihr erfahre. In drei Tagen hört Ihr von mir Bescheid."

König Gunther holte sich Rat von seinen Getreuen, ob es ihnen gut scheine, daß Kriemhild sich dem König Etzel vermähle? Alle stimmten zu, nur Hagen widerriet. „Habt ihr kluge Sinne, so seid auf der Hut; tut es nimmer, auch wenn Kriemhild es will." – „Warum sollte ich meiner Schwester nicht gönnen, was wir selbst betreiben sollten, wenn es ihr Ehre bringt?" sprach Gunther fragend. „Schweigt davon", rief Hagen; „wenn Ihr Etzel kennen würdet, wie er sich mir gezeigt, würdet Ihr anders urteilen. Ihr werdet es bald bitter beklagen, wenn Kriemhild seine Gattin wird." „Auch wenn sie sein Weib wird", entgegnete Gunther, „können wir es leicht vermeiden, ihm so nahe zu kommen, daß wir durch seinen Haß Schaden erleiden." Aber Hagen fuhr fort zu widersprechen.

Es wurde nach Gernot und Giselher gesendet und sie um ihre Meinung gefragt. Sie stimmten Gunther zu, aber Hagen war nicht zu überzeugen. „Nun könnt Ihr zeigen, Hagen", sprach Giselher, „ob Ihr treu gesinnt. Gebt meiner Schwester Ersatz des Leides, das ihr durch Euch geschehen ist. Ihr habt ihr so manches Leid getan, daß sie wohl Ursache hätte, Euch gram zu sein." „Ich sage euch nur, was ich kommen sehe", beharrte Hagen. „Nimmt Etzel sie zum Weibe, so erlebt sie noch die Zeit, wie sie es auch zuwege bringt, uns viel Leid anzutun. Mancher wackere Mann kommt in ihre Dienste." Gernot riet, Kriemhild Treue zu halten; das werde ihnen selbst zur Ehre gereichen. Nach Etzels Land würden sie nimmer kommen. „Ich bin nicht widerlegt", sprach Hagen. „Trägt die edle Kriemhild Helchens Krone, so tut sie uns noch viel Leides an. Ihr sollt es bleiben lassen."

Aber die drei Könige kamen überein, falls Kriemhild einwillige, solle sie Etzels Gattin werden. Markgraf Gere erbot sich, es ihr zu melden. „Ich werde ihr sagen, daß sie Etzel wohl nehmen mag. Er mag ihr Ersatz geben für manches Leid, das ihr angetan ist." Freundlich empfing ihn die Fürstin und vernahm seine Mitteilung, daß König Etzel um sie werbe. „Das verbiete Gott Euch und allen meinen Freunden", sprach die Jammerreiche, „daß sie solchen Spott an mir Armen üben! Was sollte ich einem Manne?"

Auch als Gernot und Giselher herbeikamen, fuhr sie fort heftig zu widersprechen. Niemand konnte die Königin überreden, in Zukunft einen Mann zu lieben. Nach vielem dringenden Zureden erreichten ihre Verwandten nur, daß sie einwilligte, wenigstens den Boten anzuhören. „Ich will es nicht versagen", sprach sie, „da ich Rüdiger ob seiner vielen Tugend gern bei mir sehe. Jeder andere Bote wäre mit unbekannt geblieben. Heißet ihn morgen zu mir in mein Gemach kommen, dann werde ich ihm selbst deutlich meinen Willen ankündigen."

Auch Rüdiger war es zufrieden, daß sie ihn empfangen wolle, denn kam es nur dazu, daß die Königin ihn anhörte, so glaubte er sicher zu sein, daß er sie überreden werde. Früh am andern Morgen nach dem Meßgesange harrte Kriemhild traurigen Mutes auf des Markgrafen Kommen. Sie war in dem schlichten Kleid, das sie immer trug, es war von Tränen naß, und auch die Frauen ihres Gefolges waren ohne Freude.

„Edles Königskind", sprach nun der Bote, „Ihr sollt erlauben, daß ich und die Gefährten, die mit mir sind, vor Euch stehen und Euch die Märe sagen, um deretwillen wir Euch sehen." „Ich will Euch erlauben zu reden, was Ihr wollt. Ihr seid ein guter Bote." So sprach Kriemhild, aber es war leicht zu erkennen, daß sie nicht willig war. „Große Liebe und Treue", begann Rüdiger, „entbietet Euch der hehre König Etzel."

„Markgraf Rüdiger", antwortete Kriemhild, „wenn irgendwer mein herbes Leid wüßte, der bäte mich nicht, wieder einen Mann zu lieben. Ich verlor den besten, den je eine Frau gewann." „Was kann", sprach der Bote, „nach Leid den Menschen besser ergötzen, als echte Freundesliebe, wenn er die hegt und sich einen wählt, der ihm nach Wunsche kommt. Nichts frommt so sehr gegen Seelenleid. Wenn Ihr meinen edlen Herren minnet, so sollt Ihr die gewaltige Herrin sein von zwölf Kronen. Auch gibt er Euch das Land von dreißig Fürsten, die einst meiner Herrin Helchen untertan waren, sie sollen in Eure Dienste treten. Auch will Euch der König, wenn Ihr bei ihm seine Krone tragt, die allerhöchste Gewalt über Etzels Mannen geben, die Frau Helche je gewann." „Wie könnte mich", sprach die Königswitwe, „nach je wieder eines Helden Ehe gelüsten, der der Tod an einem so herbes Leid angetan, daß ich es bis an mein Ende nimmer verschmerzen kann."

Auch die anderen Hunnen redeten ihr zu. Das Leben bei Etzel werde ihr so herrlich dahingehen, daß sie es mit Wonne erfüllen müßte. „Nun laßt die Rede", entschied Kriemhild. „Kommt morgen in der Frühe hierher, und ich will euch Antwort geben." Kriemhild sandte, als die Boten sie verlassen, nach Giselher und ihrer Mutter, Frau Ute. Auch ihnen sagte sie, ihr zieme nur zu weinen und sie wolle nichts anderes.

„Man sagt mir, liebe Schwester", begann Giselher tröstend, „und ich will es wohl glauben, daß all dein Leben bei König Etzel endet, wenn du ihn zum Manne nimmst. Es gibt vom Rhein bis an die Rhone, von der Elbe bis ans Meer keinen König, der so gewaltig ist. Er kann dich wohl entschädigen, und bist du erst sein Gemahl, so hast du Grund, dich zu freuen." „Wie magst du mir solches raten, lieber Bruder. Es ziemte mir mehr zu weinen und stets traurig zu sein. Wie sollte ich wohl mit Recken zu Hofe gehen? War ich einst schön, so ist davon nichts mehr zu sehen." Auch Frau Ute mahnte die liebe Tochter ernstlich, dem Rate der Brüder zu folgen. Mancherlei Gedanken kamen ihr. Oft hatte sie den lieben Gott gebeten, er möge es fügen, daß sie wieder zu geben habe Kleider, Silber und Gold, wie einst bei ihrem Manne. Aber Etzel ist ein Heide, dachte sei dann, ich bin ein Christenweib. Alle Welt wird mich schelten.

So lag sie die Nacht hindurch, mit Tränen in den Augen hin- und hersinnend, bis sie sich zur Frühmette erhob. Als nun die Hunnenboten zu ihr geführt waren, begann Rüdiger wieder zu bitten, daß sie der Werbung nachgebe. Sie aber blieb bei der Erklärung, daß sie niemals wieder einen Mann minnen werde. Als keine Bitten halfen, wünschte Rüdiger die Königin insgeheim zu sprechen und gab ihr da das Versprechen, er wolle ihr Ersatz geben für alles, was ihr geschah. Da ward der Königin leichter zumute, eine Hoffnung stieg in ihr auf. „Wohl", sprach sie, „schwört mir Eide, daß, was mir auch jemand tut, ihr der Nächste sein werdet, der mein Leid rächen will." „Dazu bin ich bereit", sprach der Markgraf und schwur mit allen seinen Mannen, ihr immer treu zu dienen. Nichts, wodurch sie Ehre hätte, wollten sie ihr versagen in König Etzels Land.

Kann ich jammervolles Weib, dachte Kriemhild, mir so viel Freunde gewinnen, so wird vielleicht doch noch meines lieben Mannes Leib gerochen. Es dient Etzel so mancher Mann, und wenn ich über die gebiete, tue ich, was mir gefällt. Etzel ist so reich an Gütern, daß ich wohl geben kann, wenn mir auch Hagen all mein Gut genommen. Zu Rüdiger sprach sie: „Ich käme wohl gern, wohin es ihm gefiele, und nähme ihn zum Manne, hätte ich nicht vernommen, daß er ein Heide wäre." – „Steht darum nicht ab", sagte Rüdiger. „Es sind beim Könige sehr viele Recken, die Christen sind. Vielleicht erlangt Ihr gar, daß er sich taufen läßt. Glaubt mir fest, Ihr dürft gerne Etzels Weib werden." Auch die Brüder drangen wieder mit Bitten in sie und bestürmten sie so lange, bis sie einwilligte, Etzel zu nehmen, und Rüdiger mahnte zu schleunigem Aufbruche.

Als sie klagend fragte, wo die Freunde seien, die mit ihr in die Fremde ziehen wollten, erklärte Markgraf Eckewart: „Ich bin vom ersten Tage Euer Diener gewesen, habe Euch in Treue gedient und will es so halten, solange ich lebe. Ich will meine fünfhundert Mannen mit mir führen, die sollen Euch treu zu Diensten sein, und nichts soll uns scheiden als der Tod." Unter viel Tränen der Scheidenden und der Zurückgebliebenen wurde Abschied genommen. Hundert reiche Jungfrauen führte Kriemhild mit sich. Gernot und Giselher kamen mit tausend Mannen, um der Schwester, wie es der Anstand gebot, das Geleite zu geben. Gunther begleitete sie nur bis vor die Stadt. Noch ehe man vom Rheine abfuhr, waren schnelle Boten an Etzel vorausgesendet worden.

16.
Wie Kriemhild zu den Hunnen fuhr

Bis nach Bergen an der Donau hin begleiteten Gernot und Giselher ihre Schwester, und nicht ohne Tränen schieden sie dann von ihr. „Wenn du irgend meiner bedürfen solltest", sagte Giselher beim Abschied, „dich irgend etwas gefährdet, so laß es mich wissen, dann reite ich, um dir zu dienen, in Etzels Land." Die Verwandten küßten sich auf den Mund, dann schieden sich Markgraf Rüdigers Mannen von den Burgunden.

Nun ging es schnell vorwärts gen Osten. Wo der Inn strömend in die Donau geht, in der Stadt Passau, saß Bischof Pilgrim, dessen Schwesterkind Kriemhild war. Pilgrim glaubte, daß der Besuch ihm gelte und die Gäste bleiben würden, hörte aber bald, daß es weitergehen müsse nach Bechelaren.

Dort hatte auch Frau Gotelinde Nachricht erhalten. Ihr Gatte hatte gewünscht, daß sie, um die Königswitwe zu begrüßen, ihr die Enns hinauf entgegenreite, was auch geschah. Sie kam in großer Begleitung nach Everdingen. Zwischen Traun und Enns wurde ein großes Lager aufgeschlagen; hier sollten die Gäste eine ganze Nacht ruhen. Ganz nach Rüdigers Sinn fand ein glänzender Empfang statt. Auf offenem Felde waren viel Zelte und Hütten bereitet. Gotelinde nahte heran, Kriemhild zu begrüßen. Ihr Gatte kam ihr entgegen, und in herzlicher Freude empfing sie den ihr gesund Wiedergegebenen. Eifrig halfen die Ritter den Frauen, von ihren Pferden niederzusteigen.

Als Kriemhild Frau Gotelinden sah, hielt sie sogleich ihr Roß an und ließ sich herabheben. Bischof Pilgrim führte sein Schwesterkind mit Eckewart hin zu Gotelinden. Alle traten im Kreise zurück, als Kriemhild nahte und die Markgräfin auf den Mund küßte. „Wohl mir, daß ich Euch in diesem Lande gesehen. Nichts Lieberes könnte mir in meinem Leben geschehen", sprach grüßend Rüdigers Weib. „Nun lohn Euch Gott, edle Gotelind", antwortete Kriemhild. „Wenn ich mit König Etzel gesund bleibe, so soll es Euch Freude bringen, daß Ihr mich gesehen." Das Gefolge beiderseits begann ein freundliches Grüßen, und man setzte sich zur Ruhe nieder. Erst am andern Morgen wurde aufgebrochen. Bald begrüßte sie, schon von weither sichtbar, die Burg von Bechelaren, deren Tore zum Empfang weit geöffnet waren, und man ritt in das Haus, wo man alles zu guter Ruhe wohlgerüstet fand. Liebreich empfing Kriemhild auch Gotelinds holde Tochter. Hand in Hand gingen sie in den geräumigen Rittersaal, unter dessen Fenstern sich der Donau Fluten dahinwälzten, und viel Kurzweil wurde getrieben in dem luftigen Raume.

Die Königswitwe schenkte an Gotelindens Tochter zwölf prächtige Armringe von rotem Golde und so herrliche Gewande, daß sie besseres in Etzels Land brachte. Ob man ihr auch den Nibelungenschatz geraubt, so bot sie doch der Dienerschaft des Wirtes kostbare Geschenke. Aber auch Frau Gotelinde ließ keinen von der Königin Gefolgschaft ohne reiche Gabe davonziehen. Viel Liebkosung empfing Rüdigers edle Tochter, ehe der Zug der Burgunden weiterging der hohen Etzelburg entgegen. Daß das Mägdlein ihr treugesinnt sei, hatte Kriemhild bald erkannt und sie gedachte, Dietlinde an ihren Hof zu nehmen. „Gern wird mein Vater, wenn Ihr, edle Frau, es wünscht, mich zu Euch kommen lassen", versicherte Rüdigers holdes Kind in freudiger Erregung.

Bald wurden wieder die Rosse bestiegen. In Mautaren verabschiedete sich Bischof Pilgrim von seiner Nichte. An der Traisem hatte der Hunnenfürst eine mächtige Feste, die Traisenmauer geheißen; hier war einst Frau Helchens Wohnung gewesen, die in großen Treuen im Lande gewaltet hatte. Hierher kamen die Hunnen, um die Ankommende zu begrüßen.

17.
Wie Etzel mit Kriemhild Hochzeit hielt

Bis an den vierten Tag blieben sie in Traisenmauer, und unablässig strömten auf allen Straßen Gäste zu. Auch Etzel hatte indes vernommen, wie herrlich Frau Kriemhild durch das Land ziehe. So eilte der König, die Minnigliche zu begrüßen. Ein großer, bunter Zug war es, der da Kriemhilden entgegenkam, prächtig in Kleidung und Bewaffnung.

An der Donau in Österreich liegt das Städtchen Tulln. Dort kamen die neue Herrin wohl vierundzwanzig Fürsten begrüßen.

Viel ward da nach des Landes Sitte turniert mit lautem Schall. Es kam der kühne Hawart von Dänemark, Iring und Irnfried von Thüringen und Blödelin, Etzels Bruder. Zuletzt erschienen Etzel und Dietrich von Bern mit ihren vielen Mannen. Als sie alle diese stattlichen Scharen erblickte, gewann Kriemhild froheren Mut. „Hier will Euch der hehre König empfangen", sagte Markgraf Rüdiger der Königin. „Ihr könnt nicht alle Mannen Etzels gleich begrüßen, küsset nur die, die ich Euch küssen heiße." Man hob die Königin vom Rosse; da stieg auch Etzel ab und trat mit stattlichem Gefolge fröhlich an Kriemhild heran. Zwei mächtige Fürsten gingen ihr zur Seite und trugen ihr das Kleid, als Etzel ihr entgegenging und sie den Fürsten mit Küssen freundlich empfing. Ihrer Farben Glanz leuchtete aus dem Goldschmuck. Frau Helche könne nicht schöner gewesen sein, hieß es rings im Kranze der Ritter. Nach Rüdigers Geheiß küßte sie des Königs Bruder Blödelin, König Gibeke und Herrn Dietrich. Zwölf der Recken empfing sie so mit einem Kusse; aber auch den andern Rittern wurde freundlicher Gruß zuteil.

Ein ganzes Feld von Hütten war zur Rast errichtet worden. In der Nähe aber ward ein großes prächtiges Zelt aufgeschlagen. Dorthin führte Markgraf Rüdiger die Königin, welche sich mit mancher holden Maid auf prächtigen Stuhlteppichen bequem niederließ, die ihr Rüdiger zu Etzels Freude hatte aufstellen lassen. Hand in Hand saßen hier Etzel und Kriemhild und schauten den Ritterspielen zu.

Die Turniere wurden eingestellt, in den Hütten gab man Etzels Mannen überall Herberge. Nun ruhte alles. Als der lichte Morgen wieder erschienen war, ritt man bald weiter nach der Stadt Wien, wo Frauen ohne Zahl König Etzels Gemahlin mit Ehren empfingen. Hier begann nun der Jubel des fröhlichen Hochzeitsfestes. Da man nicht alle in der Stadt unterbringen konnte, bat Rüdiger die, welche nicht besonders als Gäste geladen waren, auf dem Lande ringsum Herberge zu suchen. Der Hochzeitstag fiel auf einen Pfingsttag. So viel Recken hatte Kriemhild bei ihrem ersten Manne nicht zu Diensten gewonnen. Reiche Gabe teilte sie auch solchen zu, die sie noch nie gesehen hatten, und mancher sprach wohl: Wir glaubten, daß Frau Kriemhild weder Geld noch Gut habe, und wie reiche Geschenke verteilt sie doch. Siebzehn Tage währte das Hochzeitsfest, wie es wohl kein König je reicher gefeiert hat. Alle, die da waren, bekamen neues Gewand. Und all die überreichen Gaben wurden um Kriemhildens willen gegeben.

Wenn sie aber daran dachte, wie sie bei ihrem Manne am Rhein gesessen, füllten sich ihre Augen mit Tränen; sie verbarg sie, es sollte niemand sehen. War ihr doch nach manchem Leide so viel Ehre geschehen. Am achtzehnten Morgen ritt man von Wien weiter, bis König Etzel ins Hunnenland kam, wo sie zuerst im alten Heimburg die Nacht blieben. Dann schiffte man sich im reichen Miesenburg ein, so zahlreich, daß das ganze Wasser von Schiffen bedeckt war, auf denen die wegemüden Frauen hochwillkommene Rast fanden. Man hatte, um die Einwirkung der Flut zu mindern, zahlreiche Schiffe zusammengebunden und manches Zelt darüber gespannt, so daß sich alle wie auf festem Boden bewegen konnten. Nun kam die Märe auch nach Etzelnburg, wo Helchens Gesinde unter Kriemhilds Obhut kommen sollte; darunter befanden sich sieben Königstöchter. Jetzt pflegte ihrer Herrat, Helchens Nichte, Dietrichs Braut, eine edle Königstochter, die vieler Ehren genoß.

Als König Etzel vom Strande nach der Königsburg geritten war, begrüßte die neue Herrin alle, die ihr bekannt wurden, und bald saß sie gewaltig und hehr an Helchens Stelle. Auch des Königs Anverwandte und alle seine Mannen wurden ihr untertan, so daß sie mächtiger gebot als davor Frau Helche.

18.
Wie Kriemhild ihr Leid zu rächen gedachte

Bis in das siebente Jahr lebten Etzel und Kriemhild in hohen Ehren zusammen und zu seiner großen Freude hatte sie ihm einen Sohn geboren, der auf ihr Andringen nach christlichem Brauche getauft und Ortlieb genannt ward. Kriemhild strebte an Tugend der edlen Helche nach. Bis an das dreizehnte Jahr lebte sie so zur Freude ihres Gatten, und bei Heimischen und Fremden hieß es allgemein, eine so gute und milde Frau habe eines Königs Land nie besessen. So groß war ihr Einfluß geworden auf ihren Gatten und die Recken an seinem Hofe, an dem sie alle Tage zwölf Könige um sich sah, daß ihr nichts widerstand.

Aber immer häufiger gedachte sie nun alles Leides, das ihr einst daheim geschah und ob das wohl noch an ihm gerächt werden möchte? Könnte ich ihn in dies Land bringen, so möchte es wohl geschehen. Oft träumte sie, sie führte ihren Bruder Giselher an der Hand und küßte ihn zärtlich, und wenn sie dann erwachend die Täuschung erkannte, faßte sie tiefer Schmerz, so daß sie in klägliches Weinen ausbrach. Unablässig beschäftigte sie der Gedanke, daß Gunther und Hagen es verschuldet, daß sie einen heidnischen Mann habe nehmen müssen. Die Zeit verwischte nichts, vielmehr bestätigte sich in ihr immer mehr der Gedanke, daß sie bei ihrem mächtigen Besitz es wohl dahin bringen könne, ihren Feinden, vor allen Hagen von Tronje, Leid zu schaffen. Ich kann es kaum erwarten, daß noch meines Liebsten Leib gerochen wird. Alle ihre Recken, besonders Eckewart, sahen sie gerne und ehrten sie hoch, und niemand vermochte ihrem Willen zu widerstehen. Ich will den König bitten, dachte sie, daß er nach meinem Wunsche meine Freunde ins Land kommen läßt.

Als sie nun einst sich ihres lieben Kindes erfreuten, das so wohl gedieh, sprach sie zum Könige: „Ich möchte gern bitten, mein lieber Herr, daß Ihr mich sehen laßt, ob ich es verdient, daß Ihr meinen Freunden Wohlgefallen bezeigt." „Gern", antwortete der arglose König, „lasse ich Euch erkennen, wie gute Freunde ich durch Eure Liebe gewonnen habe." „Seit langer Zeit ist es mir leid", fuhr die Königin klagend fort, „daß die hohen Verwandten, die ich habe, mich so selten hier im Lande besuchen, so daß ich stets nur die Fremde genannt werde." „Mit Freuden lüde ich alle, die Ihr gern hier sähet, liebe Frau, über den Rhein her in mein Land, wenn es ihnen nicht zu weit schiene", sagte der König tröstend. Freudig hörte Kriemhild, daß Etzel ihrem Wunsche geneigt war. „Wenn Ihr mir Treue leisten wollt, so sendet Boten über den Rhein, die Meinen wissen zu lassen, worauf mein Wunsch gerichtet ist", bat sie. Und bereitwillig versicherte Etzel, er wolle das gerne tun. Sei es ihr lieb, so wolle er seine beiden Sänger in der Burgunden Reich senden.

Und sogleich ließ er die beiden, Werbelin und Schwemmelin, zu sich entbieten. Er sagte ihnen genau Bescheid, wie sie Gunther samt den Seinen einladen sollten. Ich entbiete meinen Freunden alles Liebe und Gute und bitte sie, hierher in dieses Land zu reiten; ich werde nie liebere Gäste empfangen haben. Wollen Kriemhildens Anverwandte meinem Willen willfahren, so mögen sie zu meiner großen Freude diesen Sommer zum Sonnenwendfest herkommen. „Wir werden gern tun, was Ihr gebietet", erklärte Werbelin. Heimlich und allein ließ dann die Königin die Boten in ihr Gemach führen und sprach: „Großes Gut sollt ihr verdienen, wenn ihr nach meinem Willen tut. Ich mache euch reich an Golde und gebe euch herrlich Gewand. Wen ihr auch sehen mögt von meinen Freunden, sagt nie einem von ihnen, daß ihr mich jemals traurig gesehen habt und grüßet sie alle von mir. Bittet sie, dem Gebote des Königs zu folgen und meinen einzigen Kummer dadurch zu beseitigen, denn sonst denken die Hunnen, ich stände ganz allein. Ich wäre schon selbst zum Rheine gekommen, wenn ich ein Ritter wäre. Bittet auch Gernot, meinen edlen Bruder, zu unserer Ehre die besten Freunde in dies Land zu bringen; niemand auf Erden kann ihm holder sein. Saget Giselher, er möge daran gedenken, daß er mich nie betrübt. Um seiner großen Treue wegen möchte ich ihn gern hier haben. Sagt meiner Mutter, welche Ehre ich hier habe. Bliebe Hagen von Tronje dort zurück, wer sollte ihnen die Wege ins Hunnenland zeigen, die ihm von Kind auf bekannt sind."

Weshalb sie nicht wollte, daß Hagen von Tronje am Rhein bliebe, wußten die Boten nicht. Bald sollte durch ihn manchem Recken grimmes Leid bereitet werden.

19.
Wie Werbelin und Schwemmelin die Botschaft ausrichteten

Eilig machten sich die Sänger auf den Weg zu den drei Königen ins Burgundenland. An Bayerns Grenze kamen sie zum guten Bischof Pilgrim, der mit großer Freude davon hörte, daß er vielleicht seiner Schwester Söhne bei sich werde begrüßen können. Er könne leider selten an den Rhein kommen.

Ungefährdet kamen die Boten Etzels, des allgewaltig Herrschenden und Gefürchteten, binnen zwölf Tagen an den Rhein nach

Worms. Es wurde Gunther angesagt, daß fremde Boten da seien, aber niemand kannte sie, bis Hagen herbeigeholt wurde. Als er sie gesehen, gab er Auskunft: „Uns kommt neue Kunde. Etzels Fiedelspieler habe ich hier gesehen. Die hat Eure Schwester an den Rhein gesendet. Um ihres Herren willen empfanget die Boten wohl." Die Boten aber kleideten sich in prächtige Gewänder und gingen hin, wo der König saß. Hagen eilte ihnen entgegen, sie zu begrüßen, was sie mit Dank erwiderten. Er erkundigte sich zuerst, wie es Etzeln und seinen Mannen ergehe. Nie stand es besser im Lande, und das Volk war niemals froher, meldete einer der Sänger.

Der Saal, in dem sie Gunther fanden, war dichtgedrängt besetzt. Alles wollte erfahren, was die Boten zu melden hätten. Der König begrüßte sie freundlich. „Seid willkommen mit euren Heergesellen, ihr hunnischen Spielleute", rief er ihnen entgegen. „Hat euch König Etzel hergesendet ins burgundische Land?" „Mein lieber Herr und Kriemhild, Eure Schwester, entbieten Euch holden Gruß", antwortete Werbelin, sich tief verneigend. „Sie haben uns euch Recken in guter Treue gesandt."

„Der Kunde bin ich froh", sprach der König. „Wie geht es Etzel und Kriemhild, meiner Schwester, im Hunnenlande?" „Wir können Euch melden", antwortete der Fiedler, „daß es keinem Menschen besser gehen kann, als es den beiden ergeht und ihren Anverwandten und Mannen. Als wir von ihnen schieden, freuten sie sich der Reise sehr." „Dank ihm für die Dienste, die er mir entbietet, Dank auch meiner Schwester." Giselher, der seine Schwester so zärtlich liebte, begrüßte die Boten freudig. „Hoch willkommen solltet ihr uns sein, wenn ihr öfter an den Rhein kämet, euch sollte hier alles Gute geschehen." „Wir trauen euch alles Gute zu", versicherte Schwemmelin. „Auch beim besten Willen aber könnten wir euch nicht berichten, wie liebreiche Grüße euch Etzel und eure edle Schwester senden, die beide hohe Ehre erfreut. Euch mahnt die Königin an Gnade und Treue und daß ihr euer Sinn stets gewogen war. Zunächst aber richtet sich unsere Botschaft an den König, daß ihr in Etzels Land reiten möget. Er möchte wohl wissen, welch Leid von ihm euch geschehen sei, wenn ihr eure Schwester nicht wiedersehen wolltet? Er wisse nicht, warum ihr euch seinem Lande so fern haltet? Auch wenn die Königin euch unbekannt wäre, könnte er es doch verdienen, daß ihr ihn sähet, und Liebes geschähe ihm, wenn es dazu käme."

„Wenn sieben Tage um sind", entschied Gunther, „will ich euch verkünden, wie ich und meine Anverwandten sich entschlossen haben. Inzwischen nehmt gute Herberge und pfleget der Ruhe." „Können wir nicht unsere Herrin, die reiche Ute, sehen?" fragte Werbelin, und Giselher erklärte sofort, daß er sie dorthin bringen wolle. Es sei der Wunsch und Wille der Mutter, der sie um seiner Schwester willen willkommen sein würden. Und er geleitete die Boten sofort zu Frau Ute, von der sie freundlich empfangen wurden. „Dienst und stete Treue", meldete Schwemmelin, „entbietet Euch die Königin. Wäre es möglich, daß sie Euch öfter sähe, so könnte ihr keine größere Freude auf Erden werden." „Das kann leider nicht sein", klagte Frau Ute,; „so gern ich meine liebe Tochter sehen möchte, sie wohnt mir zu ferne. Möge ihr die Zeit bei Etzel immer selig dahingehen." „Laßt es mich wissen, ehe ihr von dannen zieht nach Hause. Seit lange kamen mir nicht so willkommene Boten wie ihr." Die Boten erklärten sich gern dazu bereit. König Gunther hatte nach seinen Freunden gesandt und fragte jeden einzeln um seine Meinung. Alle bis auf Hagen und den Küchenmeister Rumolt erklärten sich für die Reise. Hagen war es bitter leid. „Ihr schafft Euch selber Kampf und Streit", sprach er heimlich zum Könige. „Was wir getan haben, ist Euch doch wohl bekannt! Wir haben allen Grund zur Sorge vor Kriemhild, deren Mann ich mit meiner Hand zu Tode schlug. Wie sollten wir es wagen, in Etzels Land zu reiten?"

„Sie ließ ja den Haß fahren und hat uns mit herzlichem Kusse verziehen, ehe sie von hinnen ritt. Es mag sein, daß sie Euch, Hagen, nicht damit meinte." „Laßt Euch nicht durch das Wort der hunnischen Boten betrügen", warnte Hagen. „Besucht Ihr Kriemhild dort, so könnt Ihr leicht Ehre und Leib verlieren. Des reichen Etzel Weib ist sehr rachgierig." Bei der Beratung erklärten Gernot und Giselher, da Hagen sich schuldig wisse und aus guten Gründen dort den Tod fürchte, solle er zurückbleiben. Für sie aber biete das keinen Grund, die Schwester nicht zu besuchen. Wer tapfer und gut, solle mitziehen. „Es soll niemand mit Euch an den Hof reiten", sprach Hagen zornig, „der sich des mehr getraut als ich. Wollt ihr es nicht bleiben lassen, so zeige ich Euch, was ich Euch gesagt." „Aber das rate ich Euch in Treuen", sprach Hagen, „daß Ihr nur wohlgerüstet ins Hunnenland fahrt. Laßt Eure besten Mannen zusammenkommen, die tapfersten und die Euch am treuesten gesinnt. Aus ihnen wähle ich tausend gute Ritter aus, dann kann uns Kriemhilds Arglist nicht gefährden." Dem stimmte Gunther gerne zu. Mehr als dreitausend Helden kamen zum Hofe nach Worms, keiner von ihnen ahnte, welche Beschwerde seiner wartete. Hagen wählte tausend, von denen jeder als tapfer bekannt war.

Die Boten Etzels hatten schon wiederholt um Urlaub gebeten, aber erst, als alles zur Fahrt zugerüstet war, wurden die Boten wieder zu den Königen beschieden. Sie sagten zu, die Fahrt zu Etzel zu unternehmen. Auf ihren Wunsch führte Giselher Etzels Boten noch zu seiner Mutter, die sie mit reicher Gabe und herzlichen Grüßen entließ.

Bis ins Schwabenland ließ Gernot die Sänger geleiten, und da ihnen Etzels Herrschaft weit und breit Frieden und Geleite schaffte, kamen sie in Eile in Etzels Land. Überall unterwegs aber machten sie es bekannt, daß die burgundischen Helden vom Rheine her ins Land kämen. So hörte es auch Bischof Pilgrim, und in Bechelaren erregte die Botschaft große Freude. In Gran trafen die Boten König Etzel, der ihre Nachricht freudig empfing. Kriemhild gab den Sängern reiche Gaben zum Lohne. „Wer wird zum Feste kommen? Was sagte Hagen, als es ihm bekannt wurde?"

„Hagen sei wenig zufrieden gewesen", erklärten die Boten. „Alle drei Könige, Eure Brüder, werden erscheinen, wer aber mit ihnen sein wird, das wissen wir nicht; Volker, der kühne Spielmann, kommt mit ihnen." „Den könnte ich leicht entbehren", sprach Frau Kriemhild, „doch Hagen mag ich gern; ich würde mich betrüben, wenn wir den nicht hier sehen würden."

Große Vorbereitungen befahl König Etzel seinen Leuten in Palast und Saal.

20.
Wie die Herren alle zu den Hunnen fuhren

Stattlich ausgerüstet an Waffen und Gewand zogen die Burgunden gen Hunnenland. Tausendundsechzig Ritter und Mannen und neuntausend Knechte führte der Vogt vom Rheine zum fernen Hofgelage. Voller Angst redete Frau Ute ihren Söhnen vom Zuge ab. „Ihr solltet hierbleiben, mir hat heute Nacht von angstvoller Not geträumet. Es waren alle Vögel in unserem Lande tot." „Wer sich an Träume kehrt", sprach Hagen, „der weiß nicht zu sagen, was ihm zur Ehre dient."

Die Schiffe standen fertig; eilig wurde alles an seinen Platz gebracht, und zur Abendzeit fuhren sie fröhlich und ohne Leid von Hause. Jenseits des Rheins wurden viel Zelte und Hütten aufgeschlagen, und hier waren Gunther und Brunhilde zum letzten Mal beieinander. Unter viel Tränen der Zurückbleibenden wurde Abschied genommen, und die schnellen Burgunden brachen auf. Den Main entlang ging es durch das Land der Ostfranken, von Hagen geleitet, dem der Weg bekannt war. Dankwart war des Heerzuges Marschall. Am zwölften Morgen gelangte man an die Donau. Hagen war der Schar vorangeritten. Er band sein Roß an einen Baum, um sich nach einer Fähre umzusehen.

Weit war die Flut über die Ufer getreten, und man hatte alle Schiffe in Sicherheit gebracht. Da gerieten die Nibelungen, denn so nannte man nun die Burgunden oft, seit sie in den Besitz des Schatzes gekommen waren, in große Not. „Es kann uns hier übel ergehen", sagte Hagen zu Gunther. „Ihr seht es selbst. Der Strom ist ausgetreten, seine Flut stark. Ich fürchte, wir verlieren hier noch manchen guten Helden." „Bleibet bei dem Wasser, ich will selbst die Fährleute suchen, die uns in Gelfratens Land hinüberführen." Voll bewaffnet mit Helm, Schild und Harnisch, darüber ein breites, zweischneidiges Schwert, suchte er hin und her nach einem Fährmann.

Plötzlich horchte er auf. Er hörte Wasser rauschen. In einem schönen Brunnen kühlten mehrere weise Frauen ihren Leib. Als sie den heranschleichenden Hagen gewahrten, flohen sie davon, er aber nahm ihnen die Kleider. „Wenn Ihr uns die Kleider wiedergebt, edler Ritter Hagen", rief da das Meerweib Habburg, „so machen wir Euch damit bekannt, was Ihr auf der Hofreise zu den Hunnen erlebt." Wie Vögel schwebten sie vor Hagen auf der Flut, und er wußte wohl, daß sie ihm sagen konnten, was er zu wissen begehrte. Sie sprach: „Ihr mögt wohl in Etzels Land reiten. Es fuhren niemals Helden so reich in Ehren in irgendein Land."

Da freute sich Hagen sehr und gab ihnen ihr Gewand zurück. Als sie es aber angezogen hatten, erfuhr er erst die Wahrheit.

Das Meerweib Siegelinde rief ihm zu: „Ich will dich, Hagen, Adrians Kind, warnen. Meine Muhme log dem Gewande zuliebe. Wenn du zu den Hunnen kommst, wirst du sehen, daß sie dich betrog. Kehre um, weil es noch Zeit ist. Ihr kühnen Helden seid so geladen, daß ihr in König Etzels Land sterben müßt. Wer von euch dahinreitet, dessen wartet der Tod." „Ihr täuschet uns ohne Not", sprach Hagen. „Wie könnte das geschehen, daß wir alle dort totbleiben sollten durch eines Menschen Haß?" „Es muß so geschehen", sprach das eine Meerweib wieder. „Keiner von euch kann da mit dem Leben davonkommen, das wissen wir genau. Nur des Königs Kaplan kommt gesund zurück an den Rhein." „Das würden meine Herren sich schwer sagen lassen, daß es uns allen bei den Hunnen an den Leib geht. Zeige uns nur über das Wasser, du allerweisestes Weib." „Besteht dein Sinn auf der Reise", kam die Antwort, „wohl; wo oben bei dem Wasser eine Herberge steht, da ist ein Fährmann und kein anderer sonst irgendwo."

Dankend neigte sich Hagen vor den Frauen und ging dann schweigend an den Strand hinauf, wo jenseits die Herberge stand. Vergebens rief Hagen über die Flut hinüber dem Fährmann zu und bot ihm einen Armring von rotem Golde. Reich war der Fährmann und stolz und seine Knechte nicht minder. Hagen wartete vergebens. Da rief er mit gewaltiger Stimme über den Strom: „Mich, Amelrich, hole hinüber, mich Elses Mann, der starken Feinden aus diesem Lande entrann." Dabei hielt er hoch an seinem Schwerte den leuchtenden Goldring, den er willig als Fährlohn bot. Eilig kam der Fährmann hinüber; er geriet aber in großen Zorn, als er den nicht fand, den er hatte nennen hören. „Ihr mögt wohl auch Amelrich heißen", sprach er, „aber Ihr gleicht nicht dem, den ich erwarte, meinem leiblichen Bruder. Nun Ihr mich betrogen habt, mögt Ihr auch hier bleiben." „Nein, bei dem reichen Gotte", antwortete Hagen. „Ich bin ein fremder Recke, dem einige Degen anvertraut sind. Nehmt freundlich mein Gold und fahrt uns hinüber; ich will es Euch wohl danken." „Das kann nimmer sein", wies ihn der Fährmann zurück. „Meine lieben Herren haben viele Feinde, darum fahre ich keine Fremden in dieses Land hinüber. Ist dir dein Leben lieb, so weiche von hier."

„Tut das nicht", bat Hagen. „Nehmt die gute Spange von mir zum Angedenken und fahrt uns hinüber, tausend Rosse und ebensoviel Mannen." „Ich denke nimmer daran", grollte der Ferge. Er erhob ein starkes, langes und breites Ruder und schlug damit nach Hagen so gewaltig, daß er im Schiffe strauchelnd aufs Knie niedersank. Beim zweiten Schlage zersplitterte die Stange auf des Bittenden Haupt. Da trennte Hagens gewaltiger Schwerthieb dem Fährmann des Haupt vom Rumpfe, und es versank in der Donau. Alle Kraft mußte Hagen anwenden, das Schiff aus der Strömung ans Land zu bringen, und unter dem gewaltigen Bemühen brach ihm das Ruder. Kaum vermochte er es mit seinem Schildriemen wieder zusammenbinden und das Schiff glücklich ans Land zu bringen. Bei einem Walde, der zum Strande herniederging, fand er endlich seinen Herrn und die Ritter, die ihn mit Freuden begrüßten.

Als sie am Strande keinen Fährmann fanden, wehklagten die Ritter, aber Hagen versprach, sie alle hinüberzuführen. Die Rosse wurden mit wenig Verlust durch die Flut zum andern Ufer getrieben, und dann brachte Hagen in mühevoller Arbeit die tausendundsechzig Ritter und neuntausend Knechte aufs andere Ufer. Als nun durch Hagens starke Hand alle wohlgeborgen waren, da dachte er an das, was das Meerweib ihm gesagt. Er fand den Pfaffen mit dem heiligen Meßgerät in seiner Hand, der bei der letzten Bootfahrt mitgekommen war, packte ihn und schleuderte ihn über Bord in den Fluß, wie viele ihm auch „Halt" zuriefen. Giselher zürnte heftig. „Was kann Euch, Hagen, des Kaplans Tod helfen?" fragte Gernot. „Warum seid Ihr so feindselig gegen den Priester? Hätte das jemand anders getan, wahrlich, es ginge ihm übel." Der Pfaffe suchte sich durch Schwimmen zu retten und hoffte dem Tode zu entgehen, wenn ihm nur jemand zu Hilfe komme. Hagen aber stieß ihn, der zu landen versuchte, mit dem

Ruder in den Grund. Da schwamm der Pfaffe zurück zum andern Ufer und kam wohlgeborgen an den Strand. Als Hagen ihn drüben stehen sah, sein Kleid schüttelnd, da erkannte er, das Leid, das die weise Meerfrau ihm voraus verkündet, sei unvermeidbar. Diese Degen verlieren Leben und Leib, dachte er. So zerschlug er, als alle gelandet, das Schiff und warf die Trümmer in den flutenden Strom.

Verwundert fragte ihn sein Bruder Dankwart, warum er das tue? „Wie sollen wir auf der Rückfahrt von den Hunnen zum Rheine wieder über den Fluß kommen?" – „Das wird nimmermehr sein", sagte ihm da Hagen. „Ich tat es, damit jeder Feige, der uns in seiner Angst und Not entrinnen möchte, hier seinen Tod finde." Nun ging es weiter. Sie waren ohne Schaden geblieben auf der Reise, nur der Kaplan mußte seinen Weg zu Fuß nehmen.

21.
Wie Gelfrat von Dankwart erschlagen ward

Als sie nun alle an den Strand gekommen waren, begann der König zu fragen: „Wer soll uns die rechten Wege durch das Land weisen, daß wir nicht in die Irre gehen?" – „Ich will es tun", sprach Volker. – „Nun seid still, ihr alle", sagte Hagen, „eine schlimme Nachricht habe ich euch zu geben. Wir kommen nimmer wieder ins burgundische Land. Es sagten mir das heute morgen zwei Meerfrauen. Ich kann euch nur raten, euch wohl zu bewaffnen und gut zu verwahren. Wir haben hier starke Feinde. Ich hoffte, die weisen Meerfrauen Lügen zu strafen, die mir sagten, keiner als der Kaplan werde das Land wiedersehen und gesund in seine Heimat kehren. Gern hätte ich ihm heute den Tod gebracht."

Hagens Worte gingen von Mund zu Mund, und so mancher ward vor Schrecken bleich. Es erfaßte sie bange Sorge vor dem Tode. „Man wird uns sicher angreifen", sprach Hagen, „da ich heute morgen ihren Fährmann totschlug. Wir werden Elsen und Gelfraten zu bestehen haben. Es sind kühne Streiter. Laßt eure Rosse langsam gehen, daß nicht jemand glaube, wir wollten fliehen."

„Dem Rate will ich folgen", sprach Giselher. „Aber wer soll das Gesinde durch das Land leiten?" – „Das soll Volker tun", riet Hagen, „dem sind die Wege durch das Land alle wohlvertraut." Da kam er auch schon heran in prächtiger Waffenrüstung. Er band eine rote Fahne an die Lanze.

Als schon der Tag dahingegangen, kamen Gelfrat und sein Bruder Else mit siebenhundert Mann, den Tod des Fährmanns zu rächen, den Hagen erschlagen hatte, weil er sich weigerte, die Burgunden über den Fluß zu setzen.

Vergebens bot Hagen ihm Sühne. Gelfrat sprengte auf ihn zu und warf seinen Gegner mit gewaltigem Speerstoße vom Roß; ihm brach der Brustriemen. Gelfrat war vom Roß gestiegen, aber auch Hagen schon aufgesprungen. Als Hagen am Boden lag, war auch Gelfrat abgestiegen; der schnell sich erhebende Hagen und Gelfrat drangen aufeinander ein. Der edle Markgraf schlug Hagen ein großes Stück des Schildes ab, und Hagen kam in Lebensgefahr. Da rief er laut zu seinem Bruder Dankwart: „Hilf mir, lieber Bruder. Ein tapferer Held will mich bestehen; ich komme nicht davon." „Dem mache ich schon ein Ende", rief Dankwart, sprang hinzu und führte so starken Schwertschlag, daß Gelfrat erschlagen am Boden lag. Else wollte Rache nehmen, doch ward er selber wund, und achtzig seiner Degen lagen erschlagen. Da flohen die Bayern eilig davon.

Froh des Sieges, den sie davongetragen, zogen die Burgunden abwärts die Donaustraße entlang. Nachdem sie in Passau bei Bischof Pilgrim, ihrem Onkel, einen ganzen Tag und eine Nacht geruht, ging es weiter, hinein in Rüdigers Land. An der Grenze der Mark fanden sie einen Mann schlafend, dem Hagen sein starkes Schwert abnahm. „O weh", jammerte da der Recke Eckewart, „Welche Schande! Seit ich Siegfried verloren, habe ich keine Freude mehr gehabt. Und wie habe ich nun gegen Herrn Rüdiger getan." Hagen jammerte des Recken Not; er gab ihm sein Schwert zurück, auch sechs Spangen roten Goldes. „Die nimm zu Angedenken", sagte er, „und du kühner Degen sollst mein Freund sein." „Gott lohne Euch Euer Geschenk", sprach Eckewart. „Eure Fahrt zu den Hunnen muß ich sehr beklagen. Man trägt Euch hier noch Haß wegen Siegfrieds Tod. Ich rate Euch in Treue, Wut wohl zu bewahren." – „Mag uns Gott behüten", antwortete Hagen; „für jetzt tragen meine Helden nur darum Sorge, wo sie heute nacht Herberge finden können. Es fehlt uns an Rossen und an Speise, die wir hier nirgends käuflich finden. Ein Wirt wäre uns not, der uns aus mildem Herzen heute das Brot gäbe."

„Wollt Ihr zu Rüdiger gehen", sprach Eckewart, „so werdet Ihr
nirgends einen gütigeren Wirt finden können als ihn." Gern war
Eckewart auf König Gunthers Wunsch bereit, an Rüdiger Botschaft
zu bringen. Schon von weitem erkannte der Markgraf den Eilenden.
„Dort kommt Kriemhilds Diener", sprach er, „der Degen Eckewart."
Er glaubte schon, daß diesem von Feinden Schaden zugefügt
worden; so ging er vor die Pforte ihm entgegen. Der Bote legte sein
Schwert ab und berichtete, daß ihn die Burgundenkönige Gunther,
Gernot und Giselher gesendet hätten mit freundlichen Grüßen. So
auch Hagen und der Spielmann Volker. Der Marschall habe ihn
beauftragt zu melden, daß ihnen Herberge nottue. – „Ich freue
mich der Kunde", sprach Rüdiger mit frohem Lachen, „daß die
Könige meinen Dienst begehren, den ich ihnen gern biete. Es
macht mir große Freude, die Herren im Hause zu haben."

22.
Wie sie nach Bechelaren kamen

Sogleich ging der Markgraf, es seinem Weibe und seiner Tochter
bekannt zu machen, daß er seiner Herrin Bruder in seinem Hause
empfangen sollte. Liebere Kunde konnte ihnen wohl nicht werden.
„Ihr Lieben", prägte er ihnen ein, „sollt die edlen Könige wohl
empfangen, wenn sie und ihr Gesinde im Hofe ankommen. Auch
Gunthers Lehensmann, den Hagen sollt ihr wohl begrüßen, und
Dankwart und Volker kommen mit ihnen; die sechs Männer sollt ihr
beide küssen und ihnen freundlich sein nach höfischer Sitte."

Gern versprachen das die Frauen und suchten sich herrliche
Kleider hervor, in denen sie den Recken entgegengehen wollten.
Rüdigers Mannen eilten schnell über Feld den Kommenden entgegen. „Seid mir mit Euren Mannen willkommen", sprach Rüdiger
fröhlich. „Von Herzen gern sehe ich euch in diesem Lande." In
Treue dankten ihm die Helden; wie willig er ihnen war, konnte
man leicht erkennen. Als ihm längst bekannt begrüßte er die
burgundischen Recken Hagen und Volker von Alzey, den Spielmann. Auch Dankwart erhielt freundlichen Gruß. „Ihr wollt für uns
sorgen", fragte dieser, „wer aber verpflegt die Scharen des von uns

mitgebrachten Gesindes?" „Euch schaff ich gute Nachtruhe", sagte ihm der Markgraf, „und auch für alles Gesinde, das ihr ins Land gebracht habt, wird so gesorgt werden, daß an Roß und Gewand nichts verloren geht. Es soll euch nicht der geringste Schaden entstehen." „Spannet die Hütten hier im nächsten Felde auf, ihr Knechte; was euch dadurch an Schaden geschieht, will ich euch ersetzen. Und nun nehmt den Rossen die Zäume ab und lasset sie sich ergehen."

Jetzt eilte die Markgräfin mit ihrer schönen Tochter vor die Burg, begleitet von minniglichen Frauen und mancher schönen Maid, sie alle mit Armspangen geschmückt und in schönen Kleidern, aus denen prächtiges Gestein glänzte. Sogleich kamen auch die Gäste aus Burgund, die wohlerzogenen, und stiegen von ihren Rossen. Sechsunddreißig Mägdlein und viele andere Frauen, wonnig anzuschauen, gingen ihnen entgegen und neben ihnen mancher kühne Mann. Rüdigers Tochter und ihre Mutter küßten die drei Könige. Hagen stand neben ihnen; als der Vater ihr gebot, ihn auch zu küssen, und sie ihn anschaute, da erschien er ihr so furchtbar, daß sie unwillkürlich zurückbebte und es lieber nicht getan hätte. Doch folgte sie dem, was ihr der Wirt geboten hatte, aber ihre Farbe wurde abwechselnd bleich und rot. Dann küßte sie auch Dankwart und den kühnen Volker.

Die junge Markgräfin führte nun den jungen Giselher bei der Hand in den Saal, die Markgräfin leitete den König Gunther, und Gernot wurde vom Wirte zum Sitze geführt. Den besten Wein seines Kellers ließ Rüdiger seinen lieben Gästen reichen. Ein frohes Mahl war es mit heiterem Gespräch. „Wäre ich ein König und trüge Krone, so wünschte sich mein Mut, Eure schöne Tochter zum Weibe zu nehmen. Sie ist lieblich zu sehen, dabei edel und gut", sprach Volker.

Das Wort fand allgemeinen Beifall, und es stimmten alle dem Vorschlage zu, daß Giselher Rüdigers edle Tochter zur Gemahlin erküre. Dieser willigte mit Freuden ein. Burgen und Land wurden für sie bestimmt, und eidlich versicherten König Gunther und der edle Gernot, daß es so sein solle. „Ich kann keine Burgen mein nennen", begann nun der Markgraf, „ich kann euch nur in Treue hold bleiben. Aber ich gebe meiner Tochter an Silber und Gold, was hundert Saumtiere in voller Belastung forttragen können."

Die beiden mußten nun in einen Ring treten, wie es alter Brauch und Sitte war. Als man die minnigliche Maid fragte, ob sie den waidlichen Mann zu nehmen gedächte, schämte sie sich der Frage, wie es wohl manche Jungfrau getan; doch folgte sie der Mahnung des Vaters, „Ja" zu sagen. Und schnell und freudig umarmte sie Giselher. „Wenn ihr edlen Helden ins Burgundenreich zurückkehrt", erklärte Rüdiger, „dann gebe ich euch nach der Sitte die Jungfrau, daß ihr sie mit euch führet." So ward es abgemacht und zugesagt. Noch blieben die Gäste auf Rüdigers Bitte bis zum Morgen; ehe sie schieden, verteilte der Markgraf viele kostbare Geschenke. An Gernot gab er ein gutes Schwert, durch das der Geber bald Leib und Leben verlieren sollte. Hagen lehnte alle andere Gabe ab. „Von allem, was ich je gesehen", erklärte er, „begehre ich nichts fortzutragen, als den Schild, der dort an jener Wand hängt. Ihn möchte ich wohl in Etzels Land mitnehmen." Tränen kamen der Markgräfin in die Augen, als sie Hagens Worte vernahm. Mit Trauer dachte sie an ihres lieben Sohnes, an Rudings Tod, den Wittisch ihr erschlagen hatte. „Nehmt den Schild von mir", sprach sie weinend; „wollte es Gott im Himmel, daß der lebend hier stände, der ihn einst getragen und der im Kampfe den Tod fand. Ich muß ihn stets beweinen." Hagen dankte und ließ ihn hinwegtragen.

Volker trat zum Abschiede noch einmal vor Gotelinde; er geigte süße Töne auf seiner Fiedel und sang ein Abschiedslied, das alle tief ergriff. Damit schied er von Bechelaren. Die Markgräfin ließ sich eine Lade bringen, nahm darauf zwölf Ringe und steckte sie ihm an die Hand. „Sie sollt Ihr mit Euch nehmen in König Etzels Land und mir zuliebe sie bei Hofe tragen. Wenn Ihr wiederkehret, dann sagt mir, wie Ihr meinem Willen gefolgt seid." Er tat, was die Frau von ihm begehrte, solange er konnte.

„Sorgt nicht um eure Fahrt", sprach der Wirt zu den Gästen. „Ich will euch selbst geleiten, daß ihr wohl bewahrt seid und euch auf der Straße niemand schaden kann."

23.
Wie die Burgunden nach Etzelnburg kamen

Auch der alte Hildebrand erfuhr, daß die Burgunden ins Land gekommen seien, und sagte es seinem Herrn; dem war es leid, aber er hieß ihn die Ritter wohl empfangen. Wolfhart ließ schnell die Pferde vorführen, und Dietrich von Bern ritt, von manchem Degen begleitet, zu den Burgunden auf das Feld, wo man herrliche Zelte aufgeschlagen hatte. Als Hagen von Tronje die Amelungenritter von ferne sah, sprach er zu seinen Herren: „Steht nun von euren Sitzen auf, ihr schnellen Recken, und geht denen entgegen, die euch hier empfangen wollen. Dort kommen edle Recken aus Amelungenland, sie führt Dietrich von Bern. Ihr sollt nicht verschmähen, was man euch hier Liebes tut."

Dietrich und die Seinen stiegen von den Rossen und begrüßten liebreich die, welche aus den burgundischen Landen gekommen waren. Dem Degen Dietrich war ihre Fahrt leid; er dachte, Rüdiger wisse, wie es stehe, und habe es ihnen offenbart. „Willkommen, ihr Herren", sprach er, „Gunther und Giselher, Gernot und Hagen, willkommen Volker und der schnelle Dankwart. Ist euch das nicht bekannt? Kriemhild beweint noch immer Siegfried von Nibelungenland." – „Sie kann wohl lange weinen", sprach Hagen; „seit langen Jahren liegt er nun erschlagen. Den König der Hunnen soll sie nun lieben. Siegfried kommt nicht wieder, der ruht sicher im Grabe."

„Solange Frau Kriemhild lebt, kann euch Schaden geschehen. Davor hüte dich, du Trost der Nibelungen", warnte Dietrich von Bern. „Wie soll ich mich behüten", sprach König Gunther. „Etzel sandte uns Boten, daß wir ins Land kommen sollten, auch meine Schwester Kriemhild hat manchen Gruß gesandt."

„Ich will Euch raten", sprach wieder Hagen, „laßt Euch das von Dietrich genauer sagen, daß sie Euch wissen lassen, worauf sich Kriemhilds Sinn richtet." Als nun die drei Könige Gunther, Gernot und Dietrich sich besprachen, sagte der Recke von Bern: „Was soll ich euch noch mehr sagen. Ich höre König Etzels Weib lange und heftig klagen und jämmerlich weinen zum reichen Gott des Himmels um den Leib des starken Siegfried." – „Was man uns kundgetan, ist unabwendbar", hob der kühne Fiedler Volker an.

„Laßt uns also zu Hofe reiten und sehen, was uns bei den Hunnen geschehen kann."

Und die kühnen Burgunden ritten nach ihres Landes Sitte mit stolzem Rittersinn zu Hofe. Verwundert blieb mancher Hunnenrecke stehen, um nach Hagen aufzuschauen, er wollte wissen, wie der wohl aussehen möge, der den tapfern Siegfried von Niederland, erschlagen habe. So drängte man sich am Hofe heran, ihn zu sehen. Wohlgewachsen war der Held, von breiter Brust, schon grau gemischt jetzt sein Haar, die Beine lang, der Gang stattlich; von Gesicht aber schrecklich zu schauen, denn diesem gab eine große Narbe ein furchtbares Aussehen. Sie war von jener Wunde geblieben, die ihm einst Walther von Aquitanien geschlagen.

Man hatte Herberge für die Burgunden geschaffen, und nach dem Willen der Königin, die bittern Haß im Herzen trug, war dem Gesinde Gunthers ein abgesonderter Platz angewiesen worden. Dort stand es unter der guten Hut Dankwarts, der für seine Verpflegung Sorge trug.

Als Kriemhild mit ihrem Gefolge zur Begrüßung der Burgunden gekommen war, ging die Königin mit stummem Gruße an Gunther vorbei, trat auf Giselher zu, faßte ihn bei der Hand und küßte ihn.

Als dies Hagen von Tronje sah, band er seinen Helm fester und rief unmutig: „Nach einem solchen Gruße dürfen schnelle Degen wohl Sorge tragen. Verschieden grüßt man hier die Könige und ihre Mannen. Wir taten keine gute Reise zu dem Feste." Sie sprach: „Seid dem willkommen, der Euch gern liebt. Um Eurer Freundschaft willen werdet Ihr nicht begrüßt. Sagt doch, was Ihr mir von Worms über den Rhein bringet, daß Ihr mir hochwillkommen sein solltet?" „Hätte ich das vorher gewußt", entgegnete Hagen, „daß Euch die Helden Gaben über den Rhein bringen sollten, hätte ich daran gedacht; ich wäre reich genug gewesen, es zu tun!" „Nun steht mir weiter Rede", fuhr die Königin fort; „wohin tatet Ihr den Schatz der Nibelungen? Daß er mein eigen war, wißt Ihr wohl, Ihr hättet ihn mir in Etzels Land bringen sollen." „Schon mancher Tag ist vergangen", rief Hagen, „seit mir des Schatzes Pflege nicht mehr oblag: Den ließen meine Herren in den Rhein versenken, wo er bis zum Jüngsten Tage bleiben wird."

Und wieder sprach die Königin: „Ja, Ihr habt mir noch wenig

davon hierhergebracht, obwohl ich ihn einst besaß und er mein eigen war. Schon manches lange Jahr hab ich darüber in Trauer verbracht." „Den Teufel bringe ich Euch", trotzte Hagen. „An Schild, Panzer und Helm habe ich genug zu tragen, und das Schwert in meinen Händen bringe ich Euch nicht." „Man soll", sprach die Königin zu den Recken, „keine Waffen in den Saal tragen. Vertraut sie mir, ihr Helden, zur Aufbewahrung an." – „Meiner Treu", antwortete Hagen, „das wird nimmer getan. Ich begehre der Ehre nicht, daß Ihr, milde Fürstentochter, meinen Schild und andere Waffen zur Herberge tragen sollt. Ihr seid ja Königin. So hat mich mein Vater nicht gelehrt; ich bin mein eigener Kämmerer." „Weh' mir Armen", rief Kriemhild. „Warum will mein Bruder und Hagen seinen Schild nicht aufbewahren lassen? Man hat sie gewarnt. Wüßte ich, wer es getan, der Tod, fürwahr, sollte ihn umgarnen." „Ich bin es", erklärte sogleich Dietrich voller Zorn. „Ich warnte die edlen Fürsten, Gunther und Hagen. Nur zu, du Braut des Teufel, dein Zorn kann mir nicht schaden."

Scham kam über Kriemhild, die sich sehr vor Herrn Dietrich fürchtete. Und nur mit wildem Blick ihre Feinde messend, ging sie ohne ein Wort von dannen. Da faßte Dietrich Hagens Hand. „Wahrlich", sagte er, „Euer Kommen zu den Hunnen ist mir leid, weil die Königin zu Euch so feindselig sprach." – „Das wird sich noch finden", antwortete Hagen, und dann redeten die kühnen Recken noch weiter miteinander.

24.
Wie Hagen nicht vor Kriemhild aufstand

Als Hagen von Tronje und Dietrich von Bern sich getrennt hatten, sah sich Hagen nach einem Waffengenossen um für den furchtbaren Kampf, der bevorstand. Er schaute nach Volker, der bei Giselher stand, und bat den kunstreichen Fiedler, der in allen Dingen ein tapferer und guter Ritter war, mit ihm zu gehen. Während die Herren noch auf dem Hofe stehen blieben, sah man die zwei, die vor niemandes Haß oder Neid bangten, durch den Hof hin nach einem weiten Saale gehen. Dort setzten sie sich, dem Saal der Königin Kriemhild gegenüber, auf eine Bank. Herrlich glänzte an ihrem Leibe Gewand und Rüstung, und viele, die sie sahen, hätten gerne gewußt, wer sie wären.

Als Kriemhild durch das Fenster hinabschaute auf den Hof, da mahnte sie der Anblick der beiden Helden an Trübes aus vergangenen Zeiten, und Tränen traten in ihre Augen. Ihre hunnischen Mannen nahm es wunder, was die eben noch heitere Frau so plötzlich erregt habe, und sie fragten nach der Ursache. „Das tat Hagen, ihr guten Helden", sprach Kriemhild. „Wie ist das geschehen?" fragten die Recken. „Ihr waret noch eben so froh. Wäre er auch noch so kühn, hat er Euch gekränkt, und befehlt Ihr, es zu rächen, so soll er dafür sterben." „Wer dies Leid rächte", versicherte Kriemhild, „den wollte ich reich belohnen; ich wäre bereit zu allem, was er wünschte. Rächet mich, flehe ich euch an, rächet mich so, daß Hagen Leben und Leib verliert."

Sechzig kühne Mannen hatten sich gerüstet; sie wollten um Kriemhildens willen sofort gehen, um Hagen und auch den kühnen Fiedelspieler zu töten. Doch als die Königin den kleinen Haufen sah, sprach sie in grimmem Mute: „Steht ab von solchem Unternehmen; in so geringer Anzahl könnt ihr gegen Hagen nichts ausrichten. Wie stark und tapfer auch Hagen sei, noch viel stärker und tapferer ist, der neben ihm sitzt, Volker, der Fiedler. Mit so wenigen dürft ihr euch an die Helden nicht heranwagen."

Als sie das hörten, rüsteten sich noch mehr, und vierhundert schnelle Recken waren zum Kampf bereit. Da sprach die Königin: „Nun harret eine Weile und bleibet stille stehen. Unter Krone will ich hingehen zu meinen Feinden. Ihr sollt selbst hören, wie ich ihm vorwerfe, was er mir angetan. Er ist so vermessen, daß er es nicht leugnen wird. Es soll auch mich nicht kümmern, was ihm nachher geschieht."

Als der Fiedelspieler die edle Königstochter die Treppe herab auf sich zukommen sah, sprach er zu seinen Heergesellen: „Nun schaut doch, Freund Hagen, wie die Königin, die uns ohne Treue ins Land geladen, dort mit den so wohlbewehrten Recken daherkommt. Sinnt darauf, Leben und Ehre zu wahren."

Zornig sprach Hagen: „Ich weiß wohl, daß es gegen mich gerichtet ist. Wollet Ihr mir beistehen, wenn Kriemhildens Mannen mich angreifen?" „Gewiß helfe ich Euch", sprach Volker. „Das lohne

Euch Gott im Himmel, edler Volker", rief Hagen froh. „Was bedarf ich mehr, wenn sie mit mir streiten? Wenn Ihr mir helfen wollt, mögen diese Recken immerhin bewaffnet nahen." „Wir wollen vom Sitze aufstehen, wenn sie herankommt", sprach Volker. „Sie ist doch eine Königin. Laßt uns ihr Ehre bieten. Das bringt ja uns beiden auch Gewinn an Ehren."

„Nein doch", entgegnete Hagen. „Mir zuliebe tut es nicht. Leicht mögen diese Helden sagen, es geschehe aus Furcht, wenn wir von dannen gehen. Ich will vor keinem von meinem Sitze aufstehen. Es ziemt uns beiden besser, es zu unterlassen. Warum sollte ich den ehren, der mir nur Haß sinnt."

Da legte der übermütige Hagen über sein Bein eine lichte Waffe; aus ihrem Knaufe leuchtete ein Jaspis, grüner als das Gras, den Balmung, den einst Siegfried besessen. Der Griff war von Gold, die Scheide aus roten Borten. Als Kriemhild das Schwert erkannte, das sie an Trübes mahnte, fing sie an zu weinen. Auch Volker zog sein Schwert, das zweischneidig, stark, groß und lang war, näher an die Bank, und so saßen die Helden da, unerschrocken, zu allem bereit.

Da trat die edle Königin nahe vor sie hin und bot ihnen feindlichen Gruß. „Sagt mir doch, Hagen, wer nach Euch gesandt hat? Daß Ihr her in dieses Land zu reiten wagtet, da Ihr doch wußtet, was ihr mir getan habt? Wäret Ihr verständig, so hättet Ihr das gelassen." „Niemand sandte nach mir", antwortete Hagen. „Man lud drei Degen, meine Herren, in dieses Land. Ich stehe in ihrem Lohn, und bei keiner Hofreise pflege ich daheim zu bleiben." „Nun sagt mir weiter", sprach Kriemhild, „warum tatet Ihr, was Euch meinen bittern Haß zugezogen, daß Ihr Siegfried, meinen lieben Mann, erschluget, den ich bis an mein Ende nicht genug beweinen kann?"

„Es ist genug der Reden", sprach Hagen. „Was soll es noch weiter. Ja, ich bin der Hagen, der den Siegfried erschlug, den tapferen Helden. Schwer entgalt er es, daß Frau Kriemhild die schöne Brunhilde beschimpfte." „Nun hört es, ihr Recken", rief Kriemhild. „Hört es, wie er mir eingesteht, daß er an meinem Leiden schuld ist. So soll es mich auch nicht kümmern, ihr Mannen Etzels, wie es ihm darum ergeht." Mutig schauten die beiden Helden einander ins Gesicht, den Kampf erwartend, der sich erheben würde.

Aber die Hunnen mieden den Kampf, den sie gelobt. Sie gingen wieder, weil sie den Tod durch Volkers Hände fürchteten. „Wir haben nun erkannt", sagte Volker, der Spielmann, „daß wir Feinde haben, wie man es uns vorher gesagt. Wir wollen nun hin zu Hofe gehen zu den Königen, dann wagt man vielleicht nicht, unsere Könige anzugreifen." Hagen erklärte sich bereit. So gingen sie dahin, wo sie die Degen fanden, die noch im Empfange auf dem Hofe standen, und Volker rief ihnen mit lauter Stimme zu: „Wie lange wollt ihr stehen und euch drängen lassen. Ihr sollt zu Hofe gehen und von dem Könige hören, wie er gesonnen ist." Da begannen die kühnen Helden sich zu zwei und zwei zu gesellen. Dietrich von Bern faßte Gunthers Hand, Irnfried ging mit Gernot, Rüdiger mit Giselher.

Als der Burgundenkönig Gunther in den Saal trat, da sprang König Etzel schnell von seinem Sitze auf und ging ihm freundlich grüßend entgegen. „Willkommen seid, Herr Gunther und auch Herr Gernot und Euer Bruder Giselher. In Treue entbot ich Euch nach Worms an den Rhein meine besten Grüße. Auch das Gesinde soll mir willkommen sein. Seid uns hochwillkommen, ihr beiden Degen, Volker, der Kühne, und Herr Hagen, mir und meiner Frau, die Euch manchen Boten an den Rhein gesandt hat." „Das haben wir vernommen. Kam ich nicht wegen meiner Herren her zu den Hunnen", sprach Hagen, „so wäre ich Euch zu Ehren ins Land geritten."

Da nahm der edle König die Gäste bei der Hand und führte sie zu dem Sitze hin, wo er selber saß. In goldenen Schalen schenkte man nun den Gästen Met, Maulbeertrank und Wein und hieß sie hochwillkommen. Und wieder sprach König Etzel: „Ich kann euch gestehen, daß mir auf dieser Erde nichts Lieberes geschehen konnte, als durch euch, ihr Helden, daß ihr gekommen seid. Der Königin ist dadurch Trauern und Leid genommen. Mich wunderte es immer, was ich euch wohl getan haben sollte, daß ihr nie in mein Land kämet. Das hat sich nun zur Freude gewendet." „Wohl mögt Ihr sie gern sehen", sprach Rüdiger wohlgemut. „Ihre Treue ist gut, auf sie versteht sich Kriemhildens Sippe wohl. Sie bringen Euch manchen weidlichen Mann zu Hofe."

Es war am Sonnenwendeabend, als die Herren an des reichen

Etzels Hof kamen. Da es Zeit war zum Essen, ging der König mit ihnen zu Tische, und stattlicher hat wohl nie ein Wirt seine Gäste bewirtet. Man versah sie reichlich mit Essen und Trinken und gab ihnen, was sie irgend begehrten. Der reiche König hatte ein großes und weites Gebäude aufführen lassen und Mühe und Kosten nicht gescheut. Hoch ragte der Palast mit seinen Türmen, mit den zahllosen Gemächern und einem herrlichen Saale. Er war so lang, hoch und weit, weil der König zu jeder Zeit zahlreichen Besuch hatte neben seinem großen Jagdgesinde.

25.
Wie Hagen und Volker Schildwacht hielten

Der Tag war zu Ende, es nahte die Nacht heran, und die vom weiten Wege müden Recken dachten nun an die Ruhe. Hagen mahnte daran, daß sie zu Bette gehen sollten. „Gott lasse es Euch wohlergehen", sprach Gunther zum Wirte. „Gebt uns nun Urlaub. Wir wollen schlafen gehen. Wenn Ihr es gebietet, so sind wir morgen wieder hier." Da schied der Hunnenkönig von seinen Gästen und entließ sie gar fröhlich.

Man brachte die Gäste in einen weiten Saal, der mit prächtigen Betten wohl versehen war. Unter Bettdecken, von Hermelin und Zobel gemacht, sollten sie die Nacht ruhen bis an den lichten Tag. Kein König mit den Seinen lag wohl je herrlicher. „Weh diesem Nachtlager", rief Giselher, das Kind. „Weh über meine Freunde, die mit uns gekommen sind. Obwohl meine Schwester es uns so freundlich bot, so fürchte ich doch, daß wir alle durch sie den Tod gewinnen!" „Laßt Eure Sorgen ruhen", sprach da Hagen. „Heute nacht will ich selber Euch Wächterdienste tun. Bis morgen an den Tag will ich Euch sicher behüten, dann rette sich, wer da mag!"

Alle neigten sich zu waffnen. Da trat der Fiedelspieler, Volker, der Held, zu ihm heran: „Falls Ihr es nicht verschmäht, Hagen, so wollte ich neben Euch bis morgen in der Frühe Schildwache halten." Liebreich dankte der Held Volkern, und hocherfreut sprach er: „Nun lohne Euch Gott im Himmel, lieber Volker. Käme ich je in Not, so wünschte ich mir zu allen meinen Sorgen niemand mehr als nur Euch. Hindert mich der Tod nicht, so will ich Euch es wohl vergelten!" Beide kleideten sich da in ihr lichtes Gewand, jeder faßte den Schild, und sie gingen vor die Türe, mit treuem Sinn der Gäste zu hüten.

Der schnelle Volker legte den Schild von der Hand, lehnte ihn an die Wand des Saales und ging zurück, seine Fiedel zu holen und mit holdem Spiel seinen Freunden zu dienen. Er setzte sich auf den Stein an des Hauses Türe, er, der kühnste der Fiedelspieler. Als nun der Saiten Töne so süß erklangen, da dankten ihm im Herzen alle die herrlichen Gäste.

Seine Saiten ertönten, daß das Haus rings erklang, denn er war ebenso geschickt als stark. Dann hub er an, immer süßer und sanfter zu geigen, so daß er manchen sorgenden Mann in den Schlummer spielte. Als er nun merkte, daß sie entschlafen waren, da nahm Volker den Degen in die Hand und ging aus dem Saale vor den Turm hinaus, um die Gäste im Hause vor Kriemhildens Mannen zu hüten. Es mochte wohl kurz vor Mitternacht sein, da sah der kühne Volker einen Helm fernher aus dem Dunkel leuchten. Gern hätten Kriemhildens Recken den Gästen unversehens Schaden und Gefahr gebracht.

„Freund Hagen", sprach der Fiedelspieler, „wir werden einst zu sorgen haben, denn ich sehe bewaffnete Leute zu dem Hause kommen. Ich täusche mich wohl nicht, daß sie uns angreifen wollen."

„Schweigt", erwiderte Hagen, „laßt sie erst näher herkommen. Es soll, ehe sie uns inne werden, durch unser beider Hand mancher Helm zerhauen werden. Sie werden der Kriemhild böse zurückgesendet." Als einer der Hunnenrecken sah, daß die Tür behütet wurde, sprach er zu seinen Gefährten: „Was wir im Sinne hatten, kann nicht geschehen. Ich sehe dort den Fiedelpfeifer Schildwacht stehen. Er trägt auf seinem Haupte einen harten, starken und ganzen Helm mit lichtem Glanze, und auch die Panzerringe leuchten wie Feuer. Und neben ihm steht Hagen; da sind die Gäste in guter Hut." Als sie wieder umkehrten, sprach Volker zornig zu Hagen: „Laßt mich nun vom Hause zu den Recken gehen. Rede stehen sollen mir Kriemhildens Mannen." Dagegen aber redete Hagen. „Tut das nicht, mir zuliebe. Wenn die schnellen Recken Euch vom Hause ablocken, so bringen sie Euch mit ihren

Schwertern wohl in solche Not, daß ich Euch helfen müßte, und das könnte leicht aller meiner Freunde Tod werden. Während wir beide stritten, könnten drei oder vier Feinde in den Saal bringen, und täten den Schlafenden nie zu verschmerzendes Leid an."

26.
Wie die Helden zur Kirche gingen

„Mir wird so kühl im Panzer", sprach Volker. „Die Nacht naht wohl ihrem Ende. Ich spüre es an den Lüften: es wird Tag." Als nun der lichte Morgen den Gästen in den Saal schien, begann Hagen sie zu wecken und fragte sie alle, ob sie zum Münster zur Messe gehen wollten? Eben begannen dort die Glocken zu läuten. Da Gunthers Mannen alle gehen wollten, erhoben sie sich sämtlich aus den Betten. Sie hatten schnell ihre allerbesten Gewänder angezogen. Das war Hagen leid. „Es ziemt euch Helden, daß ihr hier anderes Gewand tragt. Wie es hier steht, ist doch wohl euch allen bekannt? Da wir Kriemhildens arglistigen Mut erkannt haben, so nehmet statt der Rosen die Schwerter in die Hand, und tragt statt steinbesetzter Hüte den lichten Helm. Daß ihr heute streiten müßt, tue ich euch kund, darum ziehet Panzer anstatt der Hemden an, und statt der bunten Mäntel nehmet feste und breite Schilde. Greift euch dann jemand an, dann seid ihr gerüstet."

„Liebe Herren Verwandte, Freunde und Eigenleute. Gehet nun zur Kirche, neiget euch vor Gott, und klaget ihm, dem Reichen, all eure Sorg und Not. Wisset sicher: Uns allen naht der Tod. Ich will euch darauf vorbereiten, daß, wenn Gott im Himmel es nicht wendet, ihr keine Messe mehr hören werdet."

Nun kamen König Etzel und sein schönes Weib. Sie hatte ihren Leib mit reichem Gewande geschmückt und war von viel schnellen Recken begleitet, so daß der Staub aufwirbelte vor der großen Schar. Als König Etzel seine Gäste so gewaffnet sah, die Könige und die Mannen, sprach er befremdet: „Was sehe ich, meine Freunde unter Waffen gehen? Leid würde mir es sein, meiner Treu, wenn ihnen etwas geschehen wäre. Wenn ihnen jemand Herz und Mut beschwert hat, so wollte ich es ihnen nach ihrem Wunsch büßen. Ich will sie erkennen lassen, daß es ihr Leid ist, und daß ich bereit bin, was sie mir gebieten." „Uns ist kein Leid geschehen", antwortete Hagen, „es ist meiner Herren Brauch, daß sie bei jedem Feste drei Tage hindurch bewaffnet gehen." Kriemhild hörte die Rede Hagens und sah ihm feindselig ins Auge. Aber sie schwieg. Hätte es damals jemand Etzel mitgeteilt, wie grimm und feindselig Kriemhild ihnen sei, er hätte das wohl verhindert, was nachher geschah. Doch übermütiger Stolz verbot ihnen zu reden. Nach dem Gottesdienste kamen noch hoch zu Rosse mancher der hunnischen Mannen, so daß wohl siebentausend Degen Kriemhild das Geleite gaben. Mit Etzel saß nun Kriemhild am Fenster, um da die kühnen Helden reiten zu sehen; viel Hunnenritter waren schon auf dem Platze, und nun kam auch Dankwart mit seinen Leuten und die Könige und ihre Mannen. Volker riet ihnen, auf burgundische Art zu turnieren, und als von den Helden da so herrlich geritten ward, gab das allen ein wohlgefälliges Schauspiel. Auch Etzel und die Königin schauten gern zu.

Da kamen sechshundert Helden, Dietrichs Mannen, den Burgunden entgegen geritten und wollten mit den Gästen Kurzweil anstellen, doch als man Dietrich befragte, verbot er seinen Leuten das Spiel mit Gunthers Mannen. Als Rüdiger mit seinen fünfhundert Mannen erschien, hätten diese gern ein Kampfspiel begonnen, doch der Markgraf ritt durch die Scharen und sagte seinen Mannen, Gunthers Recken seien ungemut, und sie täten ihm einen Gefallen, wenn sie das Rennen ließen. So schieden sie ohne Kampf. Es kamen die Thüringer und tausend kühne Mannen aus dem Reiche der Dänen. Bald sah man viel Lanzensplitter fliegen, und mancher Schildesrand wurde von Stichen durchbohrt. Auch Irnfried und Hawart, auf die die burgundischen Helden stolz gewartet, beteiligten sich an diesem Kampfspiel. Dann ritt Blödelin heran mit dreitausend Rittern.

Gunthers Gesinde errang sich große Ehren. Endlich wollte Volker wieder die Rosse in die Ställe führen lassen, gegen Abend könne das Reiten noch einmal beginnen. Da kam ein hunnischer Ritter, höchst stutzerhaft gekleidet, ein Frauenliebling, der allgemein auffiel, gaffend dahergeritten. „Nun mag Etzels Weib zürnen oder nicht", rief Volker, als er den Hunnen erblickt hatte, „jenem Stutzer geht es an den Leib." „Laßt es mir zuliebe sein", sprach

Gunther; „wenn wir sie angreifen, schelten uns die Leute. Laßt lieber die Hunnen anfangen, es ist besser."

Doch Volker ritt in das Kampfspiel und rannte dem reichen Hunnen den Speer durch den Leib. Schnell ritt da Hagen mit seinen sechzig Mannen im Gefolge in den Haufen hinein und stellte sich neben dem Fiedler auf. Etzel und Kriemhild hatten oben vom Fenster alles deutlich gesehen. Inzwischen waren auch die Könige hinzugeritten, die ihren Spielmann nicht in den Händen der Feinde lassen wollten.

Die Angehörigen der Hunnen hatten große Wehklage erhoben. Auf die vielfache Frage, wer das getan, antworteten alle, die es sahen, in Übereinstimmung; „Das tat der Fiedler Volker." Da rief alles nach Schwertern und Schilden, und man wollte Volker totschlagen. Schon waren die Burgunden von ihren Rossen gestiegen und hatten sie zurückführen lassen. Da kam König Etzel heran, den Streit zu schlichten. Einem Freunde des Hunnen entriß er sein scharfes Schwert und schlug in zornigem Mute alle zurück.

„Wenn ihr diesen Spielmann erschlüget, es stände uns übel an", rief er. „Ich habe es wohl gesehen, daß er den Hunnen ohne seine Schuld durch Straucheln erschlug. Lasset meine Gäste in Frieden." So wurde er ihr Geleite. Man brachte die Rosse wieder zu den Ställen, und der Wirt ging mit seinen Gästen zum Saale hin, wo man die Tische herrichtete.

Kriemhild war in schwerer Sorge und wandte sich um Hilfe an Dietrich von Bern, doch dieser lehnte es ab, gegen die Burgunden zu kämpfen, die vertrauensvoll in das Land gekommen. Nun wandte sie sich an ihren Schwager Blödelin. Sie versprach ihm mit Handschlag die weite Landschaft, die einst Rudung besessen. „Waffnet euch alle, ihr meine Mannen", sprach Blödelin zu den Seinen. „Wir dringen in die Herberge ein gegen unsere Feinde." Als Blödelin sie verlassen, ging die Königin hin zu Tische mit König Etzel und seinen Mannen. Da sie, der altes Leid tief im Herzen begraben lag, den Streit nicht anders beginnen konnte, ließ sie Etzels Sohn zu Tische tragen. Vier von Etzels Mannen brachten Ortlieb, den jungen Sohn des mächtigen Königs, zu dem Tische der Fürsten, an dem auch Hagen saß.

Zu seinen Verwandten sprach da, auf den Sohn blickend, König

Etzel: „Nun seht, meine Freunde, das ist mein einziges Kind und das eurer Schwester. Es soll euch einst Gutes erzeigen. Wenn er gut gerät und seinen Verwandten ähnlich wird, wird er ein kühner Mann, reich, edel, stark und wohlgebildet. Erlebe ich es noch, so gebe ich ihm das Land von zwölf reichen Königen; da mag euch der junge Ortlieb wohl gute Dienste leisten. Ich will euch bitten, liebe Freunde, daß ihr eurer Schwester Kind mitnehmet, wenn ihr wieder heimwärts reitet an den Rhein und ihm immer gnädig gesinnt seid. Erziehet ihn in Ehren, bis er zum Manne erwächst; tat euch einer ein Leid und ist er stark geworden, so hilft er es euch rächen."

„Wüchse er zum Manne", sprach Hagen, „so sollten diese Helden wohl Vertrauen zu ihm haben, doch ist der junge König schwächlich anzusehen. Mich wird man wohl selten zu Hofe zu Ortlieb gehen sehen!"

Der König blickte auf Hagen; ihm war die Rede leid. Und wenn er auch nichts entgegnete, so fühlte er sich doch verletzt und gekränkt. Und auch die Fürsten fühlten sich verletzt durch das, was Hagen sprach, und sie ertrugen es mit Mühe, es ungestraft zu lassen. Noch war ihnen unbekannt, was bald der Recke Schwereres tat.

27.
Wie Blödelin erschlagen ward

Mit tausend wohlgerüsteten Recken kam Blödelin zu dem Saale, wo Dankwart mit den Knechten zu Tische saß. Dankwart empfing ihn freundlich; er hieß ihn willkommen und fragte nach dem Grunde seine Erscheinens. „Du brauchst mich nicht zu grüßen", antwortete Blödelin. „Denn dieses mein Kommen wird dein Ende sein. Du sollst Strafe dafür zahlen, daß dein Bruder Hagen den Siegfried erschlug." Dankwart sprang sofort vom Tische auf und zog sein langes und mächtiges Schwert.

So gewaltig war der Schlag, den er führte, daß Blödelins Haupt vom Rumpfe getrennt wurde und blutig zur Erde sank. Als Blödelins Mannen ihren Herrn tot sahen, da drangen sie mit gezückten Schwertern auf die Burgunden ein, und es erhob sich ein grimmer Kampf. Laut rief Herr Dankwart dem Gesinde zu: „Nun wehrt euch, ihr Knechte, es tut das wahrlich not. Ihr seht, wie es gehen soll; wir müssen um unser Leben kämpfen, obwohl uns die edle Kriemhild so freundlich hergeladen hat." Da begann im Saale ein hartes Kämpfen. Die Klage, daß Blödelin erschlagen liege, hatte sich schnell zu Etzels Recken verbreitet, und schon waren mehr als zweitausend Hunnenrecken gerüstet und sie und bald mehrere drangen vor das Haus. Was half den Burgundern Kraft und Kühnheit? Sie mußten der Übermacht erliegen. Der Kampf ruhte nicht, bis die neuntausend Knechte und zwölf Ritter aus Dankwarts Lehen erschlagen am Boden lagen. Nur Dankwart, den Gewaltigen, hatte keiner zu bestehen vermocht.

Kein Kampfestoben erschallte mehr. Allein unter den Erschlagenen stand der burgundische Held. Heftig drang man auf ihn ein, aber mancher Panzer wurde vom Blut rot. „Weh' mir ob dieses Leides", klagte Adrians Kind. „Nun weicht zurück, ihr Hunnen, und laßt mich an den Wind, daß die Luft mir Kühlung schaffe." Als Dankwart so aus dem Hause sprang, drangen neue Feinde auf ihn ein, und Schwerthiebe klangen auf seinem Helme. Es waren hunnische Streiter, die noch nicht gesehen hatten, wie gewaltige Wunden seine Hand zu schlagen vermochte.

Da drang er furchtbar auf Etzels Mannen ein, daß keiner ihn mit dem Schwerte zu bestehen wagte. Aber sie schleuderten so viel Speere gegen seinen Schild, die daran hängen blieben, daß er ihn seiner Schwere wegen aus der Hand fallen lassen mußte. Den nun Schildlosen glaubten sie zu zwingen, aber er schlug viele tiefe Wunden durch die Helme der Andringenden, und mancher sank tödlich getroffen zu Boden. Wie ein Eberschwein vor den Hunden im Walde, so ging er kühn vor seinen Feinden. Immer wieder floß das Blut der Gegner, die ihn anzugreifen wagten, und unverwundet nahte er sich ritterlich dem Hofe. Mancher der Truchsessen und Schenken, die den Klang der Schwerter gehört, warf sich ihm entgegen, aber er traf einige so stark, daß die andern vor Furcht zurückwichen und ihm freie Bahn ließen. Seine starke Kraft hatte Wunderbares geleistet.

28.
Wie die Burgunden mit den Hunnen stritten

Sein ganzes Streitgewand mit Blut beronnen, trat Dankwart in die Türe des Saales und gebot dem Gesinde Etzels, zurückzuweichen. Das blanke Schwert trug er in der Hand. „Ihr sitzt allzu lange, Bruder Hagen", rief er laut in den Saal, „Euch und Gott im Himmel klage ich unsere Not. Tot sind in der Herberge Ritter und Knechte." „Wer hat das getan?" rief Hagen ihm entgegen. „Blödelin und die Seinen griffen uns dort an. Doch ich sage Euch, er hat es schwer entgolten. Ich habe ihm mit meiner Hand das Haupt abgeschlagen." „Aber sagt mir doch, Bruder Dankwart, wie Ihr rot seid? Ich glaube gar, Ihr leidet von Wunden große Not! Wenn der hier im Lande lebt, von dem es Euch geschehen, dem muß es ans Leben gehen, wenn ihn nicht der Teufel bewahrt." „Ihr seht mich als Gesunden, nur mein Kleid ist naß vom Blute derer, die ich erschlug. Ich wäre nicht imstande, es zu beschwören, wie viele es gewesen sind." „Nun, Bruder Dankwart", mahnte Hagen, „behütet uns die Türe und laßt von den Hunnen niemand hinein. Ich habe mit den Hunnen hier zu reden, denn die Not zwingt mich dazu. Ohne alle Schuld fand unser Gesinde den Tod." „Soll ich denn Kämmerer werden", sprach der kühne Dankwart, „so kann ich reichen Königen wohl dienen. Ich will die Stiege wohl in Ehren hüten."

Da schlug Hagen dem jungen Ortlieb mit seinem Schwerte das Haupt ab, daß es blutend in Kriemhildens Schoß fiel. Ein zweiter Schlag trennte dem Hofmeister des Kindes den Kopf vom Rumpfe, daß er blutig zur Erde fiel. Dann stürzte Hagen auf den Spielmann Werbelin zu, der vor Etzels Tische stand, und hieb ihm mit einem Schlage die rechte Hand ab samt der Fiedel. „Das habe für die Botschaft ins Burgundenland." „Weh meiner Hand", klagte Werbelin. „Was tat ich Euch denn an, Herr Hagen? Ich kam in großer Treue in Euer Land. Wie soll ich nun spielen, da ich die Hand verlor?" Auch der schnelle Volker war vom Tische aufgesprungen, und laut erklang der Fiedelbogen an seiner Hand. Sein scharfes Schwert streckte manchen Feind zu Boden. Die drei Könige der Burgunden sprangen auch von den Tischen auf und versuchten zu schlichten. Aber ihre Bemühung war vergeblich. Hagen und Volker wüteten zu sehr, und halb waren auch sie in den Streit verwickelt. Denn als der Vogt vom Rheine erkannte, daß der Kampf nicht zu hemmen sei, da bewährte auch er sich als ein tapferer Recke, der den Hunnen manche Wunde schlug. Und Utes jüngere Söhne, Gernot und Giselher, zeigten sich nicht minder als tapfere Recken; von des jüngsten Königs Hand fiel so mancher Feind. Aber auch Etzels Mannen kämpften tapfer, und hin und her durch den Saal wogte der Streit.

Auf Hagens Mahnung eilte Volkmar dem an der Türe in Bedrängnis geratenen Dankwart zu Hilfe. „Bleibt Ihr draußen; ich will innerhalb stehen." So geschah es. Außen wehrte Hagens Bruder jeden Versuch ab, in den Saal zu dringen, und Volker verwehrte jedes Heraustreten. Dann rief er laut durch die Menge: „Der Saal ist wohl verschlossen, Herr Hagen. König Etzels Türe ist mit Schranken versehen. Zweier Helden Hände liegen vor ihr wie tausend Riegel." Als nun der Vogt von Bern ersah, wie der starke Hagen so viele Helme brach, sprang der König der Amelungen auf eine Bank. Er sprach: „Hagen schenkt hier den allerbittersten Trank." König Etzel war sehr in Sorgen; liebe Freunde schlug man vor seinen Augen tot, und er selbst entrann kaum der Gefahr; er saß in großen Ängsten da; es half ihm wenig, daß er König war.

Da rief Kriemhild Dietrich um Hilfe an: „Hilf mir, mit dem Leben davon zu kommen, edler Held, denn erreicht mich Hagen, ist mir der Tod gewiß." „Wie soll ich Euch helfen, edle Königstochter", sprach Herr Dietrich. „Ich bin um mich selbst besorgt. Gunthers Mannen sind, wie Ihr seht, so zornig, daß zu dieser Stunde niemand Frieden schaffen kann!" „Nicht also, Herr Dietrich", bat Kriemhild, „guter, edler Ritter. Laß heute deinen Tugendmut sichtbar werden und hilf mir von hinnen, oder ich bleibe tot. Bring mich und den König aus dieser angstvollen Not." Und Kriemhild sorgte sich nicht ohne Not. „Ich will es versuchen, ob Euch zu helfen ist", tröstete Dietrich. „Seit langer Zeit habe ich Ritter nicht in so bitterem Zorn gesehen."

Da begann der auserkorene Held mit Macht zu rufen, daß seine Stimme gleich dem Büffelhorn gellte und durch den weiten Saal widertönte. Gewaltig und voll war Dietrichens Stärke.

Gunther hörte ihn mitten im Kampfe rufen und lauschte.

„Dietrichs Stimme kam an mein Ohr. Wenn er nur keinen Recken durch unsere Helden verloren hat. Ich sehe ihn auf dem Tische, er winkt mit der Hand. Haltet ein mit Streiten, ihr Freunde und Anverwandten aus Burgundenland. Laßt uns hören und sehen, was dem edlen Degen hier von unseren Mannen geschehen ist."

Als der König Gunther, der so seine Macht bewies, bat und gebot, senkten sich die Schwerter, so daß niemand mehr kämpfte. Da befragte er den von Bern: „Edler Dietrich, was ist Euch von meine Freunden geschehen? Ihr sollt mich willig sehen; ich bin Euch zur Buße und zur Sühne bereit. Es wäre mir innig leid, wenn Euch jemand etwas täte." „Mir ist nichts geschehen", antwortete der Berner. „Laßt mich in Eurem Schutze aus dem Hause gehen mit meinem Gesinde. Dafür will ich Euch stets zu Diensten bereit sein." König Gunther sprach: „Das sei Euch vergönnt, daß Ihr, so viel Ihr wollet, herausführen könnet, nur meine Feinde nicht; die sollen hier bleiben." Als das Dietrich gehört, nahm er die Königin an einer Hand, mit der andern erfaßte er König Etzel, führte sie aus dem Hause, und sechshundert starke Recken zogen mit ihm. Da begann der edle Markgraf Rüdiger: „Soll noch jemand mehr aus dem Hause kommen, der Euch zu Diensten bereit ist, so laßt uns das wissen. Guten Freunden geziemt wohl ein steter Friede." Ihm antwortete der junge Burgundenfürst Giselher: „Friede und Sühne sei Euch von uns zuerkannt, Euch und Euren Mannen, denn Ihr habt treuen Sinn. Ihr sollt mit Euren Freunden ohne Sorgen dahinziehen."

Nun räumte der Recke Rüdiger Etzels Saal, und mehr als fünfhundert seiner Freunde und Genossen aus Bechelaren folgten ihm. Als die Burgunden nun alle, die sie wollten, hinausgelassen hatten, erhob sich im Saale von neuem ein furchtbares Kampfgetöse. Grimmig rächten die Gäste ihr Leid und ihre Schmach. Besonders aber wütete Volker. Von der ganzen Schar der Hunnen, die im Saale gewesen waren, blieb nicht einer am Leben. Erst als der letzte zu Boden gesunken, war der Streit beendet, und die kampfmüden Burgundenhelden legten ihre Schwerter beiseite.

29.
Wie sie die Toten aus dem Saale warfen

Nun setzten sich die Helden, von furchtbarem Kampfe matt, um zu ruhen, Hagen aber und Volker gingen vor den Saal, und auf ihre Schilde gelehnt, führten sie im Übermute launige Reden. „Ihr könnt noch nicht früher ruhen", rief der junge Giselher seinen Burgunden zu, „bis wir die toten Leute aus dem Hause getragen. Seid gewiß, daß es zu neuem Kampfe kommt, und sie sollen uns nicht länger vor den Füßen liegen. Bis es uns gelungen ist, die Macht der Hunnen zu brechen, werden wir noch manche Wunde zu hauen haben, und gern tue ich das; dazu habe ich willigen Mut." „Wohl mir ob solchem Herrn", rief Hagen erfreut. „Nur ein Held vermag solchen Rat zu geben, wie es unser junger Herr eben getan. Mit Recht, ihr Burgunden, dürft ihr alle erfreut sein."

Da folgten sie dem Rate, trugen wohl siebentausend Tote hinaus und warfen sie vor die Tür. Als man sie dort vor der Stiege liegen sah, erhob sich ein jämmerliches Klagen ihrer Freunde. Mancher unter ihnen war nur mäßig verwundet und hättet bei guter Pflege wohl davonkommen können, doch von dem hohen Falle erlitten auch sie den Tod. Da sprach Volker: „Ich sehe es, die Hunnen sind feige; man hat mir die Wahrheit gesagt. Sie klagen wie ein Weib und sollten doch der Schwerverwundeten Leib pflegen." Ein hunnischer Markgraf wähnte, Volker meine es gut; einen verwundeten Vetter faßte er in seine Arme, um ihn fortzutragen, aber Volker sprang hinzu und schlug ihn tot. Als bald wieder viele tausend Mann mit König Etzel und Kriemhild vor dem Hause standen, begannen Volker und Hagen in wildem Mute zu dem Könige zu sprechen: „Es ziemte wohl zum Troste des Volkes", rief Hagen spottend, „daß die Herren vorn in der Heerschar fechten möchten, wie es hier von meinen Herren ein jeder tut. Die hauen durch die Helme, daß von den Schwertern das Blut fließt."

König Etzel war kühn; er faßte seinen Schild fest. „Verfahrt nun behutsam", mahnte Kriemhild, „und bietet den Recken reiche Gabe an Gold. Erreicht Euch Hagen, so ist Euch der Tod gewiß." Doch der König wollte nicht zurückstehen; man mußte ihn am Schildriemen mit Gewalt zurückziehen. „Wer mir Hagen von Tronje schlägt", sprach Kriemhild, „und mir das Haupt des Recken herträgt, dem fülle ich Etzels Schildesrand mit rotem Golde und gebe ihm gute Burgen und Land zum Lohne." „Ich weiß nicht", rief der Fiedler, „worauf sie warten. Sah ich doch nie Helden so zagend, wo man so reichen Lohn bot."

30.
Wie Iring erschlagen ward

Markgraf Iring aus dem Lande der Dänen faßte zuerst den Entschluß, den Kampf mit Hagen zu wagen. „Man hat mich in Volksstürmen stets tapfer gesehen und von jeher habe ich nach Ehre gestrebt. Bringt mir meine Waffen, ich will Hagen bestehen." „Das will ich widerraten", sprach Hagen, „befiehl den Recken der Dänen, sich zurückzuziehen. Springen zweie oder dreie von euch zum Saale hinauf, ich sende sie wohl wund die Stiege wieder hinunter." „Deshalb werde ich es nicht lassen", entgegnete Irnfried. „Ich versuchte auch schon manch ebenso furchtbar Ding. Ich allein will dir mit dem Schwerte nahen. Was kann ein Prahlen helfen, wie du es mit Worten getan hast."

Bald waren der Degen Iring, Irnfried von Thüringen, ein kühner Jüngling, und Hawart, der Starke, mit wohl tausend Mann bewaffnet, sie alle wollten dem Iring in seinem Beginnen helfen. Nun sah der Spielmann eine große Schar mit Iring bewaffnet daherkommen; mancher Helm war da aufgebunden. Volker geriet bei diesem Anblick in großen Zorn. „Seht Ihr, Freund Hagen, dort den Iring gehen, der Euch allein im Schwertkampfe zu bestehen gelobte! Ziemt es sich, daß Helden lügen! Wohl mehr als tausend Recken ziehen da bewaffnet einher."

„Zeiht mich nicht der Lüge", sprach der Lehensmann Hawarts. „Ich gedenke nicht zagend von dem abzustehen, was ich versprach. Sei Hagen noch so furchtbar, ich will ihn allein bestehen." Und nun bat er seine Freunde flehend, daß sie ihn ganz allein mit Hagen kämpfen ließen. Nur ungern taten sie es, denn der übermütige Hagen aus Burgundenland war ihnen wohlbekannt. Er bat so lange, bis man es zuletzt geschehen ließ. Als sie sahen, daß er nach Ehre rang, da ließen sie ihn gehen, und bald sollten sie ein grimmes

Streiten zwischen den beiden sehen. Es begann ein gewaltiges Kämpfen. Zuerst schossen sie die Speere mit kräftiger Hand durch die festen Schilde auf ihr lichtes Gewand, dann griffen beide mit grimmkühnem Sinne zu den Schwertern. Groß und voll war Hagens Stärke. Doch konnte der Held Iring seinen Willen nicht vollenden. Da ließ er Hagen unverwundet stehen und ging auf den Fiedelspieler los. Er dachte ihn mit seinen starken Schlägen zu zwingen, doch wußte sich Volker dem wohl zu entziehen und führte einen Schlag, daß von Irings Schildesrand die Spangen wirbelnd herabfielen.

Und wieder wandte sich der Däne von seinem Gegner ab und stürmte auf König Gunther an. Beide waren starke Streiter und wechselseitig schlugen sie aufeinander, aber die guten Panzer widerstanden, und es floß noch kein Blut. Dann stürmte Iring auf Gernot los und schlug so gewaltig, daß das Feuer aus dem Harnisch sprang. Da hätte der Burgunde Iring fast in den Tod gesandt. Doch dieser sprang von ihm fort und schlug vier Burgunden aus der Zahl des Heergesindes vom Rheine zu Boden.

Nun ergrimmte der junge Giselher. „Ihr müßt mir die entgelten, die jetzt hier vor Euch erlegen sind", rief er, und rannte den Dänen mit solcher Gewalt an, daß dieser zu Boden stürzte. Alle glaubten, daß er seinen letzten Schlag getan, doch lag Iring ohne Wunde vor Giselher. Als aus seinem Haupte die Betäubung gewichen war, die ihn der Sinne beraubt hatte, dachte er: „Ich lebe noch und bin nirgends wund. Die gewaltige Kraft und Stärke Giselhers habe ich wohl erkannt."

Da dachte er darauf, wie wohl zu entkommen wäre. Wie ein Wahnsinniger sprang er aus dem Blute auf, und dank seiner Schnelligkeit gelangte er zur Türe, wo Hagen stand, auf den er mit starker Hand kräftige Schläge führte. Mit seinem starken Schwerte Waske durchschlug Iring den Helm und verwundete Hagens Haupt. Als dieser die Wunde empfand, da schwang er sein Schwert so mächtig, daß Iring entweichen mußte. Mit dem Schilde deckte der Däne sein Haupt, während Hagen ihn die Treppe hinab verfolgte. Doch entkam er gesund zu den Seinen.

Als Kriemhild dies erfuhr, dankte ihm die Königstochter sehr. Da rief Hagen hinüber: „Ihr mögt ihm mäßig danken. Es ziemte einem

Helden wohl, nochmals zu wagen. Die Wunde, die er mir geschlagen, frommt Euch wenig." „Wißt, meine Freunde", sprach Iring, „ihr sollt mich sogleich waffnen; es muß noch einmal versucht sein, ob ich nicht den übermütigen Mann zwingen möge." Seinen zerhauenen Schild vertauschte er mit einem neuen, besseren und nahm einen starken Speer, mit dem er Hagen angreifen wollte. Hagen sprang ihm die Treppe herab entgegen.

Der grimme Tronjer ergriff einen Speer, den er sich zu Füßen liegen sah, und stieß so heftig auf den Dänen, daß die tödliche Waffe aus seinem Haupte hervorragte. Da hatte ihm Hagen ein grimmes Ende gesandt. Iring floh noch lebend zu seineN Dänen; als man aber den Wurfspieß loszubrechen suchte, ehe man den Helm abnahm, nahte ihm der Tod. Nun kamen mit tausend Helden Irnfried und Hawart vor das Haus, und sofort erhob sich gewaltiges Kampfgetöse. Viel scharfe Speere wurden gegen die Burgunden geschleudert. Irnfried lief sogleich gegen Volker an, erhielt aber von dem grimmen Helden einen Schlag, der tief durch den Helm drang. Noch einmal erhob Irnfried sein Schwert und schlug so gewaltig, daß mehrere Panzerringe zerbrachen und der Harnisch Volkers feuerrot in Funken lohte, doch konnte er den empfangenen tödlichen Schlag nicht mit leicht scharfem vergelten. Der edle Landgraf fand durch Volker den Tod.

Hawart traf im Streite mit Hagen zusammen, und sie führten beide ihre Schwerter so kräftig, daß es die Schauenden Wunder nahm; doch mußte auch Hawart durch Hagen aus Burgundenland sterben. Als die Dänen und Thüringer ihre Herren tot sahen, begann an der Türe ein furchtbarer Kampf, ehe sie mit kraftreicher Hand den Eingang gewannen.

„Weichet", sprach Volker, „laßt sie nur hereingehen, sie werden nicht erlangen, was sie im Sinn haben. In kurzer Zeit müssen sie hier alle sterben und zahlen mit dem Tode, was ihnen die Königin gibt." Als nun die Dänen und Thüringer ins Haus gedrungen waren, erhob sich neuer Kampf. Die Burgunden, unter ihnen die Könige Gernot und Giselher, stritten mit gewaltiger Kraft, und von tausendundvier Feinden, die ins Haus gedrungen, blieb keiner am Leben. Stille war nun ringsumher.

Wieder saßen die Burgunden ruhend; Schild und Schwert hatten

sie abgelegt; nur der kühne Spielmann stand noch vor dem Haufe
wartend, ob wohl noch jemand zum Streite herannahe.

König und Königin klagten heftig in tiefem Leide. Es war, als ob
ihnen allen der Tod Verderben schwor.

31.
Wie die Königin den Saal verbrennen ließ

„Bindet ab die Helme", sprach Hagen. „Ich und Volker werden
euch treulich hüten, und greifen uns die hunnischen Mannen
wieder an, so werde ich meine Herren schnell wecken." Der König
und die Königin trieben noch vor der Abendzeit die Hunnen an,
von neuem den Streit mit den Recken zu versuchen. Noch standen
wohl zwanzigtausend vor dem Könige, die zum Kampfe gehen
mußten, und es erhob sich ein mächtiges Stürmen auf die Gäste. So
währte der Kampf, bis die Nacht ihm ein Ende machte. Nun war
der Tag zerronnen. Schwere Sorge lag auf den Burgunden. Besser
wäre, so meinten sie, für sie ein kurzer Tod, als sich so lange in
Leid zu quälen. Sie gedachten Frieden zu heischen.

Sie sandten einen Boten zu Etzel mit der Bitte, zu ihnen zu
kommen, und die drei Burgundenkönige, die blutgefärbten Helden,
traten in ihren Harnischen aus dem Hause. Beide kamen, Etzel und
Kriemhild, schon wieder mit großem Gefolge; sie waren ja im
eigenen Lande, darum mehrte sich schnell ihr Heer. Vergeblich
blieb jeder Versuch, zur Versöhnung zu gelangen. Dem Wunsche
der Burgunden, daß man sie wenigstens aus dem Saale lassen solle,
den Etzel schon gewähren wollte, widersprach Kriemhild aufs
heftigste. „Begnaden kann ich euch nicht. Gebt ihr mir aber den
einen Hagen zur Geisel, so will ich nichts dagegen sagen, daß ihr
am Leben bleibt, denn ihr seid meine Brüder, und wir sind einer
Mutter Kinder. Dann können wir von Sühne reden mit den Helden,
die hier sind." Alle aber lehnten den Vorschlag entschieden ab. „Ihr
allbereiten Helden", sprach da die Königstochter, „geht nun der
Stiege näher, rächet all mein Leid. Ich will das stets vergelten. Ich
lohne Hagen wohl seinen Übermut." „Lasset keinen von ihnen aus
dem Saale heraus. Ich lasse dann das Haus an vier Enden
anzünden, so wird all mein Herzeleid wohl gerochen." Etzels

Helden waren sogleich dazu bereit. Mit Schlägen und Speerwurf trieb man die in das Haus hinein, die noch außen standen; von neuem erhob sich großer Lärm. Fürst und Mannen wollten sich nicht trennen und keiner dem andern die Treue und Pflicht brechen.

Auf Kriemhildens Gebot wurde nun der Saal von allen Seiten in Brand gesteckt und, vom Winde gefaßt, lohte bald überall die rote Flamme. Die furchtbare Hitze bereitete den im Saale Befindlichen schwere Qualen. Da entsetzlicher Durst die Bedrängten quälte, riet Hagen, ihn mit dem Blute der Erschlagenen zu löschen, und man folgte seinem Rate. Das Feuer fiel ins Haus auf die Helden herab; sie schützten sich durch den übergehaltenen Schild den Leib, aber Rauch und Hitze quälten sie sehr.

„Tretet an die Wand", riet nun Hagen von Tronje. „Laßt die Brände nicht auf eure Helmriemen fallen und stoßt sie mit den Füßen tiefer ins Blut hinein. Es ist ein schlimmes Gelage, zu dem uns Frau Kriemhild geladen hat." So verfloß für die Burgunden die Nacht in solcher Not. Draußen hatten Volker und Hagen, auf den Schildrand gelehnt, wieder Wacht gehalten, neue Angriffe der Hunnen erwartend. Der Wirt mochte wohl wähnen, sie seien alle tot, doch lebten da drinnen noch sechshundert der besten und kühnsten Helden, die je ein König gewinnen mochte.

Der Kampf begann sofort am Morgen wieder. Zahllose Speere wurden auf die Gäste geschleudert, die sich ihrer nur schwer erwehren konnten. Immer von neuem boten Etzel und Kriemhild ihren Mannen Gold und hohe Ehren, wenn sie den Kampf gegen die Burgunden zu unternehmen Mut fassen wollten. Ganze Schilde voll Gold bot die Königin denen, die den Kampf wagen würden. Eine große Zahl hunnischer Recken hatte sich wieder gesammelt. „Wir sind noch immer hier", rief ihnen Volker entgegen. Wohl zwölfhundert Mann versuchten es und drangen gegen den Saal vor, aber bald erhob sich neues Klagen, denn auch sie fanden von Burgundenhänden den Tod.

32.
Wie Markgraf Rüdiger erschlagen ward

Der Markgraf sandte zu Dietrich, ob sie es etwa noch vermöchten, den Tod der Könige abzuwenden. „Wer kann es hindern?", ließ ihm der Berner sagen. „König Etzel nähme wohl von niemandem mehr Sühne an." Ein Hunnenrecke sah Rüdiger weinend dastehen und sprach zur Königin: „Seht doch, wie er dasteht, den man hier neben Etzel als den Mächtigsten sah und dem Land und Leute dienen. Wie viele Burgen sind an Rüdiger gegeben, von denen er so manche vom Könige hat, und doch hat er in diesem Kampfe noch keinen Schlag getan. Ihn scheint wenig zu kümmern, was hier mit uns geschieht, wenn er nur Fülle bei sich sieht, so viel er mag. Man sagt ja, er sei kühner, als irgendeiner sein könne, aber das hat er in dieser Not schlecht bewiesen."

Tieftraurig sah der getreue Mann den Hunnen an, als er ihn so reden hörte. „Du entgiltst es, daß du gesagt, ich sei verzagt. Du hast das bei Hofe allzu laut gesagt." Er ballte die Faust und schlug den hunnischen Mann mit solcher Kraft, daß er ihm auf der Stelle tot vor den Füßen lag. Da wurde König Etzel von neuem die Not gemehrt.

„Fahre hin, verzagter Bösewicht", sprach Rüdiger. „Hatte ich doch des Leides und der Beschwerde genug. Was tadelst du mir das, daß ich hier nicht fechte? Auch ich trüge wohl den Gästen mit gutem Grunde großen Haß. Ich hätte ihnen alles angetan, was sich gebührt, aber ich habe die Recken hierher geführt, ich war ihr Geleite in meines Herrn Land, so darf meine unselige Hand sie nicht bestreiten." König Etzel aber sprach zum Markgrafen: „Wie habt Ihr uns geholfen, edler Rüdiger. Da wir schon so viele Tote im Lande hatten, brauchten wir keinen mehr; Ihr habt unrecht getan." „Er kränkte mir den Mut", sprach der edle Ritter; „er hat mir die Ehren und das Gut vorgeworfen, dessen ich so viel aus Eurer Hand empfangen habe. Das bekam nun dem Lügner übel."

Da kam auch die Königin heran, die ebenfalls gesehen hatte, was der zornige Held dem Hunnen getan. Heftig beklagte sie es, ihre Tränen flossen reichlich, und sie sprach zum Markgrafen: „Womit verdienten wir das, daß Ihr mir und dem Könige noch unser Leid mehret? Alle Zeit habt Ihr, Rüdiger, uns doch verheißen, Ihr wolltet für uns Leben und Ehre wagen. Bisher hörte ich die Recken stets Euch den Preis geben." „Muß ich Euch nun an die Treue mahnen, die Ihr mir schwurt, als ich in dieses Land zog, daß Ihr mir dienen wolltet bis zum Tode?" „Das will ich nicht leugnen", antwortete Rüdiger. „Ich schwur euch, edles Weib, ich wollte für Euch Ehre und Leib wagen. Aber ich schwur nimmermehr, die Seele zu verlieren. Ich brachte die edlen Fürsten zu diesem Hofgelage her." Sie sprach: „Gedenke deiner großen Treue und deiner steten Eide, daß du meinen Schaden und all mein Herzeleid immer rächen wolltest." „Stets war ich Euch zu Diensten bereit", entgegnete der Markgraf. Da begann der reiche Etzel zu flehen. Beide warfen sich ihm zu Füßen. Traurig stand der edle Markgraf da, und der getreue Recke begann jammervoll: „O weh mir Gottverlassenem, daß ich dies erleben muß. Nun muß ich mich von allen Ehren scheiden, die mir Gott verlieh, von meiner Treu und Pflicht. Warum erläßt der Tod mir es nicht? Was ich nun lasse und das andere tue, immer habe ich niederträchtig und feige dazu gehandelt. Lasse ich beides, so schilt mich alle Welt. Der mich ins Leben gestellt, möge mich nun erleuchten." Da baten der König und sein Weib. „Herr König", sprach der mutige Mann, „nehmt nun wieder, was ich von Euch gewann; nehmt das Land und die Burgen, nichts will ich behalten und auf meinen Füßen in die Verbannung gehen. Weib und Tochter nehme ich lieber an die Hand und ziehe in die Fremde, ehe ich ohne Treue dem Tode entgegengehe!" „Wer hilft mir dann?" sprach König Etzel dagegen. „Ich gebe dir das alles, das Land und die Burgen, wenn du mich an meinen Feinden rächst. Du sollst neben Etzel ein gewaltiger König sein."

„Wie soll ich es beginnen?" klagte Rüdiger. „Ich lud die edlen Recken zu meinem Hause, bot ihnen gütlich Trank und Speise. Dem Helden Giselher gab ich meine Tochter, und wenn ich auf Zucht und Ehre, auf Treue und auf Gut sehe, so könnte ich nie besser gewählt haben; nie lebte ein junger König von so tugendlichem Mute." Da sprach wieder Kriemhild: „Edler Rüdiger, laß dich unser schweres Leid erbarmen, meines wie des Königs. Denke daran, daß wohl nie ein König so schlimme Gäste gehabt hat." Da begann der Markgraf zu der hehren Königin: „Mit dem Leben muß heute Rüdiger entgelten, was Ihr und der König mir Liebes getan. Dafür muß ich nun sterben. Mein Weib und mein Kind und alle die Verlassenen, die in Bechelaren sind, empfehle ich Eurer Gnade." „Nun lohne dir Gott, Rüdiger", sprach da der frohe König; auch die Königin war voller Freude. „Deine Leute sollen uns wohl empfohlen sein, von meinem Glück aber hoffe ich, daß auch du selbst entrinnen magst." „Ich muß Euch den Schwur halten", sprach Rüdiger zur weinenden Königin, „den Schwur, den ich getan. O weh um meine Freunde. Ich greife sie ungern an." In Trauer ging Rüdiger von dem Könige hinweg. Fünfhundert Mannen Rüdigers standen bewaffnet da, und noch zwölf tapfere Ritter gewann der Markgraf hinzu.

Als der kühne Fiedelspieler Rüdiger mit seinen gerüsteten Mannen nahen sah, war es ihm sehr leid, er hielt sich auf schweren Kampf gefaßt. Giselher aber, als er seinen Schwiegervater mit aufgebundenem Helme daherkommen sah, konnte sich gar nicht denken, daß er anderes als Liebes und Gutes damit meine. „Wohl mir ob solcher Freunde", rief er froh, „die wir auf der Fahrt hierher gewonnen haben. Meine Braut kommt uns hier wohl zu Nutz und Frommen, und mir ist es wahrhaftig lieb, daß wir die Heirat stifteten." „Ich weiß nicht, wes Ihr Euch tröstet", sprach der Spielmann. „Wo habt Ihr je so viele Helden mit aufgebundenen Helmen, die Schwerter in der Hand, zu Sühne nahen sehen? Er will seine Burgen und Land an uns verdienen."

Der Marschall trat vor den Saal, setzte seinen Schild vor den Fuß und rief in den Saal hinauf:

„Ihr kühnen Nibelungen, nun wehret euch. Ich hoffte, euch zu nützen, und bringe euch Schaden. Wir waren einst befreundet, nun will ich der Treue ledig sein." Die notbedrängten Helden erschraken. Wie konnte es sie freuen, daß sie der bekämpfen wollte, dem jeder so hold war. „Nicht wolle das Gott im Himmel", sprach Gunther, „daß Ihr auf die Gnade und Treue, auf die wir gehofft, Verzicht leistet. Ich will lieber glauben, daß Ihr das nimmer tut." Da sprach der kühne Recke: „Ich kann es nicht lassen. Meines Eides Pflicht fordert, daß ich mit euch kämpfe. Dazu hat mich das Weib des Königs Etzel mit Gewalt getrieben. Wie gern gönnte ich es euch, daß ich euch nach meines Herzens Wunsch reich Gaben spenden könnte. Ich täte es gern, wenn es mir nicht meiner Königin Haß erwürbe." „Laß ab, edler Rüdiger", sprach Gernot. „Kein Wirt auf Erden hat seinen Gästen so gütig und liebevoll Gaben geboten, wie Ihr es getan. Bleibt uns das Leben, so wollen wir Euch gern dafür lohnen." „Wollte Gott, edler Gernot", antwortete Rüdiger, „daß Ihr am Rheine wäret und ich wäre in ehrenhafter Weise tot. Nun soll ich Euch bekämpfen. Noch nie ist von Recken an Freunden übeler getan."

„Nun lohne Euch Gott für reiche Gaben", sprach Gernot. „Mich jammert euer Tod und daß mit Euch so tugendlicher Mut verderben soll. Der gute Degen, den Ihr mir gegeben, hat mich in aller dieser Not nie verlassen. Seine Schärfe brachte manchem guten Ritter den Tod. So reiche Gabe, dünkt mich, gibt wohl nie wieder ein Recke. Doch wollt Ihr es nicht lassen, gegen uns zu kämpfen, und erschlagt Ihr mir Freunde hier drinnen, so nehme ich Euch mit Eurem Schwerte Leben und Leib. Ihr und Euer herrliches Weib jammern mich, Herr Rüdiger."

„Das wolle Gott, Herr Gernot, daß alles nach Eurem Willen ergehen und Eure Freunde am Leben bleiben sollten. Wohl darf ich Euch meine Tochter und mein Weib anvertrauen." Da sprach der schönen Ute Kind: „Wie handelt Ihr so, Herr Rüdiger; alle, die mit mir kamen, sind Euch gewogen. Ihr tut übel daran, daß Ihr Eurer schönen Tochter frühe den Mann raubt. Euch vertraue ich vor jedem andern Manne, deshalb gewann ich mir Eure Tochter zum Weibe." „Gedenket Eurer Treue, edler König", sprach Rüdiger. „Kommt Ihr mit Gottes Hilfe von hinnen, so laßt es meine edle Tochter nicht entgelten, sondern seid ihr gnädig um ihrer Tugend willen."

„So sollt ich es billig halten", antwortete Giselher, „doch wenn meine Freunde hier durch Euch ersterben, so muß die stete Freundschaft mit dir und deiner Tochter geschieden sein." „Nun möge Gott sich uns gnädig erweisen", sprach der Markgraf. Schon hoben sie die Schilde und der Kampf sollte beginnen, da rief Herr Hagen laut von der Stieg herab: „Verziehet eine Weile, edler Rüdiger. Ich habe große Sorge. Den Schild, den mir Frau Gotelinde zu tragen gab, den haben mir die Hunnen zerhauen. Ich bracht ihn als Freund in König Etzels Land. Wollte es mir Gott im Himmel gewähren, daß ich einen so guten Schild trüge, wie du, edler Rüdiger, ihn in Händen hast. Dann brauchte ich in all dem Kampfe keinen Panzer mehr." „Gern wollte ich dir mit meinem Schilde dienen, wenn ich ihn dir vor Kriemhild zu bieten wagte. Doch wohlan, nimm ihn und trag ihn in der Hand. Möchtest du ihn doch ins burgundische Land führen." Als er sich so willig erbot, den Schild zu geben, da wurde manches Auge von heißen Tränen rot. Es war die letzte Gabe. Nie mehr bot Rüdiger von Bechelaren einem Recken ein Geschenk.

Wie grimmig Hagen auch war, wie hart sein Mut, die Gabe, die der edle Recken geboten hatte so nahe seiner letzten Stunde, erbarmte ihn, und trauernd sprach er: „Gott lohne Euch die Gabe, edler Rüdiger. Was auch diesen Recken widerfahre, und schlügt Ihr alle die Helden aus burgundischem Lande, es soll Euch meine Hand nicht im Kampfe berühren." Da neigte sich ihm dankend der edle Rüdiger, und sie weinten alle, daß niemand dies Herzeleid wenden könne. „Da mein Geselle Hagen Euch steten Frieden anbot", rief der Spielmann Volker aus dem Hause heraus, „so nehmt ihn auch von meiner Hand. Das habt Ihr wohl verdient, als wir in das Land kamen. Und seid mein Bote, edler Markgraf, nach Hause hin. Diese roten Spangen gab mir die Markgräfin, daß ich sie bei dieser Festlichkeit tragen sollte. Ihr könnt sie nun selber schauen und mein Zeuge sein."

„Wollte Gott im Himmel", erwidert ihm Rüdiger, „daß die Markgräfin Euch mehr geben dürfte. Seid außer Zweifel, sehe ich sie gesund wieder, so sage ich es meiner lieben Trauten." Nach diesem Versprechen hob Rüdiger den Schild und stürmte gegen die Gäste an; er schlug viel starke Schläge. Volker und Hagen wichen beiseite, wie sie es eidlich gelobt, aber noch war da mancher kühne Mann zu bestreiten, und der Markgraf begann den Kampf mit großen Sorgen. Gunther und Gernot hatten ihn in mörderischer Absicht hereingelassen, Giselher wich zurück und mied Rüdiger im Streite. Viel wackere Recken fielen auf beiden Seiten, am meisten aber wüteten Hagen und Volker unter denen aus Bechelaren. Grimmig fochten sie, und der Schilde Steine rieselten zerhauen in das Blut. Auch Gunther und Gernot, Giselher und Dankwart bereiteten so manchem seinen letzten Tag.

Schon hatte Rüdiger, kühn und wohlbewaffnet, viele erschlagen; als das Gernot sah, ergriff ihn ein wilder Zorn. „Ihr wollt mir keinen Mann der Meinigen mehr leben lassen, edler Rüdiger! Das schmerzt mich sehr, und ich kann es nicht länger ansehen. Eure Gabe mag Euch nun wohl zum Schaden gedeihen. Kehrt Euch hierher. Ich will Euer Geschenk verdienen, so gut ich es immer kann." Der in der Ferne kämpfende Markgraf wandte sich zu Gernot. Aber ehe er zu ihm gelangte, färbte sich noch mancher lichte Harnisch von Blute rot. Die beiden stürmten endlich mit den scharfen Schwertern, denen nichts widerstand, aufeinander los. Rüdigers Waffe spaltete dem Gegner den stahlharten Helm, daß das rote Blut hervordrang. Aber wie tief auch die Wunde war, noch war Gernots Kraft nicht geschwunden. Er führte gegen den Gegner einen Schlag, der durch den Schild und das Band des Helmes drang und dem Helden das Leben raubte. Als nun der eine durch des andern Hand beide erschlagen waren, da ergrimmte Hagen. „Wie könnte uns weher sein", rief er, „wir haben an den Zweien so großen Schaden genommen, daß ihr Volk und Land das nimmer überwindet. Uns Fremden bleiben nun Rüdigers Helden zum Pfande." „Weh mir um meinen Bruder, der hier den Tod fand", rief Giselher. „Auch muß mich der edle Rüdiger jammern." Und er erhob von neuem das Schwert, und der Kampf ruhte nicht eher, als bis der letzte der Mannen von Bechelaren in den Tod gesunken war. Als nun der Kampf zu Ende gekommen, sah man Gunther, Hagen und Giselher, Dankwart und Volker kläglich jammernd den Platz umstehen, wo man die zwei fand.

„Der Tod beraubt uns übel", sprach der junge Giselher. „Aber nun laßt euer Weinen. Wir wollen an den Wind gehen und unsere Panzer kühlen. Ich fürchte, daß uns Gott nicht länger zu leben gönnt." Da sah man manchen Mann wieder ruhen; verhallt war Lärm und Drang. Etzel aber und Kriemhilden deuchte die Stille zu lang. „Weh über solche Dienste", rief Kriemhild. „Sie sprechen allzu lange. Sie mögen wohl von Rüdiger verschont werden, er will sie ins burgundische Land heimbringen. Was hilft es nun, König Etzel, daß er von uns empfing, was er nur begehrte! Der uns rächen sollte, schickt sich zur Sühne an." Das hörte Volker, der kühne und ritterliche Recke, und er antwortete ihr; „Leider ist dem nicht so, edles Königsweib. Dürfte ich ein so hehres Weib Lügen strafen, so hättet Ihr teuflisch auf Rüdiger gelogen. Er und seine Recken sind der Sühne sehr fern. Er hat, was Etzel ihm gebot, so willfährig getan, daß ihn und sein Gesinde hier der Tod erreicht hat. Seht nun, Frau Kriemhild, wem Ihr gebieten wollt! Bis an sein Ende ist Euch Rüdiger treu und hold gewesen. Wenn Ihr es nicht glauben wollt, so sollt Ihr es mit Augen sehen." Da trug man den toten Helden dahin, wo ihn der König sehen konnte. Beim Anblick des Leichnams erhob sich ein gewaltiges Jammern. Wie des Löwen Stimme schallte des Königs Klagen, und auch sein Weib war nicht minder traurig. Übermäßig weinten sie um des Helden Leib.

33.
Wie Herrn Dietrichs Recken
alle erschlagen wurden

Haus und Turm widerhallten von dem Weherufen. Ein Lehensmann Dietrichs vernahm es und kam eilig zum Herrn heran. „So gewaltig habe ich noch nie klagen gehört. Ich fürchte, daß König Etzel selber zu Schaden kam. Wie könnten sonst alle solche Not haben?" Da sprach der Recke von Bern zu seinen Mannen: „Seid nicht zu eilig. Was auch von den fremden Recken geschehen sei, sie zwang die Not dazu. Laßt sie des genießen, daß ich ihnen Frieden bot." „Ich will zu ihnen gehen", sprach der kühne Wolfhart, „und fragen, was geschehen sei." „Nein", sagte Herr Dietrich, „wenn ungestümes Fragen da erfolgt, wo man im Zorne ist, da kann es leicht den Recken den Mut betrüben. Nicht Wolfhart soll hingehen, sie zu fragen; ich will Helferich senden."

Als nun der Bote kam und fragte, was denn geschehen sei, sprach einer: „Nun ist alle Freude vorbei in der Hunnen Landen. Hier liegt Rüdiger erschlagen von der Hand der Burgundenhelden, und nicht einer von denen, die mit ihm hineinkamen, ist entkommen." Laut weinend ging der Bote zu seinem Herrn. „Was weinet Ihr so heftig, Recke Helferich." „Des habe ich wahrlich Grund", sprach der edle Recke. „Die Hand der Burgunden erschlug den edlen Rüdiger." „Das verhüte Gott", rief Dietrich, „das wäre starke

Rache. Womit hätte Rüdiger das verdient, der den Fremdlingen so hold ist?" Dietrich befahl dem alten Hildebrand, seinem Waffenmeister, zu den Gästen zu gehen und zu erforschen, was geschehen sei.

Der sturmkühne Recke, ohne Schild noch Waffen in der Hand, wollte in ruhiger Weise zu den Gästen gehen. Da erfuhr er heftigen Tadel von seinem Neffen Wolfhart: „Wollt Ihr so hingehen, so kommt Ihr ungescholten nicht wieder los und müßt mit Schanden wiederkehren. Wenn Ihr bewaffnet naht, so bleibt wohl mancher bewahrt." Da rüstete sich der Alte nach des Jungen Rat, und ehe er es bemerkt hatte, standen alle Recken bewaffnet da, das Schwert in der Hand. „Mit Euch gehen wollen wir, dann wagt der Tronjer es vielleicht minder, Euch mit Spott anzureden, wie er es gern mag." Als der kühne Mann das hörte, gestattete er ihnen, ihn zu begleiten.

Da sah Volker des Berners Mannen wohlbewaffnet daherkommen, mit dem Schwerte umgürtet, den Schild an der Hand. Er sagte es seinen Herren, den Königen aus Burgundenland. „Dort sehe ich recht in Feindesweise Dietrichs Mannen nahen, alle unter Helmen bewaffnet. Sie wollen uns bekämpfen. Ich fürchte, es wird uns Armen neues Unheil daraus entstehen." Da kam Hildebrand schon heran. Er setzte seinen Schildesrand vor die Füße und begann Gunthers Recken zu fragen: „O weh, ihr guten Helden, was hatte Rüdiger euch getan? Mich hat mein Herr Dietrich zu euch gesandt, ob einer der Recken unter euch ihn mit seiner Hand erschlug? Wir könnten dieses schmerzliche Leid nicht verwinden." „Ihr seid recht unterrichtet", antwortete Hagen von Tronje. „Gern gönnte ich es euch, daß euch der Bote trog und Rüdiger noch lebte, den Mann und Weib immerdar beweinen darf." Als sie nun vernahmen, daß Rüdiger wirklich tot sei, da liefen auch den Recken Dietrichs die Tränen über Kinn und Bart; Leid war ihnen geschehen.

Herr Siegestab, Herzog von Bern, begann zu klagen: „Alle Güte sank nun mit seinem Leben ins Grab, die Rüdiger uns in der Verbannung antat. Nun liegt durch euch Helden die Freude der Verbannten tot." „Nun tut, ihr Recken", sprach Hildebrand, „warum mein Herr uns gesandt. Gebt uns den toten Rüdiger heraus. Laßt uns ihm so vergelten, was er mit großer Treue an uns und manchem andern Mann getan hat. Was laßt ihr uns warten. Gebt ihn uns, daß wir im Tode noch dem Manne lohnen. Besser stände es um uns, wenn es bei seinem Leben geschähe. Laßt ihn uns forttragen, daß man den Recken begräbt." Volker aber antwortete: „Niemand bringt ihn heraus, holt euch doch den Recken; er liegt ja hier im Hause mit starken Todeswunden in seinem Blute. Dann sind es volle Dienste, die ihr an Rüdiger tut." „Weiß Gott, Herr Spielmann", sprach Wolfhart, „Ihr tatet uns Leid an, Ihr dürft uns nicht noch reizen. Dürfte ich es vor meinem Herrn, so kämet ihr in Not. Da er uns den Streit verbot, müssen wir es lassen." Ihm entgegnete der Fiedelspieler: „Wer alles lassen will, was man ihm verbietet, der fürchtet sich zuviel. Das kann ich nicht echten Heldenmut heißen." Dem Hagen deuchte es gut, was sein Heergeselle gesagt. Wolfhart aber sprach wieder: „Wollt Ihr den Spott nicht lassen, so möchte ich Euch, wenn Ihr zum Rheine zurückreitet, die Saiten so verstimmen, daß Ihr davon zu sagen wißt. Solch übermütiges Wesen mag ich nicht weiter dulden." „Wenn Ihr", sprach der Fiedelspieler dagegen, „meinen Saiten ihre guten Töne raubt, dann muß der Schein Eures Helmes gar trübe werden von meiner Hand."

Da wollte Wolfhart zu ihm springen, doch hielt ihn sein Onkel Hildebrand mit starker Kraft. „In deinem dummen Zorn, sehe ich, willst du wüten. Da hätten wir die Huld meines Herrn auf immer verloren." Aber Volker rief höhnend: „Laßt den Löwen los, Meister; er hat grimmigen Mut, doch kommt er mir zu nahe, und hätte der Mann die ganze Welt erschlagen, ich schlage ihn, daß er nie mehr ein Wort sagen kann." Darauf ergrimmten die Berner Helden. Wolfhart faßte den Schild und sprang wie ein wilder Löwe auf Volker zu, rasch von der Schar seiner Freunde gefolgt. In weiten Sprüngen stürmte er zu der Wand des Saales empor, doch noch auf der Stiege kam ihm Hildebrand zuvor; niemand sollte vor ihm in den Streit, zu dem die Gäste vollbereit schienen. Zuerst rannte er Hagen an; in beider Hand klangen die Schwerter, und man sah die hellen Funken von den Panzern stieben. Doch wurden sie bald durch das Andringen der Berner geschieden, und Hildebrand wandte sich zu anderm Angriff. Der starke Wolfhart rannte gegen den kühnen Spielmann an; er schlug auf seinen Helm mit solchem Schwunge, daß das Schwert bis auf die Spangen hindurchdrang, was der Fiedler mit Kräften vergalt. Mit grimmen Haß aufeinander schlugen sie viel Feuer aus den Panzern, doch wurden sie durch den tapferen Berner Recken Wolfwein getrennt.

Gunther und Giselher empfingen die Helden aus Amelungenland mit williger Hand und machten manchen guten Helm rot und naß von Blut. Wenn Dankwart schon vorher im Hunnenstreite Etzels Recken bitteres Leid angetan, so kämpfte Adrians kühner Sohn jetzt wie ein Rasender.

Aber auch die Amelungenrecken ließen Gunthers Mannen wohl sehen, wie tüchtige Helden sie seien. Ritschart und Gerbart, Helferich und Wichart kämpften mit gewaltiger Kraft, und den Wolfbrand sah man herrlich im Streite dastehen. Der alte Hildebrand focht in grimmer Wut, und vor Wolfhartens Schwert sank mancher burgundische Ritter in den Staub. Als Volker sah, daß Siegestab, Dietrichs Neffe, in des Streites Not viele Helme brach, ward er gar zornig. Er rannte gegen ihn, und zu Tode getroffen sank Siegestab zu Boden. „Weh um den lieben Herrn", rief Hildebrand klagend, „der uns hier von Volkers Hand erschlagen liegt. Nun soll auch Volker nicht länger gedeihen." Da traf er mit gewaltigem Schlage Volkers Helm, daß von ihm und dem Schilde die Splitter an die Wand flogen und der kühne Spielmann sein Ende gewann. Helferich fällte den Dankwart, der so viel Gegner besiegt. Zum dritten Male schon war Wolfhart durch den Saal gedrungen, und von seiner Hand lag mancher Burgunde blutend am Boden. Da rief ihn Giselher an: „Weh, daß ich je im Leben einen so grimmen Feind gewann. Nun kehrt Euch zu mir her, edler, kühner Ritter, ich will es enden helfen, das soll nicht länger mehr dauern."

Wolfhart wandte sich gegen Giselher. Wie stark er auch gewesen, vor dem jungen Könige konnte er nicht gedeihen. Dieser schlug ihm durch den Panzer eine tiefe Wunde, daß das Blut niederschoß. Als Wolfhart die Todeswunde an sich empfand, ließ er den Schild fallen, hob das scharfe Schwert höher und schlug Giselher durch Helm und Panzerringe eine tiefe Todeswunde. So hatten die beiden einander den grimmen Tod angetan.

Als der alte Hildebrand Wolfharten fallen sah, umfaßte er ihn mit seinen Armen und wollte ihn aus dem Hause tragen, aber er war ihm zu schwer, und er mußte ihn fallen lassen. Der todwunde

Mann sah wohl, daß sein Onkel ihm helfen wollte. Da bat er: „Mein viellieber Onkel, Ihr könnt mir jetzt keine Hilfe bringen. Hütet Euch nur vor Hagen, der einen grimmigen Mut in seinem Herzen trägt." Volkers Tod hatte seinen Heergesellen Hagen furchtbar erregt, und er sprach nun zu Hildebrand: „Ihr bezahlt mein Leid. Ihr habt uns hier so manchen kühnen Recken im Streite erschlagen." Und von seiner starken Hand geführt erdröhnte Balmung auf Hildebrandens Helm. Doch auch dieser hob sein breites, scharfschneidendes Schwert und schlug damit auf Hagen von Tronje los. Er konnte Gunthers Untertan nicht verwunden, dieser aber schlug ihm durch den guten Harnisch. Als Hildebrand diese Wunde empfand, gedachte er sich vor größerem Schaden zu bewahren, warf den Schild auf den Rücken und entwich eilends. So entrann er mit starker Wunde dem Grimme Hagens. Da war von all den Recken niemand mehr am Leben als die Burgunden Gunther und Hagen und von den Amelungen der blutüberronnene Hildebrand. Als dieser zu Dietrich kam, fand er ihn in tiefer Trauer sitzen. Er sollte noch tieferes Leid gewinnen. „Wie seid Ihr so naß von eurem Lebensblute? Sprecht, wer tat Euch das? Ihr habt wohl mit den Gästen im Saale gestritten? Ihr hättet das wohl sollen bleiben lassen, wie ich es Euch dringend befahl." „Hagen hat mir im Saale diese Wunde geschlagen. Kaum entrann ich diesem Teufel mit dem Leben", antwortete der alte Hildebrand. „Da ist Euch ganz recht geschehen. Ihr hörtet mich den Recken den Frieden zugestehen und brachet ihn doch, den ich ihnen bot. Wäre es mir nicht ewige Schande, so solltet Ihr es mit dem Tode büßen." „Zürnet mir darum nicht so sehr, Herr Dietrich", sprach der Alte. „Ich und meine Freunde haben schon zu viel Schaden gelitten. Wir wollten Rüdiger von dannen tragen, den uns die burgundischen Herren nicht gönnen mochten."

„So ist Rüdiger doch tot! Weh mir, das muß ich mehr beklagen als jede andere Not. Die edle Gotelind ist das Kind meiner Base. O weh, die armen Waisen, die nun in Bechelaren sind. Weh um die treue Hilfe, die ich so verlor. Das werde ich niemals verwinden. Könnt Ihr mir sagen, Meister Hildebrand, wer der Held war, der ihn erschlug?" „Das tat der starke Gernot, der von Rüdigers Händen auch den Tod fand", gab Hildebrand zur Antwort. „Sagt meinen

Mannen, daß sie sich waffnen, ich will auch hinein. Laßt mir mein lichtes Streitgewand herbringen. Ich will die Helden aus Burgundenland selber fragen." „Wer soll mit Euch gehen?" fragte Hildebrand. „Was Ihr an Lebenden habt, seht Ihr vor Euch stehen. Ich bin es allein, die andern sind tot." Da erschrak Dietrich: „Fielen alle Meinen so im Streite, so hat mich Gott vergessen. Ich armer Dietrich, ich war ein hehrer König und herrschte gewaltig. Wie konnte es denn so kommen, daß alle die ritterlichen Helden so starben durch die Hand der Streitmüden, die doch Not litten? Lebt einer von den Gästen noch?" „Niemand mehr", sprach Hildebrand, „als die beiden kühnen Recken Gunther und Hagen."

„Habe ich dich verloren, lieber Wolfhart", klagte Dietrich, „so kann mich gereuen, daß ich je geboren ward. Auch Siegestab, Wolfwein und Wolfbrand sind dahin. Wer soll mir heim helfen in der Amelungen Land? Auch der kühne Helferich, Gerbart und Wichart sind tot! Das ist der allerletzte Tag meiner Freuden. Wehe, daß niemand vor Leid zu sterben vermag."

34.
Wie Gunther, Hagen und Kriemhild erschlagen wurden

Herr Dietrich suchte nun selbst sein Streitgewand und waffnete sich mit Meister Hildebrands Hilfe. In Grimm waffnete sich der Recke, nahm seinen festen Schild in die Hand und ging mit Meister Hildebrand von dannen.

„Dort", sprach Hagen von Tronje, „sehe ich Dietrich von Bern hergehen. Er will uns bekämpfen. Heute noch wird man sehen, wer den Preis gewinnt. Mag er sich auch noch so starken Leibes und fürchterlich dünken, ich wage ihn zu bestehen." Dietrich und Hildebrand hörten diese Rede. Sie fanden die beiden Helden draußen vor dem Saale stehen, an die Wand gelehnt. Da setzte Dietrich seinen Schild vor den Fuß und sprach: „Wie habt Ihr, König Gunther, also gegen mich Unseligen gehandelt? Sagt mir, was hatte ich Euch Helden Leides getan? Wie wehe tut mir doch Rüdigers Tod. Solch Leid geschah nie jemand auf Erden. Ihr habt mir alles geraubt, was ich je an Freude hatte. Ich kann nie im Leben meiner Freunde Haupt verschmerzen."

„Wir sind nicht so schuldig", begann Hagen, „Eure Helden kamen bewaffnet in großer Zahl zum Saale. Mich dünkt, man hat Euch nicht gesagt, wie es war." „Was soll ich anders glauben?", entgegnete Dietrich. „Hildebrand sagte mir, ihr hättet ihnen nur Gespött geboten, als meine Recken aus Amelungenland baten, daß Ihr ihnen den Rüdiger herausgäbet?" „Sie sagten, daß sie Rüdiger forttragen wollten", sprach der Vogt vom Rheine. „Nur Etzel zuleide, nicht deinen Mannen, nahm ich das nicht an, bis dann Wolfhart zu spotten begann." Da sprach der Berner Recke: „Das mußte nun so sein. Nun, Gunther, edler König, gib dich mir zur Geisel, du und dein Lehensmann; so gut ich kann, will ich euch behüten. Du sollst an mir erfahren, daß ich treu und gut bin." „Das verhüte Gott im Himmel", sprach Hagen, „daß sich zwei Recken in Fesseln schlagen ließen, die dir noch wohlbewaffnet gegenüberstehen." „Verredet es nicht", sprach Dietrich. „Ihr, Gunther und Hagen, habt mir beide das Herz so bitterlich betrübt, daß ihr es mir billig vergüten mögt. Ich verspreche es euch und gebe euch meine Hand darauf, daß ich mit euch heimreite in euer Land. Ich führe euch in Ehren oder bleibe tot und will meiner schmerzlichen Not um euch vergessen."

„Verlangt es nicht weiter", sprach Hagen. „Übel stände es um uns, wenn man von uns sagen könnte, daß sich zwei so kühne Recken Eurer Hand ergeben haben. Man sieht ja niemand bei Euch als den einen Hildebrand." – „Gott weiß, Herr Hagen", sprach der Alte, „da man Euch den Frieden bietet, nehmet ihn doch an, es könnte sonst leicht kommen, daß Ihr ihn gern nähmet." „Lasset doch hören, was sprachet Ihr, Recke, als Ihr mich bewaffnet kommen sahet? Sagtet Ihr, Ihr wolltet mich allein im Kampfe bestehen?" „Das wird Euch niemand leugnen", sprach Hagen. „Ich will es hier mit starken Schlägen versuchen; es sei denn, mir zerbreche das Nibelungenschwert. Er kränkt mich, daß Ihr uns beide zu Geiseln begehrt habt."

Da erfaßte Dietrich sein Schwert. Hagen sprang von der Stiege ihm entgegen. Laut erklang bald der Balmung auf des Gegners Rüstung. Dietrich verteidigte sich sorgfältig und führte nur hin und wieder einen Schlag. Endlich gelang es ihm, Hagen eine lange und

tiefe Wunde beizubringen. Da dachte er: Dich hat die Not
erschöpft. Es brächte mir wenig Ehre, wenn ich dich jetzt tot-
schlüge. Ich will versuchen, ob ich dich zwingen kann, daß mir
Geisel wird. Er ließ den Schild fallen und umschloß Hagen mit
beiden Armen. Als dieser die Umschlingung nicht abzuwehren
vermochte, war er bezwungen. Dietrich fesselte den Hagen, führte
ihn zu Kriemhilde und gab ihn in ihre Hand. Die Königin war
hocherfreut. Sie neigte sich vor dem Recken und sprach: „Immer sei
dir Herz und Leib selig. Du hast mich für alle meine Not wohl
entschädigt. Wenn mich der Tod nicht hindert, will ich es dir stets
vergelten." „Laßt ihn am Leben bleiben, edle Königin", sprach
Dietrich. „Es kommt wohl noch dahin, daß er Euch das Leid
vergütet, das er Euch angetan. Er soll es nicht entgelten, daß er
Euch gebunden naht." Kriemhild ließ Hagen in den Kerker führen,
wo er gefesselt lag und niemand ihn sah. Der edle König Gunther
aber rief: „Wohin kam der Held von Bern? Er hat mir Leides getan!"
Als er nun den Helden Dietrich wieder kommen sah, lief er ihm aus
dem Saale entgegen, und von den Schwertern der beiden erhob
sich bald ein mächtiger Klang. Beider Kraft und Stärke war so groß
und voll, daß Saal und Turm von ihren Schlägen widerhallten. Aber
wie herrlichen Mut auch Gunther zeigen mochte, der Berner
bezwang ihn, wie er es auch Hagen getan. Das scharfe Schwert
Dietrichs durchschnitt Gunthers Panzer, daß das Blut aus der
Wunde strömte. Auch ihn fesselte der Sieger, denn er fürchtete,
daß, wenn er die beiden loslasse, sie noch viele erschlagen
würden. Den Gefesselten nahm Dietrich bei der Hand und führte
ihn zu Kriemhilden, deren Leid nun völlig gehoben schien.
„Willkommen, Gunther, König von Burgundenland", begrüßte sie
ihn. „Ich sollte Euch danken, meine edle Schwester", sprach er.
„Wäre nur dies Grüßen gnädiger. Ich weiß, Euer Mut ist so zornig,
daß Ihr mich und Hagen wohl nur spottend grüßet."

„Edle Königin", sagte nun Dietrich: „So gute Ritter, wie ich sie
hier in Eure Hand gab, sah man nie gefangen. Laßt die Armen
genießen, daß ich mich für sie verwandt habe." Kriemhild versprach, daß sie das gern tun wolle, und Herr Dietrich entfernte sich
traurig.

Kriemhild aber nahm furchtbare Rache. Getrennt wurden sie in

Banden ins Gefängnis gebracht, daß keiner den andern mehr im Leben wiedersah. Kriemhild ging zuerst zu Hagen in den Kerker, und feindselig sprach sie zu dem Recken: „Wollt Ihr mir wiedergeben, was ihr mir genommen habt, so könnt Ihr wohl noch lebend von hier nach Burgund kommen." „Jedes Wort ist umsonst, edle Königstochter", sprach der grimme Hagen. „Ich habe den Eid geschworen, daß ich den Schatz nicht zeige; solange einer meiner Herren am Leben blieb, wird er niemandem gegeben."

„Nun, dann bringe ich es zu Ende", sprach die Königin. Sie befahl, ihrem Bruder das Haupt abzuschlagen, und trug es dann bei den Haaren dahin, wo Hagen lag. Als der Unmutvolle seines Herrn Haupt sah, rief er Kriemhilden zu: „Nun hast du es nach deinem Willen zu Ende gebracht. Der edle Burgundenkönig ist tot, Gernot und Giselher; keiner weiß den Schatz als Gott und ich allein. Der soll dir Teufelin immerdar verhohlen sein!" „Übel habt Ihr mir vergolten", sprach Kriemhild. „Doch das Schwert, das mein Liebster trug, das will ich behalten."

Da nahm sie ihm das Schwert; die Bande verhinderten Hagen, es zu wehren. Sie zog es aus der Scheide, erhob es mit beiden Händen und schlug Hagen das Haupt ab. Als König Etzel sah, was geschehen, hatte er großen Kummer. „Wehe!" rief er, „wie liegt nun der allerbeste Recke, der je zum Kampfe gekommen, der je einen Schild trug, durch eines Weibes Hände gefällt. Wie feind ich ihm auch gewesen bin, es bereitet mir bitteren Schmerz." „Es kommt ihr nicht zugute, daß sie ihn erschlagen", sprach der alte Hildebrand. „Er hat mich in angstvolle Not gebracht, aber dennoch will ich des Tronjerhelden Tod rächen, was man mir auch tut." Und im Zorne sprang er zu Kriemhild hin, erhob das Schwert und führte gegen sie einen starken Schlag.

So lagen sie nun alle erschlagen am Boden. Dietrich und Etzel weinten um die Dahingeschiedenen, um Freunde und Lehensmannen. So ward mit Leide König Etzels Fest beendet.

Deutsche Sagen

35.
Die drei Bergleute im Kuttenberg

In Böhmen liegt der Kuttenberg, darin arbeiteten drei Bergleute lange Jahre und verdienten damit für Frau und Kind das Brot ehrlich. Wenn sie morgens in den Berg gingen, so nahmen sie dreierlei mit: erstens ihr Gebetbuch, zweitens ihr Licht, aber nur für einen Tag mit Öl versehen, drittens ihr bißchen Brot, das auch nur für einen Tag reichte. Ehe sie die Arbeit anhuben, taten sie ihr Gebet zu Gott, daß er sie in dem Berge bewahren möchte, und darnach fingen sie getrost und fleißig an zu arbeiten. Es trug sich zu, als sie einen Tag gearbeitet hatten und es halb Abend war, daß der Berg vorne einfiel und der Eingang verschüttet wurde. Da meinten sie, begraben zu sein, und sprachen: „Ach Gott! Wir armen Bergleute, wir müssen nun Hungers sterben! Wir haben nur einen Tag Brot zu essen und einen Tag Öl in dem Licht!" Nun befahlen sie sich Gott und dachten bald zu sterben, doch wollten sie nicht müßig sein, solange sie noch Kräfte hätten, arbeiteten fort und fort und beteten. Also geschah es, daß ihr Licht sieben Jahre brannte, und ihr kleines bißchen Brot, von dem sie tagtäglich aßen, ward auch nicht all, sondern blieb ebenso groß, und sie meinten, die sieben Jahre wären nur ein Tag. Doch da sie sich nicht ihr Haar schneiden und den Bart abnehmen konnten, waren diese ellenlang gewachsen. Die Weiber hielten unterdessen ihre Männer für tot, meinten, sie würden sie nimmermehr wiedersehen, und dachten daran, andere zu heiraten.

Nun geschah es, daß einer von den dreien unter der Erde, so recht aus Herzensgrund, wünschte: „Ach! Könnt' ich noch einmal das Tageslicht sehen, so wollt' ich gerne sterben!" Der zweite sprach: „Ach! Könnt' ich noch einmal daheim mit meiner Frau zu Tische sitzen und essen, so wollt' ich gerne sterben!" Da sprach der dritte: „Ach! Könnt' ich nur noch ein Jahr friedlich und vergnügt mit meiner Frau leben, so wollt' ich gerne sterben!" Wie sie das gesprochen hatten, so krachte der Berg gewaltig und übermächtig und sprang voneinander, da ging der erste hin zu dem Riß und schaute hinauf und sah den blauen Himmel, und wie er sich am Tageslicht gefreut, sank er augenblicklich tot nieder. Der Berg aber tat sich immer mehr voneinander, so daß der Riß größer ward, da arbeiteten die beiden andern weiter, hackten sich Treppen, krochen hinauf und kamen endlich heraus. Sie gingen nun fort in ihr Dorf und in ihre Häuser und suchten ihre Weiber, aber die wollten sie nicht mehr kennen. Sie sprachen: „Habt ihr denn keine Männer gehabt?" „Ja", antworteten jene, „aber die sind schon sieben Jahre tot und liegen im Kuttenberg begraben!" Der zweite sprach zu seiner Frau: „Ich bin dein Mann", aber sie wollte es nicht glauben, weil er den ellenlangen Bart hatte und ganz unkenntlich war. Da sagte er: „Hol' mir das Bartmesser, das oben in dem Wandschrank liegen wird, und ein Stückchen Seife dazu." Nun nahm er sich den Bart ab, kämmte und wusch sich, und als er fertig war, sah sie, daß er ihr Mann war. Sie freute sich herzlich, holte Essen und Trinken, so gut sie es hatte, deckte den Tisch, und sie setzten sich zusammen hin und aßen vergnügt miteinander. Wie aber der Mann satt war und eben den letzten Bissen Brot gegessen hatte, da fiel er um und war tot. Der dritte Bergmann wohnte ein ganzes Jahr in Stille und Frieden mit seiner Frau zusammen, als es herum war, zu derselben Stunde aber, wo er aus dem Berge gekommen war, fiel er und seine Frau mit ihm tot hin. Also hatte Gott ihre Wünsche ihrer Frömmigkeit wegen erfüllt.

36.
Der Bergmönch im Harz

Zwei Bergleute arbeiteten immer gemeinschaftlich. Einmal, als sie anfuhren und vor Ort kamen, sahen sie an ihrem Geleucht, daß sie nicht genug Öl zu einer Schicht auf den Lampen hatten. „Was fangen wir da an?" sprachen sie miteinander; „geht uns das Öl aus, so daß wir im Dunkeln sollen zu Tag fahren, sind wir gewiß unglücklich, da der Schacht schon gefährlich ist. Fahren wir aber jetzt gleich aus, um von Haus Öl zu holen, so straft uns der Steiger, und das mit Lust, denn er ist uns nicht gut." Wie sie also besorgt standen, sahen sie ganz fern in der Strecke ein Licht, das ihnen entgegenkam. Anfangs freuten sie sich; als es aber näher kam, erschraken sie gewaltig, denn ein ungeheurer, riesengroßer Mann ging, ganz gebückt, in der Strecke herauf. Er hatte eine große

Kappe auf dem Kopf und war auch sonst wie ein Mönch angetan, in der Hand aber trug er ein mächtiges Grubenlicht. Als er bis zu den beiden, die in Angst da still standen, geschritten war, richtete er sich auf und sprach: „Fürchtet euch nicht, ich will euch kein Leid antun, vielmehr Gutes", nahm ihr Geleucht und schüttete Öl von seiner Lampe darauf. Dann aber ergriff er ihr Werkzeug und arbeitete ihnen in einer Stunde mehr, als sie selbst in der ganzen Woche bei allem Fleiß herausgearbeitet hätten. Nun sprach er: „Sagt es keinem Menschen je, daß ihr mich gesehen habt", und schlug zuletzt mit der Faust fest an die Seitenwand; sie tat sich auseinander, und die Bergleute erblickten eine lange Strecke, ganz von Gold und Silber schimmernd. Und weil der unerwartete Glanz ihre Augen blendete, so wendeten sie sich ab; als sie aber wieder hinschauten, war alles verschwunden. Hätten sie ihre Beilhacke oder sonst irgend nur einen Teil ihres Werkzeugs hineingeworfen, wäre die Strecke offen geblieben und ihnen viel Reichtum und Ehre zugekommen; aber so war es vorbei, wie sie die Augen davon abgewendet.

Doch blieb ihnen auf ihrem Geleucht das Öl des Berggeistes, das nicht abnahm und darum noch immer ein großer Vorteil war. Aber nach Jahren, als sie einmal am Sonnabend mit ihren guten Freunden im Wirtshaus zechten und sich lustig machten, erzählten sie die ganze Geschichte, und Montag morgens, als sie einfuhren, war kein Öl mehr auf der Lampe, und sie mußten nun jedesmal wieder, wie die andern, frisch aufschütten.

37.
Die Springwurzel

Vor Zeiten hütete ein Schäfersmann friedlich auf dem Köterberg, da stand, als er sich einmal umwendete, ein prächtiges Königsfräulein vor ihm und sprach: „Nimm die Springwurzel und folge mir nach." Die Springwurzel erhält man dadurch, daß man einem Grünspecht (Elster oder Wiedehopf) sein Nest mit einem Holz zukeilt; der Vogel, sowie er das bemerkt, fliegt alsbald fort und weiß die wunderbare Wurzel zu finden, die ein Mensch noch immer vergeblich gesucht hat. Er bringt sie im Schnabel und will sein Nest damit wieder öffnen, denn hält er sie vor den Holzkeil, so springt er heraus, wie vom stärksten Schlag getrieben. Hat man sich versteckt und macht nun, sowie er herankommt, einen großen Lärm, so läßt er sie erschreckt fallen (man kann aber auch· nur ein weißes oder rotes Tuch unter das Nest breiten, so wirft er sie darauf, sobald er sie gebraucht hat). Eine solche Springwurzel besaß der Hirt, ließ nun seine Tiere herumtreiben und folgte dem Fräulein. Sie führte ihn bei einer Höhle in den Berg hinein, kamen sie zu einer Türe oder einem verschlossenen Gang, so mußte er seine Wurzel vorhalten, und alsbald brach sie krachend auf. Sie gingen immer fort, bis sie etwa in die Mitte des Berges gelangten, da saßen noch zwei Jungfrauen und spannen emsig; der Böse war auch da, aber ohne Macht und unten an den Tisch, vor dem die beiden saßen, festgebunden. Ringsum waren in Körben Gold und leuchtende Edelsteine aufgehäuft, und die Königstochter sprach zu dem Schäfer, der dastand und die Schätze anlüsterte: „Nimm dir, soviel du willst." Ohne Zaudern griff er hinein und füllte seine Taschen, soviel sie halten konnten, und wie er, also reich beladen, wieder hinauswollte, sprach sie: „Aber vergiß das Beste nicht!" Er meinte nicht anders, als das wären die Schätze, und glaubte sich gar wohl versorgt zu haben, aber es war die Springwurzel. Wie er nun hinaustrat, ohne die Wurzel, die er auf den Tisch gelegt, schlug das Tor mit Schallen hinter ihm zu, hart an die Ferse, doch ohne weiteren Schaden, wiewohl er leicht sein Leben hätte einbüßen können. Die großen Reichtümer brachte er glücklich nach Haus, aber den Eingang konnte er nicht wiederfinden.

38.
Fräulein von Bonneburg

Auf eine Zeit lebten auf der Bonneburg drei Fräulein zusammen. Der jüngsten träumte in einer Nacht, es sei in Gottes Rat beschlossen, daß eine von ihnen im Wetter sollte erschlagen werden. Morgens sagte sie ihren Schwestern den Traum, und als es Mittag war, stiegen schon Wolken auf, die immer größer und schwärzer wurden, so daß abends ein schweres Gewitter am Himmel hinzog und ihn bald ganz zudeckte, und der Donner immer näher herbeikam. Als nun das Feuer von allen Seiten herabfiel, sagte die älteste: „Ich will Gottes Willen gehorchen, denn mir ist der Tod bestimmt", ließ sich einen Stuhl hinaustragen, saß draußen einen Tag und eine Nacht und erwartete, daß der Blitz sie träfe. Aber es traf sie keiner; da stieg am zweiten Tage die zweite herab und sprach: „Ich will Gottes Willen gehorchen, denn mir ist der Tod bestimmt", und saß den zweiten Tag und die zweite Nacht; die Blitze versehrten sie auch nicht, aber das Wetter wollte nicht fortziehen. Da sprach die dritte am dritten Tage: „Nun seh' ich Gottes Willen, daß ich sterben soll", da ließ sie den Pfarrer holen, der ihr das Abendmahl reichen mußte, dann machte sie auch ihr Testament und stiftete, daß an ihrem Todestage die ganze Gemeinde gespeist und beschenkt werden sollte. Nachdem das geschehen war, ging sie getrost hinunter und setzte sich nieder, und nach wenigen Augenblicken fuhr auch ein Blitz auf sie herab und tötete sie.

Hernach, als das Schloß nicht mehr bewohnt war, ist sie oft als ein guter Geist gesehen worden. Ein armer Schäfer, der all sein Hab und Gut verloren hatte, und dem am andern Tage sein Letztes sollte ausgepfändet werden, weidete an der Bonneburg, da sah er im Sonnenschein an der Schloßtüre eine schneeweiße Jungfrau sitzen. Sie hatte ein weißes Tuch ausgebreitet, darauf lagen Flachsknoten, die sollten in der Sonne aufklinken. Der Schäfer verwunderte sich, an dem einsamen Ort eine Jungfrau zu finden, trat zu ihr hin und sprach: „Ei, was schöne Flachsknoten!" nahm ein paar in die Hand, besah sie und legte sie wieder hin. Sie sah ihn freundlich und doch traurig an, antwortete aber nichts, da ward dem Schäfer angst, daß er fortging, ohne sich umzusehen und die Herde nach Hause trieb. Es waren ihm aber ein paar Flachsknoten, als er darin gestanden, neben in die Schuhe gefallen, die drückten ihn auf dem Heimweg; da setzte er sich, zog den Schuh ab und wollte sie herauswerfen; wie er hineingriff, da fielen ihm fünf oder sechs Goldkörner in die Hand. Der Schäfer eilte zur Bonneburg zurück, aber die weiße Jungfrau war samt den Flachsknoten verschwunden; doch konnte er sich mit dem Gold schuldenfrei machen und seinen Haushalt wieder einrichten.

Viele Schätze sollen in der Burg noch verborgen liegen. Ein

Mann war glücklich und sah in der Mauer ein Schuhfach; als er es aufzog, war es ganz voll Gold. Eine Witwe hatte nur eine Kuh und Ziege, und weil an der Bonneburg schöne Heiternesseln wachsen, wollte sie davon zum Futter abschneiden; wie sie aber eben nach einem Strauch packte, glitt sie aus und fiel tief hinab. Sie schrie und schrie nach Hilfe, es war aber niemand mehr in der einsamen Gegend, bis abends ihre Kinder, denen angst geworden war, herbeikamen und ihre Stimme hörten. Sie zogen sie an Stricken herauf, und nun erzählte sie ihnen, tief da unten sei sie vor ein Gitter gefallen, dahinter habe sie einen Tisch gesehen, der mit Reichtümern und Silberzeug ganz beladen gewesen.

39.
Der alte Weinkeller bei Salurn

Auf dem Rathaus des Tiroler Salurn, an der Etsch, werden zwei alte Flaschen vorgezeigt und davon erzählt: Im Jahre 1688 ging Christoph Patzeber von St. Michael nach Salurn in Verrichtungen, und wie er bei den Trümmern der alten Salurner Burg vorüberkam, wandelte ihn Lust an, das Gemäuer näher zu betrachten. Er sah sich im oberen Teil um und fand ungefähr eine unterirdische Treppe, welche aber ganz hell schien, so daß er hinabstieg und in einen ansehnlichen Keller gelangte, zu dessen beiden Seiten er große Fässer liegen sah. Der Sonnenstrahl fiel durch die Ritzen, er konnte deutlich achtzehn Gefäße zählen, deren jedes ihm deuchte fünfzig Maß zu halten; an denen, die vorn standen, fehlte weder Hahn noch Kran; und als der Bürger vorwitzig umdrehte, sah er mit Verwunderung einen Wein, köstlich wie Öl, fließen. Er kostete das Getränk und fand es von solchem herrlichen Geschmack, als er zeitlebens nicht über seine Zunge gebracht hatte. Gern hätte er für Weib und Kind davon mitgenommen, wenn ihm ein Geschirr zuhanden gewesen wäre; die gemeine Sage fiel ihm ein von diesem Schloß, das schon manchen Menschen unschuldigerweise reich gemacht haben sollte, und er sann hin und her, ob er nicht durch diesen Fund glücklich werden möchte. Er schlug daher den Weg nach der Stadt ein, vollbrachte sein Geschäft und kaufte sich zwei große irdene Flaschen nebst Trichter und verfügte sich noch vor

Sonnenuntergang in das alte Schloß, wo er alles gerade so wiederfand, als das erste Mal. Ungesäumt füllte er seine beiden Flaschen mit Wein, welche etwas zwanzig Maß fassen konnten, hierauf wollte er den Keller verlassen. Aber im Umdrehen sah er plötzlich an der Treppe, so daß sie ihm den Gang sperrten, drei alte Männer an einem kleinen Tische sitzen, vor ihnen lag eine schwarze mit Kreide beschriebene Tafel. Der Bürger erschrak heftig, hätte gern allen Wein im Stich gelassen, hub an, inbrünstig zu beten und die Kleerherrn um Verzeihung zu bitten. Da sprach einer aus den dreien, welcher einen langen Bart, eine Ledermütze auf dem Haupt und einen schwarzen Rock anhatte: „Komm, sooft du willst, so sollst du allzeit erhalten, was dir und den Deinen vonnöten ist." Hierauf verschwand das ganze Gesicht. Patzeber konnte frei und ungehindert fortgehen und gelangte glücklich heim zu seinem Weibe, dem er alles erzählte, was ihm begegnet war. Anfangs verabscheute die Frau diesen Wein, als sie aber sah, wie ohne Schaden sich ihr Hauswirt daran labte, versuchte sie ihn auch und gab allen ihren Hausgenossen dessen zu trinken. Als nun der Vorrat alle wurde, nahm er getrost die zwei irdenen Krüge, ging wieder in den Keller und füllte von neuem, und das geschah etlichmal ein ganzes Jahr durch; dieser Trunk, der einer kaiserlichen Tafel wohlgestanden hätte, kostete ihn keinen Heller. Einmal aber besuchten ihn drei Nachbarn, denen er von seinem Gnadentrunk zubrachte, und die ihn so trefflich fanden, daß sie Verdacht schöpften und argwohnten, er sei auf unrechtem Wege dazu gekommen. Wie sie ihm ohnedies feind waren, gingen sie aufs Rathaus und verklagten ihn; der Bürger erschien und verhehlte nicht, wie er zu dem Wein gelangt war, obgleich er innerlich dachte, daß er nun den letzten geholt haben würde. Der Rat ließ von dem Wein vor Gericht bringen und befand einstimmig, daß dergleichen im Lande nirgends anzutreffen wäre. Also mußten sie zwar den Mann nach abgelegtem Eid heim entlassen, gaben ihm aber auf, mit seinen Flaschen nochmals den vorigen Weg zu unternehmen. Er machte sich auch dahin, aber weder Treppe noch Keller war dort zu spüren, und er empfing unsichtbare Schläge, die ihn betäubt und halbtot zu Boden streckten. Als er so lange Zeit lag, bedeuchte ihn den vorigen Keller, aber fern in einer Tiefe zu erblicken, die drei Männer saßen wieder da und kreideten still und schweigend bei einer hellen Lampe auf dem Tisch, als hätten sie eine wichtige Rechnung zu schließen; zuletzt wischten sie alle Ziffern aus und zogen ein Kreuz über die ganze Tafel, welche sie hernach beiseite stellten. Einer stand auf, öffnete drei Schlösser an einer eisernen Tür, und man hörte Geld klingen. Auf einer andern Treppe kam dann dieser alte Mann heraus zu dem auf der Erde liegenden Bürger, zählte ihm dreißig Taler in den Hut, ließ aber nicht den geringsten Laut von sich hören. Hiermit verschwand das Gesicht, und die Salurner Uhr aus der Ferne schlug elf. Der Bürger raffte sich auf und kroch aus den Mauern, auf der Höhe sah er einen ganzen Leichenzug mit Lichtern vorbeiwallen und deutete das auf seinen eigenen Tod. Inzwischen kam er nach und nach auf die Landstraße und wartete auf Leute, die ihn nach Hause schleppten. Darauf berichtete er dem Rat den ganzen Verlauf, und die dreißig alten Taler bewiesen deutlich, daß sie ihm von keiner oberirdischen Hand waren gegeben worden. Man sandte des folgenden Tages acht beherzte Männer aus zu der Stelle, die gleichwohl nicht die mindesten Spuren entdeckten, außer in einer Ecke der Trümmer die beiden irdenen Flaschen liegen fanden und zum Wahrzeichen mitbrachten. Der Patzeber starb zehn Tage darauf und mußte die Weinzeche mit seinem Leben zahlen; das gemachte große Kreuz hatte die Zahl der zehn Tage vielleicht vorbedeutet.

40.
Das Riesenspielzeug

Im Elsaß auf der Burg Nideck, die an einem hohen Berg bei einem Wasserfall liegt, waren die Ritter vor Zeiten große Riesen. Einmal ging das Riesenfräulein herab ins Tal, wollte sehen, wie es da unten wäre, und kam bis fast nach Haslach auf ein vor dem Wald gelegenes Ackerfeld, das gerade von den Bauern bestellt ward. Es blieb vor Verwunderung stehen und schaute den Pflug, die Pferde und Leute an, das ihr alles etwas Neues war. „Ei", sprach sie und ging herzu, „das nehm' ich mir mit." Da kniete sie nieder zur Erde, breitete ihre Schürze aus, strich mit der Hand über das

Feld, fing alles zusammen und tat es hinein. Nun lief sie ganz vergnügt nach Hause, den Felsen hinaufspringend, wo der Berg so jäh ist, daß ein Mensch mühsam klettern muß, da tat sie einen Schritt und war droben.

Der Ritter saß gerade am Tisch, als sie eintrat. „Ei, mein Kind", sprach er, „was bringst du da, die Freude schaut dir ja aus den Augen heraus." Sie machte geschwind ihre Schürze auf und ließ ihn hineinblicken. „Was hast du so Zappeliges darin?" – „Ei, Vater, gar zu artiges Spielding! So was Schönes habe ich mein Lebtag noch nicht gehabt." Darauf nahm sie eins nach dem andern heraus und stellte es auf den Tisch: den Pflug, die Bauern mit ihren Pferden; lief herum, schaute es an, lachte und schlug vor Freude in die Hände, wie sich das kleine Wesen darauf hin und her bewegte. Der Vater aber sprach: „Kind, das ist kein Spielzeug, da hast du was Schönes angestiftet! Geh nur gleich und trag es wieder hinab ins Tal." Das Fräulein weinte, es half aber nichts. „Mir ist der Bauer kein Spielzeug", sagte der Ritter ernsthaftig; „ich leid es nicht, daß du mir murrst; krame alles sachte wieder ein und trage es an den nämlichen Platz, wo du es genommen hast. Baut der Bauer nicht sein Ackerfeld, so haben wir Riesen auf unserm Felsennest nichts zu leben."

41.
Friedrich Rotbart auf dem Kyffhäuser

Von diesem Kaiser gehen viele Sagen im Schwange. Er soll noch nicht tot sein, sondern bis zum Jüngsten Tage leben, auch kein rechter Kaiser nach ihm mehr aufgekommen. Bis dahin sitzt er verhohlen in dem Berg Kyffhausen, und wenn er hervorkommt, wird er seinen Schild hängen an einen dürren Baum, davon wird der Baum grünen und eine bessere Zeit werden. Zuweilen redet er mit den Leuten, die in den Berg kommen, zuweilen läßt er sich auswärts sehen. Gewöhnlich sitzt er auf der Bank an dem runden steinernen Tisch, nach andern um den Tisch herum, dergestalt, daß er dreimal um die Rundung reichen muß bis zu seinem Aufwachen; jetzt aber geht er erst zweimal darum.

Ein Bauer, der 1669 aus dem Dorf Reblingen Korn nach

Nordhausen fahren wollte, wurde von einem kleinen Männchen in den Berg geführt, mußte sein Korn ausschütten und sich dafür die Säcke mit Gold füllen. Dieser sah nun den Kaiser sitzen, aber ganz unbeweglich.

Auch einen Schäfer, der einstmals ein Liedchen gepfiffen, das dem Kaiser so wohl gefallen, führte ein Zwerg hinein, da stand der Kaiser auf und fragte: „Fliegen die Raben noch um den Berg?" Und auf die Bejahung des Schäfers rief er: „Nun muß ich noch hundert Jahre länger schlafen."

42.
Der verzauberte König zu Schildheiß

Das alte Schloß Schildheiß, in einer wüsten Wald- und Berggegend von Deutschböhmen, sollte aufs neue gebaut und wiederhergestellt werden. Als die Werkmeister und Bauleute die Trümmer und Grundfesten untersuchten, fanden sie Gänge, Keller und Gewölbe unter der Erden in großer Menge, mehr als sie gedacht, in einem Gewölbe saß ein gewaltiger König im Sessel, glänzend und schimmernd von Edelgestein, und ihm zur Rechten stand unbeweglich eine holdselige Jungfrau, die hielt dem König das Haupt, gleich als ruhte es drinnen. Als sie nun vorwitzig und beutegierig näher traten, wandelte sich die Jungfrau in eine Schlange, die Feuer spie, so daß alle weichen mußten. Sie berichteten aber ihrem Herrn von der Begebenheit, welcher alsbald vor das bezeichnete Gewölbe ging und die Jungfrau bitterlich seufzen hörte. Nachher trat er mit seinem Hund in die Höhle, in der sich Feuer und Rauch zeigte, so daß der Ritter etwas zurückwich und seinen Hund, der vorausgelaufen war, für verloren hielt. Das Feuer verlosch, und wie er sich von neuem näherte, sah er, daß die Jungfrau seinen Hund unbeschädigt im Arme hielt, und eine Schrift an der Wand, die ihm Verderben drohte. Sein Mut trieb ihn aber nachher dennoch an, das Abenteuer zu wagen und er wurde von den Flammen verschlungen.

43.
Der Scherfenberger und der Zwerg

Mainhard, Graf von Tirol, der auf Befehl des Kaisers Rudolf von Habsburg Steier und Kärnten erobert hatte und zum Herzog von Kärnten ernannt war, lebte mit dem Grafen Ulrich von Heunburg in Fehde. Zu diesem schlug sich auch Wilhelm von Scherfenberg, treulos und undankbar gegen Mainhard. Hernach in dem Kampfe ward er vermißt, und Konrad von Aufenstein, der für Mainhard gestritten hatte, suchte ihn auf.

Sie fanden aber den Scherfenberger im Sande liegen, von einem Speer durchstochen und hatte er da sieben Wunden, doch nur eine Pein. Der Aufensteiner fragte ihn, ob er der Herr Wilhelm wäre. „Ja, und seid Ihr es, der Aufensteiner, so stechet hernieder zu mir." Da sprach der Scherfenberger mit krankem Munde: „Nehmt dieses Fingerlein; derweil es in Eurer Gewalt ist, zerrinnet Euch Reichtum und weltlich Ehre nimmermehr"; damit reichte er es ihm von der Hand. Indem kam auch Heinrich der Told geritten und hörte, daß es der Scherfenberger war, der dalag. „So ist er der", sprach er, „welcher seine Treue an meinem Herrn gebrochen; das rächt nun Gott an ihm in dieser Stunde." Ein Knecht mußte den Todwunden auf ein Pferd legen, aber er starb darauf. Da machte der Told, daß man ihn wieder herablegte, wo er vorher gelegen war. Darnach ward der Scherfenberger beklagt von Männern und Weibern; mit dem Ring aber, den er dem Aufensteiner gegeben, war es auf folgende Weise zugegangen.

Eines Tages sah der Scherfenberger von seiner Burg auf dem Feld eine seltsame Augenweide. Auf vier langen vergüldeten Stangen trugen vier Zwerge einen Himmel von klarem und edlem Tuche. Darunter ritt ein Zwerg, eine goldene Krone auf dem Häuptlein, und in allen Gebärden als ein König. Sattel und Zaum des Pferdes waren mit Gold beschlagen, Edelsteine lagen darin und so war auch alles Gewand beschaffen. Der Scherfenberger stand und sah es an, endlich ritt er hin und nahm seinen Hut ab. Der Zwerg gab ihm Gutenmorgen und sprach: „Wilhelm, Gott grüß Euch!" „Woher kennt Ihr mich?" antwortete der Scherfenberger. „Laß dir nicht leid sein", sprach der Zwerg, „daß du mir bekannt bist und ich deinen Namen nenne; ich suche deine Mannheit und deine Treue, von der mir so viel gesagt ist. Ein gewaltiger König ist mein Genosse um ein großes Land, darum führen wir Krieg, und er will mir es mit List abgewinnen. Über sechs Wochen ist ein Kampf zwischen uns gesprochen, mein Feind aber ist mir zu groß, da haben alle meine Freunde mir geraten, dich zu gewinnen. Willst du dich des Kampfes unterwinden, so will ich dich so stark machen, daß, ob er einen Riesen brächte, dir es doch gelingen soll. Wisse, guter Held, ich bewahre dich mit einem Gürtel, der dir zwanzig Männer Stärke gibt." Der Scherfenberger antwortete: „Weil du mir so wohl traust und auf meine Mannheit dich verläßt, so will ich zu deinem Dienste sein; wie es auch mit mir gehen wird, es soll alles gewagt werden." Der Zwerg sprach: „Fürchte dich nicht, Herr Wilhelm, als wäre ich ungeheuer, nein, mir wohnt christlicher Glaube an die Dreifaltigkeit bei und daß Gott von einer Jungfrau menschlich geboren wurde." Darüber ward der Scherfenberger froh und versprach, so nicht Tod oder Krankheit ihn abhalte, daß er zu rechter Stunde kommen wollte. „So kommt mit Roß, Rüstung und einem Knaben an diese Stätte hier, sagt aber niemandem etwas davon, auch Eurem Weibe nicht, sonst ist das Ding verloren." Da beschwor der Scherfenberger alles. „Sieh hin", sprach nun das Gezwerg, „dies Fingerlein soll unserer Rede Zeuge sein; du sollst es mit Freuden besitzen, denn lebtest du tausend Jahre, solang du es hast, zerrinnet dir dein Gut nimmermehr. Darum sei hohen Mutes und halte deine Treue an mir." Damit ging es über die Heide, und der Scherfenberger sah ihm nach, bis es in den Berg verschwand.

Als er nach Hause kam, war das Essen bereit, und jedermann fragte, wo er gewesen wäre, er aber sagte nichts, doch konnte er von Stunde an nicht mehr so fröhlich gebaren wie sonst. Er ließ sein Roß besorgen, sein Panzerhemd bessern, schickte nach dem Beichtiger, tat heimlich lautere Beichte und nahm darnach mit Andacht des Herren Leib. Die Frau suchte von dem Beichtiger die Wahrheit an den Sachen zu erfahren, aber der wies sie ernstlich ab. Da beschickte sie vier ihrer besten Freunde, die führten den Priester in eine Kammer, setzten ihm das Messer an den Hals und drohten ihm auf den Tod, bis er sagte, was er gehört hatte.

Als die Frau es nun erfahren, ließ sie die nächsten Freunde des

Scherfenberger kommen, die mußten ihn heimlich nehmen und um seinen Vorsatz fragen. Als er aber nichts entdecken wollte, sagten sie ihm vor den Mund, daß sie alles wüßten, und als er es an ihren Reden sah, da bekannte er allererst die Wahrheit. Nun begannen sie seinen Vorsatz zu schwächen und baten ihn höflich, daß er von der Fahrt ablasse. Er aber wollte seine Treue nicht brechen und sprach, wo er das tue, nehme er fürder an allem Gut ab. Sein Weib aber tröstete ihn und ließ nicht nach, bis sie ihn mit großer Bitte überredete, dazubleiben; doch war er unfroh.

Darauf über ein halbes Jahr ritt er eines Tages zu seiner Feste Landstrotz hinter den Seinigen zu allerletzt. Da kam der Zwerg neben ihn und sprach: „Wer Eure Mannheit rühmt, der hat gelogen! Ihr habt an mir verdient Gottes und guter Weiber Haß. Auch sollt Ihr wissen, daß Ihr in Zukunft sieglos seid, und wäre das Ringlein nicht, das ich euch leider gegeben habe, Ihr müßtet mit Weib und Kind in Armut leben." Da griff der Zwerg ihm an die Hand und wollte es ihm abzucken, aber der Scherfenberger zog die Hand zurück und steckte sie in die Brust; dann ritt er von ihm über das Feld fort. Die vor ihm waren, die hatten alle nichts gesehen.

44.
Frau Holla und der treue Eckart

In Thüringen liegt ein Dorf namens Schwarza, da zog Weihnachten Frau Holla vorüber und vorn im Haufen ging der treue Eckart und warnte die begegneten Leute, aus dem Wege zu weichen, daß ihnen kein Leid widerfahre. Ein paar Bauerknaben hatten gerade Bier in der Schenke geholt, das sie nach Haus tragen wollten, als der Zug erschien, dem sie zusahen. Die Gespenster nahmen aber die ganze breite Straße ein, da wichen die Dorfjungen mit ihren Kannen abseits in eine Ecke; bald nahten sich unterschiedene Weiber aus der Rotte, nahmen die Kannen und tranken. Die Knaben schwiegen aus Furcht stille, wußten doch nicht, wie sie ihnen zu Haus tun sollten, wenn sie mit leeren Krügen kommen würden. Endlich trat der treue Eckart herbei und sagte: „Das riet euch Gott, daß ihr kein Wörtchen gesprochen habt, sonst wären euch eure Hälse umgedreht worden; geht nun flugs heim und sagt keinem Menschen etwas von der Geschichte, so werden eure Kannen immer voll Bier sein und wird ihnen nie gebrechen." Dieses taten die Knaben und es war so, die Kannen wurden niemals leer und drei Tage nahmen sie das Wort in acht. Endlich aber konnten sie es nicht länger bergen, sondern erzählten aus Vorwitz ihren Eltern den Verlauf der Sache, da war es aus und die Krüglein versiegten. Andere sagen, es sei dies nicht eben zu Weihnacht geschehen, sondern auf eine andere Zeit.

45.
Frau Holla und der Bauer

Frau Holla zog einmal aus, da begegnete ihr ein Bauer mit der Axt. Da redete sie ihn mit den Worten an, daß er ihr den Wagen verkeilen oder zerschlagen sollte. Der Taglöhner tat, wie sie ihm hieß, und als die Arbeit verrichtet war, sprach sie: „Raff' die Späne auf und nimm sie zum Trinkgeld mit"; darauf fuhr sie ihres Weges. Dem Manne kamen die Späne vergeblich und unnütz vor, darum ließ er sie meistenteils liegen, bloß ein Stück oder drei nahm er für die Langeweile mit. Wie er nach Hause kam und in den Sack griff, waren die Späne eitel Gold, alsbald kehrte er um, noch die andern zu holen, die er liegen gelassen hatte; so sehr er suchte, so war es doch zu spät und nichts mehr vorhanden.

46.
Der Graf von Hoia

Es ist einmal einem Grafen zur Hoia ein kleines Männlein in der Nacht erschienen, und wie sich der Graf entsetze, hat es zu ihm gesagt, er sollte sich nicht erschrecken, es hätte ein Wort an ihm zu werben und zu bitten, er wolle ihm das nicht abschlagen. Der Graf antwortete, wenn es ihm zu tun möglich und ihm und den Seinen unbeschwerlich wäre, so wollte er es gern tun. Da sprach das Männlein: „Es wollen die folgende Nacht etliche zu dir auf dein Haus kommen und Einkehr halten, denen solltest du Küche und Saal so lange leihen und deinen Dienern gebieten, daß sie sich schlafen legen und keiner nach ihrem Tun und Treiben sehe, auch keiner darum wisse, ohne du allein. Man wird sich dafür dankbarlich erzeigen, du und dein Geschlecht sollen es zu genießen haben, es soll auch dem allergeringsten weder dir noch den deinen Leid geschehen." Solches hat der Graf eingewilliget. Also sind sie folgende Nacht, gleich als mit einem riesigen Zug, die Brücke hinauf ins Haus gezogen, allesamt kleine Leute, wie man die Bergmännlein zu beschreiben pflegt. Sie haben in der Küche gekocht, zugehauen und aufgegeben und hat sich nicht anders ansehen lassen, als wenn eine große Mahlzeit angerichtet würde. Darnach fast gegen Morgen, wie sie wiederum scheiden wollen, ist das kleine Männlein abermal zum Grafen gekommen und hat ihm neben Danksagung gereicht ein Schwert, ein Salamander – Laken und einen güldenen Ring, in welchem ein roter Löwe oben eingemacht; mit Anzeigung, diese drei Stücke sollte er und seine Nachkömmlinge wohl verwahren, und solange sie dieselben beieinander hätten, würde es einig und wohl in der Grafschaft zustehen; sobald sie aber voneinander kommen würden, sollte es ein Zeichen sein, daß der Grafschaft nichts Gutes vorhanden wäre: und ist der rote Löwe auch allzeit darnach, wann einer vom Stamm sterben sollte, erblichen.

Es sind aber zu den Zeiten, da Graf Jobst und seine Brüder unmündig waren und Franz von Halle Statthalter im Land, die beiden Stücke, als das Schwert und Salamander – Laken, weggenommen, der Ring aber ist bei der Herrschaft geblieben, bis an ihr Ende. Wohin er aber seit der Zeit gekommen, weiß man nicht.

47.
Zwerge leihen Brot

Der Pfarrer Hebler zu Selbig und Marlsreuth erzählte im Jahre 1684 folgendes. Zwischen den zweien genannten Orten liegt im Wald eine Öffnung, die allgemein das Zwergenloch genannt wird, weil ehedessen und vor mehr als hundert Jahren daselbst Zwerge in Naila die notdürftige Nahrung zugetragen erhalten haben.

Albert Steffel, siebzig Jahr alt und im Jahr 1680 gestorben, und Hans Kohmann, dreiundsechzig Jahr alt und 1679 gestorben, zwei ehrliche, glaubhafte Männer, haben etliche Male ausgesagt, Kohmanns Großvater habe einst auf seinem bei diesem Loch gelegenen Acker geackert und sein Weib ihm frischgebackenes Brot zum Frühstück auf das Feld gebracht und in ein Tüchlein gebunden am Rain hingelegt. Bald sei ein Zwergweiblein gegangen kommen und habe den Ackermann um sein Brot angesprochen: ihr Brot sei eben auch im Backofen, aber ihre hungrigen Kinder könnten nicht darauf warten und sie wolle es ihnen mittags von dem ihrigen wiedererstatten. Der Großvater habe eingewilligt, auf den Mittag sei sie wiedergekommen, habe ein sehr weißes Tüchlein gebreitet und darauf einen noch warmen Laib gelegt, neben vieler Danksagung und Bitte, er möge ohne Scheu des Brotes essen und das Tuch wolle sie schon wieder abholen. Das sei auch geschehen, dann habe sie zu ihm gesagt, es würden jetzt so viel Hammerwerke errichtet, daß sie, dadurch beunruhigt, wohl weichen und den geliebten Sitz verlassen müßte. Auch vertriebe sie das Schwören und große Fluchen der Leute, wie auch die Entheiligung des Sonntags, indem die Bauern vor der Kirche ihr Feld zu beschauen gingen, welches ganz sündlich wäre.

Vor kurzem haben sich an einem Sonntag mehrere Bauern-knechte mit angezündeten Spänen in das Loch begeben, inwendig einen schon verfallenen sehr niedrigen Gang gefunden, endlich einen weiten, fleißig in den Felsen gearbeiteten Platz, viereckig, höher als mannshoch, auf jeder Seite viel kleine Türlein. Darüber ist ihnen ein Grauen angekommen und sind herausgegangen, ohne die Kämmerlein zu besehen.

48.
Der einkehrende Zwerg

Vom Dörflein Ralligen am Thunersee und von Schillingsdorf, einem durch Bergfall verschütteten Ort des Grindwaldtals, vermut-lich von andern Orten mehr, wird erzählt: Bei Sturm und Regen kam ein wandernder Zwerg durch das Dörflein, ging von Hütte zu Hütte und pochte regentriefend an die Türen der Leute, aber niemand erbarmte sich und wollte ihm öffnen, ja sie höhnten ihn noch aus dazu. Am Rand des Dorfes wohnten zwei fromme Arme, Mann und Frau, da schlich das Zwerglein müd und matt an seinem

Stab einher, klopfte dreimal bescheidentlich ans Fensterchen, der alte Hirt tat ihm sogleich auf und bot gern und willig dem Gast das Wenige an, was sein Haus vermochte. Die alte Frau trug Brot auf, Milch und Käse; ein paar Tropfen Milch schlürfte das Zwerglein und aß Brosamen von Brot und Käse. „Ich bin es eben nicht gewohnt", sprach es, „so derbe Kost zu speisen, aber ich danke euch von Herzen, und Gott lohne es; nun ich geruht habe, will ich meinen Fuß weitersetzen." „Ei bewahre", rief die Frau, „in der Nacht in das Wetter hinaus, nehmt doch mit einem Bettlein vorlieb." Aber das Zwerglein schüttelte den Kopf und lächelte: „Droben auf dem Berg habe ich allerhand zu schaffen und darf nicht länger ausbleiben; morgen sollt ihr mein schon gedenken." Damit nahm es Abschied und die Alten legten sich zur Ruhe. Der anbrechende Tag aber weckte sie mit Unwetter und Sturm, Blitze fuhren am roten Himmel und Ströme Wassers ergossen sich. Da riß oben am Joch die Flut einen gewaltigen Fels los und rollte zum Dorf hinunter mitsamt Bäumen, Steinen und Erde. Menschen und Vieh, alles was Atem hatte im Dorf, wurden begraben, schon war die Woge gedrungen bis an die Hütte der beiden Alten; zitternd und bebend traten sie vor ihre Türe hinaus. Da sahen sie mitten im Strom ein großes Felsenstück nahen, oben drauf hüpfte lustig das Zwerglein, als wenn es ritte, ruderte mit einem mächtigen Fichtenstamm, und der Fels staute das Wasser und wehrte es von der Hütte ab, daß sie unverletzt stand und die Hausleute außer Gefahr. Aber das Zwerglein schwoll immer größer und höher, ward zu einem ungeheuren Riesen und zerfloß in Luft, während jene auf gebogenen Knien beteten und Gott für ihre Errettung dankten.

49.
Die Ofenberger Zwerge

Als Winkelmann im Jahr 1653 aus unserm Hessenlande nach Oldenburg reiste und über den Ofenberg kommend in dem Dorf Bümmerstedt von der Nacht übereilt wurde, erzählte ihm ein hundertjähriger Krugwirt, daß bei seines Großvaters Zeiten das Haus treffliche Nahrung gehabt, jetzt wäre es aber schlecht. Wenn der Großvater gebrauet, wären Erdmännlein vom Osenberg gekommen, hätten das Bier ganz warm aus der Bütte abgeholt und mit einem Geld bezahlt, das zwar unbekannt, aber von gutem Silber gewesen. Einmal hätte ein altes Männlein im Sommer bei großer Wärme Bier holen wollen und vor Durst alsogleich getrunken, aber zu viel, daß es davon eingeschlafen. Hernach beim Aufwachen, wie es sah, daß es sich so verspätete hatte, hub das alte kleine Männlein an bitterlich zu weinen: „Nun wird mich mein Großvater des langen Ausbleibens wegen schlagen." In dieser Not lief es auf und davon, vergaß seinen Bierkrug mitzunehmen und kam seitdem nimmer wieder. Den hinterlassenen Krug hätte sein (des Wirtes) Vater und er selbst auf seine ausgesteuerte Tochter erhalten und solang der Krug im Haus gewesen, die Wirtschaft vollauf Nahrung gehabt. Als er aber vor kurzem zerbrochen worden, wäre das Glück gleichsam mit zerbrochen und alles krebsgängig.

50.
Mummelsee

Eines Males ist ein Männlein auf späten Abend zu einem Bauern auf dessen Hof gekommen, mit der Bitte um Nachtherberg. Der Bauer, in Ermangelung von Betten bot ihm die Stubenbank oder den Heuschober an, allein es bat sich aus, in dem Wasserpfuhl zu schlafen. „Meinetwegen", hat der Bauer geantwortet; „wenn dir damit gedienet ist, magst du wohl gar im Weiher oder Brunnentrog schlafen." Auf diese Verwilligung hat es sich gleich zwischen die Binsen und das Wasser eingegraben, als ob es Heu wäre, sich darin zu wärmen. Frühmorgens ist es herausgekommen, ganz mit trockenen Kleidern und als der Bauer sein Erstaunen über den wundersamen Gast bezeiget, hat es erwidert: ja, es könne wohl sein, daß seinesgleichen nicht in etlich hundert Jahren hier übernachtet. Von solchen Reden ist es mit dem Bauer so weit ins Gespräch gekommen, daß es solchem vertraut, es sei ein Wasser-männlein, welches sein Gemahl verloren und in dem Mummelsee suchen wollte, mit der Bitte, ihm den Weg zu zeigen. Unterwegs erzählte es noch viel wunderlich Sachen, wie es schon in viel Seen sein Weib gesucht und nicht gefunden, wie es auch in solchen Seen beschaffen sei. Als sie zum Mummelsee gekommen, hat es sich untergelassen, doch zuvor den Bauern zu verweilen gebeten, so lange, bis zu seiner Wiederkunft oder bis es ihm ein Wahrzeichen senden werde. Wie er nun ungefähr ein paar Stunden bei dem See aufgewartet, so ist der Stecken, den das Männlein gehabt, samt ein paar Handvoll Bluts mitten im See durch das Wasser heraufgekommen und etliche Schuh hoch in die Luft gesprungen, dabei der Bauer wohl abnehmen können, daß solches das verheißene Wahrzeichen gewesen.

Ein Herzog zu Württemberg ließ ein Floß bauen und damit auf den See fahren, dessen Tiefe zu ergründen. Als aber die Messer schon neun Zwirnnetz hinuntergelassen und immer noch keinen Boden gefunden hatten, so fing das Floß gegen die Natur des Holzes zu sinken an, so daß sie von ihrem Vorhaben ablassen und auf ihre Rettung bedacht sein mußten. Vom Floß sind noch Stücke am Ufer zu sehen.

51.
Das Moosweibchen

Ein Bauer aus der Gegend von Saalfeld, mit Namen Hans Krepel, hatte um das Jahr 1635 Holz auf der Heide gehauen, und zwar nachmittags, da trat ein klein Moosweibchen herzu und sagte zu ihm: „Vater, wenn Ihr hernach aufhöret und Feierabend macht, haut doch beim Umfällen des letzten Baums ja drei Kreuze in den Stamm, es wird Euch gut sein." Nach diesen Worten ging es weg. Der Bauer, ein grober und roher Kerl, dachte, zu was hilft mir die Quackelei, und was kehr' ich mich an ein solch Gespenste, unterließ also das Einhauen der drei Kreuze und ging abends nach Haus. Den folgenden Tag um die nämliche Zeit kehrte er wieder in den Wald um weiterzuhauen, da trat wieder das Moosweibchen an ihn heran und sprach: „Ach, Ihr Mann, was habt Ihr gestern die drei Kreuze nicht eingehauen? Es sollte Euch und mir geholfen haben, denn uns jagt der wilde Jäger nachmittags und nachts ohne Unterlaß und tötet uns jämmerlich, haben auch anders keinen Frieden vor ihm, wenn wir uns nicht auf solche behauene Baumstämme setzen können, davon darf er uns nicht bringen, sondern wir sind sicher." Der Bauer sprach: „Hoho, was sollten dabei die Kreuze helfen; dir zu Gefallen mache ich noch keine dahin." Hierauf aber fiel das Moosweibchen den Bauer an und drückte ihn dergestalt, daß er, obgleich stark von Natur, krank und elend wurde. Seit der Zeit folgte er der empfangenen Lehre besser, unterließ das Kreuzeinhauen niemals, und es begegnete ihm nichts Widerliches mehr.

52.
Der Wassermann und der Bauer

Der Wassermann schaut wie ein anderer Mensch, nur daß, wenn er den Mund bleckt, man ihm seine grünen Zähne sieht. Auch trägt er einen grünen Hut. Er zeigt sich den Mädchen, wenn sie am Teich vorübergehen, mißt Band aus und wirft es ihnen zu.

Einmal lebte er in guter Nachbarschaft mit einem Bauer, der unweit des Sees wohnte, besuchte ihn manchmal und bat endlich, daß der Bauer ihn ebenfalls unten in seinem Gehäus besuchen möchte. Der Bauer tat es und ging mit. Da war unten im Wasser alles wie in einem prächtigen Palast auf Erden, Zimmer, Säle und Kammern voll mancherlei Reichtum und Zierat. Der Wassermann führte den Gast aller Enden umher und wies ihm jedes, endlich gelangten sie in ein kleines Stübchen, wo viel neue Töpfe umgekehrt, die Öffnung bodenwärts, standen. Der Bauer fragte, was das doch wäre? „Das sind die Seelen der Ertrunkenen, die hebe ich unter den Töpfen auf und halte sie damit fest, daß sie nicht entweichen können." Der Bauer schwieg still und kam hernach wieder heraus ans Land. Das Ding mit den Seelen wurmte ihn aber lange Zeit, und er paßte den Wassermann ab, daß er einmal ausgegangen sein würde. Als das geschah, hatte der Bauer den rechten Weg hinunter sich wohl gemerkt, stieg in das Wasserhaus und fand auch jenes Stübchen glücklich wieder; da war er her, stülpte alle Töpfe um, einen nach dem andern, alsbald stiegen die Seelen der ertrunkenen Menschen hinauf in die Höhe aus dem Wasser und wurden wieder erlöst.

53.
Verschwörung der Bergmännlein

In Nürnberg ist einer gewesen, mit Namen Paul Creuz, der eine wunderbare Berschwörung gebraucht hat. In einen gewissen Plan hat er ein neues Tischlein gesetzt, ein weißes Tuch daraufgedeckt, zwei Milchschüßlein draufgesetzt, ferner: zwei Honigschüßlein, zwei Tellerchen und neun Messerchen. Weiter hat er eine schwarze Henne genommen und sie über einer Kohlpfanne zerrissen, so daß das Blut in das Essen hineingetropft ist. Hernach hat er davon ein Stück gegen Morgen, das andere gegen Abend geworfen und seine Beschwörung begonnen. Wie dies geschehen, ist er hinter einen grünen Baum gelaufen und hat gesehen, daß zwei Bergmännlein sich aus der Erde hervorgefunden, zu Tische gesetzt und bei dem kostbaren Rauchwerke, das auch vorhanden gewesen, gleichsam gegessen. Nun hat er ihnen Fragen vorgelegt, worauf sie geantwortet; ja, wenn er das oft getan, sind die kleinen Geschöpfe so vertraut geworden, daß sie auch zu ihm ins Haus zu Gast gekommen. Hat er nicht recht aufgewartet, so sind sie entweder nicht erschienen oder doch bald wieder verschwunden. Er hat auch endlich ihren König zuwege gebracht, der dann allein gekommen in einem roten scharlachen Mäntlein, darunter ein Buch gehabt, das er auf den Tisch geworfen und seinem Banner erlaubt hat, soviel und solange er wollte, drinnen zu lesen. Davon hat sich der Mensch große Weisheit und Geheimnisse eingebildet.

54.
Das Bergmännlein beim Tanz

Es zeigten alte Leute mit Wahrhaftigkeit an, daß vor etlichen Jahren zu Glaß im Dorf, eine Stunde von dem Wunderberg und eine Stunde von der Stadt Salzburg, Hochzeit gehalten wurde, zu welcher gegen Abend ein Bergmännlein aus dem Wunderberge gekommen. Es ermahnte alle Gäste, in Ehren fröhlich und lustig zu sein, und verlangte, mittanzen zu dürfen, was ihm auch nicht verweigert wurde. Also machte es mit einer und der andern ehrbaren Jungfrau allzeit drei Tänze und zwar mit besonderer

Zierlichkeit, so daß die Hochzeitsgäste mit Bewunderung und Freude zuschauten. Nach dem Tanz bedankte es sich und schenkte einem jeden der Brautleute drei Geldstücke von einer unbekannten Geldmünze, deren jedes man zu vier Kreuzer im Werte hielt und ermahnte sie dabei, in Frieden und Eintracht zu hausen, christlich zu leben und bei einem frommen Wandel ihre Kinder zum Guten zu erziehen. Diese Münze sollten sie zu ihrem Geld legen und stets seiner gedenken, so würden sie selten in Not kommen; sie sollten aber dabei nicht hoffärtig werden, sondern mit ihrem Überfluß ihren Nachbarn helfen.

Dieses Bergmännlein blieb bei ihnen bis zur Nachtzeit und nahm von jedermann Trank und Speis, die man ihm darreichte, aber nur etwas Weniges. Alsdann bedankte es sich und begehrte einen Hochzeitmann, der es über den Fluß Salzbach gegen den Berg schiffen sollte. Bei der Hochzeit war ein Schiffmann, namens Johann Ständl, der machte sich eilfertig auf, und sie gingen miteinander zur Überfahrt. Während derselben begehrte der Schiffmann seinen Lohn: das Bergmännlein gab ihm in Demut drei Pfennige. Diesen schlechten Lohn verschmähte der Fährmann sehr, aber das Männlein gab ihm zur Antwort, er sollte sich das nicht verdrießen lassen, sondern die drei Pfennige wohl behalten, so würde er an seiner Habschaft nicht Mangel leiden, wo er anders dem Übermut Einhalt tue. Zugleich gab es dem Fährmann ein kleines Steinlein mit den Worten: „Wenn du dieses an den Hals hängst, so wirst du in dem Wasser nicht zugrunde gehen können." Und dies bewährte sich noch in demselben Jahre. Zuletzt ermahnte es ihn zu einem frommen und demütigen Lebenswandel und ging schnell von dannen.

55.
Das ertrunkene Kind

Man pflegt vielerlei von den Wassern zu erzählen und daß der See oder der Fluß alle Jahre ein unschuldiges Kind haben müsse; aber er leide keinen toten Leichnam und werfe ihn früh oder spät ans Ufer aus, ja sogar das letzte Knöchelchen, wenn es zu Grunde gesunken sei, müsse wieder hervor. Einmal war einer Mutter ihr

Kind im See ertrunken, sie rief Gott und seine Heiligen an, ihr nur wenigstens die Gebeine zum Begräbnis zu gönnen. Der nächste Sturm brachte den Schädel, der folgende den Rumpf ans Ufer, und nachdem alles beisammen war, faßte die Mutter sämtliche Beinlein in ein Tuch und trug sie zur Kirche. Aber, o Wunder! als sie in den Tempel trat, wurde das Bündel immer schwerer, und endlich, als sie es auf die Stufen des Altars legte, fing das Kind zu schreien an und machte sich zu jedermanns Erstaunen aus dem Tuche los. Nur fehlte das Knöchelchen des kleinen Fingers an der rechten Hand, welches aber die Mutter nachher noch sorgfältig aufsuchte und fand. Dies Knöchelchen wurde in der Kirche unter andern Reliquien zum Gedächtnis aufgehoben. – Die Schiffer und Fischerleute bei Küstrin in der Neumark reden ebenfalls von einem den Oberstrom beherrschenden unbekannten Wesen, das jährlich sein bestimmtes Opfer haben müsse. Wem nun dies Schicksal zugedacht sei, für den werde der Wassertod unvermeidlich. Die Halloren zu Halle fürchten besonders den Johannestag. Ein Graf Schimmelmann ging an diesem Tag doch in die Saale und ertrank.

56.
Der Kobold in der Mühle

Es machten einmal zwei Studenten von Rinteln eine Fußreise. Sie gedachten in einem Dorfe zu übernachten, weil aber ein heftiger Regen fiel und die Finsternis so sehr überhandnahm, daß sie nicht weiterkonnten, gingen sie zu einer in der Nähe liegenden Nachtherberge. Der Müller wollte anfangs nicht hören, endlich gab er ihren inständigen Bitten nach, öffnete die Türe und führte sie in eine Stube. Sie waren beide hungrig und durstig, und da auf dem Tisch eine Schüssel mit Speise und eine Kanne mit Bier stand, baten sie den Müller darum und waren bereitwillig, es zu bezahlen. Der Müller aber schlug es ab, selbst nicht ein Stück Brot wollte er ihnen geben und nur die harte Bank zum Ruhbett vergönnen. „Die Speise und der Trank", sprach er, „gehört dem Hausgeist, ist euch das Leben lieb, so laßt beides unberührt, sonst aber habt ihr kein Leid zu befürchten; lärmt es in der Nacht vielleicht, so bleibt nur still liegen und schlafen." Mit diesen Worten ging er hinaus und schloß die Türe hinter sich zu.

Die zwei Studenten legten sich zum Schlafe nieder, aber etwa nach einer Stunde griff den einen der Hunger so übermächtig an, daß er sich aufrichtete und die Schüssel suchte. Der andere, ein Magister, warnte ihn, er sollte dem Teufel lassen, was dem Teufel gewidmet wäre; aber er antwortete: „Ich habe ein besser Recht dazu als der Teufel", setzte sich an den Tisch und aß nach Herzenslust, so daß wenig von dem Gemüse übrig blieb. Darnach faßte er die Bierkanne, tat einen guten, pommerschen Zug, und nachdem er so seine Begierde etwas gestillt, legte er sich wieder zu seinem Gesellen. Doch als ihn über eine Weile der Durst aufs neue plagte, stand er noch einmal auf und tat einen zweiten so herzhaften Zug, daß er dem Hausgeist nur die Neige hinterließ. Nachdem er sich es also selbst segenet und wohlbekommen geheißen, legte er sich und schlief ein.

Es blieb alles ruhig bis zu Mitternacht, aber kaum war die herum, so kam der Kobold mit großem Lärm hereingefahren, wovon beide mit Schrecken erwachten. Er brauste ein paarmal in der Stube auf und ab, dann setzte er sich, als wollte er seine Mahlzeit halten, zu dem Tisch, und sie hörten deutlich, wie er die Schüssel herbeirückte. Gleich drauf setzte er sie, als wäre er ärgerlich, hart nieder, ergriff die Kanne und drückte den Deckel auf, ließ ihn aber gleich wieder ungestüm zuklappen. Nun begann er seine Arbeit, wischte den Tisch, darnach die Tischfüße sorgfältig ab und kehrte dann, wie mit einem Besen, den Boden fleißig ab. Als das geschehen war, ging er noch einmal zur Schüssel und Kanne zurück, ob es jetzt vielleicht besser damit stehe, stieß aber beides wieder zornig hin. Darauf fuhr er in seiner Arbeit fort, kam zu den Bänken, wusch, scheuerte, rieb sie, unten und oben; als er zu der Stelle gelangte, wo die beiden Studenten lagen, zog er vorüber und nahm das übrige Stück unter ihren Füßen in die Arbeit. Wie er zu Ende war, fing er an der Bank oben zum zweitenmal an und überging auch zum zweitenmal die Gäste. Zum drittenmal aber, als er an sie kam, strich er dem einen, der nichts genossen hatte, über die Haare und den ganzen Leib, ohne ihm im geringsten weh zu tun. Den andern aber zog er an den Füßen, riß ihn von der Bank herab, zog ihn ein paarmal auf dem Erdboden herum, bis er ihn endlich liegen ließ und hinter den Ofen lief, wo er ihn laut auslachte. Der Student kroch zu der Bank zurück, aber nach einer Viertelstunde begann der Kobold seine Arbeit von neuem: kehrte, säuberte, wischte. Die beiden lagen da, in Angst zitternd, den einen fühlte er, als er an ihn kam, ganz lind an, aber den andern warf er wieder zur Erde und ließ hinter dem Ofen ein grobes und spottendes Lachen hören.

Die Studenten wollten nun nicht mehr auf der Bank liegen, standen auf und erhuben vor der verschlossenen Tür ein lautes Geschrei, aber es hörte niemand darauf. Sie beschlossen endlich, sich auf den platten Boden hart nebeneinander zu legen, aber der Kobold ließ sie nicht ruhen. Er begann sein Spiel zum drittenmal, kam und zog den Schuldigen herum und lachte ihn aus. Dieser war zuletzt wütend geworden, zog seinen Degen, stach und hieb in die Ecke, wo das Gelächter herschallte, und forderte den Kobold mit Drohworten auf, hervorzukommen. Dann setzte er sich mit seiner Waffe auf die Bank, zu erwarten, was weiter geschehen würde, aber der Lärm hörte auf, und alles blieb ruhig.

Der Müller verwies ihnen am Morgen, daß sie seiner Ermahnung nicht nachgelebt und die Speise nicht unangerührt gelassen; es hätte ihnen leicht das Leben kosten können.

57.
Der Bauer mit seinem Kobold

Ein Bauer war seines Kobolds ganz überdrüssig geworden, weil er allerlei Unfug anrichtete, doch mochte er es anfangen, wie er immer wollte, so konnte er ihn nicht wieder loswerden. Zuletzt ward er Rats, die Scheune anzustecken, wo der Kobold seinen Sitz hatte, und ihn zu verbrennen. Deswegen führte er erst all sein Stroh hinaus und bei dem letzten Karren zündete er die Scheune an, nachdem er den Geist wohl versperrt hatte. Wie sie nun schon in voller Glut stand, sah sich der Bauer von ungefähr um, siehe, da saß der Kobold hinten auf dem Karren und sprach: „Es war Zeit, daß wir herauskamen!" Mußte also wieder umkehren und den Kobold behalten.

58.
Spiritus familiaris

Er wird gemeinlich in einem wohlverschlossenen Gläslein aufbewahrt, sieht aus nicht recht wie eine Spinne, nicht recht wie ein Skorpion, bewegt sich aber ohne Unterlaß. Wer ihn kauft, in dessen Tasche bleibt er, er mag das Fläschlein hinlegen, wohin er will, immer kehrt es von selbst zu ihm zurück. Er bringt großes Glück, läßt verborgene Schätze sehen, macht bei Freunden beliebt, bei Feinden gefürchtet, im Krieg fest wie Stahl und Eisen, also daß sein Besitzer immer den Sieg hat, auch behütet er vor Haft und Gefängnis. Man braucht ihn nicht zu pflegen, zu haben und kleiden, wie ein Galgenmännlein.

Wer ihn aber behält, bis er stirbt, der muß mit ihm in die Hölle, darum sucht ihn der Besitzer wieder zu verkaufen. Er läßt sich aber nicht anders verkaufen, als immer wohlfeiler, damit ihm einer bleibe, der ihn nämlich mit der geringsten Münze eingekauft hat.

Ein Soldat, der ihn für eine Krone gekauft und den gefährlichen Geist kennenlernte, warf ihn seinem vorigen Besitzer vor die Füße und eilte fort; als er zu Haus ankam, fand er ihn wieder in seiner Tasche. Nicht besser ging es ihm, als er ihn in die Donau warf.

Ein Augsburgischer Pferdehändler und Fuhrmann zog in eine berühmte deutsche Stadt ein. Der Weg hatte seine Tiere sehr mitgenommen, im Tor fiel ihm ein Pferd, im Gasthaus das zweite und binnen wenig Tagen die übrigen sechs. Er wußte sich nicht zu helfen, ging in der Stadt umher und klagte den Leuten mit Tränen seine Not. Nun begab es sich, daß ein anderer Fuhrmann ihm begegnete, dem er sein Unglück erzählte. Dieser sprach: „Seid ohne Sorgen, ich will Euch ein Mittel vorschlagen, dessen Ihr mir danken sollt." Der Pferdehändler meinte, das wären leere Worte. „Nein, nein, Gesell, Euch soll geholfen werden. Geht in jenes Haus und fraget nach einer Gesellschaft", die er ihm nannte, „der erzählt Euren Unfall und bittet um Hilfe." Der Pferdehändler folgte dem Rat, ging in das Haus und fragte einen Knaben, der da war, nach der Gesellschaft. Er mußte auf Antwort warten; endlich kam der Knabe wieder und öffnete ihm ein Zimmer, in welchem etliche alte Männer an einer runden Tafel saßen. Sie redeten ihn mit Namen an und sagten: „Dir sind acht Pferde gefallen, darüber bist du niedergeschlagen und nun kommst du, auf Anraten eines deiner Gesellen, zu uns, um Hilfe zu suchen: du sollst erlangen, was du begehrst." Er mußte sich an einen Nebentisch setzen, und nach Verlauf weniger Minuten überreichten sie ihm ein Schächtelein mit den Worten: „Dies trage bei dir und du wirst von Stund an reich werden, aber hüte dich, daß du die Schachtel, wo du nicht wieder arm werden willst, niemals öffnest." Der Pferdehändler fragte, was er für dieses Schächtelein zu zahlen habe, aber die Männer wollten nichts dafür; nur mußte er seinen Namen in ein großes Buch schreiben, wobei ihm die Hand geführt ward. Der Pferdehändler ging heim, kaum aber war er aus dem Haus getreten, so fand er einen ledernen Sack mit dreihundert Dukaten, womit er sich neue Pferde kaufte. Ehe er die Stadt verließ, fand er in dem Stalle, wo die neuen Pferde standen, noch einen großen Topf mit alten Talern. Kam er sonst wohin und setzte das Schächtelein auf die Erde, so zeigte sich da, wo Geld verloren oder vor Zeiten begraben war, ein hervordringendes Licht, so daß er es leicht heben konnte. Auf diese Weise erhielt er ohne Diebstahl und Mord große Schätze zusammen.

Als die Frau des Pferdehändlers von ihm vernahm, wie es zuging, erschrak sie und sprach: „Du hast etwas Böses empfangen, Gott will nicht, daß der Mensch durch solch verbotene Dinge reich werde, sondern hat gesagt: im Schweiße deines Angesichts sollst du dein Brot essen. Ich bitte dich um deiner Seligkeit willen, daß du wieder nach der Stadt zurückreitest und der Gesellschaft deine Schachtel zustellst." Der Mann, von diesen Worten bewogen, entschloß sich und sendete einen Knecht mit dem Schächtelein hin, um es zurückzuliefern; aber der Knecht brachte es wieder mit der Nachricht zurück, daß diese Gesellschaft nicht mehr zu finden sei, auch niemand wisse, wo sie sich gegenwärtig aufhalte. Hierauf gab die Frau genau acht, wo ihr Mann das Schächtelein hinsetze, und bemerkte, daß er es in einem besonders von ihm gemachten Täßchen in dem Bund seiner Beinkleider verwahre. In einer Nacht stand sie auf, zog es heraus und öffnete es: da flog eine schwarze sumsende Fliege heraus und nahm ihren Weg durch das Fenster hin. Sie machte den Deckel wieder darauf und steckte es an seinen

Ort, unbesorgt, wie es ablaufen würde. Allein von Stund an verwandelte sich all das vorige Glück in das empfindlichste Unglück. Die Pferde fielen um oder wurden gestohlen; das Korn auf dem Boden verdarb; das Haus brannte zu dreien Malen ab, und der eingesammelte Reichtum verschwand zusehends. Der Mann geriet in Schulden und ward ganz arm, so daß er in Verzweiflung erst seine Frau mit einem Messer tötete, dann sich selbst eine Kugel durch den Kopf schoß.

59.
Die Lilie

Im Land zu H. war ein Edelmann, A. v. Th. genannt, der konnte Köpfe abhauen und wieder aufsetzen. Er hatte bei sich beschlossen, hinfort des teuflischen, gefährlichen Dings müßig zu gehen, eh er einmal darüber in ein Unglück geriete, wie dann doch geschahe. Bei einer Gasterei ließ er sich von guten Gesellen überreden, diese Ergötzlichkeit ihnen noch einmal zu guter Letzt zu zeigen. Nur wollte, wie leicht zu erachten, niemand gern seinen Kopf dazu leihen; letztlich ließ sich der Hausknecht dazu brauchen, doch mit dem gewissen Geding, daß ihm sein Kopf wieder festgemacht würde. Nun hieb ihm der Edelmann den Kopf ab, aber das Wiederaufsetzen wollte nicht gehen. Da sprach er zu den Gästen: „Es ist einer unter euch, der mich verhindert, den will ich vermahnt haben und gewarnt, daß er es nicht tue." Darauf versuchte er es abermal, konnte aber nichts ausrichten. Da vermahnte und dräute er zum andern Mal, ihn unverhindert zu lassen. Da das auch nicht half und er beim dritten Mal den Kopf nicht wieder aufsetzen konnte, ließ er auf dem Tisch eine Lilie wachsen, der hieb er das Haupt und die Blume oben ab. Alsbald fiel einer von den Gästen hinter sich von der Bank und war ihm der Kopf ab. Nun setzte er dem Hausknecht den seinen wieder auf und floh aus dem Lande, bis die Sache vertragen ward und er Verzeihung erhielt.

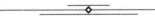

60.
Johann von Passau

Doktor Martinus Luther erzählt: Ein Edelmann hatte ein schön jung Weib gehabt, das war ihm gestorben und auch begraben worden. Nicht lange darnach, da liegt der Herr und der Knecht in einer Kammer beieinander, da kommt des Nachts die verstorbene Frau und lehnet sich über des Herren Bette, gleich als redete sie mit ihm. Da nun der Knecht sah, daß solches zweimal nacheinander geschah, fraget er den Jungherrn, was es doch sei, daß alle Nacht ein Weibsbild in weißen Kleidern vor sein Bett komme; da sagte er: nein, er schlafe die ganze Nacht aus und sehe nichts. Als es nun wieder Nacht ward, gibt der Junker auch acht drauf und wachet im Bette, da kommt die Frau wieder vor das Bett, der Junker saget: wer sie sei und was sie wolle? Sie antwortet: sie sei seine Hausfrau. Er spricht: „Bist du doch gestorben und begraben!" Da antwortet sie: „Ja, ich habe deines Fluchens halben und um deiner Sünden willen sterben müssen, willst du mich aber wieder zu dir haben, so will ich wieder deine Hausfrau werden." Er spricht: „Ja, wenn es nur sein könnte"; aber sie bedingt aus und vermahnet ihn, er müsse nicht fluchen, wie denn einen sonderlichen Fluch an ihm gehabt hatte, denn sonst würde sie bald wieder sterben; dieses sagt ihr der Mann zu, da blieb die verstorbene Frau bei ihm, regierte im Haus, schlief bei ihm, aß und trank mit ihm und zeugte Kinder.

Nun begibt sich es, daß einmal der Edelmann Gäste kriegt und nach gehaltener Mahlzeit auf den Abend das Weib einen Pfefferkuchen zum Obst aus einem Kasten holen soll und bleibet lange draußen. Da wird der Mann scheltig und fluchet den gewöhnlichen Fluch, da verschwindet die Frau von Stund an und war mit ihr aus. Da sie nun nicht wiederkommt, gehen sie hinauf in die Kammer, zu sehen, wo die Frau bliebe. Da liegt ihr Rock, den sie angehabt, halb mit den Ärmeln in dem Kasten, das ander Teil aber heraußen, wie sich das Weib hatte in den Kasten gebückt, und war das Weib verschwunden und seit der Zeit nicht gesehen worden.

61.
Das Hündlein von Bretta

In der Rheinpfalz, besonders im Kraigau, geht unter den Leuten das Sprichwort um, wenn von übel belohnter Treue die Rede ist: „Es geschieht dir, wie dem Hündchen zu Bretten." Die Volkssage davon muß schon alt sein.

In dem Städtchen Bretten lebte vor Zeiten ein Mann, welcher ein treues und zu mancherlei Dienst abgerichtetes Hündlein hatte, das pflegte er auszuschicken, gab ihm einen Korb ins Maul, worin ein beschriebener Zettel mit dem nötigen Gelde lag, und so langte es Fleisch und Bratwurst beim Metzger, ohne je einen Bissen davon anzurühren. Einmal aber sandte es sein Herr, der evangelisch war, an einem Freitag zu einem Metzger, der katholisch war und streng auf die Fasten hielt. Als nun der Metzger auf dem Zettel eine Wurst bestellt fand, hielt er das Hündlein fest, haute ihm den Schwanz ab und legte den in den Korb mit den Worten: „Da hast du Fleisch!" Das Hündlein aber, beschimpft und verwundet, trug den Korb treulich über die Gasse nach Hause, legte sich nieder und verstarb. Die ganze Stadt trauerte, und das Bild eines Hündleins ohne Schwanz wurde in Stein ausgehauen übers Stadttor gesetzt.

Andere erzählen es so: es habe seinem armen Herrn Fleisch und Würste gestohlen zugetragen, bis es endlich ein Fleischer ertappt und mit dem Verlust des Schwanzes gestraft.

62.
Das Dorf am Meer

Eine Heilige ging am Strand, sah nur zum Himmel und betete, da kamen die Bewohner des Dorfes Sonntags nachmittag, ein jeder geputzt in seidenen Kleidern, seinen Schatz im Arm, und spotteten ihrer Frömmigkeit. Sie achtete nicht darauf und bat Gott, daß er ihnen diese Sünde nicht zurechnen wolle. Am andern Morgen aber kamen zwei Ochsen und wühlten mit ihren Hörnern in einem nahgelegenen großen Sandberg, bis es Abend war; und in der Nacht kam ein mächtiger Sturmwind und wehte den ganzen aufgelockerten Sandberg über das Dorf hin, so daß es ganz zugedeckt wurde und alles darin umkam, was Atem hatte. Als die Leute aus benachbarten Dörfern herbeikamen und das Verschüttete aufgraben wollten, so war immer, was sie tagsüber gearbeitet, nachts wieder zugeweht. Das dauert bis auf den heutigen Tag.

63.
Ein gespenstiger Reiter

Ein unbekannter Mann hat sich gegen das Ende des siebzehnten Jahrhunderts bei einem Grafen von Roggendorf zum Bereiter abgegeben und wurde, nach geleisteter Probe, zu Diensten angenommen und ihm eine ehrliche Bestallung gemacht. Es begab sich aber, daß einer von Adel bei Hof anlangte und mit diesem Bereiter an die Tafel gesetzt wurde. Der Fremde ersah ihn mit Erstaunen, war traurig und wollte keine Speise zu sich nehmen, ob ihm wohl der Graf deswegen freundlichst zugesprochen. Nachdem nun die Tafel aufgehoben war und der Graf den Fremden nochmals nach der Ursach seines Trauerns befragte, erzählte er, daß dieser Bereiter kein natürlicher Mensch, sondern vor Osteinde ihm an der Seite erschossen sei, auch von ihm, dem Erzähler, selbst zu Grabe begleitet worden. Er gab auch alle Umstände an: des Toten Vaterland, Namen, Alter, und das traf alles mit dem, was der Bereiter von sich selbst gesagt, ein, so daß der Graf daran nicht zweifeln konnte. Er nahm daher Ursach, diesem Gespenst Urlaub zu geben mit Vorwenden, daß seine Einkünfte geringert und er seine Hofhaltung einzuziehen gesonnen. Der Bereiter sagte, daß ihn zwar der Gast verschwätzt, weil aber der Graf nicht Ursache hätte, ihn abzuschaffen, und er ihm getreue Dienste geleistet und noch leisten wolle, bitte er, ihn ferner an dem Hofe zu erdulden. Der Graf aber beharrte auf dem einmal gegebenen Urlaub. Deswegen begehrte der Bereiter kein Geld, wie bedingt war, sondern ein Pferd und Narrenkleid mit silbernen Schellen, welches ihm der Graf gerne geben ließ und noch mehr wollte reichen lassen, das der Bereiter anzunehmen verweigerte.

Es fügte sich aber, daß der Graf nach Ungarn verreiste und bei Raab, auf der Schlucht, auf der Schütt, diesen Bereiter mit vielen Kuppelpferden in dem Narrenkleid antraf, welcher seinen alten

Herrn, wie er ihn erblickte, mit großen Freuden begrüßte und ein Pferd zu verehren anbot. Der Graf bedankt sich und will es nicht nehmen; als der Bereiter aber einen Diener ersieht, den er sonst am Hof wohlgekannt, gibt er diesem das Pferd. Der Diener setzt sich mit Freuden drauf, hat es aber kaum bestiegen, so springt das Pferd in die Höhe und läßt ihn halbtot auf die Erde fallen. Zugleich ist der Pferdehändler mit seinen ganzen Pferden verschwunden.

64.
Die verschütteten Silbergruben

Die reichsten Silberbergwerke am Harz waren die schon seit langen Jahren eingegangenen beiden Gruben: der große Johann und der goldene Altar. Davon geht folgende Sage. Vor Zeiten, als die Gruben noch bebaut wurden, war ein Steiger darüber gesetzt, der hatte einmal, als der Gewinn groß war, ein paar reiche Stufen beiseite gelegt, um, wenn der Bau schlechter und ärmer sein würde, damit das Fehlende zu ersetzen und immer gleichen Gewinn hervorzubringen. Was er also in guter Absicht getan, das ward von andern, die es bemerkt hatten, als ein Verbrechen angeklagt, und er zum Tode verurteilt. Als er nun niederkniete und ihm das Haupt sollte abgeschlagen werden, da beteuerte und beschwur er nochmals seine Unschuld und sprach: „So gewiß bin ich unschuldig, als mein Blut sich in Milch verwandeln und der Bau der Grube aufhören wird; wann in dem gräflichen Haus, dem diese beiden Bergwerke zugehören, ein Sohn geboren wird mit Glasaugen und mit Rehfüßen, und er bleibt am Leben, so wird der Bau wiederbeginnen, stirbt er aber nach seiner Geburt, so bleiben sie auf ewig verschüttet." Als der Scharfrichter den Hieb getan und das Haupt herabfiel, da sprangen zwei Milchströme statt des Blutes schneeweiß aus dem Rumpf in die Höhe und bezeugten seine Unschuld. Auch die beiden Gruben gingen alsbald ein. Nicht lange nachher ward ein junger Graf mit Glasaugen und Rehfüßen geboren, aber er starb gleich nach der Geburt, und die Silberbergwerke sind nicht wieder aufgetan, sondern bis auf diesen Tag verschüttet.

65.
Der Liebenbach

Die Stadt Spangenberg in Hessen erhält ihr Trinkwasser durch einen Bach, welcher die gute Quelle des gegenüberliegenden Berges herbeileitet. Von der Entstehung dieses Bachs wird folgendes erzählt. Ein Jüngling und ein Mädchen in der Stadt liebten sich herzlich, aber die Eltern wollten lange nicht zu ihrer Verheiratung einwilligen. Endlich gaben sie nach, unter der Bedingung, daß die Hochzeit erst dann solle gefeiert werden, wenn die zwei Liebenden die gute, frische Quelle von dem gegenüberliegenden Berge ganz allein herübergeleitet hätten: dadurch würde die Stadt Trinkwasser erhalten, woran sie bisher Mangel gelitten. Da fingen beide an, den Bach zu graben und arbeiteten ohne Unterlaß. So haben sie vierzig Jahre gegraben; als sie aber fertig waren, starben sie beide in demselben Augenblick.

66.
Kristallschauen

Eine schöne adlige Jungfrau und ein edler Jüngling trugen heftige Liebe zueinander, sie aber konnte von ihren Stiefeltern die Erlaubnis zur Verheiratung nicht erlangen, worüber sie beide in großer Trauer lebten. Nun begab sich, daß ein altes Weib, welches Zutritt im Hause hatte, zu der Jungfrau kam, sie tröstete und sprach: Der, den sie liebe, werde ihr gewiß noch zuteil werden. Die Jungfrau, die das gern hörte, fragte, wie sie das wissen könne? „Ei, Fräulein", sprach die Alte, „ich habe die Gnade von Gott, zukünftige Dinge vorher zu entdecken, darum kann mir dieses so wenig, als viel anderes, verborgen sein. Euch allen Zweifel zu benehmen, will ich Euch, wie es damit gehen wird, in einem Kristall so klärlich weisen, daß Ihr meine Kunst loben sollt. Aber wir müssen eine Zeit dazu wählen, wo Eure Eltern nicht daheim sind; dann sollt Ihr Wunder sehen."

Die Jungfrau wartete, bis ihre Eltern auf ein Landgut gefahren waren und ging dann zu dem Lehrer ihres Bruders, dem Johann Küst, der hernach als Dichter berühmt geworden, vertraute ihm ihr

Vorhaben und bat ihn gar sehr, mitzugehen und dabeizusein, wenn sie in den Kristall schaue. Dieser suchte ihr einen solchen Vorwitz als sündlich auszureden, der Ursache zu großem Unglück werden könne; aber es war vergeblich, sie blieb bei ihrem Sinn, so daß er sich endlich auf ihr inständiges Bitten bewegen ließ, sie zu begleiten. Als sie in die Kammer traten, war das alte Weib beschäftigt, ihre Gerätschaften aus einem kleinen Korbe herauszuziehen, sah aber ungern, daß dieser Küst die Jungfrau begleitete, und sagte, sie könne ihm an den Augen absehen, daß er von ihrer Kunst nicht viel halte. Hierauf hub sie an und breitete ein blauseiden Tüchlein, darein wunderliche Bilder von Drachen, Schlangen und anderm Getier eingenäht waren, über die Tafel, setzte auf dieses Tuch eine grüne gläserne Schale, legte darein ein anderes goldfarbenes Seidentuch und setzte endlich auf dieses eine ziemlich große kristallene Kugel, welche sie aber mit einem weißen Tuch wieder deckte. Dann begann sie, unter wunderlichen Gebärden, etwas bei sich selbst zu murmeln, und nachdem das geendigt war, nahm sie mit großer Ehrerbietung die Kugel, rief die Jungfrau und ihren Begleiter zu sich ans Fenster und hieß sie hineinschauen.

Anfangs sahen sie nichts, nun aber trat in dem Kristall die Braut hervor in überaus köstlicher Kleidung; ebenso prächtig angetan, als wäre heut ihr Hochzeitstag. So herrlich sie erschien, so sah sie doch betrübt und traurig aus, ja ihr Antlitz hatte eine solche Totenfarbe, daß man sie ohne Mitleid nicht betrachten konnte. Die Jungfrau schaute ihr Bild mit Schrecken an, der aber bald noch größer ward, als gerade gegenüber ihr Liebster hervorkam, mit so grausamen und gräßlichen Gesichtszügen, der sonst ein so freundlicher Mensch war, daß man hätte erzittern mögen. Er trug wie einer, der von einer Reise kommt, Stiefel und Sporn und hatte einen grauen Mantel mit goldnen Knöpfen um. Er holte daraus zwei neublinkende Pistolen hervor und, indem er in jede Hand eine faßte, richtete er die eine auf sein Herz, die andere setzte er der Jungfrau an die Stirne. Die Zuschauer wußten vor Angst weder aus noch ein, sahen aber, wie er die eine Pistole, die er an die Stirne seiner Liebsten gesetzt, losdrückte, wobei sie einen dumpfen, fernen Schall vernahmen. Nun gerieten sie in solches Grausen, daß sie sich nicht bewegen konnten, bis sie endlich zitternd und mit schwankenden Tritten zur Kammer hinausgelangten und sich etwas wieder erholten.

Dem alten Weib, welches nicht gedacht, daß die Sache also ablaufen würde, war selbst nicht ganz wohl zumut; es eilte daher über Hals und Kopf hinaus und ließ sich so bald nicht wieder sehen. Bei der Jungfrau konnte der Schrecken die Liebe nicht auslöschen, aber die Stiefeltern beharrten auch bei dem Entschluß, ihre Einwilligung zu verweigern. Ja, sie brachten es endlich durch Drohen und Zwang dahin, daß sie sich mit einem vornehmen Hofbeamten in der Nachbarschaft verloben mußte: daraus erwuchs der Jungfrau erst das rechte Herzeleid, denn sie verbrachte nun ihre Zeit in nichts als Seufzen und Weinen, und ihr Liebster wurde fast in die äußerste Verzweiflung gerissen.

Inzwischen ward die Hochzeit angesetzt und, da einige fürstliche Personen zugegen sein sollten, um so viel herrlicher zugerichtet. Als der Tag kam, wo die Braut im größten Gepränge sollte abgeholt werden, schickte dazu die Fürstin ihren mit sechs Pferden bespannten Leibwagen samt einigen Hofdienern und Reitern; an welchen Zug sich die vornehmsten Anverwandten und Freunde der Braut anschlossen und also in stattlicher Ordnung auszogen. Dieses alles hatte der erste Liebhaber ausgekundschaftet und war als ein Verzweifelter entschlossen, dem andern seine Liebste lebendig nicht zu überlassen. Er hatte zu dem Ende ein paar gute Pistolen gekauft und wollte mit der einen die Braut, mit der andern hernach sich selbst töten. Zu dem Ort der Ausführung war ein etwa zehn bis zwölf Schritte vor dem Tor gelegenes Haus, bei welchem die Braut vorbei mußte, von ihm ausersehen. Als nun der ganze prächtige Zug von Wagen und Reitern, den eine große Menge Volks begleitete, daherkam, schoß er mit der einen Pistole in den Brautwagen hinein. Allein der Schuß geschah ein wenig zu früh, also daß die Braut unversehrt blieb, einer andern Edelfrau aber, die im Schlag saß, ihr etwas hoher Kopfputz herabgeschaffen ward. Da diese in Ohnmacht sank und jedermann herbeieilte, hatte der Täter Zeit, durch das Haus zur Hintertür hinaus zu entfliehen und, indem er über ein ziemlich breites Wasser glücklich sprang, sich zu retten. Sobald die Erschrockene wieder zu sich selbst gebracht war, setzte sich der Zug aufs neue in Bewegung und die Hochzeit wurde mit der größten Pracht gefeiert. Doch die Braut hatte dabei ein trauriges Herz, welche nun der Kristallschauung nachdachte und sich den Erfolg davon zu Gemüte zog. Auch war ihre Ehe unglücklich, denn ihr Mann war ein harter und böser Mensch, der das tugendhafte und holdselige Fräulein, ungeachtet ihm ein liebes Kind geboren ward, auf das grausamste behandelte.

67.
Zauberkräuter kochen

Im Jahr 1672 hat sich zu Erfurt begeben, daß die Magd eines Schreiners und ein Färbersgesell, die in einem Hause gedient, einen Liebeshandel miteinander angefangen, welcher in Leichtfertigkeit einige Zeit gedauert. Hernach ward der Gesell dessen überdrüssig, wanderte weiter und ging in Langensalza bei einem Meister in Arbeit. Die Magd aber konnte die Liebesgedanken nicht loswerden und wollte ihren Buhlen durchaus wiederhaben. Am heiligen Pfingsttage, da alle Hausgenossen, der Lehrjunge ausgenommen, in der Kirche waren, tat sie gewisse Kräuter in einen Topf, setzte ihn zum Feuer, und sobald solche zu sieden kamen, hat auch ihr Buhle zugegen sein müssen. Nun trug sich zu, daß, als der Topf beim Feuer stand und brodelte, der Lehrjunge, unwissend, was darin ist, ihn näher zur Glut rückt und seine Pfanne mit Leim an dessen Stelle setzt. Sobald jener Topf mit den Kräutern näher zu der Feuerhitze gekommen, hat sich etliche Male darin eine Stimme vernehmen lassen und gesprochen: „Komm, komm, Hansel, komm, Hansel, komm!" Indem aber der Bube seinen Leim umrührt, fällt es hinter ihm nieder wie ein Sack, und als er sich umschaut, sieht er einen jungen Kerl daliegen, der nichts als ein Hemd am Leibe hat, worüber er ein jämmerliches Geschrei anhebt. Die Magd kam gelaufen, auch andere im Haus wohnende Leute, zu sehen, warum der Bube so heftig geschrien, und fanden den guten Gesellen als einen aus tiefem Schlaf erwachten Menschen also im Hemde liegen. Indessen ermunterte er sich etwas und erzählte auf Befragen, es wäre ein großes schwarzes Tier, ganz zottig, wie ein Bock gestaltet, zu ihm vor sein Bett gekommen und habe ihn also geängstigt, daß es ihn alsbald auf seine Hörner gefaßt und zum großen Fenster mit ihm hinausgefahren. Wie ihm weiter geschehen, wisse er nicht, auch habe er nichts Sonderliches empfunden, nun aber befinde er sich so weit weg, denn gegen acht Uhr habe er noch zu Langensalza im Bett gelegen, und jetzt wäre es zu Erfurt kaum halber neun. Er könne nicht anders glauben, als daß die Katharine, seine vorige Liebste, dieses zuwege gebracht, indem sie bei seiner Abreise zu ihm gesprochen, wenn er nicht bald wieder zu ihr käme, wollte sie ihn auf dem Bock holen lassen. Die Magd hat, nachdem man ihr gedroht, sie als eine Hexe der Obrigkeit zu überantworten, angefangen, herzlich zu weinen, und gestanden, daß ein altes Weib, dessen Namen sie auch nannte, sie dazu überredet und ihr Kräuter gegeben, mit der Unterweisung: wenn sie die Schale würde kochen lassen, müsse ihr Buhle erscheinen, er sei auch so weit er immer wolle.

68.
Taube zeigt einen Schatz

Als Herzog Heinrich von Breslau die Stadt Krakau erobert hatte, ging er in das Münster daselbst, kniete als ein frommer Mann vor dem Altar unserer Frauen nieder und dankte ihr, daß sie ihm Gnade erzeigt und sein Leid in Freud gewendet hätte. Und als er aufgestanden war, erblickte er eine Taube, sah ihrem Flug nach und bemerkte, wie sie sich über einem Pfeiler aus das Gesims eines Bogens setzte. Dann nahm er wahr, wie sie mit dem Schnabel in die Mauer pickte und mit den Füßen Mörtel und Stein hinter sich schob. Bald darauf lag unten ein Goldstück, das herabgefallen war. Der Herzog nahm es auf und sprach: „Das hat die Taube herausgestochen, des sollte leicht noch mehr dasein." Alsbald ließ er eine Leiter holen und schickte nach einem Maurer, der sollte sehen, was sich oben fände. Der Maurer stieg hinauf und nahm den Meißel in die Hand und bei dem ersten Schlag in die Wand entdeckte er, daß da ein großer Schatz von Gold lag. Da rief er: „Herr, gebt mir einen guten Lohn, hier liegt des glänzenden Goldes unmaßen viel." Der Herzog ließ die Mauer aufbrechen und den Hort herausnehmen, den Gott ihm gab. Als man es wog, waren es fünfzigtausend Mark.

69.
Jungfer Eli

Vor hundert und mehr Jahren lebte in dem münsterischen Stift Freckenhorst eine Äbtissin, eine sehr fromme Frau, bei dieser diente eine Haushälterin, Jungfer Eli genannt, die war bös und geizig, und wenn arme Leute kamen, ein Almosen zu bitten, trieb sie sie mit einer Peitsche fort und band die kleine Glocke vor der Türe fest, daß die Armen nicht läuten konnten. Endlich ward Jungfer Eli todkrank, man rief den Pfarrer, sie zum Tode vorzubereiten, und als der durch der Äbtissin Baumgarten ging, sah er Jungfer Eli in ihrem grünen Hütchen mit weißen Federn auf dem Apfelbaum sitzen, wie er aber ins Haus kam, lag sie auch wieder in ihrem Bette und war böse und gottlos, wie immer, wollte nichts von Besserung hören, sondern drehte sich um nach der Wand, wenn ihr der Pfarrer zureden wollte, und so verschied sie. Sobald sie die Augen schloß, zersprang die Glocke und bald darauf fing sie an, in der Abtei zu spuken. Als eines Tages die Mägde in der Küche saßen und Vizebohnen schnitten, fuhr sie mit Gebraus zwischen ihnen her, gerade wie sie sonst leibte und lebte, und rief: „Schniet ju nich in de Finger, schniet ju nich in de Finger!"; und gingen die Mägde zur Milch, so saß Jungfer Eli auf dem Steg und wollte sie nicht vorbeilassen, wenn sie aber riefen: „In Gottes Namen gah wi derher!", mußte sie weichen, und dann lief sie hinterher, zeigte ihnen eine schöne Torte und sprach: „Tart! Tart!". Wollten sie die nun nicht nehmen, so warf sie die Torte mit höllischem Gelächter auf die Erde, und da war es ein Kuhfladen. Auch die Knechte sahen sie, wenn sie Holz hauten, da flog sie immer von einem Baumzweig im Wald zum andern. Nachts polterte sie im Hause herum, warf Töpfe und Schüsseln durcheinander und störte die Leute aus dem Schlaf. Endlich erschien sie auch der Äbtissin selbst auf dem Wege nach Warendorf, hielt die Pferde an und wollte in den Wagen hinein, die Äbtissin aber sprach: „Ich habe nicht zu schaffen mit dir; hast du übel getan, so ist es nicht mein Wille gewesen." Jungfer Eli wollte sich aber nicht abweisen lassen. Da warf die Äbtissin einen Handschuh aus dem Wagen und befahl ihr, den wieder aufzuheben, während sie sich bückte, trieb die Äbtissin den Fuhrmann an und sprach: „Fahr zu, so schnell du kannst, und wenn auch die Pferde drüber zugrunde gehen!" So jagte der Fuhrmann und sie kamen glücklich nach Warendorf. Die Äbtissin endlich, des vielen Lärmens überdrüssig, berief alle Geistlichen der ganzen Gegend, die sollten Jungfer Eli verbannen. Die Geistlichen versammelten sich auf dem Herrenchor und fingen an, das Gespenst zu zitieren, allein sie wollte nicht erscheinen, und eine Stimme rief: „He kickt, he kickt!" Da sprach die Geistlichkeit: „Hier muß jemand in der Kirche verborgen sein, der zulauscht"; suchten und fanden einen kleinen Knaben, der sich aus Neugierde drin versteckt hatte. Sobald der Knabe hinausgejagt war, erschien Jungfer Eli und ward in die Davert verbannt. Die Davert ist aber ein Wald im Münsterschen, wo Geister umgehen, und wohin alle Gespenster verwiesen werden. Alle Jahr einmal fährt nun noch, wie die Sage geht, Jungfer Eli über die Abtei zu Freckenhorst mit schrecklichem Gebraus und schlägt einige Fensterscheiben ein oder dergleichen, und alle vier Hochzeiten kommt sie wieder einen Hahnenschritt näher.

70.
Gottschee

In der unterkrainischen Stadt Gottschee wohnen Deutsche, die sich in Sprache, Tracht und Sitten sehr von den andern Krainern unterscheiden. Nahe dabei liegt eine alte, denselben Namen tragende und dem Fürsten Auersperg zugehörende Burg, von der die umwohnenden Leute mancherlei Dinge erzählen. Noch jetzt wohnt ein Jägersmann mit seinen Hausleuten in dem bewohnbaren Teil der verfallenen Burg und dessen Vorfahren einem soll einmal ganz besonders mit den da hausenden Geistern folgendes begegnet sein. Die Frau dieses Jägers war in die Stadt hinuntergegangen, er selbst, von Schläfrigkeit befallen, hatte sich unter eine Eiche vor dem Schloß gestreckt. Plötzlich so sah er den ältesten seiner beiden Knaben, die er schlafend im Haus verlassen, auf sich zukommen, wie als wenn er geführt würde. Zwar keinen Führer erblickte er, aber das fünfjährige Kind hielt die Linke stets in der Richtung, als ob es von jemanden daran gefaßt wäre. Mit schnellen Schritten eilte es vorbei und einem jähen Abgrund zu. Erschrocken sprang der

Vater auf, sein Kind zu retten willens, faßte es rasch und mühte sich, die linke Hand von dem unsichtbaren Führer loszumachen. Mit nicht geringer Anstrengung bewerkstelligte er das zuletzt und riß die Hand des Kindes los aus einer andern, die der Jäger nicht sah, aber eiskalt zu sein fühlte. Das Kind war übrigens unerschrocken und erzählte: Wie daß ein alter Mann gekommen sei, mit langem Bart, roten Augen, in schwarze Kleider angetan und ein ledernes Käppchen auf, habe sich freundlich angestellt und ihm viel schöne Sachen versprochen, wenn es mit ihm gehen wolle; darauf sei es ihm an der Hand gefolgt.

Abends desselben Tages hörte der Jäger sich bei seinem Namen rufen; als er die Tür aufmachte, stand der nämliche Alte draußen und winkte. Der Jäger folgte und wurde an ebendenselben Abgrund geleitet. Der Felsen tat sich auf, sie stiegen eine Steintreppe ab. Unterwegs begegnete ihnen eine Schlange; nachher gelangten sie in eine immer heller werdende Gruft. Sieben Greise, mit kahlen Häuptern, in tiefem Schweigen saßen in einem länglichen Raume. Weiter ging der Jäger durch einen engen Gang in ein kleines Gewölbe, wo er einen kleinen Sarg stehen sah; dann in ein größeres, wo ihm der Greis achtundzwanzig Särge zeigte; in den Särgen lagen Leichname beiderlei Geschlechter. Unter den Verblichenen fand er einige bekannte Gesichter, wovon er sich jedoch nicht zu erinnern wußte, wo sie ihm vorgekommen waren. Nach diesem wurde der Jäger in einen hellerleuchteten Saal geführt, worin achtunddreißig Menschen saßen, worunter vier sehr junge Frauen, und ein Fest begingen. Allein alle waren totenblaß und keiner sprach ein Wort. Durch eine rote Tür führte der Alte den Jäger zu einer Reihe altfränkisch gekleideter Leute, deren verschiedene der Jäger auch zu erkennen meinte; der Greis küßte den ersten und den letzten. Nunmehr beschwor der Jäger den Führer, ihm zu sagen, wer diese alle seien und ob ein Lebendiger ihnen die noch entbehrte Ruhe wiedergeben könne? „Lauter Bewohner dieses Schlosses sind es", versetzte hohlstimmig der Alte; „die weitere Bewandtnis kannst du aber jetzt noch nicht erfahren, sondern wirst es demnächst einmal." Nach diesen Worten wurde der Jäger sanft hinausgeschoben und merkte, daß er in einem naßfeuchten Gewölbe war. Er fand eine alte verfallene Treppe, und diese in die

Höhe steigend gelangte er in einen etwas weiteren Raum, von wo aus er durch ein kleines Loch vergnügt den Himmel und die Sterne erblickte. Ein starkes Seil, woran er stieß, und das Rauschen von Wasser ließ ihn mutmaßen, er befinde sich auf dem Grunde einer hinter dem Schlosse befindlichen Zisterne, von wo aus man das Wasser mittels eines Rades hinaufwand. Allein unglücklicherweise kam niemand in drei ganzen Tagen zum Brunnen, erst am Abend des vierten ging des Jägers Frau hin, die sehr staunte, als sie in dem schweren Eimer ihren totgeglaubten Mann herauszog.

Die Verheißung des alten Wegweisers blieb indessen unerfüllt; doch erfuhr der Jäger, daß er ihn in dem Vorgeben, diese Geister seien die alten Schloßbewohner, nicht belogen hätte. Denn als er einige Zeit darauf in dem fürstlichen Saal die Bilder der Ahnen betrachtete, erkannte er in ihren Gesichtszügen die in der Höhle gesehenen Leute und Leichen wieder.

71.
Der Glockengruß zu Breslau

Als die Glocke zu St. Maria Magdalena in Breslau gegossen werden sollte und alles dazu fast fertig war, ging der Gießer zuvor zum Essen, verbot aber dem Lehrjungen bei Leib und Leben, den Hahn am Schmelzkessel anzurühren. Der Lehrjunge aber war vorwitzig und neugierig, wie das glühende Metall doch aussehen möge, und indem er so den Krahn bewegte und anregte, fuhr er ihm wieder willen ganz heraus, und das Metall rann und rann in die zubereitete Form. Höchst bestürzt weiß sich der arme Junge gar nicht zu helfen, endlich wagt er es doch und geht weinend in die Stube und bekennt seinem Meister, den er um Gotteswillen um Verzeihung bittet. Der Meister aber wird vom Zorn ergriffen, zieht das Schwert und ersticht den Jungen auf der Stelle. Dann eilt er hinaus, will sehen, was noch vom Werk zu retten sei und räumt nach der Verkühlung ab. Als er abgeräumt hatte, siehe, da war die ganze Glocke trefflich wohl ausgegossen und ohne Fehl; voll Freuden kehrte der Meister in die Stube zurück und sah nun erst, was für Übels er getan hatte. Der Lehrjunge war verblichen, der Meister wurde eingezogen und von den Richtern zum Schwert verurteilt. Inmittels war auch die Glocke aufgezogen worden, da bat der Glockengießer flehentlich, ob sie nicht noch geläutet werden dürfte, er möchte ihre Resonanz auch wohl hören, da er sich doch zugerichtet hätte, wenn er die Ehr vor seinem letzten End von den Herren haben könnte. Die Obrigkeit ließ ihm willfahren, und seit der Zeit wird mit dieser Glocke allen armen Sündern, wenn sie vom Rathaus herunterkommen, geläutet. Die Glocke ist so schwer, daß, wenn man fünfzig Schläge gezogen hat, sie andere fünfzig von selbst gehet.

72.
Der Blumenstein

Als auf dem Blumenstein bei Rotenburg in Hessen noch Ritter lebten, wettete eines Abends ein junges, mutiges Bauernmädchen in dem benachbarten Dorf Höhnebach, daß es um Mitternacht bei Mondschein hinaus auf die furchtbare Burg gehen und ein Ziegelstück herabholen wollte. Sie wagte auch den Gang, holte das Wahrzeichen und wollte eben wieder zurückgehen, als ihr ein Hufschlag in der stillen Nacht entgegenklang. Schnell sprang sie unter die Zugbrücke, und kaum stand sie darunter, so kam auch schon der Ritter herein und hatte eine schöne Jungfrau vor sich, die er geraubt und deren köstliche Kleidungsstücke er hinten aufgepackt hatte. Indem er über die Brücke ritt, fiel ein Bündel davon herab, den hob das Bauernmädchen auf und eilte schnell damit fort. Kaum aber hatte sie die Hälfte des Spisses, eines Berges, der zwischen Höhnebach und dem Blumenstein liegt, erstiegen, so hörte sie, wie der Ritter schon wieder über die Zugbrücke ausritt und wahrscheinlich den verlorenen Bündel suchen wollte. Da blieb ihr nichts übrig, als den Weg zu verlassen und sich in den dicken Wald zu verbergen, bis er vorüber war. Und so rettete es seine Beute und brachte das Wahrzeichen glücklich nach Haus.

Andere erzählen ähnlich von andern Orten mit folgender weiterer Ausführung. Das Mädchen sah, wie der Reiter die Jungfrau mordete, die ließ ihr Bündlein, vom Räuber ungesehen, fallen, das hob das Mädchen auf. Beim Öffnen fand es kostbare Kleider und andern Schmuck darin, darum verschwieg es den Fund und sagte lieber, es wäre aus zu großer Angst nicht an dem Ort gewesen. Mit der Zeit brachte es nach und nach ein Stück dessen hervor, als wenn sie es selbst angeschafft hätte, endlich bei einem Tanz hatte es alle die prächtigen Kleider an. Da war ein Fremder, der es fest anschaute, mit ihr tanzte und zuletzt heimführen wollte. Auf dem Weg nach des Mädchens Dorf zog er plötzlich ein Messer und wollte es erstechen, sie rief aber um Hilfe, und er wurde verhaftet. Er war jener Mörder.

73.
Der heilige Niklas und der Dieb

Zu Greifswald in Pommern stand in einer Kirche (Gertrudenkapelle) St. Niklasen Bild. Eines Nachts brach ein Dieb ein, wollte den Gotteskasten berauben und rief den Heiligen an: „O heiliger Niklas, ist das Geld mein oder dein? Komm, laß uns wettlaufen darum; wer zuerst zum Gotteskasten kommt, soll gewonnen haben." Hub damit zu laufen an, aber das Bild lief auch und überlief den Dieb zum dritten Mal; der antwortete und sprach: „Mein heiliger Niklas, du hast es redlicher gewonnen; aber das Geld ist dir doch nicht nutz, bist von Holz und bedarfst keines; ich will es nehmen und guten Mut dabei haben." – Bald darauf geschah, daß dieser Räuber starb und begraben wurde, da kamen die Teufel aus der Hölle, holten den Leib aus dem Grab, warfen ihn bei den beraubten Gotteskasten und hängten ihn zuletzt vor der Stadt an einer Windmühle auf. Diese Windmühle soll nachher immer links umgelaufen sein.

74.
Die Füße der Zwerge

Vor alten Zeiten wohnten die Menschen im Tal und rings um sie in Klüften und Höhlen die Zwerge, freundlich und gut mit den Leuten, denen sie manch schwere Arbeit nachts verrichteten; wenn nun das Landvolk frühmorgens mit Wagen und Geräte herbeizog und erstaunte, daß alles schon getan war, steckten die Zwerge im Gesträuch und lachten hell auf. Oftmals zürnten die Bauern, wenn sie ihr noch nicht ganz zeitiges Getreide auf dem Acker niedergeschnitten fanden, aber als bald Hagel und Gewitter hereinbrach und sie wohl sahen, daß vielleicht kein Hälmchen dem Verderben entronnen sein würde, da dankten sie innig dem voraussichtigen Zwergvolk. Endlich aber verscherzten die Menschen durch ihren Frevel die Huld und Gunst der Zwerge, sie entflohen, und seitdem hat sie kein Auge wieder erblickt. Die Ursache war diese: Ein Hirt hatte oben am Berg einen trefflichen Kirschbaum stehen. Als die Früchte eines Sommers reiften, begab sich, daß dreimal hinterein-ander nachts der Baum geleert wurde und alles Obst auf die Bänke und Hürden getragen war, wo der Hirt sonst die Kirschen aufzubewahren pflegte. Die Leute im Dorf sprachen: „Das tut niemand anders als die redlichen Zwerglein, die kommen bei Nacht in langen Mänteln mit bedeckten Füßen dahergetrippelt, leise wie Vögel, und schaffen den Menschen emsig ihr Tagwerk. Schon vielmal hat man sie heimlich belauscht, allein man stört sie nicht, sondern läßt sie kommen und gehen." Durch diese Reden wurde der Hirt neugierig und hätte gern gewußt, warum die Zwerge so sorgfältig ihre Füße bärgen und ob diese anders gestaltet wären als Menschenfüße. Da nun das nächste Jahr wieder der Sommer und die Zeit kam, daß die Zwerge heimlich die Kirschen abbrachen und in den Speicher trugen, nahm der Hirt einen Sack voll Asche und streute die rings um den Baum herum aus. Den andern Morgen mit Tagesanbruch eilte er zur Stelle hin, der Baum war richtig leer gepflückt, und er sah unten in der Asche die Spuren von vielen Gänsfüßchen eingedrückt. Da lachte der Hirt und spottete, daß der Zwerge Geheimnis verraten war. Bald aber zerbrachen und verwü-steten diese ihre Häuser und flohen tiefer in den Berg hinab, grollten dem Menschengeschlecht und versagten ihm ihre Hilfe. Jener Hirt, der sie verraten hatte, wurde siech und blödsinnig fortan bis an sein Lebensende.

75.
Die Heilingszwerge

Am Fluß Eger zwischen dem Hof Wildenau und dem Schlosse Aicha ragen ungeheuer große Felsen hervor, die man vor alters den Heilingsfelsen nannte. Am Fuß desselben erblickt man eine Höhle, inwendig gewölbt, auswendig aber nur durch eine kleine Öffnung, in die man den Leib gebückt kriechen muß, erkennbar. Diese Höhle wurde von kleinen Zwerglein bewohnt, über die zuletzt ein unbekannter alter Mann, der Namens Heiling, als Fürst geherrscht haben soll. Einmal vor Zeiten ging ein Weib, aus dem Dorfe Taschwitz gebürtig, am Vorabend von Peter Pauli in den Forst und wollte Beeren suchen; es wurde ihr Nacht, und sie sah neben diesem Felsen ein schönes Haus stehen. Sie trat hinein, und als sie die Tür öffnete, saß ein alter Mann an einem Tische, schrieb emsig und eifrig. Die Frau bat um Herberge und wurde willig angenommen. Außer dem alten Mann war aber kein lebendes Wesen im ganzen Gemach, allein es rumorte heftig in allen Ecken, der Frau ward greulich und schauerlich, und sie frage den Alten: „Wo bin ich denn eigentlich?" Der Alte versetzte: daß er Heiling heiße, bald aber auch abreisen werde, denn zwei Drittel seiner Zwerge seien schon fort und entflohen. Diese sonderbare Antwort machte das Weib nur noch unruhiger, und sie wollte mehr fragen, allein er gebot ihr Stillschweigen und sagte nebenbei: „Wäret Ihr nicht gerade in dieser merkwürdigen Stunde gekommen, solltet Ihr nimmer Herberge gefunden haben." Die furchtsame Frau kroch demütig in einen Winkel und schlief sanft, und wie sie den Morgen mitten unter den Felssteinen erwachte, glaubte sie geträumt zu haben, denn nirgends war ein Gebäude zu ersehen. Froh und zufrieden, daß ihr in der gefährlichen Gegend kein Leid widerfahren sei, eilte sie nach ihrem Dorfe zurück; es war alles so verändert und seltsam. Im Dorf waren die Häuser neu und anders aufgebaut, die Leute, die ihr begegneten, kannte sie nicht, und sie wurde auch nicht von ihnen erkannt. Mit Mühe fand sie endlich die Hütte, wo sie sonst wohnte, und auch die war besser gebaut; nur dieselbe Eiche beschattete sie noch, welche einst ihr Großvater dahin gepflanzt hatte. Aber wie sie in die Stube treten wollte, ward sie von den unbekannten Bewohnern als eine Fremde vor die Tür gewiesen und lief weinend und klagend im Dorf umher. Die Leute hielten sie für wahnsinnig und führten sie vor die Obrigkeit, wo sie verhört und ihre Sache untersucht wurde; siehe da, es fand sich in den Gedenk- und Kirchenbüchern, daß grad vor hundert Jahren an eben diesem Tag eine Frau ihres Namens, welche nach dem Forst in die Beeren gegangen, nicht wieder heimgekehrt sei und auch nicht mehr zu finden gewesen war. Es war also deutlich erwiesen, daß sie volle hundert Jahr im Felsen geschlafen hatte und die Zeit über nicht älter geworden war. Sie lebte nun ihre übrigen Jahre ruhig und sorgenlos aus und wurde von der ganzen Gemeinde anständig verpflegt zum Lohn für die Zauberei, die sie hatte erdulden müssen.

76.
Der Riesenfinger

Am Strand der Saale, besonders aber in der Nähe von Jena, lebte ein wilder und böser Riese; auf den Bergen hielt er seine Mahlzeit, und auf dem Landgrafenberg heißt noch ein Stück der Löffel, weil er da seinen Löffel fallen ließ. Er war auch gegen seine Mutter gottlos, und wenn sie ihm Vorwürfe über sein wüstes Leben machte, so schalt er sie und schmähte und ging nur noch ärger mit den Menschen um, die er Zwerge hieß. Einmal, als sie ihn wieder ermahnte, ward er so wütend, daß er mit den Fäusten nach ihr schlug. Aber bei diesem Greuel verfinsterte sich der Tag zu schwarzer Nacht, ein Sturm zog daher, und der Donner krachte so fürchterlich, daß der Riese niederstürzte. Alsbald fielen die Berge über ihn her und bedeckten ihn, aber zur Strafe wuchs der kleine Finger ihm aus dem Grabe heraus. Dieser Finger aber ist ein langer schmaler Turm auf dem Hausberg, den man jetzt den Fuchsturm heißt.

77.
Der Abzug des Zwergvolks über die Brücke

Die kleinen Höhlen in den Felsen, welche man auf der Südseite des Harzes, sonderlich in einigen Gegenden der Grafschaft Hohenstein findet, und die größtenteils so niedrig sind, daß erwachsene Menschen nur hineinkriechen können, teils aber einen räumigen Aufenthaltsort für größere Gesellschaften darbieten, waren einst von Zwergen bewohnt und heißen nach ihnen noch jetzt Zwerglöcher. Zwischen Walkenried und Neuhof in der Grafschaft Hohenstein hatten einst die Zwerge zwei Königreiche. Ein Bewohner jener Gegend merkte einmal, daß seine Feldfrüchte alle Nächte geraubt wurden, ohne daß er den Täter entdecken konnte. Endlich ging er auf den Rat einer weisen Frau bei einbrechender Nacht an seinem Erbsenfelde aus und ab und schlug mit einem dünnen Stabe über dasselbe in die bloße Luft hinein. Es dauerte nicht lange, so standen einige Zwerge leibhaftig vor ihm. Er hatte ihnen die unsichtbar machenden Nebelkappen abgeschlagen. Zitternd fielen die Zwerge vor ihm nieder und bekannten: daß ihr Volk es sei, welches die Felder der Landesbewohner beraubte, wozu aber die äußerste Not sie zwänge. Die Nachricht von den eingefangenen Zwergen brachte die ganze Gegend in Bewegung. Das Zwergvolk sandte endlich Abgeordnete und bot Lösung für sich und die gefangenen Brüder und wollte dann auf immer das Land verlassen. Doch die Art des Abzugs erregte neuen Streit. Die Landeseinwohner wollten die Zwerge nicht mit ihren gesammelten und versteckten Schätzen abziehen lassen, und das Zwergvolk wollte bei seinem Abzuge nicht gesehen sein. Endlich kam man dahin überein, daß die Zwerge über eine schmale Brücke bei Neuhof ziehen und daß jeder von ihnen in ein dorthin gestelltes Gefäß einen bestimmten Teil seines Vermögens als Abzugszoll werfen sollte, ohne daß einer der Landesbewohner zugegen wäre. Dies geschah. Doch einige Neugierige hatten sich unter die Brücke gesteckt, um den Zug der Zwerge wenigstens zu hören. Und so hörten sie denn viele Stundenlang das Getrappel der kleinen Menschen; es war ihnen, als wenn eine sehr große Herde Schafe über die Brücke ging. – Seit dieser letzten großen Auswanderung des Zwergvolkes lassen sich nur selten einzelne Zwerge sehen. Doch zu den Zeiten der Elterväter stahlen zuweilen einige in den Berghöhlen zurückgebliebene aus den Häusern der Landesbewohner kleine, kaum geborene Kinder, die sie mit Wechselbälgen vertauschten.

78.
Die Nußkerne

Zwei junge Burschen, der Peter und Knipping zu Wehren im Korveischen, wollten Vogelnester suchen, der Peter aber, weil er erstaunend faul war, nachdem er ein wenig umgeschaut, legte sich unter einen Baum und schlief ein. Auf einmal war es ihm, als packte ihn einer an den Ohren, so daß er aufwachte und herumsah, aber niemand erblickte. Also legte er den Kopf wieder und schlief aufs neue ein. Da kam es zum zweiten Mal und packte ihn an den Ohren, als er aber niemand gewahr werden konnte, schlief er zum dritten Mal ein. Aber zum dritten Mal ward er wieder gezupft, da war er das Ding müde, stand auf und wollte sich einen andern Ort suchen, wo er in Ruhe liegen könnte. Auf einmal aber sah er vor sich das Fräulein von Willberg gehen, das knackte Nüsse entzwei und steckte die Schalen in die Tasche und warf die Kerne auf die Erde. Als die Nüsse zu Ende gingen, war sie verschwunden. Der Peter aber war immer hinter ihr hergegangen, hatte die Nüsse aufgelesen und gegessen. Darauf kehrte er um, suchte den Knipping und erzählte ihm alles, was er gesehen hatte. Da gingen sie nach Hause, holten noch andere zur Hilfe und fingen an, da, wo das Fräulein verschwunden war, zu graben, und kamen auf eine alte Küche, darin noch altes Kochgerät stand, endlich in einen Keller mit Tonnen voll Geld. Sie nahmen so viel, als sie tragen konnten, und wollten den andern Tag wiederkommen, aber alles war fort, und sie konnten die Stätte gar nicht wiederfinden, sie mochten suchen, wie sie wollten. Der Peter baute sich von seinem Geld ein Haus, darin er noch lebt.

79.
Das quellende Silber

Im Februar des Jahres 1605, unter dem Herzog Heinrich Julius von Braunschweig, trug sich zu, daß eine Meile Wegs von Quedlinburg, zum Tal genannt, ein armer Bauer seine Tochter in den nächsten Busch schickte, Brennholz aufzulesen. Das Mädchen nahm dazu einen Tragekorb und einen Handkorb mit, und als es beide angefüllt hatte und nach Hause gehen wollte, trat ein weiß gekleidetes Männlein zu ihm hin und fragte: „Was trägst du da?" – „Aufgelesenes Holz", antwortete das Mädchen, „zum Heizen und Kochen." – „Schütte das Holz aus", sprach weiter das Männlein, „nimm deine Körbe und folge mir; ich will dir etwas zeigen, das besser und nützlicher ist als das Holz." Nahm es dabei an der Hand, führte es zurück an einen Hügel und zeigte ihm einen Latz, etwa zweier gewöhnlicher Tische breit, lauter Silber von kleiner und großer Münze von mäßiger Dicke, darauf ein Bild, wie eine Maria gestaltet, und ringsherum ein Gepräge von uralter Schrift. Als dieses Silber in großer Menge gleichsam aus der Erde hervorquoll, entsetzte sich das Mägdlein davor und wich zurück, wollte auch nicht seinen Handkorb von Holz ausschütten. Hierauf tat es das weiße Männlein selbst, füllte ihn mit dem Geld und gab ihn dem Mägdlein und sprach: „Das wird dir besser sein als Holz." Es nahm ihn voll Bestürzung; und als das Männlein begehrte, es sollte auch seinen Tragkorb ausschütten und Silber hineinfassen, wehrte es ab und sprach: es müsse auch Holz mit heimbringen, denn es wären kleine Kinder daheim, die müßten eine warme Stube haben, und dann müßte auch Holz zum Kochen dasein. Damit war das Männlein zufrieden und sprach: „Nun, so ziehe damit hin", und verschwand darauf.

Das Mädchen brachte den Korb voll Silber nach Haus und erzählte, was ihm begegnet war. Nun liefen die Bauern haufenweis mit Hacken und anderm Gerät in das Wäldchen und wollten sich ihren Teil vom Schatz auch holen, aber niemand konnte den Ort finden, wo das Silber hervorgequollen war.

Der Fürst von Braunschweig hat sich von dem geprägten Silber ein Pfund holen lassen, so wie sich auch ein Bürger aus Halberstadt, N. Everkan, eins gelöst.

80.
Der Tannhäuser

Der edle Tannhäuser, ein deutscher Ritter, hatte viele Länder durchfahren und war auch in Frau Venus' Berg zu den schönen Frauen geraten, das große Wunder zu schauen. Und als er eine Weile darin gehaust hatte, fröhlich und guter Dinge, trieb ihn endlich sein Gewissen, wieder herauszugehen in die Welt und begehrte Urlaub. Frau Venus aber bot alles auf, um ihn wanken zu machen: sie wolle ihm eine ihrer Gespielen geben zum ehelichen Weibe, und er möge gedenken an ihren roten Mund, der lache zu allen Stunden. Tannhäuser antwortete: kein ander Weib begehre er, als die er sich in den Sinn genommen, wolle nicht ewig in der Hölle brennen und gleichgültig sei ihm ihr roter Mund, könne nicht länger bleiben, denn sein Leben wäre krank geworden. Und da wollte ihn die Teufelin in ihr Kämmerlein locken, der Minne zu pflegen, allein der edle Ritter schalt sie laut und rief die himmlische Jungfrau an, daß sie ihn scheiden lassen mußte. Reuevoll zog er die Straße nach Rom zu Papst Urban, dem wollte er alle seine Sünde beichten, damit ihm Buße aufgelegt würde und seine Seele gerettet wäre. Wie er aber beichtete, daß er auch ein ganzes Jahr bei Frauen Venus im Berg gewesen, da sprach der Papst: „Wenn dieser dürre Stecken grünen wird, den ich in der Hand halte, sollen dir deine Sünden verziehen sein, und nicht anders." Der Tannhäuser sagte: „Und hätte ich nur noch ein Jahr leben sollen auf Erden, so wollte ich solche Reue und Buße getan haben, daß sich Gott erbarmt hätte", und vor Jammer und Leid, daß ihn der Papst verdammte, zog er wieder fort aus der Stadt und von neuem in den teuflischen Berg, ewig und immerdar drinnen zu wohnen. Frau Venus aber hieß ihn willkommen, wie man einen lang anwesenden Buhlen empfängt; danach wohl auf den dritten Tag hub der Stecken an zu grünen, und der Papst sandte Botschaft in alle Land, sich zu erkundigen, wohin der edle Tannhäuser gekommen wäre. Es war aber nun zu spät, er saß im Berg und hatte sich sein Lieb erkoren, daselbst muß er nun sitzen bis zum Jüngsten Tag, wo ihn Gott vielleicht anderswohin weisen wird. Und kein Priester soll einem sündigen Menschen Mißtrost geben, sondern verzeihen, wenn er sich anbietet zu Buß und Reue.

81.
Des Rechenbergers Knecht

Es sagte im Jahre 1520 Herr Hans von Rechenberg in Beisein Sebastians Schlick und anderer viel ehrlicher und rechtlicher Leute, wie seinem Vater und ihm ein Knecht zur Zeit, da König Matthias in Ungarn gegen die Türken gestritten, treulich und wohlgedient hätte viele Jahr, so daß sie nie einen bessern Knecht gehabt. Auf eine Zeit aber ward ihm Botschaft an einen großen Herrn auszurichten vertrauet, und da Herr Hans meinte, der Knecht wäre längst hinweg, ging er von ungefähr in den Stall, da fand er den Knecht auf der Streu bei den Pferden liegen und schlafen, ward zornig und sprach, wie das käme? Der Knecht stand auf und zog einen Brief aus dem Busen, sagte: „Da ist die Antwort." Nun war der Weg ferne und unmöglich einem Menschen, daß er da sollte gewesen sein. Dabei ward der Knecht erkannt, daß es ein Geist gewesen wäre. Bald nach diesem wurde Herr Hans auf eine Zeit bedrängt von den Feinden, da hob der Knecht an: „Herr, erschrekket nicht, gebt eilends die Flucht, ich aber will zurückreiten und Kundschaft von den Feinden nehmen." Der Knecht kam wieder, klingelte und klapperte feindlich in seinen vollgepfropften Taschen. „Was hast du da?", sprach der Herr. „Ich habe allen ihren Pferden die Eisen abgebrochen und weggenommen, die bringe ich hier." Damit schüttete er die Hufeisen aus, und die Feinde konnten Herrn Hansen nicht verfolgen.

Herr Hans von Rechenberg sagte auch: Der Knecht wäre zuletzt wegkommen, niemand wüßte wohin, nachdem man ihn erkannt hätte.

Kirchhof, welcher von einem andern Edelmann, der sich aus dem Stegreif ernährt, die Sage erzählt, hat noch folgende Züge. Einmal ritt sein Herr fort und befahl ihm, ein Pferd, das ihm sehr lieb war: Er sollte dessen fleißig warten. Als der Junker weg war, führte der Knecht das Pferd auf einen hohen Turm, höher denn zehn Stufen; wie aber der Herr wiederkam, vernahm und kannte es ihn im Hineinreiten, steckte den Kopf oben im Turm zum Fenster hinaus und fing an zu schreien, daß er sich gar sehr verwunderte und es mit Stricken und Seilen mußte vom Turm herablassen.

Auf eine andere Zeit lag der Edelmann um eines Totschlags willen gefangen und rief den Knecht an, daß er ihm hülfe. Sprach der Knecht: „Obschon es schwer ist, will ich es doch tun, doch müßt ihr nicht viel mit den Händen vor mir flattern und Schirmstreich brauchen." Damit meinte er ein Kreuz vor sich machen und sich segnen. Der Edelmann sprach, er sollte nur fortfahren, er wollte sich damit recht halten. Was geschah? Er nahm ihn mit Ketten und Fesseln, führte ihn in der Luft daher; wie sich aber der Edelmann in der Höhe fürchtet und schwindelt und rief: „Hilf Gott!

Hilf! Wo bin ich!", ließ er ihn hinunter in einen Pfuhl fallen, kam heim und zeigte es der Frau an, daß sie ihn holen und heilen ließ, wie sie tat.

82.
Geisterkirche

Um das Jahr 1516 hat sich eine wunderbare, doch wahrhaftige Geschichte in St. Lorenz' Kirche und auf desselben Kirchhof zugetragen. Als eine andächtige, alte, fromme Frau, ihrer Gewohnheit nach, einstmals frühmorgens vor Tag hinaus gen St. Lorenz in die Engelmesse gehen wollte, in der Meinung, es sei die rechte Zeit, kommt sie um Mitternacht vor das obere Tor, findet es offen und geht also hinaus in die Kirche, wo sie dann einen alten, unbekannten Pfaffen die Messe vor dem Altar verrichten sieht. Viele Leute, mehrersteils unbekannte, sitzen hin und wieder in den Stühlen zu beiden Seiten, einesteils ohne Köpfe, auch unter denselben etliche, die unlängst verstorben waren, und die sie in ihrem Leben wohl gekannt hatte.

Das Weib setzt sich mit großer Furcht und Schrecken in der Stühle einen und, weil sie nichts denn verstorbene Leute, bekannte und unbekannte, sieht, vermeint, es wären der Verstorbenen Seelen; weiß auch nicht, ob sie wieder aus der Kirche gehen oder drinnen bleiben soll, weil sie viel zu früh kommen wär', und Haut und Haar ihr Berge steigen. Da geht eine aus dem Haufen, welche bei Leben, wie sie meinte, ihre Gevatterin gewesen und vor dreien Wochen gestorben war, ohne Zweifel ein guter Engel Gottes, hin zu ihr, zupfte sie bei dem Mantel, deutet ihr einen Gutenmorgen und spricht: „Ei!, liebe Gevatterin, behüte uns der allmächtige Gott, wie kommt Ihr daher? Ich bitte Euch um Gottes und seiner lieben Mutter willen, habt eben acht auf, wann der Priester wandelt oder segnet, so laufet, wie Ihr laufen könnt, und sehet Euch nur nicht um, es kostet Euch sonst Euer Leben." Darauf sie, als der Priester wandeln will, aus der Kirche geeilt, so sehr sie gekonnt, und hat hinter sich ein gewaltig Prasseln, als wann die ganze Kirche einfiele, gehöret, ist ihr auch alles Gespenst aus der Kirche nachgelaufen und hat sie noch auf dem Kirchhof erwischt, ihr auch den Mantel vom Hals gerissen, welchen sie dann hinter sich gelassen und ist also unversehrt davonkommen und entronnen.

Da sie nun wiederum zum obern Tor kommt und herein in die Stadt gehen will, findet sie es noch verschlossen, denn es ist etwa um ein Uhr nach Mitternacht gewesen: Mußt deswegen wohl bei dreien Stunden in einem Haus verharren, bis das Tor geöffnet wird, und kann hieraus vermerken, daß kein guter Geist ihr zuvor durch das Tor geholfen habe, und daß die Schweine, die sie anfangs vor dem Tor gesehen und gehört, gleich als wenn es Zeit wäre, das Vieh auszutreiben, nichts anders denn der leidige Teufel gewesen. Doch, weil es ein beherztes Weib ohnedas gewesen und sie dem Unglück entgangen, hat sie sich des Dings nicht mehr angenommen, sondern ist zu Haus gegangen und am Leben unbeschädigt blieben, obwohl sie wegen des eingenommenen Schreckens zwei Tage zu Bett hat liegen müssen. Denselben Morgen aber, da ihr solches zuhanden gestoßen, hat sie, als es nun Tag worden, auf den Kirchhof hinausgeschickt und nach ihrem Mantel, ob derselbe noch vorhanden, umsehen und suchen lassen; da ist derselbe zu kleinen Stücklein zerrissen gefunden worden, so daß auf jedem Grabe ein kleines Flecklein gelegen, darob sich die Leut, die haufenweis deswegen hinaus auf den Kirchhof liefen, nicht wenig wunderten.

Diese Geschichte ist unsern Eltern sehr wohl bekannt gewesen, da man nicht allein hier in der Stadt, sondern auch auf dem Land in den benachbarten Orten und Flecken davon zu sagen gewußt, wie dann noch heutigentags Leute gefunden werden, die es vor der Zeit von ihren Eltern gehört und vernommen haben. –

Nach mündlichen Erzählungen hat es sich in der Nacht vor dem Allerseelentag zugetragen, an welchem die Kirche feierlich das Gedächtnis der abgeschiedenen Seelen begeht. Als die Messe zu Ende ist, verschwindet plötzlich alles Volk aus der Kirche, so voll sie vorher war, und sie wird ganz leer und finster. Das Weib sucht ängstlich den Weg zur Kirchtüre, und wie sie heraustritt, schlägt die Glocke im Turm ein Uhr, und die Türe fährt mit solcher Gewalt gleich hinter ihr zu, daß ihr schwarzer Regenmantel eingeklemmt wird. Sie läßt ihn, eilt fort, und als sie am Morgen kommt, ihn zu holen, ist er zerrissen und auf jedem Grabhügel liegt ein Stücklein dessen.

83.
Geistermahl

Als König Friedrich der Dritte von Dänemark eine öffentliche Zusammenkunft nach Flensburg ausgeschrieben, trug sich zu, daß ein dazu herbeigereister Edelmann, weil er spät am Abend anlangte, in dem Gasthaus keinen Platz finden konnte. Der Wirt sagte ihm, alle Zimmer wären besetzt bis auf ein einziges großes, darin aber die Nacht zuzubringen wolle er ihm selbst nicht anraten, weil es nicht geheuer und Geister darin ihr Wesen trieben. Der Edelmann gab seinen unerschrockenen Mut lächelnd zu erkennen und sagte: Er fürchte keine Gespenster und begehre nur ein Licht, damit er, was sich etwa zeige, besser sehen könne. Der Wirt brachte ihm das Licht, welches der Edelmann auf den Tisch setzte und sich mit wachenden Augen versichern wollte, daß Geister nicht zu sehen wären. Die Nacht war noch nicht halb herum, als es anfing, im Zimmer hier und dort sich zu regen und rühren und bald ein Rascheln über das andere sich hören ließ. Er hatte anfangs Mut, sich wider den anschauernden Schrecken festzuhalten, bald aber, als das Geräusch immer wuchs, ward die Furcht Meister, so daß er zu zittern anfing, er mochte widerstreben, wie er wollte. Nach diesem Vorspiel von Getöse und Getümmel kam durch einen Kamin, welcher im Zimmer war, das Bein eines Menschen herabgefallen, bald auch ein Arm, dann Leib, Brust und alle Glieder, zuletzt, wie nichts mehr fehlte, der Kopf. Alsbald setzten sich die Teile nach ihrer Ordnung zusammen, und ganz menschlicher Leib, einem Hofdiener ähnlich, hob sich auf. Jetzt fielen immer mehr und mehr Glieder herab, die sich schnell zu menschlicher Gestalt vereinigten, bis endlich die Türe des Zimmers aufging, und der helle Haufen eines völligen königlichen Hofstaats eintrat.

Der Edelmann, der bisher wie erstarrt am Tisch gestanden, als er sah, daß der Zug sich näherte, eilte zitternd in einen Winkel des Zimmers; zur Tür hinaus konnte er vor dem Zuge nicht.

Er sah nun, wie mit ganz unglaublicher Behendigkeit die Geister eine Tafel deckten, alsbald köstliche Gerichte herbeitrugen und silberne und goldene Becher aufsetzten. Wie das geschehen war, kam einer zu ihm gegangen und begehrte, er solle sich als ein Gast und Fremdling zu ihnen mit an die Tafel setzen und mit ihrer Bewirtung vorlieb nehmen. Als er sich weigerte, ward ihm ein großer silberner Becher dargereicht, daraus Bescheid zu tun. Der Edelmann, der vor Bestürzung sich nicht zu fassen wußte, nahm den Becher, und es schien auch, als würde man ihn sonst dazu nötigen, aber als er ihn ansetzte, kam ihn ein so innerliches, Mark und Bein durchdringendes Grausen an, daß er Gott um Schutz und Schirm laut anrief. Kaum hatte er das Gebet gesprochen, so war in einem Augenblick alle Pracht, Lärm und das ganze glänzende Mahl mit den herrlich scheinenden stolzen Geistern verschwunden.

Indessen blieb der silberne Becher in seiner Hand, und wenn auch alle Speisen verschwunden waren, blieb doch das silberne Geschirr auf der Tafel stehen, auch das eine Licht, das der Wirt ihm gebracht. Der Edelmann freute sich und glaubte, das alles sei ihm gewonnenes Eigentum, allein der Wirt tat Einspruch, bis es dem König zu Ohren kam, welcher erklärte, daß das Silber ihm anheimgefallen wäre und es zu seinen Händen nehmen ließ. Woher es gekommen, hat man nicht erfahren können, indem auch nicht, wie gewöhnlich, Wappen und Namen eingegraben war.

84.
Der Hülfenberg

Eine Stunde von Wanfried auf der Eichsfeldischen Grenze liegt der Hülfenberg, auf diesen Berg befahl der heilige Bonifaz eine Kapelle zu bauen. Unter dem Bauen kam nun oft ein Mann gegangen, der fragte: Was es denn geben sollte? Die Zimmerleute antworteten immer: „Ei, eine Scheuer soll es geben." Da ging er wieder seiner Wege. Zuletzt aber wurde die Kirche immer mehr fertig und der Altar aufgebaut und das Kreuz glücklich gesteckt. Wie nun der böse Feind wiederkam und das alles sehen müßte, ergrimmte er und fuhr aus, ob durch den Giebel; und das Loch, das er da gemacht, ist auch bis auf den heutigen Tag zu sehen und kann nimmer zugebaut werden. Auch ist er inwendig in den Berg gefahren und suchte die Kirche zu zertrümmern, es war aber eitel und vergebens. Es soll noch ein dem Abgott heiliger Eichenbaum in die Kapelle miteingemauert sein. Das Loch, worin er verschwand, nennt man das Stuffensloch (wie den ganzen Berg auch Stuffensberg), und es soll zuzeiten daraus dampfen und Nebel aufsteigen. Von dieser Kapelle wird weiter erzählt: Sie sei einer Heiligen geweiht, rühre ein Kranker deren Gewand an, so genese er zur Stunde. Diese Heilige aber wäre vordem eine wunderschöne Prinzessin Wilgefortis gewesen, in die sich ihr eigener Bruder verliebt. In der Not hätte sie aber zu Gott im Himmel um Beistand gebetet, da wäre ihr plötzlich ein Bart gewachsen und ihre irdische Schönheit zu Ende gegangen.

85.
Das Teufelsloch zu Goslar

In der Kirchenmauer zu Goslar sieht man einen Spalt und erzählt davon so: Der Bischof von Hildesheim und der Abt von Fulda hatten einmal einen heftigen Rangstreit, jeder wollte in der Kirche neben dem Kaiser sitzen, und der Bischof behauptete den ersten Weihnachtstag die Ehrenstelle. Da bestellte der Abt heimlich bewaffnete Männer in die Kirche, die sollten ihn den morgenden Tag mit Gewalt in Besitz seines Rechtes setzen. Dem Bischof wurde das aber verkundschaftet, und er ordnete sich auch gewappnete Männer hin. Tags drauf erneuerten sie den Rangstreit, erst mit Worten, dann mit der Tat, die gewaffneten Ritter traten hervor und fochten; die Kirche hinaus auf den Gottesacker. Drei Tage dauerte der Streit, und während des Kampfes stieß der Teufel ein Loch in die Wand und stellte sich den Kämpfern dar. Er entflammte sie zum Zorn, und von den gefallenen Helden holte er manche Seel ab. Solang der Kampf währte, blieb der Teufel auch da, hernach verschwand er wieder, als nichts mehr für ihn zu tun war. Man versuchte hernach nochmals, das Loch in der Kirche wieder zuzumauern, und das gelang bis auf den letzten Stein; sobald man diesen einsetzte, fiel alles wieder ein und das Loch stand ganz offen da. Man besprach und besprengte es vergebens mit Weihwasser; endlich wandte man sich an den Herzog von Braunschweig und erbat sich dessen Baumeister. Diese Baumeister mauerten eine schwarze Katze mit ein, und beim Einsetzen des letzten Steins bedienten sie sich der Worte: „Willst du nicht sitzen in Gottes Namen, so sitz' in des Teufels Namen!" Diese wirkte und der Teufel verhielt sich ruhig, bloß bekam in der folgenden Nacht die Mauer eine Ritze, die noch zu sehen ist bis auf den heutigen Tag.

Nach Aug. Lercheimer von der Zauberei sollen der Bischof und der Abt darüber gestritten haben, wer dem Erzbischof von Mainz zunächst sitzen dürfe. Nachdem der Streit gestillet war, habe man in der Messe ausgesungen: „Hunc diem gloriosum fecisti." Da fiel der Teufel unterm Gewölb mit grober, lauter Stimme ein und sang: „Hunc diem bellicosum ego feci."

86.
Die Teufelsmühle

Auf dem Gipfel des Rammberges liegen teils zerstreute, teils geschichtete Granitblöcke, welche man des Teufels Mühle heißt. Ein Müller hatte sich am Abhang des Bergs eine Windmühle erbaut, der es aber zuweilen an Wind fehlte. Da wünschte er sich oft eine, die oben auf dem Berggipfel stünde und beständig im Gang bliebe. Menschenhänden war sie aber unmöglich zu erbauen. Weil der Müller keine Ruh darüber hatte, erschien ihm der Teufel, und sie verhandelten lange miteinander. Endlich verschrieb ihm der Müller seine Seele gegen dreißig Jahre langes Leben und eine tadelfreie Mühle von sechs Gängen auf dem Gipfel des Rammberges, die aber in der nächstfolgenden Nacht vor Hahnenschrei fix und fertig gebaut sein müßte. Der Teufel hielt sein Wort und holte nach Mitternacht den Müller ab, daß er die fertige Mühle besichtigen und übernehmen wolle. Der Müller fand alles in vollkommener Ordnung und war zitternd bereit, sie zu übernehmen, als er eben noch entdeckte, daß einer von den unentbehrlichen Steinen fehlte. Der Teufel gestand den Mangel und wollte ihn augenblicklich ersetzen. Und schon schwebte er durch die Lüfte mit dem Stein, da krähte der Hahn auf der unteren Mühle. Wütend faßte der böse Feind das Gebäude, riß Flügel, Räder und Wellen herab und streute sie weit umher. Dann schleuderte er auch die Felsen, daß sie den Rammberg bedeckten. Nur ein kleiner Teil der Grundlage blieb stehen zum Angedenken seiner Mühle.

87.
Der Wolf und der Tannenzapf

Zu Aachen im Dom zeigt man an dem einen Flügel des ehernen Kirchentors einen Spalt und das Bild eines Wolfs nebst einem Tannenzapfen, beide gleichfalls aus Erz gegossen. Die Sage davon lautet: Vor Zeiten, als man diese Kirche zu bauen angefangen, habe man mitten im Werk einhalten müssen aus Mangel an Geld. Nachdem nun die Trümmer eine Weile so dagestanden, sei der Teufel zu den Ratsherren gekommen, mit dem Erbieten, das benötigte Geld zu geben unter der Bedingung, daß die erste Seele, die bei der Einweihung der Kirche in die Türe hineinträte, sein eigen würde. Der Rat habe lang gezaudert, endlich doch eingewilligt und versprochen, den Inhalt der Bedingung geheimzuhalten. Darauf sei mit dem Höllengeld das Gotteshaus herrlich ausgebaut, inmittels aber auch das Geheimnis ruchbar geworden. Niemand wollte also die Kirche zuerst betreten und man sann endlich eine List aus. Man fing einen Wolf im Wald, trug ihn zum Haupttor der Kirche und an dem Festtag, als die Glocken zu läuten anhuben, ließ man ihn los und hineinlaufen. Wie ein Sturmwind fuhr der Teufel hinterdrein und erwischte das, was ihm nach dem Vertrag gehörte. Als er aber merkte, daß er betrogen war und man ihm eine bloße Wolfsseele geliefert hatte, erzürnte er und warf das eherne Tor so gewaltig zu, daß der eine Flügel sprang und den Spalt bis auf den heutigen Tag behalten hat. Zum Andenken goß man den Wolf und seine Seele, die dem Tannenzapf ähnlich sein soll. Die Franzosen hatten beide Altertümer nach Paris geschleppt, 1815 wurden sie zurückgegeben und zu beiden Seiten der Türe auf Postamenten wieder hingestellt. Der Wolf hat aber ein Paar Pfoten verloren. – Andere erzählen es von einer sündhaften Frau, die man für das Wohl der ganzen Stadt dem Teufel geopfert habe und erklären die Frucht durch eine Artischocke, welche der Frauen arme Seele bedeuten soll.

88.
Die Felsenbrücke

Ein Hirt wollte abends spät seine Geliebte besuchen, und der Weg führte ihn über die Visper, da wo sie in einer tiefen Felsenschlucht rauscht, worüber nur eine schmale Bretterbrücke hängt. Da sah er, der Schildbube, was ihm sonst niemals widerfahren war, einen Haufen schwarze Kohlen mitten auf der Brücke liegen, daß sie den Weg versperrten; ihm war dabei nicht recht zumute, doch faßte er sich ein Herz und tat einen tüchtigen Sprung über den tiefen Abgrund von dem einen Ende glücklich bis zu dem andern. Der Teufel, der aus dem Dampf des zerstobenen Kohlenhaufens auffuhr, rief ihm nach: „Das war dir geraten, denn wärst du zurückgetreten, hätte ich dir den Hals umgedreht, und wärst du auf die Kohlen getreten, so hättest du unter ihnen versinken müssen." Zum Glück hatte der Hirt, trotz der Gedanken an seine Geliebte, nicht unterlassen, vor dem Kapellchen der Mutter Gottes hinter St. Niklas, an dem er vorbeikam, wie immer sein Ave zu beten.

89.
Der Dom zu Köln

Als der Bau des Doms zu Köln begann, wollte man gerade auch eine Wasserleitung ausführen. Da vermaß sich der Baumeister und sprach: „Eher soll das große Münster vollendet sein als der geringe Wasserbau!" Das sprach er, weil er allein wußte, wo zu diesem die Quelle sprang und er das Geheimnis niemandem als seiner Frau entdeckt, ihr aber zugleich bei Leib und Leben geboten hatte, es wohl zu bewahren. Der Bau des Doms fing an und hatte guten Fortgang, aber die Wasserleitung konnte nicht angefangen werden, weil der Meister vergeblich die Quelle suchte. Als dessen Frau nun sah, wie er sich darüber grämte, versprach sie ihm Hilfe, ging zu der Frau des andern Baumeisters und lockte ihr durch List endlich das Geheimnis heraus, wonach die Quelle gerade unter dem Turm des Münsters sprang; ja, jene bezeichnete selbst den Stein, der sie zudeckte. Nun war ihrem Manne geholfen; folgenden Tags ging er zu dem Stein, klopfte darauf und sogleich drang das Wasser hervor.

Als der Baumeister sein Geheimnis verraten sah und mit seinem stolzen Versprechen zuschanden werden mußte, weil die Wasserleitung ohne Zweifel nun in kurzer Zeit zustandekam, verfluchte er zornig den Bau, daß er nimmermehr sollte vollendet werden und starb darauf vor Traurigkeit. Hat man fortbauen wollen, so war, was an einem Tag zusammengebracht und aufgemauert stand, am andern Morgen eingefallen und wenn es noch so gut eingefügt war und aufs Festeste haftete, so daß von nun an kein einziger Stein mehr hinzugekommen ist.

Andere erzählen abweichend. Der Teufel war neidisch auf das stolze und heilige Werk, das Herr Gerhard, der Baumeister, erfunden und begonnen hatte. Um doch nicht ganz leer dabei auszugehen oder gar die Vollendung des Doms noch zu verhindern, ging er mit Herrn Gerhard die Wette ein: Er wolle eher einen Bach von Tier nach Köln bis an den Dom geleitet, als Herr Gerhard seinen Bau vollendet haben; doch müsse ihm, wenn er gewänne, des Meisters Seele gehören. Herr Gerhard war nicht säumig, aber der Teufel kann teufelsschnell arbeiten. Eines Tages stieg der Meister auf den Turm, der schon so hoch war, als er noch heutzutage ist, und das erste, was er von oben herab gewahrte, waren Enten, die schnatternd von dem Bach, den der Teufel herbeigeleitet hatte, aufflogen. Da sprach der Meister in grimmem Zorn: „Zwar hast du, Teufel, mich gewonnen, doch sollst du mich nicht lebendig haben!" So sprach er und stürzte sich Hals über Kopf den Turm herunter, in Gestalt eines Hundes sprang schnell der Teufel hintennach, wie beides in Stein gehauen noch werklich am Turme zu schauen ist. Auch soll, wenn man sich mit dem Ohr auf die Erde legt, noch heute der Bach zu hören sein, wie er unter dem Dome wegfließt.

90.
Der Teufel führt die Braut fort

In Sachsen hatte eine reiche Jungfrau einem schönen, aber armen Jüngling die Ehe verheißen. Dieser, weil er sah, was kommen würde, da sie reich und nach ihrer Art wankelmütig war, sprach zu ihr, sie werde ihm nicht Glauben halten. Sie fing an sich zu verschwören mit diesen Worten: „Wenn ich einen andern denn dich nehme, so hole mich der Teufel auf der Hochzeit!" Was geschieht? Nach geringer Zeit wird sie anderes Sinnes und verspricht sich einem andern mit Verachtung des ersten Bräutigams, welcher sie ein- oder etliche Male der Verheißung und des großen Schwurs erinnerte. Aber sie schlug alles in den Wind, verließ den ersten und hielt Hochzeit mit dem andern.

Am hochzeitlichen Tage, als die Verwandten, Freunde und Gäste fröhlich waren, ward die Braut, da ihr das Gewissen aufwachte, trauriger, als sie sonst zu sein pflegte. Endlich kommen zwei Edelleute in das Brauthaus geritten, werden als fremde, geladene Gäste empfangen und zu Tisch geführt. Nach Essenszeit wird dem einen von Ehren wegen, als einem Fremden, der Vorreigen mit der Braut gebracht, mit welcher er einen Reihen oder zwei tät und sie endlich vor ihren Eltern und Freunden mit großem Seufzen und Heulen zur Tür hinaus in die Luft führte.

Des andern Tages suchten die betrübten Eltern und Freunde die Braut, daß sie sie, wo sie etwa herabgefallen, begraben möchten. Siehe!, da begegneten ihnen eben die Gesellen und brachten die Kleider und Kleinode wieder mit diesen Worten: „Über diese Dinge hatten wir von Gott keine Gewalt empfangen, sondern über die Braut."

91.
Der Teufel als Fürsprecher

In der Mark geschah es, daß ein Landsknecht seinem Wirt Geld aufzuheben gab, und als es er wiederforderte, dieser etwas empfangen zu haben ableugnete. Da der Landsknecht darüber mit ihm uneins ward und das Haus stürmte, ließ ihn der Wirt gefänglich einziehen und wollte ihn übertäuben, damit er das Geld behielte. Er klagte daher den Landsknecht zu Haut und Haar, zu Hals und Bauch an als einen, der ihm seinen Hausfrieden gebrochen hätte. Da kam der Teufel zu ihm ins Gefängnis und sprach: „Morgen wird man dich vor Gericht führen und dir den Kopf abschlagen, darum daß du den Hausfrieden gebrochen hast; willst du mein sein mit Leib und Seel', so will ich dir davonhelfen." Aber der Landsknecht wollte nicht. Da sprach der Teufel: „So tue ihm also: Wann du vor

Gericht kommst und man dich hart anklagt, so beruhe darauf, daß du dem Wirt das Geld gegeben, und sprich, du seiest übel beredt, man wolle dir vergönnen, einen Fürsprecher zu haben, der dir das Wort rede. Alsdann will ich nicht weit stehen in einem blauen Hut mit weißer Feder und dir deine Sache führen." Dies geschah also; aber da der Wirt hartnäckig leugnete, so sagte des Landknechts Anwalt im blauen Hut: „Lieber Wirt, wie magst du es doch leugnen! Das Geld liegt in deinem Bette unter dem Hauptpfühl: Richter und Schöffen, schicket hin, so werdet ihr es befinden." Da verschwur sich der Wirt und sprach: „Hab' ich das Gold empfangen, so führe mich der Teufel hinweg!" Als nun das Geld gefunden und gebracht war, sprach der im blauen Hütlein mit weißer Feder: „Ich wußte wohl, ich sollte einen davon haben, entweder den Wirt oder den Gast"; drehte damit dem Wirt den Kopf um und führte ihn in der Luft davon.

92.
Der Werwolf

Ein Soldat erzählte folgende Geschichte, die seinem eigenen Großvater begegnet sein soll. Dieser, sein Großvater, sei einmal zu Wald Holz hauen gegangen, mit einem Gevatter und noch einem Dritten, welchen dritten man immer im Verdacht gehabt, daß es nicht ganz richtig mit ihm gewesen; doch so hätte man nichts Gewisses davon zu sagen gewußt. Nun hätten die dreie ihre Arbeit getan und wären müde geworden, worauf dieser dritte vorgeschlagen, ob sie nicht ein bißchen ausschlafen wollten. Das sei dann nun so geschehen: Jeder hätte sich nieder an den Boden gelegt; er, der Großvater, aber nur so getan, als schlief er, und die Augen ein wenig aufgemacht. Da hätte der Dritte erst recht um sich gesehen, ob die andern auch schliefen, und als er solches geglaubt, auf einmal der Gürtel abgeworfen und wäre ein Werwolf gewesen, doch sehe ein solcher Werwolf nicht ganz aus wie ein natürlicher Wolf, sondern etwas anders. Darauf wäre er weggelaufen zu einer nahen Wiese, wo gerade ein jung Füllen gegraset, das hätte er angefallen und gefressen mit Haut und Haar. Hernach wäre er zurückgekommen, hätte den Gürtel wieder umgetan und nun, wie vor, in menschlicher Gestalt dargelegen. Nach einer kleinen Weile, als sie alle zusammen aufgestanden, wären sie heim nach der Stadt gegangen, und wie sie eben am Schlagbaum gewesen, hätte jener Dritte über Magenweh geklagt. Da hätte ihm der Großvater heimlich ins Ohr geraunt: „Das will ich wohl glauben, wenn man ein Pferd mit Haut und Haar in den Leib gegessen hat." – jener aber geantwortet: „Hättest du mir das im Wald gesagt, so solltest du es jetzt nicht mehr sagen."

Ein Weib hatte die Gestalt eines Werwolfes angenommen und war also einem Schäfer, den sie gehaßt, in die Herde gefallen und hatte ihm großen Schaden getan. Der Schäfer aber verwundete den Wolf durch einen Beilwurf in die Hüfte, so daß er in ein Gebüsch kroch. Da ging der Schäfer ihm nach und gedachte ihn ganz zu überwältigen, aber er fand ein Weib, beschäftigt, mit einem abgerissenen Stück ihres Kleides das aus der Wunde strömende Blut zu stillen.

Zu Lüttich wurden im Jahr 1610 zwei Zauberer hingerichtet, weil sie sich in Werwölfe verwandelt und viel Kinder getötet. Sie hatten einen Knaben bei sich von zwölf Jahren, welchen der Teufel zum Raben machte, wenn sie Raub zerrissen und gefressen.

93.
Der Krötenstuhl

Auf Rotweiler, einer elsässischen Burg im Wasgau, lebte vor alten Zeiten die schöne Tochter eines Herzogs, die aber so stolz war, daß sie keinen ihrer vielen Freier gut genug fand und viele umsonst das Leben verlieren mußten. Zur Strafe wurde sie dafür verwünscht und muß so lang auf einem öden Felsen hausen, bis sie erlöst wird. Nur einmal die Woche, nämlich den Freitag, darf sie sichtbar erscheinen, aber einmal in Gestalt einer Schlange, das zweite Mal als Kröte und das dritte Mal als Jungfrau in ihrer natürlichen Art. Jeden Freitag wäscht sie sich auf dem Felsen, der noch heutigentags der Krötenstuhl heißt, an einem Quellborn und sieht sich dabei in die Weite um, ob niemand nahe, der sie erlöse. Wer das Wagstück unternehmen will, der findet oben auf dem Krötenstuhl eine Muschel mit drei Wahrzeichen: einer Schlangenschuppe, einem Stück Krötenhaut und einer gelben Haarlocke. Diese drei Dinge bei sich tragend, muß er einen Freitag Mittag in die wüste Burg steigen, warten, bis sie sich zu waschen kommt, und sie drei Wochen hintereinander in jeder ihrer Erscheinungen auf den Mund küssen, ohne zu entfliehen. Wer das aushält, bringt sie zur Ruhe und empfängt alle ihre Schätze. Mancher hat schon die Merkzeichen gefunden und sich in die Trümmer der alten Burg gewagt, und viele sind vor Furcht und Greuel umgekommen. Einmal hatte ein kühner Bursch schon den Mund der Schlange berührt und wollte auf die andere Erscheinung warten, da ergriff ihn Entsetzen und er rannte bergab; zornig und raschelnd verfolgte sie ihn als Kröte bis auf den Krötenstuhl. Sie bleibt übrigens die Länge der Zeit hindurch wie sie war und altert nimmer. Als Schlange ist sie am gräßlichsten und nach dem Spruch des Volkes „groß wie ein Heubaum, als Krott groß wie ein Bachofen, und da spaucht sie Feuer."

94.
Die Wiesenjungfrau

Ein Bube von Auerbach an der Bergstraße hütete seines Vaters Kühe auf der schmalen Talwiese, von der man das alte Schloß sehen kann. Da schlug ihn auf einmal von hinterher eine weiche Hand sanft an den Backen, daß er sich umdrehte, und siehe, eine wunderschöne Jungfrau stand vor ihm, von Kopf zu den Füßen weiß gekleidet und wollte eben den Mund auftun, ihn anzureden. Aber der Bub erschrak wie vor dem Teufel selbst und nahm das Reißaus ins Dorf hinein. Weil indessen sein Vater bloß die eine Wiese hatte, mußte er die Kühe immer wieder zu derselben Weide treiben, er mochte wollen oder nicht. Es währte lange Zeit und der Junge hatte die Erscheinung bald vergessen, da raschelte etwas in den Blättern an einem schwülen Sommertag, und er sah eine kleine Schlange kriechen, die trug eine blaue Blume in ihrem Mund und fing plötzlich zu sprechen an: „Hör', guter Junge, du könntest mich erlösen, wenn du diese Blume nähmest, die ich trage, und die ein Schlüssel ist zu meinem Kämmerlein droben im Schloß, da würdest du Geldes die Fülle finden." Aber der Hirtenbub erschrak, da er sie reden hörte, und lief wieder nach Haus. Und an einem der letzten Herbsttage hütete er wieder auf der Wiese, da zeigte sie sich zum dritten Mal in der Gestalt der ersten weißen Jungfrau und gab ihm wieder einen Backstreich, bat auch flehentlich, er möchte sie doch erlösen, wozu sie ihm alle Mittel und Wege angab. All ihr Bitten war für nichts und wieder nichts, denn die Furcht überwältigte den Buben, daß er sich kreuzte und segnete, und wollte nichts mit dem Gespenst zu tun haben. Da holte die Jungfrau einen tiefen Seufzer und sprach: „Weh, daß ich mein Vertrauen auf dich gesetzt habe; nun muß ich neuerdings harren und warten, bis auf der Wiese ein Kirschenbaum wachsen und aus des Kirschenbaums Holz eine Wiege gemacht sein wird. Nur das Kind, das in der Wiege zuerst gewiegt werden wird, kann mich dereinst erlösen." Darauf verschwand sie, und der Bub, heißt es, sei nicht gar alt geworden; woran er gestorben, weiß man nicht.

95.
Die Schlangenkönigin

Ein Hirtenmädchen fand oben auf dem Fels eine kranke Schlange liegen, die wollte verschmachten. Da reichte es ihr mitleidig seinen Milchkrug, die Schlange leckte begierig und kam sichtbar zu Kräften. Das Mädchen ging weg, und bald darauf geschah es, daß ihr Liebhaber um sie warb, allein ihrem reichen, stolzen Vater zu arm war und spöttisch abgewiesen wurde, bis er auch einmal so viel Herden besäße wie der alte Hirt. Von der Zeit an hatte der alte Hirt kein Glück mehr, sondern lauter Unfall; man wollte des Nachts einen feurigen Drachen über seinen Fluren sehen, und sein Gut verdarb. Der arme Jüngling war nun ebenso reich und warb nochmals um seine Geliebte, die wurde ihm jetzt zuteil. An dem Hochzeitstag trat eine Schlange ins Zimmer, auf deren gewundenem Schweif eine schöne Jungfrau saß, die sprach, daß sie es wäre, der einstmal die gute Hirtin in der Hungersnot ihre Milch gegeben, und aus Dankbarkeit nahm sie ihre glänzende Krone vom Haupt ab und warf sie der Braut in den Schoß. Sodann verschwand sie, aber die jungen Leute hatten großen Segen in ihrer Wirtschaft und wurden bald wohlhabend.

96.
Des Teufels Hut

Nicht weit von Altenburg bei dem Dorfe Ehrenberg liegt ein mächtiger Stein, so groß und schwer, daß ihn hundert Pferde nicht fortziehen würden. Vor Zeiten trieb der Teufel sein Spiel damit, indem er ihn auf den Kopf sich legte, damit herumging und ihn als einen Hut trug. Einmal sprach er in Stolz und Hochmut: „Wer kann wie ich diesen Stein tragen? Selbst der ihn erschaffen, vermag es nicht und läßt ihn liegen, wo er liegt!" Da erschien Christus der Herr, nahm den Stein und trug ihn daran. Beschämt und gedemütigt wich der Teufel und ließ sich nie wieder an diesem Orte erblicken. Und noch heute sieht man in dem Stein den Eindruck von des Teufels Haut und von des Herrn Finger.

97.
Der Erdfall bei Hochstädt

Im brandenburgischen Amt Klettenberg gegen den Unterharz, unfern des Dorfs Hochstädt, sieht man einen See und einen Erdfall, von dem die Einwohner folgende Sage haben: In vorigen Zeiten sei an der Stelle des Sees eine Grasweide gewesen. Da hüteten etliche Pferdejungen ihr Vieh und als die andern sahen, daß einer unter ihnen Weißbrot aß, bekamen sie auch Lust, davon zu genießen und forderten es dem Jungen ab. Dieser wollte ihnen aber nichts mitteilen, denn er bedürfe es zur Stillung seines eigenen Hungers. Darüber erzürnten sie, fluchten ihren Herren daß sie ihnen bloß gemeines Schwarz–Hausbackenbrot gäben, warfen ihr Brot frevelhaft zur Erde, traten es mit Füßen und geißelten es mit ihren Peitschen. Alsbald kam Blut aus dem Brot geflossen, da erschraken die Knechte, wußten nicht, wohin sich wenden; der unschuldige aber (den, wie einige hinzufügen, ein alter unbekannter, dazukommender Mann gewarnt haben soll) schwang sich zu Pferd und entfloh dem Verderben. Zu spät wollten die andern nachfolgen, sie konnten nicht mehr von der Stelle, und plötzlich ging der ganze Platz unter. Die bösen Buben samt ihren Pferden wurden tief in die Erde verschlungen, und nichts von ihnen kam je wieder ans

Tageslicht. Andere erzählen anders. Auch sollen aus dem See
Pflanzen mit Blättern wie Hufeisen, wachsen.

98.

Der Frauensand

Westlich im Südersee wachsen mitten aus dem Meer Gräser und
Halme hervor an der Stelle, wo die Kirchtürme und stolzen Häuser
der vormaligen Stadt Stavoren in tiefer Flut begraben liegen. Der
Reichtum hatte ihre Bewohner ruchlos gemacht, und als das Maß
ihrer Übeltaten erfüllt war, gingen sie bald zugrunde. Fischer und
Schiffer am Strand des Südersees haben die Sage von Mund zu
Mund fortbewahret.

Die Vermögendste aller Insassen der Stadt Stavoren war eine
sichere Jungfrau, deren Namen man nicht mehr nennt. Stolz auf ihr
Geld und Gut, hart gegen die Menschen, strebte sie bloß, ihre
Schätze immer noch zu vermehren. Flüche und gotteslästerliche
Reden hörte man viel aus ihrem Munde. Auch die übrigen Bürger
dieser unmäßig reichen Stadt, zu deren Zeit man Amsterdam noch
nicht nannte und Rotterdam ein kleines Dorf war, hatten den Weg
der Tugend verlassen.

Eines Tages rief diese Jungfrau ihren Schiffmeister und befahl
ihm auszufahren und eine Ladung des Edelsten und Besten
mitzubringen, was auf der Welt wäre. Vergebens forderte der
Seemann, gewohnt an pünktliche und bestimmte Aufträge, nähere
Weisung; die Jungfrau bestand zornig auf ihrem Wort und hieß ihn
alsbald in die See stechen. Der Schiffmeister fuhr unschlüssig und
unsicher ab, er wußte nicht, wie er dem Geheiß seiner Frau, deren
bösen, strengen Sinn er wohl kannte, nachkommen möchte, und
überlegte hin und her, was zu tun. Endlich dachte er: ich will ihr
eine Ladung des köstlichsten Weizen bringen; was ist Schöneres
und Edleres zu finden auf Erden, als dies herrliche Korn, dessen
kein Mensch entbehren kann? Also steuerte er nach Danzig,
befrachtete sein Schiff mit ausgesuchtem Weizen und kehrte
alsdann, immer noch unruhig und furchtsam vor dem Ausgang,
wieder in seine Heimat zurück. „Wie, Schiffmeister", rief ihm die
Jungfrau entgegen, „du bist schon hier? Ich glaubte dich an der

Küste von Afrika, um Gold und Elfenbein zu handeln; laß sehen, was du geladen hast." Zögernd, denn an ihren Reden sah er schon, wie wenig sein Einkauf ihr behagen würde, antwortete er: „Meine Frau, ich führe Euch zu den köstlichsten Weizen, der auf dem ganzen Erdreich mag gefunden werden." – „Weizen", sprach sie, „so elendes Zeug bringst du mir?" – „Ich dachte, das wäre so elend nicht, was uns unser tägliches und gesundes Brot gibt." – „Ich will dir zeigen, wie verächtlich mir deine Ladung ist; von welcher Seite ist das Schiff geladen?" – „Von der rechten Seite", sprach der Schiffmeister. – „Wohlan, so befehl ich dir, daß du zur Stunde die ganze Ladung auf der linken Seite in die See schüttest; ich komme selbst hin und sehe, ob mein Befehl erfüllt worden."

Der Seemann zauderte, einen Befehl auszuführen, der sich so greulich an der Gabe Gottes versündigte, und berief in Eile alle armen und dürftigen Leute aus der Stadt an die Stelle, wo das Schiff lag, durch deren Anblick er seine Herrin zu bewegen hoffte. Sie kam und frug: „Wie ist mein Befehl ausgerichtet?" Da fiel eine Schar von Armen auf die Knie vor ihr und bat, daß sie ihnen das Korn austeilen möchte, lieber als es vom Meer verschlingen zu lassen. Aber das Herz der Jungfrau war hart wie Stein, und sie erneuerte den Befehl, die ganze Ladung schleunig über Bord zu werfen. Da bezwang sich der Schiffmeister länger nicht und rief laut: „Nein, diese Bosheit kann Gott nicht ungerächt lassen, wenn es wahr ist, daß der Himmel das Gute lohnt und das Böse straft; ein Tag wird kommen, wo Ihr gerne die edlen Körner, die Ihr so verspielt, eins nach dem andern auflesen möchtet, Euren Hunger damit zu stillen!" – „Wie!", rief sie mit höllischem Gelächter, „ich soll dürftig werden können? Ich soll in Armut und Brotmangel fallen? So wahr das geschieht, so wahr sollen auch meine Augen diesen Ring wiedererblicken, den ich hier in die Tief der See werfe." Bei diesem Wort zog sie einen kostbaren Ring vom Finger und warf ihn in die Wellen. Die ganze Ladung des Schiffes und aller Weizen, der darauf war, wurde also in die See ausgeschüttet.

Was geschieht? Einige Tage darauf ging die Magd dieser Frauen zu Markt, kaufte einen Schellfisch und wollte ihn in der Küche zurichten; als sie ihn aufschnitt, fand sie darin einen kostbaren Ring und zeigte ihn ihren Frauen. Wie ihn die Meisterin sah, erkannte sie ihn sogleich für ihren Ring, den sie neulich ins Meer geworfen hatte, erbleichte und fühlte die Vorboten der Strafe in ihrem Gewissen. Wie groß war aber ihr Schrecken, als in demselben Augenblick die Botschaft eintraf, ihre ganze aus Morgenland kommende Flotte wäre gestrandet! Wenige Tage darauf kam die neue Zeitung von untergegangenen Schiffen, worauf sie noch reiche Ladungen hatte. Ein anderes Schiff raubten ihr die Mohren und Türken; der Fall einiger Kaufhäuser, worin sie verwickelt war, vollendete bald ihr Unglück, und kaum war ein Jahr verflossen, so erfüllte sich die schreckliche Drohung des Schiffmeisters in allen Stücken. Arm und von keinem betrauert, von vielen verhöhnt, sank sie je länger, je mehr in Not und Elend, hungrig bettelte sie Brot vor den Türen und bekam oft keinen Bissen, endlich verkümmerte sie und starb verzweifelt.

Der Weizen aber, der in das Meer geschüttet worden war, sproß und wuchs das folgende Jahr, doch trug er taube Ähren. Niemand achtete das Warnungszeichen; allein die Ruchlosigkeit von Stavoren nahm von Jahr zu Jahr überhand, da zog Gott der Herr seine schirmende Hand ab von der bösen Stadt. Auf eine Zeit schöpfte man Hering und Butt aus den Ziehbrunnen, und in der Nacht öffnete sich die See und verschlang mehr als drei Viertel der Stadt in rauschender Flut. Noch beinah jedes Jahr versinken einige Hütten der Insassen, und es ist seit der Zeit kein Segen und kein wohlhabender Mann in Stavoren zu finden. Noch immer wächst jährlich an derselben Stelle ein Gras aus dem Wasser, das kein Kräuterkenner kennt, das keine Blüte trägt und sonst nirgends mehr auf Erden gefunden wird. Der Halm treibt lang und hoch, die Ähre gleicht der Weizenähre, ist aber taub und ohne Körner. Die Sandbank, worauf es grünt, liegt entlang der Stadt Stavoren und trägt keinen andern Namen als den des Frauensandes.

99.
Der Binger Mäuseturm

Zu Bingen ragt mitten aus dem Rhein ein hoher Turm, von dem nachfolgende Sage umgeht. Im Jahr 974 ward große Teuerung in Deutschland, daß die Menschen aus Not Katzen und Hunde aßen und doch viel Leute Hungers starben. Da war ein Bischof zu Mainz, der hieß Hatto, der andere, ein Geizhals, dachte nur daran, seinen Schatz zu mehren, und sah zu, wie die armen Leute auf der Gasse niederfielen und bei Haufen zu den Brotbänken liefen und das Brot nahmen mit Gewalt. Aber kein Erbarmen kam in den Bischof, sondern er sprach: „Lasset alle Arme und Dürftige sammeln in einer Scheune vor der Stadt, ich will sie speisen." Und wie sie in die Scheune gegangen waren, schloß er die Türe zu, steckte mit Feuer an und verbrannte die Scheune samt den armen Leuten, jung und alt, Mann und Weib. Als nun die Menschen unter den Flammen wimmerten und jammerten, rief Bischof Hatto: „Hört, hört, wie die Mäuse pfeifen!" Allein Gott der Herr plagte ihn bald, daß die Mäuse Tag und Nacht über ihn liefen und an ihm fraßen und vermochte sich mit aller seiner Gewalt nicht wider sie behalten und bewahren. Da wußte er endlich keinen andern Rat, als er ließ einen Turm bei Bingen mitten in den Rhein bauen, der noch heutigestags zu sehen ist, und meinte sich darin zu fristen; aber die Mäuse schwammen durch den Strom heran, erklommen den Turm und fraßen den Bischof lebendig auf.

100.
Die Kinder zu Hameln

Im Jahr 1284 ließ sich zu Hameln ein wunderlicher Mann sehen. Er hatte einen Rock von vielfarbigem, buntem Tuch an, weswegen er Bundting soll geheißen haben und gab sich für einen Rattenfänger aus, indem er versprach, gegen ein gewisses Geld die Stadt von allen Mäusen und Ratten zu befreien. Die Bürger wurden mit ihm einig und versicherten ihm einen bestimmten Lohn. Der Rattenfänger zog demnach ein Pfeifchen heraus und pfiff, da kamen alsbald die Ratten und Mäuse aus allen Häusern hervorgekrochen und sammelten sich um ihn herum. Als er nun meinte, es wäre keine zurück, ging er hinaus, und der ganze Haufen folgte ihm, und so führte er sie an die Weser; dort schürzte er seine Kleider und trat in das Wasser, worauf ihm alle die Tiere folgten und hineinstürzend ertranken.

Nachdem die Bürger aber von ihrer Plage befreit waren, reute sie der versprochene Lohn, und sie verweigerten ihn dem Manne unter allerlei Ausflüchten, so daß er zornig und erbittert wegging. Am 26. Juni auf Johannis und Pauli Tag, morgens früh sieben Uhr, nach andern zu Mittag, erschien er wieder, jetzt in Gestalt eines Jägers erschrecklichen Angesichts mit einem roten, wunderlich Hut und ließ seine Pfeife in den Gassen hören. Alsbald kamen diesmal nicht Ratten und Mäuse, sondern Kinder, Knaben und Mägdlein vom vierten Jahr an, in großer Anzahl gelaufen, worunter auch die schon erwachsene Tochter des Bürgermeisters war. Der ganze Schwarm folgte ihm nach, und er führte sie hinaus in einen Berg, wo er mit ihnen verschwand. Dies hatte ein Kindermädchen gesehen, welches mit einem Kind auf dem Arm von fern nachgezogen war, darnach umkehrte und das Gerücht in die Stadt brachte. Die Eltern liefen haufenweis vor alle Tore und suchten mit betrübtem Herzen ihre Kinder; die Mütter erhoben ein jämmerliches Schreien und Weinen. Von Stund an wurden Boten zu Wasser und Land an alle Orte herumgeschickt, zu erkundigen, ob man die Kinder, aber auch nur etliche gesehen, aber alles vergeblich. Es waren im ganzen hundertunddreißig verloren. Zwei sollen, wie einige sagen, sich verspätet und zurückgekommen sein, wovon aber das eine blind, das andere stumm gewesen, so daß das blinde den Ort nicht hat zeigen können, aber wohl erzählen, wie sie dem Spielmann gefolgt wären; das stumme aber den Ort gewiesen, ob es gleich nichts gehört. Ein Knäblein war im Hemd mitgelaufen und kehrte um, seinen Rock zu holen, wodurch es dem Unglück entgangen; denn als es zurückkam, waren die andern schon in der Grube eines Hügels, die noch gezeigt wird, verschwunden.

Die Straße, wodurch die Kinder zum Tor hinausgegangen, hieß noch in der Mitte des 18. Jahrhunderts (wohl noch heute) die bungge – lose (trommel – tonlose, stille), weil kein Tanz darin geschehen noch Saitenspiel durfte gerührt werden. Ja, wenn eine Braut mit Musik zur Kirche gebracht ward, mußten die Spielleute über die Gasse hin stillschweigen. Der Berg bei Hameln, wo die Kinder verschwanden, heißt der Poppenberg, wo links und rechts zwei Steine in Kreuzform sind aufgerichtet worden. Einige sagen, die Kinder wären in eine Höhle geführt worden und in Siebenbürgen wieder herausgekommen.

101.
Die Bauern zu Kolbeck

Im Jahr 1012 war ein Bauer im Dorf Kolbeck bei Halberstadt, der hieß Albrecht, der machte in der Christnacht einen Tanz mit andern fünfzehn Bauern, dieweil man Messe hielt, außen auf dem Kirchhof und waren drei Weibsbilder unter ihnen. Und da der Pfarrherr heraustrat und sie darum strafte, sprach jener: „Mich heißet man Albrecht, so heißet dich Ruprecht; du bist drinnen fröhlich, so laß uns haußen fröhlich sein; du singst drinnen deine geistlichen Lieder, so laß uns unsern Reihen singen." Sprach der Pfarrherr: „So wolle Gott und der Herr St. Magnus, daß ihr ein ganzes Jahr also tanzen müsset!" Das geschah, und Gott gab den Worten Kraft, so daß weder Regen noch Frost ihre Häupter berührte, noch sie Hitze, Hunger und Durst empfanden, sondern sie tanzten allum, und ihre Schuhe zerschlissen auch nicht. Da lief einer (der Küster) zu und wollte seine Schwester aus dem Tanze ziehen, da folgten ihm ihre Arme. Als das Jahr vorüber war, kam der Bischof von Köln, Heribert, und erlöste sie aus dem Bann; da starben ihrer viel sobald, die andern wurden sehr krank, und man sagt, daß sie sich in die Erde fast an den Mittel (d.h. an den Gürtel) sollen getanzt haben und ein tiefer Graben in dem Grund ausgehöhlt wurde, der noch zu sehen ist. Der Landesherr ließ zum Zeichen so viel Steine darum setzen, als Menschen mitgetanzt hatten.

102.
Die Katze aus dem Weidenbaum

Ein Bauernknecht von Straßleben erzählte, wie daß in ihrem Dorfe eine gewisse Magd wäre, dieselbe hätte sich zuweilen vom Tanze hinweg verloren, daß niemand gewußt, wo sie hinkommen, bis sie eine feine Weile hernach sich wieder eingefunden. Einmal beredete er sich mit andern Knechten, dieser Magd nachzugehen. Als sie nun sonntags wieder zum Tanze kam und sich mit den Knechten erlustigte, ging sie auch wieder ab. Etliche schlichen ihr nach, sie ging das Wirtshaus hinaus aufs Feld und lief ohne

Umsehen fort, einer hohlen Weide zu, in welcher sie sich versteckte. Die Knechte folgten nach, begierig zu sehen, ob sie lang in der Weide verharren würde, und warteten an einem Ort, wo sie wohl verborgen standen. Eine kleine Weile darauf merkten sie, daß eine Katze aus der Weide sprang und immer querfeldein nach Langendorf lief. Nun traten die Knechte näher zur Weide, da lehnte das Mensch oder vielmehr ihr Leib ganz erstarret, und sie vermochten ihn weder mit Rütteln noch Schütteln zum Leben bringen. Ihnen kommt ein Grauen an, sie lassen den Leib stehen und gehen an ihren vorigen Ort. Nach einiger Zeit spüren sie, daß die Katze den ersten Weg zurückgeht, in die Weide einschlüpft, die Magd aus der Weide kriecht und nach dem Dorfe zu geht.

103.
Die Weinreben und Nasen

An dem Hofe zu H. war ein Geselle, der seinen Gästen ein seltsam schimpflich Gaukelwerk machte. Nachdem sie gegessen hatten, begehrten sie, darum sie vornehmlich kommen waren, daß er ihnen zur Luft ein Gaukelspiel vorbringe. Da ließ er aus dem Tisch eine Rebe wachsen mit zeitigen Trauben, deren vor jedem eine hing: Hieß jeglichen die seinige mit der Hand angreifen und halten und mit der andern das Messer auf den Stengel setzen, als wenn er sie abschneiden wollte; aber er sollte bei Leibe nicht schneiden. Darnach ging er aus der Stube, kam wieder: Da saßen sie alle und hielten sich ein jeglicher selber bei der Nase und das Messer darauf. Hätten sie geschnitten, hätte ein jeder sich selbst die Nase verwundet.

104.
Festhängen

Zu Magdeburg war in einer Zeit ein seltsamer Zauberer, welcher in Gegenwart einer Menge Zuschauer, von denen er ein großes Geld verlangt, ein wunderkleines Rößlein, das im Ring herumtanzte, zeigte und, wenn sich das Spiel dem Ende näherte, klagte, wie er bei der undankbaren Welt so gar nichts Nutzes schaffen könnte, dieweil jedermann so karg wäre, daß er sich Bettelns kaum erwehren möchte. Deshalb wollte er von ihnen Urlaub nehmen und den allernächsten Weg gen Himmel, ob vielleicht seine Sache daselbst besser würde, fahren. Und als der diese Worte gesprochen, warf er ein Seil in die Höhe, welchem das Rößlein ohne allen Verzug stracks nachfuhr, der Zauberer erwischte es beim Wadel, seine Frau ihn bei den Füßen, die Magd die Frau bei den Kleidern, so daß sie alle, als wären sie zusammengeschmiedet, nacheinander ob sich dahinfuhren. Als nun das Volk dastand, das Maul offen hatte und dieser Sache, wie wohl zu gedenken, erstaunt war, als ohne alle Gefährt ein Bürger daher, welchem, als er fragte, was sie da stünden, geantwortet ward, der Gaukler wäre mit dem Rößlein in die Luft gefahren. Darauf er berichtete, er habe ihn eben gegen seiner Herberge dahergehen sehen.

105.
Der herumziehende Jäger

Es trug sich zu, daß in einem großen Walde der Förster, welcher die Aufsicht darüber führte, totgeschossen wurde. Der Edelmann, dem der Wald gehörte, gab einem andern den Dienst, aber dem widerfuhr ein gleiches und so noch einigen, die aufeinander folgten, bis sich niemand mehr fand, der den gefährlichen Wald übernehmen wollte.

Sobald nämlich der neue Förster hineintrat, hörte man ganz in der Ferne einen Schuß fallen, und gleich auch streckte ein mitten auf die Stirne treffende Kugel ihn nieder; es war aber keine Spur ausfindig zu machen, woher und von wem sie kam.

Gleichwohl meldete sich nach ein paar Jahren ein herumziehender Jäger wieder um den Dienst. Der Edelmann verbarg ihm nicht, was geschehen war, den Wald wieder unter Aufsicht zu wissen, könnte er ihm doch selbst nicht zu dem gefährlichen Amte raten. Der Jäger antwortete zuversichtlich, wer wolle sich vor dem unsichtbaren Scharfschützen schon Rat schaffen, und übernahm den Wald. Andern Tags, als er, von mehreren begleitet, zuerst hineingeführt wurde, hörte man, wie er eintrat, schon in der Ferne den Schuß fallen. Alsbald warf der Jäger seinen Hut in die Höhe,

der dann, von einer Kugel getroffen, wieder herabfiel. „Nun",
sprach er, „ist aber die Reihe an mir", lud seine Büchse und schoß
sie mit den Worten: „Die Kugel bringt die Antwort!" in die Luft.
Darauf bat er seine Gefährten, mitzugehen und den Täter zu
suchen. Nach langem Herumstreifen fanden sie endlich in einer an
dem gegenseitigen Ende des Waldes gelegenen Mühle den Müller
tot und von der Kugel des Jägers auf die Stirn getroffen. Dieser
herumziehende Jäger blieb noch einige Zeit in Diensten des
Edelmanns, doch weil er das Wild festbannen und die Feldhähner
aus der Tasche fliegen lassen konnte, auch in ganz unglaublicher
Entfernung immer sicher traf und andere dergleichen unbegreifli-
che Kunststücke verstand, so bekam der Edelmann ein Grausen vor
ihm und entließ ihn bei einem schicklichen Vorwande aus seinem
Dienst.

106.
Gespenst als Eheweib

Zur Zeit des Herzogs Johann Kasimir von Coburg wohnte dessen
Stallmeister G. P. v. Z. zuerst in der Spitalgasse, hierauf in dem
Hause, welches nach ihm D. Fromann bezogen, dann in dem
großen Hause bei der Vorstadt, die Rosenau genannt, endlich im
Schloß, darüber er Schloßhauptmann war. Zu so vielfachem
Wechsel zwang ihn ein Gespenst, welches seiner noch lebenden
Ehefrau völlig gleich sah, so daß er, wenn er in die neue Wohnung
kam und am Tische saß, bisweilen darüber zweifelte, welches seine
rechte, leibhafte Frau wäre, denn es folgte ihm, wenn er gleich aus
dem Hause zog, doch allenthalben nach. Als ihm eben seine Frau
vorschlug, in die Wohnung, die hernach jener Doktor innehatte, zu
ziehen, dem Gespenst auszuweichen, hub es an mit lauter Stimme
zu reden und sprach: „Du ziehest gleich hin, wo du willst, so ziehe
ich dir nach, wenn auch durch die ganze Welt." Und das wären
keine bloßen Drohworte, denn nachdem der Stallmeister ausgezogen war, ist die Türe des Hinterhauses wie mit übermäßiger Gewalt
zugeschlagen worden, und von der Zeit an hat sich das Gespenst
nie wieder in dem verlassenen Hause sehen lassen, sondern ist in
dem neubezogenen wieder erschienen.

Wie die Edelfrau Kleidung anlegte, in derselben ist auch das Gespenst erschienen, es mochte ein Feierkleid oder ein alltägliches sein und welcher Farbe als es nur wollte; weswegen sie niemals allein in ihren Hausgeschäften, sondern von jemand begleitet ging. Gemeinlich ist es in der Mittagszeit zwischen elf und zwölf Uhr erschienen. Wenn ein Geistlicher da war, so kam es nicht zum Vorschein. Als einmal der Beichtvater Johann Prüscher eingeladen war und ihn beim Abschied der Edelmann mit seiner Frau und seiner Schwester an die Treppe geleitete, ging es von unten die Treppe hinauf und faßte durch ein hölzernes Gitter des Fräuleins Schürze und verschwand, als dieses zu schreien anfing. Einstmals ist es auf der Küchenschwelle mit dem Arm gelegen und als die Köchin gefragt: „Was willst du?" hat es geantwortet: „Deine Frau will ich." Sonst hat es der Edelfrau keinen Schaden zugefügt. Dem Fräulein aber, des Edelmanns Schwester, ist es gefährlich gewesen und hat ihm einmal einen solchen Streich ins Gesicht gegeben, daß die Backe davon aufgeschwollen ist und es in des Vaters Haus zurückkehren mußte. Endlich hat sich das Gespenst verloren, und es ist ruhig im Hause geworden.

107.
Die überschiffenden Mönche

In der Stadt Speyer lebte vor Zeiten ein Fischer. Bis dieser einer Nacht an den Rhein kam und sein Garn ausstellen wollte, trat ein Mann auf ihn zu, der trug eine schwarze Kutte in Weise der Mönche, und nachdem ihn der Fischer ehrsam gegrüßt hatte, sprach er: „Ich komme ein Bote fernher und möchte gern über den Rhein." – „Tritt in meinen Nachen ein zu mir", antwortete der Fischer, „ich will dich überfahren." Da er nun diesen übergesetzt hatte und zurückkehrte, standen noch fünf andere Mönche am Gestade, die begehrten auch zu schiffen, und der Fischer frug bescheiden: Was sie doch bei so eitler Nacht reisten? „Die Not treibt uns", versetzte einer der Mönche; „die Welt ist uns feind, so nimm du dich unser an und Gottes Lohn dafür." Der Fischer verlangte zu wissen: Was sie ihm geben wollten für seine Arbeit? Sie sagten: „Jetzt sind wir arm, wenn es uns wieder besser geht, sollst du unsere Dankbarkeit schon spüren." Also stieß der Schiffer ab, wie aber der Nachen mitten auf den Rhein kam, hob sich ein fürchterlicher Sturm. Wasserwellen bedeckten das Schiff, und der Fischer erblaßte. „Was ist das", dachte er sich, „bei Sonnenuntergang war der Himmel klar und lauter und schön schien der Mond, woher dieses schnelle Unwetter?" Und wie er seine Hände hob, zu Gott zu beten, rief einer der Mönche: „Was liegst du Gott mit Beten in den Ohren; steuere dein Schiff!" Bei diesen Worten riß er ihm das Ruder aus der Hand und fing an, den armen Fischer zu schlagen. Halbtot lag er im Nachen, der Tag begann zu dämmern und die schwarzen Männer verschwanden. Der Himmel war klar, wie vorher, der Schiffer ermannte sich, fuhr zurück und erreichte mit Not seine Wohnung. Des andern Tags begegneten dieselben Mönche einem früh aus Speyer reisenden Boten in einem rasselnden, schwarz bedeckten Wagen, der aber nur drei Räder und einen langnasigen Fuhrmann hatte. Bestürzt stand er still, ließ den Wagen vorüber und sah bald, daß er sich mit Prasseln und Flammen in die Lüfte verlor, dabei vernahm man Schwerterklingen, als ob ein Heer zusammenginge. Der Bote wandet sich, kehrte zur Stadt und zeigte alles an; man schloß aus diesem Gesicht auf Zwietracht unter den deutschen Fürsten.

108.
Rebundus im Dom zu Lübeck

Wenn in alten Zeiten ein Domherr zu Lübeck bald sterben sollte, so fand sich morgens unter seinem Stuhlkissen im Chor eine weiße Rose, daher es Sitte war, daß jeder, sowie er anlangte, sein Kissen gleich umwendete, zu schauen, ob diese Grabesverkündigung darunterliege. Es geschah, daß einer von den Domherren namens Rebundus eines Morgens diese Rose unter seinem Kissen fand, und weil sie in seinen Augen mehr ein schmerzlicher Dornstachel als eine Rose war, nahm er sie behend weg und steckte sie unter das Stuhlkissen seines nächsten Beisitzers, obgleich dieser schon darunter nachgesehen und nichts gefunden hatte. Rebundus fragte darauf: Ob er nicht sein Kissen umkehren wollte? Der andere entgegnete, daß er es schon getan habe; aber Rebundus sagte weiter: Er habe wohl nicht recht zugeschaut und solle noch einmal nachsehen, denn ihm bedünke, es habe etwas Weißes darunter geschimmert, als er dahingeblickt. Hierauf wendete der Domherr sein Kissen um und fand die Grabblume; doch sprach er zornig: Das sei Betrug, denn er habe gleich anfangs fleißig genug zugeschaut und unter seinem Sitz keine Rose gefunden. Damit schob und stieß er sie dem Rebundus wieder unter sein Kissen, dieser aber wollte sie nicht wieder sich aufdrängen lassen, so daß sie einer dem andern zuwarf und ein Streit und heftiges Gezänk zwischen ihnen entstand. Als sich das Kapitel ins Mittel schlug und sie auseinander bringen, Rebundus aber durchaus nicht eingestehen wollte, daß er die Rose am ersten gehabt, sondern auf seinem unwahrhaftigen Vorgeben beharrte, hub endlich der andere, aus verbitterter Ungeduld, an zu wünschen: „Gott wolle geben, daß der von uns beiden, welcher unrecht hat, statt der Rosen in Zukunft zum Zeichen werde, und wann ein Domherr sterben soll, in seinem Grabe klopfen möge bis an den Jüngsten Tag!" Rebundus, der diese Verwünschung wie einen leeren Wind achtete, sprach frevelich dazu: „Amen, es sei also!"

Da nun Rebundus nicht lange darnach starb, hat es von dem an unter seinem Grabsteine, sooft eines Domherrn Ende sich nahte, entsetzlich geklopft, und es ist das Sprichwort entstanden: „Rebundus hat sich gerührt, es wird ein Domherr sterben!" Eigentlich ist es kein bloßes Klopfen, sondern es geschehen unter seinem sehr großen, langen und breiten Grabstein drei Schläge, die nicht viel gelinder krachen, als ob das Wetter einschlüge oder dreimal ein Kartauenschuß geschähe. Beim dritten Schlag dringt über dem Gewölbe der Schall der Länge nach durch die ganze Kirche mit so starkem Krachen, daß man denken sollte, das Gewölbe würde ein- und die Kirche über Haufen fallen. Es wird dann nicht bloß in der Kirche, sondern auch in den umstehenden Häusern vernehmlich gehört.

Einmal hat sich Rebundus an einem Sonntage, zwischen neun und zehn Uhr, mitten unter der Predigt geregt und so gewaltig angeschlagen, daß etliche Handwerksgesellen, welchen eben auf dem Grabstein gestanden und die Predigt angehört, teils durch starke Erhebung des Steins, teils aus Schrecken, nicht anders herabgeprellt wurden, als ob sie der Donner weggeschlagen hätte. Beim dritten entsetzlichen Schlag wollte jedermann zur Kirche hinausfliehen in der Meinung, sie würde einstürzen, der Prediger aber ermunterte sich und rief der Gemeinde zu, dazubleiben und sich nicht zu fürchten; es wäre nur ein Teufelsgespenst, das den Gottesdienst stören wolle, das müsse man verachten und ihm im Glauben Trotz bieten. Nach etlichen Wochen ist des Dechants Sohn verblichen, denn Rebundus tobte auch, wenn eines Domherrn naher Verwandter bald zu Grabe kommen sollte.

109.
Räderberg

Ein Metzger von Passau ging aus zu kaufen. Auf der Landstraße stößt er bald auf eine dahinfahrende Kutsche und geht ihr nach, den Gleisen in Gedanken folgend. Mit einmal hält sie an vor einem schönen großen Landhaus, mitten auf der Heerstraße, daß er aber sonst noch niemals erblickt, sooft er auch dieses Wegs gekommen. Drei Mönche steigen aus dem Wagen, und der erstaunte Metzger folgt ihnen unbemerkt in das hellerleuchtete Haus. Erst gehen sie in ein Zimmer, einem die Kommunion zu reichen, und nachher in einen Saal, wo große Gesellschaft um einen Tisch sitzt, in lautem Lärmen und Schreien ein Mahl verzehrend. Plötzlich bemerkt der Obensitzende den fremden Metzger, und sogleich ist alles still und verstummt. Da steht der oberste auf und bringt dem Metzger einen Weinbecher mit den Worten: „Noch einen Tag!" Der Metzger erschauert und will nicht trinken. Bald hernach erhebt sich ein zweiter, tritt den Metzger mit einem Becher an und spricht weiter: „Noch ein Tag!" Er schlägt ihn wieder aus. Nachdem kommt ein dritter mit dem Becher und denselben Worten: „Noch ein Tag!" Nunmehr trinkt der Metzger. Aber kurz darauf nähert sich demselben ein vierter aus der Gesellschaft, den Wein nochmals darbietend. Der Metzger erschrickt heftiglich, und als er ein Kreuz vor sich gemacht, verschwindet auf einmal die ganze Erscheinung, und er befindet sich in dichter Dunkelheit. Wie endlich der Morgen anbricht, sieht sich der Metzger auf dem Räderberg, weit weg von der Landstraße, geht einen steinigen, mühsamen Weg zurück in seine Vaterstadt, entdeckt dem Pfarrer die Begebenheit und stirbt genau in drei Tagen.

Die Sage war schon lang verbreitet, daß auf jenem Berg ein Kloster gestanden, dessen Trümmer noch jetzt zu sehen sind, dessen Orden aber ausgestorben wäre.

110.
Weberndes Flammenschloß

In Tirol auf einem hohen Berg liegt ein altes Schloß, in welchem alle Nacht ein Feuer brennt; die Flamme ist so groß, daß sie über die Mauern hinausschlägt und man sie weit und breit sehen kann. Es trug sich zu, daß eine arme Frau, der es an Holz mangelte, auf diesem Schloßberge abgefallene Reiser zusammensuchte und endlich zu dem Schloßtor kam, wo sie aus Vorwitz sich umschaute und endlich hineintrat, nicht ohne Mühe, weil alles zerfallen und nicht weiterzukommen war. Als sie in den Hof gelangte, sah sie eine Gesellschaft von Herren und Frauen da an einer großen Tafel sitzen und essen. Diener warteten auf, wechselten Teller, trugen Speisen auf und ab und schenkten Wein ein. Wie sie so stand, kam einer der Diener und holte sie herbei, da ward ihr ein Stück Gold in das Schürztuch geworfen, worauf in einem Augenblick alles verschwunden war und die arme Frau erschreckt den Rückweg suchte. Als sie aber den Hof hinausgekommen, stand da ein Kriegsmann mit brennender Lunte, den Kopf hatte er nicht auf dem Hals sitzen, sondern hielt ihn unter dem Arme. Der hub an zu reden und verbot der Frau, keinem Menschen, was sie gesehen und erfahren, zu offenbaren, es würde ihr sonst übel ergehen. Die Frau kam, noch voller Angst, nach Haus, brachte das Gold mit, aber sie sagte nicht, woher sie es empfangen. Als die Obrigkeit davon hörte, ward sie vorgefordert, aber sie wollte kein Wort sich verlauten lassen und entschuldigte sich damit, daß wenn sie etwas sagte, ihr großes Übel daraus zuwachsen würde. Nachdem man schärfer mit ihr verfuhr, entdeckte sie dennoch alles, was ihr in dem Flammenschloß begegnet war, haarklein. In dem Augenblick aber, wo sie ihre Aussage beendigt, war sie hinweg entrückt und niemand hat erfahren können, wo sie hingekommen ist.

Es hatte sich aber an diesem Ort ein junger Edelmann ins zweite Jahr aufgehalten, ein Ritter und wohlerfahren in allen Dingen. Nachdem er den Hergang dieser Sache erkundet, machte er sich tief in der Nacht mit seinem Diener zu Fuß auf den Weg nach dem Berg. Sie stiegen mit großer Mühe hinauf und wurden sechsmal von einer Stimme davon abgemahnt: Sie würden es sonst mit großem Schaden erfahren müssen. Ohne aber darauf zu achten, gingen sie immer zu und gelangten endlich vor das Tor. Da stand jener Kriegsmann wieder als Schildwache und rief, wie gebräuchlich: „Wer da?" Der Edelmann, ein frischer Herr, gab zur Antwort: „Ich bin es." Das Gespenst fragte weiter: „Wer bist du?" Der Edelmann aber gab diesmal keine Antwort, sondern hieß den Diener das Schwert herlangen. Als dieses geschehen, kam ein schwarzer Reiter aus dem Schloß geritten, gegen welchen sich der Edelmann wehren wollte; der Reiter aber schwang ihn auf sein Pferd und ritt mit ihm in den Hof hinein, und der Kriegsmann jagte den Diener den Berg hinab. Der Edelmann ist nirgends zu finden gewesen.

111.
Der Feuerberg

Einige Stunden von Halberstadt liegt ein ehemals kahler, jetzt mit hohen Tannen und Eichen bewachsener Berg, der von vielen der Feuerberg genannt wird. In seinen Tiefen soll der Teufel sein Wesen treiben und alles in hellen Flammen brennen. Vor alten Zeiten wohnte in der Gegend von Halberstadt ein Graf, der bös und raubgierig war und die Bewohner des Landes ringsumher drückte, wo er nur konnte. Einem Schäfer war er viel Geld seit langen Jahren schuldig, jedesmal aber, wenn dieser kam und darum mahnte, gab er ihm schnöde und abweisende Antworten. Auf einmal verschwand der Graf und es hieß, er wäre gestorben in fernen Landen. Der Schäfer ging betrübt zu Felde und klagte über seinen Verlust, denn die Erben und Hinterlassenen des Grafen wollten von seiner Forderung nichts wissen und jagten ihn, als er sich meldete, die Burg hinab. Da geschah es, daß, als er zu einer Zeit im Walde war, eine Gestalt zu ihm trat und sprach: „Willst du deinen alten Schuldner sehen, so folge mir nach." Der Schäfer folgte und ward durch den Wald geführt bis zu einem hohen, nackten Berg, der sich alsbald vor beiden mit Getöse öffnete, sie aufnahm und sich wieder schloß. Innen war alles ein Feuer. Der zitternde Schäfer erblickte den Grafen, sitzend auf einem Stuhle, um welchen sich, wie an den glühenden Wänden und auf dem Boden, tausend Flammen wälzten. Der Sünder schrie: „Willst du Geld haben, Schäfer, so nimm dieses Tuch und bringe es den Meinigen; sage ihnen, wie du mich im Höllenfeuer sitzen gesehen, in dem ich bis in Ewigkeit leiden muß." Hierauf riß er ein Tuch von seinem Haupt und gab es dem Schäfer, und aus seinen Augen und Händen sprühten Funken. Der Schäfer eilte mit schwankenden Füßen, von seinem Führer geleitet, zurück, der Berg tat sich wieder auf und verschloß sich hinter ihm. Mit dem Tuch ging er dann auf des Grafen Burg, zeigte es und erzählte, was er gesehen; worauf sie ihm gern sein Geld gaben.

112.
Der Grenzlauf

Über den Klußpaß und die Bergscheide hinaus vom Schächentale weg erstreckt sich das Urner Gebiet am Fletscherbache fort und in Glarus hinüber. Einst stritten die Urner und schädigten einander täglich. Da ward von den Biedermännern der Ausspruch getan: Zur Tag- und Nachtgleiche solle von jedem Teil frühmorgens, sobald der Hahn krähe, ein rüstiger, kundiger Felsgänger ausgesandt werden und jedweder nach dem jenseitigen Gebiet zulaufen und da, wo sich beide Männer begegneten, die Grenzscheide festgesetzt bleiben, das kürzere Teil möge nun fallen dieseits oder jenseits. Die Leute wurden gewählt, und man dachte besonders darauf, einen solchen Hahn zu halten, der sich nicht verkrähe und die Morgenstunde auf das allerfrüheste ansagte. Und die Urner nahmen einen Hahn, setzten ihn in einen Korb und gaben ihm sparsam zu essen und saufen, weil sie glaubten, Hunger und Durst werde ihn früher wecken. Dagegen die Glarner fütterten und mästeten ihren Hahn, daß er freudig und hoffärtig den Morgen grüßen könne, und dachten damit am besten zu fahren. Als nun der Herbst kam und der bestimmte Tag erschien, da geschah es, daß zu Altdorf der schmachtende Hahn zuerst krähte, kaum wie es dämmerte und froh brach der Urner Felsenklimmer auf, der Marke zulaufend. Allein im Linttal drüben stand schon die volle Morgenröte am Himmel, die Sterne waren verblichen, und der fette Hahn schlief noch in guter Ruh. Traurig umgab ihn die ganze Gemeinde, aber es galt die Redlichkeit, und keiner wagte es, ihn aufzuwecken; endlich schwang er die Flügel und krähte. Aber dem Glarner Läufer wird es schwer sein, dem Urner den Vorsprung wieder abzugewinnen! Ängstlich sprang er und schaute gegen die Scheideck, wehe, da sah er oben am Giebel des Grats den Mann schreiten und schon bergabwärts niederkommen; aber der Glarner schwang die Fersen und wollte seinem Volke noch vom Lande retten, so viel als möglich. Und bald stießen die Männer aufeinander und der von Uri rief: „Hier ist die Grenz!" – „Nachbar", sprach betrübt der von Glarus, „sei gerecht und gib mir noch ein Stück von dem Weidland, das du errungen hast!" Doch der Urner wollte nicht, aber der Glarner ließ ihm nicht Ruh, bis er barmherzig wurde und sagte: „Soviel will ich dir noch gewähren, als du mich an deinem Hals tragend bergan laufst." Da faßte ihn der rechtschaffene Sennhirt von Glarus und klomm noch ein Stück Felsen hinauf, und manche Tritte gelangen ihm noch, aber plötzlich versiegte ihm der Atem und tot sank er zu Boden. Und noch heutigentags wird das Grenzbächlein gezeigt, bis zu welchem der einsinkende Glarner den siegreichen Urner getragen habe. In Uri war große Freude ob ihres Gewinnes, aber auch die zu Glarus gaben ihrem Hirten die verdiente Ehre und bewahrten seine große Treue in steter Erinnerung.

113.
Der Gemsjäger

Ein Gemsjäger stieg auf und kam zu dem Felsgrat und immer weiter klimmend, als er je vorher gelangt war, stand plötzlich ein häßlicher Zwerg vor ihm, der sprach zornig: „Warum erlegst du mir lange schon meine Gemsen und lässest mir nicht meine Herde? Jetzt sollst du es mit deinem Blute teuer bezahlen!" Der Jäger erbleichte und wäre bald hinabgestürzt, doch faßte er sich noch und bat den Zwerg um Verzeihung, denn er habe nicht gewußt, daß ihm diese Gemsen gehörten. Der Zwerg sprach: „Gut, aber laß dich hier nicht wieder blicken, so verheiße ich dir, daß du jeden siebenten Tag frühmorgens vor deiner Hütte ein geschlachtetes Gemstier hangen finden sollst, aber hüte dich vor mir und schone die andern." Der Zwerg verschwand, und der Jäger ging nachdenklich heim, und die ruhige Lebensart behagte ihm wenig. Am siebenten Morgen hing eine fette Gemse in den Ästen eines Baums vor seiner Hütte, davon zehrte er ganz vergnügt, und die nächste Woche ging es ebenso und dauerte ein paar Monate fort. Allein zuletzt verdroß den Jäger seine Faulheit, und er wollte lieber selber Gemsen jagen, möge erfolgen, was da werde, als sich den Braten zutragen lassen. Da stieg er auf, und nicht lange, so erblickte er einen stolzen Leitbock, legte an und zielte. Und als ihm nirgends der böse Zwerg erschien, wollte er eben losdrücken, da war der Zwerg hinterher geschlichen und riß den Jäger am Knöchel des Fußes nieder, daß er zerschmettert in den Abgrund sank.

Andere erzählen: Es habe der Zwerg dem Jäger ein Gemskäslein geschenkt, an dem er wohl sein Leben lang hätte genug haben mögen, er es aber unvorsichtig einmal aufgegessen oder ein unkundiger Gast ihm den Rest verschlungen. Aus Armut habe er demnach wieder die Gemsjagd unternommen und sei vom Zwerg in die Flut gestürzt worden.

114.
Der ewige Jäger

Graf Eberhard von Württemberg ritt eines Tages allein in den grünen Wald aus und wollte zu seiner Kurzweil jagen. Plötzlich hörte er ein starkes Brausen und Lärmen, wie wenn ein Weidmann vorüberkäme, erschrak heftig und fragte, nachdem er vom Roß gestiegen und auf eines Baumes Tolde getreten war, den Geist: Ob er ihm schaden wolle? „Nein", sprach die Gestalt; „ich bin gleich dir ein Mensch und stehe vor dir ganz allein, war vordem ein Herr. An dem Jagen hatte ich aber solche Lust, daß ich Gott anflehte, er möge mich jagen lassen bis zu dem Jüngsten Tag. Mein Wunsch wurde leider erhört, und schon funfthalb hundert Jahre jage ich an einem und demselben Hirsch. Mein Geschlecht und mein Adel sind aber noch niemand offenbart worden." Graf Eberhard sagte: „Zeig mir dein Angesicht, ob ich dich etwa erkennen möge?" Da entblößte sich der Geist, sein Antlitz war kaum faustgroß, verdorrt, wie eine Rübe und gerunzelt als ein Schwamm. Darauf ritt er dem Hirsch nach und verschwand, der Graf kehrte heim in sein Land zurück.

115.
Der Hirt auf dem Kyffhäuser

Etliche sprechen, daß bei Frankenhausen in Thüringen ein Berg liege, darin Kaiser Friedrich seine Wohnung habe und vielmal gesehen worden. Ein Schafhirt, der auf dem Berge hütete und die Sage gehört hatte, fing an auf seiner Sackpfeife zu pfeifen, und als er meinte, er habe eine gute Musik gemacht, rief er überlaut: „Kaiser Friedrich, das sei dir geschenkt!" Da soll sich der Kaiser hervorgetan, dem Schäfer offenbart und zu ihm gesprochen haben: „Gott grüß dich, Männlein, wem zu Ehren hast du gepfiffen?" – „Dem Kaiser Friedrich", antwortete der Schäfer. Der Kaiser sprach weiter: „Hast du das getan, so komm mit mir, er soll dir darum lohnen." Der Hirt sagte: „Ich darf nicht von den Schafen gehen." Der Kaiser aber antwortete: „Folge mir nach, den Schafen soll kein Schaden geschehen." Der Hirt folgte ihm, und der Kaiser Friedrich nahm ihn bei der Hand und führte ihn nicht weit von den Schafen zu einem Loch in den Berg hinein. Sie kamen zu einer eisernen Tür, die alsbald aufging, nun zeigte sich ein schöner, großer Saal, darin waren viel Herren und tapfere Diener, die ihm Ehre erzeigten. Nachfolgend erwies sich der Kaiser auch freundlich gegen ihn und fragte: Was er für einen Lohn begehre, daß er ihm gepfiffen? Der Hirt antwortete: „Keinen." Da sprach aber der Kaiser: „Geh hin und nimm von meinem güldenen Handfaß den einen Fuß zum Lohn." Das tat der Schäfer, wie ihm befohlen ward und wollte darauf von dannen scheiden, da zeigte ihm der Kaiser noch viel seltsame Waffen, Harnische, Schwerter und Büchsen und sprach, er sollte den Leuten sagen, daß er mit diesen Waffen das Heilige Grab gewinnen werde. Hierauf ließ er den Hirt wieder hinausgeleiten, der nahm den Fuß mit, brachte ihn den andern Tag zu einem

Goldschmied, der ihn für echtes Gold anerkannte und ihm abkaufte.

116.
Der Zwerg und die Wunderblume

Ein junger, armer Schäfer aus Sittendorf, an der südlichen Seite des Harzes in der goldnen Aue gelegen, trieb einst am Fuß des Kyffhäusers und stieg immer trauriger den Berg hinan. Auf der Höhe fand er eine wunderschöne Blume, dergleichen er noch nie gesehen, pflückte und steckte sie an den Hut, seiner Braut ein Geschenk damit zu machen. Wie er so weiterging, fand er oben auf der alten Burg ein Gewölbe offenstehen, bloß der Eingang war etwas verschüttet. Er trat hinein, sah viel kleine glänzende Steine auf der Erde liegen und steckte seine Taschen ganz voll damit. Nun wollte er wieder ins Freie, als eine dumpfe Stimme erscholl: „Vergiß das Beste nicht!" Er wußte aber nicht, wie ihm geschah und wie er herauskam aus dem Gewölbe. Kaum sah er die Sonne und seine Herde wieder, schlug die Tür, die er vorher gar nicht wahrgenommen, hinter ihm zu. Als der Schäfer nach seinem Hut faßt, stand ein Zwerg vor ihm: „Wo hast du die Wunderblume, welche du fandest?" – „Verloren", sagte betrübt der Schäfer. „Dir war sie bestimmt", sprach der Zwerg, „und sie ist mehr wert denn die ganze Rotenburg." Wie der Schäfer zu Haus in seine Taschen griff, waren die glimmernden Steine lauter Goldstücke. Die Blume ist verschwunden und wird von den Bergleuten bis auf heutigen Tag gesucht, in den Gewölben des Kyffhäusers nicht allein, sondern auch auf der Questenburg und selbst auf der Nordseite des Harzes, weil verborgene Schätze rucken.

117.
Die drei Jungfern aus dem See

Zu Epfenbach bei Sinzheim traten seit der Leute Gedenken jeden Abend drei wunderschöne, weißgekleidete Jungfrauen in die Spinnstube des Dorfes. Sie brachten immer neue Lieder und Weisen mit, wußten hübsche Märchen und Spiele, auch ihre Rocken und

Spindeln hatten etwas Eigenes, und keine Spinnerin konnte so fein und behend den Faden drehen. Aber mit dem Schlag elf standen sie auf, packten ihre Rocken zusammen und ließen sich durch keine Bitte einen Augenblick länger halten. Man wußte nicht, woher sie kamen, noch wohin sie gingen; man nannte sie nur: die Jungfern aus dem See oder die Schwestern aus dem See. Die Burschen sahen sie gern und verliebten sich in sie, zu allermeist des Schulleiters Sohn. Der konnte nicht satt werden, sie zu hören und mit ihnen zu sprechen, und nichts tat ihm leider, als daß sie jeden Abend schon so früh aufbrachen. Da verfiel er einmal auf den Gedanken und stellte die Dorfuhr eine Stunde zurück, und abends im steten Gespräch und Scherz merkte kein Mensch den Verzug der Stunde. Und als die Glocke elf schlug, es aber schon eigentlich zwölf war, standen die drei Jungfern auf, legten die Rocken zusammen und gingen fort. Den folgenden Morgen kamen etliche Leute am See vorbei, da hörten sie wimmern und sahen drei blutige Stellen oben auf der Fläche. Seit der Zeit kamen die Schwestern nimmermehr zur Stube. Des Schulmeisters Sohn zehrte ab und starb kurz hernach.

118.
Der Roßtrapp

In Böhmen lebte vor Zeiten eine Königstochter, um die ein gewaltiger Riese warb. Der König, aus Furcht seiner Macht und Stärke, sagte sie ihm zu. Weil sie aber schon einen andern Liebhaber hatte, der aus dem Stamm der Menschen war, so widersetzte sie sich dem Bräutigam und dem Befehl ihres Vaters. Aufgebracht wollte der König Gewalt gebrauchen und setzte die Hochzeit gleich auf den nächsten Tag an. Mit weinenden Augen klagte sie das ihrem Geliebten, der zu schneller Flucht riet und sich in der finsteren Nacht einstellte, die getroffene Verabredung ins Werk zu setzen. Es hielt aber schwer zu entfliehen, die Marställe des Königs waren verschlossen und alle Stallmeister ihm treu und ergeben. Zwar stand des Riesen ungeheurer Rappe in einem für ihn eigens erbauten Stalle, wie sollte aber eine schwache Frauenhand das mehr denn zehn Ellen hohe Untier leiten und lenken? Und wie war ihm beizukommen, da es an einer gewaltig dicken Kette lag, die ihm statt Halfters diente und dazu mit einem großen Schlosse verwahrt war, dessen Schlüssel der Riese bei sich trug? Der Geliebte half aber aus, er stellte eine Leiter ans Pferd und hieß die Königstochter hinaufsteigen; dann tat er einen mächtigen Schwerthieb auf die Kette, daß sie voneinander sprang, schwang sich selbst hinten auf und in einem Flug ging es auf und davon. Die kluge Jungfrau hatte ihre Kleinode mitgenommen, dazu ihres Vaters goldene Krone auf das Haupt gesetzt. Während sie nun auf das Geratewohl forteilten, fiel es dem Riesen ein, in dieser Nacht auszureiten. Der Mond schien hell, und er stand auf, sein Roß zu satteln. Erstaunt sah er den Stall leer, es gab Lärm im ganzen Schlosse und als man die Königstochter aufwecken wollte, war sie auch verschwunden. Ohne sich lange zu besinnen, bestieg der Bräutigam das erste beste Pferd und jagte über Stock und Block. Ein großer Spürhund witterte den Weg, den die Verliebten genommen hatten; nahe am Harzwalde kam der Riese hinter sie. Da hatte aber auch die Jungfrau den Verfolger erblickt, wandte den Rappen flugs und sprengte waldein, bis der Abgrund, in welchem die Bode fließt, ihren Weg durchschneidet. Der Rappe stutzt einen Augenblick und die Liebenden sind in großer Gefahr. Sie blickt hinterwärts und in strengem Galopp nahet der Riese, da stößt sie mutig dem Rappen in die Rippen. Mit einem gewaltigen Sprung, der den Eindruck eines Hinterhufes im Felsen läßt, setzt er über, und die Liebenden sind gerettet. Denn die Mähre des nacheilenden Riesen springt seiner Schwere wegen zu kurz, und beide fallen mit gräßlichem Geprassel in den Abgrund. Auf dem jenseitigen Rand steht die Königstochter und tanzt vor Freude. Davon heißt die Stätte noch jetzt Tanzplatz. Doch hat sie im Taumel des Sprungs die Krone verloren, die in den Kessel der Bode gefallen ist. Da liegt sie noch heutzutage, von einem großen Hunde mit glühenden Augen bewacht. Schwimmer, die der Gewinn geblendet, haben sie mit eigener Lebensgefahr auf der Tiefe zu holen gesucht, aber beim Wiederkommen ausgesagt: daß es vergebens sei; der große Hund sinke immer tiefer, sowie sie ihm nahe kämen, und die goldene Krone stehe nicht mehr zu erlangen.

119.
Hans – Heilings – Felsen

An der Eger, dem Dorfe Aich gegenüber, ragen seltsame Felsen ·
empor, die das Volk Hans – Heilings – Felsen nennt, und wovon es
heißt: Vor alten Zeiten habe ein gewisser Mann, namens Hans
Heiling, im Lande gelebt, der genug Geld und Gut besessen, aber
sich jeden Freitag in sein Haus verschlossen und diesen Tag über
unsichtbar geblieben sei. Dieser Heiling stand mit dem Bösen im
Bunde und floh, wo er ein Kreuz sah. Einst soll er sich in ein
schönes Mädchen verliebt haben, die ihm auch anfangs zugesagt,
hernach aber wieder verweigert worden war. Als diese mit ihrem
Bräutigam und vielen Gästen Hochzeit hielt, erschien mitternachts
zwölf Heiling plötzlich unter ihnen und rief laut: „Teufel, ich lösche
dir deine Dienstzeit, wenn du mir diese vernichtest!" Der Teufel
antwortete: „So bist du mein!" und verwandelte alle Hochzeitsleute
in Felsen. Braut und Bräutigam stehen da, wie sie sich umarmen;
die übrigen mit gefalteten Händen. Hans Heiling stürzte vom Felsen
in die Eger hinab, die ihn zischend verschlang, und kein Auge hat
ihn wiedergesehen. Noch jetzt zeigt man die Steinbilder: Die
Liebenden, den Brautvater und die Gäste; auch die Stelle, wo
Heiling hinabstürzte.

120.
Notburga

Noch stehen am Neckar Türme und Mauern der alten Burg
Hornberg, darauf wohnte vor Zeiten ein mächtiger König mit seiner
schönen und frommen Tochter Notburga. Diese liebte einen Ritter
und hatte sich mit ihm verlobt; er war aber ausgezogen in fremde
Lande und nicht wiedergekommen. Da beweinte sie Tag und Nacht
seinen Tod und schlug jeden andern Freier aus, ihr Vater aber war
hartherzig und achtete wenig auf ihre Trauer. Einmal sprach er zu
ihr: „Bereite deinen Hochzeitsschmuck, in drei Tagen kommt ein
Bräutigam, den ich dir ausgewählt habe." Notburga aber sprach in
ihrem Herzen: „Eher will ich fortgehen, soweit der Himmel blau ist,
als ich meine Treue brechen sollte."

In der Nacht darauf, als der Mond aufgegangen war, rief sie einen treuen Diener und sprach zu ihm: „Führe mich die Waldhöhe hinüber nach der Kapelle St. Michael, da will ich, verborgen vor meinem Vater, im Dienste Gottes das Leben beschließen." Als sie auf der Höhe waren, rauschten die Blätter, und ein schneeweißer Hirsch kam hinzu und stand neben Notburga still. Da setzte sie sich auf seinen Rücken, hielt sich an sein Geweih und ward schnell von ihm fortgetragen. Der Diener sah, wie der Hirsch mit ihr über den Neckar leicht und sicher hinüberschwamm und drüben verschwand.

Am andern Morgen, als der König seine Tochter nicht fand, ließ er sie überall suchen und schickte Boten nach allen Gegenden aus, aber sie kehrten zurück, ohne eine Spur gefunden zu haben; und der treue Diener wollte sie nicht verraten. Aber als es Mittagszeit war, kam der weiße Hirsch auf Hornberg zu ihm, und als er ihm Brot reichen wollte, neigte er seinen Kopf, damit er es ihm an das Geweih stecken möchte. Dann sprang er fort und brachte es der Notburga hinaus in die Wildnis, und so kam er jeden Tag und erhielt Speise für sie; viele sahen es, aber niemand wußte, was es zu bedeuten hatte, als der treue Diener.

Endlich bemerkte der König den weißen Hirsch und zwang dem Alten das Geheimnis ab. Andern Tags zur Mittagszeit setzte er sich zu Pferd, und als der Hirsch wieder die Speise zu holen kam und damit forteilte, jagte er ihm nach, durch den Fluß hindurch bis zu einer Felsenhöhle, in welche das Tier sprang. Der König stieg ab und ging hinein, da fand er seine Tochter mit gefalteten Händen vor einem Kreuz kniend, und neben ihr ruhte der weiße Hirsch. Da sie vom Sonnenlicht nicht mehr berührt worden, war sie totenblaß, so daß er vor ihrer Gestalt erschrak. Dann sprach er: „Kehre mit nach Hornberg zurück"; aber sie antwortete: „Ich habe Gott mein Leben gelobt und suche nicht mehr bei den Menschen." Was er sonst noch sprach, sie war nicht zu bewegen und gab keine andere Antwort. Da geriet er in Zorn und wollte sie wegziehen, aber sie hielt sich am Kreuz; und als er Gewalt brauchte, löste sich der Arm, an welchem er sie gefaßt vom Leibe und blieb in seiner Hand. Da ergriff ihn ein Grausen, daß er forteilte und sich nimmer wieder der Höhle zu nähern begehrte.

Als die Leute hörten, was geschehen war, verehrten sie Notburga als eine Heilige. Büßende Sünder schickte der Einsiedler bei der St. Michaels–Kapelle, wenn sie bei ihm Hilfe suchten, zu ihr: sie betete mit ihnen und nahm die schwere Last von ihrem Herzen. Im Herbst, als die Blätter fielen, kamen die Engel und trugen ihre Seele in den Himmel; die Leiche hüllten sie in ein Totengewand und schmückten sie, obgleich alle Blumen verwelkt waren, mit blühenden Rosen. Zwei schneeweiße Stiere, die noch kein Joch auf ihrem Nacken gehabt, trugen sie über den Fluß, ohne die Hufe zu benetzen, und die Glocken in den naheliegenden Kirchen fingen von selbst an zu läuten. So ward der Leichnam zur St. Michaels–Kapelle gebracht und dort begraben. In der Kirche des Dorfes Hochhausen am Neckar steht noch heute das Bild der heiligen Notburga in Stein gehauen. Auch die Notburgahöhle, gemeinlich Jungfernhöhle geheißen, ist noch zu sehen und jedem Kind bekannt.

121.
Die Jungfrau mit dem Bart

Zu Saalfeld mitten im Fluß steht eine Kirche, zu welcher man durch eine Treppe von der nahegelegenen Brücke eingeht, worin aber nicht mehr gepredigt wird. An dieser Kirche ist als Beiwappen oder Zeichen der Stadt in Stein ausgehauen eine gekreuzigte Nonne, vor welcher ein Mann mit einer Geige kniet, der neben sich einen Pantoffel liegen hat. Davon wird folgendes erzählt. Die Nonne war eine Königstochter und lebte zu Saalfeld in einem Kloster. Wegen ihrer großen Schönheit verliebte sich ein König in sie und wollte nicht nachlassen, bis sie ihn zum Gemahl nähme. Sie blieb ihrem Gelübde treu und weigerte sich beständig; als er aber immer von neuem in sie drang und sie sich seiner nicht mehr zu erwehren wußte, bat sie endlich Gott, daß er zu ihrer Rettung die Schönheit des Leibes von ihr nähme und ihr Ungestaltheit verliehe; Gott erhörte ihre Bitte, und von Stund an wuchs ihr ein langer, häßlicher Bart. Als der König das sah, geriet er in Wut und ließ sie ans Kreuz schlagen.

Aber sie starb nicht gleich, sondern mußte in unbeschreiblichen

Schmerzen etliche Tage am Kreuz schmachten. Da kam in dieser Zeit aus sonderlichem Mitleiden ein Spielmann, der ihr die Schmerzen lindern und die Todesnot versüßen wollte. Der hub an und spielte auf seiner Geige, so gut er vermochte, und als er nicht mehr stehen konnte, da kniete er nieder und ließ seine tröstliche Musik ohne Unterlaß erschallen. Der heiligen Jungfrau aber gefiel das so gut, daß sie ihm zum Lohn und Andenken einen köstlichen, mit Gold und Edelstein gestickten Pantoffel von dem einen Fuß herabfallen ließ.

122.
Der Krämer und die Maus

Vor langen Jahren ging ein armer Krämer durch den Böhmerwald gen Reichenau. Er war müde geworden und setzte sich, ein Stückchen Brot zu verzehren, das einzige, was er für den Hunger hatte. Während er aß, sah er zu seinen Füßen ein Mäuschen herumkriechen, das sich endlich vor ihn hinsetzte und aufschaute, als erwartete es etwas. Gutmütig warf er ihm einige Bröcklein von seinem Brot hin, so not es ihm selber tat, die es auch gleich wegnagte. Dann gab er ihm, solang er noch etwas hatte, immer sein kleines Teil, so daß sie ordentlich zusammen Mahlzeit hielten. Nun stand der Krämer auf, einen Trunk Wasser an einer nahen Quelle zu tun; als er wieder zurückkam, siehe da lag ein Goldstück auf der Erde, und eben kam die Maus mit einem zweiten, legte es dabei und lief fort, das dritte zu holen. Der Krämer ging nach und sah, wie sie in ein Loch lief und darauf das Gold hervorbrachte. Da nahm er seinen Stock, öffnete den Boden und fand einen großen Schatz von lauter alten Goldstücken. Er hob ihn heraus und sah sich dann nach dem Mäuslein um, aber das war verschwunden. Nun trug er voll Freude das Gold nach Reichenau, teilte es halb unter die Armen und ließ von der andern Hälfte eine Kirche daselbst bauen. Diese Geschichte ward zum ewigen Andenken in Stein gehauen und ist noch am heutigen Tage in der Dreieinigkeitskirche zu Reichenau in Böhmen zu sehen.

123.
Gäste vom Galgen

Ein Wirt einer ansehnlichen Stadt reiste mit zwei Weinhändlern aus dem Weingebirge, wo sie einen ansehnlichen Vorrat Wein eingekauft hatten, wieder heim, und ihr Weg führte sie am Galgen vorbei, und obwohl sie berauscht waren, sahen sie doch und bemerkten drei Gehenkte, welche schon lange Jahre gerichtet waren. Da rief einer von den zwei Weinhändlern: „Du, Bärenwirt, diese drei Gesellen, die da hängen, sind auch deine Gäste gewesen." – „Hei!" sagte der Wirt in tollem Mute, „sie können heute zu Nacht zu mir kommen und mit mir essen!" Was geschieht? Als der Wirt also trunken anlangt, vom Pferd absteigt, in seine Wohnstube geht und sich niedersetzt, kommt eine gewaltig Angst über ihn, so daß er nicht imstande ist, jemand zu rufen. Indes tritt der Hausknecht herein, ihm die Stiefel abzuziehen, da findet er seinen Herrn halbtot im Sessel liegen. Er ruft alsbald die Frau, und als sie ihren Mann mit starken Sachen ein wenig wieder erquickt, fragt sie, was ihm zugestoßen sei. Darauf erzählt er ihr, im Vorbeireiten habe er die drei Gehängten zu Gast geladen, und da er in seine Stube gekommen, seien diese drei in der entsetzlichen Gestalt, wie sie am Galgen hängen, in das Zimmer getreten, hätten sich an den Tisch gesetzt und ihm immer gewinkt, daß er herbeikommen solle. Da sei endlich der Hausknecht eingetreten, worauf die Geister alle drei verschwunden. Dieses wurde für eine bloße Einbildung des Wirts ausgegeben, weil ihm trunkenerweise eingefallen, was er im Vorbeireiten den Sündern zugerufen; aber er legte sich zu Bett und starb am dritten Tag.

124.
Die Pferde aus dem Bodenloch

Richmut von Adocht, eines reichen Bürgermeisters zu Köln Ehefrau, starb und wurde begraben. Der Totengräber hatte gesehen, daß sie einen köstlichen Ring am Finger trug, die Begierde trieb ihn nachts zu dem Grab, das er öffnete, willens, den Ring abzuziehen. Kaum aber hatte er den Sargdeckel aufgemacht, so sah er, daß der Leichnam die Hand zusammendrückte und aus dem Sarg steigen wollte. Erschrocken floh er. Die Frau wand sich aus den Grabtüchern los, trat heraus und ging geraden Schrittes auf ihr Haus zu, wo sie den bekannten Hausknecht bei Namen rief, daß er schnell die Tür öffnen wollte, und erzählte ihm mit wenig Worten, was ihr widerfahren. Der Hausknecht trat zu seinem Herrn und sprach: „Unsere Frau steht unten vor der Tür und will eingelassen sein." – „Ach", sagte der Herr, „das ist unmöglich; eh das möglich wäre, eher würden meine Schimmel oben auf dem Heuboden stehen!" Kaum hatte er das Wort ausgeredet, so trappelte es auf der Treppe und dem Boden, und siehe, die sechs Schimmel standen oben alle zusammen. Die Frau hatte nicht nachgelassen mit Klopfen, nun glaubte der Bürgermeister, daß sie wirklich da wäre; mit Freuden wurde ihr aufgetan und sie wieder völlig zum Leben gebracht. Den andern Tag schauten die Pferde noch aus dem Bodenloch, und man mußte ein großes Gerüst anlegen, um sie wieder lebendig und heil herabzubringen. Zum Andenken der Geschichte hat man Pferde ausgestopft, die aus diesem Haus zu Boden herausgucken. Auch ist sie in der Apostelkirche abgemalt, wo man überdem einen langen, feinen Vorhang zeigt, den Frau Richmut nachher mit eigner Hand gesponnen und dahin verehrt hat. Denn sie lebte noch sieben Jahre.

125.
Zusammenkunft der Toten

Eine Königin war gestorben und lag in einem schwarz ausgehängten Trauersaal auf dem Prachtbette. Nachts wurde der Saal mit Wachskerzen hell erleuchtet, und in einem Vorzimmer befand sich die Wache: ein Hauptmann mit neunundvierzig Mann. Gegen Mitternacht hört dieser, wie ein sechsspänniger Wagen rasch vor das Schloß fährt, geht hinab, und eine in Trauer gekleidete Frau, von edlem und vornehmem Anstande, kommt ihm entgegen und bittet um die Erlaubnis, eine kurze Zeit bei der Toten verweilen zu dürfen. Er stellt ihr vor, daß er nicht die Macht habe, dies zu bewilligen, sie nennt aber ihren wohlbekannten Namen und sagt, als Oberhofmeisterin der Verstorbenen gebühre ihr das Recht, sie noch einmal, ehe sie beerdigt werde, zu sehen. Er ist unschlüssig, aber sie dringt so lange, daß er nichts Schickliches mehr einzuwenden weiß und sie hineinführt. Er selbst, nachdem er die Tür des Saals wieder zugemacht, geht haußen auf und ab. Nach einiger Zeit bleibt er vor der Türe stehen, horcht und blickt durch das Schlüsselloch, da sieht er, wie die tote Königin aufrecht sitzt und leise zu der Frau spricht, doch mit verschlossenen Augen und ohne eine andere Belebung der Gesichtszüge, als daß die Lippen sich ein wenig bewegen. Er heißt die Soldaten, einen nach dem andern, hineinsehen, und jeder erblickt dasselbe; endlich naht er selbst wieder, da legt sich die Tote eben langsam auf das Prachtbett zurück. Gleich darnach kommt die Frau wieder heraus und wird vom Hauptmann hinabgeführt; dieser fühlt, indem er sie in den Wagen hebt, daß ihre Hand eiskalt ist. Der Wagen eilt, so schnell er gekommen, wieder fort, und der Hauptmann sieht, wie in der Ferne die Pferde Feuerfunken ausatmen. Am andern Morgen kommt die Nachricht, daß die Oberhofmeisterin, welche mehrere Stunden weit auf einem Landhause wohnte, um Mitternacht und gerade in der Stunde gestorben ist, wo sie bei der Toten war.

126.
Das Muttergottesbild am Felsen

Im Vispertal an einer schroffen Felsenwand des Rätibergs hinter St. Niklas steht hoch oben, den Augen kaum sichtbar, ein kleines Marienbild im Stein. Es stand sonst unten am Weg in einem jetzt leeren Kapellchen, daß die vorbeigehenden Leute davor beten konnten. Einmal aber geschah es, daß ein gottloser Mensch, dessen Wünsche unerhört geblieben waren, Kot nahm und das heilige Bild damit bewarf; es weinte Tränen; als er aber den Frevel wiederholte, da eilte es fort, hoch an die Wand hinauf und wollte sich auf das Flehen der Leute nicht wieder herunterbewegen. Den Fels hinanzuklimmen und es zurückzuholen war ganz unmöglich; eher, dachten die Leute, könnten sie ihm oben vom Gipfel herab nahen, erstiegen den Berg und wollten einen Mann, mit starken Stricken umwunden, so weit herniederschweben lassen, bis er vor das Bild käme und es in Empfang nehmen könnte. Allein im Herunterlassen wurde der Strick, woran sie ihn oben festhielten, unten zu immer dünner und dünner, ja als er eben dem Bild nahekam, so dünn wie ein Haar, daß den Menschen eine schreckliche Angst befiel und er hinaufrief: Sie sollten ihn um Gottes willen zurückziehen, sonst wäre er verloren. Also zogen sie ihn wieder hinauf, und die Seile erlangten zusehends die vorige Stärke. Da mußten die Leute von dem Gnadenbild abstehen und bekamen es nimmer wieder.

127.
Der Schweidnitzer Ratsmann

Es lebte vor Zeiten ein Ratsherr zu Schweidnitz, der mehr das Gold liebte als Gott und eine Dohle abgerichtet hatte, durch eine ausgebrochene Glasscheibe des vergitterten Fensters in die seinem Hause grad gegenüberliegende Ratskämmerei einzufliegen und ihm ein Stück Geld daraus zu holen. Das geschah jeden Abend, und sie brachte ihm eine der goldenen oder silbernen Münzen, die gerade von der Stadt Einkünften auf dem Tische lagen, mit ihrem Schnabel getragen. Die andern Ratsbedienten gewahrten endlich der Verminderung des Schatzes, beschlossen, dem Dieb aufzulauern, und fanden bald, daß die Dohle nach Sonnenuntergang geflogen kam und ein Goldstück wegpickte. Sie zeichneten darauf einige Stücke und legten sie hin, die von der Dohle nach und nach gleichfalls abgeholt wurden. Nun saß der ganze Rat zusammen, trug die Sache vor und beschloß dahin, falls man den Dieb herausbringen würde, so sollte er oben auf den Kranz des hohen Rathausturms gesetzt und verurteilt werden, entweder oben zu verhungern oder bis auf den Erdboden herabzusteigen. Unterdessen wurde in des verdächtigen Ratsherrn Wohnung geschickt und nicht nur der fliegende Bote, sondern auch die gezeichneten Goldstücke gefunden. Der Missetäter bekannte sein Verbrechen, unterwarf sich willig dem Spruch, den man, abgesehen sein hohes Alter, lindern wollte, welches er nicht zugab, sondern stieg vor aller Leute Augen mit

Angst und Zittern auf den Kranz des Turms. Beim Absteigen unterwärts kam er aber bald auf ein steinern Geländer, konnte weder vor noch hinter sich und mußte stehen bleiben. Zehn Tage und Nächte stand der alte arme Greis da zur Schau, daß es einen erbarmte, ohne Speis und Trank, bis er endlich vor großem Hunger sein eigen Fleisch von den Händen und Armen abnagte und reu- und bußfertig durch solchen grausamen, unerhörten Tod sein Leben endigte. Statt des Leichnams wurde in der Folge sein steinernes Bild nebst dem der Dohle auf jenes Turmgeländer gelegt. 1642 wehte es ein Sturmwind herunter, aber der Kopf davon soll noch auf dem Rathaus vorhanden sein.

128.
Der Altar zu Seefeld

In Tirol nicht weit von Innsbruck liegt Seefeld, eine alte Burg, wo im 14. Jahrhundert Oswald Müller, ein stolzer und frecher Ritter, wohnte. Dieser verging sich im Übermut so weit, daß er im Jahr 1384 an einem Gründonnerstag mit der ihm, im Angesicht des Landvolks und seiner Knechte, in der Kirche gereichten Hostie nicht vorliebnehmen wollte, sondern eine größere, wie sie die Priester sonst haben, vom Kapellan für sich forderte. Kaum hatte er sie empfangen, so hub der steinharte Grund vor dem Altar an, unter seinen Füßen zu wanken. In der Angst suchte er sich mit beiden Händen am eisernen Geländer zu halten, aber es gab nach, als ob es von Wachse wäre, so daß sich die Fugen seiner Faust deutlich ins Eisen drückten. Ehe der Ritter ganz versank, ergriff ihn die Reue, der Priester nahm ihm die Hostie wieder aus dem Mund, welche sich, sowie sie des Sünders Zunge berührte, alsbald mit Blut überzogen hatte. Bald darauf stiftete er an der Stätte ein Kloster und wurde selbst als Laie hineingenommen. Noch heute ist der Griff auf dem Eisen zu sehen und von der ganzen Geschichte ein Gemälde vorhanden.

129.
Die drei Alten

Im Herzogtum Schleswig, in der Landschaft Angeln, leben noch Leute, die sich erinnern, nachstehende Erzählung aus dem Munde des vor einiger Zeit verstorbenen, durch mehrere gelehrte Arbeiten bekannten Pastor Oest gehört zu haben; nur weiß man nicht, ob die Sache ihm selbst oder einem benachbarten Prediger begegnet sei. Mitten im 18. Jahrhundert geschah es, daß der neue Prediger die Markung seines Kirchsprengels umritt, um sich mit seinen Verhältnissen genau bekannt zu machen. In einer entlegenen Gegend steht ein einsamer Bauernhof, der Weg führt hart am Vorhof der Wohnung vorbei. Auf der Bank sitzt ein Greis mit schneeweißem Haar und weint bitterlich. Der Pfarrer wünscht ihm guten Abend und fragt: Was ihm fehle? „Ach", gibt der Alte zur Antwort, „mein Vater hat mich so geschlagen." Befremdet bindet der Prediger sein Pferd an und tritt ins Haus, da begegnet ihm auf der Flur ein Alter, noch viel greiser als der erste, von erzürnter Gebärde und in heftiger Bewegung. Der Prediger spricht ihn freundlich an und fragt nach der Ursache seines Zürnens. Der Greis spricht: „Ei, der Junge hat meinen Vater fallen lassen!" Damit öffnet er die Stubentür, der Pfarrer verstummt vor Erstaunen und sieht einen vor Alter ganz zusammengedrückten, aber noch rührigen Greis im Lehnstuhl hinterm Ofen sitzen.

130.
Gottes Speise

Nicht weit von Zwickau im Vogtland hat sich in einem Dorf zugetragen, daß die Eltern ihren Sohn, einen jungen Knaben, in den Wald geschickt, die Ochsen, so allda an der Weide gegangen, heimzutreiben. Als aber der Knabe sich etwas gesäumt, hat ihn die Nacht überfallen, ist auch dieselbe Nacht ein großer, tiefer Schnee herabgekommen, der allenthalben die Berge bedeckt hat, so daß der Knabe vor dem Schnee nicht hat können aus dem Wald gelangen. Und als er auch des folgenden Tages nicht heimkommen, sind die Eltern nicht so sehr der Ochsen, als des Knaben wegen nicht wenig bekümmert gewesen und haben doch vor dem großen Schnee nicht in den Wald dringen können. Am dritten Tag, nachdem der Schnee zum Teil abgeflossen, sind sie hinausgegangen, den Knaben zu suchen, welchen sie endlich gefunden an einem sonnigen Hügel sitzen, an dem gar kein Schnee gelegen. Der Knabe, nachdem er die Eltern gesehen, hat sie angelacht und als sie ihn gefragt, warum er nicht heimgekommen?, hat er geantwortet: Er hätte warten wollen, bis es Abend würde; hat nicht gewußt, daß schon ein Tag vergangen war, ist ihm auch kein Leid widerfahren. Da man ihn auch gefragt, ob er etwas gegessen hätte, hat er berichtet, es sei ein Mann zu ihm kommen, der ihm Käse und Brot gegeben habe. Ist also dieser Knabe sonder Zweifel durch einen Engel Gottes gespeist und erhalten worden.

131.
Sage von Gelimer

Zur Zeit, da die Vandalen Afrika besetzt hatten, war in Karthago ein altes Sprichwort unter den Leuten; daß G. das B., hernach aber B. das G. verfolgen würde. Dieses legte man von Genserich aus, der den Bonifacius, und Belifarius, der den Gelimer überwunden hatte. Dieser Gelimer wäre sogleich gefangen genommen worden, wo sich nicht folgender Umstand zugetragen hätte. Belifarius beauftragte damit den Johannes, in dessen Gefolge sich Uliares, ein Waffenträger, befand. Uliares ersah ein Vöglein auf einem Baume sitzen und spannte den Bogen; weil er aber in Wein berauscht und seiner Sinne nicht recht mächtig war, fehlte er den Vogel und traf seinen Herrn in den Nacken. Johannes starb an der Wunde, und Gelimer hatte Zeit zu fliehen. Gelimer entrann und langte noch denselben Tag bei den Maurusiern an. Belifarius folgte ihm nach und schloß ihn ganz hinten in Numidien auf einem kleinen Berge ein. So wurde nun Gelimer mitten im Winter hart belagert und litt an allem Lebensunterhalt Mangel, denn Brot backen die Maurusier nicht, sie haben keinen Wein und kein Öl, sondern essen, unvernünftigen Tieren gleich, unreifes Korn und Gerste. Da schrieb der Vandalenkönig einen Brief an Pharas, Hüter des griechischen Heeres und bat um drei Dinge: Eine Laute, ein Brot und einen

Schwamm. Pharas fragte den Boten: Warum das?

Der Bote antwortete: „Das Brot will Gelimer essen, weil er keines gesehen, seit er auf dieses Gebirge stieg; mit dem Schwamm will er seine roten Augen waschen, die er die Zeit über nicht gewaschen hat; auf der Laute will er ein Lied spielen und seinen Jammer beweinen." Pharas aber erbarmte sich des Königs und sandte ihm die Bedürfnisse.

132.
Sage von König Authari

Authari, König der Langobarden, sandte nach Bayern zu König Garibald und ließ um dessen Tochter Theodelind (Dietlind) freien. Garibald nahm die Boten freundlich auf und sagte die Braut zu. Auf diese Botschaft hatte Authari Lust, seine Verlobte selbst zu sehen, nahm wenige, aber geprüfte Leute mit und darunter seinen Getreuesten, der als Ältester den ganzen Zug anführen sollte. So langten sie ohne Verzug in Bayern an und wurden dem König Garibald in der Weise anderer Gesandten vorgestellt; der Älteste sprach den üblichen Gruß, hernach trat Authari selbst, der von keinem Bayer erkannt wurde, vor und sprach: „Authari, mein Herr und König, hat mich deshalb hierher gesandt, daß ich seine bestimmte Braut, die unsere Herrin werden soll, schaue und ihm ihre Gestalt genau berichten könne." Auf diese Worte hieß der König seine Tochter kommen, und als sie Authari stillschweigend betrachtet hatte, auch gesehen, daß sie schön war und seinen Augen gefiel, redete er weiter: „Weil ich, o König, deine Tochter so gestaltet sehe, daß sie wert ist, unsere Königin zu werden, möge es dir belieben, daß ich aus ihrer Hand den Weinbecher empfange." Der König gab seinen Willen dazu, Dietlind stand auf, nahm den Becher und reichte zuerst dem zu trinken, der unter ihnen der Älteste zu sein schien; hernach schenkte sie Authari ein, von dem sie nicht wußte, daß er ihr Bräutigam war. Authari trank, und beim Zurückgeben des Bechers rührte er leise mit dem Finger, ohne daß jemand es merkte, Dietlindens Hand an, darauf fuhr er sich selbst mit der Rechten, von der Stirn an über die Nase, das Antlitz herab. Die Jungfrau, vor Scham errötend, erzählte es ihrer Amme. Die

Amme versetzt: „Der dich so anrührte, muß wohl der König und dein Bräutigam selber sein, sonst hätte er es nimmer gewagt: Du aber schweige, daß es dein Vater nicht vernehme; auch ist er so beschaffen von Gestalt, daß er wohl wert scheint, König und dein Gemahl zu heißen."

Authari war schön in blühender Jugend, von gelbem Haar und zierlich von Anblick. Bald darauf empfingen die Gesandten Urlaub beim König und zogen, von den Bayern geleitet, heim. Da sie aber nahe an der Grenze und die Bayern noch in der Gesellschaft waren, richtete sich Authari, soviel er konnte, auf dem Pferde auf und stieß mit aller Kraft ein Beil, das er in der Hand hielt, in einen nahestehenden Baum. Das Beil haftete fest, und er sprach: „Solche Würfe pflegt ein König Authari zu tun!" Aus diesen Worten verstanden die Bayern, die ihn geleiteten, daß er selber der König war.

133.
Die Störche

Als Attila schon lange die Stadt Aquileja belagerte und die Römer hartnäckig widerstanden, fing sein Heer an zu murren und wollte von dannen ziehen. Da geschah es, daß der König im Zweifel, ob er das Lager aufheben oder noch länger harren sollte, um die Mauern der Stadt her wandelte und sah, wie die weißen Vögel, nämlich die Störche, welche in den Giebeln der Häuser nisteten, ihre Jungen aus der Stadt trugen und gegen ihre Gewohnheit auswärts ins Land schleppten. Attila, als ein weiser Mann, rief seine Leute und sprach: „Seht, diese Vögel, die der Zukunft kundig sind, verlassen die bald untergehende Stadt und die einstürzenden Häuser!" Da schöpfte das Heer neuen Mut, und sie bauten Werkzeuge und Mauerbrecher; Aquileja fiel im Sturm und ging in den Flammen auf. Diese Stadt wurde so verheert, daß kaum die Spuren übrig blieben, wo sie gestanden hatte.

134.
Der Fisch auf der Tafel

Theoderich, der Ostgoten König, nachdem er lange Jahre in

Ruhm und Glanz geherrscht hatte, befleckte sich mit einer Grausamkeit am Ende seines Lebens. Er ließ seine treuen Diener Symmachus und den weisen Boethius, auf die Verleumdung von Neidern, hinrichten und ihre Güter einziehen.

Als nun Theoderich wenige Tage darauf zu Mittag aß, geschah es, daß seine Leute den Kopf eines großen Fisches zur Speise auftrugen. Kaum erblickte ihn der König auf der Schüssel liegen, so schien ihm der Kopf der des enthaupteten Symmachus zu sein, wie er die Zähne in die Unterlippe biß und mit verdrehten Augen drohend schaute. Erschrocken und von Fieberfrost ergriffen eilte der König ins Bett, beweinte seine Untat und verschied in kurzer Zeit. Dies war die erste und letzte Ungerechtigkeit, die er begangen hatte, daß er den Symmachus und Boethius verurteilte, ohne wider seine Gewohnheit die Sache vorher untersucht zu haben.

135.
Theoderichs Seele

Zu den Zeiten Theoderichs, Königs der Ostgoten, kehrte ein Mann von einer nach Sizilien getanen Reise wieder nach Italien zurück; sein Schiff, vom Sturm verschlagen, trieb zu der Insel Liparis. Daselbst wohnte ein frommer Einsiedler, und während seine Schiffleute das zerbrochene Gerät wieder einrichteten, beschloß der Mann, hin zu dem Heiligen zu gehen und sich dessen Gebet zu empfehlen. Sobald der Einsiedler ihn und die andern Beleitenden kommen sah, sagte er im Gespräch: „Wißt ihr schon, daß König Theoderich gestorben ist?" Sie antworteten schnell: „Unmöglich, denn wir verließen ihn lebendig und haben nichts dergleichen von ihm gehört." Der Diener Gottes versetzte: „Er ist aber gestorben, denn gestern am Tage um die neunte Stunde sah ich, daß er entgürtet und entschuht, mit gebunden Händen, zwischen Johannes dem Papst und Symmachus dem Patrizier hergeführt und in den Schlund des benachbarten Vulkans gestürzt wurde." Die Leute schrieben sich Tag und Stunde genau, wie sie gehört hatten, auf, reisten heim nach Italien und vernahmen, daß Theoderich gerade zu jener Zeit gestorben war. Und weil er den Papst Johannes im Gefängnis totgemartert und den Patrizier

Symmachus mit dem Schwert enthauptet hatte, so wurde er gerecht von denen ins Feuer geleitet, die er ungerecht in seinem Leben gerichtet hatte.

136.
Totila versucht den Heiligen

Als Totila, König der Goten, vernommen hatte, daß auf dem heiligen Benediktus ein Geist der Weissagung ruhe, brach er auf und ließ seinen Besuch im Kloster ankündigen. Er wollte aber versuchen, ob der Mann Gottes die Gabe der Weissagung wirklich hätte. Einem seiner Waffenträger, namens Riggo, gab er seine Schuhe und ließ ihm königliche Kleider antun; so sollte er sich in Gestalt des Königs dem Heiligen nahen. Drei andere Herren aus dem Gefolge, Wulderich, Ruderich und Blindin, mußten ihn begleiten, seine Waffen tragen und sich nicht anders anstellen, als ob er der wahre König wäre. Riggo begab sich nun in seinem prächtigen Gewande unter dem Zulaufen vieler Leute in das Münster, wo der Mann Gottes in der Ferne saß. Sobald Benediktus den Kommenden in der Nähe, daß er von ihm gehört werden konnte, sah, rief er aus: „Lege ab, mein Sohn, lege ab, was du trägst, ist nicht dein!" Riggo sank zu Boden vor Schrecken, daß er sogleich entdeckt worden war, und alle seine Begleitung beugte sich mit ihm. Darauf erhoben sie sich wieder, wagten aber nicht, dem Heiligen näher zu gehen, sondern kehrten zitternd zu ihrem König zurück mit der Nachricht, wie ihnen geschehen wäre. Nunmehr machte sich Totila selbst auf und beugte sich vor dem in der Weite sitzenden Benediktus nieder. Dieser trat hinzu, hob den König auf, tadelte ihn über seinen grausamen Heereszug und verkündete ihm in wenig Worten die Zukunft: „Du tust viel Böses und hast viel Böses getan; jetzt laß ab vom Unrecht! Du wirst in Rom einziehen, über das Meer gehen, neun Jahre herrschen und im zehnten sterben." Totila erschrak heftig, beurlaubte sich von dem Heiligen und war seitdem nicht mehr so grausam.

137.
Der blinde Sabinus

Der Bischof Sabinus hatte vor hohem Alter das Licht der Augen verloren und war ganz blind. Da nun Totila von diesem Mann hörte, daß er weissagen könne, wollte er es nicht glauben, sondern selbst prüfen. Bei seiner Ankunft in jener Gegend lud der Mann Gottes den König zum Gastmahl ein. Totila wollte nicht speisen, sondern setzte sich zur Rechten des Greises. Als darauf ein Diener dem Sabinus den Weinbecher reichen wollte, streckte der König seine Hand stillschweigend aus, nahm den Kelch und reichte ihn mit seiner eigenen Hand, statt des Knaben, dem Bischof hin. Dieser empfing ihn, sagte aber: „Heil dieser Hand!" Totila, errötend über seine Entdeckung, freute sich, gefunden zu haben, was er suchte.

Dieser Sabinus brachte sein Leben weit hinauf, so daß endlich sein Archidiakonus, aus Begierde, ihm als Bischof zu folgen, den frommen Mann zu vergiften trachtete. Er gewann den Weinschenken, daß er ihm Gift in den Kelch mischte, und bestach den Knaben, der dem Sabinus bei dem Mittagsmahl den Trank zu reichen pflegte. Der Bischof sprach auf der Stelle zum Knaben: „Trinke du selbst, was du mir reichst." Zitternd wollte der Knabe doch lieber trinken und sterben, als die Qualen leiden, die auf einen solchen Menschenmord standen. Wie er aber den Becher eben an den Mund setzte, hielt ihn Sabinus zurück und sprach: „Trinke nicht, sondern reiche mir, ich will trinken; geh aber hin und sage dem, der dir es gab: Daß ich tränke und er doch nicht Bischof werden würde." Hierauf machte der Bischof das Zeichen des Kreuzes und trank ohne Gefahr. Zur selben Stunde sank der Archidiakonus tot zu Boden, als ob das Gift in seine Eingeweide durch des Bischofs Mund gelaufen wäre.

138.
Alboin wird dem Auboin tischfähig

Als Alboin, Auboins Sohn, siegreich vom Feldzug gegen die Gepiden heimkehrte, wollten die Langobarden, daß er auch seines Vaters Tischgenoß würde. Auboin aber verwarf dies, weil nach der

Gewohnheit des Volks der Königssohn nicht eher mit dem Vater speisen dürfe, bis er von einem auswärtigen König gewaffnet worden sei. Sobald dies Alboin hörte, ritt er, nur von vierzig Jünglingen begleitet, zu Thurisend, dem Gepidenkönig, dessen Sohn Thurimod er eben erlegt hatte, und erzählte ihm, welcher Ursache er käme. Thurisend nahm ihn freundlich auf, lud ihn zu Gast und setzte ihn zu seiner Rechten an der Mahlzeit, wo sonst sein Sohn zu sitzen pflegte. Als nun Thurisend so saß und seines Sohnes Mörder neben sich erblickte, seufzte er vor Schmerz und sprach: „Der Platz ist mir lieb, aber der Mann leid, der jetzt darauf sitzt." Durch diese Worte gereizt, hub der andere Sohn Thurisens an, der Langobarden zu spotten, weil sie unterhalb der Waden weiße Binden trügen, und verglich sie mit Pferden, deren Füße bis an die Schenkel weiß sind: „Das sind ekelhafte Mähren, denen ihr gleicht." Einer der Langobarden versetzte hierauf: „Komm mit ins Asfeld, da kannst du sehen, wie gut die, welche du Mähren nennst, mit den Hufen schlagen; da liegen deines Bruders Gebeine, wie die eines elenden Gauls, mitten auf der Wiese." Die Gepiden gerieten dadurch in Wut und wollten sich rächen, augenblicklich faßten alle Langobarden ihre Degengriffe. Der König aber stand vom Tische auf, warf sich in ihre Mitte und bedrohte den, welcher zuerst den Streit anheben würde: Der Sieg mißfalle Gott, wenn man in seinem eigenen Hause den Feind erlege. So beschwichtigte er den Zank, nahm nach vollbrachtem Mahl die Waffen seines Sohnes Thurimod und übergab sie dem Alboin. Dieser kehrte in Frieden zu seinem Vater heim und wurde nun dessen Tischgenoß. Er erzählte alles, was ihm bei den Gepiden begegnet war, und die Langobarden lobten mit Bewunderung sowohl Alboins Wagstück als Thursends große Treue.

139.
Die Sachsen und die Thüringer

Die Sachsen zogen aus und kamen mit ihren Schiffen an den Ort, der Hadolava heißt, da waren ihnen die Landeseinwohner, die Thüringer, zuwider und stritten heftig. Allein die Sachsen behaupteten den Hafen, und es wurde ein Bund geschlossen: Die Sachsen sollten kaufen und verkaufen können, was sie beliebten, aber abstehen vom Menschenmord und Länderraub. Dieser Friede wurde nun auch viele Tage gehalten. Als aber den Sachsen Geld fehlte, dachten sie, das Bündnis wäre unnütz. Da geschah, daß einer ihrer Jünglinge aus den Schiffen ans Land trat, mit vielem Gold beladen, mit güldenen Ketten und güldenen Spangen. Ein Thüringer begegnete diesem und sprach: „Was trägst du so viel Gold an deinem ausgehungerten Halse?" – „Ich suche Käufer", antwortete der Sachse, „und trage dieses Gold bloß des Hungers halber, den ich leide; wie sollte ich mich an Gold vergnügen?" Der Thüringer fragte: „Was es gelten solle?" Hierauf sagte der andere: „Mir liegt nichts daran, du sollst mir geben, was du selbst magst." Lächelnd erwiderte jener: „So will ich dir dafür deinen Rock mit Erde füllen"; denn es lag an dem Ort gerade viel Erde angehäuft. Der Sachse hielt also seinen Rock auf, empfing die Erde und gab das Gold hin; sie gingen voneinander, ihres Handels beide froh. Die Thüringer lobten den ihrigen, daß er um so schlechten Preis so vieles Gold erlangt; der Sachse aber kam mit der Erde zu den Schiffen und rief, da ihn etliche töricht schalten, die Sachsen ihm zu folgen auf; bald würden sie seine Torheit gutheißen. Wie sie ihm nun nachfolgten, nahm er Erde, streute sie fein dünne auf die Felder aus und bedeckte einen großen Raum. Die Thüringer aber, welche das sahen, schickten Gesandte und klagten über Friedensbruch. Die Sachsen ließen sagen: „Den Bund haben wir jederzeit und heilig gehalten, das Land, das wir mit unserm Gold erworben, wollen wir ruhig behalten oder es mit den Waffen verteidigen." Hierauf verwünschten die Einwohner das Gold, und den sie kürzlich gepriesen hatten, hielten sie für ihres Unheils Ursächer. Die Thüringer rannten nun zornig auf die Sachsen ein, die Sachsen aber behaupteten durch das Recht des Krieges das umliegende Land. Nachdem von beiden Teilen lange und heftig gestritten war und die Thüringer unterlagen, so kamen sie überein: An einem bestimmten Ort, jedoch ohne Waffen, des neuen Friedens wegen zusammenzugehen. Bei den Sachsen nun war es hergebrachte Sitte, große Messer zu tragen, wie die Angeln es noch tun, und diese nahmen sie unter ihren Kleidern auch mit in die Versammlung. Als die Sachsen ihre Feinde so wehrlos und ihre Fürsten alle gegenwärtig sahen, achteten sie die Gelegenheit für gut, um sich des ganzen Landes zu bemächtigen, überfielen die Thüringer unversehens mit ihren Messern und erlegten sie alle, daß auch nicht einer überblieb. Dadurch erlangten die Sachsen großen Ruf, und die benachbarten Völker huben sie zu fürchten an. Und verschiedene leiten den Namen von der Tat ab, weil solche Messer in ihrer Sprache Sachse hießen.

140.
Die Fliege vor dem Fenster

Als der Lombardenkönig Kunibert mit seinem Stallmeister Rat pflog, wie er Aldo und Grauso umbringen möchte, siehe, da saß an dem Fenster, vor dem sie standen, eine große Schmeißfliege. Kunibert nahm sein Messer und hieb nach ihr; aber er traf nicht recht und schnitt ihr bloß einen Fuß ab. Die Fliege flog fort. Aldo und Grauso, nichts ahnend von dem bösen Ratschlag, der gegen sie geschmiedet worden war, wollten eben in die königliche Burg gehen, und nahe bei der Romanuskirche kam ihnen entgegen ein Hinkender, dem ein Fuß abgehauen war und sprach: „Gehet nicht zu König Kunibert, sonst werdet ihr umgebracht." Erschrocken flohen jene in die Kirche und bargen sich hinter dem Altar. Es wurde aber bald dem König hinterbracht, daß sich Aldo und Grauso in die Kirche geflüchtet hätten. Da warf Kunibert Verdacht auf seinen Stallmeister, er möchte den Anschlag verraten haben; der antwortete: „Mein Herr und König, wie vermag ich das, der ich nicht aus deinen Augen gewichen bin, seit wir das ratschlagten." Der König sandte nach Aldo und Grauso und ließ fragen: „Aus was Ursache sie zu dem heiligen Ort geflüchtet wären?" Sie versetzten: „Weil uns gesagt worden ist, der König wolle uns umbringen." Und von neuem sandte der König und ließ sagen: „Wer ihnen das gesagt hätte? und nimmermehr würden sie Gnade finden, wo sie nicht den Verräter offenbaren wollten." Da erzählten jene, wie es sich zugetragen hatte, nämlich: „Es sei ihnen ein hinkender Mann begegnet, dem ein Bein bis ans Knie gefehlt und der an dessen Stelle ein hölzernes gehabt hätte; der habe ihnen das bevorstehende Unheil vorausverkündigt." Da erkannte der König, daß die

Fliege, der er das Bein abgehauen, ein böser Geist gewesen war und seinen geheimen Anschlag hernach verraten hatte. Er gab dem Aldo und Grauso darauf das Wort, daß sie aus der Kirche gehen könnten und ihre Schuld verziehen sein sollte und zählte sie von der Zeit an unter seine getreuen Diener.

141.
Walther im Kloster

Nachdem er viele Kriegstaten in der Welt verrichtet hatte und hochbejahrt war, dachte Held Walther seiner Sünden und nahm sich vor, durch ein strenges, geistliches Leben die Verzeihung des Himmels zu erwerben. Sogleich suchte er sich einen schönen Stab aus, ließ oben an die Spitze mehrere Ringe und in jeden Ring eine Schelle heften; darauf zog er ein Pilgrimkleid an und durchwanderte so fast die ganze Welt. Er wollte aber die Weise und Regel aller Mönche genau erforschen und ging in jedes Kloster ein; wenn er aber in die Kirche getreten war, pflegte er zwei- oder dreimal mit seinem Stabe hart auf den Boden zu stoßen, daß alle Schellen klangen; hierbei prüfte er nämlich den Eifer des Gottesdienstes. Als er nun einmal in das Kloster Novalefe gekommen war, stieß er auch hier, seiner Gewohnheit nach, den Pilgerstab hart auf den Boden. Einer der Kirchenknaben drehte sich rückwärts um, um zu sehen, was so erklänge; alsbald sprang der Schulmeister zu und gab dem Zögling eine Maulschelle. Da seufzte Walther und sprach: „Nun bin ich schon lange und viele Tage durch die Welt gewandert und habe dergleichen nicht finden können." Darauf meldete er sich bei dem Abt, bat um Aufnahme ins Kloster und legte das Kleid dieser Mönche an; auch wurde er nach seinem Willen zum Gärtner des Klosters bestellt. Er nahm zwei lange Seile und spannte sie durch den Garten, eins der Länge und eins der Quere nach; in der Sommerhitze hing er alles Unkraut darauf, die Wurzeln gegen die Sonne, damit sie verdörren und nicht wieder lebendig werden sollten.

Es war aber in dem Kloster ein hölzerner Wagen, überaus schön gearbeitet, auf den man nichts anderes legte als eine große, oben mit einer hellautenden Schelle versehene Stange. Diese Stange wurde zuweilen aufgesteckt, so daß sie jedermann sehen und den Klang hören konnte. Alle Höfe und Dörfer des Klosters hatten nun auch ihre Wagen, auf denen der Mönche Dienstleute Korn und Wein zufuhren; jener Wagen mit der Stange fuhr dann voraus, und hundert oder fünfzig andere Wagen folgten nach, und jedermann erkannte daran, daß der Zug dem berühmten Kloster Novalefe gehörte. Und da war kein Herzog, Graf, Herr oder Bauer, der gewagt hätte, ihn zu beschädigen; ja die Kaufleute auf den Jahrmärkten sollen ihren Handel nicht eher eröffnet haben, als bis sie erst den Schellenwagen heranfahren sahen. Als diese Wagen einmal beladen zum Kloster zurückkehrten, stießen sie auf des Königs Leute, welche die königlichen Pferde auf einer Wiese weideten. Diese sahen kaum so viel Güter in das Kloster fahren, als sie übermütig darauf herfielen und alles wegnahmen. Die Dienstleute widersetzten sich vergeblich, ließen aber, was geschehen war, augenblicklich dem Abt und den Brüdern kundtun. Der Abt versammelte das ganze Kloster und berichtete die Begebenheit. Der Vorsteher der Brüderschaft war damals einer namens Afinarius, von Herkunft ein Franke, ein tugendhafter, verständiger Mann. Dieser, auf Walthers Rat, man müsse zu den Räubern kluge Brüder absenden und ihnen die Sache gehörig vorstellenlassen, sagte sogleich: „So sollst du, Walther, schnell dahin gehen, denn wir haben keinen klügeren, weiseren Bruder." Walther aber, der sich wohl bewußt war, er werde den Trotz und Hochmut jener Leute nicht ertragen können, versetzte: „Sie werden mir mein Mönchskleid ausziehen." – „Wenn sie dir dein Kleid ausziehen", sprach Afinarius, „so gib ihnen noch die Kutte dazu und sage, so sei dir es von den Brüdern befohlen." Walther sagte: „Wie soll ich mit dem Pelz und Unterkleid verfahren?" – „Sag", versetzte der ehrwürdige Vater, „es sei von den Brüdern befohlen worden, sich auch diese Stücke nehmen zu lasen." Darauf setzte Walther hinzu: „Zürne mir nicht, daß ich weiter frage: wenn sie auch mit den Hosen tun wollen wie mit dem übrigen?" „Dann", antwortete der Abt, „hast du deine Demut schon hinlänglich bewiesen; denn in Ansehung der Hosen kann ich dir nicht befehlen, daß du sie ihnen lassest."

Hiermit war Walther zufrieden, ging hinaus und fragte die Klosterleute: Ob hier ein Pferd wäre, auf dem man im Notfall einen

Kampf wagen dürfe? „Es sind hier gute, starke Karrengäule", antworteten jene. Schnell ließ er sie herbeiführen, bestieg einen und spornte ihn, und dann einen zweiten, verwarf sie aber beide und nannte ihre Fehler. Dann erinnerte er sich eines guten Pferdes, das er einst ins Kloster gebracht habe, und frug, ob es noch lebendig wäre? „Ja, Herr", sagten sie, „es lebt noch, ist aber ganz alt und dient bei den Bäckern, denen es täglich Korn in die Mühle trägt und wieder holt." Walther sprach: „Führt es mir vor, damit ich es selber sehe." Als es herbeigebracht wurde und er daraufgestiegen war, rief er aus: „Oh, dieses Roß hat die Lehren noch nicht vergessen, die ich ihm in meinen jungen Jahren gab." Hierauf beurlaubte sich Walther von dem Abt und den Brüdern, nahm nur zwei oder drei Knechte mit und eilte zu den Räubern hin, die er freundlich grüßte und ermahnte, von dem Unrecht abzustehen, das sie den Dienern Gottes zugefügt hätten. Sie aber wurden desto zorniger und aufgeblasener und zwangen Walthern, das Kleid auszuziehen, welches er trug. Geduldig litt er alles und sagte, daß ihm so befohlen worden sei. Nachdem sie ihn ausgezogen hatten, fingen sie an, auch seine Schuhe und Schienen aufzulösen; bis sie an die Hosen kamen, sprach Walther: Das sei ihm nicht befohlen. Sie aber antworteten: Was die Mönche befohlen hätten, daran wäre ihnen gar nichts gelegen. Walther hingegen sagte: Ihm stehe das auch nicht länger an; und wie sie Gewalt brauchen wollten, machte er unvermerkt seinen Steigbügel los und traf damit einen Kerl solcher Gestalt, daß er für tot niedersank, ergriff dessen Waffen und schlug damit rechts und links um sich. Darnach schaute er und sah neben sich ein Kalb auf dem Grase weiden, sprang zu, riß ihm ein Schulterblatt aus und schlug damit auf die Feinde los, welche er durch das ganze Feld hin trieb. Einige erzählen, Walther habe demjenigen, der sich am frechsten erzeigt und gerade gebückt habe, um ihm die Schuhe abzubinden, mit der Faust einen solchen Streich über den Hals versetzt, daß ihm das zerbrochene Halsbein sogleich in den Schlund gefallen sei. Als er nun viele erschlagen hatte, machten sich die übrigen auf die Flucht und ließen alles im Stich. Walther aber bemächtigte sich nicht nur des eigenen, sondern auch des fremden Gutes und kehrte mit reicher Beute beladen ins Kloster zurück.

Der Abt empfing ihn seufzend und schalt ihn heftig aus. Walther aber ließ sich eine Buße auflegen, damit er sich nicht leidlich über eine solche Tat freuen möge, die seiner Seele verderblich war. Er soll indessen, wie einige versichern, dreimal so mit den einbrechenden Heiden gekämpft und sie schimpflich von den Gefilden des Klosters zurückgetrieben haben.

Ein andermal fand er die Pferde Königs Desiderius auf der Klosterwiesen, namens Mollis, weiden und das Gras verwüsten, verjagte die Hüter und erschlug viele derselben. Auf dem Rückwege, vor Freude über diesen Sieg, schlug er mit geballter Faust zweimal auf eine neben dem Weg stehende steinerne Säule und hieb das größte Stück davon herunter, daß es zu Boden fiel. Daselbst heißt es bis auf heutigen Tag noch Walthers Schlag oder Hieb.

Dieser berühmte Held Graf Walther starb uralt im Kloster, wo er sich selbst noch sein Grab auf einem Berggipfel sorgfältig gehauen hatte. Nach seinem Ableben wurden er und Rathald, sein Enkel, hineinbestattet. Dieser Rathald war der Sohn Rathers, des Sohnes Walthers und Hildgundens. Des Rathalds Haupt hatte einst eine Frau, die betenshalber zu der Grabstätte gekommen war, heimlich mitgenommen und auf ihre Burg gebracht. Als eines Tages Feuer in dieser Burg ausbrach, erinnerte sie sich des Hauptes, zog es heraus und hielt es der Flamme entgegen. Alsobald erlosch die Feuersbrunst. Nach dem letzten Einbruch der Heiden und bevor der heilige Ort wieder erbaut wurde, wußte niemand von den Einwohnern mehr, wo Walthers Grab war. Dazumal lebte in der Stadt Segusium eine sehr alte Witwe, namens Petronilla, gebückt am Stabe einhergehend und wenig mehr sehend aus ihren Augen. Dieser hatten die Heiden ihren Sohn Maurinus gefangen weggeführt, und über dreißig Jahre mußte er bei ihnen dienen. Endlich aber erlangte er die Freiheit und wanderte in seine Heimat zurück. Er fand seine Mutter vom Alter beinahe verzehrt; sie pflegte sich täglich auf einem Felsen bei der Stadt an der Sonne zu wärmen, und die Leut gingen oft zu ihr und fragten nach den Altertümern; sie wußte ihnen mancherlei zu erzählen, zumal vom novalesischen Kloster, viele unerhörte Dinge, die sie teils noch gesehen, teils von ihren Eltern vernommen hatte. Eines Tages ließ sie sich wiederum von einigen Männern herumführen, denen wies sie Walthers Grab, das man nicht mehr kannte, so wie sie es von ihren Vorfahren gehört hatte; wiewohl ehemals keine Frau gewagt hätte, diese Stätte zu betreten. Auch erzählte sie, wieviel Brunnen ehemals hier gewesen. Die Nachbarsleute behaupteten, gedachte Frau sei beinahe zweihundert Jahre alt gewesen.

142.
Der Kirchenkrug

Als Chlodowich mit seinen Franken noch im Heidentum lebte und den Gütern der Christen nachstellte, geschah es, daß sie auch aus der Kirche zu Reims einen großen, schweren und zierlichen Krug raubten. Der heilige Remig sandte aber einen Boten an den König und flehte, daß, wenngleich das übrige Unrecht nicht wieder gutgemacht werden sollte, wenigstens dieser Krug zurückgegeben würde. Der König befahl dem Boten, ihm nach Soissons zu folgen, wo die ganze Beute durch Los geteilt werden sollte: „Weist mir dann das Los dieses Gefäß zu, warum du bittest, so magst du es gern zurücknehmen." Der Bote gehorsamte, ging mit an den bestimmten Ort, wo sie kaum angelangt waren, als auf Befehl des Königs alles gewonnene Gerät herbeigetragen wurde, um es zu verlosen. Weil aber Chlodowich fürchtete, der Krug könnte einem andern als ihm zufallen, berief er seine Dienstmänner und Genossen und bat sich von ihnen zur Gefälligkeit aus, daß sie ihm jenen Krug, außer seinem Losteil an der Beute, besonders zuweisen möchten. Die Franken ersetzten: „Wem sie ihr Leben widmeten, sollten sie auch nichts anderes absagen." Und alle waren es zufrieden, bis auf einen, der sich erhob, mit seinem Schwert den Krug in Scherben schlug und sagte: „Du sollst weiter nichts haben, König, als was dir das gerechte Los zuteilt." Alle staunten ob des Mannes Kühnheit; der König aber verstellte seinen Zorn und übergab das zerbrochene Gefäß dem Boten des Bischofs. – Ein Jahr darauf befahl der König, das Heer auf dem Märzfeld zu versammeln, und jeder sollte so gewaffnet erscheinen, daß er gegen den Feind streiten könne. Als sich nun jedermann in glänzenden Waffen darstellte und Chlodowich alle musterte, kam er zu dem, der mit dem Schwert den Krug zerschlagen hatte, sah ihn an und sprach: „Im ganzen Heer ist kein Feiger wie du; dein Spieß und Helm, Schild und Schwert sind unnütz und schlecht." Mit diesen Worten streckte er die Hand nach des Kriegers Schwert und warf es auf den Boden hin. Als sich nun jener bückte, das Schwert aufzuheben, zog der König seines, stieß es ihm heftig in den Nacken und sprach: „So hast du mir zu Soissons mit dem Kruge getan!" Auf diese Weise blieb der Krieger tot, der König hieß die übrigen heimziehen und stand seitdem in viel größerer Furcht bei allen Franken, daß ihm keiner zu widerstreben wagte.

143.
Krothilds Verlobung

Dem König Chlodowich hatten seine Botschafter von der Schönheit Krothildens, die am burgundischen Königshofe lebte, vieles erzählt. Er sandte also Aurelian, seinen Busenfreund, mit Gaben und Geschenken ab an die Jungfrau, daß er ihre Gestalt genauer erkundige, ihr des Königs Willen offenbare und ihre Neigung erforsche. Aurelian gehorchte, machte sich auf nach Burgund, und wie er bald an die königliche Burg gelangt war, hieß er seine Gesellen sich in einem nahen Wald bergen. Er selbst aber nahm das Kleid eines Bettlers an, begab sich nach dem Hof und forschte, wie er mit seiner künftigen Herrin ein Gespräch halten könnte. Dazumal war Burgund schon christlich, Franken aber noch nicht. Krothild ging nun, weil es eben Sonntag war, in die Messe, ihr Gebet zu verrichten; und Aurelian stellte sich zu den übrigen Bettlern vor die Türe hin und wartete, bis sie herauskäme. Wie also die Messe vorüber war, trat die Jungfrau aus der Kirche und gab, der Sitte nach, den Armen Almosen. Aurelian näherte sich und bettelte. Als ihm nun Krothild einen Goldgulden reichte, erfaßte er ihre bloße Hand unter dem Mantel hervor und drückte sie an seinen Mund zum Kuß. Mit jungfräulicher Schamröte übergossen, ging sie in ihre Wohnung, sandte aber bald eine ihrer Frauen, daß sie ihr den vermeintlichen Bettler zuführte. Bei seiner Ankunft frug sie: „Was fiel dir ein, Mann, daß du beim Empfangen des Almosens meine Hand vom Mantel entblößest und küßest?" Aurelian mit

Übergehung der Frage sagte folgendes: „Mein Herr, der Frankenkönig, hat von deiner Herrlichkeit gehört und begehrt dich zur
Gemahlin; hier ist sein Ring, samt anderm Schmuck des Verlöbnis."
Wie er sich aber wandte, den Sack zu langen, den er neben die Tür
gelegt hatte und aus dem er die Brautgaben nehmen wollte, war
der Sack heimlich gestohlen. Aus angestellter Untersuchung wurde
er dennoch wieder entdeckt und dem Gast zugestellt, der nun, der
geschehenen Verlobung sicher und gewiß, die Gaben der Jungfrau
zustellte. Sie aber sprach dieses: „Nicht ziemt es einer Christenfrau,
einen Heidenmann zu nehmen; fügt es jedoch der Schöpfer, daß er
durch mich bekehrt werde, so weigere ich mich nicht seinem
Gesuch, sondern des Herrn Wille geschehe." Die Jungfrau bat aber:
„Alles, was sie gesagt, geheim zu halten", und hinterlegte den Ring,
den ihr Chlodowich gesandt hatte, in ihres Onkels Schatzkammer.

144.
Der schlafende König

Der fränkische König Guntram war eines gar guten, friedlieben-
den Herzens. Einmal war er auf die Jagd gegangen, und seine
Diener hatten sich hierhin und dahin zerstreut; bloß ein einziger,
sein liebster und getreuester, blieb noch bei ihm. Da befiel den
König große Müdigkeit; er setzte sich unter einen Baum, neigte das
Haupt in des Freundes Schoß und schloß die Augenlider zum
Schlummer. Als er nun entschlafen war, schlich aus Guntrams
Munde ein Tierlein hervor in Schlangenweise, lief fort bis zu einem
nahe fließenden Bach, an dessen Rand stand es still und wollte
gern hinüber. Das hatte alles des Königs Gesell, in dessen Schoß er
ruhte, mit angesehen, zog sein Schwert aus der Scheide und legte
es über den Bach hin. Auf dem Schwerte schritt nun das Tierlein
hinüber und ging hin zum Loch eines Berges, dahinein schloß es.
Nach einigen Stunden kehrte es zurück und lief über die nämliche
Schwertbrücke wieder in den Mund des Königs.

Der König erwachte und sagte zu seinem Gesellen: „Ich muß dir
meinen Traum erzählen und das wunderbare Gesicht, das ich
gehabt. Ich erblickte einen großen, großen Fluß, darüber war eine
eiserne Brücke gebaut; auf der Brücke gelangte ich hinüber und

ging in die Höhle eines hohen Berges; in der Höhle lag ein unsäglicher Schatz und Hort der alten Vorfahren." Da erzählte ihm der Gesell alles, was er unter der Zeit des Schlafes gesehen hatte und wie der Traum mit der wirklichen Erscheinung übereinstimmte. Darauf ward an jenem Ort nachgegraben und in dem Berg eine große Menge Goldes und Silbers gefunden, das vor Zeiten dahin verborgen war.

145.
Die Schere und das Schwert

Als Krothild, die alte Königin, sich der verwaisten Kinder Chlodomers, ihres Sohnes, annahm und sie zärtlich liebte, sah das mit Neid und Furcht König Childebert, ihr anderer Sohn; und er wollte nicht, daß sie mit der Gunst ihrer Mutter einmal nach dem Reich streben möchten. Also sandte er insgeheim an König Chlotar, seinen dritten Bruder: „Unsere Mutter hält die Kinder unseres Bruders bei sich und denkt ihnen das Reich zu; komm schnell nach Paris. Auf daß wir überlegen, was ratsamer zu tun sei: Entweder ihnen das Haupthaar zu scheren, daß sie für gemeines Volk angesehen werden, oder sie zu töten und unseres Bruders hinterlassenes Reich unter uns zu teilen." Chlotar freute sich der Botschaft, ging in die Stadt Paris und ratschlagte. Darauf beschickten sie vereint ihre Mutter und ließen ihr sagen: „Sende uns die beiden Kleinen, damit sie eingesetzt werden in ihre Würde." Denn es hatte auch Childebart öffentlich geprahlt, als wenn er mit Chlotar darum zusammenkomme, um die Knaben im Reich zu bestätigen. Crothild, erfreut und nichts Arges ahnend, gab den Kindern zu essen und zu trinken und sprach: „Den Tod meines Sohnes will ich verschmerzen, wenn ich euch an seine Stelle erhoben sehen werde." Die Knaben gingen also hin, wurden sogleich ergriffen, von ihren Spieldienern und Erziehern abgesondert und gefangen gehalten.

Darauf sandten Childebert und Chlotar einen Boten zur alten Königin mit einer Schere und mit einem entblößten Schwert. Der Bote kam und zeigte ihr beiderlei mit den Worten: „Durchlauchtigste Königin! Deine Söhne, meine Herren, verlangen deine Meinung zu wissen, was mit den beiden Kindern zu tun sei: Ob sie mit abgeschnittenen Haaren leben oder vom Leben zum Tod zu bringen seien?" Da erschrak die unglückliche Großmutter und zürnte, und das bloße Schwert und die Schere ansehend, sprach sie: „Lieber will ich, wenn ihnen das Reich doch nicht werden soll, sie tot sehen als geschoren." – Bald darauf wurden die Knaben getötet.

146.
Remig umgeht sein Land

Chlodowich, der Frankenkönig, schenkte dem heiligen Remigius, Bischof zu Reims, soviel Land, als er umgehen würde, solange der König den Mittagsschlaf hielte. Also machte sich der heilige Mann auf und steckte die Grenzen ab durch Zeichen, die man noch heutigestag sieht. Da er nun vor einer Mühle vorüberkam und sie in seinen Besitz schließen wollte, trat der Müller hervor, wies ihn ab und sprach ein dagegen, daß er ihn in seine Grenzen mitbegriffe. Sanft redete der Mann Gottes ihm zu: „Freund, laß dich es nicht verdrießen, wir wollen die Mühle zusammen haben." Der Müller beharrte bei seiner Weigerung; alsbald fing das Mühlrad an, sich verkehrt umzudrehen. Da rief er dem Heiligen nach: „Komm, Diener Gottes, und laß uns die Mühle zusammen haben." Remig antwortete: „Weder ich noch du sollen sie haben." Von der Zeit an wich daselbst der Erdboden, und es entstand eine solche Untiefe, daß an dem Ort niemand mehr eine Mühle haben konnte. Remig schritt weiter fort und gelangte an einen kleinen Wald; da waren wieder Leute und wollten nicht, daß er ihn einschlösse in seine Begrenzung. Der Heilige sprach: „So soll nimmermehr ein Blatt von eurem Wald über meine Grenze fliegen, die ganz hart daran belief, und kein Ast auf meine Grenze fallen!" Alles das traf hernach ein und blieb, solange der Wald dauerte. Endlich kam Remig an einem Dorfe vorüber, Caviniac (Chavignon) mit Namen, und wollte es in seinen Strich eingrenzen. Die Einwohner wiesen ihn gleichfalls zurück, wie er bald näher kam, bald wieder ferner ging und die noch jetzt sichtbaren Zeichen einsteckte; zuletzt rief er ihnen zu: „Ihr werdet harte Arbeit zu tun haben und in Dürftigkeit leben!", welches alles in der Folge der Zeit so erfüllt wurde. – Wie aber der König aus dem Mittagsschlaf erstand, gewährte er durch königliche Schenkung dem heiligen Bischof für seine Kirche alles Land, das er in den Kreis seines Umgangs eingeschlossen hatte.

147.
Sage von Attalus, dem Pferdeknecht, und Leo, dem Küchenjungen

Zur Zeit, als Theoderich und Childebert, die Frankenkönige, in Hader und Zwietracht lebten und viele edle Söhne zu Geiseln gegeben oder in Knechtschaft gebracht wurden, trug sich auch folgende Begebenheit zu.

Attalus, von guter Abkunft und ein naher Verwandter des heiligen Gregor, geriet in die Dienstschaft eines Franken, im trierischen Gebiet, und wurde zum Pferdewärter bestellt. Der Bischof Gregor, um sein Schicksal besorgt, sandte Boten aus, die ihn aufsuchen sollten, endlich auch fanden und seinem Herrn Gaben anboten, um Attalus freizukaufen. Der Mann verwarf sie aber und sprach: „Einer von solcher Geburt muß losgekauft werden mit zehn Pfunden Goldes." Also kamen die Abgesandten unverrichteter Dinge wieder heim zu Gregor; aber Leo, einer seiner Küchendiener, sprach: „Wofern Ihr mir erlauben wollet, ihn aufzusuchen, könnte ich ihn vielleicht aus der Gefangenschaft erledigen." Der Bischof war froh und gestattete es ihm; da kam auch Leo an jenen Ort und suchte den Knaben heimlich fortzuschaffen, allein er konnte nicht. Darauf verabredete er sich mit einem andern Manne und sprach: „Komm mit mir dahin und verkaufe mich dem Hause des Franken; der Preis, den du empfängst, soll dein Gewinn sein." Der Mann tat es und schlug ihn zu zwölf Goldgulden los; der Käufer aber fragte den Knecht: Welchen Dienst er verstünde? „In Zubereitung aller Dinge, die auf der Herren Tische gegessen werden, bin ich gar geschickt und befürchte nicht, daß einer mich darin übertreffe; denn selbst königliche Gerichte kann ich bereiten, wenn du dem König ein Gastmahl geben wolltest." Jener antwortete: „Nächsten Sonntag werden meine Nachbarn und Freunde zu mir eingeladen werden; da sollst du ein Mahl zurichten, daß alle sagen, in des Königs Hause hätten sie Besseres nicht gefunden." Leo sagte: „Mein Herr lasse mir nur eine Menge junger Hähne bringen, so will ich den Gebot schon erfüllen." Als nun das geschehen war, stellte er auf den Sonntag ein solches und dermaßen köstliches Essen her, daß alle Gäste nicht genug loben konnten. Die Freunde des Herrn kehrten nach Haus zurück, der Herr aber schenkte dem Küchenknecht seine Gunst und gab ihm Gewalt und Aufsicht über alle seine Vorräte. So verlief ein Jahr, und der Herr liebte ihn immer mehr und setzte alles Vertrauen auf ihn. Einmal ging nun Leo auf die Wiese, nahe beim Haus, wo Attalus der Pferde wartete, und fing an mit ihm zu reden; und sie legten sich weit voneinander auf die Erde, mit sich zugedrehten Rücken, damit niemand mutmaßen möchte, daß sie zusammen sprächen. „Zeit ist es", sagte Leo, „daß wir an unser Vaterland denken; ich mahne dich, wenn du heute nacht die Pferde in den Stall gebracht hast, so laß dich nicht vom Schlaf bewältigen, sondern sei munter, wenn ich dich rufe, daß wir uns alsobald fortmachen können." Der Franke hatte aber wieder viele Verwandte und Freunde zu Gast geladen, unter andern den Schwiegersohn, der mit seiner Tochter verheiratet war. Als sie nun um Mitternacht aufstiegen und schlafen gehen wollten, reichte Leo seines Herrn Schwiegersohn einen Becher zu trinken. Der scherzte und sprach: „Wie, Leo? Möchtest du wohl mit deines Herrn Pferden durchgehen und wieder in deine Heimat?" Er antwortete gleichsam scherzweise die Wahrheit und sagte: „Ja, heute nacht, wenn es Gottes Wille ist." – „Wenn mich nur", erwiderte der Schwiegersohn, „meine Leute gut bewachen, daß du nichts von meinen Sachen mit entführst." So im Lachen schieden sie voneinander. Wie aber alle entschlafen waren, rief Leo den Attalus aus dem Bett. „Hast du ein Schwert?" – „Nein, bloß einen kurzen Spieß." Da ging Leo in seines Herrn Gemach und nahm Schild und Lanze. Der Herr aber fragte halbwach: „Wer bist du und was willst du?" – „Leo bin ich, dein Diener; und ich wecke den Attalus, daß er früh aufstehe und die Pferde zur Weide führe. Denn er verschläft sich und ist noch trunken." Der Herr sprach: „Tu', was du meinst"; und nach diesen Worten schlief er von neuem ein. Leo aber ging zur Tür hinaus und wappnete den Jüngling; die Stalltüre, die er noch abends zur Sicherung der Pferde mit

Hammerschlägen vernagelt hatte, stand jetzt offen, gleichsam durch göttliche Schickung. Da dankte er Gott seines Beistandes, und sie nahmen die Pferde mit aus der Stallung; auch einen Falken nahmen sie nebst den Decken. Beim Übergang der Mosel wurden sie aufgehalten und mußten Pferde und Decken im Stich lassen; und auf ihre Schilde gelegt, schwammen sie den Strom hinüber. Als die Nacht kam und es dunkel wurde, gingen sie in einen Wald und bargen sich. Und schon war die dritte Nacht gekommen, und noch keinen Bissen Speise hatten sie in ihren Mund gebracht und wanderten in einem fort. Da fanden sie auf Gottes Wink einen Baum voll Obst, das, was man Zwetschgen zu nennen pflegt, und erlabten sich daran. Darauf langten sie in Campanien (Champagne) an; bald hörten sie hinter sich Roßtritte und sprachen: „Es kommen Männer geritten; werfen wir uns zur Erde, daß sie uns nicht erspähen!" Und siehe, ein großer Dornstrauch stand daneben; dahinter traten sie, warfen sich nieder zu Boden, mit aus der Scheide gezogenen Schwertern; damit, wenn sie entdeckt würden, sie sich alsbald wehren könnten. Die Reiter aber, als sie zu der Stelle gelangt waren, hielten gerade vor dem Dornstrauch still; ihre Pferde ließen den Harn, und einer unter ihnen sprach: „Übel geht es mir mit diesen beiden Flüchtlingen, daß wir sie nimmer finden können; das weiß ich aber, so wahr ich lebe: Würden sie ertappt, so ließ ich den einen an den Galgen hängen, den andern in tausend Stücke zerhauen mit Schwertschlägen." Der die Worte sprach, war ihr Herr, der Franke, welcher aus Reims herkam, sie zu suchen und sie unfehlbar gefunden hätte, wo nicht die Nacht dazwischen gekommen wäre. Nach diesem ritten die Männer wieder weiter, jene aber erreichten noch selbe Nacht glücklich die Stadt, gingen hinein und suchten einen Bürger auf, den sie fragten: „Wo Paullulus', des Priesters, Haus wäre?" Der Bürger zeigte ihnen das Haus. Als sie aber durch die Gasse gingen, läutete das Zeichen zur Frühmette; denn es war Sonntag. Sie aber klopften an des Priesters Türe und sie ward aufgetan. Der Knabe fing an zu erzählen von seinem Herrn. Da sprach der Priester: „So wird wahr mein Traum! Denn es träumte mir heut von zweien Tauben, die flogen her und setzten sich auf meine Hand. Und eine von ihnen war weiß, die andere schwarz." Die Knaben sagten dem Priester:

„Weil ein heiliger Tag heute ist, bitten wir, daß du uns etwas Speise gebest; denn heute leuchtet der vierte Tag, daß wir kein Brot noch Mus genossen haben." Er barg aber die Knaben bei sich, gab ihnen Brot mit Wein begossen und ging in seine Metten. Der Franke war auch an diesen Ort gegangen und hatte die Knaben gesucht; als ihm aber der Priester eine Täuschung vorgesagt, kehrte er zurück. Denn der Priester stand in alter Freundschaft mit dem heiligen Gregor. Als sich nun die Knaben mit Speisen zu neuen Kräften gestärkt hatten und zwei Tage in diesem Hause geblieben waren, schieden sie und kamen glücklich bei Bischof Gregorius an, der sich über ihren Anblick freute und an dem Halse seines Enkels Attalus weinte. Den Leo aber mit all seinem Geschlechte machte er frei von der Knechtschaft und gab ihm ein eigen Land, wo er mit Frau und Kindern als ein Freier das Leben beschloß.

148.
Karls Heimkehr aus Ungerland

König Karl, als er nach Ungarn und Wallachei fahren wollte, die Heiden zu bekehren, gelobte er seiner Frauen, in zehn Jahren heimzukehren; wäre er nach Verlauf derselben ausgeblieben, so solle sie seinen Tod für gewiß halten. Würde er ihr aber durch einen Boten sein golden Fingerlein zusenden, dann möge sie auf alles vertrauen, was er ihr durch denselben entbieten lasse. Nun geschah es, daß der König schon über neun Jahre ausgewesen war; da hob sich zu Aachen an dem Rhein Raub und Brand über alle Länder. Da gingen die Herren zu der Königin und baten, daß sie sich einen andern Gemahl auswählte, der das Reich behüten könnte. Die Frau antwortete: „Wie möchte ich so wider König Karl sündigen und meine Treue brechen! So hat er mir auch das Wahrzeichen nicht gesandt, das er mir kundtat, als er von hinnen schied." Die Herren aber redeten ihr so lange zu, weil das Land in dem Krieg zugrunde gehen müsse, daß sie ihrem Willen endlich zu folgen versprach. Darauf wurde eine große Hochzeit angestellt, und sie sollte über den dritten Tag mit einem reichen König vermählt werden.

Gott der Herr aber, welcher dies hindern wollte, sandte einen

Engel als Boten nach Ungerland, wo der König lag und schon manchen Tag gelegen hatte. Als König Karl die Kundschaft vernommen, sprach er: „Wie soll ich in dreien Tagen heimkehren, einen Weg, der hundert Raste lang ist und fünfzehn Raste dazu, bis ich in mein Land komme?" Der Engel versetzte: „Weißt du nicht, Gott kann tun, was er will, denn er hat viel Gewalt. Geh zu deinem Schreiber, der hat ein gutes, starkes Pferd, das du ihm abgewinnen mußt; das soll dich in einem Tage tragen über Moos und Heide, bis in die Stadt zu Rab; das sei deine erste Tagweite. Zu Passau sollst du dein Pferd lassen; der Wirt, bei dem du einkehrest, hat ein schön Füllen; das kauf ihm ab, es wird dich den dritten Tag bis in dein Land tragen."

Der Kaiser tat, wie ihm geboten war, handelte dem Schreiber das Pferd ab und ritt in einem Tag aus der Bulgarei bis nach Rab; ruhte über Nacht und kam den zweiten Tag bei Sonnenschein nach Passau, wo ihm der Wirt gutes Gemach schuf. Abends, als die Viehherde einging, sah er das Füllen, griff es bei der Mähne und sprach: „Herr Wirt, gebt mir das Roß, ich will es morgen über Feld reiten." „Nein", sagte dieser; „das Füllen ist noch zu jung, Ihr seid ihm zu schwer, als daß es Euch tragen könnte." Der König bat ihn von neuem; der Wirt sagte: „Ja, wenn es gezäumt oder geritten wäre." Der König bat ihn zum dritten Mal, und da der Wirt sah, daß es Karl so lieb wäre, so wollte er das Roß ablassen; und der König verkaufte ihm dagegen sein Pferd, das er die zwei Tage geritten hatte und von dem es ein Wunder war, daß es ihm nicht erlag.

Also machte sich der König des dritten Tages auf und ritt schnell und unaufhaltsam bis gen Aachen vor das Burgtor, da kehrte er bei einem Wirt ein. Überall in der ganzen Stadt hörte er singen und tanzen. Da fragte er: Was das wäre? Der Wirt sprach: „Eine große Hochzeit soll heute ergehen, denn meine Frau wird einem reichen König anvermählt; da wird große Kost gemacht und Jungen und Alten, Armen und Reichen Brot und Wein gereicht und ungemessen Futter vor die Rosse getragen." Der König sprach: „Hier will ich mein Gemach haben und mich wenig um die Speise bekümmern, die sie in der Stadt austeilen; kauft mir für mein Guldenpfennige, was ich bedarf, schafft mir viel und genug." Als der Wirt das Gold sah, sagte er bei sich selbst: „Das ist ein rechter Edelmann, desgleichen meine Augen nie erblickten!" Nachdem die Speise köstlich und reichlich zugerichtet und Karl zu Tisch gesessen war, forderte er einen Wächter vom Wirt, der sein des Nachts über pflege und legte sich zu Bette. In dem Bette aber liegend, rief er den Wächter und mahnte ihn teuer: „Wenn man die kleine Glocke im Dom läuten wird, sollst du mich wecken, daß ich das Läuten höre; dies gülden Fingerlein will ich dir zu Miete geben." Als nun der Wächter die Glocke vernahm, trat er ans Bett vor den schlafenden König: „Wohlan, Herr, gebt mir meine Miete, eben läuten sie die kleine Glocke im Dom." Schnell stand er auf, legte ein reiches Gewand an und bat den Wirt, ihn zu geleiten. Dann nahm er ihn bei der Hand und ging mit ihm vor das Burgtor, aber es lagen starke Riegel davor. „Herr", sprach der Wirt, „Ihr müßt unten durchschlüpfen, aber dann wird Euer Gewand kotig werden." – „Daraus mache ich mir wenig und würde es ganz zerrissen." Nun schlossen sie dem Tor hinein; der König, voll weisen Sinnes, hieß den Wirt um den Dom gehen, während er selber in den Dom ging.

Nun war das Recht in Franken, „wer auf dem Stuhl im Dom saß, der mußte König sein"; das deuchte ihm gut, er setzte sich auf den Stuhl, zog sein Schwert und legte es bar über seine Knie. Da trat der Mesner in den Dom und wollte die Bücher vortragen; als er aber den König sitzen sah, mit barem Schwert und stillschweigend, begann er zu zagen und verkündete eilends dem Priester: „Da ich zum Altar ging, sah ich einen greisen Mann mit bloßem Schwert über die Knie auf dem gesegneten Stuhl sitzen." Die Domherren wollten dem Mesner nicht glauben; einer von ihnen griff ein Licht und ging unverzagt zu dem Stuhle. Als er die Wahrheit sah, wie der greise Mann auf dem Stuhle saß, warf er das Licht aus der Hand und floh erschrocken zum Bischof. Der Bischof ließ sich zwei Kerzen von Knechten tragen, die mußten ihm zu dem Dom leuchten; da sah er den Mann auf dem Stuhle sitzen und sprach furchtsam: „Ihr sollt mir sagen, was Mannes Ihr seid, geheuer oder ungeheuer, und wer Euch ein Leids getan, daß Ihr an dieser Stätte sitzet?" Da hob der König an: „Ich war Euch wohlbekannt, als ich König Karl hieß; an Gewalt war keiner über mich!" Mit diesen Worten trat er dem Bischof näher, daß er in recht ansehen könnte. Da rief der Bischof: „Willkommen, liebster Herr! Eurer Kunft will ich froh sein", umfing ihn mit seinen Armen und leitete ihn in sein reiches Haus. Da wurden alle Glocken geläutet und die Hochzeitsgäste frugen, was der Schall bedeute? Als sie aber hörten, daß König Karl zurückgekehrt wäre, stoben sie auseinander, und jeder suchte sein Heil in der Flucht. Doch der Bischof bat, daß ihnen der König Friede gäbe und der Königin wieder hold würde, es sei ohne ihre Schuld geschehen. Den gewährte Karl der Bitte und gab der Königin seine Huld.

149.
Sankt Arbogast

Sankt Arbogast, Bischof zu Straßburg, kam in große Huld und Heimlichkeit mit Dagobert, König zu Frankreich, und nichts begehrte der König lieber, als oft mit ihm zu sprechen und seinen weisen Rat zu haben. Einmal geschah, daß des Königs Jäger und Siegebert, sein Sohn, in den Büschen und Wäldern jagten an der Ill, wo nachher Ebersheim, das Münster, aufkam und fanden einen großen Eber; dem rannten sie nach mit den Hunden, einer hin, der andere her. Und da kam es, daß Siegebert der Knabe ganz allein ritt und ungewarnt auf den Eber stieß. Das Roß scheute vor dem Wild, daß der Knabe abfiel und im Stegreif hangen blieb; da trat ihn das Pferd, daß er für tot dalag. Als ihn nun des Königs Diener ertreten fanden, huben sie ihn auf mit großem Leide, führten ihn heim und er starb am andern Tag. Da wurde Dagoberten geraten, zu St. Arbogast zu schicken; der kam alsbald und nach viel Rede und Klage kniete er vor die Leiche und rief Unsere Frauen an: Seit sie das Leben aller Welt geboren hätte, daß sie dem Knaben sein Leben wieder erwürbe. Da ward der Knabe wieder lebend und stand auf in den Totenkleidern, die zog man ihm aus und tat ihm an königliche Kleider. Da fielen König und Königin und alles ihr Gefolge dem Heiligen zu Füßen und dankten seiner Gnaden; weder Gold noch Silber wollte er nehmen, aber nach seinem Rate gab der König an Unser Frauen Münster zu Straßburg Rufach mit Äckern, Wäldern, Wonn und Weide.

Als nun nach vielen Jahren Arbogast an das Alter kam und krank wurde, sprach er zu seinen Untertanen: „Gleich wie unser Herr

Jesus begraben worden wäre auswendig Jerusalems, an der Statt, da man böse Leute verderbet, also wolle er dem Heiland nachfolgen; und wenn er verstürbe, sollte man ihn auswendig Straßburgs begraben bei dem Galgen, an der Stätte, wo man über böse Leute richtet." Das mußten sie ihm geloben zu tun. Also ward er nach seinem Tode begraben auf St. Michelsbühel, das war der Henkebühel und stand damals der Galgen da. Da baute man über sein Grab eine Kapelle in St. Michaels Ehren, in dieser lag er viel Jahre lang leibhaftig.

150.
Dagoberts Seele im Schiff

Als der gute König Dagobert aus dieser Welt geschieden war, ließ es Gott der Herr geschehen, weil er sich nicht von allen Sünden gereinigt hatte: Daß die Teufel seine Seele faßten, auf ein Schiff setzten und mit sich fortzuführen dachten. Aber der heilige Dionysius vergaß seines guten Freundes nicht, sondern bat unsern Herrn um die Erlaubnis, der Seele zu Hilfe zu kommen, welches ihm auch gestattet wurde. St. Dionysius nahm aber mit sich St. Mauritius und andere Freunde, die König Dagobert in seinen Lebzeiten vorzüglich geehrt und gefeiert hatte; auch folgten ihnen Engel nach und geleiteten sie bis ins Meer. Da diese nun an die Teufel kamen, huben sie an mit ihnen zu fechten; die Teufel hatten wenig Gewalt gegen die Heiligen, wurden besiegt und hier und da aus dem Schiffe ins Meer gestoßen. Die Engel nahmen darauf Dagoberts Seele in Empfang, und der Heilige nebst seinem Gefolge kehrte ins Paradies zurück.

151.
Der Hahnenkampf

Zu einer Zeit kam Karl der Große auf sein Schloß bei Kempten zu seiner Gemahlin Hildegard. Als sie nun eines Tages über Tische saßen und mancherlei von der Vorfahren Regierung redeten, während ihre Söhne Pipin, Karl und Ludwig danebenstanden, hub Pipin an und sprach: „Mutter, wenn einmal der Vater im Himmel ist, werde ich dann König?" Karl aber wandte sich zum Vater und sagte: „Nicht Pipin, sondern ich folge dir nach im Reich." Ludwig aber, der Jüngste, bat beide Eltern, daß sie ihn doch möchten König werden lassen. Als die Kinder so stritten, sprach die Königin: „Euren Zwist wollen wir bald ausmachen; geht hinab in das Dorf und laßt euch jeder einen Hahn von den Bauern geben." Die Knaben stiegen die Burg hinab mit ihrem Lehrmeister und den übrigen Schülern und holten die Hähne. Hierauf sagte Hildegard: „Nun laßt die Hähne aufeinander los! Wessen Hahn im Kampfe siegt, der soll König werden." Die Vögel stritten und Ludwigs Hahn überwand die beiden andern. Dieser Ludwig erlangte auch wirklich nach seines Vaters Tode die Herrschaft.

152.
Karl belagert Pavia

Desiderius floh mit Adelgis, seinem Sohn, und einer Tochter in die Mauern von Pavia, worin ihn Karl lange belagerte. Desiderius war gut und demütig; stets soll er, der Sage nach, um Mitternacht aufgestanden und in die Kirche zum Gebet gegangen sein; die Tore der Kirchen öffneten sich ihm von selbst vor seinem bloßen Anblick. Während jener Belagerung schrieb nun die Königstochter einen Brief an König Karl und schoß ihn auf einer Armbrust über den Fluß Tessino; in dem Brief stand: „Wenn sie der König zum Ehegemahl nehmen wolle, werde sie ihm die Stadt und den Schatz ihres Vaters überliefern." Karl antwortete ihr so, daß die Liebe der Jungfrau nur noch stärker entzündet wurde. Sie stahl unter dem Haupt ihres schlafenden Vaters die Schlüssel der Stadt und meldete dem Frankenkönig, daß er sich diese Nacht bereite, in die Stadt zu rücken. Als sich das Heer den Toren nahte und einzog, sprang ihm die Jungfrau fröhlich entgegen, geriet aber im Gedränge unter die Hufe der Rosse und wurde, weil es finstere Nacht war, von diesen zertreten. Über dem Gewieher der Rosse erwachte Adelgis, zog sein Schwert und tötete viele Franken. Aber sein Vater verbot ihm, sich zu wehren, weil es Gottes Wille sei, die Stadt dem Feinde zu geben. Adelgis entfloh hierauf, und Karl nahm die Stadt und die königliche Burg in seinen Besitz.

153.
Der lombardische Spielmann

Als Karl vorhatte, den König Desiderius mit Krieg zu überziehen, kam ein lombardischer Spielmann zu den Franken und sang ein Lied folgenden Inhalts: „Welchen Lohn wird der empfangen, der Karl in das Land Italien führt? Auf Wegen, wo kein Spieß gegen ihn aufgehoben, kein Schild zurückgestoßen und keiner seiner Leute verletzt werden soll?" Als das Karl zu Ohren kam, berief er den Mann zu sich und versprach ihm alles, was er fordern würde, nach erlangtem Sieg zu gewähren.

Das Heer wurde zusammenberufen und der Spielmann mußte vorausgehen. Er wich aber aus allen Straßen und Wegen und leitete den König über den Rand eines Berges, wo es bis auf den heutigen Tag noch heißt: Der Frankenweg. Wie sie von diesem Berg niederstiegen in die gavenische Ebene, sammelten sie sich schnell und fielen den Langobarden unerwarteterweise in den Rücken; Desiderius floh nach Pavia, und die Franken überströmten das ganze Land. Der Spielmann aber kam vor den König Karl und ermahnte ihn seines Versprechens. Der König sprach: „Fordere, was du willst!" Darauf antwortete er: „Ich will auf einen dieser Berge steigen und stark in mein Horn blasen: So weit der Schall gehört werden mag, das Land verleihe mir zum Lohn meiner Verdienste mit Männern und Weibern, die darin sind." Karl sprach: „Es geschehe, wie du gesagt hast." Der Spielmann neigte sich, stieg sogleich auf den Berg und blies; stieg sodann herab, ging durch Dörfer und Felder, und wen er fand, fragte er: „Hast du Horn blasen hören?" Und wer nun antwortete: „Ja, ich habe es gehört", dem versetzte er eine Maulschelle mit den Worten: „Du bist mein eigen," – So verlieh ihm Karl das Land, soweit man sein Blasen hatte hören können; der Spielmann, solange er lebte, und seine Nachkommen besaßen es ruhig, und bis auf den heutigen Tag heißen die Einwohner dieses Landes: Die Zusammengeblasenen (transcornati).

154.
Adelgis

Adelgis, Desiderius Sohn, war von Jugend auf stark und heldenmütig. In Kriegszeiten pflegte er mit einer Eisenstange zu reiten und viele Feinde zu erschlagen; so tötete er auch viele der Franken, die in Lombarden gezogen kamen. Dennoch mußte er der Übermacht weichen, und Karl hatte selbst Ticinum unterworfen. In dieser Stadt aber beschloß ihn der kühne Jüngling auszukundschaften. Er fuhr auf einem Schiff dahin, nicht wie ein Königssohn, sondern umgeben von wenigen Leuten, wie einer aus geringem Stande. Keiner der Krieger erkannte ihn, außer einem der ehemaligen treuesten Diener seines Vater; diesen bat er flehentlich, daß er ihn nicht verraten möchte. „Bei meiner Treue", antwortete jener, „ich will dich niemandem offenbaren, solange ich dich verhehlen kann." – „Ich bitte dich", sagte Adelgis, „heute, wenn du beim König zu Mittag speisest, so setze mich ans Ende eines der Tische und schaffe, daß alle Knochen, die man von der Tafel aufhebt, vor mich gelegt werden." Der andere versprach es, denn er war es, der die königlichen Speisen auftragen mußte. Als nun das Mahl gehalten wurde, da tat er allerdings so und legte die Knochen vor Adelgis, der sie zerbrach und gleich einem hungrigen Löwen das Mark daraus aß. Die Splitter warf er unter den Tisch und machte einen tüchtigen Haufen zusammen. Dann stand er früher als die andern auf und ging fort. Der König, wie er die Tafel aufgehoben hatte und die Menge Knochen unter dem Tisch erblickte, fragte: „Welcher Gast hat so viel Knochen zerbrochen?" Alle antworteten: „Sie wüßten es nicht"; einer aber fügte hinzu: „Es saß hier ein starker Recke, der brach alle Hirsch-, Bären- und Ochsenknochen auf, als wären es Hanfstengel." Der König ließ den Speisauftrager rufen und sprach: „Wer oder woher war der Mann, der hier die vielen Knochen zerbrach?" Er antwortete: „Ich weiß es nicht, Herr." Karl erwiderte: „Bei meines Hauptes Krone, du weißt es." Da er sich betreten sah, fürchtete er und schwieg. Der König aber merkte leicht, daß es Adelgis gewesen, und es tat ihm leid, daß man ihn ungestraft von dannen hat gehen lassen; er sagte: „Wo hinaus ist er gegangen?" Einer versetzte: „Er kam zu Schiff und wird vermutlich so weggehen." – „Willst du", sprach ein anderer, „daß ich ihm nachsetze und ihn töte?" – „Auf welche Weise?" antwortete Karl. „Gib mir deine goldenen Armspangen und ich will ihn damit berücken." Der König gab sie ihm alsbald, und jener eilte ihm schnell zu Lande nach, bis er ihn einholte. Und aus der Ferne rief er zu Adelgis, der im Schiffe fuhr: „Halt an! Der König sendet dir seine Goldspangen zur Gabe. Warum bist du so heimlich fortgegangen?" Adelgis wandte sein Schiff an das Ufer; und als er näher kam und die Gabe auf der Speerspitze ihm dargereicht erblickte, ahnte er Verrat, warf seinen Panzer über die Schulter und rief: „Was du mir mit dem Speere reichst, will ich mit dem Speere empfangen. Sendet dein Herr betrüglich diese Gabe, damit du mich töten sollest, so werde ich nicht nachstehen und ihm meine Gabe senden." Darauf nahm er seine Armspangen und reichte sie jenem auf dem Speer, der in seiner Erwartung getäuscht heimkehrte und dem König Adelgis' Spangen brachte. Karl legte sie sogleich an, da fielen sie ihm bis auf die Schultern nieder. Karl aber rief aus: „Es ist nicht zu wundern, daß dieser Mann Riesenstärke hat."

König Karl fürchtete diesen Adelgis allezeit, weil er ihn und seinen Vater des Reiches beraubt hatte. Adelgis floh zu seiner Mutter, der Königin Ansa, nach Brixen, wo sie ein reiches Münster gestiftete hatte.

155.
Radbot läßt sich nicht taufen

Als der heilige Wolfram den Friesen das Christentum predigte, brachte er endlich Radbot, ihren Herzog, dazu, daß er sich taufen lassen wollte. Radbot hatte schon einen Fuß in das Taufbecken gestellt, da fiel ihm ein, vorher zu fragen: „Wohin denn seine Vorfahren gekommen wären? Ob sie bei den Scharen der Seligen oder in der Hölle seien?" Sankt Wolfram antwortete: „Sie waren Heiden und ihre Seelen sind verloren." Da zog Radbot schnell den Fuß zurück und sprach: „Ihrer Gesellschaft mag ich mich nicht begeben; lieber will ich elend bei ihnen in der Hölle wohnen als herrlich ohne sie im Himmelreich." So verhinderte der Teufel, daß Radbot getauft wurde; denn er starb den dritten Tag darauf und fuhr dahin, wo seine Verwandten waren.

Andere erzählen so: Radbot habe auf Wolframs Antwort, daß seine Vorfahren zur Hölle wären, weiter gefragt: „Ob da der meiste Haufen sei?" Wolfram sprach: „Ja, es steht zu befürchten, daß in der Hölle der meiste Haufen ist." Da zog der Heide den Fuß aus der Taufe und sagte: „Wo der meiste Haufen ist, da will ich auch bleiben."

156.
Des Teufels goldenes Haus

Sankt Wolfram hatte im Schlafe ein Gesicht, das ihm gebot, den Friesen das Evangelium zu predigen. Er kam mit einigen Gefährten nach Friesland. Es war aber Sitte bei den Friesen, daß, wen das Los traf, den Göttern geopfert wurde. Diesmal fiel das Los auf einen Knaben, Occo genannt. Als Wolfram ihn sich vom Fürsten Radbot ausbat, antwortete dieser: „Er sei dein, wenn dein Christus ihn vom Tode errettet." Als sie ihn aber zum Galgen schleppten, betete Wolfram; und sogleich riß der Strick, der Knabe fiel zur Erde, stand unverletzt auf und wurde getauft. Die Weise aber, wie Radbot vom Teufel betrogen wurde, erzählt der genannte Occo: Der Teufel erschien ihm in Engelsgestalt, um das Haupt eine Goldbinde mit Gestein besetzt und in einem Kleide aus Gold gewirkt. Als Radbot auf ihn hinsah, sprach der Teufel zu ihm: „Tapferster unter den Männern, was hat dich also verführt, daß du abweichen willst von dem Fürsten der Götter? Wolle das nicht tun, sondern beharre bei dem, was du gelernt und du sollst in goldene Häuser kommen, die ich dir in alle Ewigkeit zum Eigentume geben will. Gehe morgen zu Wolfram, dem Lehrer der Christen und befrage ihn, welches jene Wohnung der ewigen Klarheit sei, die er dir verspricht. Kann er sie dir nicht augenscheinlich dartun, dann mögen beide Teile Abgeordnete wählen, und ich will ihr Führer sein auf der Reise und will ihnen das goldene Haus zeigen und die schöne Wohnung, die ich dir bereitet." Wie Radbot erwachte, erzählte er alles dem heiligen Wolfram. Dieser sagte: Der Betrüger Satanas wolle ihm ein Gaukelspiel vormachen. Der Fürst antwortete: Er wolle Christ werden, wenn sein Gott ihm jene Wohnung nicht zeige. Sogleich ward ein Friese von seiner Seite und ein Diakonus von seiten Wolframs ausgesandt, die, als sie etwas von der Stadt sich entfernt, einen Reisegefährten fanden, der ihnen sagte: „Eilt schnell, denn ich zeige euch die schöne, dem Herzog Radbot bereitete Wohnung." Sie gingen auf breitem Wege durch unbewohnte Örter und sahen einen Weg mit verschiedenen Arten glatten Marmors auf das Schönste geziert. Von ferne sah sie ein Haus glänzen wie Gold und edlem Gestein gepflastert. Als sie das Haus betraten, sahen sie es von wunderbarer Schönheit und unglaublichem Glanze und in ihm einen Thron von wunderbarer Größe. Da sprach der Führer: „Das ist die dem Herzog Radbot bereitete Wohnung!" Darauf sprach der Diakonus staunend: „Wenn das von Gott gemacht ward, wird es ewig bestehen; wenn vom Teufel, muß es schnell verschwinden." Somit bezeichnete er sich mit dem Zeichen des Kreuzes, da verwandelte sich der Führer in den Teufel, das goldene Haus in Kot, und der Diakon befand sich mit dem Friesen inmitten von Sümpfen, die voll Wassers waren, mit langen Binsen und Geröhren. Sie mußten in drei Tagen einen unermeßlichen Weg zurücklegen, bis sie zur Stadt kamen, und fanden dort den Herzog tot und erzählten, was sie gesehen, Sankt Wolfram. Der Friese wurde getauft und hieß Sugomar.

157.
Wittekinds Taufe

König Karl hatte eine Gewohnheit, alle große Feste folgten ihm viele Bettler nach, denen ließ er geben einem jeglichen einen Silberpfennig. So war es in der stillen Woche, daß Wittekind von Engern Bettlerkleider anlegte und ging in Karls Lager unter die Bettler sitzen und wollte die Franken auskundschaften. Auf Ostern aber ließ der König in seinem Zelte Messe lesen; da geschah ein göttliches Wunder, daß Wittekind, als der Priester das Heiligtum emporhob, darin ein lebendiges Kind erblickte; das deuchte ihm ein so schönes Kind, als er sein Lebtag je gesehen, und kein Auge sah es außer ihm. Nach des Messe wurden die Silberpfennige den armen Leuten ausgeteilt; da erkannte man Wittekind unter dem Bettlerrock, griff und führte ihn vor den König. Da sagte er, was er gesehen hätte und ward unterrichtet aller Dinge, daß sein Herz bewegt wurde und empfing die Taufe und sandte nach den andern Fürsten in seinem Lager, daß sie den Krieg einstellten und sich taufen ließen. Karl aber machte ihn zum Herzogen und wandelte das schwarze Pferd in seinem Schilde in ein weißes.

158.
Eginhart und Imma

Eginhart, Karls des Großen Erzkapellan und Schreiber, der in dem königlichen Hofe (nach einigen zu Aachen, nach andern zu Ingelheim) löblich diente, wurde von allen Leuten wert gehalten, aber von Imma, des Kaisers Tochter, heftig geliebt. Sie war dem griechischen König als Braut verlobt und je mehr Zeit verstrich, desto mehr wuchs die heimliche Liebe zwischen Eginhart und Imma. Beide hielt die Furcht zurück, daß der König ihre Leidenschaft entdecken und darüber erzürnen möchte. Endlich aber mochte der Jüngling sich nicht länger bergen, faßte sich, weil er den Ohren der Jungfrau nichts durch einen fremden Boten offenbaren wolle, ein Herz und ging bei stiller Naht zu ihrer Wohnung. Er klopfte leise an der Kammer Türe, als wäre er auf des Königs Geheiß hergesandt, und wurde eingelassen. Da gestanden sie sich ihre Liebe und genossen der ersehnten Umarmung. Als inzwischen der Jüngling bei Tagesanbruch zurückgehen wollte, woher er gekommen war, sah er, daß ein dicker Schnee über Nacht gefallen war und scheute sich, über die Schwelle zu treten, weil ihn die Spuren von Mannesfüßen bald verraten würden. In dieser Angst und Not überlegten die Liebenden, was zu tun wäre, und die Jungfrau erdachte sich eine kühne Tat: Sie wollte den Eginhart auf sich nehmen und ihn, ehe es Licht wurde, bis nah zu seiner Herberge tragen, daselbst absetzten und vorsichtig in ihren eigenen Fußspuren wieder zurückkehren. Diese Nacht hatte gerade durch Gottes Schickung der Kaiser keinen Schlaf, erhub sich bei der frühen Morgendämmerung und schaute von weitem in den Hof seiner Burg. Da erblickte er seine Tochter unter ihrer schweren Last vorüberwanken und nach abgelegter Bürde schnell zurückspringen. Genau sah der Kaiser zu und fühlte Bewunderung und

Schmerz zu gleicher Zeit; doch hielt er Stillschweigen. Eginhart aber, welcher sich wohl bewußt war, diese Tat würde in der Länge nicht verborgen bleiben, ratschlagte mit sich, trat vor seinen Herrn, kniete nieder und bat um Abschied, weil ihm doch sein treuer Dienst nicht vergolten werde. Der König schwieg lange und verhehlte sein Gemüt; endlich versprach er dem Jüngling baldigen Bescheid zu sagen. Unterdessen setzte er ein Gericht an, berief seine ersten und vertrautesten Räte und offenbarte ihnen, daß das königliche Ansehen durch den Liebeshandel seiner Tochter Imma mit seinem Schreiber verletzt worden sei. Und während alle erstaunten über die Nachricht des neuen und großen Vergehens, sagte er ihnen weiter, wie sich alles zugetragen und er es mit seinen eigenen Augen angesehen hätte und er jetzt ihren Rat und ihr Urteil heische. Die meisten aber, weise und darum mild von Gesinnung, waren der Meinung, daß der König selbst in dieser Sache entscheiden solle. Karl, nachdem er alle Seiten geprüft hatte und den Finger der Vorsehung in dieser Begebenheit wohl erkannte, beschloß, Gnade vor Recht ergehen zu lassen und die Liebenden miteinander zu verehelichen. Alle lobten mit Freuden des Königs Sanftmut, der den Schreiber vor sich forderte und also anredete: „Schon lange hätte ich deine Dienste besser vergolten, wo du mir dein Mußvergnügen früher entdeckt hättest; jetzt will ich dir zum Lohn meine Tochter Imma, die dich hoch gegürtet willig getragen hat, zur ehelichen Frau geben." Sogleich befahl er, nach der Tochter zu senden, welche mit errötendem Gesicht in des Hofes Gegenwart ihrem Geliebten angetraut wurde. Auch gab er ihr reiche Mitgift an Grundstücken, Gold und Silber; und nach des Kaisers Absterben schenkte ihnen Ludwig, der Fromme, durch eine besondere Urkunde, in dem Maingau Michlinstadt und Mühlenheim, welches jetzt Seligenstadt heißt. In der Kirche zu Seligenstadt liegen beide Liebende nach ihrem Tode begraben. Die mündliche Sage erhält dort ihr Andenken und selbst dem nahliegenden Walde soll, ihr zufolge, Imma, als sie ihn einmal „O du Wald!" angeredet, den Namen Odenwald verliehen haben.

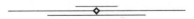

159.
Adalbert von Babenberg

Im Jahre 905 zu König Ludwig des Kindes Zeiten trug sich eine Begebenheit zu, die man lange auf Kreuzwegen und Mahlstätten vor dem Volke singen hörte und deren die geschriebenen Bücher von den Taten der Könige nicht geschwiegen. Adalbert, ein edler fränkischer Graf, hatte Konraden, König Ludwigs Bruder, erlegt und wurde in seiner Burg Babenberg darum belagert. Da man aber diesen Helden mit Gewalt nicht bezwingen konnte, so sann des jungen Königs Ratgeber, Erzbischof Hatto von Mainz, auf eine List. Mit frommer Gleisnerei ging er hinauf zu einem Gespräch in das Schloß und redete dem Adalbert zu, die Gnade des Königs zu suchen. Adalbert, fromm und demütig, fügte sich gerne, bedung sich aber aus, daß ihn Hatto sicher und ohne Gefahr seines Lebens wieder in die Burg zurückbringe. Hatto gab ihm sein Wort darauf, und beide machten sich auf den Weg. Als sie sich dem nächsten Dorfe, namens Teurstat, näherten, sprach der Bischof: „Es wird uns das Fasten schwer halten, bis wir zum Könige kommen; sollten wir nicht vorher frühstücken, wenn es dir gefiele?" Adalbert, einfältig und gläubig nach Art der Alten, ohne Böses zu ahnen, lud den Bischof alsbald nach diesen Worten bei sich zum Essen ein, und sie kehrten wieder in die Burg zurück, die sie soeben verlassen hatten. Nach eingenommenem Mahl begaben sie sich sodann ins Lager, wo die Sache des Fürsten vorgenommen und er der Klage des Hochverrats schuldig gesprochen und zur Enthaltung verdammt wurde. Als man dieses Urteil zu vollziehen Anstalt machte, mahnte Adalbert den Bischof an die ihm gegebene Treue. Hatto antwortete verräterisch: „Die habe ich dir wohl gehalten, als ich dich ungefährdet wieder in deine Burg zum Frühstücken zurückführte." Adalbert von Babenberg wurde hierauf enthauptet und sein Land eingezogen.

Andere erzählen mit der Abweichung: Adalbert habe gleich anfangs dem Hatto eine Mahlzeit angeboten, dieser aber sie ausgeschlagen und nachher unterwegs gesagt: „Fürwahr, oft begehrt man, was man erst abgelehnt: Ich bin wegmüd und nüchtern." Da neigte sich der Babenberger auf die Knie und lud ihn ein, mit zurückzugehen und etwas zu essen. Der Erzbischof aber meinte sich seines Schwurs ledig, sobald er ihn zur Burg zurückgebracht hatte. Die Verurteilung Adalberts geschah zu Tribur.

160.
Der Ring im See bei Aachen

Petrarcha, auf seiner Reise durch Deutschland, hörte von den Priestern zu Aachen eine Geschichte erzählen, die sie für wahrhaft ausgaben und die sich von Mund zu Mund fortgepflanzt haben sollte. Vor Zeiten verliebte sich Karl der Große in eine gemeine Frau so heftig, daß er alle seine Taten vergaß, seine Geschäfte liegen ließ und selbst seinen eigenen Leib darüber vernachlässigte. Sein ganzer Hof war verlegen und mißmutig über diese Leidenschaft, die gar nicht nachließ; endlich verfiel die geliebte Frau in eine Krankheit und starb. Vergeblich hoffte man aber, daß der Kaiser nunmehr seine Liebe aufgeben würde; sondern er saß bei dem Leichnam, küßte und umarmte ihn und redete zu ihm, als ob er noch lebendig wäre. Die Tote hob an zu riechen und in Fäulnis überzugehen; nichtsdestoweniger ließ der Kaiser nicht von ihr ab. Da ahnte Turpin, der Erzbischof, es müsse darunter eine Zauberei walten; daher, als Karl eines Tages das Zimmer verlassen hatte, befühlte er den Leib der toten Frau allerseits, ob er nichts entdecken könnte; endlich fand er im Munde unter der Zunge einen Ring, den nahm er weg. Als nun der Kaiser in das Zimmer wiederkehrte, tat er erstaunt, wie ein Aufwachender aus tiefem Schlafe und fragte: „Wer hat diesen stinkenden Leichnam hereingetragen?" und befahl zur Stunde, daß man ihn bestatten solle. Dies geschah, allein nunmehr wandte sich die Zuneigung des Kaisers auf den Erzbischof, dem er allenthalben folgte, wohin er ging. Als der weise, fromme Mann dieses merkte und die Kraft des Ringes erkannte, fürchtete er, daß er einmal in unrechte Hände fiele, nahm und warf ihn in einen See, nahe bei der Stadt. Seit der Zeit, sagt man, gewann der Kaiser den Ort so lieb, daß er nicht mehr aus der Stadt Aachen weichen wollte, ein kaiserliches Schloß und einen Münster da bauen ließ und in jenem seine übrige Lebenszeit zubrachte; in diesem aber nach seinem Tode begraben sein wollte.

Auch verordnete er, daß alle seine Nachfolger in dieser Stadt sich zuerst sollten salben und weihen lassen.

161.
Der Kaiser und die Schlange

Als Kaiser Karl zu Zürich in dem Hause, genannt „Zum Loch", wohnte, ließ er eine Säule mit einer Glocke oben und einem Seil daran errichten, damit es jeder ziehen könne, der Handhabung des Rechts fordere, so oft der Kaiser am Mittagsmahl sitze. Eines Tages nun geschah es, daß die Glocke erklang, die hinzugehenden Diener aber niemand beim Seile fanden. Es schellte aber von neuem in einem weg. Der Kaiser befahl ihnen nochmals hinzugehen und auf die Ursache acht zu haben. Da sahen sie nun, daß eine große Schlange sich dem Seile näherte und die Glocke zog. Bestürzt hinterbrachten sie das dem Kaiser, der alsbald aufstand und dem Tiere, nicht weniger als den Menschen, Recht sprechen wollte. Nachdem sich der Wurm ehrerbietig vor dem Fürsten geneigt, führte er ihn an das Ufer eines Wassers, wo auf seinem Nest und auf seinen Eiern eine übergroße Kröte saß. Karl untersuchte und entschied der beiden Tiere Streit dergestalt, daß er die Kröte zum Feuer verdammte und der Schlange recht gab. Dieses Urteil wurde gesprochen und vollstreckt. Einige Tage darauf kam die Schlange wieder an Hof, neigte sich, wand sich auf den Tisch und hob den Deckel von einem daraufstehenden Becher ab. In den Becher legte sie aus ihrem Munde einen kostbaren Edelstein, verneigte sich wiederum und ging weg. An dem Orte, wo der Schlange Nest gestanden, ließ Karl eine Kirche bauen, die nannte man Wasserkilch; den Stein aber schenkte er, aus besonderer Liebe, seiner Gemahlin. Dieser Stein hatte die geheime Kraft, daß er den Kaiser beständig zu seinem Gemahl hinzog und daß er abwesend Trauern und Sehnen nach ihr empfand. Daher barg sie ihn in ihrer Todesstunde unter der Zunge, wohl wissend, daß, wenn er in andere Hände komme, der Kaiser ihrer bald vergessen würde. Also wurde die Kaiserin samt des Steines begraben; da vermochte Karl sich gar nicht zu trennen von ihrem Leichnam, so daß er ihn wieder aus der Erde graben ließ und achtzehn Jahr mit sich herumführte, wohin er sich auch begab. Inzwischen durchsuchte ein Höfling, dem von der verborgenen Tugend des Steines zu Ohren gekommen war, den Leichnam und fand endlich den Stein unter der Zunge liegen, nahm ihn weg und steckte ihn zu sich. Alsbald kehrte sich des Kaisers Liebe ab von seiner toten Gemahlin und auf den Höfling, den er nun gar nicht von sich lassen wollte. Aus Unwillen warf einmal der Höfling auf einer Reise nach Köln den Stein in eine heiße Quelle; seitdem konnte ihn niemand wiedererlangen. Die Neigung des Kaisers zu dem Ritter hörte zwar auf, allein er fühlte sich nun wunderbar hingezogen zu dem Orte, wo der Stein verborgen lag; und an dieser Stelle gründete er Aachen, seinen nachherigen Lieblingsaufenthalt.

162.
Herzog Heinrich und die goldene Halskette

Heinrich, Ottos Sohn, folgte in sein väterliches Erbe sowie in die meisten Güter, die auch Otto vom Reiche getragen hatte; doch nicht in alle, weil König Konrad fürchtete, Heinrich möchte übermächtig werden. Dieses schmerzte auch Heinrichen, und die Feindschaft, wie Unkraut unter dem Weizen, wuchs zwischen beiden. Die Sachsen murrten; aber der König stellte sich freundlich in Worten gegen Heinrich und suchte ihn durch List zu berücken. Des Verrates Anstifter wurde aber Bischof Hatto von Mainz, der auch Grafen Adalbert, Heinrichs Vetter, trüglich um das Leben gebracht hatte. Dieser Hatto ging zu einem Schmied und bestellte eine goldene Halskette, in welcher Heinrich erwürgt werden sollte. Eines Tages kam nun einer von des Königs Leuten in die Werkstätte, die Arbeit zu besehen, und als er sie betrachtete, seufzte er. Der Goldschmied fragte: „Warum seufzt Ihr so?" – „Ach", antwortete jener, „weil sie bald rot werden soll vom Blute des besten Mannes, Herzogs Heinrich." Der Schmied aber schwieg still, als um eine Kleinigkeit. Sobald er hernach das Werk mit großer Kunst vollendet hatte, entfernte er sich insgeheim und ging dem Herzog Heinrich, der schon unterwegs war, entgegen. Er traf ihn bei dem Orte Cassala (Kassel in Hessen) und fragte: Wo er hin gedächte? Heinrich antwortete: „Zu einem Gastmahl und großen

Ehren, wozu ich geladen worden bin." Da entdeckte ihm der Schmied die ganze Beschaffenheit der Sache. Heinrich rief den Gesandten, der ihn eingeladen hatte, hieß ihn allein ziehen und den Herren danken und absagen. Für Hatto soll er ihm folgenden Bescheid mitgegeben haben: „Geh hin und sage Hatto, daß Heinrich keinen härteren Hals trägt als Adalbert; und lieber will er zu Haus bleiben, als ihn mit seinem vielen Gefolg belästigen." Hierauf überzog Heinrich des Bischofs Besitzungen in Sachsen und Thüringen und befeindete des Königs Freunde. Hatto starb bald danach aus Verdruß; einige sagen, daß er drei Tage später vom Blitz getötet worden sei, andere, daß seine Seele von Teufeln in den Ätna geführt wurde. Das Glück verließ den König und wandte sich überall zu Herzog Heinrich (hernach Heinrich der Vogler genannt).

163.
Der Schuster zu Lauingen

Auf dem Hofturm der Stadt Lauingen findet sich folgende Sage abgemalt. Zur Zeit, als die Heiden oder Hunnen bis nach Schwaben vorgedrungen waren, rückte ihnen der Kaiser mit seinem Heer entgegen und lagerte sich unweit der Donau zwischen Lauingen und dem Schloß Faimingen. Nach mehreren vergeblichen Anfällen von beiden Seiten kamen endlich Christen und Heiden überein, den Streit durch einen Zweikampf entscheiden zu lassen. Der Kaiser wählte den Marschall von Calatin (Pappenheim) zu seinem Kämpfer, der den Auftrag freudig übernahm und nachsann, wie er den Sieg gewiß erringen möchte. Indem trat ein unbekannter Mann zu ihm und sprach: „Was sinnst du? Ich sage dir, daß du nicht für den Kaiser fechten sollst, sondern ein Schuster aus Henfwil (später Lauingen) ist dazu ausersehen." Der Calatin versetzte: „Wer bist du? Wie dürfte ich die Ehre dieses Kampfes von mir ablehnen?" „Ich bin Georg, Christi Held", sprach der Unbekannte, „und zum Wahrzeichen nimm meinen Däumling." Mit diesen Worten zog er den Däumling von der Hand und gab ihn dem Marschall, welcher ungesäumt damit zum Kaiser ging und den ganzen Vorfall erzählte. Hierauf wurde beschlossen, daß der Schuster gegen den Heiden streiten sollte. Der Schuster übernahm es und besiegte glücklich den Feind. Da gab ihm der Kaiser die Wahl von drei Gnaden sich auszubitten. Der Schuster bat erstens um eine Wiese in der Nähe von Lauingen, daß diese der Stadt als Gemeingut gegeben würde. Zweitens, daß die Stadt mit rotem Wachs siegeln dürfe (welches sonst keinem mittelbaren Ort gestattet war). Drittens, daß die Herren von Calatin eine Möhrin als Helmkleinod führen dürften. Alles wurde ihm bewilligt und der Daumen St. Georgs sorgfältig von den Pappenheimern aufbewahrt, die eine Hälfte in Gold gefaßt zu Kaisheim, die andere zu Pappenheim.

164.
Der kühne Kurzbold

König Heinrich der Finkler hatte einen getreuen Helden, namens Kuno, aus königlichem Geschlecht, klein von Gestalt, aber groß an Herz und Mut. Seines winzigen Aussehens wegen gab man ihm den Beinamen Kurzbold. Gisilbert von Lothringen und Eberhard von Franken hatten sich gegen den König empört und waren gerade im Begriffe, bei Breisach das Heer überzuschiffen; aber während sie am Rheinufer Schach spielten, überfiel sie der Kurzbold bloß mit vierundzwanzig Männern. Gisilbert sprang in den Nachen, Kuno stieß seine Lanze mit solcher Kraft hinein, daß er den Herzog mit allen, die im Schiff waren, versenkte. Den Eberhard durchbohrte er am Ufer mit dem Schwert. – Zu einer andern Zeit stand Kurzbold allein bei dem Könige, als ein Löwe aus dem Käfig losbrach. Der König wollte dem Kuno das Schwert, welches er nach damaliger Sitte trug, entreißen; aber jener sprang ihm zuvor auf den Löwen los und tötete ihn. Diese Tat erscholl weit und breit. – Kuno hatte einen natürlichen Abscheu vor Weibern und Äpfeln, und wo er auf eins von beiden stieß, war seines Bleibens nicht. Es gibt von ihm viele Sagen und Lieder. Einstmals hatte er auch einen Heiden (Slawen) von riesenhafter Gestalt, auf dessen Ausforderung er aus des Königs Lager erschien, überwunden.

165.
Der schlafende Landsknecht

Als Heinrich, Erzbischof zu Reims, des König Ludwigs Bruder, auf eine Zeit im Sommer über Land reiste und um Mittag von der Hitze wegen ein Schläflein tat, ruhten sich auch einige seiner Landsknechte aus und schliefen. Die übrigen aber, welche Wacht hielten, sahen aus dem offenen Mund eines der schlafenden Landsknechte ein klein, weiß Tierlein, gleich eines Wiesel, herauskriechen und gegen das nächste Bächlein zulaufen. Am Gestad des Bächleins lief es aber hin und wieder und konnte nicht überkommen. Da fuhr einer von denen, die dabeistanden, zu und legte sein entblößtes Schwert wie eine Brücke hin; darüber lief das Tierlein und verschwand. Über eine kleine Weile kam es jenseits wieder und suchte emsig die vorige Brücke, die mittlerweile der Kriegsknecht weggetan hatte. Also brückte er nun wieder über das Bächlein, das Tierlein ging darauf, näherte sich dem noch aufgetanen Mund des schlafenden Landsknechtes und kehrte in seine alte Herberge ein. Von Stund an erwachte der Landsknecht. Seine Spießgesellen fragten: Was ihm im Schlafe begegnet sei? Er antwortete: „Mit träumte, ich wäre gar müd und hellig, von wegen eines gar fernen, weiten Wegs, den ich zog, und auf dem Wege mußte ich zweimal über eine eiserne Brücke gehen." Die Landsknechte konnten daraus entnehmen, daß, was sie mit Augen gesehen, ihm wirklich im Traum vorgeschwebt hatte.

166.
Der Rosenstrauch zu Hildesheim

Als Ludwig der Fromme winters in der Gegend von Hildesheim jagte, verlor er sein mit Heiligtum gefülltes Kreuz, das ihm vor allem lieb war. Er sandte seine Diener aus, um es zu suchen und gelobte, an dem Orte, wo sie es finden würden, eine Kapelle zu bauen. Die Diener verfolgten die Spur der gestrigen Jagd auf dem Schnee und sahen bald aus der Ferne mitten im Wald einen grünen Rasen und darauf einen grünenden wilden Rosenstrauch. Als sie ihm näher kamen, hing das verlorene Kreuz daran; sie nahmen es und berichteten dem Kaiser, wo sie es gefunden. Alsbald befahl Ludwig, auf der Stätte eine Kapelle zu erbauen und den Altar dahin zu setzen, wo der Rosenstock stand. Dieses geschah, und bis auf diese Zeiten grünt und blüht der Strauch und wird von einem eigens dazu bestellten Manne gepflegt. Er hat mit seinen Ästen und Zweigen die Rundung des Doms bis zum Dache umzogen.

167.
Königin Adelheid

Als die Königin Adelheid, Lothars Gemahlin, von König Berengar hart in der Burg Canusium belagert wurde und schon auf Mittel und Wege dachte zu entfliehen, fragte Arduin: „Wieviel Scheffel Weizen habt Ihr noch auf der Burg?" „Nicht mehr", sagte Atto, „als fünf Scheffel Roggen und drei Sechter Weizen." – „So folgt meinem Rate: Nehmt ein Wildschwein, füttert es mit dem Weizen und laßt es zum Tore hinauslaufen." Dieses geschah. Als nun das Schwein unten im Heer gefangen und getötet wurde, fand man in dessen Magen die viele Frucht. Man schloß daraus, daß es vergebens sein würde, diese Festung auszuhungern, und hob die Belagerung auf.

168.
Otto mit dem Bart

Kaiser Otto der Große wurde in allen Landen gefürchtet, denn er war streng und ohne Milde, trug einen schönen roten Bart; was er bei diesem Barte schwur, machte er wahr und unabwendlich. Nun geschah es, daß er zu Babenberg (Bamberg) eine prächtige Hofhaltung hielt, zu welcher geistliche und weltliche Fürsten des Reiches in großer Zahl kommen mußten. Ostermorgens zog der Kaiser mit allen diesen Fürsten in das Münster, um die feierliche Messe zu hören, unterdessen in der Burg zu dem Gastmahl die Tische bereitet wurden; man legte Brot und setzte schöne Trinkgefäße darauf. An des Kaisers Hof diente aber dazumal auch ein edler und wonnesamer Knabe, sein Vater war Herzog in Schwaben und hatte nur diesen einzigen Erben. Dieser schöne Jüngling kam von ungefähr vor die Tische gegangen, griff nach einem linden Brot mit seinen zarten, weißen Händen, nahm es auf und wollte essen, wie alle Kinder sind, die gerne in hübsche Sachen beißen, wonach ihnen der Wille steht. Wie er nun ein Teil des weißen Brotes abbrach, ging da mit seinem Stabe des Kaisers Truchseß, welcher die Aufsicht über die Tafel haben sollte; der schlug zornig den Knaben auf das Haupt, so hart und ungefüge, daß ihm Haar und Haupt blutig ward. Das Kind fiel nieder und weinte heiße Tränen, daß der Truchseß gewagt hätte, es zu schlagen. Das ersah ein auserwählter Held, genannt Heinrich von Kempten, der war mit dem Kinde aus Schwaben gekommen und dessen Zuchtmeister; heftig verdroß es ihn, daß man das zarte Kind so unbarmherzig geschlagen hatte, und fuhr den Truchseß, seiner Unzucht wegen, mit harten Worten an. Der Truchseß sagte, daß er kraft seines Amtes allen ungefügen Schälken an Hofe mit seinem Stabe wehren dürfe. Da nahm Herr Heinrich einen großen Knüttel und spaltete des Truchsessen Schädel, daß er wie ein Ei zerbrach und der Mann tot zu Boden sank.

Unterdessen hatten die Herren Gotte gedient und gesungen und kehrten zurück; da sah der Kaiser den blutigen Estrich, fragte und vernahm, was sich zugetragen hatte. Heinrich von Kempten wurde auf der Stelle vorgefordert, und Otto, von tobendem Zorn entbrannt, rief: „Daß mein Truchseß hier erschlagen liegt, schwöre ich, an Euch zu rächen; bei meinem Bart!" Als Heinrich von Kempten diesen teuren Eid ausgesprochen hörte und sah, daß es sein Leben galt, faßte er sich, sprang schnell auf den Kaiser los und ergriff ihn bei dem langen roten Barte. Damit schwang er ihn plötzlich auf die Tafel, daß die kaiserliche Krone von Ottos Haupte in den Saal fiel; und zückte – als die Fürsten, den Kaiser von diesem wütenden Menschen zu befreien, herzusprangen – sein Messer, indem er laut ausrief: „Keiner rühre mich an, oder der Kaiser liegt tot hier!" Alle traten hinter sich, Otto, mit großer Not, winkte es ihnen zu; der unverzagte Heinrich aber sprach: „Kaiser, wollt Ihr das Leben haben, so tut mir Sicherheit, daß ich genese." Der Kaiser, der das Messer an seiner Kehle stehen sah, bot alsbald die Finger in die Höhe und gelobte dem edlen Ritter bei kaiserlichen Ehren, daß ihm das Leben geschenkt sein solle.

Heinrich, sobald er diese Gewißheit hatte, ließ er den roten Bart aus seiner Hand und den Kaiser aufstehen. Dieser setzte sich aber ungezögert auf den königlichen Stuhl, strich sich den Bart und redete in diesen Worten: „Ritter, Leib und Leben habe ich Euch zugesagt; damit fahrt Eurer Wege; hütet Euch aber vor meinen Augen, daß sie Euch nimmer wiedersehen, und räumet mir Hof und Land! Ihr seid mir zu schwer zum Hofgesind, und mein Bart müsse immerdar Euer Schermesser meiden!" Da nahm Heinrich von allen Rittern und Bekannten Urlaub und zog gen Schwaben auf sein Land und Feld, das er vom Stifte zu Lehen trug; lebte einsam und in Ehren.

Darnach über zehn Jahre begab es sich, daß Kaiser Otto einen schweren Krieg führte, jenseits des Gebirges, und vor einer festen Stadt lag. Da wurde er nothaft an Leuten und Mannen und sandte heraus nach deutschen Landen: Wer ein Lehen von dem Reiche trage, solle ihm schnell zu Hilfe eilen, bei Verlust des Lehens und seines Dienstes. Nun kam auch ein Bote zu dem Abt nach Kempten, ihn auf die Fahrt zu mahnen. Der Abt sandte wiederum seine Dienstleute und forderte Herrn Heinrich, als dessen er vor allen bedürftig war. „Ach, edler Herr, was wollt Ihr tun", antwortete der Ritter, „Ihr wißt doch, daß ich des Kaisers Huld verwirkt habe; lieber gebe ich Euch meine zwei Söhne hin und laß sie mit Euch ziehen." – „Ihr aber seid mir nötiger als sie beide zusammen", sprach der Abt; „ich darf Euch nicht von diesem Zug entbinden, oder ich leihe Euer Land andern, die es besser zu verdienen wissen." – „Traun", antwortete der edle Ritter, „ist dem so, daß Land und Ehre auf dem Spiel stehen, so will ich Euer Gebot leisten, es komme, was da wolle, und des Kaisers Drohung möge über mich ergehen."

Hiermit rüstete sich Heinrich zu dem Heerzug und kam bald nach Welschland zu der Stadt, wo die Deutschen lagen; jedoch barg er sich vor des Kaisers Antlitz und floh ihn. Sein Zelt ließ er ein wenig seitwärts vom Heere schlagen. Eines Tages lag er da und badete in einem Zuber und konnte aus dem Bad in die Gegend schauen. Da sah er einen Haufen Bürger aus der belagerten Stadt kommen und den Kaiser dagegenreiten zu einem Gespräch, das zwischen beiden Teilen verabredet worden war. Die treulosen Bürger hatten aber diese List ersonnen; denn als der Kaiser ohne

Waffen und arglos zu ihnen ritt, hielten sie gerüstete Mannschaft im Hinterhalte und überfielen den Herrn mit frechen Händen, daß sie ihn fingen und schlügen. Als Herr Heinrich diesen Treubruch und Mord geschehen sah, ließ er Baden und Waschen, sprang aus dem Zuber, nahm den Schild mit der einen und sein Schwert mit der andern Hand und lief bloß und nackend nach dem Gemenge zu. Kühn schlug er unter die Feinde, tötete und verwundete eine große Menge und machte sie alle flüchtig. Darauf löste er den Kaiser seiner Bande und lief schnell zurück, legte sich in den Zuber und badete nach wie vor. Otto, als er zu seinem Heer wieder gelangte, wollte erkundigen, wer sein unbekannter Retter gewesen wäre; zornig saß er im Zelt auf seinem Stuhl und sprach: „Ich war verraten, wo mir nicht zwei ritterliche Hände geholfen hätten; wer aber den nackten Mann erkennt, führe ihn vor mich her, daß er reichen Lohn und meine Huld empfange; kein kühnerer Held lebt hier noch anderswo."

Nun wußten wohl einige, daß es Heinrich von Kempten gewesen war; doch fürchteten sie den Namen dessen auszusprechen, dem der Kaiser den Tod geschworen hatte. „Mit dem Ritter", antworteten sie, „stehet es so, daß schwere Ungnade auf ihm lastet; möchte er deine Huld wiedergewinnen, so ließen wir ihn vor dir sehen." Da nun der Kaiser sprach: „Und wenn er ihm gleich seinen Vater erschlagen hätte, solle ihm vergeben sein", nannten sie ihm Heinrich von Kempten. Otto befahl, daß er alsbald herbeigebracht würde; er wollte ihn aber erschrecken und übel empfangen.

Als Heinrich von Kempten hereingeführt war, gebärdete der Kaiser sich zornig und sprach: „Wie getrauet Ihr, mir unter Augen zu treten? Ihr wißt doch wohl, warum ich Euer Feind bin, der Ihr meinen Bart gerauft und ohne Schermesser geschoren habt, daß er noch ohne Locke steht. Welch hochfärtiger Übermut hat Euch jetzt dahergeführt?" – „Gnade, Herr", sprach der kühne Recke, „ich kam gezwungen hierher, und mein Fürst, der hier steht, gebot es bei seinen Hulden. Gott sei mein Zeuge, wie ungern ich diese Fahrt getan; aber meinen Diensteid mußte ich lösen: Wer mir das übelnimmt, dem lohne ich so, daß er sein letztes Wort gesprochen hat." Da begann Otto zu lachen: „Seid mir tausendmal willkommen, Ihr auserwählter Held! Mein Leben habt Ihr gerettet, das mußte ich ohne Eure Hilfe verloren haben, seliger Mann." So sprang er auf, küßte ihm Augen und Wangen. Ihr zweier Feindschaft war dahin und eine lautere Sühne gemacht; der hochgeborene Kaiser lieh und gab ihm großen Reichtum und brachte ihn zu Ehren, deren man noch gedenkt.

169.
Die Grafen von Eberstein

Als Kaiser Otto seine Feinde geschlagen und die Stadt Straßburg bezwungen hatte, lagerte er vor der Burg der Grafen Eberstein, die es mit seinen Feinden hielten. Das Schloß stand auf einem hohen Fels am Wald (unweit Baden in Schwaben), und anderthalb Jahre lang konnte es das kaiserliche Heer immer nicht bezwingen, sowohl der natürlichen Festigkeit als der tapferen Verteidigung der Grafen wegen. Endlich riet ein kluger Mann dem Kaiser folgende List: „Er solle einen Hoftag nach Speyer ausschreiben, zu welchem jedermann in das Turnier sicher kommen dürfte; die Grafen von Eberstein würden nicht säumen, sich dahin einzufinden, um ihre Tapferkeit zu beweisen; mittlerweile möge der Kaiser durch geschickte und kühne Leute ihre Burg überwältigen lassen." Der Festtag zu Speyer wurde hierauf verkündigt; der König, viele Fürsten und Herren, unter diesen auch die drei Ebersteiner, waren zugegen; manche Lanze wurde gebrochen. Des Abends begannen die Reihen, wobei der jüngste Graf von Eberstein, ein schöner, anmutiger Mann mit krausem Haar, vortanzen mußte. Als der Tanz zu Ende ging, nahte sich heimlich eine schöne Jungfrau den drei Grafen und raunte: „Hütet euch, denn der Kaiser will eure Burg ersteigen lassen, während ihr hier seid; eilt noch heute Nacht zurück!" Die drei Brüder berieten sich und beschlossen, der Warnung zu gehorchen. Darauf kehrten sie zum Tanz, forderten die Edeln und Ritter zum Kampf auf morgen und hinterlegten hundert Goldgulden zum Pfand in die Hände der Frauen. Um Mitternacht aber schifften sie über Rhein und gelangten glücklich in ihre Burg heim. Kaiser und Ritterschaft warteten am andern Tag vergebens auf ihre Erscheinung zum Lanzenspiel; endlich befand man, daß die Ebersteiner gewarnt worden wären. Otto befahl, auf das schleunigste die Burg zu stürmen; aber die Grafen waren zurückgekehrt und schlugen den Angriff mutig ab. Als mit Gewalt gar nichts auszurichten war, sandte der Kaiser drei Ritter auf die Burg, mit den Grafen zu unterhandeln. Sie wurden eingelassen und in Weinkeller und Speicher geführt; man holte weißen und roten Wein, Korn und Mehl lagen in großem Haufen. Die Abgesandten verwunderten sich über solche Vorräte. Allein die Fässer hatten doppelten Boden oder waren voll Wasser; unter dem Getreide lagen Spreu, Kehricht und alte Lumpen. Die Gesandten hinterbrachten dem Kaiser: „Es sei vergeblich, die Burg länger zu belagern; denn Korn und Wein reiche denen inwendig noch auf anderthalb Jahre aus." Da wurde Otto geraten, seine Tochter mit dem jüngsten Grafen Eberhard von Eberstein zu vermählen und dadurch dieses tapfere Geschlecht auf seine Seite zu bringen. Die Hochzeit ward in Sachsen gefeiert, und der Sage nach soll es die Braut selber gewesen sein, welche an jenem Abend die Grafen gewarnt hatte. Otto sandte seinen Schwiegersohn hernach zum Papst in Geschäften; der Papst schenkte ihm eine Rose in weißem Korb, weil es gerade der Rosensonntag war. Diese nahm Eberhard mit nach Braunschweig, und der Kaiser verordnete: Daß die Rose in weißem Felde künftig das ebersteinische Wappen bilden sollte.

170.
Otto III. in Karls Grabe

Als nach langen Jahren Kaiser Otto III. an das Grab kam, wo Karls Gebeine bestattet ruhten, trat er mit zwei Bischöfen und dem Grafen Otto von Laumel (der dieses alles berichtet hat) in die Höhle ein. Die Leiche lag nicht, wie andere Tote, sondern saß aufrecht, wie ein Lebender auf einem Stuhl. Auf dem Haupte war eine Goldkrone, den Zepter hielt er in den Händen, die mit Handschuhen bekleidet waren, die Nägel der Finger hatten aber das Leder durchbohrt und waren herausgewachsen. Das Gewölbe war aus Marmor und Kalk sehr dauerhaft gemauert. Um hineinzugelangen, mußte eine Öffnung gebrochen werden; sobald man hineingelangt war, spürte man einen heftigen Geruch. Alle beugten sogleich die Knie und erwiesen dem Toten Ehrerbietung. Kaiser

Otto legte ihm ein weißes Gewand an, beschnitt ihm die Nägel und ließ alles Mangelhafte ausbessern. Von den Gliedern war nichts verfault, außer von der Nasenspitze fehlte etwas; Otto ließ sie von Gold wiederherstellen. Zuletzt nahm er aus Karls Munde einen Zahn, ließ das Gewölbe wieder zumauern und ging von dannen.

Nachts darauf soll ihm im Traume Karl erschienen sein und verkündigt haben: Daß Otto nicht alt werden und keine Erben hinter sich lassen werde.

171.
Der Kelch mit der Scharte

In den Zeiten, als Kaiser Heinrich der Zweite starb, war ein frommer Einsiedler, der hörte einen großen Rausch von Teufeln in der Luft und beschwor sie bei Gott: Wo sie hinfahren wollten? Die bösen Geister sagten: „Zu Kaiser Heinrich." Da beschwor sie der gute Mann, daß sie ihm hinterbrächten, was sie geworben hätten? Die Teufel fuhren ihren Weg, aber der gute Mann betete zu Gott für des Kaisers Seele. Bald darauf kamen die Teufel wieder gefahren zu dem Einsiedler und sprachen: „Als die Missetat des Kaisers seine Gutheit überwiegen sollte und wir die Seele in unsere Gewalt nehmen wollten, da kam der gesegnete Laurentius und warf einen Kelch schnell in die Waage, daß dem Kelch eine Scherbe ausbrach, also verloren wir die Seele; denn derselbe Kelch machte die gute Schale schwerer." Auf diese Botschaft dankte der Einsiedler Gott seiner Gnaden und tat sie kund den Domherren von Merseburg. Und sie fanden den Kelch mit der Scharte, als man ihn noch heute schauen kann. Der Kaiser aber hatte ihn einst bei seinen Lebzeiten dem heiligen Laurenz zu Merseburg aus Guttat geweihet.

172.
Sage vom Schüler Hildebrand

Dieweil Kaiser Heinrich III. zu Rom war, wo er drei Päpste entsetzt und ins Elend geschickt hatte, wohnte ein Zimmermann in der Stadt, der ein kleines Kind hatte. Das Kind spielte an dem Werk mit den Spänen und legte die Späne in Buchstabenweise zusammen. Da kam ein Priester hinzu und las das. Das Kind hatte mit den Spänen gelegt: Dominabor a mari usque ad mare, das heißt: Ich werde Herr vom Meer bis zum Meer. Der Priester wußte wohl, daß das Kind Papst werden solle, und sagte es seinem Vater. Der Vater ließ das Kind lehren. Da es Schüler war, kam es an des Kaisers Hof und ward den Schreibern viel lieb; aber des Kaisers Sohn Heinrich, der nachher auch Kaiser ward, tat dem Schüler Leides viel und spielte ihm ungefüglich mit; denn es ahnte ihm sein Herz wohl, was ihm von dem Schüler aufstehen sollte. Der Kaiser spottete seines Sohns und des Schülers Spieles. Der Kaiserin war es leid, und sie schalt ihren Sohn darum. Dem Kaiser träumte eines Nachts, wie sein Sohn zum Tisch wäre gesessen und wie dem Schüler Hildebranden wüchsen zwei Hörner bis in den Himmel und wie er mit diesen Hörnern seinen Sohn aufhübe und ihn in den Kot würfe. Diesen Traum sagte der Kaiser der Kaiserin, die beschied ihn so: Daß der Schüler Papst werden und ihren Sohn von dem Reich werfen würde. Da hieß der Kaiser den Hildebrand fassen und ihn zu Hammerstein in einen Turm werfen und wähnte, daß er Gottes Willen wenden möchte. Die Kaiserin verwies ihm oft, daß er eines bloßen Traumes wegen an dem armen Schüler so schändlich täte; und über ein Jahr ließ er ihn wieder ledig. Der ward ein Mönch, fuhr mit seinem Abt hin zu Rom, ward zu Hof beliebt und zu jüngst Papst.

173.
Die Weiber zu Weinsperg

Als König Konrad III. den Herzog Welf geschlagen hatte (im Jahr 1140) und Weinsperg belagerte, so bedingten die Weiber der Belagerten die Übergabe damit: Daß eine jede auf ihren Schultern mitnehmen dürfte, was sie tragen könne. Der König gönnte das den Weibern. Da ließen sie alle Dinge fahren und nahm eine jegliche ihren Mann auf die Schulter und trug den aus. Und da des Königs Leute das sahen, sprachen ihrer viel, das wäre die Meinung nicht gewesen, und wollten das nicht gestatten. Der König aber lachte und tat Gnade dem listigen Anschlag der Frauen: „Ein königlich Wort", rief er, „das einmal gesprochen und zugesagt ist, soll unverwandelt bleiben."

174.
Albertus Magnus und Kaiser Wilhelm

Albertus Magnus, ein sehr berühmter und gelehrter Mönch, hat den Kaiser Wilhelm von Holland, als er im Jahre 1248 zu Köln auf den Tag der drei Könige angelangt, in einen Garten, beim Predigerkloster gelegen, mit seinem ganzen Hof zu Gast gebeten, dem der Kaiser gern willfahrte. Es ist aber auf berührten Tag nicht allein große, unleidliche Kälte, sondern auch ein tiefer Schnee gefallen; deshalb die kaiserlichen Räte und Diener beschwerliches Mißfallen an des Mönches unordentlicher Ladung getragen und dem Kaiser, außer dem Kloster zu so strenger winterlicher Zeit Mahl zu halten, widerraten; haben aber doch denselben von seiner Zusage nicht wenden können, sondern hat sich samt den Seinen zu rechter Zeit eingestellt. Albert, der Mönch, hat etliche Tafeln samt aller Bereitschaft in den Klostergarten, darin Bäume, Laub und Gras, alles mit Schnee bedeckt gewesen, mit großem Befremden eines jeden über die seltsame und widersinnige Anstalt, lassen stellen und zum Aufwarten eine gute Anzahl, von Gestalt des Leibes überaus schöne, ansehnliche Gesellen zur Hand gebracht. Indem nun der Kaiser samt Fürsten und Herren zur Tafel gesessen und die Speisen vorgetragen und aufgestellt sind, ist der Tag unversehens heiter und schön geworden, aller Schnee zusehends abgegangen und gleich in einem Augenblick ein luftiger, lieblicher Sommertag erschienen. Laub und Gras sind augenscheinlich, desgleichen allerhand schöne Blumen aus dem Boden hervorgebrochen, die Bäume haben angefangen zu blühen, und gleich nach der Blüte hat ein jeder seine Frucht getragen; darauf ist allerhand Gevögel niedergefallen und hat den ganzen Ort mit lieblichem Gesang erfüllt; und die Hitze des Tages hat dermaßen überhand genommen, daß fast männiglich der winterlichen Kleider zum Teil sich entblößen mußten. Es hat aber niemand gesehen, wo die Speisen gekocht und zubereitet worden sind; auch niemand die zierlichen und willfährigen Diener gekannt oder Wissenschaft gehabt, wer und woher sie seien, und jedermann ist voll großer Verwunderung über all die Anstellung und Bereitschaft gewesen. Demnach aber, die Zeit des Mahls herum, sind erstlich die wunderbar köstlichen Diener des Mönches, bald die lieblichen Vögel samt Laub und Gras auf Bäumen und Boden verschwunden, und es ist alles wieder mit Schnee und Kälte dem anfänglichen Winter ähnlich geworden; so daß man die abgelegten Kleider wieder angelegt und die strenge Kälte dermaßen empfunden hat, daß männiglich davon und zum Feuer und der warmen Stube geeilet sind.

Um solcher abenteuerlichen Kurzweil willen hat Kaiser Wilhelm den Albertus Magnus und sein Konvent, Predigerorden, mit etlichen Gütern reichlich beschenkt und denselben wegen seiner großen Geschicklichkeit in großem Ansehen und Wert gehalten.

175.
Kaiser Maximilian und Maria von Burgund

Der hochlöbliche Kaiser Maximilian I. hatte zum Gemahl Maria von Burgund, die ihm herzlich lieb war und deren Tod ihn heftig bekümmerte. Dies wußte der Abt zu Spanheim, Johannes Trithem, wohl und erbot sich dem Kaiser: So es ihm gefalle, die Verstorbene wieder vor Augen zu bringen, damit er sich an ihrem Angesicht ergötze. Der Kaiser ließ sich überreden und willigte in den gefährlichen Vorwitz. Sie gingen miteinander in ein besonderes Gemach und nahmen noch einen zu sich, damit ihrer drei waren. Der Zauberer verbot ihnen, daß ihrer keiner bei Leibe ein Wort rede, solange das Gespenst gegenwärtig sei. Maria kam hereingetreten, ging säuberlich vor ihnen vorüber, der lebendigen, wahren Maria so ähnlich, daß gar kein Unterschied war und nicht das geringste mangelte. Ja, in Bemerkung und Verwunderung der Gleichheit ward der Kaiser eingedenk, daß sie am Halse hinten ein kleines schwarzes Flecklein gehabt, hatte acht darauf und befand es so, da sie zum andernmal vorüberging. Da ist dem Kaiser ein Grauen ankommen, hat dem Abt gewinkt, er solle das Gespenst wegtun, und danach mit Zittern und Zorn zu ihm gesprochen: „Mönch, mache mir der Possen keine mehr"; und hat bekannt, wie schwerlich und kaum er sich habe enthalten, daß er nicht zu ihr geredet.

176.
Wilhelm Tell

Es fügte sich, daß des Kaisers Landvogt, genannt der Geßler, gen Uri fuhr; als er da eine Zeit wohnte, ließ er einen Stecken unter der Linde, da jedermann vorbeigehen mußte, richten, legte einen Hut drauf und hatte einen Knecht zur Wache dabei sitzen. Darauf gebot er durch öffentlichen Ausruf: Wer der wäre, der da vorüberginge, solle sich dem Hut neigen, als ob der Herr selber zugegen sei; und übersehe es einer und täte es nicht, den wollte er mit schweren Bußen strafen. Nun war ein frommer Mann im Lande, hieß Wilhelm Tell, der ging vor dem Hut über und verneigte sich kein einziges Mal; da verklagte ihn der Knecht, der des Hutes wartete, bei dem Landvogt. Der Landvogt ließ den Tell vor sich bringen und fragte: Warum er sich vor dem Stecken und Hut nicht verneige, als es doch geboten worden sei? Wilhelm Tell antwortete: „Lieber Herr, es ist von ungefähr geschehen; dachte nicht, daß es Euer Gnad so hoch achten und fassen würde; wäre ich witzig, so hieß ich anders dann der Tell." Nun war der Tell gar ein guter Schütze, wie man sonst keinen im Lande fand, hatte auch hübsche Kinder, die ihm lieb waren. Da sandte der Landvogt, ließ die Kinder holen, und als sie gekommen waren, fragte er Tell, welches Kind ihm das allerliebste wäre? „Sie sind mir alle gleich lieb." Da sprach der Herr: „Wilhelm, du bist ein guter Schütze, und man findet nicht deinesgleichen; das wirst du mir jetzt bewähren; denn du sollst deiner Kinder einem den Apfel vom Haupte schießen. Tust du das, so will ich dich für einen guten Schützen erachten." Der gute Tell erschrak, flehte um Gnade und daß man ihm solches erließe, denn es wäre unnatürlich; was er ihn sonst hieße, wolle er gern tun. Der Vogt aber zwang ihn mit seinen Knechten und legte dem Kinde den Apfel selbst auf das Haupt. Nun sah Tell, daß er nicht ausweichen konnte, nahm den Pfeil und steckte ihn hinten in seinen Köcher, den andern Pfeil nahm er in die Hand, spannte die Armbrust und bat Gott, daß er sein Kind behüten wolle; zielte und schoß glücklich ohne Schaden den Apfel von des Kindes Haupt. Da sprach der Herr, das wäre ein Meisterschuß: „Aber eins wirst du mir sagen, was bedeutet, daß du den ersten Pfeil hinten in den Köcher stießest?" Tell sprach: „Das ist so Schützengewohnheit." Der Landvogt ließ aber nicht ab und wollte es eigentlich hören; zuletzt sagte Tell, der sich fürchtete, wenn er die Wahrheit offenbarte: Wenn er ihm das Leben sicherte, wolle er es sagen. Als das der Landvogt getan, sprach Tell: „Nun wohl! Da Ihr mich des Lebens gesichert habt, will ich das Wahre sagen." Und fing an und sagte: „Ich hab es darum getan, hätte ich des Apfels gefehlt und mein Kindlein geschossen, so wollte ich Euer mit dem andern Pfeil nicht gefehlt haben." Da das der Landvogt vernahm, sprach er: „Dein Leben ist dir zwar zugesagt; aber an ein Ende will ich dich legen, da dich Sonne und Mond nimmer bescheinen." Ließ ihn fangen und binden und in denselben Nachen legen, auf dem er wieder nach Schwitz schiffen wollte. Wie sie nun auf dem See fuhren und kamen bis gen Aren hinaus, stieß sie ein grausamer Wind an, daß das Schiff schwankte und sie elend zu verderben meinten; denn keiner wußte mehr dem Fahrzeug vor den Wellen zu steuern. Indem sprach einer der Knechte zum Landvogt: „Herr, hießet Ihr den Tell aufbinden, der ist ein starker, mächtiger Mann und versteht sich wohl auf das Wetter: So möchten wir wohl aus der Not entrinnen." Sprach der Herr und rief dem Tell: „Willst du uns helfen und dein Bestes tun, daß wir von hinnen kommen, so will ich dich heißen aufbinden:" Da sprach der Tell: „Ja, gnädiger Herr, ich will es gerne tun und getraue es mir zu." Da ward Tell aufgebunden und stand an dem Steuer und fuhr redlich dahin; doch so lugte er allenthalben auf seinen Vorteil und auf seine Armbrust, die nah bei ihm am Boden lag. Da er nun kam gegen einer großen Platte – die man seither stets genannt hat „des Tellen Platte" und noch heutzutage so genannt wird –, deucht es ihm, Zeit zu sein, daß er entrinnen konnte; rief allen munter zu, fest anzuziehen, bis sie auf die Platte kämen, denn wenn sie davorkämen, hätten sie das Böseste überwunden. Also zogen sie nah an die Platte, und da schwang er mit Gewalt, als er dann ein mächtig starker Mann war, den Nachen, griff seine Armbrust und tat einen Sprung auf die Platte, stieß das Schiff von sich und ließ es schweben und schwanken auf dem See. Lief durch Schwitz schattenhalb (im dunklen Gebirge), bis daß er kam gen Küßnach in die hohle Gasse; da war er vor dem Herrn hingekommen und wartete dort auf ihn. Und als der Landvogt mit seinen Dienern geritten kam, stand Tell hinter einem Staudenbusch und hörte allerlei Anschläge, die über ihn gingen, spannte die Armbrust auf und schoß einen Pfeil in den Herrn, daß er tot umfiel. Da lief Tell hinter sich über die Gebirge gen Uri, fand seine Gesellen und sagte ihnen, wie es ergangen war.

177.
Rudolf von Strättlingen

König Rudolf von Burgund herrschte mächtig zu Strättlingen auf der hohen Burg; er war gerecht und mild, baute Kirchen weit und breit im Lande; aber zuletzt übernahm ihn der Stolz, daß er meinte, niemand und selbst der Kaiser nicht sei ihm an Macht und Reichtum zu vergleichen. Da ließ ihn Gott der Herr sterben; alsbald nahte sich der Teufel und wollte seine Seele empfangen; dreimal hatte er schon die Seele ergriffen, aber Sankt Michael wehrte ihm. Und der Teufel verlangte von Gott, daß des Königs Taten gewogen werden würden; und wessen Schale dann schwerer sei, dem solle der Zuspruch geschehen. Michael nahm die Waage und warf in die eine Schale, was Rudolf Gutes, in die andere, was er Böses getan hatte; und wie die Schalen schwankten und sachte die gute niederzog, wurde dem Teufel angst, daß seine auffahre; und schnell klammerte er sich von unten daran fest, daß sie schwer heruntersank. Da rief Michael: „Wehe, der erste Zug geht zum Gericht!" Drauf hebt er zum zweiten Mal die Waage und abermals hängte sich Satan unten dran und machte seine Schale lastend. „Wehe", sprach der Engel, „der zweite Zug geht zum Gericht!" Und zum dritten Mal hob er und zögerte; da erblickte er die Krallen des Drachen am schmalen Rand der Wagschale, die sie niederdrückten. Da zürnte Michael und verfluchte den Teufel, daß er zur Hölle fuhr; langsam nach langem Streit hob sich die Schale des Guten um eines Haares Breite und des Königs Seele war gerettet.

178.
Idda von Toggenburg

Ein Rabe entführte der Gräfin Idda von Toggenburg, des

Geschlechtes von Kirchberg, ihren Brautring durch ein offenes Fenster. Ein Dienstmann des Grafen Heinrichs, ihres Gemahls, fand und nahm ihn auf; der Graf erkannte ihn an dessen Finger. Wütend eilte er zu der unglücklichen Idda und stürzte sie in den Graben der hohen Toggenburg; den Dienstmann ließ er am Schweif eines wilden Pferdes die Felsen heunterschleifen. Indes erhielt sich die Gräfin im Herabfall an einem Gesträuch, wovon sie sich nachts losmachte. Sie ging in einen Wald, lebte von Wasser und Wurzeln; als ihre Unschuld klar geworden, fand ein Jäger die Gräfin Idda. Der Graf bat viel; sie wollte nicht mehr bei ihm leben, sondern blieb still und heilig im Kloster zu Fischingen.

179.
Die Ochsen auf dem Acker zu Melchtal

Es saß zu Sarnen einer von Landenberg, der war daselbst Vogt; der vernahm, daß ein Landmann im Melchtal einen hübschen Zug Ochsen hätte, da führte er zu, schickte einen Knecht und hieß ihm die Ochsen bringen: „Bauern sollten den Pflug ziehen, er wolle die Ochsen haben." Der Knecht tat, was ihm befohlen war; nun hatte der arme, fromme Landmann einen Sohn; als der Knecht die Joche der Ochsen aufbinden sollte, schlug der Sohn mit dem Stecken dem Knecht den Finger entzwei. Der befand sich übel, lief heim und klagte. Der gute, arme Knab versah sich wohl: wo er nicht wiche, daß er darum leiden müßte, floh und entrann. Der Herr ward zornig und schickte noch mehr Leute aus, da war der Junge entronnen; da fingen sie den alten Vater, dem ließ der Herr die Augen ausstechen und nahm ihm, was er hatte.

180.
Heinrich der Löwe

Zu Braunschweig steht aus Erz gegossen das Denkmal eines Helden, zu dessen Füßen ein Löwe liegt; auch hängt im Dom daselbst eines Greifen Klaue. Davon lautet folgende Sage: Vor Zeiten zog Heinrich, der edle Welf, nach Abenteuern aus. Als er in einem Schiff das wilde Meer befuhr, erhub sich ein heftiger Sturm und verschlug den Herzogen; lange Tage und Nächte irrte er, ohne Land zu finden. Bald fing den Reisenden die Speise an auszugehen, und der Hunger quälte sie schrecklich. In dieser Not wurde beschlossen, Lose in einen Hut zu werfen; und wessen Los gezogen ward, der verlor das Leben und mußte der anderen Mannschaft mit seinem Fleische zur Nahrung dienen; willig unterwarfen sich diese Unglücklichen und ließen sich für den geliebten Herrn und ihre Gefährten schlachten. So wurden die übrigen eine Zeitlang gefristet; doch schickte es die Vorsehung, daß niemals des Herzogen Los herauskam. Aber das Elend wollte kein Ende nehmen; zuletzt war bloß der Herzog mit einem einzigen Knecht noch auf dem ganzen Schiffe lebendig, und der schreckliche Hunger hielt nicht stille. Da sprach der Fürst: „Laß uns beide losen, und auf wen es fällt, von dem speise sich der andere." Über diese Zumutung erschrak der treue Knecht, doch so dachte er, es würde ihn selbst betreffen, und ließ es zu; siehe, da fiel das Los auf seinen edlen, liebwerten Herrn, den jetzt der Diener töten sollte. Da sprach der Knecht: „Das tu ich nimmermehr, und wenn alles verloren ist, so hab ich noch ein anderes ausgesonnen; ich will euch in einen ledernen Sack einnähen, wartet dann, was geschehen wird." Der Herzog gab seinen Willen dazu; der Knecht nahm die Haut eines Ochsen, den sie vorher auf dem Schiffe gespeist hatten, wickelte den Herzog darein und nähte sie zusammen; doch hatte er sein Schwert neben ihn mit hineingesteckt. Nicht lange, so kam der Vogel Greif geflogen, faßte den ledernen Sack in die Klauen und trug ihn durch die Lüfte über das weite Meer bis in sein Nest. Als der Vogel dieses bewerkstelligt hatte, sann er auf einen neuen Fang, ließ die Haut liegen und flog wieder aus. Mittlerweile faßte Herzog Heinrich das Schwert und zerschnitt die Nähte des Sackes; als die jungen Greifen den lebendigen Menschen erblickten, fielen sie gierig und mit Geschrei über ihn her. Der teure Held wehrte sich tapfer und schlug sie sämtlich zu Tode. Als er sich aus dieser Not befreit hat, schnitt er eine Greifenklaue ab, die er zum Andenken mit sich nahm, stieg aus dem Neste den hohen Baum hernieder und befand sich in einem weiten wilden Wald. In diesem Walde ging der Herzog eine gute Weile fort; da sah er einen fürchterlichen Lindwurm wider einen Löwen streiten und der Löwe schwebte in großer Not zu unterliegen. Weil aber der Löwe allgemein für ein edles und treues Tier gehalten wird und der Wurm für ein böses, giftiges, säumte Herzog Heinrich nicht, sondern sprang dem Löwen mit seiner Hilfe bei. Der Lindwurm schrie, daß es durch den Wald erscholl, und wehrte sich lange Zeit; endlich gelang es dem Helden, ihn mit seinem guten Schwerte zu töten. Hierauf nahte sich der Löwe, legte sich zu des Herzogs Füßen neben den Schild auf den Boden und verließ ihn nimmermehr von dieser Stunde an. Denn als der Herzog nach Verlauf einiger Zeit, während welcher das treue Tier ihn mit gefangenem Hirsch und Wild ernährt hatte, überlegte, wie er aus dieser Einöde und der Gesellschaft des Löwen wieder unter die Menschen gelangen könnte, baute er sich eine Horde aus zusammengelegtem Holz, mit Reis durchflochten, und setzte sie auf das Meer. Als nun einmal der Löwe in den Wald zu jagen gegangen war, bestieg Heinrich sein Fahrzeug und stieß vom Ufer ab. Der Löwe aber, welcher zurückkehrte und seinen Herrn nicht mehr fand, kam zum Gestade und erblickte ihn aus weiter Ferne; alsbald sprang er in die Wogen und schwamm so lange, bis er auf dem Floß bei dem Herzog war, zu dessen Füßen er sich ruhig niederlegte. Hierauf fuhren sie eine Zeitlang auf den Meereswellen, bald überkam sie Hunger und Elend. Der Held betete und wachte, hatte Tag und Nacht keine Ruh; da erschien ihm der böse Teufel und sprach: „Herzog, ich bringe dir Botschaft; du schwebst hier in Pein und Not auf dem offenen Meere und daheim zu Braunschweig ist lauter Freude und Hochzeit; heute an diesem Abend hält ein Fürst aus fremden Landen Beilager mit deinem Weibe; denn die gesetzten sieben Jahre seit deiner Ausfahrt sind verstrichen." Traurig versetzte Heinrich: Das möge wahr sein, doch wolle er sich zu Gott lenken, der alles wohlmache. „Du redest noch viel von Gott", sprach der Versucher, „der hilft dir nicht aus diesen Wasserwogen; ich aber will dich noch heute zu deiner Gemahlin führen, wenn du mein sein willst." Sie hatten ein langes Gespräch, der Herr wollte sein Gelübde gegen Gott, dem ewigen Licht, nicht brechen; da schlug ihm der Teufel vor: Er wolle ihn ohne Schaden samt dem Löwen noch heut abend auf den Giersberg vor Braunschweig tragen und hinlegen, da solle er seiner warten; finde er ihn nach der

Zurückkunft schlafend, so sei er ihm und seinem Reiche verfallen. Der Herzog, welcher von heißer Sehnsucht nach seiner geliebten Gemahlin gequält wurde, ging dieses ein und hoffte auf des Himmels Beistand wider alle Künste des Bösen. Alsbald ergriff ihn der Teufel, führte ihn auf dem Giersberg nieder und rief: „Nun wache, Herr! Ich kehre bald wieder." Heinrich aber war auf das höchste ermüdet, und der Teufel setzte ihm mächtig zu. Nun fuhr der Teufel zurück und wollte den Löwen, wie er verheißen hatte, auch abholen; es währte nicht lange, so kam er mit dem treuen Tiere dahergeflogen. Als nun der Teufel, noch aus der Luft herunter, den Herzog in Müdigkeit versenkt auf dem Giersberg ruhen sah, freute er sich schon im voraus; allein der Löwe, der seinen Herrn für tot hielt, hub laut zu schreien an, daß Heinrich in demselben Augenblicke erwachte. Der böse Feind sah nun sein Spiel verloren und bereute es zu spät, das wilde Tier herbeigeholt zu haben; er warf den Löwen aus der Luft herab zu Boden, daß es krachte. Der Löwe kam glücklich auf den Berg zu seinem Herrn, welcher Gott dankte und sich aufrichtete, um, weil es Abend werden wollte, hinab in die Stadt Braunschweig zu gehen. Nach der Burg war sein Gang und der Löwe folgte ihm immer nach, großes Getöne scholl ihm entgegen. Er wollte in das Fürstenhaus eintreten, da wiesen ihn die Diener zurück. „Was heißt das Getön und Pfeifen", rief Heinrich aus, „sollte doch wahr sein, was mir der Teufel gesagt? Und ist ein fremder Herr in diesem Haus?" „Kein fremder", antwortete man ihm, „denn er ist unserer gnädigen Frauen verlobt und bekommt heute das Braunschweiger Land." „So bitte ich", sagte der Herzog, „die Braut um einen Trunk Weins, mein Herz ist mir ganz matt." Da lief einer von den Leuten hinauf zu der Fürstin und hinterbrachte, daß ein fremder Gast, dem ein Löwe mitfolge, um einen Trunk Wein bitten lasse. Die Herzogin wunderte sich, füllte ihm ein Geschirr mit Wein und sandte es dem Pilgrim. „Wer magst du wohl sein", sprach der Diener, „daß du von diesem edlen Wein zu trinken begehrst, den man allein der Herzogin einschenkt?" Der Pilgrim trank, nahm seinen goldenen Ring und warf ihn in den Becher und hieß diesen der Braut zurücktragen. Als sie den Ring erblickte, worauf des Herzogs Schild und Name geschnitten stand, erbleichte sie, stand eilends auf und trat an die Zinne, um nach dem Fremdling zu schauen. Sie ward den Herrn inne, der da mit dem Löwen saß; darauf ließ sie ihn den Saal entbieten und fragen: Wie er zu dem Ringe gekommen wäre und warum er ihn in den Becher gelegt hätte? „Von keinem hab ich ihn bekommen, sondern ihn selbst genommen, es sind nun länger als sieben Jahre; und den Ring hab ich hingelegt, wo er billig hingehört." Als man der Herzogin diese Antwort hinterbrachte, schaute sie den Fremden an und fiel vor Freuden zur Erde, weil sie ihren geliebten Gemahl erkannte; sie bot ihm ihre weiße Hand und hieß ihn willkommen. Da entstand große Freude im ganzen Saal, Herzog Heinrich setzte sich zu seiner Gemahlin an den Tisch; dem jungen Bräutigam aber wurde ein schönes Fräulein aus Franken angetraut. Hierauf regierte Herzog Heinrich lange und glücklich in seinem Reich; als er in hohem Alter verstarb, legte sich der Löwe auf des Herrn Grab und wich nicht davon, bis er auch verschied. Das Tier liegt auf der Burg begraben, und seiner Treue zu Ehren wurde ihm eine Säule errichtet.

181.
Des edlen Möringers Wallfahrt

Zu Möringen an der Donau lebte vor Zeiten ein edler Ritter; der lag eines Nachts bei seiner Frau und bat sie um Urlaub, weil er weit hinziehen wollte in Sankt Thomas' Land, befahl ihr Leute und Gut und sagte, daß sie sieben Jahre seiner harren möchte. Frühmorgens stand er auf, kleidete sich an und empfahl seinem Kämmerer, daß er sieben Jahre lang seiner Frau pflege bis zu seiner Wiederkehr. Der Kämmerer sprach: „Frauen tragen lange Haare und kurzen Mut; fürwahr, nicht länger denn sieben Tage mag ich Eurer Frau pflegen." Da ging der edle Möringer hin zu dem Jungen von

Neusen und bat, daß er sieben Jahre seiner Gemahlin pflege; der sagte es ihm zu und gelobte seine Treue.

Also zog der edle Möringer fern dahin, und ein Jahr verstrich um das andere. Wie das siebente nun sich vollendete, lag er im Garten und schlief. Da träumte ihm, wie daß ein Engel riefe und spräche: „Erwache, Möringer, es ist Zeit! Kommst du heut nicht zu Land, so nimmt der junge von Neusen dein Weib." Der Möringer raufte vor Leid seinen grauen Bart und klagte flehentlich seine Not Gott und dem heiligen Thomas; in den schweren Sorgen entschlief er von neuem. Wie er aufwachte und die Augen öffnete, wußte er nicht, wo er war; denn er sah sich daheim in Schwaben, vor seiner Mühle, dankte Gott, jedoch traurig im Herzen, und ging zu der Mühle. „Müller", sprach er, „was gibt es Neues in der Burg? Ich bin ein armer Pilgrim." „Viel Neues", antwortete der Müller, „der von Neusen will heut des edlen Möringers Frau nehmen; leider soll unser guter Herr tot sein." Da ging der edle Möringer an sein eigen Burgtor und klopfte hart dawider. Der Torwart trat heraus: „Geh und sag deiner Frau an, hier stehe ein elender Pilgrim; nun bin ich vom weiten Gehen so müde geworden, daß ich sie um ein Almosen bitte, um Gottes und Sankt Thomas' Willen und des edlen Möringers Seele." Und als das die Frau erhörte, hieß sie eilends auftun und soll er dem Pilger zu essen geben ein ganzes Jahr.

Der edle Möringer trat in seine Burg, und es war ihm so leid und schwer, daß ihn kein Mann empfing; er setzte sich nieder auf die Bank, und als die Abendstunde kam, daß die Braut bald zu Bett gehen sollte, redete ein Dienstmann und sprach: „Sonst hatte mein Herr Möring die Sitte, daß kein fremder Pilgrim schlafen durfte, er sang denn zuvor ein Lied." Das hörte der junge Herr von Neusen, der Bräutigam, und rief: „Singt uns, Herr Gast, ein Liedelein, ich will Euch reich begaben." Da hub der edle Möringer an und sang ein Lied, das anfängt: „Eins langen Schweigens hatt ich mich bedacht, so muß ich aber singen als eh" usw. und sang darin: Daß ihn der junge Mann an der alten Braut rächen und sie mit Sommerlatten (Ruten) schlagen solle; ehemals sei er Herr gewesen und jetzt Knecht und auf der Hochzeit ihm nun eine alte Schüssel vorgesetzt worden. Sobald die edle Frau das Lied hörte, trübten sich ihre klaren Augen, und einen goldenen Becher setzte sie dem

Pilgrim hin, in den schenkte sie klaren Wein. Möringer aber zog ein goldrotes Ringlein von seiner Hand, womit ihm seine liebste Frau vermählt worden war, senkte es in den Becher und gab ihn dem Weinschenken, daß er ihn der edlen Frau vorsetzen solle. Der Weinschenk brachte ihn: „Das sendet Euch der Pilger, laßt es Euch nicht verschmähen, edle Frau." Und als sie trank und das Ringlein im Becher sah, rief sie laut: „Mein Herr ist hier, der edle Möringer", stand auf und fiel ihm zu Füßen. „Gott willkommen, liebster Herr, und laßt Euer Trauern sein! Meine Ehre habe ich noch behalten, und hätte ich sie verbrochen, so sollt Ihr mich vermauern lassen." Aber der Herr von Neusen erschrak und fiel auf die Knie; „Liebster Herr, Treu und Eid hab ich gebrochen, darum schlagt mir ab mein Haupt!" – „Das soll nicht sein, Herr von Neusen! Sondern ich will Euren Kummer lindern und Euch meine Tochter zur Ehe geben; nehmt sie und laßt mir meine alte Braut." Des war der von Neusen froh und nahm die Tochter; Mutter und Tochter waren beide zarte Frauen, und beide Herren waren wohlgeboren.

182.
Herr Peter Dimringer von Staufenberg

In der Ortenau, unweit Offenburg, liegt Staufenberg, das Stammschloß Ritter Peters Dimringer, von dem die Sage lautet: Er hieß einen Pfingsttag früh den Knecht das Pferd satteln und wollte von seiner Feste gen Nußbach reiten, daselbst die Mette zu hören. Der Knappe ritt voran, unterwegs am Eingang des Waldes sah er auf einem Stein eine wunderschöne, reichgeschmückte Jungfrau mutterseelenallein sitzen; sie grüßte ihn, der Knecht ritt vorüber. Bald darauf kam Herr Peter selbst daher, sah sie mit Freuden, grüßte und sprach die Jungfrau freundlich an. Sie neigte ihm und sagte: „Gott danke dir deines Grußes." Da stand Peter vom Pferde, sie bot ihm ihre Hände, und er hob sie vom Steine auf, mit Armen umfing er sie; sie setzten sich beide ins Gras und redeten, was ihr Wille war. „Gnade, schöne Frau, darf ich fragen, was mir zu Herzen liegt, so sagt mir, warum Ihr hier so einsam sitzet und niemand bei Euch ist?" „Das sag ich dir, Freund, auf meine Treue, weil ich hier dein warten wollte; ich liebe dich, seit du mit dem Pferd geritten kamst;

und überall in Kampf und in Streit, in Weg und auf Straßen habe ich dich heimlich gepflegt und gehütet mit meiner freien Hand, daß dir nie kein Leid geschah." Da antwortete der Ritter tugendlich: „Daß ich Euch erblickt habe, nichts Lieberes konnte mir geschehen, und mein Wille wäre, bei Euch zu sein, bis an den Tod." „Dies mag wohl geschehen," sprach die Jungfrau, „wenn du meiner Lehre folgest: Willst du mich lieb haben, darfst du fürder kein ehelich Weib nehmen, und tätest du es doch, würde dein Leib den dritten Tag sterben. Wo du aber allein bist und mein begehrest, da hast du mich gleich bei dir und lebst glücklich und in Wonne." Herr Peter sagte: „Frau, ist das alles wahr?" Und sie gab ihm Gott zum Bürge der Wahrheit und Treue. Darauf versprach er sich ihr zu eigen, und beide verpflichteten sich zueinander. Die Hochzeit sollte auf der Frauen Bitte zu Staufenberg gehalten werden; sie gab ihm einen schönen Ring, und nachdem sie sich tugendlich angelacht und einander umfangen hatten, ritt Herr Peter weiter fort seine Straße. In dem Dorfe hörte er Messe lesen und tat sein Gebet, kehrte alsdann heim auf seine Feste, und sobald er allein in der Kemenate war, dachte er bei sich im Herzen: Wenn ich doch nun meine liebe Braut hier bei mir hätte, die ich draußen auf dem Stein fand! Und wie er das Wort ausgesprochen, stand sie schon vor seinen Augen, sie küßten sich und waren in Freuden beisammen.

Also lebten sie eine Weile, sie gab ihm auch Geld und Gut, daß er fröhlich auf der Welt leben konnte. Nachher fuhr er aus in die Lande, und wohin er kam, war seine Frau bei ihm, sooft er sie wünschte.

Endlich kehrte er wieder heim in seine Heimat. Da lagen ihm seine Brüder und Freunde an, daß er ein ehelich Weib nehmen sollte; er erschrak und suchte es auszureden. Sie ließen ihm aber härter zusetzen durch einen weisen Mann, auch aus seiner Sippe. Herr Peter antwortete: „Eher will ich meinen Leib in Riemen schneiden lassen, als ich mich verehliche." Abends nun, wie er allein war, wußte es seine Frau schon, was sie mit ihm vorhatten, und er sagte ihr von neuem sein Wort zu. Es sollte aber zu damals der deutsche König in Frankfurt gewählt werden; dahin zog auch der Staufenberger unter viel andern Dienstmännern und Edelleuten. Da tat er sich so heraus im Ritterspiel, daß er die Augen des Königs auf sich zog und der König ihm endlich seine Muhme aus Kärnten zur Ehe antrug. Herr Peter geriet in heftigen Kummer und schlug das Erbieten aus; und weil alle Fürsten dareinredeten und die Ursache wissen wollten, sprach er zuletzt: Daß er schon eine schöne Frau und von ihr alles Gute hätte; aber um ihretwillen keine andre nehmen dürfte, sonst müßte er tot liegen innerhalb von drei Tagen. Da sagte der Bischof: „Herr, laßt mich die Frau sehen." Da sprach er: „Sie läßt sich vor niemand denn vor mir sehen." „So ist sie kein rechtes Weib", redeten sie alle, „sondern vom Teufel; und daß Ihr die Teufelin minnet mehr denn reine Frauen, das verdirbt Euren Namen und Eure Ehre vor aller Welt." Verwirrt durch diese Reden sagte der Staufenberger: „Er wollte alles tun, was dem König gefalle": Und alsbald ward ihm die Jungfrau verlobet unter kostbaren königlichen Geschenken. Die Hochzeit sollte nach Peters willen in der Ortenau gehalten werden. Als er seine Frau wieder das erstemal bei sich hatte, tat sie ihm klägliche Vorwürfe, daß er ihr Verbot und seine Zusage dennoch übertreten hätte, so sei nun sein junges Leben verloren: „Und zum Zeichen will ich dir folgendes geben; wenn du meinen Fuß erblicken wirst und ihn alle andre sehen, Frauen und Männer, auf deiner Hochzeit, dann sollst du nicht säumen, sondern beichten und dich zum Tod bereiten." Da dachte Peter an der Pfaffen Worte, daß sie ihn vielleicht nur mit solchen Drohungen berücken wolle und es eitel Lüge wäre. Als nun bald die junge Braut nach Staufenburg gebracht wurde, ein großes Fest gehalten wurde und der Ritter ihr über Tafel gegenüber saß, da sah man plötzlich etwas durch die Bühne stoßen, einen wunderschönen Menschenfuß bis an die Knie, weiß wie Elfenbein. Der Ritter erblaßte und rief: „Weh, meine Freunde, ihr habt mich verderbet, und in drei Tagen bin ich des Todes." Der Fuß war wieder verschwunden, ohne ein Loch in der Bühne zu hinterlassen. Pfeifen, Tanzen und Singen lagen darnieder, ein Pfaffe wurde gerufen, und nachdem er von seiner Braut Abschied genommen und seine Sünden gebeichtet hatte, brach sein Herz. Seine junge Frau begab sich ins Kloster und betete zu Gott für seine Seele, und in allen deutschen Landen wurde der mannhafte Ritter beklaget.

183.
Graf Hubert von Calw

Vor alten Zeiten lebte zu Calw ein Graf in Wonne und Reichtum, bis ihn zuletzt sein Gewissen antrieb und er zu seiner Gemahlin sprach: „Nun ist vonnöten, daß ich auch lerne, was Armut heißt, wo ich nicht ganz will zugrunde gehen." Hierauf sagte er ihr Lebewohl, nahm die Kleidung eines armen Pilgrims an und wanderte in die Gegend nach der Schweiz zu. In einem Dorfe, genannt Deislingen, wurde er Kuhhirt und weidete die ihm anvertraute Herde auf einem nahegelegenen Berge mit allem Fleiß. Wiewohl nun das Vieh unter seiner Hut gedieh und fett ward, so verdroß es die Bauern, daß er sich immer auf dem nämlichen Berge hielt, und sie setzten ihn vom Amte ab. Da ging er wieder heim nach Calw und heischte das Almosen vor der Türe seiner Gemahlin, die eben ihre Hochzeit mit einem andern Mann feierte. Als ihm nun ein Stück Brot herausgebracht wurde, weigerte er es anzunehmen, es wäre denn, daß ihm auch der Gräfin Becher voll Wein dazu gespendet würde. Man brachte ihm den Becher, und indem er trank, ließ er seinen güldenen Mahlring dareinfallen und kehrte stillschweigend nach dem vorigen Dorfe zurück. Die Leute waren seiner Rückkunft froh, weil sie ihr Vieh unterdessen einem schlechten Hirten hatten untergeben müssen, und setzten den Grafen neuerdings in seine Stelle ein. So hütete er bis zu seinem Lebensende das Vieh; als er sich dem Tode nah fühlte, offenbarte er den Leuten, wer und woher er wäre; auch verordnete er, daß sie seine Leiche von Rindern ausfahren lassen und da, wo diese stillstehen würden, beerdigen sollten, daselbst aber eine Kapelle bauen. Sein Wille ward genau vollzogen und über seinem Grabe ein Heiligtum errichtet, nach seinem Namen Hubert oder Obert „zu Sankt Huprecht" geheißen. Viele Menschen wallfahrten dahin und ließen zu seiner Minne Messen lesen; jeder Bürger aus Calw, der da vorübergeht, hat das Recht, an der Kapellentür anzuklopfen.

184.
Ritter Ulrich, Dienstmann zu Wirtenberg

Eine Burg liegt in Schwabenland, geheißen Wirtenberg, auf der saß vor Zeiten Graf Hartmann, dessen Dienstmann, Ritter Ulrich, folgendes Abenteuer begegnete. Als er eines Freitags in den Wald zu jagen zog, aber den ganzen Tag kein Wild treffen konnte, verirrte sich Ritter Ulrich auf unbekanntem Wege in eine öde Gegend, die sein Fuß noch nie betreten hatte. Nicht lange, so kamen ihm entgegengeritten ein Ritter und eine Frau, beide von edlem Aussehen; er grüßte sie höflich, aber sie schwiegen, ohne sich vor ihm zu verneigen; da sah er derselben Leute noch mehr herbeiziehen. Ulrich hielt beiseite in dem Tann, bis fünfhundert Männer und ebensoviel Weiber vorüberkamen, alle in stummer, schweigender Gebärde und ohne seine Grüße zu erwidern. Zuhinterst an der Schar fuhr eine Frau allein, ohne Mann, die antwortete auf seinen Gruß: „Gott vergelt's!" Ritter Ulrich war froh, Gott nennen zu hören, und begann, diese Frau weiter zu fragen nach dem Zug und was es für Leute wären, die ihm ihren Gruß nicht vergönnt hätten? „Laßt es Euch nicht erdreisten", sagte die Frau, „wir grüßen nicht, denn wir sind tote Leute." – „Wie kommt es aber, daß Euer Mund frisch und rot steht?" – „Das ist nur der Schein; vor dreißig Jahren war mein Leib schon erstorben und verweste, aber die Seele leidet Qual." – „Warum zöget Ihr allein, da nimmt mich wunder, da ich doch jede Frau samt einem Ritter fahren sah?" – „Der Ritter, den ich haben soll, der ist noch nicht tot, und gerne wollte ich lieber allein fahren, wenn er noch Buße täte und seine Sünde bereute." – „Wie heißt er mit Namen?" – „Er ist genannt von Schenkenburg." – „Den kenne ich wohl, er hob mir ein Kind aus der Taufe; gern möchte ich ihm hinterbringen, was mir hier begegnet ist: Aber wie wird er die Wahrheit glauben?" – „Sagt ihm zum Wahrzeichen dieses: Mein Mann war ausgeritten, da ließ ich ihn ein in mein Haus, und er küßte mich an meinen Mund; da wurden wir einander bekannt, und er zog ein rotgülden Fingerlein von seiner Hand und schenkte mir es; wollte Gott, meine Augen hätten ihn nie gesehen!" – „Mag denn nichts Eure Seele retten, Gebete und Wallfahrten?" – „Aller Pfaffen Zungen, die je lasen und sangen, können mir nicht helfen, darum, daß ich nicht zur Beichte gelangt bin und gebüßt habe vor meinem Tod; ich scheute aber die Beichte: Denn wäre meinem Mann etwas zu Ohren gekommen von meiner Unzucht, es hätte mir das Leben gekostet."

Ritter Ulrich betrachtete diese Frau, während sie ihre jämmerliche Geschichte erzählte; an dem Leibe erschien nicht das Ungemach ihrer Seele; sondern sie war wohlaussehend und reichlich gekleidet. Ulrich wollte mit ihr dem andern Volk bis in die Herberge nachreiten; und als ihn die Frau nicht von diesem Vorsatz ablenken konnte, empfahl sie ihm bloß: Keine der Speisen anzurühren, die man ihm bieten würde, auch sich nicht daran zu kehren, wie übel man dies zu nehmen scheine. Sie ritten zusammen über Holz und Feld, bis der ganze Haufen vor eine schön erbaute Burg gelangte, wo die Frauen abgehoben, den Rittern die Pferde und Sporen in Empfang genommen wurden. Darauf saßen sie je zwei, Ritter und Frauen, zusammen auf das grüne Gras; denn es waren keine Stühle vorhanden; jene elende Frau saß ganz allein am Ende, und niemand achtete ihrer. Goldene Gefäße wurden aufgetragen, Wildbret und Fische, die edelsten Speisen, die man erdenken konnte, weiße Semmeln und Brot; Schenken gingen und füllten die Becher mit kühlem Weine. Da wurde auch dieser Speisen Ritter Ulrich vorgetragen, die ihn lieblich anrochen: Doch war er so weise, nichts davon zu berühren. Er ging zu der Frauen Sitzen und vergaß sich, daß er auf den Tisch griff und einen gebratenen Fisch aufheben wollte; da verbrannten ihm schnell seiner Finger viere, wie von höllischem Feuer, daß er laut schreien mußte. Kein Wasser und kein Wein konnte ihm diesen Brand löschen; die Frau, welche neben ihm saß, sah ein Messer an seiner Seite hangen, griff schnell danach, schnitt ihm ein Kreuz über die Hand und stieß das Messer wieder ein. Als das Blut über die Hand floß, mußte das Feuer davor weichen, und Ritter Ulrich kam mit dem Verluste der Finger davon. Die Frau sprach: „Jetzt wird ein Turnier anheben und Euch ein edles Pferd vorgeführt und ein goldbeschlagener Schild vorgetragen werden; davor hütet Euch." Bald darauf kam ein Knecht mit dem Roß und Schild vor den Ritter, und so gern er es bestiegen hätte, ließ er es doch standhaft fahren. Nach dem Turnier erklangen süße Töne, und der Tanz begann; die elende Frau hatte den Ritter wieder davor gewarnt. Sie selbst aber mußte mit anstehen und stellte sich unten hin; als sie Ritter Ulrich anschaute, vergaß er alles, trat hinzu und bot ihr die Hand. Kaum berührte er sie, als er für tot niedersank; schnell trug sie ihn seitwärts auf einen Rain, grub ihm ein Kraut und steckte es in seinen Mund, wovon er wieder auflebte. Da sprach die Frau: „Es nahet dem Tage, und wenn der Hahn kräht, müssen wir alle von hinnen." Ulrich antwortete: „Ist es denn Nacht? Mir hat es so geschienen, als ob es die ganze Zeit heller Tag gewesen wäre." Sie sagte: „Der Wahn trügt Euch; Ihr werdet einen Waldsteig finden, auf dem Ihr sicher zu dem Ausgang aus der Wildnis gelangen könnt." Ein Zelter wurde der armen Frau vorgeführt, der braun als eine Glut; wie sie ihn bestiegen hatte, streifte sie den Ärmel zurück; da sah Ritter Ulrich das Feuer von ihrem bloßen Arm schießen, wie wenn die Flammen um ein brennendes Haus schlagen. Er segnete sie zum Abschied und kam auf dem angewiesenen Steige glücklich heim nach Wirtenberg geritten, zeigte dem Grafen die verbrannte Hand und machte sich auf zu der Burg, wo sein Gevatter saß. Dem offenbarte er, was ihm seine Buhlin entbieten ließ, samt dem Wahrzeichen mit dem Fingerlein und den verbrannten Fingern. Auf diese Nachricht rüstete sich der von Schenkenburg samt Ritter Ulrich; fuhren über Meer gegen die ungetauften Heiden, denen sie soviel Schaden, dem deutschen Hause zum Trost, antaten, bis die Frau aus ihrer Pein erlöst worden war.

185.
Freiherr Albrecht von Simmern

Albrecht Freiherr von Simmern war bei seinem Landesherrn Herzog Friedrich von Schwaben, der ihn aufgezogen hatte, wohlgelitten und stand in besonderer Gnade. Einstmals tat dieser in der Begleitung seiner Grafen und Ritter, unter welchen sich auch der Freiherr Albrecht befand, einen Lustritt zu dem Grafen Erchinger, bei dem er schon öfter gewesen und dessen Schloß Mogenheim im Zabergau lag. Der Graf war ein Mann von fröhlichem Gemüte, der Jagd und andern ehrlichen Übungen ergeben. Mit seiner Frau, Maria von Tübing, hatte er nur zwei Töchter und keinen Sohn erzeugt, und sein gräflicher Stamm drohte zu erlöschen.

Nahe an dem Schlosse lag ein luftiges Gehölz, der Stromberg genannt; darin lief seit langer Zeit ein ansehnlicher großer Hirsch, den weder die Jäger noch Hofbediente je hatten aufspüren können. Als er sich eben jetzt wieder sehen ließ, freuten sich alle, besonders der Graf Erchinger, welcher die übrige Gesellschaft aufmahnte, sich mit dem gewöhnlichen Jägerzeuge dahin zu begeben. Unter dem Jagen kam der Freiherr Albrecht von den andern ab in eine besondere Gegend des Waldes, wo er eines großen und schönen Hirsches ansichtig wurde, wie er noch nie glaubte einen gesehen zu haben. Er setzte ihm lange durch den Wald nach, bis er ihn ganz aus dem Gesicht verlor und er nicht wußte, wo das Tier hingeraten war.

Indem trat ein Mann schrecklicher Gestalt vor ihn, und ob er gleich sonst beherzt und tapfer war, so entsetzte er sich doch heftig und wahrte sich wider ihn mit dem Zeichen des Kreuzes. Der Mann aber sprach: „Fürchte dich nicht! Ich bin von Gott gesandt, dir etwas zu offenbaren. Folge mir nach, so sollst du wunderbare Dinge sehen, wie sie deine Augen noch nie erblickt haben, und es soll dir kein Haar dabei gekrümmt werden." Der Freiherr willigte ein und folgte seinem Führer, der ihn aus dem Wald leitete. Als sie heraustraten, deuchte ihm, er sehe schöne Wiesen und eine überaus lustige Gegend. Ferner ein Schloß, das mit vielen Türmen und anderer Zier so prangte, daß dergleichen seine Augen niemals gesehen. Indem sie sich diesem Schlosse nahten, kamen viele Leute, gleich als Hofdiener, entgegen. Keiner aber redete ein Wort; sondern als er bei dem Tor anlangte, nahm einer sein Pferd ab, als wollte er es unterdessen halten. Sein Führer aber sprach: „Laß dich ihr Schweigen nicht befremden; dagegen rede auch nicht mit ihnen, sondern allein mit mir, und tue in allem, wie ich dir sagen werde."

Nun traten sie ein, und Herr Albrecht ward in einen großen schönen Saal geführt, wo ein Fürst mit den Seinigen zu Tische saß. Alle standen auf und neigten sich ehrerbietig, gleich als wollten sie ihn willkommen heißen. Darauf setzten sie sich wieder und taten, als wenn sie äßen und tränken. Herr Albrecht blieb stehen, hielt sein Schwert in der Hand und wollte es nicht von sich lassen: Indessen betrachtete er das wunderköstliche, silberne Tafelgeschirr, darin die Speisen auf- und abgetragen wurden, samt den andern vorhandenen Gefäßen. Alles dieses geschah mit großem Stillschweigen; auch der Herr und seine Leute aßen für sich und bekümmerten sich nicht um ihn. Nachdem er also lange gestanden und alles angeschaut, erinnerte ihn der, welcher ihn hergeführt, daß er sich vor dem Herrn neigen und dessen Leute grüßen solle; dann wollte er ihn wieder herausgeleiten. Als er es getan, stand der Herr mit allen seinen Leuten wiederum höflich auf, und sie neigten gleichfalls ihre Häupter gegen ihn. Darauf ward Herr Albrecht von seinem Führer zu der Schloßpforte gebracht. Hier stellten diejenigen, welche bisher sein Pferd gehalten, ihm selbes wieder zu, legten ihm aber dabei Stillschweigen auf; worauf sie ins Schloß zurückkehrten. Nun gürtete Herr Albrecht sein Schwert wieder an und ward von seinem Gefährten auf dem vorigen Wege nach dem Stromberger Walde gebracht. Er fragte ihn, was das für ein Schloß und wer dessen Einwohner wären, die darin zur Tafel gesessen? Der Geist antwortete: „Der Herr, welchen du gesehen, ist deines Vaters Bruder gewesen, ein gottesfürchtiger Mann, welcher vielmals wider die Ungläubigen gefochten. Ich aber und die andern, die du gesehen, waren bei Leibesleben seine Diener und müssen nun unaussprechlich harte Pein leiden. Er hat bei Lebzeiten seine Untertanen mit unbilligen Auflagen sehr gedrückt und das Geld zum Krieg gegen die Ungläubigen angewendet: Wir andern aber haben ihm dazu Rat und Anschläge gegeben und werden jetzt solcher Ungerechtigkeit willen hart gestraft. Dieses ist deiner Tugenden wegen offenbart, damit du vor solchen und ähnlichen Dingen dich hüten und dein Leben bessern mögest. Siehe, da ist der Weg, welcher dich wiederum durch den Wald an deinen vorigen Ort bringen wird; doch kannst du noch einmal zurückkehren, damit du siehest, in was für Elend und Jammer sich die vorige Glückseligkeit verwandelt hat." Wie der Geist dieses gesagt, war er verschwunden. Herr Albrecht aber kehrte wieder zu dem Schlosse zurück. Siehe, da war alles miteinander zu Feuer, Pech und Schwefel geworden, davon ihm der Geruch entgegenqualmte; dabei hörte er ein jammervolles Schreien und Klagen, worüber er sich so entsetzte, daß ihm die Haare zu Berge standen. Darum wendete er schnell sein Pferd um und ritt des vorigen Weges wieder nach seiner Gesellschaft zu.

Als er anlangte, kam er allen so verändert und verstellt vor, daß sie ihn fast nicht erkannten. Denn ungeachtet er noch ein junger und frischer Mann war, hatte ihn doch Schrecken und Bestürzung zu einem eisgrauen umgestaltet, indem Haupthaar und der Bart weiß wie der Schnee waren. Sie verwunderten sich zwar darüber nicht wenig, aber noch mehr über die durch seine veränderte Gestalt beglaubigte Erzählung, so daß sie insgesamt traurig nach Hause umkehrten.

Der Freiherr von Simmern beschloß, an dem Orte, wo sich das zugetragen, zur Ehre Gottes eine Kirche zu erbauen. Graf Erchinger, auf dessen Gebiet es sich befand, gab gern seine Einwilligung, und er und seine Gemahlin versprachen Rat und Hilfe, damit daselbst ein Frauenkloster aufgerichtet und Gott stets bedienet würde. Auch der Herzog Friedrich von Schwaben verhieß seinen Beistand zur Förderung des Baues und hat verschiedene Zehnten und Einkünfte dazu verordnet. Die Geschichte hat sich im Jahr 1134 unter Lothar dem Zweiten begeben.

186.
Der Virdunger Bürger

Zu Rudolfs von Habsburg Zeiten saß in der Stadt Virdung (Verdun) ein Bürger, der verfiel in Armut; und um aufs neue zu Schätzen zu gelangen, versprach er sich mit Hilfe eines alten Weibes dem Teufel. Und als er sich Gott und allen himmlischen Gnaden abgesagt hatte, füllte ihm der Höllenrabe den Beutel mit Pfennigen, die nimmer all wurden; denn sooft sie der Bürger ausgegeben hatte, lagen sie immer wieder unten. Da wurde seines Reichtums unmaßen viel; er erwarb Wiesen und Felder und lebte nach allen Gelüsten. Eines Tages, da er fröhlich bei seinen Freunden saß, kamen zwei Männer auf schwarzen Pferden angeritten; der eine zog bei der Hand ein gesatteltes und gezäumtes, brandschwarzes Roß, das führte er zu dem Bürger und mahnte, daß er ihnen folgen sollte, wohin er gelobt hätte. Traurig nahm der Bürger Abschied, bestieg das Roß und schied mit den Boten von dannen, im Angesicht von mehr als fünfzig Menschen und zweier seiner Kinder, die jämmerlich klagten und nicht wußten, was aus ihrem Vater geworden sei. Da gingen sie beide zu einem alten Weib, die viele Künste wußte; und sie verhießen ihr viel Geld, wenn sie ihnen die rechte Wahrheit von ihrem Vater zeigen würde. Darauf nahm das Weib die Jünglinge mit sich in einen Wald und beschwor den Erdboden, bis er sich auftat und die zwei herauskamen, mit welchen ihr Vater fortgeritten war. Das Weib fragte, ob sie ihren Vater sehen wollten? Da fürchtete sich der älteste; der jüngere aber, welcher ein männliches Herz hatte, bestand auf seinem Vorsatz. Da gebot die Meisterin den Höllenboten, daß sie das Kind unversetzt hin zu seinem Vater und wieder zurückführeten. Die zwei führten ihn nun in ein schönes Haus, da saß sein Vater ganz allein, in demselben Kleid und Gewand, in welchem er abgeschieden war, und man sah kein Feuer, das ihn quälte. Der Jüngling redete ihn an und fragte: „Vater, wie steht es um dich, ist dir Last oder weh?" Der Vater antwortete: „Weil ich die Armut nicht ertragen konnte, gab ich um irdisches Gut dem Teufel Leib und Seele dahin und alles Recht, was Gott an mir hatte; darum, mein Sohn, behalte nichts von dem Gut, das du von mir geerbt hast, sonst wirst du verloren gleich mir." Der Sohn sprach: „Wie kommt es, daß man kein Feuer an dir brennen sieht?" „Rühre mich mit der Spitze deines Fingers an", versetzte der Vater, „zuck aber schnell wieder weg!" In dem Augenblick, wo es der Sohn tat, brannte er sich Hand und Arm bis an den Ellenbogen; da ließ erst das Feuer nach. Gerührt von seines Vaters Qualen, sprach er: „Sag an, mein Vater, gibt es nichts auf der Welt, das dir helfen möge oder irgend fromme?" „So wenig des Teufels selber Rat werden mag", sagte der Vater, „so wenig kann meiner Rat werden; du aber, mein Sohn, tue so mit deinem Gut, daß deine Seele erhalten bleibe." Damit schieden sie voneinander. Die zwei Führer brachten den Jüngling wieder heraus zu dem Weib, der er den verbrannten Arm zeigte. Darauf erzählte er Armen und Reichen, was ihm widerfahren war und wie es um seinen Vater stand; begab sich alles seines Gutes und lebte freiwillig arm in einem Kloster bis an sein Lebensende.

187.
Siegfried und Genoveva

Zu den Zeiten Hindolfs, Erzbischofs von Trier, lebte daselbst Pfalzgraf Siegfried mit Genoveva, seiner Gemahlin, einer Herzogstochter aus Brabant, schön und fromm. Nun begab es sich, daß ein Zug wider die Heiden geschehen sollte und Siegfried in den Krieg ziehen mußte; da befahl er Genoveven, im Meifelder Gau auf seiner Burg Simmern still und zurückgezogen zu wohnen; auch übertrug er einem seiner Dienstmännern, namens Golo, auf den er zumal vertraute: Daß er seine Gemahlin in besonderer Aufsicht hielte. Vor seiner Abreise hatte aber Genoveva einen Sohn von ihrem Gemahl empfangen. Als nun Siegfried abwesend war, dauerte es nicht lange und Golo entbrannte von sündlicher Liebe zu der schönen Genoveva, die er endlich nicht mehr zurückhielt, sondern der Pfalzgräfin erklärte. Sie aber wies ihn mit Abscheu zurück. Darauf schmiedete Golo falsche Briefe, als wenn Siegfried mit allen seinen Leuten im Meer ertrunken wäre, und las sie der Gräfin vor; jetzt gehöre ihm das ganze Reich und sie dürfe ihn ohne Sünde lieben. Als er sie aber küssen wollte, schlug sie ihm hart mit der Faust in das Gesicht, und er merkte wohl, daß er nichts ausrichten konnte; da verwandelte er seinen Sinn, nahm der edlen Frau alle ihre Diener und Mägde weg, daß sie die größte Not litt. Und als ihre Zeit heranrückte, gebar Genoveva einen schönen Sohn, und niemand, außer einer alten Waschfrau, stand ihr bei oder tröstete sie; endlich aber hörte sie, daß der Pfalzgraf lebe und bald zurückkehre; und sie fragte den Boten, wo Siegfried jetzt sei? „Zu Straßburg", antwortete der Bote und ging darauf zu Golo, dem er dieselbe Nachricht brachte. Golo erschrak heftig und hielt sich für verloren. Da redete eine alte Hexe mit ihm, was er sich Sorgen um diese Sache mache? Die Gräfin habe zu einer Zeit geboren, daß niemand wissen könne, ob nicht der Koch oder ein anderer des Kindes Vater sei: „Sag nur dem Pfalzgrafen, daß sie mit dem Koch gebuhlt habe, so wird er sie töten lassen und du ruhig sein." Golo sagte: „Der Ratschlag ist gut", ging daher eilends seinem Herrn entgegen und erzählte ihm die ganze Lüge. Siegfried erschrak und seufzte aus tiefem Leib. Da sprach Golo: „Herr, es ziemt dir nicht länger, diese zum Weibe zu haben." Der Pfalzgraf sagte: „Was soll ich tun?" „Ich will", versetzte der Treulose, „sie mit ihrem Kind an den See führen und im Wasser ersäufen." Als nun Siegfried eingewilligt hatte, ergriff Golo Genoveven und das Kind und übergab sie den Knechten, daß sie sie töten sollten. Die Knechte führten sie in den Wald, da hub einer unter ihnen an: „Was haben diese Unschuldigen getan?" Und es entstand ein Wortwechsel, keiner aber wußte Böses von der Pfalzgräfin zu sagen und keinen Grund, warum sie sie töten sollten. „Es ist besser", sprachen sie, „daß wir sie hier von den wilden Tieren zerreißen lassen, als unsere Hände mit ihrem Blut zu beflecken." Also ließen sie Genoveven allein in dem wilden Wald und gingen fort. Da sie aber ein Wahrzeichen haben mußten, das sie Golo mitbrächten, so riet einer, dem mitlaufenden Hunde die Zunge auszuschneiden. Und als sie vor Golo kamen, sagte er: „Wo habt ihr sie gelassen?" „Sie sind ermordet", antworteten sie und wiesen ihm Genovevens Zunge.

Genoveva aber weinte und betete in der öden Wildnis; ihr Kind war noch nicht dreißig Tage alt, und sie hatte keine Milch mehr in ihren Brüsten, womit sie es ernähren könnte. Wie sie nun die heilige Jungfrau um Beistand anflehte, sprang plötzlich eine Hindin durch das Gesträuch und setzte sich neben das Kind nieder; Genoveva legte die Zitzen der Hindin in des Knäblein Mund, und es sog daraus. An diesem Orte blieb sie sechs Jahre und drei Monate; sie selbst aber nährte sich von Wurzeln und Kräutern, die sie im Walde fand; sie wohnten unter einer Schichte von Holzstämmen, welche die arme Frau, so gut sie konnte, mit Dörnern gebunden hatte.

Nach Verlauf dieser Zeit trug es sich zu, daß der Pfalzgraf gerade in diesem Wald eine große Jagd anstellte; und da die Jäger die Hunde hetzten, zeigte sich ihren Augen dieselbe Hirschkuh, die den Knaben mit ihrer Milch nährte. Die Jäger folgten ihr; und weil sie zuletzt keinen andern Ausweg hatte, floh sie zu dem Lager, wohin sie täglich zu laufen pflegte, und warf sich, wie gewöhnlich, zu des Knaben Füßen. Die Hunde drangen nach, des Kindes Mutter nahm einen Stock und wehrte die Hunde ab. In diesem Augenblick kam der Pfalzgraf hinzu, sah das Wunder und befahl, die Hunde zurückzurufen. Darauf fragte er die Frau, ob sie eine Christin wäre?

Sie antwortete: „Ich bin eine Christin, aber ganz entblößt; leih mir deinen Mantel, daß ich meine Scham bedecke." Siegfried warf ihr den Mantel zu, und sie bedeckte sich damit. „Weib", sagte er, „warum schafftest du dir nicht Speise und Kleider?" Sie sprach: „Brot habe ich nicht, ich aß die Kräuter, die ich im Walde fand; mein Kleid ist vor Alter zerschlissen und auseinandergefallen." „Wieviel Jahre sind es, seit du hierher gekommen?" – „Sechs und drei Monde wohne ich hier." – „Wem gehört der Knabe?" – „Es ist mein Sohn." – „Wer ist des Kindes Vater?" – „Gott weiß es." – „Wie kamst du hierher, und wie heißest du?" – „Mein Name ist Genoveva." – Als der Pfalzgraf den Namen hörte, gedachte er seiner Gemahlin; und einer der Kämmerer trat hinzu und rief: „Bei Gott, das scheint mir unsere Frau zu sein, die schon lange gestorben ist, und sie hatte ein Mal am Gesicht." Da sahen alle, daß sie noch dasselbe Mal an sich trug. „Hat sie auch noch den Trauring?" fragte Siegfried. Da gingen zwei hinzu und fanden, daß sie noch den Ring trage. Alsbald umfing sie der Pfalzgraf und küßte sie und nahm weinend den Knaben und sprach: „Das ist mein Gemahl, und das ist mein Kind." Die gute Frau erzählte nun allen, die da standen, von Wort zu Wort, was ihr begegnet war, und alle vergossen Freudentränen; indem kam auch der treulose Golo dazu, da wollten sie alle auf ihn stürzen und ihn töten. Der Pfalzgraf rief aber: „Haltet ihn, bis wir aussinnen, welches Todes er würdig ist." Dies geschah; und nachher verordnete Siegfried, vier Ochsen zu nehmen, die noch vor keinem Pfluge gezogen hätten, und jeden Ochsen dem Missetäter an die vier Teile des Leibes zu spannen, zwei an die Füße, zwei an die Hände, und dann die Ochsen gehen zu lassen. Und als sie auf diese Weise festgebunden waren, ging jeder Ochse mit seinem Teile durch, und Golos Leib wurde in vier Stücke zerrissen.

Der Pfalzgraf wollte nunmehr seine geliebte Gemahlin nebst dem Söhnlein heimführen. Sie aber schlug es aus und sprach: „An diesem Ort hat die heilige Jungfrau mich vor den wilden Tieren bewahrt und durch ein Wild mein Kind erhalten; von diesem Ort will ich nicht weichen, bis er ihr zu Ehren geweiht ist." Sogleich besandte der Pfalzgraf den Bischof Hildulf, welchem er alles berichtete; der Bischof war erfreut und weihte den Ort. Nach der

Weihung führte Siegfried seine Gemahlin und seinen Sohn herzu und stellte ein feierliches Mahl an; sie bat, daß er hier eine Kirche bauen ließe, welches er zusagte. Die Pfalzgräfin konnte fürder keine Speisen mehr vertragen, sondern ließ sich im Walde die Kräuter sammeln, an welche sie gewohnt geworden war. Allein sie lebte nur noch wenige Tage und wanderte selig zum Herrn; Siegfried ließ ihre Gebeine in der Waldkirche, die er zu bauen gelobt hatte, bestatten; diese Kapelle hieß Frauenkirchen (unweit Meyen), und manche Wunder geschahen daselbst.

188.
Der Mann im Pflug

Zu Metz in Lothringen lebte ein edler Ritter, namens Alexander, mit seiner schönen und tugendhaften Hausfrau Florentina. Dieser Ritter gelobte eine Wallfahrt nach dem heiligen Grabe, und als ihn seine betrübte Gemahlin nicht von dieser Reise abwenden konnte, machte sie ihm ein weißes Hemde mit einem roten Kreuz, das sie ihm zu tragen empfahl. Der Ritter zog herauf in jene Länder, wurde von den Ungläubigen gefangen und mit seinen Unglückgefährten in den Pflug gespannt; unter harten Geißelhieben mußten sie das Feld ackern, daß das Blut von ihren Leibern lief. Wunderbarerweise blieb nun jenes Hemd, welches Alexander von seiner Frau empfangen hatte und beständig trug, rein und unbefleckt, ohne daß ihm Regen, Schweiß und Blut etwas schadeten, auch zerriß es nicht. Dem Sultan selbst fiel diese Seltsamkeit auf, und er befragte den Sklaven genau über seinen Namen und Herkunft und wer ihm das Hemd gegeben habe. Der Ritter unterrichtete ihn von allem: „Und das Hemd habe ich von meiner tugendsamen Frau erhalten; daß es so weiß bleibt, zeigt mir ihre fortdauernde Treue und Keuschheit an." Der Heide, durch diese Nachricht neugierig gemacht, beschloß, einen seiner Leute heimlich nach Metz zu senden; der sollte kein Geld und Gut sparen, um des Ritters Frau zu seinem Willen zu verführen: So würde sich nachher ausweisen, ob das Hemd die Farbe verändere. Der Fremde kam nach Lothringen, kundschaftete die Frau aus und hinterbrachte ihr, wie elendiglich es ihrem Herrn in der Heidenschaft ginge; worüber sie höchst betrübt wurde, aber sich so tugendhaft erwies, daß der Abgesandte, nachdem er alles Geld verzehrt hatte, wieder unverrichteter Sache in die Türkei zurückreisen mußte. Bald darauf nahm Florentina sich ein Pilgerkleid und eine Harfe, welche sie wohl zu spielen verstand, und reiste dem fremden Heiden nach, holte ihn auch noch zu Venedig ein und fuhr mit ihm in die Heidenschaft, ohne daß er sie in der veränderten Tracht erkannt hätte. Als sie nun an des Heidenkönigs Hofe gelangte, wußte der Pilgrim diesen so mit seinem Gesang und Spiel einzunehmen, daß ihm große Geschenke dargeboten wurden. Der Pilgrim schlug diese alle aus und bat bloß um einen von den gefangenen Christen, die im Pfluge gingen. Die Bitte wurde bewilligt, und Florentina ging unerkannt zu den Gefangenen, bis sie zuletzt zu dem Pflug kam, in welchem ihr lieber Mann gespannt war. Darauf forderte und erhielt sie diesen Gefangenen, und beide reisten zusammen über die See glücklich nach Deutschland heim. Zwei Tagesreisen vor Metz sagte der Pilgrim zu Alexander: „Bruder, jetzt scheiden sich unsere Wege; gib mir zum Angedenken ein Stücklein aus deinem Hemde, von dessen Wunder ich soviel habe reden hören, damit ich es auch andern erzählen und beglaubigen kann." Diesem willfahrte der Ritter, schnitt ein Stück aus dem Hemde und gab es dem Pilgrim; sodann trennten sich beide. Florentina kam aber auf einem kürzeren Wege einen ganzen Tag früher nach Metz, legte ihre gewöhnlichen Frauenkleider an und erwartete ihres Gemahles Ankunft. Als diese erfolgte, empfing Alexander seine Gemahlin auf das zärtlichste; bald aber bliesen ihm seine Freunde und Verwandten in die Ohren: „Daß Florentina als ein leichtfertiges Weib zwölf Monate lang in der Welt umhergezogen sei und nichts habe von sich hören lassen." Alexander entbrannte vor Zorn, ließ ein Gastmahl anstellen und hielt seiner Frau öffentlich ihren geführten Lebenswandel vor. Sie trat schweigend aus dem Zimmer, ging in ihre Kammer und legte das Pilgerkleid an, das sie während der Zeit getragen hatte, nahm die Harfe zur Hand, und nun offenbarte sich, indem sie ihm das ausgeschnittene Stück von dem Hemde vorwies: Wer sie gewesen war und daß sie selbst als Pilgrim ihn aus dem Pflug erlöst hatte. Da verstummten ihre Ankläger, fielen der edlen Frau zu Füßen, und ihr Gemahl bat sie mit weinenden Augen um Verzeihung.

189.
Andreas von Sangerwitz,
Komtur auf Christburg

Im Jahr 1410 am 15. Juli ward bei Tanneberg zwischen den Kreuzherren in Preußen und Wladislaw, Könige von Polen, eine große Schlacht geliefert. Sie endigte mit der Niederlage des ganzen Ordensheeres; der Hochmeister Ulrich von Jungingen selbst fiel darin. Seinen Leichnam ließ der König den Brüdern zu Osterode zukommen, die ihn zu Marienburg begruben; das abgehauene Kinn aber mit dem Bart ward gen Krakau gebracht, wo es noch heutiges Tages (zu Caspar Schützens Zeit) gezeigt wird.

Als der Hochmeister mit den Gebietern über diesen Krieg ratschlagte, riet der Komtur auf Christburg, Andreas Sangerwitz, ein Deutscher von Adel, treulich zum Frieden; unangesehen die andern fast alle zum Krieg stimmten und der Feind schon im Lande war; welches den Hochmeister über verdroß und rechnete es ihm zur Furcht und Zagheit. Er aber, der nicht weniger Herz als Witz und Verstand hatte, sagte zu ihm: „Ich habe Euer Gnaden zum Frieden geraten, wie ich es am besten merke und verstehe, und mich deucht, der Frieden diente uns zu dieser Zeit am besten. Weil es aber Gott anders ausersehen, auch Euer Gnaden anders gefällt: So muß ich folgen und will Euch in künftiger Schlacht, es laufe wie es wolle, so mannlich beistehen und mein Leib und Leben für Euch lassen, als getreulich ich jetzt zum Frieden rate." Welchem er auch als ein redlicher Mann nachgelebt und ist nebst dem Hochmeister, nachdem er sich tapfer gegen den Feind gehalten, auf der Walstatt geblieben.

Da nun dieser Komtur zur Schlacht auszog und gewappnet aus dem Schlosse ritt, begegnete ihm ein Chorherr, der seiner spottete und ihn höhnisch fragte: Wem er das Schloß in seinem Abwesen befehlen wollte? Da sprach er aus großen Zorn: „Dir und allen Teufeln, die zu diesem Kriege geraten haben!" Demnach, als die Schlacht geschehen und der Komtur umgekommen war, hat solch eine Teufelei und Gespenst in dem Schloß angefangen zu wanken und zu regieren, daß nachmals kein Mensch darinnen bleiben und wohnen konnte. Denn so oft die Ordensbrüder im Schlosse aßen, so wurden alle Schüsseln und Trinkgeschirr voll Bluts; wenn sie außerhalb des Schlosses aßen, widerfuhr ihnen nichts dergleichen. Wenn die Knechte wollten in den Stall gehen, kamen sie in den Keller und tranken soviel, daß sie nicht mehr wußten, was sie taten. Wenn der Koch und sein Gesinde in die Küche ging, so fand er Pferde darin stehen und war ein Stall daraus geworden. Wollte der Kellermeister seine Geschäfte im Keller verrichten, so fand er an der Stelle der Wein- und Bierfässer lauter Hafer, Töpfe, Bälge und Wassertröge; und dergleichen ging es in allen Dingen und Orten Widersinniges. Dem neuen Komtur, der aus Frauenberg dahin kam, ging es noch viel wunderlicher und ärger: Einmal ward er in den Schloßbrunnen an den Bart gehängt; das andere Mal ward er auf das oberste Dach im Schlosse gesetzt, da man ihn kaum ohne Lebensgefahr herunterbringen konnte. Zum dritten Mal fing ihm der Bart von selbst an zu brennen, so daß ihm sein Gesicht geschändet wurde; auch konnte ihm der Brand mit Wasser nicht gelöscht werden, und nur, als er aus dem verwünschten Schlosse herauslief, erlosch das Feuer. Deswegen fürder kein Komtur in dem Schlosse bleiben wollte, wurde auch von jedermann verlassen und nach des verstorbenen Komturs Prophezeihung des Teufels Wohnung geheißen.

Zwei Jahre nach der Schlacht kam ein Bürger von Christburg, ein Schmied, wiederum zu Hause, der während der Zeit auf einer Wallfahrt nach Rom gewesen war. Als er von dem Gespenst des Schlosses hörte, ging er auf einen Mittag hinauf: Sei es nun, daß er die Wahrheit selbst erfahren wollte oder daß er vielleicht ein Heiligtum mit sich gebracht hatte, das gegen die Gespenster dienen solle. Auf der Brücke fand er stehen des Komturs Bruder, welcher auch mit in der Schlacht geblieben war; er erkannte ihn alsbald, denn er hatte ihm ein Kind aus der Taufe gehoben und hieß Otto von Sangerwitz; und weil er meinte, es wäre ein lebendiger Mensch, trat er auf ihn zu und sprach: „O Herr Gevatter, wie bin ich erfreut, daß ich Euch frisch und gesund sehen mag; man hat mich überreden wollen, Ihr wärt erschlagen worden; ich bin froh, daß es besser ist, als ich meinte. Und wie steht es doch in diesem Schlosse, davon man so wunderliche Dinge redet?" Das Teufelsgespenst sagte wieder zu ihm: „Komme mit mir, so wirst du sehen, wie man allhier haushält." Der Schmied folgte ihm nach, die Wendeltreppe hinauf; da sie in das erste Gemach gingen, fanden sie einen Haufen Volks, die nichts anderes taten, als mit Würfel und Karten spielen; etliche lachten, etliche fluchten Wunden und Marter. Im andern Gemach saßen sie zu Tische, da war nichts anders, denn Fressen und Saufen zu ganzen und halben; von dannen gingen sie in den großen Saal, da fanden sie Männer, Weiber, Jungfrauen und junge Gesellen; da hörte man nichts, denn Saitenspiel, Singen, Tanzen und sah nichts denn Unzucht und Schande treiben. Nun gingen sie in die Kirche; da stand ein Pfaffe vor dem Altar, als ob er Messe halten wollte; die Chorherren aber saßen ringsherum in ihren Stühlen und schliefen. Darnach gingen sie wieder zum Schloß hinaus, alsbald hörte man in dem Schloß so jämmerlich Heulen, Weinen und Zetergeschrei, daß dem Schmied angst und bange ward, gedachte auch, es könnte in der Hölle nicht jämmerlicher sein. Da sprach sein Gevatter zu ihm: „Gehe hin und zeige dem neuen Hochmeister an, was du gesehen und gehört hast! Denn so ist unser Leben gewesen, wie du drinnen gesehen; das ist der erfolgte Jammer darauf, den du hier außen gehört hast." Mit den Worten verschwand er, der Schmied aber erschrak sehr, daß ihm zu allen Füßen kalt ward; dennoch wollte er den Befehl verrichten, ging zum neuen Hochmeister und erzählte ihm alles, wie es ergangen. Der Hochmeister ward zornig, sagte, es wäre erdichtetes Ding, seinem hochwürdigen Orden zu Verdruß und Schanden, ließ den Schmied in das Wasser werfen und ersäufen.

190.
Der Schwanritter

Herzog Gottfried von Brabant war gestorben, ohne männliche Erben zu hinterlassen; er hatte aber in einer Urkunde gestiftet, daß sein Land der Herzogin und seiner Tochter verbleiben sollte. Hieran dehnte sich jedoch Gottfrieds Bruder, der mächtige Herzog von Sachsen, wenig, sondern bemächtigte sich, aller Klagen der Witwe und Waise unerachtet, des Landes, das nach deutschem Rechte auf seine Weiber erben könnte.

Die Herzogin beschloß daher, bei dem König zu klagen; und als bald darauf Karl nach Niederland zog und einen Tag zu Neumagen am Rheine halten wollte, kam sie mit ihrer Tochter dahin und begehrte Recht. Dahin war auch der Sachsenherzog gekommen und wollte der Klage zu Antwort stehen. Es ereignete sich aber, daß der König durch ein Fenster schaute; da erblickte er einen weißen Schwan, der schwamm den Rhein heran und zog an einer silbernen Kette, die hell glänzte, ein Schifflein nach sich; in dem Schiff aber ruhte ein schlafender Ritter, sein Schild war sein Hauptkissen, und neben ihm lagen Helm und Halsberg; der Schwan steuerte gleich einem geschickten Seemann und brachte sein Schiff an das Gestade. Karl und der ganze Hof verwunderten sich höchlich ob diesem seltsamen Ereignis; jedermann vergaß der Klage der Frauen und lief hinab dem Ufer zu. Unterdessen war der Ritter erwacht und stieg aus der Barke; wohl und herrlich empfing ihn der König, nahm ihn selbst zur Hand und führte ihn gegen die Burg. Da sprach der junge Held zu dem Vogel: „Flieg deinen Weg wohl, lieber Schwan! Wenn ich dein wieder bedarf, will ich dich schon rufen." Sogleich schwang sich der Schwan und fuhr mit dem Schifflein aus aller Augen weg. Jedermann schaute den fremden Gast neugierig an; Karl ging wieder ins Gestühl zu seinem Gericht und wies jenem eine Stelle unter den andern Fürsten an.

Die Herzogin von Brabant, in Gegenwart ihrer schönen Tochter, hub nunmehr ausführlich zu klagen an, und hernach verteidigte sich auch der Herzog von Sachsen. Endlich erbot er sich zum Kampf für sein Recht und die Herzogin sollte ihm einen Gegner stellen, das ihre zu bewähren. Da erschrak sie heftig; denn er war ein auserwählter Held, an den sich niemand wagen würde; vergebens ließ sie im ganzen Saale die Augen umgehen, keiner war da, der sich ihr erboten hätte. Ihre Tochter klagte laut und weinte; da erhob sich der Ritter, den der Schwan in das Land geführt hatte, und gelobte, ihr Kämpfer zu sein. Hierauf wurde sich von beiden Seiten zum Streit gerüstet, und nach einem langen und hartnäckigen Gefecht war der Sieg endlich auf Seiten des Schwanritters. Der Herzog von Sachsen verlor sein Leben, und der Herzogin Erbe wurde wieder frei und ledig. Da neigten sie und die Tochter dem Helden, der sie erlöst hatte, und er nahm die ihm angetragene Hand der Jungfrau mit dem Beding an: Daß sie nie und zu keiner

Zeit fragen solle, „woher er gekommen und welches sein Geschlecht sei?", denn sonst müsse sie ihn verlieren.

Der Herzog und die Herzogin zeugten zwei Kinder zusammen, die waren wohlgeraten; aber immer mehr fing es an, ihre Mutter zu drücken, daß sie gar nicht wußte, wer ihr Vater war; und endlich tat sie an ihn die verbotene Frage. Der Ritter erschrak herzlich und sprach: „Nun hast du selbst unser Glück zerbrochen und mich am längsten gesehen." Die Herzogin bereute es aber zu spät, alle Leute fielen zu seinen Füßen und baten ihn zu bleiben. Der Held waffnete sich, und der Schwan kam mit demselben Schifflein geschwommen; darauf küßte er beide Kinder, nahm Abschied von seinem Gemahl und segnete das ganze Volk; dann trat er in das Schiff, fuhr seine Straße und kehrte nimmer wieder. Der Frau ging der Kummer zu Bein und Herzen, doch zog sie fleißig ihre Kinder auf.

191.
Das Oldenburger Horn

In dem Hause Oldenburg wurde sonst ein künstlich und mit viel Zieraten gearbeitetes Trinkhorn sorgfältig bewahrt, das sich aber gegenwärtig zu Kopenhagen befindet. Die Sage lautet so: Im Jahr 990 (967) beherrschte Graf Otto das Land. Weil er, als ein guter Jäger, große Lust am Jagen hatte, begab er sich am 20. Juli gedachten Jahres mit vielen von seinen Edelleuten und Dienern auf die Jagd und wollte zuvörderst in dem Walde, Bernefeuer genannt, das Wild heimsuchen. Da nun der Graf selbst ein Reh hetzte und demselben vom Bernefeuersholze bis an den Ofenberg allein nachrannte, verlor er sein ganzes Jagdgefolge aus Augen und Ohren, stand mit einem weißen Pferde mitten auf dem Berge und sah sich nach seinen Winden (Windhunden) um, konnte aber auch nicht einmal einen bellenden Hund zu hören bekommen. Hierauf sprach er bei sich selbst, denn es war sehr heiß: „Ach Gott, wer nur einen kühlen Trunk Wassers hätte!" Sobald als der Graf das Wort gesprochen, tat sich der Osenberg auf und kommt aus der Kluft eine schöne Jungfrau wohlgezieret, mit schönen Kleidern angetan, auch schönen über die Achsel geteilten Haaren und einem

Kränzlein darauf; und hatte ein köstlich silbern Geschirr, so vergüldet war, in Gestalt eines Jägerhorns, wohl und gar künstlich gemacht, in der Hand, das gefüllt war. Dieses Horn reichte sie dem Grafen und bat, daß er daraus trinken wolle, sich zu erquicken.

Als nun solches vergüldetes, silbern Horn der Graf von der Jungfrau auf- und angenommen, den Deckel davongetan und hineingesehen hat: Da hat ihm der Trank, oder was darinnen gewesen, welches er geschüttelt, nicht gefallen und deswegen solch Trinken der Jungfrau verweigert. Worauf aber die Jungfrau gesprochen hat: „Mein lieber Herr, trinket nur auf meinen Glauben! Denn es wird Euch keinen Schaden geben, sondern zum besten gereichen"; mit fernerer Anzeige, wo er, der Graf, daraus trinken wolle, sollte es ihm, Graf Otto und den Seinen, auch folgendes dem ganzen Hause Oldenburg wohlgehn und die Landschaft zunehmen und ein Gedeihen haben. Da aber der Graf ihr keinen Glauben zustellen noch daraus trinken würde, so sollte künftig im nachfolgenden gräflich oldenburgischen Geschlecht keine Einigkeit bleiben. Als aber der Graf auf solche Rede keine Acht gab, sondern bei ihm selber, wie nicht unbillig, ein groß Bedenken machte, daraus zu trinken, hat er das silbern vergüldete Horn in der Hand behalten und hinter sich geschwenkt und ausgegossen, davon etwas auf das weiße Pferd gespritzt; und wo es begossen und naß geworden, sind ihm die Haare abgegangen. Da nun die Jungfrau solches gesehen, hat sie ihr Horn wiederbegehrt; aber der Graf hat mit dem Horn, so er in der Hand hatte, vom Berge abgeeilt und als er sich wieder umgesehen, vermerkt, daß die Jungfrau wieder in den Berg gegangen war; und weil darüber dem Grafen ein Schrecken angekommen ist, hat er sein Pferd zwischen die Sporen genommen und im schnellen Lauf nach seinen Dienern geeilt; und denselbigen was sich zugetragen, vermeldet, das silbern vergüldete Horn gezeigt und so mit nach Oldenburg genommen. Und ist dasselbige, weil er es so wunderbarlich bekommen, vor ein köstlich Kleinod von ihm und allen folgenden regierenden Herren des Hauses gehalten worden.

192.
Wie Ludwig Wartburg überkommen

Als der Bischof von Mainz Ludwigen, genannt der Springer, taufte, begabte er ihn mit allem Land, was dem Stift gehörte, von der Hörsel bis an die Werra. Ludwig aber, nachdem er zu seinen Jahren kam, baute Wartburg bei Eisenach, und man sagt, es sei also gekommen: Auf eine Zeit ritt er an die Berge aus jagen und folgte einem Stück Wild nach bis an die Hörsel bei Niedereisenach, auf den Berg, da jetzt die Wartburg liegt. Da wartete Ludwig auf sein Gesinde und Dienerschaft. Der Berg aber gefiel ihm wohl, denn er war stickel und fest; gleichwohl oben geräumig und breit genug, darauf zu bauen. Tag und Nacht trachtete er dahin, wie er ihn an sich bringen möchte: Weil er nicht sein war und zum Mittelstein gehörte, den die Herren von Frankenstein innehatten. Er ersann eine List, nahm Volk zusammen und ließ in einer Nacht Erde von seinem Grund in Körben auf den Berg tragen und ihn ganz damit beschütten; zog darauf nach Schönburg, ließ einen Burgfried machen und fing an, mit Gewalt auf jenem Berg zu bauen. Die Herren von Frankenstein verklagten ihn vor dem Reich, daß er sich des Ihren freventlich und mit Gewalt unternähme. Ludwig antwortete: „Er baue auf das Seine und gehörte auch zu dem Seinen und wollte das erhalten mit Recht." Da ward zu Recht anerkannt: Wo er das erweisen und erhalten könne mit zwölf ehrbaren Leuten, hätte er es zu genießen. Und er bekam zwölf Ritter und trat mit ihnen auf den Berg, und sie zogen ihre Schwerter aus und steckten sie in die Erde (die er darauf hatte tragen lassen), schwuren: Daß der Graf auf das Seine bauen und der oberste Boden hätte von alters zum Land und Herrschaft Thüringen gehört. Also verblieb ihm der Berg, und die neue Burg benannte er Wartburg, darum, weil er auf der Stätte seines Gesindes gewartet hatte.

193.
Ludwig der Springer

Die Brüder und Freunde Markgraf Friedrichs klagten Landgrafen Ludwig zu Thüringen und Hessen vor dem Kaiser an, von wegen der frevelen Tat, die er um des schönen Weibes willen begangen hatte. Sie brachten auch soviel beim Kaiser aus, daß sie den Landgrafen, wo sie ihn bekommen könnten, festsetzen sollten. Also ward er im Stift Magdeburg getroffen und auf den Giebichenstein bei Halle an der Saale geführt, wo sie ihn über zwei Jahre gefangen hielten in einer Kemenate ohne Fessel. Wie er nun vernahm, daß er mit dem Leben nicht davonkommen möchte, rief er Gott an und verhieß und gelobte, eine Kirche zu bauen in St. Ulrichs Ehr, in seine neulich erkaufte Stadt Sangerhausen, so ihm aus der Not geholfen würde. Weil er aber vor schwerem Kummer nicht aß und nicht trank, war er siech geworden; da bat er, man möge ihm sein Testament setzen, eh dann der Kaiser zu Lande käme und ihn töten ließe. Und ließ beschreiben einen seiner heimlichen Diener, mit dem legte er an: Wenn er das Testament von dannen führte, daß er den anderen Tag um Mittag mit zwei Kleppern unter das Haus an die Saale käme und seiner harre. Es saßen aber bei ihm auf der Kemenate sechs ehrbare Männer, die sein hüteten. Und als die festgelegte Zeit herzukam, klagte er, daß ihn heftig fröre; tat deswegen viel Kleider an und ging ruhig im Gemach auf und nieder. Die Männer spielten vor langer Weile im Brett, hatten auf sein Herumgehen nicht sonderliche Achtung; unterdessen gewahrte er unten seines Dieners mit den zwei Pferden, da lief er zum Fenster und sprang durch den hohen Stein in die Saale hinab.

Der Wind führte ihn, daß er nicht hart in das Wasser fiel, da schwamm der Diener mit dem ledigen Hengst zu ihm. Der Landgraf schwang sich auf das Pferd, warf einen Teil der nassen Kleider von sich und rannte auf seinem weißen Hengst, den er den Schwan hieß, bis gen Sangerhausen. Von diesem Sprunge heißt er Ludwig der Springer; dankte Gott und baute eine schöne Kirche, wie er gelobt hatte. Gott gab ihm und seiner Gemahlin Gnade in ihr Herz, daß sie Reue und Leid ob ihrer Sünde hatten.

194.
Der hart geschmiedete Landgraf

Zu Ruhla im Thüringerwald liegt eine uralte Schmiede, und sprichwörtlich pflegte man von langen Zeiten her einen strengen, unbiegsamen Mann zu bezeichnen: Er ist in der Ruhla hart geschmiedet worden.

Landgraf Ludwig zu Thüringen und Hessen war anfänglich ein gar milder und weicher Herr, demütig gegen jedermann; da huben seine Junkern und Edelinge an stolz zu werden, verschmähten ihn und seine Gebote; aber die Untertanen drückten und schatzten sie aller Enden. Es trug sich nun einmal zu, daß der Landgraf jagen ritt auf dem Walde und traf ein Wild an; dem folgte er nach so lange, daß er sich verirrte und ward müde. Da gewahrte er eines Feuers durch die Bäume, richtete sich danach und kam in die Ruhla, zu einem Hammer oder Waldschmiede. Der Fürst war mit schlechten Kleidern angetan, hatte sein Jagdhorn umhängen. Der Schmied fragte: Wer er wäre? „Des Landgrafen Jäger." Da sprach der Schmied: „Pfui des Landgrafen! Wer ihn nennt, sollte allemal das Maul wischen, des barmherzigen Herrn!" Ludwig schwieg, und der Schmied sagte zuletzt: „Herbergen will ich dich heute; in dem Schuppen da findest du Heu, magst dich mit deinem Pferde behelfen; aber um deines Herrn willen will ich dich nicht beherbergen." Der Landgraf ging beiseite, konnte nicht schlafen. Die ganze Nacht aber arbeitete der Schmied, und wenn er so mit dem großen Hammer das Eisen zusammenschlug, sprach er bei jedem Schlag: „Landgraf werde hart, Landgraf werde hart wie dieses Eisen!" und schalt ihn und sprach weiter: „Du böser, unseliger Herr! Was taugst du den armen Leuten zu leben? Siehst du nicht, wie deine Räte das Volk plagen und wie sie dir im Munde wühlen?" Und erzählet also die liebe lange Nacht, was die Beamten für Untugend mit den armen Untertanen übten. Klagten dann die Untertanen, so wäre niemand, der ihnen Hilfe täte; denn der Herr nähme es nicht an, die Ritterschaft spottete seiner hinterrücks, nannten ihn Landgraf Metz und hielten ihn gar unwert: „Unser Fürst und seine Jäger treiben die Wölfe ins Garn und die Amtleute die roten Füchse (die Goldmünzen) in ihre Beutel." Mit solchen und andern Worten redete der Schmied die ganze lange Nacht zu dem Schmiedegesellen; und wenn die Hammerschläge kamen, schalt er den Herrn und hieß ihn hart werden wie das Eisen. Das trieb er an bis zum Morgen; aber der Landgraf hörte alles und nahm es sich zu Herzen und ward seit der Zeit scharf und ernsthaftig in seinem

Gemüt, begann die Widerspenstigen zu zwingen und zum Gehorsam zu bringen. Das wollten etliche nicht leiden, sondern banden sich zusammen und unterstanden sich gegen ihren Herrn zu wehren.

195.
Ludwig ackert mit seinen Adligen

Als nun Ludwig der Eiserne seiner Ritter einen überzog, der sich wider ihn verbrochen hatte, sammelten sich die andern und wollten es nicht leiden. Da kam er zu streiten mit ihnen bei der Naumburg an der Saal, bezwang und fing sie und führte sie zu der Burg; redete seine Notdurft und strafte sie hart mit Worten: „Euren geleisteten Eid, so ihr mir geschworen und gelobt, habt ihr böslich gehalten. Nun wollte ich zwar euer Untreu wohl lohnen; wenn ich es aber täte, spräche man vielleicht: „Ich tötete meine eigenen Diener; sollte ich euch schatzen, spräche man mir es auch nicht wohl; und ließe ich euer aber los, so achtetet ihr meines Zorns fürder nicht." Da nahm er sie und führte sie zu Felde und fand auf dem Acker einen Pflug; darein spannte er der ungehorsamen Edelleute je vier, ackerte mit ihnen eine Furche, und die Diener hielten den Pflug; er aber trieb mit der Geißel und hieb, daß sie sich beugten und oft auf die Erde fielen. Wenn dann eine Furche geackert war, sandte er vier andere ein und ackerte so einen ganzen Acker, gleich als mit vier Pferden; und ließ darnach den Acker mit großen Steinen zeichnen zu einem ewigen Gedächtnis. Und den Acker machte er frei, dergestalt, daß ein jeder Übeltäter, wie groß er auch wäre, wenn er daraufkäme, daselbst solle frei sein; und wer diese Freiheit brechen würde, sollte den Hals verloren haben; nannte den Acker den Edelacker, führte sie darauf wieder zur Naumburg, da mußten sie ihm auf ein neues schwören und hulden. Darnach ward der Landgraf im ganzen Lande gefürchtet; und wo die, so im Pflug gezogen hatten, seinen Namen nennen hörten, erseufzten sie und schämten sich. Die Geschichte erscholl an allen Enden in deutschen Landen, und etliche scholten den Herrn darum und wurden ihm gram; etliche scholten die Beamten, daß sie so untreu gewesen; etliche meinten auch, sie wollten sich eh haben töten lassen, denn in den Pflug spannen. Etliche auch demütigten sich gegen ihren Herrn, denen tat er gut und hatte sie lieb. Etliche aber wollten es ihm nicht vergessen, standen ihm heimlich und öffentlich nach Leib und Leben. Und wenn er solche mit Wahrheit hinterkam, ließ er sie hängen, enthaupten und ertränken und in den Stöcken sterben. Darum gewann er viel heimliche Neider von ihren Kindern und Freunden, ging deswegen mit seinen Dienern stetig in einem eisern Panzer, wo er auch hinging. Darum hieß man ihn den eisernen Landgrafen.

196.
Ludwig baut eine Mauer

Einmal führte der eiserne Landgraf den Kaiser Friedrich Rotbart, seinen Schwager, nach Naumburg auf das Schloß; da ward der Kaiser von seiner Schwester freundlich empfangen und blieb eine Zeitlang da bei ihnen. Eines Morgens lustwandelte der Kaiser, besah die Gebäude und ihre Gelegenheit und kam hinaus auf den Berg, der sich vor dem Schloß ausbreitete. Und sprach: „Eure Burg behagt mir wohl, ohne daß sie nicht Mauern hier vor der Kemenate hat, die sollte auch stark und feste sein." Der Landgraf erwiderte: „Um die Mauern sorg ich nicht, die kann ich schnell erschaffen, sobald ich ihrer bedarf." Da sprach der Kaiser: „Wie bald kann eine gute Mauer hierum gemacht werden?" „Näher dann in drei Tagen", antwortete Ludwig. Der Kaiser lachte und sprach: „Das wäre ja Wunder; und wenn alle Steinmetzen des deutschen Reiches hier beisammen wären: So möchte das kaum geschehen." – Es war aber an dem, daß der Kaiser zu Tische ging; da bestellte der Landgraf heimlich mit seinen Schreibern und Dienern: Daß man von Stund an Boten und Roß aussandte zu allen Grafen und Herrn in Thüringen und ihnen meldete, daß sie zur Nacht mit wenig Leuten in der besten Rüstung und Geschmuck auf die Burg kommen sollten. Das geschah. Frühmorgens, als der Tag anbrach, richtete Landgraf Ludwig das Volk also an, daß ein jeder auf den Graben um die Burg trat, gewappnet und geschmückt in Gold, Silber, Samt, Seide und den Wappenröcken, als wenn man zu streiten auszieht; und jeder Graf oder Edelmann hatte seinen Knecht vor sich, der das

Wappen trug, und seinen Knecht hinter sich, der den Helm trug; so daß man deutlich jedes Wappen und Kleinod erkennen konnte. So standen nun alle Dienstmannen rings um den Grafen, hielten bloße Schwerter und Äxte in Händen, und wo ein Mauerturm stehen sollte, da stand ein Freiherr oder Graf mit dem Banner. Als Ludwig alles dies stillschweigend bestellt hatte, ging er zu seinem Schwager und sagte: „Die Mauer, die er sich gestern berühmt hätte zu machen, stehe bereit und fertig." Da sprach Friedrich: „Ihr täuscht mich", und segnete sich, wenn er es etwa mit der schwarzen Kunst zuwege gebracht haben möchte. Und als er auswendig zu dem Graben trat und soviel Schmuck und Pracht erblickte, sagte er: „Nun habe ich köstlicher, edler, teurer und besser Mauern zeit meines Lebens noch nicht gesehen; das will ich Gott und Euch bekennen, lieber Schwager; habt immer Dank, daß Ihr mir solche gezeigt habt."

197.
Der Wartburger Krieg

Auf der Wartburg bei Eisenach kamen im Jahr 1206 sechs tugendhafte und vernünftige Männer mit Gesang zusammen und dichteten die Lieder, welche man hernach nannte: Den Krieg zu der Wartburg. Die Namen der Meister waren: Heinrich Schreiber, Walter von der Vogelweide, Reimar Zweter, Wolfram von Eschenbach, Biterolf und Heinrich von Osterdingen. Sie sangen aber und stritten von der Sonne und dem Tag, und die meisten verglichen Hermann, Landgrafen zu Thüringen und Hessen, mit dem Tag und setzten ihn über alle Fürsten. Nur der einzige Osterdinger pries Leopold, Herzog von Österreich, noch höher und stellte ihn der Sonne gleich. Die Meister hatten aber untereinander bedungen: Wer im Streit des Singens unterliege, der solle des Hauptes verfallen; und Stempfel, der Henker, mußte mit dem Strick danebenstehen, daß er ihn alsbald aufhängte. Heinrich von Osterdingen sang nun klug und geschickt; allein zuletzt wurden ihm die andern überlegen und fingen ihn mit listigen Worten, weil sie ihn aus Neid gern von dem Thüringer Hof weggebracht hätten. Da klagte er, daß man ihm falsche Würfel vorgelegt, womit er habe verspielen müssen. Die fünf andern riefen Stempfel, der sollte Heinrich an einen Baum hängen. Heinrich aber floh zur Landgräfin Sophia und barg sich unter ihrem Mantel; da mußten sie ihn in Ruhe lassen, und er dingte mit ihnen, daß sie ihm ein Jahr Frist gäben: So wollte er sich aufmachen und nach Ungarn und Siebenbürgen Meister Klingsor holen; was der urteile über ihren Streit, das solle gelten. Dieser Klingsor galt damals für den berühmtesten deutschen Meistersänger; und weil die Landgräfin dem Heinrich ihren Schutz bewilligt hatte, so ließen sie sich alle die Sache gefallen.

Heinrich von Osterdingen wanderte fort, kam erst zum Herzogen nach Österreich und mit dessen Briefen nach Siebenbürgen zu dem Meister, dem er die Ursache seiner Fahrt erzählte und seine Lieder vorsang.

Klingsor lobte diese sehr und versprach ihm, mit nach Thüringen zu ziehen und den Streit der Sänger zu schlichten. Unterdessen verbrachten sie die Zeit mit mancherlei Kurzweil, und die Frist, die man Heinrich bewilligt hatte, nahte sich ihrem Ende. Weil aber Klingsor immer noch keine Anstalt zur Reise machte, so wurde Heinrich bang und sprach: „Meister, ich fürchte, Ihr laßt mich im Stich, und ich muß allein und traurig meine Straße ziehen; dann bin ich ehrenlos und darf zeitlebends nimmermehr nach Thüringen." Da antwortete Klingsor: „Sei unbesorgt! Wir haben starke Pferde und einen leichten Wagen, wollen den Weg kürzlich gefahren haben."

Heinrich konnte vor Unruhe nicht schlafen; da gab ihm der Meister abends einen Trank ein, daß er in tiefen Schlummer sank. Darauf legte er ihn in eine lederne Decke und sich dazu und befahl seinen Geistern: Daß sie ihn schnell nach Eisenach in Thüringerland schaffen sollten, auch in das beste Wirtshaus niedersetzen. Das geschah, und sie brachten ihn in Helgrevenhof, eh der Tag erschien. Im Morgenschlaf hörte Heinrich bekannte Glocken läuten, er sprach: „Mir ist, als ob ich das mehr gehört hätte, und deucht, daß ich zu Eisenach wäre." „Dir träumt wohl", sprach der Meister. Heinrich aber stand auf und sah sich um, da merkte er schon, daß er wirklich in Thüringen wäre. „Gott sei Lob, daß wir hier sind, das ist Helgrevenhof, und hier sehe ich St. Georgentor und die Leute, die davorstehen und über Feld gehen wollen."

Bald wurde nun die Ankunft der beiden Gäste auf der Wartburg bekannt, der Landgraf befahl, den fremden Meister ehrlich zu empfangen und ihm Geschenke zu tragen. Als man den Osterdingen fragte, wie es ihm ergangen und wo er gewesen sei, antwortete er: „Gestern ging ich zu Siebenbürgen schlafen, und zur Metten war ich heute hier; wie das zuging, hab ich nicht erfahren." So vergingen einige Tage, eh daß die Meister singen und Klingsor richten sollten; eines Abends saß er in seines Wirtes Garten und schaute unverwandt die Gestirne an. Die Herren fragten: Was er am Himmel sähe? Klingsor sagte: „Wisset, daß in dieser Nacht dem König von Ungarn eine Tochter geboren werden soll; die wird schön, tugendreich und heilig und des Landgrafen Sohne zur Ehe vermählt werden."

Als diese Botschaft Landgraf Hermann hinterbracht worden war, freute er sich und entbot Klingsor zu sich auf die Wartburg, erwies ihm große Ehre und zog ihn zum fürstlichen Tische. Nach dem Essen ging er auf das Ritterhaus, wo die Sänger saßen, und wollte Heinrich von Osterdingen ledig machen. Da sangen Klingsor und Wolfram mit Liedern gegeneinander, aber Wolfram tat soviel Sinn und Behendigkeit kund, daß ihn der Meister nicht überwinden möchte. Klingsor rief einen seiner Geiste, der kam in eines Jünglings Gestalt: „Ich bin müde geworden vom Reden", sprach Klingsor, „da bringe ich dir meinen Knecht, der mag eine Weile mit dir streiten, Wolfram." Da hub der Geist zu singen an, von dem Anbeginne der Welt bis auf die Zeit der Gnaden: Aber Wolfram wandte sich zu der göttlichen Geburt des ewigen Wortes; und wie er kam von der heiligen Wandlung des Brotes und Weines zu reden, mußte der Teufel schweigen und von dannen weichen. Klingsor hatte alles mit angehört, wie Wolfram mit gelehrten Worten das göttliche Geheimnis besungen hatte, und glaubte, daß Wolfram wohl auch ein Gelehrter sein möge. Hierauf gingen sie auseinander. Wolfram hatte seine Herberge in Titzel Gottschalks Hause, dem Brotmarkt gegenüber mitten in der Stadt. Nachts, wie er schlief, sandte ihm Klingsor von neuem seinen Teufel, daß er ihn prüfen solle, ob er ein Gelehrter oder ein Laie wäre; Wolfram aber war bloß gelehrt in Gottes Wort, einfältig und anderer Künste unerfahren. Da sang ihm der Teufel von den Sternen des Himmels und legte ihm Fragen vor, die der Meister nicht aufzulösen vermochte;

und als er nun schwieg, lachte der Teufel laut und schrieb mit seinem Finger in die steinerne Wand, als ob sie ein weicher Teig gewesen wäre: „Wolfram, du bist ein Laie Schipfenschnapf!" Darauf entwich der Teufel, die Schrift aber blieb in der Wand stehen. Weil jedoch viele Leute kamen, die das Wunder sehen wollten, verdroß es den Hauswirt, ließ den Stein aus der Mauer brechen und in die Horsel werfen. Klingsor aber, nachdem er dieses ausgerichtet hatte, beurlaubte sich von dem Landgrafen und fuhr, mit Geschenken und Gaben belohnt, samt seinen Knechten in der Decke wieder weg, wie und woher er gekommen war.

198.
Friedrich mit dem gebissenen Backen

Landgraf Albrecht in Thüringen, der Unartige, vergaß aller ehelichen Lieb und Treue an seiner Gemahlin und hing sich an ein ander Weibsbild, Gunda von Eisenberg genannt. Der Landgräfin hätte er gerne mit Gift vergeben, konnte aber nicht dazu kommen; verhieß also einem Eseltreiber, der ihm auf der Wartburg täglich das Küchenholz zuführte, Geld, daß er ihr nachts den Hals brechen sollte, als ob es der Teufel getan hätte. Als nun die dazu bestimmte Zeit kam, ward dem Eseltreiber bange, und er dachte: Ob ich wohl arm bin, hab ich doch fromme, ehrliche Eltern gehabt; soll ich nun ein Schalk werden und meine Fürstin töten? Endlich mußte er daran, wurde heimlich in der Landgräfin Kammer geleitet; da fiel er vor dem Bette zu ihren Füßen und sagte: „Gnade, liebe Frau!" Sie sprach: „Wer bist du?" Er nannte sich. „Was hast du getan, bist du trunken oder wahnsinnig?" Der Eseltreiber antwortete: „Schweigt und ratet mir! Denn mein Herr hat mir Euch zu töten geheißen; was fangen wir jetzt an, daß wir beide das Leben behalten?" Da sprach sie: „Gehe und heiß meinen Hofmeister zu mir kommen." Der Hofmeister gab ihr den Rat: Sich zur Stunde aufzumachen und von ihren Kindern zu scheiden. Da setzte sich die Landgräfin bei ihrer Söhnlein Bette und weinte; aber der Hofmeister und ihre Frauen drangen in sie, zu eilen. Da es nun nicht anders sein konnte segnete sie ihre Kinder, ergriff das älteste, namens Friedrich, und küßte es oft; und aus sehnlichem, mütterlichem Herzen biß sie ihn in einen Backen, daß er davon eine Narbe bekam, die er zeitlebens behalten. Daher, als er erwachsen war, nannte man ihn auch: Friedrich mit dem gebissenen Backen. Da wolle sie den andern Sohn auch beißen; das wehrte ihr der Hofmeister und sprach: „Wollt Ihr die Kinder umbringen?" Sie sprach: „Ich habe ihn gebissen, wenn er groß wird, daß er an meinen Jammer und dieses Scheiden denkt."

Also nahm sie ihre Kleinode und ging auf das Ritterhaus, wo sie der Hofmeister mit einer Frau, einer Magd und dem Eseltreiber an Seilen das Fenster hinabließ. Noch dieselbe Nacht flüchtete sie auf den Kreinberg, der dazumal dem Hersfelder Abt gehörte; von da ließ sie der Amtmann geleiten bis nach Fulda. Der Abt empfing sie ehrbarlich und ließ sie sicher geleiten bis gen Frankfurt, wo sie in einem Jungfrauenkloster Herberge nahm, aber schon im folgenden Jahre vor Jammer starb. Sie liegt zu Frankfurt begraben.

199.
Landgraf Philips und die Bauersfrau

Landgraf Philips pflegte gern unbekannterweise in seinem Lande umherzureisen und seiner Untertanen Zustand zu erforschen. Einmal ritt er auf die Jagd und begegnete einer Bäuerin, die trug ein Gebund Leinengarn auf dem Kopfe. „Was tragt Ihr und wohin wollt Ihr?", fragte der Landgraf, den sie nicht erkannte, weil er in schlechten Kleidern einherging. Die Frau antwortete: „Ein Gebund Garn, damit will ich zur Stadt, daß ich es verkaufe und die Schatzung und Steuer bezahlen kann, die der Landgraf hat lassen ausschreiben; des Garns muß ich selber wohl an zehn Enden entraten", klagte erbärmlich über die böse Zeit. „Wieviel Steuer trägt es Euch?" sprach der Fürst. „Einen Ortsgulden", sagte sie; da nahm er sein Säckel, zog soviel heraus und gab ihr das Geld, damit sie ihr Garn behalten könnte. „Ach, nun lohn es Euch Gott, lieber Junker", rief das Weib, „ich wollte, der Landgraf hätte das Geld glühend auf seinem Herzen!" Der leutselige Fürst ließ die Bäuerin ihres Weges ziehen, kehrte sich gegen sein Gesinde um und sprach mit lachendem Munde: „Schaut den wunderlichen Handel! Den bösen Wunsch hab ich mit meinem eigenen Geld gekauft."

200.
Otto der Schütze

Landgraf Heinrich der Eiserne zu Hessen zeugte zwei Söhne und eine Tochter; Heinrich, dem ältesten Sohne, beschied er, sein Land nach ihm zu besitzen; Otto, den andern, sandte er auf die hohe Schule, zu studieren und darnach geistlich zu werden. Otto hatte aber zur Geistlichkeit wenig Lust, kaufte sich zwei gute Rösser, nahm einen guten Harnisch und eine starke Armbrust und ritt, ohne daß es sein Vater wußte, aus. Als er an den Rhein zu des Herzogen von Cleve Hof gekommen war, gab er sich für einen Bogenschützen aus und begehrte Dienst. Dem Herzog behagte seine feine, starke Gestalt und behielt ihn gern; auch zeigte sich Otto als ein künstlicher, geübter Schütze so wohl und redlich, daß ihn sein Herr bald hervorzog und ihm vor andern vertraute.

Unterdessen trug es sich zu, daß der junge Heinrich, sein Bruder, frühzeitig starb und der Braunschweiger Herzog, dem des Landgrafen Tochter vermählt worden war, begierig auf den Tod des alten Herrn wartete: Weil Otto, der andere Erbe, in die Welt gegangen war, niemand von ihm wußte und allgemein für tot gehalten wurde. Darüber stand das Land Hessen in großer Traurigkeit; denn alle hatten an dem Braunschweiger ein Mißfallen und zumeist der alte Landgraf, der lebte in großem Kummer. Mittlerweile war Otto der Schütze guter Dinge zu Cleve und hatte ein Liebesverständnis mit Elisabeth, des Herzogs Tochter; aber er hatte nichts von seiner hohen Abkunft laut werden lassen.

Dies bestand etliche Jahre, bis daß ein hessischer Edelmann, Heinrich von Homberg geheißen, weil er eine Wallfahrt nach Aachen gelobt hatte, unterwegs durch Cleve kam und den Herzog, den er von alten Zeiten her kannte, besuchte. Als er bei Hof einritt, sah er Otto, erkannte ihn augenblicklich und neigte sich, wie vor seinem Herrn gebührte. Der Herzog stand gerade am Fenster und verwunderte sich über die Ehrerbietung, die vom Ritter seinem Schützen bewiesen wurde, berief den Gast und erfuhr von ihm die ganze Wahrheit und wie jetzt alles Erbe auf Otto stünde. Da bewilligte ihm der Herzog mit Freuden seine Tochter, und bald zog Otto mit seiner Braut nach Marburg in Hessen ein.

201.
Landgraf Moritz von Hessen

Es war ein gemeiner Soldat, der diente beim Landgrafen Moritz und ging gar wohl gekleidet und hatte immer Geld in der Tasche; und doch war seine Löhnung nicht so groß, daß er sich, seine Frau und Kinder so stolz hätte davon halten können. Nun wußten die andern Soldaten nicht, wo er den Reichtum herkriegte und sagten es dem Landgrafen. Der Landgraf sprach: „Das will ich wohl erfahren"; und als es Abend war, zog er einen alten Linnenkittel an, hing einen rauhen Ranzen über, als wenn er ein alter Bettelmann wäre und ging zum Soldaten. Der Soldat fragte, was sein Begehren wäre? „Ob er ihn nicht über Nachte behalten wollte?" „Ja", sagte der Soldat, „wenn er rein wäre und kein Ungeziefer an sich trüge"; dann gab er ihm zu essen und zu trinken und als er fertig war, sprach er zu ihm: „Kannst du schweigen, so sollst du in der Nacht mit mir gehen und da will ich dir etwas geben, daß du dein Lebtag nicht mehr zu betteln brauchst." Der Landgraf sprach: „Ja, schweigen kann ich und durch mich soll nichts verraten werden." Darauf wollten sie schlafen gehen; aber der Soldat gab ihm erst ein reines Hemd, das sollte er anziehen und seines aus, damit kein Ungeziefer in das Bett käme. Nun legten sie sich nieder, bis Mitternacht kam; da weckte der Soldat den Armen und sprach: „Steh auf, zieh dich an und geh mit mir." Das tat der Landgraf und sie gingen zusammen in Kassel herum. Der Soldat aber hatte ein Stück Springwurzel, wenn er das vor die Schlösser der Kaufmannsläden hielt, sprangen sie auf. Nun gingen sie beide hinein, aber der Soldat nahm nur vom Überschuß etwas, was einer durch die Elle oder das Maß herausgemessen hatte, vom Kapital griff er nichts an. Davon nun gab er dem Bettelmann auch etwas in seinen Ranzen. Als sie ganz in Kassel herumwaren, sprach der Bettelmann: „Wenn wir doch dem Landgrafen könnten über seine Schatzkammer kommen!" Der Soldat antwortete: „Die will ich dir auch wohl weisen; da liegt ein bißchen mehr als bei den Kaufleuten." Da gingen sie nach dem Schloß zu, und der Soldat hielt nur die Springwurzel gegen die vielen Eisentüren, so taten sie sich auf; und sie gingen hindurch, bis sie in die Schatzkammer gelangten, wo die Goldhaufen aufgeschüttet waren. Nun tat der Landgraf, als wollte er hineingreifen und eine Handvoll einstecken; der Soldat aber, als er das sah, gab ihm drei gewaltige Ohrfeigen und sprach: „Meinem gnädigen Fürsten darfst du nichts nehmen, dem muß man getreu sein!" „Nun sei nur nicht bös", sprach der Bettelmann, „ich habe ja noch nichts genommen." Darauf gingen sie zusammen nach Haus und schliefen wieder, bis der Tag anbrach; da gab der Soldat dem Armen erst zu essen und trinken und noch etwas Geld dabei, sprach auch: „Wenn das all ist und du brauchst wieder, so komm nur getrost zu mir; betteln sollst du nicht."

Der Landgraf aber ging in sein Schloß, zog den Linnenkittel aus und seine fürstlichen Kleider an. Darauf ließ er den wachthabenden Hauptmann rufen und befahl, er sollte den und den Soldaten – und nannte den, mit welchem er in der Nacht herumgegangen war – zur Wache an seiner Tür beordern. „Ei", dachte der Soldat, „was wird da los sein, du hast noch niemals die Wache getan; doch wenn es dein gnädiger Fürst befiehlt, ist es gut." Als er nun da stand, hieß der Landgraf ihn hereintreten und fragte ihn: Warum er sich so schön trüge und wer ihm das Geld dazu gäbe? „Ich und meine Frau, wir müssen es verdienen mit Arbeiten", antwortete der Soldat und wollte weiter nichts gestehen. „Das bringt soviel nicht ein", sprach der Landgraf, „du mußt sonst was haben." Der Soldat gab aber nichts zu. Da sprach der Landgraf endlich: „Ich glaube gar, du gehst in meine Schatzkammer und wenn ich dabei bin, gibst du mir eine Ohrfeige." Wie das der Soldat hörte, erschrak er und fiel vor Schrecken zur Erde hin. Der Landgraf aber ließ ihn von seinen Bedienten aufheben und als der Soldat wieder zu sich selber gekommen war und um eine gnädige Strafe bat, so sagte der Landgraf: „Weil du nichts angerührt hast, als es in deiner Gewalt stand, so will ich dir alles vergeben; und weil ich sehe, daß du treu gegen mich bist, so will ich für dich sorgen", und gab ihm eine gute Stelle, die er versehen konnte.

202.
Brot und Salz segnet Gott

Es ist gemeiner Brauch unter uns Deutschen, daß der, welcher eine Gasterei hält, nach der Mahlzeit sagt: „Es ist nicht viel zum besten gewesen, nehmt so vorlieb." Nun trug es sich zu, daß ein Fürst auf der Jagd war, einem Wild nacheilte und von seinen Dienern abkam, so daß er einen Tag und eine Nacht im Walde herumirrte. Endlich gelangte er zu einer Köhlerhütte und der Eigentümer stand in der Türe. Da sprach der Fürst, weil ihn hungerte: „Glück zu, Mann! Was hast du zum besten?" Der Köhler antwortete: „Ich hebbe Gott und allewege wohl (genug):" „So gib her, was du hast", sprach der Fürst. Da ging der Köhler und brachte in der einen Hand ein Stück Brot, in der andern einen Teller mit Salz; das nahm der Fürst und aß, denn er war hungrig. Er wollte gern dankbar sein, aber er hatte kein Geld bei sich; darum löste er den einen Steigbügel ab, der von Silber war und gab ihn dem Köhler; dann bat er ihn, er möchte ihn wieder auf den rechten Weg bringen, was auch geschah.

Als der Fürst heimgekommen war, sandte er Diener aus, die mußten diesen Köhler holen. Der Köhler kam und brachte den geschenkten Steigbügel mit; der Fürst hieß ihn willkommen und zu Tische sitzen, auch getrost sein: Es sollte ihm kein Leid widerfahren. Unter dem Essen fragte der Fürst: „Mann, es ist diese Tage ein Herr bei dir gewesen; sieh herum, ist derselbe hier mit über der Tafel?" Der Köhler antwortete: „Mi ducht, ji sünd et wol sülvest", zog damit den Steigbügel hervor und sprach weiter: „Will ji düt Dink wedder hebben?" „Nein", antwortete der Fürst, „das soll dir geschenkt sein, daß dir es nur schmecken und sei lustig." Wie die Mahlzeit geschehen und man aufgestanden war, ging der Fürst zu dem Köhler, schlug ihn auf die Schulter und sprach: „Nun, Mann, nimm so vorlieb, es ist nicht viel zum besten gewesen." Da zitterte der Köhler; der Fürst fragte ihn, warum? Er antwortete: Er dürfte es nicht sagen. Als aber der Fürst darauf bestand, sprach er: „Och Herre! Aße ji säden, et wäre nig väle tom besten west, do stund de Düfel achter ju!" „Ist das wahr", sagte der Fürst, „so will ich dir auch sagen, was ich gesehen. Als ich vor deine Hütte kam und dich fragte, was du zum besten hättest und du antwortetest: „Gott und allgenug!", da sah ich einen Engel Gottes hinter dir stehen. Darum aß ich von dem Brot und Salz und war zufrieden; will auch nun künftig hier nicht mehr sagen, daß nicht viel zum besten gewesen."

203.
Die Zwerge auf der Insel Rügen

In längst vergangenen Zeiten war die ganze Insel Rügen vom Volke der Zwerge bewohnt; als dann aber allmählich die Menschen von dem Lande Besitz nahmen, wanderten die Kleinen aus in ein anderes fremdes Land. Nur eine einzige Familie blieb damals zurück, und von dieser stammt das Volk der noch heutigen Tages auf der Insel wohnenden „Unnerirdischen" ab. Groß ist die Zahl derselben freilich nicht, aber hier und da, besonders unter den alten Hünengräbern, findet man sie doch bisweilen noch vor. Als einen solchen Ort bezeichnet man die an der Südküste der Insel beim Dorfe Altenkamp gelegenen alten Grabhügel.

204.
Die Unterirdischen auf Rügen

Die Unterirdischen auf Rügen teilten sich ehemals in vier Stämme: die weißen, die grünen, die braunen und die schwarzen. Die weißen Zwerge bildeten den Königsstamm. Sie waren zierlich gebaut, etwas neckisch, sonst aber gute Christen und hausten in den Ralswieker Bergen. Dann kam der Stamm der grünen Zwerge, ein gutmütiges Völkchen, sie waren fast ebenso zierlich gebaut wie die weißen, gleichfalls gute Christen und hielten sich in der Gegend von Zirkow auf. Die Stämme der braunen und schwarzen Zwerge aber führten ihren Namen mit Recht: Denn sie waren kleine ungestaltete Figuren mit übergroßen Köpfen, dabei höchst schabernackisch und bösartig; sie hatten keine Religion und suchten die Menschen auf alle Weise zu quälen. Die braunen hausten im Rugard und in einigen anderen Bergen, die schwarzen im Burgwall bei Garz.

Jeder Stamm hatte seinen eigenen König; die weißen hatten dazu einen als Kind geraubten Menschen gewählt. Den weißen aber waren die drei übrigen Stämme untertänig.

Das Leben der Unterirdischen dauerte viel länger als ein Menschenleben; ein Leben nach dem Tode ward ihnen nur dann zuteil, wenn sie ihr Blut mit dem der Menschen mischten. Ein solches Glück konnten jedoch nur die beiden ersten Stämme erlangen, und deshalb wurden auch öfter Kinder von ihnen geraubt, in den Bergen erzogen und dann mit Zwergkindern vermählt. Wenn aber die braunen und schwarzen Zwerge Menschenkinder raubten, so geschah das nur, damit sie sich an dem Schmerz der Eltern weideten, oder auch um die geraubten Kinder dem Stamm der weißen als Tribut zu geben.

In späterer Zeit wanderten die beiden vornehmsten Stämme aus und zogen in ein fernes Land; nur einige wenige von ihnen, welche bis dahin zerstreut gewohnt hatten, blieben auf der Insel zurück, z. B. in der Granitz, auf Mönchgut und in der Zirkowschen Gegend. Die braunen und die schwarzen Zwerge aber verlegten zu derselben Zeit ihren Wohnsitz nach Hiddensee, woselbst noch ein von ihren Voreltern verlassener alter Bau in den Bergen erhalten war.

Diese beiden Stämme, welche sich einen König aus ihrer Mitte gewählt hatten, hausten auffallend böse auf Hiddensee. Sie hatten sich unter dem Wasser einen Weg nach Pommern gebahnt und wurden der Schrecken und die Plage der dortigen Bewohner. Bei einem starken Orkan aber, welcher das Wasser tief in das Land hineintrieb, gingen sie sämtlich zu Grunde und seitdem hat man nie wieder etwas von ihnen gehört.

205.
Die Rambiner Kirche

Johann Dietrich aus Rambin, welcher schon viel von den Zwergen hatte erzählen hören, raubte eines Nachtes einem der kleinen Gesellen eine Mütze und wurde dadurch Herr des ganzen Volkes der Zwerge. Er fuhr mit ihnen in ihr Reich hinab und lebte dreizehn Jahre bei ihnen. Dort unten lernte er ein Mädchen kennen, welches die Zwerge tückischerweise einst von der Erde geraubt hatten, die Elisabeth Krabbin, die Tochter des Rambiner Pastors. Diese wählte Johann Dietrich zu seiner Braut, und als die Zwerge sie nicht gutwillig freigeben wollten, zwang er sie durch eine List dazu. Er hielt ihnen eine häßliche, stinkende Kröte vor, welche er durch Zufall in einem Steine gefunden hatte. Den Anblick und Geruch dieses Tieres konnten die Unterirdischen nicht ertragen, und sie erklärten sich mit allem einverstanden, was Johann Dietrich von ihnen verlangte. So kehrte er mit seiner Braut und mit unermeßlichen Schätzen an Gold, Silber und Edelsteinen auf die Erde zurück.

In Rambin ließ er sich von dem Vater seiner Braut, welcher noch am Leben war, trauen und kaufte sich dann viele Städte, Dörfer und Güter, so daß er Herr von beinahe ganz Rügen wurde.

Bei all seinem Reichtum vergaß er aber doch nicht, welch wunderbare Wege Gott ihn geführt hatte, und aus Dankbarkeit gegen den Allmächtigen ließ er an der Stelle, wo sein Geburtshaus stand, von seinem vielen Gelde eine Kirche bauen, welche noch heutigen Tages in Rambin steht.

Die goldenen Becher aber und silbernen Schalen und anderen Kleinodien, welche Johann Dietrich der Kirche einstmals vermacht hat, sind heutigen Tages nicht mehr vorhanden. Denn als zur Zeit des großen Königs Karolus des Zwölften von Schweden die Russen und Kosaken nach der Insel kamen und überall schlimm hausten, wurde auch die Rambiner Kirche ausgeplündert und aller ihrer Kostbarkeiten beraubt.

206.
Ein Bauer gewinnt die von den Zwergen geraubte Schwester wieder

Einem Bauern in Rambin raubten die Zwerge die Schwester. Deshalb paßte er den kleinen Leuten des Abends auf und nachdem er mehrere Abende vergeblich gewartet hatte, gelang es ihm schließlich, einem von ihnen seine Mütze fortzunehmen. Der Beraubte war zufällig der König der Zwerge. Als dieser seinen Verlust bemerkte, kam er zu dem Bauern und bat und flehte um Rückgabe der geraubten Mütze. Aber der Bauer blieb unerbittlich. Da bot ihm der Zwerg unermeßliche Schätze an, mehr als alle Könige der Erde besäßen; aber auch dies schlug der Bauer ab, indem er sagte, er würde die Zwergmütze nur unter der einen Bedingung zurückgeben, daß ihm die Schwester wieder ausgeliefert würde. Das aber konnte der Zwergkönig nicht versprechen, da er nicht allein darüber zu bestimmen hatte. Aber er wußte den

Bauern zu überreden, daß er mit ihm in das Reich der Zwerge hinabstieg. Als der Bauer dort unten ankam, erhielt er goldene Kleider und durfte seine Schwester begrüßen, die die Zwerge zur Königin gemacht hatten. Dann aber ließ er alle Zwerge zu einer Versammlung berufen, und nun erhielt er die Erlaubnis, gegen Rückgabe der Zwergmütze seine Schwester wieder mit auf die Oberwelt nehmen zu dürfen. Keiner war froher als der Bauer, und sogleich kehrte er mit seiner Schwester in die Heimat zurück. Aber fast hätten sie dieselbe nicht wiedererkannt: Es waren lauter fremde Menschen, die ihnen entgegenkamen, und die Häuser und Scheunen und Ställe sahen zum großen Teil ganz anders aus, als wie sie sie verlassen hatten. Bald sollten sie die Lösung des Rätsels erfahren. Der Bauer glaubte, er sei nur eine Nacht im Reiche der Zwerge gewesen; so schnell war ihm die Zeit vergangen. In Wirklichkeit aber war er, wie sich später herausstellte, hundert Jahre abwesend gewesen, und in dieser Zeit hatte sich natürlich auf der Erde gar manches verändert.

207.
Die Zwerguhr

Ein Bauer pflügte in der Nähe der sieben Hügel, welche auf der Rothenkirchener Feldmark liegen. Sooft er sich einem der Hügel näherte, hörte er eigentümliche Töne, welche ihm wie ein leises Flüstern vorkamen; sehen konnte er jedoch nichts. Als er wieder einmal an einem der Hügel umwenden wollte, bemerkte er an dem Abhange desselben eine ganz kleine Uhr. Er nahm sie auf und steckte sie zu sich.

Die Uhr gehörte aber einem der Zwerge, welcher sie dort verloren hatte. Als dieser seinen Verlust bemerkte, mußte er es sofort dem Obersten der Zwerge melden, welcher ihn für seine Fahrlässigkeit zu drei Jahren Gefängnis verurteilte. Im Gefängnis hörte der Zwerg, daß der Bauer seine Uhr gefunden habe, und sogleich bat er um die Erlaubnis, auf eine Stunde die Oberwelt besuchen zu dürfen. Als ihm das erlaubt war, ging er zu dem Bauer und bat diesen, er möge ihm doch die Uhr zurückgeben. Anfangs weigerte sich der Bauer, aber als der Zwerg nicht abließ zu bitten und ihm sogar eine schöne Belohnung versprach, erhielt er die Uhr zurück.

Am anderen Tage in aller Frühe ging der Bauer auf seinen Acker, um zu pflügen; sowie aber der Pflug die Erde aufwarf, fielen blanke Dukaten in die Furche hinein; dadurch belohnte der Zwerg den gutmütigen Bauer.

208.
Der weiße Urang

Der weiße Urang, eine wohlriechende Waldblume, bietet ein vorzügliches Mittel gegen die Unternehmungen bösartiger Zwerge. Das zeigt folgender Vorfall, welcher sich in Garz zu einer Zeit ereignete, als dort noch die Unterirdischen hausten. Eine Bürgersfrau, welche im Wochenbett lag, ließ jede Nacht drei Lichter bei ihrem ungeborenen, noch nicht getauften Kinde brennen und bemühte sich, den Schlaf für die Nächte abzuwehren. In der ersten Nacht gelang ihr dies auch ganz gut, allein in der darauf folgenden Nacht schlief sie ein. Da kam es ihr im Traume vor, als werde sie gepackt und aus ihrem Bette geschleppt, und als sie erwachte, war es in Wirklichkeit so: Sie befand sich im Freien, wurde vom kalten Nachtwinde angeweht und bemerkte, daß sie von mehreren Unterirdischen fortgetragen wurde, die sie wahrscheinlich in ihre verborgenen Wohnungen schleppen wollten. Sie war nun zwar bemüht, sich aus den Händen ihrer Entführer zu befreien, aber alle Anstrengungen blieben lange Zeit vergeblich. Als sie schon im Wald und Holz angekommen waren, hörte sie plötzlich, daß einer der kleinen Gesellen dem anderen zurief: „Bört Föten hoch; se hackt hinner witten Urang!" – „Halt", dachte die Wöchnerin da, „sollte das schützen?", und strengte sich noch viel mehr an, die Füße frei zu bekommen, um damit eine dieser Stauden zu berühren. Es gelang, und alsbald ließen die Unterirdischen von ihr ab.

Seit dieser Zeit hat sich der weiße Urang noch oft als Schutzmittel gegen das kleine Volk bewährt. Man pflegte diese Blume mit der Wurzel aus der Erde zu nehmen und das neugeborene Kind damit zu schmücken; so glückte es den Leuten allemal, die Unholde zu verscheuchen.

209.
Zwerge taufen ein Kind im schwarzen See

Ein Dienstmädchen will um das Jahr 1817 die folgende Geschichte erlebt haben.

Ich ging, erzählte sie, einmal mit mehreren Frauen und Mädchen meines Dorfes nach der Granitz, um Heidelbeeren zu pflücken. Um die Mittagszeit, wo wir in der Gegend des schwarzen Sees waren, setzten wir uns unter einen Baum, um unser Mittagsmahl zu halten, als uns auf einmal der Geruch von frischem Brote zukam. „Wer hat hier frisches Brot?" fragten wir einander; doch keine von uns hatte etwas bei sich. Als wir noch darüber sprachen, gewahrten wir ein kaum eine Elle hohes Männchen nicht fern von uns vom Fuße eines Hügels kommen und auf den See zugehen. Nicht lange darauf folgte noch einer, dann noch einer, der etwas trug, dann drei nebeneinander und hierauf ein Menge kleiner Männer und Frauen, paarweise geordnet. Alle gingen an den See; was sie aber dort machten, konnten wir nicht sehen, da wir uns nicht von der Stelle zu rühren wagten. Eine kleine Viertelstunde später kam der Zug in der nämlichen Ordnung vom See zurück und verschwand dort aus unseren Augen, wo er hergekommen war. Erschreckt liefen wir zur Wohnung des Försters, dem wir unser Erlebnis erzählten. Der Förster sagte uns, dies wären die Unterirdischen gewesen, die ein Kind am schwarzen See getauft hätten.

210.
Eine Frau steht Patin bei den Zwergen

Eine Frau aus Zirkow ging einst nach dem Dollahner Ufer am Südende der Schmalen Heide, um dort Blaubeeren zu pflücken. Nach einer Weile sah sie sich um und entdeckte in ihrer Nähe eine große Schar Zwerge, welche eben dabei waren, einen ganz kleinen Zwerg zu taufen. Einer der Zwerge kam auf die Frau zu und lud sie ein, das Kind aus der Taufe zu heben. Das tat die Frau denn auch und erhielt dafür als Belohnung so viele Blaubeeren, als sie nur irgend nach Hause tragen konnte.

211.
Carl Ewert gewinnt den Zwergen einen Becher ab

Carl Ewert, ein Schäfer aus Patzig, ritt eines Tages durch die Ralswieker Berge. Ohne etwas zu ahnen, kam er an einen Hügel, auf welchem „die kleine Gesellschaft" eben eine Hochzeit feierte. Da er nun wußte, daß die Unterirdischen in solchem Falle jedem Vorübergehenden, der sie darum bittet, einen Becher Weins geben mußten, so hielt er an und bat um einen Trunk. Einer der kleinen Leute brachte denn auch einen prachtvollen silbernen Becher, der bis zum Rande mit funkelndem Weine gefüllt war, und reichte ihn Carl Ewert dar. Kaum aber hatte dieser das kostbare Gefäß in der Hand, so schoß es ihm wie ein Blitz durch den Kopf: „Der Becher muß dein werden!" Indem er sich so stellte, als ob er trinke, gab er plötzlich seinem Pferde die Sporen, und dieses rannte in großen Sprüngen von dannen. Die Zwerge waren im ersten Augenblicke so bestürzt, daß sie gar nicht wußten, was sie machen sollten, aber das dauerte nur kurze Zeit: Dann befahl der König dem Läufer: „Eile dem Diebe nach und bringe ihn tot oder lebendig zur Stelle!" Der Läufer war zwar auch nur ein kleines Männchen, wie alle anderen Zwerge, ja er hatte sogar nur ein Bein, aber laufen konnte er ganz furchtbar, und das schnellste Pferd einzuholen, war für ihn eine Kleinigkeit. Dieser setzte also dem diebischen Carl Ewert nach und war ihm auch bald dicht auf den Fersen. Die Zwergschar aber rief mit lauter Stimme hinterher:

Bierbeen loop;
Cenbeen kriegt di.

So ging es in wildem Laufe durch das Dorf und schon glaubte sich Carl Ewert verloren, da sah er plötzlich die Mauer des Gutshofes vor sich. Er spornte sein Roß aus Leibeskräften an, und dieses setzte denn auch glücklich über die Mauer. Dadurch war Carl Ewert mit seiner Beute geborgen; aber der Läufer war doch so dicht hinter ihm gewesen, daß er seinem Pferde den ganzen Schwanz ausgerissen hatte.

212.
Die Zwerge im Dubberwort

Als die Riesen auf der Insel Rügen ausgestorben waren, zogen die Zwerge in das Land, und ein Teil derselben schlug seine Wohnung im Dubberwort bei Sagard auf. Eines Tages, als die Zwerge im Dubberwort gerade mit der Herrichtung ihres Mittagmahles beschäftigt waren, pflügten zwei Knechte von dem Gute Vorwerk auf dem nahen Acker; sooft diese nun an den Hügel herankamen, drang ein lieblicher Bratenduft in ihre Nase. Da sprach einer von den Knechten: „Ach, wenn wir doch auch etwas von diesem Gerichte haben könnten!" Kaum hatte er das gesagt, so wurde von unsichtbaren Händen eine Tafel gedeckt und die schönsten Speisen darauf gesetzt.

Die Knechte ließen sich nicht lange nötigen, sondern aßen und tranken nach Herzenslust, bis sie ganz satt waren. Nach beendigtem Mahle meinte der eine Knecht: „Wir müssen aus Dankbarkeit etwas auf den Teller legen"; dabei griff er in die Tasche und legte alles Geld, welches er bei sich hatte (es waren zwar nur wenige Kupfermünzen), auf seinen Teller. Der andere Knecht aber war ein schlechter Mensch: Er hörte nicht auf die Worte seines Genossen, sondern beschmutzte seinen Teller in unflätiger Weise. – Aber die Strafe dafür blieb nicht aus. Denn während der erste Knecht allmählich ein wohlhabender Mann wurde, ging es mit dem zweiten immer mehr bergab: Er mochte sich quälen, so sehr er konnte, es nützte nichts; schließlich wurde er krank und starb eines elenden Todes.

213.
Ein Unterirdischer hütet den Schatz im Babenberge

Im Babenberge auf Wittow liegt ein Schatz vergraben, der auf folgende Art zu heben ist. Man muß an den Grenzpfahl, welcher auf der Spitze des Berges steht, ein vierspänniges Fuhrwerk so heranstellen, daß das Hinterrad sich neben dem Pfahl befindet; alsdann bezeichnet die Stelle unter den Füßen der Vorderpferde den Ort, wo der Schatz verborgen ist. Der letztere besteht aus einem kupfernen Kessel, welcher bis zum Rande mit Geld angefüllt ist. Um ihn völlig heben zu können, bedarf man aber noch einer Hexenrute. Viele haben bereits versucht, den Schatz zu heben; aber bisher waren alle Anstrengungen vergeblich, denn die Hexenruten waren jedesmal zu schwach, als daß er – nämlich der Unterirdische – den Schatz herausgegeben hätte.

214.
Auswanderung der Zwerge aus Wittow

Auf Wittow haben die Zwerge vordem viele hundert Jahre lang gewohnt, bis sie durch die Menschen, welche ihre Wohnplätze entdeckt hatten, vertrieben wurden. Das Volk der Unterirdischen beschloß daher, die Halbinsel zu verlassen; da ihnen aber der Weg über die Schaabe und Jasmund zu lang war, wählten sie den kürzeren Weg über die Wittower Fähre.

Eines Nachts wurde der Fährmann, welcher bei der Wittower Fähre wohnt, von einem Manne aus dem Schlafe geweckt und aufgefordert, ihn und einige Genossen über die Fähre zu setzen. Als der Fährmann sich bereit erklärte, fragte der Fremde, ob er die Überfahrt „kopf- oder bootweise" bezahlt haben wolle. Der Fährmann, welcher den Fremden allein sah, erwiderte, er wolle bootweise bezahlt werden; denn so glaubte er, ein besseres Geschäft machen zu können. – Die Überfahrt ging glücklich vonstatten, und auf der entgegengesetzten Seite erhielt der Fährmann seine Bezahlung. Beim Abschiede aber fragte ihn der Fremde, ob er auch sehen wolle, wen er eigentlich übergesetzt habe. Als der Fährmann dies bejahte, bemerkte er plötzlich, wie es rings um ihn herum lebendig wurde, und er sah Hunderte von kleinen Männerchen, die ihm kaum bis ans Knie reichten, die aber alle gewaltige Bärte trugen. Unterwegs auf dem Schiffe hatte er nichts von ihnen wahrgenommen. – So wanderten die Zwerge von der Halbinsel Wittow aus. Sie ließen sich dann an der Wittow gegenüber liegenden Seite der Insel, und zwar in den Banzelvitzer Bergen nieder, wo sie noch heutigen Tages zu Hause sind.

215.
Die verdorrte Hand
in der Kirche zu Bergen

In der Kirche zu Bergen wurde bis in die erste Hälfte des 19. Jahrhunderts eine verdorrte Hand aufbewahrt, welche von einem Vatermörder herrühren und nach dessen Tode aus dem Grabe hervorgewachsen sein soll. Sooft man auch versuchte, die Hand von neuem in die Gruft zu legen, stets kam sie wieder hervor, bis man sie endlich abhieb und in der Kirche niederlegte. Solche Strafe trifft aber alle diejenigen, welche ihre Hand gegen die eigenen Eltern erheben.

216.
Der Schneider im Himmel

Ein Schneidergeselle war gestorben und kam an die Himmelspforte und bat Petrus um Einlaß. Petrus aber war keineswegs geneigt, ihn aufzunehmen. Da fing der Schneider an zu jammern und zu bitten, bis Petrus sich endlich erweichen ließ und ihn in den Himmel hineinließ.

Kaum aber war das Schneiderlein eingetreten, so entäußerte er sich schnell aller Blödigkeit und ging stracks nach der Stelle des Himmels, wo Gottes Thron stand. Unser Herrgott hatte eben den Thron verlassen, um sich einen Augenblick von der Anstrengung des Regierens auszuruhen. Als nun das Schneiderlein den göttlichen Thron leer fand, setzte er sich sogleich darauf und tat so, als wenn er selbst jetzt die Welt zu regieren hätte. Mit strengem Blick schaute er auf die tief unter ihm liegende Erde und bemerkte, wie eben ein Mensch einen Mitmenschen erschlug. Da ergrimmte der Schneider, ergriff den goldenen Fußschemel, der vor Gottes Thron stand und schleuderte ihn auf den Mörder, daß dieser tot zu Boden fiel.

Durch diese Handlungsweise hatte der Schneider dem göttlichen Gerichte vorgegriffen und die Strafe folgte der Tat auf dem Fuße. Kaum nämlich hatte Petrus gesehen, wie der, den er nur aus Gnade und Barmherzigkeit in das Himmelreich aufgenommen hatte, sich so unbescheiden, dreist und hartherzig benahm, so packte er den Schneider am Kragen und warf ihn ohne weitere Umstände zu der Himmelstür hinaus.

217.
Durch Mauern gesogen

Ein Mann, welcher im Gefängnis saß, bekam dort sehr schlechtes Essen, so daß er fast verhungern mußte. Als seine Tochter davon hörte, kochte sie ihm seine Lieblingssuppe und ging damit zum Gefängnis. Dort legte sie einen Schlauch durch das vergitterte Fenster und ließ ihren Vater die Suppe trinken. – Alsdann ging sie zu den Richtern und sagte diesen, sie wolle ihnen ein Rätsel aufgeben; könnten sie die Lösung desselben nicht finden, dann solle ihr Vater frei sein. Die Richter waren mit diesem Vorschlage einverstanden. Da sprach sie:

Durch Mauern gesogen,
Hat Herren betrogen,
Ist Tochter gewesen,
Ist Mutter geworden.
Nun ratet, meine Herren! Was ist das?

Die Richter konnten das Rätsel nicht raten und mußten daher den Mann freigeben, welcher nun mit seiner Tochter in das Heimatdorf zurückkehren durfte.

218.
Was Johann zu leisten vermag

Auf dem Gute Z. war eine recht fidele Herrengesellschaft versammelt, in welcher eitel Lust und Freude herrschte. Und das war allerdings auch kein Wunder, wurde doch heute der Geburtstag des Hausherrn gefeiert. Nachdem die Tafel aufgehoben war, wurde eine umfang- und inhaltreiche Bowle aufgetragen, welche selbst in dieser trinklustigen Gesellschaft Staunen und Verwunderung erregte. Aber der Hausherr suchte seine Gäste zu beruhigen und meinte, bei einigem guten Willen würden sie es schon schaffen. Als jedoch von neuem Zweifel dagegen erhoben wurden, erwiderte er, die Bowle zu bewältigen, wäre überhaupt nicht schlimm; ja, sein Kutscher Johann wäre imstande, sie auf einen Zug zu leeren. Dagegen wurde nun erst recht Widerspruch erhoben und nach längerem Hin – und Herreden kam es zu einer Wette.

Johann wurde hereingerufen und gefragt, ob er imstande wäre, die Bowle auf einen Zug auszutrinken. Der Gefrage antwortete, er traue sich zwar ein gut Teil zu; aber ob er dies auch könne, wisse er nicht; er müsse sich zehn Minuten Bedenkzeit ausbitten. Das wurde ihm denn auch gerne gewährt. Nach Verlauf von zehn Minuten kehrte Johann zurück und sagte, er könne es. Darauf setzte er die Bowle an und leerte sie unter allgemeinem Staunen der Gesellschaft auf einen Zug, so daß kein Tropfen darin blieb. Zur Belohnung erhielt er von seinem gutgelaunten Herren die ganze Summe, um welche gewettet worden war. Johann bedankte sich und wollte gehen. Da rief ihn sein Herr noch einmal zurück und fragte ihn, weshalb er sich zehn Minuten Bedenkzeit ausgebeten habe. Johann antwortete: „Ja, Herr; ick heww't buten irst ees mit Water versöcht."

219.
Ein Schornsteinfeger wird für
den Teufel gehalten

Auf einem größeren Gutshofe Rügens hatte ein Schornsteinfeger seines Amtes gewaltet. Als er mit seiner Arbeit fertig war, war es bereits so spät geworden, daß er an demselben Abend nicht mehr nach Hause kommen konnte. Er bat daher den Gutsherren um ein Nachtquartier, und dieser wies ihm ein Strohlager im Scheunenfach an, womit der Schornsteinfeger auch ganz zufrieden war.

Auf der Scheunendiele standen mehrere Säcke voll Korn, das am Tage ausgebrochen war. Auf dieses Korn hatten es zwei Diebe abgesehen, die aber von der Anwesenheit des Schornsteinfegers keine Ahnung hatten. Kurz vor Mitternacht, als auf dem Gutshofe alles schlief, schlichen sie sich zur Scheune und öffneten eine Seitentür, die gewöhnlich nicht verschlossen war. Der eine von beiden, der sich zum ersten Mal auf solch einem verbotenen Schleichwege befand, war sehr ängstlich und wäre am liebsten noch im letzten Augenblicke umgekehrt, wenn er sich nicht vor seinem Genossen geschämt hätte. Aber seine Furcht konnte er doch nicht ganz unterdrücken und er sprach leise zu jenem: „Wenn uns hinterher man nicht de Bös' in de Finger kriegt!" Der andere erwiderte: „Ach, wat! Dat is jo hüt Mandschien und stirnklor; de Bös' geht bloß in düstere Nacht um." Inzwischen waren sie bis zu der Stelle gekommen, wo das Korn stand. Jeder suchte sich im Halbdunkel einen Zweischeffelssack aus, um ihn sich auf die Schultern zu schwenken. Der ängstliche Dieb hatte seinen Sack bereits auf dem Nacken, da stieß der andere an ein Sieb, daß es klirrend und polternd zur Erde fiel. Davon erwachte der Schornsteinfeger; schlaftrunken erhob er sich und lehnte sich mit halbem Oberkörper über die Lehmwand, welche das Scheunenfach von der Diele trennte. Kaum aber hatte der ängstliche Dieb die schwarze Gestalt erblickt, so ließ er den Sack fallen und rief voller Schrecken und Entsetzen aus: „Korl, kiek! Dor is he, Musche Urian!" Nun packte auch den anderen ein heilloser Schreck, und beide stürzten von dannen, bevor dem Schornsteinfeger überhaupt klar wurde, was auf der Diele eigentlich los war. Erst am anderen Tage stellte sich heraus, daß Diebe in die Scheune eingebrochen waren. Der Schornsteinfeger aber, der die Diebe durch seine Anwesenheit verscheucht hatte, erhielt von dem Gutsherrn ein reichliches Geldgeschenk.

220.
Hexensabbath

Ein Mann ging in der Walpurgisnacht durch einen Wald auf der Insel Rügen. Er verirrte sich jedoch und kam endlich an eine freie Stelle im Walde. Hier sah er ein grauenhaftes Getümmel: Katzen, Ziegenböcke und Hunde balgten sich miteinander. Als sie nun den Wanderer erblickten, schrien sie wie aus einem Halse: „Du sollst uns zu unserem Tanze blasen!" Er mußte es sich gefallen lassen. Man reichte ihm ein Blashorn, und er mußte tüchtig blasen. Um ein Uhr war alles verschwunden. Als sich der Wanderer nun sein

Blashorn besah, da war es eine tote Katze, welcher er die Gedärme aus dem Leibe gesogen hatte.

221.
Der Hexenplatz im Park zu Putbus

Im fürstlichen Park zu Putbus gibt es eine Stelle, welche im Volksmunde der Hexenplatz heißt. Sie liegt an dem Verbindungswege zwischen dem fürstlichen Schauspielhause und der Kirche. Dort erblickt man einen ganzen Haufen vorgeschichtlicher Mühlsteine, sogenannter Wendenmühlen, welche nach der Meinung des Volkes alte Opfersteine sind.

Auf dem Hexenplatz sollen die Hexen in der Walpurgisnacht ihre Versammlungen abhalten. Auch erzählt man, daß zur Nachtzeit ein Spuk an der Stelle umgehe, und Vorübergehende wollen dort zuweilen jämmerliches Geschrei gehört haben.

222.
Hexenriemen vererbt sich

Eine Frau, welche zwei Kinder, einen Sohn und eine Tochter, hatte, hinterließ bei ihrem Tode einen Hexenriemen, den sie dem Sohne vermacht hatte. Der Sohn wollte nun wohl den Willen der Mutter erfüllen, aber ihm graute vor dem Riemen. Als daher seine Mutter beerdigt werden sollte, legte er den Riemen mit in den Sarg. Acht Tage nachher starb der Sohn. – Als nun die Schwester die Kleider ihres Bruders reinigen wollte, fand sie zwischen denselben den Riemen wieder. Sie erschrak darüber sehr, denn sie wollte den Riemen auch nicht haben und warf ihn weg. Ein viertel Jahr darnach starb auch sie. Als sie beerdigt werden sollte, kam der Riemen wieder zu ihr und wurde mit ihr in die Grube gesenkt, da er von dem Sarge nicht wieder entfernt werden konnte.

223.
Die Hexenrute

Eine Hexenrute hat die Eigenschaft, daß man vermittelst derselben alle Schätze auffinden kann, welche in der Erde verborgen sind. Man verschafft sich eine solche Rute auf folgende Art. Des Nachts zwischen zwölf und ein Uhr geht man stillschweigend zu einer Elfenweide und schneidet sich von derselben eine kräftige Rute ab. Diese wird dann unter besonderen Feierlichkeiten, nämlich gerade so, wie ein kleines Kind getauft, wodurch sie die Kraft erhält, verborgene Schätze anzuzeigen. – Wenn der Besitzer einer solchen Rute sein Lebensende herannahen fühlt, so muß die Hexenrute schnell auf demselben Kirchhofe begraben werden, auf dem der Besitzer nachher bestattet werden soll; bevor das gesche-hen ist, kann er nicht sterben.

224.
Mädchen in Hasengestalt

In Trent lebte früher ein Mädchen, welches von seiner Großmut-ter einen Hexenriemen geerbt hatte; sobald es den Riemen umschnallte, konnte es sich in einen Hasen verwandeln. In dieser Gestalt hatte sie schon oft einen in der Nähe wohnenden Förster geäfft; denn alle Schüsse, die derselbe auf den vermeintlichen Hasen abgegeben hatte, waren von dem Fell desselben abgeprallt. Da merkte er denn, daß es hier nicht mit rechten Dingen zugehe und lud daher einen Sargnagel, den er sich zu verschaffen wußte, in seine Flinte; als er das nächste Mal den Hasen wiedersah, traf er ihn in einen Hinterlauf. Im selben Augenblick aber verschwand der Hase und an seiner Stelle stand das Mädchen vor ihm, welches ihn unter Tränen um Hilfe bat, da sie am Fuße schwer verletzt wäre. Um das Mitleid des Försters zu erregen, gestand sie ihr Unwesen ein und versprach auch, in Zukunft keinen Gebrauch mehr davon zu machen. Eine Zeit lang hielt sie ihr Versprechen; kaum aber war der Fuß besser geworden, so fiel sie in ihr altes Laster zurück. Auf dem nahe gelegenen Gute Zubzow diente nämlich ihr Bräutigam als Futterknecht, und um diesen recht oft und ungestört besuchen zu können, nahm sie ihren Riemen fleißig zur Hand. Der Bräutigam hatte keine Ahnung davon und als seine Braut eines Tages an seiner Seite als Hase erschien – da sie noch nicht Zeit gehabt hatte, menschliche Gestalt anzunehmen – schlug er mit einer Wassertrage nach ihr. Sie vergoß infolgedessen viel Blut und gestand ihrem Bräutigam unter Tränen, wie es um sie stünde. Da löste dieser das Verhältnis zu ihr; das Mädchen aber blieb lahm bis an ihr Lebensende. Der Hexenriemen soll später auf dem Grabhügel der Großmutter eingegraben worden sein.

225.
Das Aussehen des Teufels

Der Teufel ist von schwarzer Farbe. Er hat einen Pferdefuß, der andere Fuß gleicht entweder einem gewöhnlichen Menschenfuße oder ist ein Hahnenfuß mit Sporn. Auf dem Kopfe trägt der Teufel Hörner und am Gesäß einen langen Schwanz, welcher einem Kuhschwanz ähnlich sieht. Für gewöhnlich ist er unbekleidet; höchstens trägt er an den Füßen alte, abgetragene Hausschuhe. Wenn der Teufel den Mund aufmacht, speit er Feuer. Im Dunkeln leuchtet er oder wenigstens scheinen seine Augen feurigen Kugeln zu gleichen. Wenn er einen Menschen ergreifen und mit sich fortführen will, verwandelt er sich in einen feinen, vornehm aussehenden Herrn mit schwarzem Frack und Zylinder. Er hat aber auch die Macht, sich unsichtbar für das menschliche Auge zu machen.

226.
Die Freimaurer

Die Freimaurer haben mit dem Teufel einen Vertrag abgeschlossen, nach welchem dieser ihnen Geld verschafft, damit sie vergnügt leben können. In dem Hause, wo sich die Freimaurer versammeln, befindet sich ein Sarg und in demselben liegt eine Katze; das ist der Teufel. Wer in den Bund der Freimaurer aufgenommen werden will, muß sich in den schwarz ausgeschlagenen Sarg legen, welcher alsdann in eine tiefe Gruft hinabgesenkt wird. Hier muß der Aufzunehmende schwören, daß er die Satzungen der Gesellschaft gewissenhaft beobachten und vor jedermann geheimhalten will.

Ein verheirateter Mann kann nur dann Mitglied der Genossenschaft werden, wenn seine Frau ihre Einwilligung dazu gibt.

Einstmals wollte eine Frau nicht dareinwilligen, daß ihr Mann Freimaurer würde. Da befahlen ihr die Freimaurer, sie solle sich die Bilder in dem roten Saale ansehen. Sie tat es und fand auch das Bild ihres Mannes. Darauf sagte man ihr, sie solle ihren Mann mit einer Stecknadel durchstechen. Sie tat es; als sie aber nach Hause kam, fand sie ihren Mann tot im Lehnstuhl sitzend, seine Schläfe mit einem Nagel durchbohrt.

Mit dem Sterben der Freimaurer hat es auch sonst seine besondere Bewandtnis. Sie können nämlich nicht im Bette sterben, sondern nur sitzend oder stehend. Jeder Freimaurer kann es dem Genossen von der Stirn ablesen, wann er sterben muß; ihr Tod aber tritt in der Regel schnell und plötzlich ein.

227.
Der Teufel holt einen Knecht,
der seine Gestalt angenommen hat

An einem Weihnachtsabende verkleideten sich sechs Knechte in Libnitz, um im Dorfe herumzuziehen und die kleinen Kinder ängstlich zu machen. Einer der Knechte nahm eine trockene Kuhhaut, an welcher noch die Hörner saßen, um den Leib und steckte eine Zunderbüchse mit brennendem Zunder in den Mund; nach dieser Verkleidung sollte man ihn für den Teufel halten. – Als sie nun durch die Koppel beim Gutshofe gingen, bemerkten sie plötzlich, daß ihrer sieben waren; es befand sich einer unter ihnen, den niemand kannte. Kaum waren sie sich dessen bewußt geworden, so wurden sie von großer Angst befallen und stoben nach allen Richtungen auseinander. Der Knecht in der Kuhhaut, welcher nach dem Hofe zu lief, merkte, daß der Fremde ihm dicht auf den Fersen war, er lief daher, so schnell ihn seine Füße tragen wollten; als er aber den Gutshof eben erreicht hatte, sank er tot nieder. Das war die Strafe dafür, daß er die Gestalt des Bösen angenommen hatte.

228.
Die versteckten Pferdezäume

Auf einem rügenschen Gute war ein Kutscher, der sein Geschäft außerordentlich gut verstand. War er mit seinem Herrn zu irgend einer Gesellschaft gefahren und die Kutscher bekamen Ordre anzuspannen, so war er immer der erste vor der Tür. Dadurch erregte er natürlich den Neid der anderen Kutscher und eines Tages beschlossen dieselben, ihm einen Streich zu spielen. Das nächste Mal, als sie wieder zusammen waren, versteckten sie die Zäume von Johanns Pferden. Als nun Ordre kam anzuspannen, vermißte Johann sogleich seine Zäume. Als er aber die schadenfrohen Gesichter der anderen Kutscher sah, merkte er sogleich, „was die Glocke geschlagen hatte." Er suchte daher nicht erst lange nach den Zäumen, sondern schirrte seine Pferde schnell auf und war, wie immer, der erste vor der Tür. Als sein Herr eingestiegen war, fuhr er lustig ohne Zäume nach Hause. Als er seine Pferde in den Stall gebracht hatte, riegelte er diesen hinter sich zu und fing an, seine Pferde furchtbar mit der Peitsche zu bearbeiten; diese schienen es jedoch gar nicht zu fühlen.

Am andern Morgen bekam Johann Befehl anzuspannen; da ging er zu seinem Herrn, erzählte ihm den ganzen Vorfall vom vergangenen Abend und bat ihn, noch eine halbe Stunde zu warten, dann würden die Zäume zurückkommen. Damit war der Herr einverstanden; und wirklich, kaum war eine halbe Stunde verflossen, so kam ein junger Kutscher, welcher die Zäume versteckt hatte, atemlos auf den Hof gerannt, beide Zäume auf dem Arm tragend. Schon von weitem bat er unter kläglichem Gewinsel, Johann möge doch aufhören zu schlagen; er habe die ganze Nacht hindurch Schläge bekommen und könne es vor Schmerz nicht mehr aushalten. Es waren nämlich alle die Hiebe, welche die Pferde bekommen hatten, auf den Rücken des Kutschers gefallen. Als Johann seine Zäume wieder hatte, ließ er denn auch Gnade vor Recht gehen und hörte auf zu prügeln.

229.
Düwels Botterfatt

Zwischen den Kirchdörfern Gustow und Poseritz liegt in der Nähe der alten Landstraße, die von Garz nah Altefähr führt, ein Erdloch, welches im Volksmunde „Düwels Botterfatt" heißt. Woher der Name stammt, erzählt uns eine alte Sage.

Vor grauen Zeiten wollte eine Katenfrau in Warksow buttern. Einen halben Tag stand sie schon am Butterfaß; aber Butter gab es nicht. Zornig packte sie ihr Butterfaß, rannte damit zu der bezeichneten Grube, in der damals noch eine größere Menge Wasser war, setzte das Faß hinein und butterte weiter bis zum sinkenden Abend. Der Schweiß rann ihr am Leibe herunter, aber einen Erfolg ihrer Arbeit sah sie noch immer nicht. Ärgerlich rief sie endlich aus: „Dor mag de Düwel länger bottern!" Kaum hatte sie diese Worte ausgesprochen, da stand der Angerufene auch schon neben ihr, mit Schwanz, Hörnern, Pferdefuß und den sonstigen Attributen seiner höllischen Majestät geschmückt und einen durchdringenden Schwefelgeruch um sich verbreitend. Mit teuflisch freundlichem Grinsen nahm er ihr den Stampfer aus der vor schauderndem Entsetzen krampfhaft sich spreizenden Hand, und im Augenblick war Butter da. Als Lohn für seine Arbeit nahm der Teufel die arme Seele direkt aus der Grube mit sich zur Hölle hinab. Die Grube aber heißt seitdem bis auf den heutigen Tag „Düwels Botterfatt".

230.
Ein Schiffsjunge bewirkt eine
schnelle Schiffahrt

Ein Schiffer war unterwegs auf See. Zu Hause sollte gerade sein jüngstes Söhnchen getauft werden und weil er nicht dabei sein konnte, so war er recht verdrießlicher Stimmung. Der Junge, welcher mit auf dem Schiffe war, hatte unter der schlechten Laune des Schiffers schwer zu leiden; endlich aber faßte er sich ein Herz und fragte: „Schipper, wat fehlt Di?" Der erwiderte barschen Tones: „Ih, Jung, wat geht Di 't an; du kannst mi jo doch nicht helpen."

Der Junge aber sprach: „Dat kem dor doch noch up an, ob ick nicht helpen kann. Irst öwer mot ick weten, wuran dat dat liggt." Da erzählte der Schiffer, bei ihm zu Hause sei Kindtaufe und er könne nicht dabei sein, da ihm der Wind seit acht Tagen beständig entgegen sei. „Na, wenn 't wieder nicks is", versetzte der Junge, „dat willen wi woll kriegen!" Alsbald zog er seine Jacke aus und warf sie über Bord. Kaum war das geschehen, so schlug der Wind plötzlich um und kam dem Schiffe von hinten in die Segel, daß es ging, wie mit dem Flitzbogen geschossen. Und das merkwürdigste dabei war, daß alle anderen Schiffe, welche unterwegs sichtbar wurden, entgegengesetzten Wind hatten und viel langsamer fuhren, während der Schiffer und der Junge dahinfuhren, daß ihnen die Haare auf dem Kopfe nur so wehten. Sie kamen denn auch so rechtzeitig im Hafen an, daß der Schiffer noch an der Taufe seines Sohnes teilnehmen konnte. Den Jungen aber entließ er aus dem Dienste, sobald er an Land gekommen war; denn er sah ein, daß es bei ihm nicht mit rechten Dingen zuging.

231.
Der Teufel und die Kartenspieler

Zu früheren Jahrzehnten war das Kartenspiel eine weit verbreitete Leidenschaft. Wo eine richtige Spielergesellschaft beisammen war, wurde nicht allein die Nacht hindurch gespielt, sondern das Spiel wurde oft zwei bis drei Tage und Nächte hintereinander fortgesetzt. Besonnenere Leute konnten sich diese Spielwut nicht anders erklären, als daß sie meinten, der Teufel selbst habe seine Hand dabei im Spiele; man glaubte, der Gewinner habe den Teufel unter der Türschwelle hindurch eingelassen und das Spiel könne nun nicht eher sein Ende finden, als bis der Teufel gebannt sei. Das war aber nicht so leicht, denn wenn der Teufel auch einmal hinausgedrängt wurde oder auch freiwillig hinausging, so kam er doch immer wieder hinein. Und wenn die Spieler nun auch selbst gerne aufgehört hätten, so konnten sie es doch nicht, sondern müßten auch gegen ihren Willen weiterspielen. Vielfach hat man sich nicht anders zu helfen gewußt, als daß man den Pastor herbeirief und durch ihn den Teufel bannen ließ.

232.
Der Teufel als Feuerdrache

Wenn man den Drak fliegen sieht, muß man ihm zurufen: Deuwel, schmiet dal, wat du hest laden! Diese Worte muß man, unter freiem Himmel stehend, sprechen; aber in demselben Moment muß man auch schon wieder „unter Dach und Fach" sein, sonst wirft der Drak keine Schätze, sondern allerlei Unrat herab.

Viele Leute, welche des Nachts im Freien waren, haben den Feuerdrachen schon gesehen, wie er mit langem Schweife langsam durch die Lüfte dahinzog. Das ist aber kein anderer als der Teufel selbst. Wenn man sich gerade unter dem Drachen befindet und ausruft:

Schmied dal;
Hal mihr!

so wirft er, falls man ein Kreuz auf dem Kopfe hat, einen Haufen Goldes oder andere Schätze herunter; hat man aber kein Kreuz auf dem Kopfe, so wird man mit ekligem Schmutze beworfen, der sich im ganzen Leben nicht wieder abwaschen läßt.

Man erzählt sich auch, manche Leute hätten einen solchen Feuerdrachen im Hause und ließen sich von diesem alle die Schätze bringen, welche sie haben wollten. Dafür müssen sich solche Leute aber verpflichten, nach Ablauf einer gewissen Zeit dem Drachen oder Teufel anzugehören.

Einst wollte ein Mann, der sich einen solchen Feuerdrachen hielt, seiner Verpflichtung nicht nachkommen. Da erschien der Teufel, fuhr dem Manne zwischen die Beine und hob ihn auf seinen Schwanz. Sodann rannte er mit ihm gegen eine Mauer und zertrümmerte ihm den Schädel, daß das Gehirn nur so umherspritzte. Die Seele des Mannes aber nahm der Teufel mit.

233.
Drak besorgt die Hauswirtschaft

Die Bewohner des Dorfes Zirkow haben oft Gelegenheit, den

Drak zu sehen. In feuriger Gestalt und mit zwei feurigen Flügeln versehen, fliegt er über das Dorf dahin und fährt dann regelmäßig in den Schornstein eines Kossäten zu Zirkow hinein, dem er bei der Arbeit zu helfen und die Wirtschaft zu besorgen pflegt.

Der alte Kossät hält seine Stallungen stets geschlossen, und niemand darf hineingehen, um seine Pferde und Kühe zu füttern oder um das Korn zu dreschen oder andere Arbeiten zu verrichten. Das alles tut der Drak, und man sagt, daß er es auf das genaueste ausrichte und für seinen Herrn reichlich sorge.

234.
Der Puk

Wer einen Puk in seinen Diensten hat, braucht nicht Not zu leiden. Denn derselbe trägt seinem Herrn soviel Geld zu, als er nur irgend wünscht und braucht. Selten kommt es vor, daß er seinen Herrn anführt, wenn er ihm zum Beispiel statt Geld ekelhaften Schmutz bringt. Wenn der Puk auf Raub ausgeht, so hat er entweder die Gestalt einer Katze oder er geht als Feuerdrache zum Schornstein hinaus. Die Gestalt der Katze zieht er jedoch vor, da die Katze überall, selbst durch die kleinsten Öffnungen, aus- und einschlüpfen kann. Im Hause sieht man den Puk meist als kleinen Knaben mit roter Jacke und Mütze.

Einen Puk verschafft man sich dadurch, daß man in der Neujahrsnacht über sieben Feldgrenzen rückwärts geht, ohne sich umzusehen und ohne zu sprechen. – Wer seinen Puk wieder los sein will, muß von einem Stiefel die Sohle abschneiden und dem Puk befehlen, diesen Stiefel mit Geld zu füllen. Sobald der Puk merkt, daß er den Auftrag nicht ausführen kann, verläßt er seinen Herrn.

Diejenigen, welche sich einen Puk dienstbar gemacht haben, müssen vor allen Dingen darauf bedacht sein, ihm genügend Arbeit zu verschaffen; sonst werden sie fortwährend von ihm geplagt: Er sitzt ihnen unsichtbar auf dem Rücken, prügelt sie und zerrauft ihnen das Haar. Selbst des Nachts läßt er seinem Herrn keine Ruhe, sondern kommt vor sein Bett und winselt da wie ein kleiner Hund.

235.
Puk wird ausgebrütet

Es war einmal ein armer Mann, der wollte gerne reich werden. Als er seine Nachbarn fragte, wie er das anzufangen habe, rieten ihm diese, sich einen Puk anzuschaffen, und das könne er auf folgende Art bewerkstelligen: Er müsse ein von einer schwarzen Henne um Mitternacht gelegtes Ei nehmen und sich mit diesem acht Tage lang an einer Stelle, wohin weder Sonne noch Mond scheine, verbergen; dann werde aus dem Ei ein Puk hervorkriechen. Der Mann verschaffte sich nun ein schwarzes Huhn und als ihm dasselbe um Mitternacht ein Ei gelegt hatte, begab er sich mit diesem in der Swiner Wald. Aber schon nach drei Tagen wurde er von den Hunden eines Jägers aufgespürt und als er zu entfliehen suchte, zerbrach das Ei.

Nach zwei Jahren legte ihm dieselbe Henne wieder um Mitternacht ein Ei und mit diesem verfuhr er wie mit dem ersten. Und diesmal glückte es besser, denn nach sieben Tagen kroch aus dem Ei ein kleines Männlein mit einer Mütze auf dem Kopfe hervor; die Füße des Männleins waren aber noch nicht ganz entwickelt. Hierüber befragt, erwiderte der Kleine, er sei erst nach einem Tage vollständig reif; bis dahin müsse ihn der Mann in seiner Achselhöhle tragen. Das tat der Mann auch, aber der Puk – denn ein solcher war es – biß ihn so sehr, daß der Mann die Arme in die Höhe strecken mußte. Am folgenden Tag war der Puk völlig ausgewachsen, er forderte jedoch noch für drei Tage Nahrung von dem Manne. Da dieser sich nun aber bloß auf acht Tage mit Lebensmittel versehen hatte, so reichte der Vorrat für ihn und den Puk nicht mehr so lange aus. Als der Puk das merkte, zerkratzte er dem Mann das ganze Gesicht, worauf dieser weglief. Der Puk aber ist nicht mehr gesehen worden.

236.
Puk schafft Eßwaren herbei

Eines Abends zu später Stunde klopfte ein Handwerksbursche bei einer Frau in Lauterbach an die Tür und bat um ein Stück Brot und Quartier für die Nacht. Die Frau wies ihn mit harten Worten ab. Da sich der Handwerksbursche nun aber vor Müdigkeit nicht weiter schleppen konnte, schlich er sich unbemerkt auf den Heuboden, um wenigstens ein bequemes Nachtlager zu haben. Der Heuboden befand sich gerade über der Wohnstube der Frau, und da die Decke, welche die beiden Räume voneinander trennte, sehr undicht war, so konnte der Handwerksbursche durch zahlreiche Spalten und Ritzen alle Vorgänge unten in der Stube wahrnehmen. Kurz vor der Mitternachtsstunde bemerkte er, wie die Frau verschiedene Tonnen und Kisten vom Flur in die Stube schaffte; alle waren leer. Als es zwölf Uhr schlug, trat ein Puk in Gestalt eines kleinen Männleins in das Zimmer. Sobald er eingetreten war, rief er der Frau zu: Dat kiekt! Dat kiekt! Schon glaubte sich der Handwerksbursche entdeckt, aber zu seinem Glücke beruhigte die Frau den Puk, indem sie sagte, es sei niemand im Hause, also könne auch niemand sehen. Darauf erteilte sie dem Puk den Auftrag, die leeren Gefäße mit Eßwaren zu füllen. Der Puk kam dem Auftrage nach und in kurzer Zeit waren Tonnen und Kisten mit Brot, Butter, Speck, Wurst, Grütze, Mehl und anderen schönen Sachen angefüllt. Um ein Uhr verschwand der Puk und nun begab sich auch die Frau zur Ruhe. Der Handwerksbursche schlich sich erst am anderen Morgen aus dem Hause fort.

237.
Puk besorgt ein Mittagessen

Eine Bäuerin, welche einen Puk in ihren Diensten hatte, mochte eines Tages kein Mittagessen kochen. Da erinnerte sie sich, gehört zu haben, daß viele Frauen sich das Mittagsbrot durch ihren Puk besorgen ließen. Das wollte die Bäuerin nun auch einmal versuchen. Sie rief also ihren Puk und sagte zu ihm: „Puk, kak mi Meddag!" Als der Puk darauf fragte, was für ein Mittagessen sie haben wollte, antwortete sie: „Schwartsuer:" Da sprach der Puk: „Kumm und holl de Schöddel unner'n Schodsteen!" Die Bäuerin tat es auch und alsbald fiel das schönste Schwarzsauer in die Schüssel. Dies stellte die Bäuerin mittags auf den Tisch. Da fragte der Bauer, wo sie das schöne Schwarzsauer herbekommen hätte; sie erwiderte, sie hätte es von einem Schlächter gekauft. Der Mann langte nun zu, aber als er das Schwarzsauer auf den Teller gebracht hatte, waren es lauter Ratten- und Mäuselschwänze.

238.
Puk wird durch Schläge vertrieben

Auf dem Ralswieker Hofe wohnte ein Mann, welcher einen Puk hatte. Dieser half ihm bei jeder Arbeit und der Mann war dadurch allmählich reich und wohlhabend geworden. Aber da der Puk ihn fortwährend wegen neuer Arbeit quälte, so wollte er sich desselben entledigen. Er verließ daher seine Wohnung und verzog nach Sehlen, indem er den Puk in der alten Behausung zu Ralswiek zurückließ. Hier zog ein anderer Katenmann ein, welcher bald Bekanntschaft mit dem Puk machen mußte. Schon nach vier Tagen ließ sich oben auf dem Hausboden ein heftiges Gepolter hören und als der neue Mieter hinaufstieg, um sich nach der Ursache des Geräusches umzusehen, trat der Puk vor ihn hin und verlangte Arbeit von ihm. Der Mann stellte ihm auch eine Aufgabe; kaum aber dieselbe ausgeführt, so erschien der Puk von neuem und verlangte andere Arbeit. Da trieb ihn der Mann in eine Ecke und machte Anstalt, ihn durchzuprügeln. Aber der Puk schrie aus vollem Halse und rief dadurch eine Menge Leute herbei, welche ihn immer mehr in die Enge trieben und zuletzt zwischen die Tür klemmten. Nun bekam er ganz fürchterliche Prügel und da er nicht von der Stelle konnte, versprach er zuletzt, nie wieder nach Ralswiek kommen zu wollen. Hierauf kroch er unter der Tür-schwelle durch und hat sich in Ralswiek nicht wieder sehen lassen.

239.
Puk wird durch ein Geschenk vertrieben

Eine Frau hatte einen kleinen Jungen, der seine Mutter öfters fragte, ob er nicht auf den Hausboden gehen könne, um dort zu spielen. Da sich diese Bitte oft wiederholte, so bekam die Mutter eines Tages Lust zu sehen, was ihr Sohn dort oben treibe. Sie schlich ihm also nach und sah nun, wie er mit einem kleinen

Knaben in rotem Kleide und roter Zipfelmütze spielte. Und dabei sah er ganz vergnügt aus, denn der Puk hatte ihm alle erdenklichen Spielsachen mitgebracht. Die Frau erschrak über diese Entdeckung ganz gewaltig, aber sie wußte sich zu helfen. Sie hatte immer gehört, wenn man dem Puk ein Kleidungsstück schenke, so müsse er verschwinden. Sie sagte also zu ihrem Sohne: „Das neue Kleid, welches in dir kürzlich geschenkt habe, das nimm und gib es dem kleinen Knaben, mit dem du immer gespielt hast." Der Puk nahm das Kleid auch wirklich an, zugleich aber gab er dem Knaben eine solche schallende Ohrfeige, daß der es sein Leben lang nicht wieder vergaß. Der Puk aber hat sich seitdem niemals wieder sehen lassen.

240.
Ein Mädchen tötet ihren Puk

Auf einem Gutshofe lebte ein Mädchen, das hatte einen Puk, welcher ihr bei jeder Arbeit hilfreiche Dienste leistete. Schon oft hatte er das Mädchen gefragt, wie es heiße; sie hatte es ihm aber niemals sagen wollen, da sie sich vor ihm fürchtete. Als er aber nicht aufhörte, sie mit Fragen zu bestürmen, sagte sie, sie heiße: „Selbstgetan". Einige Zeit später beschloß das Mädchen, den Puk zu töten, da sie desselben überdrüssig war. Sie kochte daher einen Kessel Mehlgrütze und warf den Puk hinein. Der schrie aber so jämmerlich, daß die Leute zusammenkamen und ihn fragten, wer ihn da hineingebracht hätte. Als der Puk nun immerfort rief: „Selbstgetan! Selbstgetan!", gingen die Leute davon und ließen ihn in dem Kessel umkommen.

241.
Irrlichter auf Rügen

Wenn man des Abends oder Nachts über Kirchhöfe, Wiesen oder sumpfige Gegenden geht, so sieht man wohl oft kleine Lichterchen auf dem Erdboden, die bald hell aufflammen, bald nur schwach glimmen, die einmal hier auftauchen und bald an einer anderen Stelle sichtbar werden. Diese Flämmchen sind allgemein bekannt unter dem Namen Irrlichter.

Was die Entstehung der Irrlichter betrifft, so glaubt man allgemein, daß es brennendes Geld sei. Wenn man das Glück hat, die Flamme zu löschen, so kann man sich ungehindert des Geldes bemächtigen und gewöhnlich findet man eine hübsche Summe bereit liegen. Am leichtesten läßt sich die Flamme auslöschen, wenn man irgend ein Kleidungsstück, entweder den Rock oder die Mütze, darüber wirft.

Aber ein solcher Versuch gelingt nur in den seltensten Fällen und viele Menschen, die sich darauf eingelassen haben, mußten es nachher bitter bereuen. Denn sobald jemand auf ein solches Irrlicht losgeht, so bewegt sich dasselbe vom Felde und lockt den Menschen immer hinter sich her, über Steine und Gräben, über Sümpfe und Wiesen fort. Plötzlich erlischt das Irrlicht und der Mensch sinkt bis an das Knie in den Sumpf, daß er nicht ohne fremde Hilfe wieder herauskommen kann. Diese kann ihm aber erst zuteil werden, wenn der Morgen angefangen hat zu grauen.

Andere glauben, die Irrlichter seien die Seelen kleiner Kinder, welche vor der Taufe gestorben sind oder die Seelen Erwachsener, welche eines gewaltsamen Todes – durch Mord oder Selbstmord – gestorben sind und deshalb im Grabe keine Ruhe finden können. Als sich vor ungefähr fünfzig Jahren in der Nähe von Wiek auf Wittow eine Frau nebst ihrem kleinen Kinde erhängte und bald darauf zwei Irrlichter an der Stelle erschienen, sagten sogleich alle Leute, diese Lichter seien die Seelen der Selbstmörderin und ihres Kindes, die keine Ruhe finden können.

242.
Irrlichter führen einen Knecht in die Irre

Irrlichter sind kleine blaue Flämmchen, welche in schönen Sommernächten aus der Erde herauskommen. Der einsame Wanderer, der sie erblickt, fühlt sich zu ihnen hingezogen und folgt ihnen oft meilenweit nach, und das Merkwürdige dabei ist, daß er keine Müdigkeit dabei empfindet. So lange die kleinen Flämmchen leuchten, kommt ihm die Gegend stets bekannt vor und es ist ihm, als ob er sich immer noch in der Nähe des Gutes oder Dorfes befinde. Sobald dann aber das Irrlicht erlöscht, irrt er plötzlich in einer wildfremden Gegend umher, in der er sich nicht zurechtfinden kann. Wenn man ein solches Flämmchen niederschlägt, hat man ein Goldstück in der Hand.

Auf der bei Crimwitz gelegenen Bleiche kann man des Abends viele Irrlichter sehen. Ein Knecht von Crimwitz ging einst einem Irrlicht nach, welches ihn auf zahllosen Kreuz- und Querwegen so vollständig irre leitete, daß er nicht aus noch ein wußte. Schließlich befand er sich, als der Morgen bereits zu dämmern anfing, in der Nähe von Teschenhagen bei Bergen, wo ihn andere Knechte antrafen und auf den rechten Weg wiesen.

243.
Seejungfern auf Rügen

Fast überall auf der Insel sind die Seejungfern oder Nymphen heimisch; besonders gerne aber halten sie sich im Schmachtersee bei Binz und im Herthasee in der Stubbnitz auf. In schönen Sommernächten tauchen sie aus dem Wasser empor und führen an den Ufern der Seen oder auf feuchten Wiesen ihre Reigentänze auf.

Was es aber sonst für eine Bewandtnis mit ihnen hat, das weiß kein Mensch so recht genau anzugeben; denn es ist schädlich, darüber zu sprechen. Auch hat sie noch niemand so ganz nahebei gesehen, weil der Nebel, das Kleid der Seejungfrauen, sie meist dem menschlichen Auge verhüllt. Und das ist ein wahres Glück: Denn wer einmal eine Seejungfrau ganz in der Nähe gesehen hat, der ist ihr unwiderruflich verfallen und wird von ihr in den See oder in das Meer hinabgezogen.

244.
Die weiße Frau im Herthasee

In der Nähe des Herthasees in der Stubbnitz sieht man oft, besonders in hellen Mondscheinnächten, eine schöne Frau hervorkommen, die sich nach dem See hinbegibt, um sich darin zu baden. Sie ist von vielen Dienerinnen umgeben, die sie zu dem Wasser hinbegleiten. In diesem verschwinden sie alle, und man hört nur das Plätschern darin. Nach einer Weile kommen sie sämtlich wieder heraus, und man sieht sie in großen, weißen Schleiern zu dem Wald zurückgehen. Für den Wanderer, der dies sieht, ist das alles sehr gefährlich. Denn es zieht ihn mit Gewalt nach dem See, in dem die weiße Frau badet, und wenn er einmal das Wasser berührt hat, so ist es um ihn geschehen: Das Wasser verschlingt ihn. Man sagt, daß die weiße Frau alle Jahre einen Menschen in die Flut verlocken müsse.

Alle sieben Jahre kommt die weiße Frau, welche im Herthasee wohnt, an die Oberfläche des Wassers, um Zeug zu waschen. Sie bleibt dann aber auch nur kurze Zeit sichtbar; und daher kommt es, daß bisher nur wenig Menschen sie mit Augen gesehen haben.

Am Ufer des Herthasees zeigt sich zuweilen in mondhellen Nächten eine schöne Jungfrau, welche ein Stück Zeug in dem Wasser des Sees wäscht. Wer sie sieht, muß sie nicht mit dem sonst üblichen Gruß: „Gott help'!" anreden, sondern muß umgekehrt: „Help' Gott!" sagen, dann kann es mit großem Glück für ihn verbunden sein.

245.
Der Tod und der Besenbinder

Es war einmal ein Besenbinder, der lebte in recht ärmlichen Verhältnissen und hatte dabei eine große Zahl von Kindern zu ernähren. Als ihm nun wieder ein Kind geboren war, suchte er nach einem reichen Manne, um denselben zum Paten einzuladen. Die reichen Leute wollten aber nicht bei dem Kinde eines so armen Mannes Pate sein und als sich der Besenbinder nun an die armen Leute mit seiner Einladung wendete, schlugen diese es ihm auch ab, weil er zu ihnen nicht zuerst gekommen war. Da wurde der Mann ganz traurig und er beschloß, den ersten besten, der ihm auf der Landstraße begegnen würde, als Paten zu bitten. Es dauerte auch nicht lange, so hatte er einen solchen gefunden; das war aber kein anderer als der Tod.

Als nun das Kind getauft war, sprach der Tod zu dem Besenbinder: „Ein Patengeschenk kann ich dir nicht geben, aber ich will dich dafür eine Kunst lehren, die dich zum reichen Mann machen kann. Gib also genau acht. Du kannst mich bei jedem Kranken finden: Entweder stehe ich zu seinen Häupten oder zu seinen Füßen. Siehst du mich zu seinen Füßen stehen, so wird der Kranke gesund werden, und wenn es scheinbar noch so schlecht mit ihm stehen sollte. Siehst du mich aber zu seinen Häupten, so ist dem Kranken nicht mehr zu helfen." Diese Lehre machte sich der arme Besenbinder zunutze, und es dauerte nicht lange, so war er ein berühmter Arzt, der von weit und breit Zulauf hatte.

Da begab es sich, daß der Besenbinder selbst sterben sollte. Er sah den Tod zu seinen Häupten stehen und wußte nun ganz genau, wie es mit ihm stand. Aber er wußte auch ein Mittel, um die Absicht des Todes zu vereiteln. Er rief nämlich seine Knechte herbei, die mußten ihn umdrehen und als der Tod seinen Standpunkt nun auch veränderte, ließ sich der Besenbinder wieder umdrehen und so fort, bis der Tod dieser Sache endlich überdrüssig wurde und abging. Im Abgehen aber sagte er drohend: „Ich will gerne alles tun, aber niemals wieder einen Arzt meine Kunst lehren."

246.
Eine Hellseherin

Solche Leute, welche zu einer Zeit geboren sind, wo in der Kirche das heilige Abendmahl erteilt wird, können mehr sehen als andere Menschenkinder. Im Witwenhause zu Trent lebte auch eine solche Frau, die wußte immer acht Tage vorher, wenn jemand starb, auch wenn der Betreffende nicht in dem Kirchspiel wohnte. – Nun befindet sich in Trent das Erdbegräbnis einer alten adligen Familie, welche ihren Wohnsitz in Putbus hat; starb hier ein Mitglied der Familie, so ward die Leiche jedesmal nach Trent geschafft und im dortigen Gewölbe beigesetzt. So oft aber ein solcher Fall eintrat, sagte die Alte regelmäßig einige Tage vorher zu dem Küster: „'T kümmt bald war öwer Land, un't is 'n bäten mihr as all' Dag'!" – Wenn man sie fragte, wie sie das voraussagen könne, gab sie stets unbestimmte oder ausweichende Antworten. Nur einmal hat sie jemand, der sie darnach fragte, geantwortet, daß es ihr zu Füßen läge, wie ein Maulwurfshügel.

247.
Vorherverkündigung eines Todesfalles

In Trent existierte vor Jahren eine kleine Musikkapelle, welche aus einem Schuhmacher und einem Weber und deren Gesellen bestand. Eines Tages spielten sie auf einer Hochzeit in Trent, bei welcher es sehr lustig und fröhlich herging; plötzlich aber wurde der Schuhmacher kreideweiß im Gesicht und ohne ein Wort zu sagen, stand er auf und ging von dannen. Als er nach Hause gekommen war, erzählte er, er habe mitten in dem fröhlichen Hochzeitsjubel plötzlich einen Leichenzug vorüberziehen gesehen, und in dem Sarge habe sein Kamerad, der Weber, gelegen. Man suchte dem Schuhmacher nun zwar einzureden, er habe sich wohl getäuscht; aber er ließ sich nicht bewegen, zur Hochzeit zurückzukehren und weiterzuspielen.

Zwei Tage später wurde der Weber krank und verstarb unmittelbar darauf.

Die Abenteuer Rübezahls

248.
Das Kegelspiel

Man erzählt von einem Waghals, welcher auf einen Berg hinaufgestiegen sei. Oben sah er die ungeheuren Riesen spazieren und Kegel spielen. Einer von ihnen fragte ihn, ob er, weil er sie doch besuchen käme, mitmachen wolle? Das hat er dann auch gewagt. Und nach vollendetem Spiel hat einer der Riesen dem fremden Gast als Andenken einen der Kegel verehrt, den er denn auch in seinen Ranzen getan. Und als er wieder hinabgekommen, hat er den Handel erzählt und seinen hölzernen Kegel vorweisen wollen; da ist er lauter pur Gold gewesen.

249.
Wie er den Walen begegnet ist

Vielleicht ist die Geschichte vom Kegelspiel der Riesen nicht wahr, denn niemand hat vorher oder später etwas von Riesen im Gebirge gespürt, und auch sein Name hat nichts mit Riesen zu tun. Das aber erzählt ein Wale Hans Man von Regensburg in seinem Wegweiser von Rübezahl, wie er den Weg zu Abendburg beschreibt: Der leidige Satan aber, der Rübezahl, tut manchen erschrecken, denn er läßt sich erstlich sehen in Gestalt eines großen grauen Mönches mit einer Laute, schlagend, daß die Erde erbebt, über alle Bäume reichend; dann wirft er die Laute nieder, und es schallt wie ein Donnerschlag; jetzt kommt er in eines großen Bären Gestalt; dann in andere grausame Monster verwandelt, dergleichen niemand gesehen hat; bald läßt er ein groß Feuer von sich scheinen, dann ein groß Feuerflott gegen einen wälzen; und des Schreckens ist viel. Letztlich, wenn man zur (Abend)Burg geht, wirft es Hagel wie messingne Büchsenkugeln. Aber es ist nur Blendwerk, kehre dich nicht daran!

250.
Rübezahls Schabernack

Burgklechner in seinem „Tirolischen Adler" ist es, der wissen will, Rübezahl habe in Goslar zuerst sein Wesen gehabt. Dieser Rübezahl hat sich hernach ins Schlesische begeben, auf ein geringes Kupferbergwerk, das Risengepürg, welches den Bözschen (Schaffgotsch) gehört. Da findet man viel Knappen, auch welsche und andere Leut, die diesem Erz nachgehen; zu denen kommt der Rübezahl auf die Arbeit, in der Gestalt eines Mönches, redet mit ihnen und sagt, sie sollten von der Arbeit abstehen; sie richteten doch nichts aus; das Bergwerk wäre sein, und der Mensch, dem es Glück bringt, der sei noch nicht geboren. Er tut aber niemandem ein Übel, und hat bisweilen nur seine Kurzweil mit den Arbeitern. Denn wenn die Leute in das Gebirge gehen und etliche Tage oben bleiben müssen, nehmen sie allerlei Proviant und Feuerzeug mit, braten und sieden ihre Speisen. Da kommt bisweilen gedachter Geist, nimmt die gekochten Speisen weg, legt einen Spieß voll Kröten, Eidechsen und anderes Ungeziefer an ihre Stelle, lacht sie aus und geht davon. Dann, wenn die Bauern und ihre Weiber, die daselbst wohnen, über das Riesengebirge gehen, und Butter, Eier oder andere Sachen zu Markte tragen, kommt dieser Geist, geht und redet mit ihnen, spottet ihrer auch, und nimmt ihnen aus den Körben, was sie tragen, legt dafür Steine hinein, daß sie schwer zu tragen haben, und wenn sie nur sein böses Wort ausgeben und nicht darauf achten, so gibt er ihnen alle Sachen wieder. Und ist an diesen Orten der Rübezahl so bekannt, daß jedermann von ihm zu sagen weiß. Wie solches auch die Behaimische Mappa bezeugt, da steht oben auf dem Riesenberg zuvorderst auf einem Felsen ein kleines Mönchel, das dieser Rübezahl ist.

251.
Der Wetterherr

Im Jahre 1654 hat sich beim großen Teiche auf dem Riesengebirge etwas Denkwürdiges ereignet, was Nafo, dem Autor der Landesbeschreibung der Fürstentümer Schweidnitz und Jauer „Phoenix redivius", von glaubhaften Männern, welche der Sache persönlich beigewohnt, folgender Gestalt ist vertraut worden: Daß ein vornehmer Herr in Begleitung unterschiedlicher Standespersonen und deren Bedienten in dem gedachten Jahre den Riesenberg und die Teiche in Augenschein hat nehmen wollen. Man hätte aber zuvor den Dienern ein ernstes Gebot getan, daß keiner sich unterstehen solle unterwegs, beim Aufsteigen in das Gebirge, den Waldgeist, so man gemeinhin den Rübezahl zu nennen pflegt, mit Spottreden anzutasten, damit hierdurch nicht etwa ein widerwärtiges Wetter erweckt werde. Als sie nun aufgestiegen, hätte sich ein schönes, helles und luftiges Wetter gezeigt. Als aber die Diener, die von weitem den Herren folgten, den Berggeist mit schimpflichen Reden heimlich hervorgelockt und mit unflätigen Namen an seiner Ehre (welche auch die Wald- und Berggeister nicht unverteidigt lassen) und boshaftig angegriffen haben, sei eine kleine Wolke vom Untergang der Sonnen aufgestiegen, derselben eine andere von Mittag her begegnet, welche hernach, als sich die ganze Gesellschaft beim großen Teich befunden, sich beide zusammenschlossen und einen mächtigen Platzregen von sich gaben. Worauf ein so schreckliches Ungewitter mit Blitzen, Hageln und grausamen Donnerstreichen erfolgt, daß sie nicht anders als ihres Unterganges gewärtig waren; sooft dieser Donner einen Hagelstreich von sich gestoßen, wären die Berge erzittert, und die durchstrichenen Täler hätten einen grausamen Widerhall zurückgesendet. Fast alle wären erblaßt gestanden und hätten sich keinen Rat noch Hilfe gewußt. Allein der obgedachte Herr hätte ein spanisches Kreuz in die Hand genommen, das er den Blitz- und Donnerstreichen entgegengehalten, worauf das Ungewitter kreuzweis gespielt, mit einem so heftigen Ungestüm, daß sich der Berg erschüttert, welche Gewalt da zusammengetroffenen, Winde sich in den großen Teich geschlagen und die Gestalt eines Kreuzes so lange abgebildet, bis dasselbige sich in die Gestalt einer Schlange verkehrt und in den Abgrund verborgen hat.

252.
Rübezahl verwandelt sich in einen Esel

Die meisten Geschichten von Rübezahl hat uns Praetorius bewahrt; wohl ist den Büchern viel falsches Gut vermengt, aber man hat allmählich gelernt, das echte vom tauben zu scheiden, und so sei nun im folgenden geboten, was man dem Leipziger Magister aus dem Gebirge zutrug, und was einmal vom Berggeist im Volke gesagt worden ist. Zuerst berichtet er die Geschichte vom Glaser.

Ein Glaser, der übers Gebirge gegangen ist, und von der schweren Last des Glases, die er auf dem Rücken gehabt, müde geworden war, hat sich nach einem Sitze umgeschaut, worauf er ein wenig ausruhen mochte. Was geschieht? Rübezahl als ein schlauer Geist, versteht des Glasers Verlangen und verwandelt sich in einen runden Klotz, den der Glaser nicht lange hernach auf dem Wege antrifft, und sich mit frohem Mute auf solchen setzt. Doch währte solche Freude nicht allzu lange, denn da er im besten Ruhen ist, und an nichts Arges denkt, wälzt sich der runde Klotz freiwillig unter dem Glaser weg, so daß der arme Kerl mitsamt dem Glase zu Boden schlägt und alle Scheiben in viele tausend Stücke bricht. Nach diesem Fall hat sich der Glaser wieder aufgerichtet und nach dem Block nicht weiter umgesehen, der sich auch schleunigst aus dem Staube gemacht und in was anderes verwandelt hat. Wie wir noch hören werden. Doch der betrübte Glaser hat bitterlich angefangen zu weinen, und seinen Schaden, den er erlitten hat, beseufzt. Als er nun etwas weiter fortgegangen, da ist ihm Rübezahl in eines Menschen Gestalt erschienen und hat gefragt, was er so weine, und worüber er Leid trage. Darauf hat der Glaser den ganzen Handel von vorne erzählt, wie er allhier auf einem Block gesessen, willens, etwas auszuruhen; da wäre er von diesem mitsamt dem Glase heruntergeschlagen, und hätte alles Glas, das ihn wohl an acht Taler gekostet, zerbrochen. Er wüßte nicht, wo er sich wieder erholen und diesen Schaden auswetzen oder ersetzen solle.

Hierauf hat der mitleidige Rübezahl ihm zugeredet, er solle sich zufrieden geben; er wolle selber dazu helfen, daß er in kurzem wieder zu allem Verlust gerate und auch noch wohl Profit erhalte. Weiter hat er gesagt und ihm den Possen entdeckt, daß er es gewesen wäre, der sich zuerst in einen Block verwandelt und hernach fortgewälzt hätte. Doch solle er nur guten Mutes ein. Er, Rübezahl, wolle sich jetzt in einen Esel verwandeln; diesen solle der Glaser mit sich führen und unter dem Gebirge an einen Müller verkaufen, doch wenn er das Geld bekommen, sich alsobald fortmachen.

Was geschieht? In Eile wird Rübezahl zum Esel; darauf setzt sich der Glaser nach überkommener Parole, getrost, reitet ihn vom Gebirge hinunter und präsentiert ihn einem Müller, bietet ihn für zehn Taler feil, und bekommt auch bald darauf neun, weil der Esel dem Müller sehr wohl gefalle. Der Glaser hat aber solcher Geld ohne Versäumnis eingesteckt und ist des Weges fortgegangen. Was nun den Esel anbelangt, ist solcher in einen Stall getan und eingesperrt worden, in dem des Müllers Knecht ihn hernach besucht und Heu zu fressen vorgelegt. Da hat er angefangen zu reden und hat gesprochen: Ich fresse kein Heu, nur lauter Gebratenes und Gebackenes. Wie aber der Knappe das gehört, ist er flugs davongelaufen, als wenn ihm der Kopf und Hintern brennte, und hat seinem Herrn die neue Post gebracht, daß er einen sprachkundigen Esel habe. Das nimmt den Müller auch wunder und er eilt flugs zum Stalle, um dem Gesellen zuzuhören; aber sobald er aufsieht, ist er verschwunden und hat den guten Müller um seine neun Taler betrogen, die er vorher vielleicht den Leuten als Mehl gestohlen. Daß also Rübezahl hierin Abrechnung hielt.

253.
Rübezahl kauft einem Bauern Korn ab

Es hat unlängst ein Bauer seinen Wagen ziemlich mit Korn beladen und übers Gebirge führen wollen, um es in Böhmen zu verkaufen. Unterwegs aber, auf dem Gebirge, kommt Rübezahl zu ihm in eines Hauswirts Gestalt und fragt, was er aufgeladen. Der Bauersmann antwortet: Ich habe Korn; solches gedenke ich loszuschlagen und Geld dafür zu machen. Rübezahl fragte weiter, ob ers ihm nicht verkaufen wolle, so wolle er ihm geben, was er begehre. Darauf antwortet der Bauer (welcher wohl merkte, es müsse Rübezahl sein; ließ sich aber nichts dabei anmerken, weil er wohl wußte, daß ihm nichts widerfahren würde, wenn er es gut machen würde, ja daß er wohl noch einen großen Schatz davontragen könne) – er wolle es ihm gar gerne überlassen, und begehrte auch nichts zu fordern; er wolle annehmen, was sein werde. Darauf heißt ihn Rübezahl mitfahren. Und als sie ein wenig weiter gekommen, präsentiert der tausendkünstlerische Rübezahl eine Behausung, da muß der Bauer hineinfahren und das Korn abwerfen. Hernach führt er ihn in einen tiefen Keller, woraus er dem Bauern alle Kornsäcke (welche der Rübezahl geschwind, ich weiß nicht, mit was, angefüllt) half tragen und auf den Wagen laden. Dabei befahl er ihm, er solle damit nach Hause fahren; doch solle er nicht etwa einen Sack aus Vorwitz auflösen, vielmehr, wenn er auf seinem Wege nicht weiter komme, einen ganzen Sack unaufgebunden abwerfen.

Was geschieht? Der Bauer fährt in frohem Mute fort, und Rübezahl hilft auch noch eine Weile schieben, weil die Last sich allmählich als schwer bezeigte. Doch geht endlich der Rübezahl davon und ließ den Bauern alleine fahren, welcher zwar eine Weile fortkommen kann, dann aber steckenbleibt, indem die Pferde den Wagen durchaus nicht von der Stelle zu bringen vermögen. Da fängt der Bauer an abzuladen, und wirft nach Rübezahls Befehl gehorsam einen Sack herunter, und fährt mit den anderen weiter. Doch ist er kaum einen Steinwurf weitergeraten, da wird er wieder genötigt, weil das Vieh zu schwitzen anfängt, einen neuen Sack wegzuräumen, worauf der Wagen wieder etwas erleichtert wurde. Doch geschieht es nicht lange hernach, daß er den dritten, vierten und fünften Sack nacheinander vom Wagen stürzen muß und zuletzt nur einen behält, womit er denn gewiß denkt nach Hause zu kommen. Aber es gerät mit diesem Sack auch auf die vorige Art, der eben wieder dem Vieh zu schwer wird, so daß er fast auf dem Wege steckenbleibt. Darüber ergrimmt endlich der gute und also geizige Bauer und flucht aufs Ungeduld etliche tausend Teufel auf Rübezahl los, daß er ihn nun so schwer betrogen hätte. Steiget nun auch auf den Wagen und will nun wissen, was denn im Sacke ist, löset ihn auch auf und findet – lauter schwarz Zeug, das ähnlich wie Kohlen ausgesehen hat. Das schüttet er alles miteinander auf die Erde und fährt mit seinem leeren Sack nach Hause. Wie er aber zu Hause ist, und ihm die Grillen in den Kopf kommen wegen des Verlustes des Kornes und der Säcke, da nimmt er diesen letzten Sack noch einmal vor, und will ihn recht ausstauben, damit er nicht schwarz bleibe. Aber was geschieht? Da fallen aus solchem Sack haufenweise viel Körner gediegenen Goldes; darüber der Bauer lustig wird, die Körner zusammensammelt und nach dem Wert gar viel über den Wert des Kornes befindet. Und da bedauert er, daß er doch alles aus dem letzten Sack geschüttet, und nicht ein halbes Maß darin behalten habe, was jetzt vielleicht auch Gold geworden wäre. In diesem Gedanken ist der einfältige Schöps doch wohl betrogen worden, da ich meines Erachtens dafür halte, daß wohl nichts mehr in allen Säcken als diese vermeintlich übriggebliebenen Körnlein gewesen sind; den übrigen Raum wird zweifelsohne der Rübezahl mit seinen Gesellen beschwert und aufgeblasen haben; ja er kann auch im äußersten Sack verharrt und bis aufs letzte das eingeladene Gold verwahret haben, damit es der Bauer nicht verschütte.

254.
Rübezahl mimt einen Lautenspieler

Wie Rübezahl einen Handwerksburschen, welcher mit ihm gespielt, einen Kegel verehrt, mag heute und für dieses Mal unerzählt bleiben, weil eine ähnliche Historie schon oben berichtet wurde. Es folgt jetzt aber die Geschichte von Rübezahls Lautenspiel.

Es hat sich anno 1642 begeben, daß ein Studiosus Quasimodogenitus um der Lust halben über das Riesengebirge hat reisen wollen. Unterwegs aber hat er, damit er sich die Zeit verkürze, mit Fleiß die Laute zur Hand genommen und eines und das andere Buhlliedchen, seinem verlassenen Kammerkätzchen zu Gefallen, darauf geschlagen oder gespielt, und ist in solchen Gedanken eine ziemlich Weile fortgegangen. Was geschieht aber? Indem er so fortschleicht, da kommt ihm Rübezahl in Gestalt eines anderen Studenten entgegen, und bittet ihn, daß er ihm doch die Laute ein wenig übergebe; er sollte auch hören, was seine Musik vermöge. Hierauf gibt der Student dem unerkannten Rübezahl das Instrument. Der Rübezahl spielt im Gehen anfänglich gar lieblich und anmutig. Doch wie sie zu einem am Wege stehenden Baum nahen, da läßt er seine Stückchen sehen, indem er mitsamt der Laute sich in geschwinder Eile auf den Baum schwinget, und zwar im Spielen fortfährt, doch unverschämte Lieder anstimmt, worüber der arme

Student nicht nur erschrocken, betrübt, sondern im Zorne hitzig geworden, und dem Rübezahl alle Schlapperment an den Hals gewünscht, und sagt, er solle ihm die Laute wieder heruntergeben, oder er wolle anders mit ihm spielen. Drauf soll der Rübezahl die Laute heruntergeworfen, aber solch einen greulichen Knall angefügt haben, als wenn die Laute in tausend Stücke zerfiele, und ist doch, wie der Student zusah, ganz unversehrt gefunden worden. Es ist nach diesem Begebnis der schnakische Rübezahl verschwunden. Und der Student hat lernen bescheidener reisen, indem er hernach statt seines Buhlenliedes einen christlichen Gesang auf seiner Laute zu schlagen begonnen hat.

255.
Rübezahl wird ein Drescher

Er hat sich nämlich auf eine Zeit in einen Drescher verstellt und ist in solcher Kleidung zu einem Bauern in die Scheune gekommen, den er gefragt, ob er nicht seiner bedürfe? So wolle er ihm das Korn ausdreschen. Was geschieht? Sie verhandeln miteinander und werden eins, daß ihm der Bauer für die begehrte Müh als Tageslohn am Ende so viel Korn geben wolle, als er auf einmal einpacken kann. Drauf schlägt der Rübezahl lustig mit aufs Korn und hilft einen Tag oder mehrere wacker dreschen, bis die bestimmte Zeit aus ist. Da begehret er seinen Abschied, und weil der Bauer ihm so viel mitzunehmen versprochen, als er auf einmal tragen könne, so packt er die ganze Scheune mitsamt dem Bauer und dem Korn auf seinen Buckel.

Bundschuh! Denn so weit habe ichs nur gehört und auch von glaubwürdigen Personen nicht ausführlicher erfragen können; deswegen ich auch als ein gewissenhafter Geschichtsschreiber nichts habe dazudichten wollen.

256.
Rübezahl leckt Wasser

Aus Greiffenberg hat unlängst ein vornehmer Mann an einen Leipziger Bürger von Rübezahl geschrieben: Hierbei berichte ich wegen des Rübezahl, daß ich von einem gelehrten Mann erfahren, er habe, als er nebst einem Boten einst übers Gebirge ritt, nichts außer einem Mann bemerkt, welcher in Bauerkleidern langsam durchs Tal spazierte. Und weil aus diesem Berge ein Brunn entspringt, so sei er zu demselben gegangen, daraus zu trinken. Da habe er sich mit seinem Haupte zur Erde gelegt und die Beine hinter sich in die Höhe geworfen. Zu welchem gedachter Herr gesagt: Gesegne es Gott! Drauf jener geantwortet: Ein Stück Weges. Kurz drauf, als er sich umgesehen, habe er niemand weiter sehen können. Endlich, als sie nach Hause kamen, da hat der Bote den Herrn gefragt, ob er auch wisse, mit wem er geredet hätte? Und als er es verneinet: Mit Rübezahl. Das habe er unterwegs nicht sagen mögen, aus Angst, es möchte ihm was begegnen.

257.
Rübezahls Verbannung

Es wurde einmal vorgenommen, Rübezahl von der Koppe hinwegzubannen. Da hat sich denn ein Hexenmeister auf das Gebirge hinaufgewagt, seine Zirkel gemacht und allerhand teuflische Figuren dazugeschrieben, auch Rübezahl zu diesem Werke herzugefordert. Der hat sich auch willig eingestellt und auf der Schneekoppe in einem sonderlich hierzu gemachten Sessel präsentiert, mit dem Versprechen, sofern der Banner seine Sache ausführen könne, wolle er geschwinde von hinnen weichen. Was geschieht? Da der Verbanner sein Zauberbuch hervorgekriegt und etliche Zeilen gelesen, auch nun zum Hauptpunkt hingerät, da reißt der Rübezahl das Blatt dem Kerl vor der Nase aus dem Buch und wirft ihn mitsamt dem Bettel in hundert Stücken den Berg hinunter, wie noch jetzt etliche Merkmale und Kennzeichen solcher Geschichte auf dem Berge gezeigt werden sollen.

258.
Rübezahl verwandelt sich in einen
Fleischerhund

Als im vergangenen 1661. Jahr zwei über das Gebirge gegangen, ist ihnen unversehens, wie sie den Rübezahl nur in Gedanken erwähnt, ein großer Fleischerhund nachgesprungen, auch hin- und zurückgelaufen, bald vor sie in eine Ecke gerannt, bald wieder umgekehrt, und sich in vollem Laufe etliche Male vorbeihüpfend, hinter sie gewandt, also, daß anfänglich die Reisenden nicht anders meinten, es werde ein Fleischer darauf folgen und sich auf dem Wege zu ihnen gesellen. Aber das ist nur eine vergebene Einbildung gewesen. Der Hund ist etliche Male im vollen Lauf an ihnen vorbeigesprungen und endlich darauf verschwunden, wobei den Reisenden alsobald ein Grausen angekommen. Aber es ist doch weiter nichts geschehen, was freilich nicht würde ausgeblieben sein, sofern sie des Geistes nur gespottet hätten, oder seinen Namen genannt. So hat sich allhier der Rübezahl als ein Berghund gezeigt in einer fremden und nicht oft erfahrenen Gestalt.

259.
Rübezahl läßt Soldaten einregnen

Soldaten, die übers Gebirge ritten, hatten anfänglich ein auserlesen schönes Wetter. Da haben sie bald aus Fürwitz des Rübezahl zu spotten angefangen und geschrien: Komm hervor, Rübezahl, und laß deine Künste sehen, so du was kannst. Tu uns was, hast du ein Herz! Und was des Lachens und Lockens mehr mag gewesen sein. Drauf hat sich in geschwinder Eile ein Platzregen ereignet, so daß die Reiter kaum mit dem Leben davongekommen sind, indem es so unerhört mit Wassergüssen auf sie gebraust und sie so häufig verschlackt hat, daß auch die Pferde bis unter die Bäuche im Morast und Wasser gehen mußten und sie nicht vom Gebirge herunterzukommen vermochten. So daß sie unter anderem gelernt, daß keiner von Rübezahls Spöttern je ungestraft entronnen. Wie man unzählbar von den Leuten hört, daß sie und andere für dergleichen Verhöhnung fast allemal von Ungewittern, und des Winters sowohl als des Sommers nicht allein mit Regen, sondern auch bisweilen mit unmäßigem Schnee, seien überfallen und heimgesucht worden.

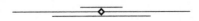

260.
Rübezahl mag seinen Namen nicht hören

Davon erzählen die Wurzelgräber, daß sie ihn niemals Rübezahl nennen dürfen, weil er der Namen keiner leiden oder anhören will, sondern Dominum Johannem oder den großen Beherrscher des Riesengebirges und was für andere grandezzische Titel find. Ja, es leugnen auch diese Zahnbrecher und Krämer, die ihre Sachen von der Schneekoppe holen und sie vom Rübezahl selbst überhändigt bekommen, nicht, daß er ein Arzt sei, und beteuern, daß sie es mit dem Rübezahl von Herzen meinen müssen, und wohl gar Brüderschaft mit ihm saufen, wenn sie der Gnade und des Unterrichts des Geistes teilhaftig werden wollen. Darauf es dann unfehlbar geschehen soll, daß er, der Rübezahl, ihnen allerlei Kräuter und Wurzeln nicht allein zeige, sondern auch melde, wozu sie eigentlich zu gebrauchen seien. Ja, er soll auch des öfteren dergleichen Wurzeln selber ausgraben helfen. Und wer nun wissen will, wie er aussieht, der braucht nur in den Messen in der Quacksalber Buden gehen, wo er auf ihren gemalten Tafeln ihn sehen kann. Sie pflegen nämlich insgeheim den Rübezahl als ihren Patron und Spiritus mit sich zu führen.

261.
Rübezahl fährt auf einem Schlitten

Vor etwa fünfzehn Jahren ist es geschehen, daß sechs Personen aufs Riesengebirge gegangen, und auf einem Teiche den Rübezahl lustig mit einem Schlitten fahren gesehen haben, vom hohen Felsen herunter, da doch der Teich nicht zugefroren und auch kein Eis darauf vorhanden gewesen ist. Den Leuten ist dabei nicht wohl zumute gewesen, aber es ist doch nichts geschehen, weil sie nichts von der Sache droben geredet, noch Rübezahls selber gedachten. Erst unten, als sie vom Berge herab gewesen, da hat es sich befunden, daß sie nicht alle solches Gespenst gesehen haben.

262.
Rübezahl fährt auf einer Kutsche

Es reisten einmal zwei arme, bedürftige Wandergesellen übers Gebirge, welche nicht wußten, wie sie zu einem Zehrpfennig kommen sollten. Da sehen sie vor sich eine prächtige Kutsche fahren, bei der auch etliche Trabanten waren und hinter welcher Lakaien liefen. Aus diesem entnehmen sie, daß es ein reicher Herr sein müßte, der vielleicht etliche Pfennige in seinem Beutel übrig habe; sie laufen gar bald hinzu und heben an zu betteln und ihre Armut hervorzubringen. Und wie sie ihr Begehren sehr demütig und beweglich vorgebracht, da springt ein vornehmer Herr aus dieser Kutsche und schneidet einem jeden mit dem Messer aus dem Gesträuch am Wege einen Stab oder Stock. Er gibt ihn denen und spricht, sie sollten damit für dieses Mal zufrieden sein, sie würden sich schon hieran erholen und auf die Beine kommen. Die beiden Kerle nehmen die Stäbe an, bedanken sich und mögen das schlechte Geschenk nicht ausschlagen, teils wegen der Vornehmheit des Gebers, teils wegen der Trabanten. Unterdessen steigt der herrische Rübezahl wieder in seine Kutsche und läßt geschwind drauf fahren; die beiden Wanderer zotteln auch langsam hinterher, fangen allmählich an, von ihren empfangenen Stäben zu schwatzen, ja einer wird unmutig darüber und spricht zum andern: Ei, was soll mir der Stock? Den hätte ich mir selber können schneiden; der hätte uns Besseres können verehren als nur das bißchen Holz. Indem warf er den Stab aus Ungeduld weit weg; so weit, als er nur immer konnte. Der Mitgesell aber sagte: Ei Bruder, warum so arg? Ich will den Stab behalten. Wer weiß, wozu er gut ist. Aufs wenigste will ich ihn zum Andenken behalten, damit ich sagen kann, ich hätte einen Wanderstock von einem vornehmen Herrn in meine Hand gegeben bekommen. Unter dergleichen gepflogenen Reden geraten sie vom Gebirge in die nächste Herberge, und da besah der andere Gesell noch einmal seinen verehrten Stock und fand, daß er zu Golde geworden war. Wie welches der erste vernahm, wollte er Teil dran haben und sagte: Bruder, halb! Der andre sprach: Nein, Narr; was hast du deinen Stab nicht behalten? So hättest du ebensoviel als ich jetzt. Hierüber lief der Abgewiesene wieder zurück und rannte, daß ihm der Kopf gleich brannte – aber umsonst, da waren Hoffnung und Mühe gar verloren.

263.
Rübezahl schlägt etliche Soldaten zu Boden

Im Dreißigjährigen Krieg sind ihrer sieben Reiter der kaiserlichen Völker aus Friedeberg geritten und auf das benachbarte Gebirge zu plündern ausgegangen. Dort haben sie einen Mann in der Kalesche gesehen, vor die drei Pferde gespannt gewesen. Da sind sie spornstreichs hingetrabt, willens, ihn zu plündern. Was geschieht? Sie zerren den Mann zum Wagen heraus. Aber er bittet sie ganz inständig, sie sollten ihn doch passieren lassen, er wäre ein guter, armer Kerl und hätte nicht so sehr viel übrig. Doch haben all diese beweglichen Worte gar keine Statt gefunden. Sondern sie fuhren fort, ihn zu berauben. Darüber ergreift der Mann, nämlich der Rübezahl, einen von ihnen, und schlägt die übrigen damit ab, daß sie verwundet heimreiten mußten. Und als sie nach Friedeberg in ihr Quartier gekommen, vermißten sie zwei von ihren Kameraden und wußten doch nicht, wo sie geblieben waren, und haben auch keine Nachricht mehr von ihnen erhalten.

264.
Rübezahl haseliert

Man weiß, daß Rübezahl sich in vielen und unterschiedlichen Gestalten hat sehen lassen, und so zuweilen auch als ein Hase mit drei Beinen. So ist er denn auf diese Weise unlängst vor etlichen Reisenden die Quere und die Länge über den Weg gesprungen. Hätten die Wandersleute nun des Rübezahl im Bösen gedacht, was würde ihnen für Unglück widerfahren sein.

265.
Rübezahl ist ein verfluchter Schustersohn

Von dem gelehrten Priester, der mir am 27. Februar 1662 diese Hasengeschichte geschrieben, habe ich auch erfahren, daß man vorgebe, als wenn der Rübezahl von Liegnitz gebürtig und eines Schuhmachers Sohn gewesen. Den habe seine eigene ungeartete Mutter, als er noch in der Wiege lag, verwünscht. Darnach hat sich denn das bewußte Gespenst auf dem Gebirge gezeigt, – was auch die Schlachtchronik bezeugen soll.

266.
Rübezahl leidet keinen
über elf Uhr bei sich

Eben der vorige bekräftigt mir auch, daß der Waldmann, oder wer Wurzeln und Kräuter zu graben pflegt, oft mit dem Rübezahl sprechen und konversieren soll, doch nur bis etwa halb zwölf oder nach elf. Dann heißet er einen jeden vom Gebirge weichen, daß er nicht Schaden nehme. Aber warum? Vielleicht gehört er ad daemones meridianos.

267.
Andere Gestalten

Der vorige Freund berichtete auch: Wenn jemand übers Gebirge gehe und Rübezahls nicht zum besten gedenke, da mache der erboste Geist mitten im Sommer ein Wetter, so daß der Schmäher vor Schnee und Kälte umkommen möchte. Wolle man ihn aber gnädig und sich gewogen erhalten, so müsse man ihn einen Herrn und Junker über das Riesengebirge nennen. Sollte ein Vorwitziger ihn gern sehen wollen, so soll er in den Wolken wie eine gefärbte Kuh erscheinen mit Krachen und Donnern, Hagel und großem Schnee. Hierbei ward auch berichtet, daß er zu mehreren Malen in eines Jägers Gestalt erschienen sei, mit grünen Kleidern als ein Wildschütze, mit einem Rohr oder Büchsen. Doch genug.

268.
Rübezahl zieht auf als ein großer Prinz

Es sollen einmal etliche geistliche Personen auf das Gebirge gegangen sein, damit sie den Rübezahl sehen möchten. Sie sprachen deswegen in allen Ehren von ihm auf der Straße. Darauf erhebt sich ein Tumult von vielen Reitern, mit Karreten und riesigem Gezeuge, als käme eine ziemlich bestallte Hofstatt hinter ihnen, dabei ein Graf oder Fürst sein könnte. Wie dieser Aufzug immer näher und näher kam und ihnen endlich zur Seite geriet, da haben sie sich gedemütigt und niedergebogen, in Meinung es sei ein großer Potentat. Als aber dieses Gesicht vorbei gewesen, soll sich ein großes Gelächter erhoben haben, daraus die Pfarrherrn schlossen, daß sie betrogen gewesen und nun recht sagen könnten, sie hätten den Rübezahl gesehen.

269.
Rübezahl verkauft goldene Pillen

Unlängst ist es geschehen, daß ein ganz ungewöhnlicher hochtrabender Arzt, welcher der Rübezahl gewesen, in eine vornehme, schlesische Stadt gekommen, wo er den Leuten unter anderm viel köstliche Pillen verkaufte, welche für alles gut sein sollten. Nachdem der Quacksalber sich verzogen, da haben allgemein die armen Leute befunden, daß ihre Pillen lauter Gold gewesen; die Reichen aber sind innegeworden, daß ihre nur kleine Steinchen gewesen, die zu nichts nütze gewesen.

270.
Rübezahl ruht auf einem Stein

Von einem Liebenthalischen Boten wurde erzählt, daß er einmal die Leute in den Häusern, welche dem Freiherrn Schaffgotsch zustehen, gefragt, und zwar zur Herberge in ihrem Hause, was sie von Rübezahl hielten? Nun, ob er ihnen nichts täte? Da haben sie gleichsam mit Hand und Mund gewehrt, daß er nichts Ungebührliches schwatze. Ferner hat der Hauswirt gesagt: Er täte ihnen nichts; so täten sie ihm wieder nichts.

Es gedachte auch dieser Bote, es wäre unzählige Male geschehen, daß der verstellte Rübezahl auf einem Steine geruht, und wenn im Gehen andere zu ihm geraten seien, habe er sich zu ihnen gesellt, als wolle er auch an den Ort gehen, wohin die Wandersleute dachten. Und hierauf soll er eine ziemliche Ecke mit ihnen gegangen sein, und habe allerhand Reden geführt und sie gefragt, ob sie nicht was von Rübezahl gehört? Sofern sich nun die Leute verschnappt und etwas Widerliches gedacht, so habe er einen Possen gerissen, entweder schickte er Ungewitter oder verführte sie. Oft soll auch eben dieser Geist sich als ein Bote ausgegeben haben, der sich zu den Vorüberreisenden gesellte und sie betrog.

271.
Rübezahls Freund

Man erzählt, daß noch zu dieser Zeit am Gebirge ein alter Mann mit Namen Krebs wohnhaftig ist, der allerlei Raritäten und Arzneien von solchem seinen Oberherrn bekommt, dadurch er alle Seuchen heilen, Unpäßlichkeiten vertreiben und die bevorstehenden Zufälle vorherzusagen weiß. Und dieser Mann soll ein fast alter, doch einfacher Bauer sein, der meistenteils barfuß läuft und nach Belieben viel wunderliche Sachen ausüben kann. Ich sage, nach Belieben, weil er nicht allezeit einem jeden gefällig ist; wie es nicht selten geschehen soll, daß er vornehme Herren abweist, wenn es ihm zuwider ist oder sie die gelegenste Zeit nicht treffen. Dawider will dann nichts helfen, sie mögen schmeicheln, Geld über Geld bieten, oder ihn zehnmal Herr Doktor heißen. Denn also will er sich titulieren lassen. Vor etlichen Jahren soll ein Freiherr Leute an ihn geschickt haben und soll ihn haben bitten lassen, er möchte doch kommen und ihm zur vorigen Gesundheit helfen. Dem hat er zur Antwort sagen lassen: Euer Herr soll mich ---; was scher ich mich um ihn?!

272.
Rübezahl mäht Gras

Vor etwa dreißig Jahren soll einer vom Adel, der übers Gebirge reiste, unterwegs einen Grasmäher gesehen haben, der auf der Wiese in voller Arbeit begriffen war. Zu diesem hat der Edelmann einen Diener geschickt, für seine Pferde ein paar Bund Gras zu kaufen. Was geschieht? Der Kerl bekommt das Gras und gibt davon einen Teil den Pferden bald zu fressen und einen Teil hebt er auf für die bevorstehende Fütterung. Aber als es so weit gewesen und er das Gras hat verfüttern wollen, hat er befunden, daß es nicht Gras, sondern Bergwerk gewesen, darunter vieles gediegenes Gold gelegen.

273.
Rübezahl haut Späne

Ein Goldschlägergesell erzählte: Vor etlichen Jahren soll ein Mägdlein auf dem Gebirge einen Holzhader gesehen haben, zu dem ist sie hingegangen und hat um eine Schürze voll Späne gebeten, die sie auch leicht erhalten hat. Wiewohl sie sie schwerlich behalten hat. Denn als sie eine Ecke weit gekommen, da sind die Splitter so schwer geworden, daß sie sie nicht ertragen konnte und etliche weggeworfen hat. Sie ist nicht lange weitergetrabt, da deucht ihr abermal, daß sie das Holzwerk nicht weiter schleppen könne, und sie wirft wieder etliche Späne weg. Das hat sie einige Male getan, bis sie den Rest in lauter Unwillen vollends zur Erde wirft und also leer nach Hause schleicht. Wie sie nunmehr so leer, als sie gegangen ist, zu ihrem Herrn kommt, wird sie zur Rede gestellt. Da hat sie sich mit Weinen entschuldigt, es wäre ihr etliche Male so ängstlich geworden, daß sie am Ende froh gewesen, wie sie die Last los war. Indessen sieht der Mann auf ihrer Schürze ein blankes und glänzendes Ding, geht hin und greift darnach und findet, daß es ein Gold ist. Nun hat er sie wohl zurückgeschickt, um das Verwahrloste zu suchen, aber da war es aus und gar.

274.
Rübezahl macht einer Magd einen Ziegenbart

Vielleicht ist es nicht wahr, aber doch lustig zu erzählen. Es hat vor einigen Jahren nämlich eine Magd hart am Gebirge gegrast und wie sie so das Gras heruntersichelt, allerlei possierliche Liederchen vom Rübezahl gesungen. Ei, ei, wer doch dieselben hätte, der könnte hören, wie dieselben klingen. Nimm aber hieraus, daß die Sache vom Rübezahl in Schlesien so gemein, daß man Sprichwörter und Reime davon macht. Indem nun so die Magd in ihrer Andacht begriffen, siehe da kommt der Rübezahl in eines Bauern Gestalt und fragt sie, ob sie von Rübezahl nicht gehört hätte. Und ob sie ihn gern sehen möchte. Da soll die Magd gesprochen haben: Nein, ich begehre nicht, ihn zu sehen; wer weiß, was er mir zum Schabernack täte. Indem greift ihr der Rübezahl ans Kinn und geht davon. Und wie die Magd mit ihrer Hucke nach Hause kommt, da lachen sie alle Leute aus und fragen, wo sie denn zu dem Ziegenbart gekommen wäre? Die Magd greift an ihr Kinn und bespiegelt sich in ihrem Dreiheller–Spiegelein, kann aber keine Spur eines Bartes in ihrem Gesicht befinden. Und so ist es ihr Leben lang gewesen; sie ging damit zu Bette, stand mit dem Barte auf und melkte damit die Kühe, ohne daß sie ihn sah. Er nahm nicht ab und blieb in einer Größe, so daß sie auch keinen Bartscherer brauchte.

275.
Rübezahl fährt nach England

Rübezahl hatte sich eine Zeit von seinem Gebirge verloren, war aber danach wieder hingekommen. Als aber seine Gespielen, die Wurzelmänner, ihn nach der Wiederkunft gefragt, wo er so lange gewesen, soll er zur Antwort gegeben haben, daß er sich in England aufgehalten habe.

So hatte auch der Liebenthalische Bote von einem Garnmann gehört, daß dieser unlängst auf dem Riesengebirge gewesen und droben seine Verrichtung gehabt. Da ist in eines Bauern Gestalt der Rübenzahl zu ihm gekommen und hat ihn unter anderen Sachen gefragt, ob er von Rübezahl nichts vernommen oder ob er von ihm nichts Besonderes gehört hätte? Darauf hat der Garnmann gesagt, daß er und andere eine lange Zeit nichts von ihm erfahren hätten, und meinten also allgemein, daß er sich müßte vom Gebirge verloren haben oder verbannt sein. Hierauf hat sich der Rübezahl zu erkennen gegeben und freiwillig gesagt, daß er es selber wäre. Die Ursache seiner Abwesenheit aber sei die: Er hätte sich in England durch etliche Jahre aufgehalten, und käme nunmehr auf seine vorige Residenz zurück. Damit ist er von dem Garnmann geschieden und wohl auf einem anderen Weg zu seiner Klause marschiert.

276.
Rübezahl dreht einem das Genick um

Vor etlichen Jahren soll ein Studiosus medicinae auf das Gebirge gegangen sein, Kräuter und Wurzeln zu sammeln. Indem er in der Arbeit begriffen ist, siehe, da soll der Rübezahl zu ihm gekommen sein in eines Bauern Gestalt und fragte, was er da wolle? Der antwortet: Ich habe mir sagen lassen, daß allhier gute Kräuter anzutreffen seien, die ich zu meinem Studium dienlich schätze. Rübezahl fragte nun: Wem meinst du aber, das dies Revier zustehe? Und er erwidert: Ich weiß es eigentlich nicht. Mit solchen Worten hat er sich lange entschuldigt, indessen der Rübezahl darauf gedrungen, zu sagen, wem das Gefilde gehöre. Doch ist er endlich darüber weggegangen und hat den Burschen allein gelassen. Darauf ist der Bursch zu anderen Vorüberreisenden gegangen, die haben dem Fragenden geantwortet, daß er bei Leibe den Geist, der ihn vorhin geprüft, bei seinem eigentlichen Namen nicht nennen solle. Was geschieht? Wie dieser Studiosus noch immer seine Pflanzen sammelt, da kommt der Rübezahl wieder und läßt sich mit folgenden Worten aus: Nun, wie gehts? Findest du was Gutes? Er spricht: Ja, ich ertappe allerlei Sachen. Rübezahl fragt zum andern Male: Wem, meinst du, daß dieser Platz eigen sei? Und der Student: Ich weiß es nicht. Wie er aber immer mehr darauf gedrungen, da hat sich endlich der Student verschnappt und ungefähr gesagt: Die Leute berichten, daß der Rübezahl heiße, dem dieses Gebirge gehört. Auf dieses hat ihn Rübezahl gekriegt und den Hals umgedreht. Wie ihn die vorigen Wandersleute, als sie auf ihrem Rückweg vorüberkamen, antrafen, lag er tot an der Straße.

277.
Rübezahl badet drei Pfaffen

Als der Besitzer des Gebirges einmal mit etlichen Pfaffen auf das Gebirge hinaufgegangen, ist einem unterwegs unpaß geworden.

Der Graf hat seinem Apotheker, der mit dabeigewesen ist, befohlen, daß er des Kranken warten solle; indem er sprach: Die Apotheker sind selber halbe Pfaffen. Darauf hat ihm der Apotheker ein Weinsüpplein gemacht. Als aber im übrigen der Graf mit jenen andern Pfaffen auf die Schneekoppe gekommen, da soll er einen langen Pelz angelegt haben, der außen ganz und gar von Mardern und inwendig gleichfalls von gutem Rauchwerk gewesen ist, äußerlich, daß das Wasser, das etwa fiele, ablaufen könnte; inwendig aber, daß die Kälte nichts schaden möchte. Und es hat einer halten wollen, daß es ein abgekartetes Spiel gewesen, um diese Pfaffen ein wenig zu äffen. Nun höre, was geschieht. Wie jener Graf den Pelz kaum angezogen hat, erhebt sich ein grausames Wetter mit Regen, als wenn man das Wasser mit Kannen vom Himmel gösse. Das ist vom Pelze glatt heruntergelaufen und hat den Grafen nicht sehr beschwert. Aber der Mönche Kutten waren derart durchnäßt, daß sie hier hätten vorgehen mögen. Wie sie denn auch hernach, als sie vom Berge herunter gewesen, heimlich zum Apotheker sagten: Nun, einmal auf dem Riesengebirge gewesen und danach mein Lebtag nicht mehr.

278.
Rübezahl stört eine Gasterei

Es soll unlängst geschehen sein, wie mir der Liebenthalische Bote berichtet, daß der junge Herr Schaffgotsch ein Gastmahl auf oder an der Schneekoppe angestellt habe, und dazu nicht allein weltliche, sondern auch geistliche Personen geladen habe. Und wie sie eine ziemliche Weile fröhlich gewesen, wacker gegessen und getrunken und des heiteren, schönen Wetters genossen, da ist es ungefähr geschehen, daß der Gastherr um Kurzweil willen sagt: Wir sind hier fein, bei gutem Mute, im köstlichen Sonnenschein; wer weiß, ob uns nicht Rübezahl bald einen Possen spielen wird und uns die Fröhlichkeit versalzt?! Siehe, was geschieht? Wie jener Herr kaum ausgeredet, erhebt sich mitten aus der Schüssel, die noch voll Essen auf dem Tische gestanden, ein dünner, kräusliger, aufsteigender Rauch, der wie ein Wirbel oder eine gekrümmte Schlange sich in die Höhe gezogen. Darauf und draus entsteht ein solches ungestümes Wetter, daß alle von großen Regengüssen durchnäßt gewesen und keinen trocknen Faden am Leibe behalten haben, ja, Gott noch haben müssen danken, daß sie so leidlich, mit gesundem Leibe, vom Berge heruntergekommen sind.

279.
Rübezahl verborgt Geld

Es soll gar häufig sein, daß freche Leute zu diesem Geist aufs Gebirge gehen und ihm so viel Geld abborgen, als sie begehren, welches er ihnen auch nicht versagt, sondern flugs bar darzahlt und ohne Forderung von Zinsen und Interessen. Doch will er, daß ein jeder das Kapital zur Zeit und Stunde wiedergebe. Geschieht nun solches und bringen sie es zur rechten Zeit wieder, so sollen sie viel Glück zu erfahren haben; versäumen sie es aber aus Unbedachtsamkeit oder Mutwillen und Betrügerei, so sollen sie trefflich geplagt werden, bis sie zur Einsicht gekommen sind. Ja, etlichen soll er gar den Hals gebrochen haben, und etliche hat er auf eine andere Art gestürzt; sie mögen so weit gezogen sein, als sie gewollt, es hat nichts geholfen. Weil nun die Praxis mit Rübezahls Schatzkammer so oft ins Werk gesetzt worden, so hat man an verschiedenen Orten Schlesiens ein Sprichwort davon gemacht: Hast du kein Geld zu zahlen, so borg von Rübezahl was. Dann: Wo hast du so geschwinde das Geld bekommen? Du wirst es gewiß von Rübezahl geliehen haben. Dann: Ho, ich will bald Geld bekommen; ich will zu Rübezahl hingehen, er wird mirs nicht versagen.

Vor etwa zwölf Jahren, wie ich aus Halle von einem Salzführer gehört, soll ein verwegener Bauer gewesen sein, der sich sonst keinen Rat gewußt, wie er das Geld zusammenbrächte. Da soll er endlich in seiner Verzweiflung schlüssig geworden sein, aufs Riesengebirge zu wandern, den guten Rübezahl um einen Posten Geld anzusprechen. Das hat er auch ins Werk gesetzt und seinen Weg zu ihm genommen. Der ist ihm bald in einer besonderen Gestalt erschienen und hat gefragt, was sein Begehren und Anliegen wäre? Drauf soll gedachter Bauer geantwortet haben: Ich wollte den Beherrscher des Riesengebirges freundlich gebeten haben, ob er mir etwas Geld vorstrecken wolle, um mich in meiner Not zu schützen. Er antwortete: Wieviel begehrst du denn? Und wann willst du es wiederbringen? Der Bauer erklärte: Großmächtiger Herr, könnt ihr mir hundert Taler borgen, so will ich euch solches, als redlicher Mann, über ein Jahr zustellen und mich dankbarlich einfinden. Hierauf soll Rübezahl einen Abtritt genommen haben und um ein Weilchen wieder gekommen sein. Er brachte einen Beutel mit Geld mit sich und zählte es dem Bauern zu, der dann damit nach Hause gegangen ist und es zu seinem Nutzen gebrauchte. Als nun die Zeit herangekommen und das Jahr umgewesen, da hat er hundert Taler genommen und ist ins Riesengebirge spaziert, bis er da an den vorigen Ort geraten, wo er das Geld vor einem Jahre empfangen. Dort ist ihm der verstellte Rübezahl in eines andern Mannes Gestalt erschienen, worüber er anfangs wohl gestutzt, doch hat er gleichwohl nicht gezweifelt, daß er es sei. Weswegen er auch auf seine Frage: Wo willst du hin? Bei wem hast du hier was zu tun? Geantwortet: Ich wollte zum großmächtigen Regenten des Riesengebirges und ihm die Taler zur rechten Zeit wiedergeben, die ich von ihm geliehen bekommen. Darauf hat der verstellte Geist geantwortet: O, lieber Bauer, der Rübezahl ist lange tot. Geh nur mit deinem Gelde wieder nach Hause; behalte es; es ist dir wohl gegönnt und wird dich weiter kein Mensch darum ansprechen. Wer war da lustiger als der Bauer, der mit dem unvermuteten Geschenk freudig wieder nach seinem Dorf gegangen ist?

280.
Rübezahl straft einen Lästerer

Der Apotheker Sartorius erzählte mir auch, wie einer mit Namen Michael Hehrhold, der noch am Leben ist und sich zu Bautzen aufhält, vor Jahren mit anderen Burschen aus Schmiedeberg auf dem Gebirge oben gewesen sei. Sie haben sich droben lustig gemacht, teils weil die Kumpanei es mit sich brachte, teils des beständigen und schönen Wetters wegen. Deswegen ist obgenannter kurzweiliger Mann so nichtig und verwegen geworden, daß, wie er ohne Anfechtung herunter gewesen und schier zu Giersdorf mit den Seinen angelangt, er in die Worte ausgebrochen: Nun, Rübezahl! Ich habe mein Lebtag viel von dir gehört, was du für treffliche Possen machen könntest; aber ich habe von dir noch nichts erleben können. Drum scher dich doch heraus, du Schelm, du Dieb, du Hundsfott, und leck – – –! Darüber er seine Hosen heruntergezogen und seinen bloßen Hintern zum Berge hinaufgewiesen. Aber höre, wie ihm belohnet worden! Kaum hatte er seine Hosen wieder hinaufgezogen, da ist ein ungeheures Wetter erfolgt mit solchem Donner, Blitzen, Krachen und Platzregen, daß sie nicht anders gedacht, es würde der jüngste Tag anbrechen. Er soll noch Gott mit allen übrigen gedankt und gepriesen haben, daß sie dem Ungewitter lebendig entkommen und in die Herberge geraten sind.

281.
Rübezahl verwandelt Blätter in Dukaten

Es ist vor wenig Jahren eine arme Kräuterfrau mit ihren beiden kleinen Kindern auf das Gebirge gegangen und hatte einen Korb mit sich, in den sie gedachte, Wurzeln zu graben und solche zu verhandeln oder an einen Apotheker zu bringen. Sie hatte auch eine große Hucke feiner Wurzeln zu Wege gebracht; aber sie war darüber vom rechten Wege geraten und wußte nicht aus noch ein. Bis ihr ein Bauersmann erschien (aber es war der Rübezahl) und wie von ungefähr zu ihr kommt und fragt: Was sucht ihr so ängstlich, Frau, und wo wollt ihr hinaus? Sie antwortet: Ich bin ein armes Weib und habe weder zu brechen noch zu beißen, deswegen bin ich genötigt gewesen, herauszuwandern und Wurzeln zu graben, um mich und meine hungrigen Kinder zu erhalten. Und nun bin ich vom Wege geraten und kann mich nicht wieder zurechtfinden. Herzlieber Mann, erbarmt euch doch, und führt mich aus dem Gebüsch wieder auf meine Straße, daß ich fortkommen kann. Der Rübezahl antwortete: Frau, seid zufrieden; ich will euch euern Weg schon zeigen. Aber was macht ihr mit den Wurzeln? Da werdet ihr wenig verdienen. Schüttet das Zeug nur aus, und pflückt euch von diesem Baume so viele Blätter ab, als ihr wollt, so daß der ganz Korb voll wird. Das wird euch besser bekommen. Sie antwortet: Wer wollte mir einen Pfennig dafür geben? Es ist ja nur gemeines Laub, das nichts nütze ist. Er wieder: Ei, Frau, laßt es euch sagen und schüttet euer Gelumpe von Wurzeln aus und hört auf mich. Allein er hat so viele Male vergeblich reden müssen, daß er darüber fast müde geworden, weil sich die Frau nicht hat zureden lassen wollen, bis daß er selber zugreifen muß und mit Gewalt die Wurzeln herauswirft und dafür einen Haufen Laub von einem nahen Busch hineinstreift, die Frau damit fortgehen heißt und sie auf ihren rechten Weg bringt. Auf diesem ist die Frau mit ihren Kindern und dem belaubten Korbe ein Weilchen fortmarschiert, bis sie im Gehen so schöner Wurzeln ansichtig wird, daß sie aufs neue Lust zu graben und diese Wurzeln mit sich zu nehmen, überkommt. Denn ihr war eine Hoffnung gekommen, sie würde hierfür was mehreres erhalten als für das nichtige Laub. Darauf stürzt sie den Korb ganz um und sackt ihn wiederum mit Wurzeln voll; damit sie nach ihrer Behausung in Giersdorf gewandert ist, wo sie die ausgegrabenen Wurzeln von der anhaftenden Erde gesäubert, zusammengebunden und aus dem Korb geschüttet hat. Dabei sieht sie im Korbe was flinkern, und wie sie fleißiger darnach sieht, da findet sie etliche Dukaten unten im Korbe stecken. Die waren übriggeblieben vom Laub, das sie auf dem Gebirge nicht rein herausgeschüttet hatte. Nun hatte sie Freude und Leid im gleichen Maße, und als sie wieder zurückläuft und da Nachsuchung hält, ist es vergebens, denn es ist alles verschwunden gewesen.

282.
Rübezahl und der Wurzelmann

Es war ein Wurzelmann, der Kräuter und Wurzeln in Apotheken trug, der hat den Weg zu Rübezahls Wurzelgarten gewußt. Es heißt der Teufelsgrund, darinnen hat er seinen Garten und seine besondern Kräuter und Wurzeln. Dieselben bekommt kein Mensch von ihm, er gebe sie denn gutwillig. Will er sie mit Gewalt oder Beschwörungen bekommen, so muß er darin vollkommen sein, sonst bricht er ihm den Hals oder er hat sonst irgendein großes Unglück davon. Einmal brachte dieser Wurzelmann etliche Wurzeln in die Liegnitzer Apotheke. Damals lag der Obrist Leon Crapello de

Medices als Kommandant in der Stadt, und dessen Frau läßt den Wurzelmann zu sich kommen, und sie verspricht ihm ein großes Geld, wenn er ihr würde die rechte Weißwurzel bringen, welche in diesem Garten wüchse. Der Mann geht hin und gräbt; Ronzivall kommt zu ihm, fragt, was er grübe. Er sagt, er wäre ein armer Mann und hätte viel unerzogene Kinder; er müßte sich vom Kräuter- und Wurzelsuchen erhalten. Der Geist sagt, solche Sachen hätte er im ganzen Gebirge genug, er solle seinen Garten in Frieden lassen; doch was er hätte, dürfe er behalten; aber er möge nicht wiederkommen. Der Mann bringt der Obristin Lyon etwas von dieser Wurzel, die sie ihm teuer genug bezahlt; aber, wo er der noch mehr haben könnte, solle er doch zuschauen. Dieser geht hin zum andern Mal und gräbt. Ronzivall kommt wieder und spricht: Was machst du da? Ich habe dirs verboten; du sollst nicht wiederkommen, sonst siehe, was dir passiert! Der Mann geht zu der Frau Obristin und bringt ihr das, das sie ihm teurer als die ersten bezahlt. Nun faßt er sich ein Herze und geht zum dritten Mal hin und gräbt. Der Geist kommt wieder und fragt, was er hier mache; er hätte es ihm verboten, er solle nicht wiederkommen. Dann nimmt er die Hacke ihm aus der Hand. Der holt sie wieder und hackt. Der Geist sagt, daß er aufhören solle zu hacken, es wäre Zeit. Dieser hackt immer frisch zu. Er nimmt ihm die Hacke und wirft sie weg. Er will solche wiederholen. Doch als er nach der Hacke greift, nimmt ihn der Geist und reißt ihn in Stücke und führt sie in der Luft hinweg, daß nicht mehr als ein Pelzärmel davon da ist. Den hat sein Sohn, ein Knabe von dreizehn oder vierzehn Jahren, der mit gewesen, zurückgebracht und solchen habe ich selbst gesehen.

283.
Die vier Wallonen

Einst kommen vier Wallonen zum Krebs, der unterm Gebirge wohnt, und bitten ihn, er wolle mit ihnen ins Gebirge gehen. Er fragte sie, was sie in dem Gebirge suchen wollten. Sie sagten, Wurzeln und Edelsteine wollten sie suchen und auch die rechte Springwurzel. Da hat der Krebs zu ihnen gesagt und sie gewarnt, sie möchten suchen, was sie wollten, aber die Springwurzel in Frieden lassen; die hätte der Herr des Gebirges für sich und gäbe sie keinem, als dem er wollte. Sie antworteten: Deswegen wären sie eine weite Reise gezogen; sie wollten es wagen auf ihre Verantwortung und Gefahr. Er warnt sie noch einmal treulich; aber sie wollen nicht folgen, sondern einer von ihnen nimmt einen Sack und als er den ersten Hau tut, so fällt er stracks danieder, ist kohlschwarz und ist des jähen Todes. Die andern drei erschrecken und glauben dem Krebs, der sie gewarnt, gehen mit ihm und suchen andere Edelgesteine und begraben ihren guten Gefährten.

284.
Rübezahls Regen

Ein Kaufmann, der auf der Rückreise von Schlesien unter dem Riesengebirge vorbeigeritten, hat mit dem Boten, der ihn führte, auch über die Abenteuer Rübezahls gesprochen. Der Bote hat ihm niemals recht antworten mögen, noch weniger Rübezahls Namen nennen wollen, dagegen ihn öfters ermahnt, von solchen Gesprächen abzustehen. Bald darauf ist am Himmel eine kleine Wolke aufgezogen und dann, obschon der Himmel klar war und die Sonne schien, erfolgte ein kleiner Regen. Der Kaufmann hat anfangs desselben nicht geachtet, aber kurz darauf gesehen, daß sein Kleid wie das Pferd und der mitlaufende Bote über und über mit Kuhfladen gleichsam überzogen gewesen ist. So hat der Berggeist seinen Spott gerächt.

285.
Rübezahl und die Jesuiten

Als die Gitschiner Jesuiten vor den Schweden flohen, trafen sie im Gebirge einen Jäger mit wilden Augen, der sie nach ihrem Wege fragte und, weil sie falsch gegangen waren, auf den schlesischen Weg brachte. Während ihres Gespräches kam auch die Rede auf den Silberschatz des Klosters und dieser Jäger konnte ihnen den Ort angeben, wo er versteckt war, und meinte dazu, die Stelle sei nicht sicher genug. Die Schweden würden ihn aber trotzdem nicht finden. Drauf wünschte er ihnen noch Glück zur Reise und verschwand, als sie ihm danken wollten.

286.
Rübezahl bezahlt drei verliebte Offiziere

Der Hirschberger Medikus und Dichter Lindner hat in der ersten Hälfte des achtzehnten Jahrhunderts diese Geschichten mitgeteilt:

Es reisten etliche Offiziere übers Gebirge, welche berühmte Helden wider das sechste Gebot waren. Rübezahl hörte das von weitem, besonders aus ihren Gesprächen. Halt!, sprach er bei sich selbst, ich will euch das lüsterne und geile Wesen schon in etwas versalzen. Er nahm daher die Gestalt eines wohlgebildeten Frauenzimmers an und wanderte in ein dickes Gebüsch, neben welchem die Offiziere vorbei mußten. Hier stieß er als ein verlassenes und verirrtes Schaf die allerbittersten Seufzer und Klagen aus und schrie mit stärkstem Gellen um Hilfe und Errettung. Die Offiziere hörten bei ihrer Annäherung gar bald dies Leid und gingen dem kläglichen Schalle immer mehr nach. Wer war froher als sie, da sie, ihrem Dünken nach, einer so schönen Person zu Hilfe kommen konnten und ihr das Herze dadurch abzugewinnen trachteten. Das verlarvte Frauenzimmer konnte sich gar beweglich stellen, daß sie so herrliche Erretter haben sollte. Sie ließ sich daher willig von der Erde aufheben und bat die Herren, daß sie ihr doch auf die rechte Bahn helfen möchten. So willfährig sie sich erzeigten, so heimtückisch waren sie zugleich; denn einer fing immer heimlich wider den andern an zu sprechen: Das ist ein Leckerbißchen für uns! Rübezahl hörte und verstand dies auch, dachte aber bei sich selber: Und ihr seid ein Braten für mich!

Als sie nun aus dem Gebüsche waren, so stellte sich das Frauenzimmer, als wollte es von ihnen scheiden. Sie aber redeten ihr zu und blieben also endlich beisammen und gelangten hierauf in ein Berghaus. Hier beschloß man zu übernachten. Rübezahl mag wohl niemals so viel verliebter Höflichkeit begegnet sein wie dieses Mal. Denn einer suchte es dem andern immer zuvor zu tun. Endlich kam die Zeit des Schlafengehens herbei. Das Frauenzimmer war nicht zu bewegen, daß es sich zu den Offizieren auf die Streu gelegt hätte; sie bat hergegen sich vom Wirte ein Kämmerchen aus und ließ sich darin ihre Lagerstatt verfertigen. Rübezahl war mit dem Wirt ein guter Bekannter und hatte vorher schon manches mit ihm beredet. Es waren ihm etliche Monate vorher zwei Ziegen und eine Kuh verreckt; diese mußte der Wirt zu seinem Abenteuer heimlich in die Nähe schaffen. Die beiden Ziegen wurden in seinem Kämmerchen versteckt. Die Kuh aber wurde im Hause verborgen. Als sich nun Rübezahl, in Gestalt des Frauenzimmers, in sein Schlafgemach begeben hatte, ließ er mit Fleiß die Türe offenstehen. Der Wirt mußte, so war es verabredet worden, den Offizieren davon Nachricht geben; die sich dann unbemerkt einstellten. Sie konnten aber dem Frauenzimmer nichts abgewinnen, als daß sie ihnen endlich erlaubte, in ihrer Kammer mit zu schlafen, doch mit dem ausdrücklichen Bedinge, daß sie ihr kein Leid zufügen sollten und sie ungestört ruhen ließen. Dieses wurde ihr endlich versprochen, und dafür bedankte sie sich mit allerhand Freundlichtun. Aber hierbei ereignete sich der erste Streich. Es hatte sich Rübezahl vorher die Hände stark geschwärzt. Und da er nun jetzt bei seinen Bitten den Offizieren auf eine sehr liebreiche Art die Backen streichelte, so färbte er sie alle unbemerkt kohlschwarz. Mit diesen schönen Angesichtern legten sie sich endlich nieder und schliefen gar bald um die Wette. Im tiefsten Schlafe machte sich Rübezahl leise auf, legte eine von den Ziegen an seine Stelle, welche noch ziemlich stank und voll faulem Fleische war; die andere, welche nur ein bloßes Gerippe war, schob er zwischen die verliebten Offiziere – und schlich sich in seinem verliebten Habit zur Kammer hinaus. Jetzt trugen er und der Wirt, der unterdessen den Offizieren die Stiefel voll Disteln und Dörner hatte stecken müssen, das Kuhgerippe herzu und hingen es gleich vor die Kammertür, darinnen die Verliebten noch feste schliefen. Als dieses alles geschehen war, gingen sie zum Hause hinaus, verriegelten die Tür und nahmen einen Sack voll lebendiger Ameisen mit sich; den schütteten sie von außen zum Kammerfenster hinein und blieben im Stockfinstern stehen, um zu hören, wie ihr Handel ablaufen würde.

Die Ameisen waren nicht lange müßig, sondern überfielen die Schlafenden gar bald zu ganzen Scharen und bissen sie so scharf und schmerzhaft, daß sie alle darüber erwachten und Ach und Wehe schrien. Unter diesen verdrießlichen Empfindungen wälzten sie sich aus Ungeduld auf der Streu herum, bis einer etwas Rauhes und Stinkendes, der andere Beine und Hörner, der dritte ein Gerippe in die Hände bekam. Was dieses alles für Grauen und Erstaunen, Schreien und Lärmen verursachte, das ist nicht zu beschreiben. Zugleich entsetzten sie sich auch darüber, daß ihr geliebtes Frauenzimmer verschwunden war. Sie gerieten alle in äußerste Angst und suchten mit schnellen Schritten die Tür. Aber hier liefen sie von neuem an lauter Totengerippe, denn sie stießen an die abgefleischte Kuh. Doch gelang es ihnen, daß sie durchkamen und in die Stube gelangten, wo sie zuerst gelegen hatten. Aber auch hier war ihnen noch angst und bange, und jeder suchte seine Kleider hervor, um eine geschwinde Flucht zu nehmen. Wie geschwind und eilfertig sie ihre Stiefel anzogen, ist leicht zu erachten. Und was sie für Gesichter machten, als sie in Dornen und Disteln gefahren sind, das kann man sich auch vorstellen. Verwunderlich ist nur, daß sie nicht nach Soldatenbrauch entsetzlich fluchten; aber es verging ihnen für dieses Mal das Herz dazu. Und sie beschlossen nun unter Seufzen und Ächzen, den Tag in Geduld zu erwarten und zu sehen, an was für einem Orte sie sich befänden. Der Tag brach endlich auch allmählich an, und Rübezahl mit dem Wirt machte sich zeitig aus dem Staube. Sobald die Offiziere einander ansehen konnten, merkten sie, wie schwarz ihre Gesichter waren. Nach diesem sahen sie ihre Stiefeln voll Dörner und Disteln, die sie nicht ohne kleine Mühe ausräumen mußten. Als das geschehen war, zogen sie sich aufs eiligste an, reinigten ihre Gesichter soviel als möglich und gingen, ohne sich weiter groß umzusehen, an die Tür des Hauses, die sie aber vorher erbrechen mußten, ehe sie durch dieselbe konnten. In der auswendigen Seite der Tür bekamen sie noch einen angeklebten Zettel zu lesen: Für geile Böcke gehören stinkende Ziegen. Dies hat der König dieser Berge an drei verliebten Offizieren wahr gemacht. Probatum est. Sie wußten nun, wie sie dies Abenteuer verdient und gingen mit Scham und Schrecken fort.

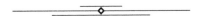

287.
Der Bauer und die adlige Dame

Als ein Vornehmer vom Adel übers Gebirge ritt und schier hinüber war, ward er in etwa einer halben Stunde Entfernung einen Kretscham oder Wirtshaus gewahr, worüber er sich sehr freute, weil der Abend herzurückte und die Sonne das Gebirge verlassen wollte. Er beschloß bei sich selbst, da einzukehren und Nachtlager zu halten. Was geschieht? Wie er so im Reiten an die Herberge denkt und immer fortreitet, da sieht er vor sich eine Dame mit einem alten Bauern, die sich umarmten. Auf dieses ungleiche Paar sieht der vom Adel unaufhörlich, besonders der wohlgeputzten Schönen wegen, auch wegen des Alten, wie er so hurtig mit ihr geht. Er reitet ihnen immer nach, im Glauben, sie seien auf dem rechten Wege und würden bald in die Herberge kommen. Wie endlich der Abend mehr und mehr naht, und er das Paar nicht erreiten kann, so sehr er sich auch bemühte, da geschah es, daß die Dame mit ihrem Begleiter hinter einem Gebüsch verschwindet. Der Reiter hielt stille und sah sich um und wurde gewahr, daß er auf eine hohe Klippe verführt worden, von der er in den tiefsten Abgrund sehen konnte, in den er leicht, wenn er weitergeritten wäre, hätte stürzen können. Er dachte sofort der Sache nach und fand, daß er von Rübezahl auf diesen Abweg verleitet worden sei. Dann hat er mit großer Not und Gefahr zu tun gehabt, daß er von dieser Klippe herunter und auf den rechten Weg gekommen ist. So gehts in der Welt; wer in der Augen- und Fleischeslust sich reizen läßt, der gerät dadurch in Leibes- und Seelennot.

288.
Rübezahl als Hochzeitsgast

Rübezahl ritt einst zu dritt aus und wollte sich erlustigen; und als er nach Ullrichsdorf, unterm Gebirge, kam, hatten zwei arme, junge Leute Hochzeit allda. Nun ist in Schlesien meistenteils auf dem Lande der Gebrauch, daß die Braut mit ihren Gästen nach der Mahlzeit in die Schenke zu Tanze geht. Rübezahl bat den Bräutigam, er wolle ihm doch gestatten, mit seiner Braut einen Tanz zu tun. Der Bräutigam sagte: Von Herzen gern. Beliebe der Herr mit ihr zu tanzen, so lange es ihm gefällt. Hiermit überreichte er ihm die Braut. Die Musikanten wurden gut gelohnt, deswegen bliesen sie aus den Schalmeien, strichen auf den Fiedeln und trommelten auf der Baßgeige, daß der Kretscham wackelte. Bei diesem Getümmel lief viel Volk herbei, das diese Lustbarkeit ansah. Unter dem Tanz verehrte Rübezahl der Braut zwei kleine, aber schöne rote Granatenbänderchen und band sie ihr selbst um die Hände zum Andenken und Hochzeitsgeschenk; dem Bräutigam schenkte er ein altes Schaustück, eines Talers groß, worüber sich denn die beiden Leute sehr erfreuten. Er blieb über Nacht mit seinen beiden Reitern in der Schenke und bezahlte alles, was verzehrt wurde. Der Wirt veranlaßte jedoch den Bräutigam, daß er ihn auf ein Frühstück morgen früh bat. Ob er es wohl nicht abschlug, reiste er doch fort. Wie nun die Gäste des andern Tages wieder zusammenkamen, wies ihnen der Bräutigam die Geschenke. Sie sahen es alle an, wußten aber nicht, was sie draus machen sollten. Als nun der Schulmeister auch hinkam, welcher nie einen Schmaus versäumte, wurde es ihm gezeigt. Sobald er solches in die Hand nahm, wurde das zuvor wie ein Taler weiße Stück zu einem schönen Portugaleser. Die Braut wies ihre Bänder auch. Als nun der Schulmeister sie in die Hand nehmen wollte, merkte die Braut, daß sie heut schwerer als gestern waren und sagte: ich werde sie auf heute einstecken, der Herr Schulmeister möchte sich sonst darein vergaffen. Das war ein schönes Geschenk für arme junge Eheleute. Diese Geschichte wurde auch im ganzen Lande ruchbar; darum wünschen die Bauern zu Jammertal und Armenruh, daß eine solche Hochzeit bei ihnen geschehen möchte.

289.
Rübezahl fährt Wurzeln und Kräuter zu Markt

Einst wollte Rübezahl in eine nahe am Gebirge gelegene Stadt reisen und wußte eigentlich nicht recht, was er darin verrichten sollte. Daher beschloß er bei sich, Wurzeln und Kräuter hineinzufahren und solche für Rüben, Möhren und Kohl, als wenn er sie von Liegnitz heraufbrächte, zu verkaufen. Als er nun ein gut Teil der Kräuter beisammen hatte, mangelte ihm ein Schiebkarren, damit ers fortbringen könnte; er ging darum beim nächsten Dorf zu einer Herde, holte sich einen stattlichen Ziegenbock und band demselben einen Korb voll Ware auf den Buckel, faßte ihn darauf bei den Hinterbeinen und trabte also mit ihm nach der Stadt zu. Unterwegs erwischte er einen Bären; den band er fest an des Bockes Hörner, daß er mitziehen mußte.

Sobald sie das Stadttor erreicht hatten, hub Rübezahl an, seine Waren auszurufen; die Leute, die ihn hörten, blieben stehen und sahen den Ausrufer an und fragten endlich, was er habe? Denn sie konnten ihn nicht recht verstehen, weil er heiser schrie. Bisweilen fing der Bock an zu meckern und reckte die Zunge heraus, daß es recht possierlich anzusehen war; er mochte an seiner Last genug haben. Als dieser Kräuterbauer nun nebst einem großen Gefolge die Gasse hinauffuhr und nahe an den Markt kam, begann er wieder zu rufen und zu schreien. Da eilte viel Volks herzu, daß sie sehen möchten, was es da hätte. Mit dieser Manier, und weil dieser Mann seine Sachen wohl zu loben wußte, auch guten Kauf gab, wurde er sie bald los. Nun wäre er auch gern seinen Karren losgewesen; es wollte sich aber kein Käufer dazu finden; sie sagten: Es ist ein alter, schlechter Karren; ihr mögt ihn immer weggeben. Rübezahl antwortete: Das lasse ich wohl bleiben. Sehr, ihr guten Leute, was dies noch für ein guter, brauchbarer Karren ist! Setzte sich damit auf den Bock und ritt als stolzer Reiter zum Tore hinaus. Ein jeder, der es mit ansah, verwunderte sich über diese possierliche Reiterei, sonderlich über den Bären, der sich tummeln mußte, daß er vor Angst nicht wußte, wohin. Nachdem er aber fort und die Leute ihre gekauften Sachen recht besahen, wurden sie gewahr, daß sie anstatt der Küchenspeise allerhand rare Wurzeln und Kräuter bekommen hatten, womit sie gar wohl zufrieden waren, weil sie ihr Geld dreifach draus lösen konnten.

290.
Rübezahl geht zur Kirmes

Vor geraumer Zeit hatte sichs begeben, daß ein Bauer ins

Gebirge ging, für sich Bauholz auszusuchen. Als er ein gut Teil des Berges ins Gehölz hinan ist, begegnete ihm unerkannterweise Rübezahl und fragte ihn, was er mache und allda suche? Mein Haus ist baufällig, darum hätte ich mir gern gute Stämme ausgesucht zum Bauen, allein ich finde hier keine rechten Bäume, die mir anständig sind. Rübezahl versetzte: Wenn ihr mir folgen wollt, so will ich euch recht schönes Bauholz zeigen, das auch bequem den Berg hinunterzubringen ist. Der Bauer bedankte sich sehr, war dessen froh und ging mit ihm. Er fand, wie Rübezahl gesagt, allda gutes Holz die Menge, welches den Bauern sehr erfreute. Habt freundlichen Dank, daß ihr euch meinetwegen soviel Mühe gegeben habt und seid so weit mitgegangen, sagte der Bauer; könnte ich euch einst wieder einen Gefallen erweisen, so soll es gern geschehen. Ihr dürft nicht danken, sprach der dienstfertige Rübezahl; ich weiß, ihr seid aus dem nächsten Dorf und also mein Nachbar; ich werde so die Woche zu euch hinunterkommen, Verrichtung halber. Ists wahr, so versprecht mir, daß ihr wollt zu mir kommen, weil auf die neue Woche Kirmes bei uns ist; seid gebeten und nehmt mit den anderen Gästen vorlieb, was ich vermag. Das könnte wohl geschehen, versetzte Rübezahl, wenn man nicht fremd bei euch wäre. Wer achtets, sagte der Bauer; kommt ihr nur zu mir; ihr sollt einen guten Freund an mir haben. Wohlan, weil ich eurer Freundschaft versichert bin, so verspreche ich es euch, daß ich komme, weil ich mir längst zu kirmsen vorgenommen, denn ich bin, seit ich zu Rotwasser war, auf keiner gewesen und ich habe gehört, bei euch kirmsen sie gut. Unter diesem Gespräch waren sie allmählich ein gut Teil des Berges hinuntergeschlendert. Hierauf schieden sie vergnügt voneinander.

Rübezahl hatte sich die Kirmes fest eingebildet, denn er hatte gehört, daß es an solchen Orten viel zu fressen und saufen, als schöne gebackene Kuchen, treffliche Braten und gesottene Fische setzte; darum wollte er die ihm so unverhofft angebotene Gelegenheit nicht versäumen. Zur festgesetzten Zeit fand er sich bei vorgedachtem Bauer ein. Dieser, sobald er ihn erblickte, war voller Freuden, hieß ihn willkommen sein, und bat ihn, sich niederzusetzen; hierauf gab er willig her, was er vermochte. Es fanden sich daselbst mehr Gäste ein; und sie waren miteinander guten Mutes, wie es auf Kirmissen geschieht. Nachdem sie gegessen, gingen sie miteinander in den Kretscham oder Schölzerei. Der Scholze hieß sie freundlich willkommen und hielt ihnen (wie es Brauch war) das Geschenke. Es waren allerhand Kirmesgäste zugegen, unter anderem auch hübsche Bürger aus Marklissa; die waren lustig und schwärmten immer drauf.

Rübezahl, als ein vom Wirt Wohlgelittener, wurde, nachdem er eine Weile gesessen und den Tanz mit angesehen, von dem Wirt mit einem schönen Stück Kirmeskuchen beschenkt, wofür er sich bedankte und solchen auf dem Tisch vor sich liegen ließ. Zu den andern sagte er lächelnd: Das Kirmsen ist gewiß ein gut Leben. Ehe er sichs aber versah, riß ein Knecht im Tanz den Kuchen vom Tisch und tanzte mit ihm davon. Dies erweckte bei Rübezahl großen Verdruß; er entrüstete sich und sagte: Das war ein rechter grober Hundsfott. Einige Bauern, die mit um den Tisch saßen und dieses hörten, wurden unwillig, weil sie des Großknechts gute Freunde waren und sagten, das käme dem Fremden nicht zu, daß er den Knecht beschimpfte. Einige aber widerlegten es und meinten, es wäre auch unrecht, daß der Knecht ihm den Kuchen weggenommen und ihre Kirmes beschimpft, gleich, als wenn sie nicht Kuchen genug hätten, sich zu sättigen. Der Zank kam vor den Scholzen; dieser bat, sie sollten jetzt stille sein von dem Ding, bis der Rummel vorbei sein würde; unterdessen sollten sie sehen, daß sie diesen freundlich bei sich erhielten. Es ging; sie tranken, waren lustig und guter Dinge, gleich, als wäre nicht der geringste Widerwillen zwischen ihnen gewesen; Rübezahl desgleichen sagte: Ich werde schon sehen, wie ich durchkomme; es mag diesmal recht gekirmst sein! Wie nun die größte Lust schier vorbei war und die meisten Leute sich davon gemacht hatten, deuchte ihnen Zeit zu sein, an das vorige Ding zu denken, nämlich, daß es nicht recht sei, einen ehrlichen Kerl eines Stückes Kuchen halben einen Hundsfott zu schelten. Ja, sagte einer, der ein großer, starker Kerl war: Wenn er mich so geheißen hätte, ich wollte ihn in die Fresse geschmissen haben, daß ihm drei Zähne gleich sollten zum Halse herausgesprungen sein. Die andern sagten: Wenn er ihn sonst geschimft hätte, möchte es noch hingehen; aber dieses Wort wäre zu schimpflich. Der Bauer, der Rübezahl hingebracht, trug seinetwegen großen Kummer, denn er sah, daß sich viele wider ihn auflehnten; bat, er sollte mit ihm nach Hause gehen, morgen könnte es, wenn der Tummel ausgeschnarcht wäre, besser beigelegt werden. Liebes Kind, sagte der heldenmütige Rübezahl (und lächelte ein wenig dazu), ich werde mich deswegen nicht fürchten, sondern die Sache mit ihnen schon ausmachen, so viele ihrer immer sind, denn hier will ich recht kirmsen. Geht immer heim; vielleicht werden wir uns morgen wieder sprechen. Hierauf ging der Bauer nach Hause, denn er dachte, seine Jacke möchte auch etwas davontragen.

Nach diesem motzten die Knechte Rübezahl seine vorigen Reden wieder auf und sagten: Du Kerl siehst recht darnach aus, es mit uns allen auszumachen; mache es erst mit einem aus; danach berühme dich. Ja, ja, sprach Rübezahl, ich will es auch ausmachen. Sobald er dies gesagt, trat der wieder herzu, der vorher mit ihm gehadert, und sprach: Wo du das noch einmal sagst, so geb ich dir eins auf die Gusch, daß du sollst hinter den Tisch purzeln. Kaum war das Wort geredet, da gab ihm Rübezahl einen Schwinderling, daß er in die andern Knechte hineinschob wie ein alter Bär. Die andern rafften ihn auf und fragten ihn, wie ihm sei? Er sagte: Der Kerl gab mir eine redliche Ohrfeige. Obgleich die andern ihn anreizten, er solle es weiter versuchen und sich an ihm rächen, wollte er doch nicht. Dies verdroß sie nicht wenig; sie wurden darüber entrüstet, und der, der den Kuchen genommen, trat herzu und sprach: Du Bärenhäuter, warum hast du meinen Kameraden geschlagen? Griff zu und schlug nach ihm. Rübezahl erwischte ihn bei den Haaren, zog und karnüffelte ihn, daß er himmelhoch bat, sie sollten ihm doch bloß helfen, sonst risse er ihm alle Haare zum Kopfe heraus.

Da konnte einer seine Freude sehen, wie sie mit Rübezahlen umgingen; einer zog ihn bei den Achseln, einer bei den Armen, etliche hier und da in der Stube herum. Der Kuchenfresser schrie dazwischen jämmerlich, konnte aber nicht anders als durch Güte losgebracht werden. Rübezahl fragte ihn: Willst du Schmarräpfel mich noch einmal einen Bärenhäuter heißen? Sags, oder ich will dir den Hals umdrehen. Nein, nein, nimmermehr!, antwortete dieser; darauf ließ er ihn los. Voller Grimm nahm er die andern, stieß einen hier-, den andern dorthin; dennoch, wie erhitzt er auch war, tat er ihnen keinen merklichen Schaden.

Der Scholze, der zu dieser Nachkirmes brennende Lichter aufgesteckt, und eines in der Hand hatte, war bei dem ganzen Spiel zugegen gewesen. Als nun der Rummel insoweit überhin war, daß man sein eigen Wort wieder hören konnte, gebot er Friede. Der Fremde sagte: Das ist mein Begehr; schafft mir Ruhe, Herr Scholze! Die andern alle baten auch. Herr Scholze, seht doch, wie ich von diesem bösen Kerl zugerichtet bin, sagte der, so zuerst die Händel angerichtet und nun soviel Schläge bekommen hatte, – laßt uns die Gerichte kommen; wir hinterlegen die Gebühr und lassen den Kerl nicht eher von dannen, bis die Sache unter uns völlig ausgemacht ist. Der Scholze sprach: Es kann schon geschehen; desto länger wird mir die Kirmes; ich will auf euer Begehren hinschicken; inzwischen gebt ihr Achtung auf euern Mann. Der Fremde stellte sich, als ob ihm nicht wohl bei der Sache wäre, und sagte zum Scholzen: Es ist mir lieb, daß diese Ursache in Güte beigelegt würde. Auf meine Kosten braucht ihr die Gerichte nicht kommen zu lassen, denn ich gebe keinen Kreuzer dazu; aber einen Dukaten will ich freiwillig geben, wenn es nicht zur Klage kommt. Der Scholze sprach: Meinethalben; ich bin es schon zufrieden; besser wäre es wohl. Als die Knechte hörten, daß er's bittweis suchte, wurden sie trotzig und sagten: Beileibe nicht, Herr Scholze! Die Gerichte her; der Kerl muß besser pfeifen! O nein! Ein Dukaten? Und uns alle geschlagen und gestoßen? Nimmermehr! Ja, wenn's noch zwei wären, möchte es sein. Rübezahl sprach: Macht's, wie ihr wollt; keinen Pfennig gebe ich mehr, als ich gesagt habe, und nehmt ihr jetzt dies gebotene Geld nicht an, so kriegt ihr hernach nichts. Haha, sagten die Knechte und lachten dazu; das wollen wir sehen! Hierauf ließen sie die Gerichte kommen.

Als diese ankamen, ward die Sache von den Klägern vorgetragen; sie zeigten ihnen, wie sie wären von Rübezahl geschlagen und gestoßen worden. Beklagter widerlegte alles mit der größten Bescheidenheit und zeigte klärlich an, wovon die Sache sich entsponnen und daß seine Gegner bloß darauf ausgegangen wären, ihn brav auszuschlagen. Es war schon spät und der Trunk wollte nicht mehr recht schmecken; da man nun sah, daß die Sache zu schlichten Zeit erforderte, wurde den Parteien angedeutet, daß die Sache, welche sehr weitläufig sei, heut nicht könne abgetan werden, sondern müsse bis morgen verschoben bleiben; daher könnte der Fremde, wenn er keinen Bürgen stellt, hier im Stock seine Bequemlichkeit haben. Dieser wurde hierüber unwillig und sagte: Ja, wenn die andern hineingehen, so gehe ich auch; gehen aber diese nicht hinein, gehe ich auch nicht. Rübezahl hätte gern den Scholzen berückt; darum bat er ihn, die Bürgschaft statt des Bauern, bei dem er zur Kirmes gewesen, zu übernehmen; allein, es wollte ihm nicht glücken, denn dieser bedankte sich für die Ehre. Als Rübezahl dieser Streich nicht gelang, lachte er und sagte: Wer achtets, – ich brauche keinen Bürgen, ich kann es schon selbst ausstehen. Wenn dieses gewiß ist, sprach der Scholze, so wollen wir ihm auf eigene Kosten ein paar Wächter geben, damit er sich auf die Streu kann niederlegen und ruhen. – Auf meine Kosten durchaus nicht, sondern auf dessen Teil, der Unrecht hat. Das wurde ihm bewilligt und es begab sich jeder, ohne die Wächter, zur Ruhe.

Sobald die Bauern fort waren, legte sich der müde Rübezahl nieder auf seine Streu; die Wächter aber saßen und hüteten sein recht fleißig. Als er solches merkte, sagte er zu ihnen: Ihr einfältigen Leute, geht doch immer nach Hause und legt euch zu euern Weibern, ehe ein andrer kommt, da könnt ihr wacker ausschlafen. Wo ihr denkt, mich zu hüten, da seid ihr rechte Narren, denn eurer sind dazu viel zu wenig. Sie taten, als hörten sie es nicht, oder als ginge sie es nicht an, und dachten: Du guter Kerl, rede nur, morgen wird dir die Kurzweil schon vergehen. Nachdem er eine gute Weile sein Gespött mit den guten Wächtern getrieben, rief er: Ich muß hinaus! Wer gehet mit? Sie gingen beide. Sobald er auf den Hof kam, ließ er einen Wind gehen, daß die Wächter erschraken. Er aber sagte: Für diesmal merke ich wohl, heißt es weiter nichts. Ging darauf hinein und legte sich wieder nieder. Kaum hatte er eine halbe Stunde gelegen, da bekam er wieder das Reißen im Leibe. Geschwind, ihr Wächter, sagte er, es wird ärger! Sobald sie hinaus waren, ging die Büchse los. Und dergleichen windige Spaziergänge geschahen öfter. Die Wächter mußten sich in alles schicken und es gehen lassen, wie es wollte; sie wünschten für die böse Nacht einen baldigen guten Morgen. Rübezahl merkte dieser Männer Unwillen und legte sich wieder nieder, aber sein Necken wollte er nicht lassen, so daß die Kerle schier Lust hatten, davonzugehen, wenn sie die Begierde, das Ende hiervon zu sehen, nicht gereizt hätte, weil ihnen dieses wunderseltsam vorkam. Das, was ihnen am sonderbarsten schien, war das viele Wasser, das er von sich ließ; das deuchte ihnen unnatürlich zu sein. Dennoch klagte er dabei, daß ihn das Wasser drücke, so daß endlich aus Ungeduld der eine Wächter sagte: Ich glaube, der Kerl muß mehr denn ein Faß Bier im Ranzen haben. Rübezahl lachte und sagte: Hört, ihr guten Leute; die Nacht ist zum größten Teil verstrichen; gebt euch zufrieden, die kommende Nacht könnt ihr und ich desto geruhiger schlafen. Es ist nicht anders; wenn ihr auf eine Hochzeit oder Kirmes geht, so wünscht ihr, daß der Bauch eine Scheune wäre, damit ihr brav einsacken könnt; hernach seid ihr krank, bis es wieder weggewindet ist. Ihr habt aber gar wenig gekirmst; ich merke, es drückt euch nicht so wie mich im Leibe, und es scheint, ihr habt weder Wind noch Wasser drin.

Endlich brach der Tag allmählich an. Keiner unter ihnen hatte die Augen zugetan; das Gesinde kam hervor. Wer war froher als diese Wächter? Der Scholze mochte auch wenig geschlafen haben, denn wenn diese drei auf dem Hofe waren, wurde der Lärm bisweilen so groß, daß auch der Kettenhund bellte; darum hatte er sich aufgemacht, den Handel mit anzuhören. Sobald er in die Stube trat, fragte er, wie es ergangen. Die Wächter antworteten: Wir haben eine grundböse Nacht gehabt! Und baten, daß sie möchten durch ein paar andere abgelöst werden. Der Scholze sprach: Gebt euch zufrieden und haltet schon aus; was soll ich erst Lärm im Dorfe machen; ich glaube es schon, daß ihr viel ausgestanden habt. Ich will euch ein Quart Branntwein geben und etwas Essen dazu, damit ihr euch wieder erholt. Hiermit waren sie sehr wohl zufrieden.

Nachdem die Sonne das Gebirge mit ihrem Glanze bestrahlte, kamen die Gerichte mitsamt den Klägern wieder zusammen in die Schölzerei. Dort trugen die Kläger ihnen ihre Sache wieder aufs neue vor. Beide Parteien taten ihr Bestes, sich zu verteidigen. Da sie nun etliche Male einander scharf widersprochen, mochten sie wieder abtreten. Viel Volk aus dem Dorfe kam herzu, weil es ohnehin noch Kirmes war, um zu sehen, wie der Handel ablaufen würde. Unterdessen aßen und tranken die Parteien und ließen sich um die Zahlung unbekümmert.

Als nun der Zu- und Abtritt der Parteien etliche Male geschehen und dennoch keiner von ihnen weichen wollte, ward beschlossen, der Sache ein Ende zu machen. Darauf sagte der Richter: Wir haben eueres Dings willen lange genug hier gesessen; besieht man es bei Licht, so ist es nichts anderes als des Stück Kuchens wegen, der diesem Fremden weggenommen, worauf er dann den Großknecht gescholten. Freilich ist es nicht recht, daß er geschimpft hat; aber hättet ihr ihm das Seine gelassen, so wäre es nicht geschehen. Das ist recht, sagte Rübezahl. – Allein, weil er nachgehends mehr Unheil angerichtet, so wäre es am besten, ihr gebt einander die Hände und vertragt euch; zahlet miteinander die Kosten, so könnt ihr wieder gute Freunde werden. – Wir?, versetzten die Bauern, sollen die halben Kosten geben und uns mit ihm vertragen? Nimmermehr! Hat er uns nicht geschlagen und übel zugerichtet? Rübezahl antwortete: Warum habt ihr es an mir versucht, auch allezeit den Ausschlag getan; sollte ich mich dessen nicht wehren? Meinet ihr, daß ich deshalb hierher gekommen bin, mir von euch die Kirmesjacke anpassen zu lassen? O nein, so kitzlig bin ich nicht. Wäret ihr mir höflicher begegnet, so würde ich euch nicht das geringste in den Weg gelegt haben und ich sage das: Wenn ihr mir noch einmal Schläge anbietet, sollt ihr noch viel mehr kriegen! Hört ihrs? Drauf sagten die Knechte: Jetzt haben die Gerichte selbst gehört, wie trotzig dieser Kerl ist; er gedenkt uns noch mehr Schläge zu geben. Rübezahl antwortete: Ihr werdet meine Worte nicht verdrehen. Ich habe gesagt, wenn ihr mir werdet wieder Schläge anbieten; aber eher nicht. Endlich fiel der Schluß: Weil der Fremde sich selbst gerichtet, sollte er Abtrag tun und die Unkosten allein entrichten, und so er sich hierzu nicht verstehen wollte, sollte er so lange im Stock sitzen, bis er alles entrichtet. Rübezahl antwortete: Das dachte ich wohl! Schön gegeben! Erst hieß es: Wir sollten uns miteinander vergleichen und jeder die halben Kosten erlegen; nach diesem habe ich nichts mehr verbrochen, als daß ich meine Sache verteidigt; jetzt soll ich sie allein geben. Ja, sagte der

Richter, warum seid ihr noch so trotzig!, und schlug auf den Tisch, daß das Bier aus den Gläsern schwappte. Sachte, sachte, antwortete der Fremde, – wer will mir das verwehren, daß ich mich verteidige? Den möchte ich gern sehen! Glaubts nur, ich verstehe auch quid juris. Was? sagte der Richter, quid jurx? Du Naseweis willst uns lehren, wie wir in unserm Dorf eine Sache schlichten sollen?! Drehte sich auf die Seite und sagte zu seinen Beisitzern: Ihr Leute, es ist kein Rat, des Kerls Reden länger anzuhören! Wenn ihr nicht wollt sehen, daß die Sache zu Ende kommt, so ist's am besten, ihr nehmt ihn gar an den Tisch, denn er will's ja besser wissen als wir. Sofort wurde beschlossen, er sollte ohne Verzug in den Stock entweder im Guten oder im Bösen gehen.

Hierauf entstand ein großes Gelächter in der ganzen Stube; ein jeder war voller Freuden und wünschte, daß er bald darinnen säße. Wie Rübezahl nun auf ihr Befragen nicht hinein wollte, ward geboten, man solle ihn mit Gewalt hineinschmeißen. Da konnte man einen Rumor in der ganzen Stube sehen, wie leicht zu denken; teils lachten sie, teils schrien sie, teils krochen sie unter die Tische, teils sprangen sie auf die Tische, teils krochen sie auf den Bad- und Kachelofen. Sobald die Bauern gegen Rübezahl auftraten, ihm nach dem Kopf und Leibe griffen und mit ihm in den Stock wandern wollten, siehe, da schmiß und schlug er, den einen hier-, den anderen dorthin, daß dadurch ein entsetzlicher Lärm und Geschrei in der ganzen Stube wurde, denn viele wurden in solchem Tumult getreten, gedrückt und niedergestoßen. Niemand wußte, wie das Ding zuging, daß sie ihn nicht hineinbringen konnten. Wer von ihm eine Ohrfeige bekommen, der verlangte keine mehr, sondern machte sich auf die Seite, damit ein anderer auch herzu konnt.

Wie sie nun sahen, daß sie ihn nicht hineinbringen konnten, ließen sie von ihm ab und versuchten es mit Mäßigkeit. Der Scholze gebot endlich Friede. Rübezahl hatte sich bei dieser schweren Arbeit erhitzt, daß ihm der Schweiß ausgebrochen; er sah um den Kopf herum aus wie ein alter, wilder Bär. Die Gerichte setzten sich wieder zu Tische, ratschlagten, was denn bei dieser abenteuerlichen Sache zu tun sei und begannen nunmehr friedlich mit ihm zu handeln, in Hoffnung, er würde sich endlich finden lassen. Aber es schlug fehl. Denn Rübezahl sprach: Ihr wißt, daß ich gestern schon zu euch gesagt habe, daß ich keine Unkosten bezahle; die Hälfte mit den anderen zu geben, wäre ich dennoch des Sinnes gewesen und das aus Mitleid; aber da es die guten Kerle nicht angenommen, auch jetzt mich mit Gewalt zu beschimpfen gesucht, gebe ich keinen Heller. Wer da gefordert, gefressen und gesoffen hat, mag auch bezahlen! Hierauf ging er guten Mutes zur Türe hinaus, lachte und sagte: Hier bin ich zur Kirmes gewesen! Die Knechte sahen ihm traurig und betrübt nach; aber keiner wollte sich weiter an ihm reiben. Es kam ihnen also das Stück Kirmeskuchen teuer genug zu stehen; sie konnten lange Zeit an diese lustige Kirmes denken. Rübezahl aber nahm seinen Weg nach Messersdorf und von da ins Gebirge.

Hier beginnen die Fälschungen des Magisters Praetorius. Der gute Herr hat fremde Sagen ganz einfach auf unseren Berggeist übertragen.

291.
Rübezahl zerschmettert eine Kuh

Daß Rübezahl seine Wohnstätte sauber und rein behalten will, erscheinet aus folgender Geschichte: Als anno 1656 von dem Vieh eines Schenken (oder Kretschmers, wie es die Schlesier nennen), der unterm Gebirge seine Wohnung hat, im Weiden eine Kuh von ihrer Herde abgeirrt und auf die Felsen hinausgeklettert und auf die Schneekoppe geraten ist, woselbst er sonderlich hausen soll, da ist der Rübezahl so auf das arme Tier erbittert gewesen, daß er sie in die Höhe gehoben, vom Berge heruntergestürzt und so zu etlichen tausend Stücklein zerworfen hat. Ob er sich an der Kuh hat rächen wollen, daß sie ihm gleichsam ins Land gefallen, die Herberge beschimpft und wohl gar ein wenig darauf hofiert gehabt, oder ob der Wirt den Rübezahl einmal nicht nach Wunsche gastiert hat, das weiß ich nicht zu sagen.

292.
Rübezahl verehrt einem einen Kegel

Es hat sich einmal begeben, daß ein Handwerksgeselle auf dem

Gebirge spazierenging und andere Burschen bosseln sieht: Zu solchen hat er sich geschwinde hingemacht und erstlich zusehen wollen. Doch ist er alsbald von der ganzen Kompanie (welche aus Rübezahls Zunftgesellen bestanden), angeredet worden, er solle es doch ein wenig versuchen und mitspielen, vielleicht könnte er etwas gewinnen. Auf diese Ermahnung läßt sich der alberne Tropf überreden und gesellt sich zu einer Partei und spielt auch eine Zeitlang mit, ja, er gewinnt auch einen hübschen Pfennig. Doch besinnt er sich mittlerweile, daß dies Ding oder Spiel unrichtig sei, und (weil ihm mehr dergleichen Possen bewußt), erklärte er den Mitspielern, es sei nun Zeit zu gehen, weil er sich nicht länger aufhalten könne, er habe wichtige Geschäfte, die er in den bevorstehenden Stunden verrichten müsse. Darauf, weil er sich nicht nötigen und weiter verzögern lassen will, erhält er Urlaub. Doch redet ihm einer (vielleicht der Rübezahl, der die Ausflucht gemerkt hat) zu, er sollte doch einen Kegel aus dem Spiele als Andenken mitnehmen. Er wüßte gewiß, es würde ihm nicht gereuen. Was tut der Handwerksknecht? Er steckt den Kegel zu sich in seinen Rucksack und wandert damit den Berg hinunter nach Hause zu und ist im starken Glauben, er werde noch über den Gewinn eine köstliche Beute erworben haben. Aber wie er in seinen Rucksack greift und für den hölzernen einen goldenen Kegel herausziehen will, ergreift er einen alten Kuhfladen. Er wird hierüber erhitzt und flucht unwissend dem guten Rübezahl, zieht auch zugleich den Rucksack heraus, damit er ihn vollends ausleere. Da findet er erstlich wider Erwarten von gedachter Ausbeute einen ziemlichen Vorgeschmack, indem er eine gute Summe Goldkörner mit untermischet sieht, die ihm die Mühe, erstlich den Kegel zu tragen und danach in den Kuhdreck zu greifen, zur Genüge belohnt hat.

293.
Rübezahl führt die Reisenden in die Irre

Man sagt, daß auf dem böhmischen Gebirge des öftern Mal den Leuten ein Mönch erscheine, den sie den Rübezahl nennen, der dann auch oft im warmen Bade gesehen wird. Und wenn die Leute über den Wald reisen wollen, aber den Weg nicht kennen, gesellt er sich zu ihnen, als wollte er mit ihnen wandern und spricht zu ihnen: Sie sollen unbekümmert sein, der Weg sei ihm gar wohl bekannt, er wolle sie einen gar richtigen Fußsteig durch den Wald führen. Wenn er sie dann im Walde auf Irrwege geführt hat, daß sie nicht mehr wissen, wohin sie gehen sollen, springt er alsbald auf einen Baum und hebt dermaßen mit heller Stimme an zu lachen, daß es im ganzen weiten Walde erschallet. Dieser Mönch oder Rübezahl ist niemand anders als der Teufel selbst, welcher sich in eines Mönches Gestalt verkleidet und solche Sachen vornimmt und treibt.

294.
Rübezahl betrügt einen Pferdekäufer

Etwa anno 1631 hat es sich begeben, daß Rübezahl einen Roßkäufer getroffen hat, welcher übers Gebirge zu wandern vorgehabt. Dem er einen stattlichen Gaul verkauft hat und als er die Bezahlung empfangen hat und nun der Käufer aufgesessen war und seinen Weg wiederum heimreiten wollte, hat ihn der Rübezahl gewarnt, er solle beileibe nicht eilend in Wasser reiten. Darüber hat sich der Käufer sehr gewundert und war nur desto begieriger zu erfahren, warum der Roßverkäufer ihm verboten, das Pferd ins Wasser zu reiten und ist nur desto schneller zum Wasser geeilt, den Gaul zu schwemmen und zu tränken. Nachdem er aber mitten ins Wasser gekommen ist, wird er gewahr, daß er auf einem Bündel Stroh sitze. Weswegen er denn in großem Zorn umkehret und den Verkäufer in seiner Herberge sucht. Der Roßverkäufer Rübezahl wird gewahr, daß jetzt der Käufer, den er so meisterlich betrogen, herzukommt und ihn suchen will; deswegen streckt er sich der Länge nach auf die Bank und tut, als ob er schliefe. Der Käufer, der in die Stube kommt und den Verkäufer liegen sieht, ergreift ihn bei einem Schenkel und schüttelt ihn. Indem er aber etwas stärker ruckt, damit er vom Schlaf aufwachen soll, hat er den Schenkel, wie ihm deucht, dem Schlafenden ausgerissen. Darüber ist er gar sehr erschrocken, so daß·er das Bein zur Erde geworfen und zu der

Stube hinausgelaufen ist, auch Geld und Wagen hat fahren lassen. – Dabei ist aber zu bemerken, daß Rübezahl auf seinem Berge nur eine Behausung vorgespiegelt hat, wohin er den Roßkäufer geführt.

295.
Rübezahl zaubert Kuh- und Ochsenköpfe an

Es soll sich aber auf eine Zeit begeben haben, daß Rübezahl sich in eine verlassene Herberge machte und sich dort wie ein stattlicher Wirt erzeigte, als verschiedene vornehme Leute vorbeigereist kamen und sich da über Nacht haben gastieren lassen. Zwar anfangs, wie die Gäste kamen, ist wenig Köstliches zu sehen gewesen; aber in kurzer Zeit waren die Tische gedeckt und auf den Bänken lagen etliche leere Fässer und große Klötzer; drin staken Hähne, wie sie an Fässern sind. Ferner hat der Rübezahl das eine Fenster im Saal wie einen Schrank gemacht, den tat er auf und nahm immer eine Schüssel nach der anderen mit Essen heraus und setzte sie auf den Tisch. Ein Teil war kalt, ein Teil war noch ein wenig warm. Und als er dies aufgetragen hatte, meinten die Gäste, es wäre nun alles geschehen; da geht er abermals hin und bringet noch mehr Gerichte. Da fingen sie erst an, sich zu verwundern, wo das herrliche Essen herkommen möchte und wie er soviel drinnen aufbewahren könnte. Aber sie schwiegen doch stille und hätten gerne getrunken, fragten, ob nicht was zu trinken vorhanden wäre. Der unerkannte Rübezahl nahm einen Stab, schlug an die Wand, da kam ein schöner Jüngling heraus, ganz wie ein Deutscher gekleidet und gezieret, der hatte zwei goldene Becher in seiner Hand, darauf standen des türkischen Kaisers Namen und Wappen. Er ging hin zu einem leeren Fasse und zapfte einen guten spanischen Wein heraus, setzte den auf den Tisch und ließ sie den versuchen. Bald schlug Rübezahl auf eine andere Seite der Wand, da kam eine hübsche Jungfrau herfür, hatte einen ganzen Korb voll schöner, kunstreicher, goldner und silberner Trinkgeschirre, darunter vieler Fürsten und Herrn Namen und Wappen waren und sonderlich des Königs in Frankreich und Spanien und anderer vornehmer Prälaten, daß sie genug dran zu sehen hatten. Diese Dame ging hin zu den

dürren Klötzern und Stöcken, zapfte einen guten rheinischen Wein
heraus und gab ihn den Gästen. Oben über dem Tische hing ein
hölzern Rohr, wenn einer ein wenig Wasser haben wollte, so hielt
er sein Geschirr an das Rohr, da lief das Wasser hinein, solange bis
er an das Rohr klopfte. Doch wußte niemand, wo das Wasser
hineinkäme; denn es hing an einem Zwirnsfaden. Über das lagen
auch noch andere Fässer dabei, aus denen spanische, ungarische
und andere Weine gelassen wurden, dergleichen von den Gästen
vor diesem niemals gekostet worden war. Nach diesem brachte
Rübezahl mehr Speise von seltsamen Vögeln und wunderlichen
Fischen, deren in Schlesien nicht gefunden. Und als die Gäste nun
fröhlich waren, kamen noch andere Geister in Spielleute Gestalt mit
einer lustigen Zunft, hatten alte Fiedeln und scharpten drauf etliche
Liedlein. Bald nahmen sie andere Instrumente und erzeigten sich
fröhlich, ja, sie waren so lustig und fröhlich, daß die werklichen
und kurzweiligen Stücklein nicht alle können erzählt werden. Wie
sie nun das Mahl gehalten hatten, da griff Rübezahl wieder in
seinen Schrank und brachte allerlei seltsame Früchte hervor, die in
Spanien, Frankreich, Niederland, Arabien, Indien und Griechenland
wachsen, von herrlicher frischer Würze und andere schöne Ge-
wächse, die man mit Lust und Lieblichkeit essen und genießen
kann, welche zum Teil unbekannt gewesen. Auch waren dabei
allerlei Blumen und wohlriechende schöne Kräuter. Und als sie
eine gute Weile fröhlich gewesen waren, fängt einer an unter ihnen
und spricht zu Rübezahl: Herr Wirt, ich bitte freundlich, ihr wollet
uns doch auch ein hübsch kurzweilig Pößchen sehen lassen.
Rübezahl antwortet und sagt, es wäre genug für diesmal, er hätte
neben andern Herrn genug gesehen, welches sie sämtlich bekannten und sagten, daß der Kurzweil ein großer Überfluß gewesen.
Aber er hielt weiter an und wollte nicht nachlassen, bat nur noch
um eins zum Schlaftrunk. Da sprach Rübezahl, es sollte geschehen.
Bald danach in einem Hui bekommt derselbe einen Ochsenkopf
mit großen Hörnern recht wie ein solches Tier. Die andern Herrn
fangen an, seiner zu lachen und zu spotten. Das verdrießt ihn und
er will sich verantworten mit Schelten, fängt also greulich an zu
brüllen und zu brummen wie ein natürlicher Ochse. Bald wollte er
einen Becher ins Maul nehmen und trinken, da konnte er sich auch

nicht dazu schicken, die Lappen am Maul waren ihm zu groß. Dann brachte Rübezahls Knecht Wein in einem Fasse, da tat er einen guten Suff. Also hatten die Herrn ihren Spaß mit dem Ochsen und gönnten ihm diesen Schalkspossen gar wohl. Unterdessen kommt das Geschrei an dieses Gastes Ehefrau, indem sie auch nebst andern Gefährten bei Rübezahl einkehrte und ihrem Mann nachreiste. Die erfährt, daß ihr Ehemann einen Ochsenkopf habe, sie gehet geschwinde hinein und findet es also. Da machte sie sich mit losen Worten an Rübezahl und fluchte ihm sehr, warum er ihren Mann also verschimpft hätte. Rübezahl gab der Frau gute Worte und hieß sie stille schweigen. So taten auch die andern, aber es war umsonst. Da zauberte Rübezahl der Frau einen Kuhkopf auf mit seinen Hörnern. Nun war das Gelächter noch größer und die Frau wollte viel Aufhebens machen, hub an zu plärren, desgleichen auch der Ochse. Da konnte man lustige Gebärden sehen, wie sie sich stellten und wie ihnen die Kappen so lustig standen. Bei solchem Wesen schliefen endlich die Gäste ein und schnarchten die ganze Nacht durch; wie sie aber endlich früh gegen den andern Tag erwachten, siehe, da lagen sie in einer Wüstenei und nahmen die Begebnisse des vorigen Tages nicht anders auf als einen Traum. Jedoch besannen sich etliche, daß dieser Possen vielleicht von Rübezahl geschehen sei.

296.
Der Fiedelfritze

Der Rübezahl oder der Berggeist wohnt eigentlich in der Schneekoppe. Es hat früher noch andere Berggeister gegeben, welche man Gauner nannte; doch machten einem die nur blauen Dunst vor; eigentliche Macht hat immer nur der Rübezahl gehabt. Er versteht die Menschen auf alle mögliche Weise zu ärgern. So führt er Leute, die ihn verspottet haben, auf Irrwege und macht aus dem schönsten Wetter die greulichsten Gewitter. Man nennt ihn auch den Geigenfriedel oder den Fiedelfritze, weil er so gerne fiedelt. Einmal saß er auf einem Felsen, und allerlei lustiges Volk kam vorbei; die riefen Fiedelfritze! Fiedelfritze! Da wurde Rübezahl böse und fing an zu geigen; und wie er geigte, mußten alle tanzen und konnten nicht eher ausruhen, bis sie ihm die schönsten Worte gegeben hatten, er möge doch nur mit dem Fiedeln wieder aufhören.

297.
Wie Rübezahl den Leuten heut erscheint

Zu Großvaters Großvater ist Rübezahl gekommen am Lichtenabend. Er trat ein, ohne ein Wort zu sprechen und legte nur seinen Hut nieder. Sein Hut war von Rinde, sein Bart ein Groobart, so wie er an den Fichten hängt. Doch sagen auch manche, er habe einen langen, weißen Bart gehabt, der ihm bis über den Nabel hing, und weißes Haar. Der Nachtjäger und andere Geister lassen sich unten am Fuß des Gebirges sehen; nur Rübezahl wohnt in den höheren Wäldern.

Von ihm erzählte Frau Katharina Boensch, die 1836 geboren ist: Einmal in meinem Leben, als ich etwa fünfzehn Jahre alt war, sah ich zusammen mit meinem Bruder und meiner Schwester einen übergroßen Mann mit grauem Anzug und tüchtigem großen Hut mit gewaltig großer Krempe in der Blauhölle, wo kein Mensch und kein Wild hingelangen kann. Von Simmalehnich ging er über eine große Kluft mit einem Schritt zur Blauhölle, wie es ein Mensch nicht fertigbringt. Er blieb dann mindestens eine Viertelstunde still stehen, die Hände gegen die Seiten gestützt. Dann wurde er immer undeutlicher zu sehen, bis er ganz vergangen war. Wir dachten uns gleich, daß es Rübezahl wäre. Als wir es unserem Vater erzählten, sagte er auch, es wäre Rübezahl gewesen; nun würde es bald Winter. Und am Nachmittag desselben Tages schneite es schon. – Etwa 1887 sah ich Rübezahl noch einmal, als ich auf meiner Heuung auf dem Steinboden beschäftigt war. Er war groß, trug einen grauen Rock und graue Hosen, aber eine grüne Weste wie ein Tiroler. Er erschien über einer Kniescheibe, verschwand aber sehr schnell wieder. Das war morgens neun Uhr; am Nachmittag gab es ein furchtbares Gewitter. Rübezahl wollte mir wohl andeuten, daß ich mich dort entfernen sollte.

Und so erzählte auch die 1854 im Blaugrunde geborene Frau Wimmer: Als ich als dreizehnjähriges Mädchen die Kühe hütete, sah ich, wie gerade fünf andere Kühe, die über der Blauhölle weideten, in Gefahr waren abzustürzen. Eine stürzte schon und blieb unten zerschmettert liegen. Da kam plötzlich Rübezahl von den Kniescheiben herunter. Er war von der Statur wie ein Mann, trug eine runde Kappe, einen Mantel mit Gürtel und hohe Stiefel und hatte eine Peitsche in der Hand. Genau konnte ich sein Gesicht nicht sehen, weil ich zu weit stand. Er rettete die vier anderen Kühe, indem er sie emporholte. Als die Eigentümerin und der Hirte der Kühe erschienen, da war er schon verschwunden.

Florian Klein aus den Grenzbauden erzählte von seinem Vater, daß dessen Großvater, der in Klein – Jupa wohnte, einst von der Peterbaude nach Schreiberhau gegangen ist, indem er zwei Herrn übers Gebirge führte. Auf dem Wege sahen sie immer jemanden vor sich gehen, der ganz grau aussah und einen grünen Hut mit Federn trug. Sie wollten ihn gern einholen. Wenn sie aber schnell liefen, dann lief er umso schneller. Und als sie in der Nähe der Schneegruben waren und ihm ganz nahe kamen, verschwand er in einem Knieholzstrauch. Sie konnten aber dort nichts mehr finden; da dachten sie sich, daß es der Rübezahl gewesen sei.

Ganz alte Leute, die bei der jetzigen Wiesenhaube Gras mähten, haben gesehen, wie Rübezahl von der Koppe zum Brunnenberg lief. Ein Mann kam einmal von der Stelle, wo jetzt die Riesenbaude steht, herunter in den Wiesengrund mit einer Hucke voll Heu und aß sein Frühstück. Da sah er, wie jemand von der Schneekoppe zum Brunnberg durch die Luft hinschwärmte. Er dachte: Du Rübezahl – Aas, du willst gewiß ein Gewitter machen! Im selben Augenblicke bekam er eine furchtbare Ohrfeige und lief davon. Aber der Leischner aus den Richterbauden erzählte, daß Rübezahl keine Gewitter gemacht habe. Das tat vielmehr die Krälmagd auf dem Kröllberg, wo jetzt die Kröllbaude steht. Sie war klein wie ein Kind, trug weibliche Kleider und hatte ein altes Gesicht. Sein Vater hat sie einmal gesehen, wie sie im Knieholz herumsprang, und darauf entstand auch ein Gewitter.

298.
Rübezahl will Schlesien ersäufen

Daß Rübezahl Schlesien, ja die ganze Welt ertränken wollte, wußte schon der Magister Zeller im Jahre 1726. Man zeigte zu seiner Zeit drei große Steine, die er hat in den großen Teich werfen wollen, und eine Stufe, wohin er getreten, als er im Werfen einen Fehltritt getan.

Es wird im ganzen Gebirge noch heute erzählt, daß Rübezahl einmal Schlesien oder gar Deutschland ertränken wollte. Dazu nahm er den Mittagstein und wollte ihn in den großen Teich werfen und den dadurch zum Überlaufen bringen. Er legte sich eine Kette um den Hals und hängte sich den Stein damit auf seinen Rücken. Da begegnete ihm eine Frau, – von der es heißt, sie wäre eine Hexe gewesen, während noch andere von der Mutter Gottes sprechen – und sagte ihm, er solle ausruhen, wenn ihm die Last zu schwer sei. Sie werde ihm schon wieder aufstehen helfen. Darauf ruhte er aus. Aber als er aufstehen wollte, vermochte er es nicht mehr, und mußte den Stein da stehen lassen. Das ist der Mittagstein, an dem der Ring noch zu sehen ist, an welchem die Kette befestigt war; früher war auch noch eine Kette um den Stein gemalt, die Josef Scholz noch 1873 gesehen hat.

299.
Rübezahls Garten

Wie den Gebannten gehört ihm auch ein Gärtchen, in dem er schalten kann, wie er will. Das wird nun an verschiedenen Stellen gesucht. Ein Schuhmacher Rösler aus Wurzelsdorf ist einmal über den Farrenberg gegangen und hat sich dort nicht herausfinden können, weil Rübezahl ihn irreführte. Es war dort früher eine Heide, jetzt aber ists größtenteils Wald. Rösler hat dort viel Blumen gefunden und ist den Blumen nachgegangen; er hat geglaubt, in Rübezahls Garten zu sein – und dabei hat er sich verirrt. Ein andrer, Rübezahls Rosengarten, war an der Kesselkoppe. Da haben viele Blumen gestanden; die haben die Fremden mit der Wurzel herausgerissen, so daß jetzt keine mehr vorhanden sind. Darunter waren auch eine Art gelber, die aufsprangen wie die Rosen; die hieß man gale (gelbe) Tollitte.

300.
Rübezahls Apfelbaum

Aber am sichersten fand man ihn in Teufels Lustgärtchen; da hatte er neben einem Wassergraben einen Weg hinunter in den Riesengrund, der führte über eine felsige Klippe. Jetzt ist er aber überwachsen und nur noch mühsam zu begehen. In Teufels Lustgärtchen wuchs auch ein Apfelbaum, wie es in Rübezahls Garten allerlei Obstbäume gibt, braune und rote Nelken und andere schöne Blumen. Der Baum war ein Zwergapfelbaum und wäre jetzt noch zu finden, wenn ihn nicht etwa 1910 Touristen abgeschnitten hätten. Die Äpfel wurden nicht größer als Ebereschenbeeren oder Kirschen und waren nur auf einer Seite rot. Einmal, Ende der 1870er oder Anfang der 1880er Jahre wurden sie reif; da hat sie der Vater des Ortsvorstehers von Petzer als Delikatesse nach Prag geschickt. Zu Weihnachten brachte er diese Äpfel den armen Kindern. Wenn aber jemand in diesen Garten wollte, um zu den Äpfeln zu gelangen, da schickte er solche Gewitter, daß niemand heranzukommen vermochte.

301.
Rübezahls Schatzkammer

Daß Rübezahl oft aus seinen Schätzen mitteilt, davon war schon die Rede, und davon erzählen sich die Leute heut noch. Und auch die Laura Gläser weiß noch davon. Aber von Rübezahls Schatzkammer am Pantschefall weiß nur noch der eine und der andere. Es ist ein Gang in ihr, und wenn man den zu Ende geht, kommt man an einen Teich. Mitten über dem Teiche steht ein Tisch und neben dem Tisch sitzt Rübezahl – Johann Reißler sagte: der liebe Gott – und auf dem Tische liegt viel Gold. Einmal hat jemand aus den Krausebauden über den Teich zu schwimmen versucht. Aber im Wasser hat er Angst gekriegt und ist nach Hause gegangen. Um zwölf Uhr in der Nacht ist Rübezahl zu ihm gekommen und hat sein Kind verlangt, weil er seinen Versuch nicht beendet hatte. Er hat es ihm nicht gegeben. In der nächsten und dritten Nacht ist er nochmal gekommen und wie ihm der Mann das Kind nicht gab, da hat er selber sterben müssen.

302.
Rübezahl in der Fremde

Nicht nur die Leute im Gebirge wußten von Rübezahl zu erzählen, auch in der Ebene und weit nach Schlesien und Sachsen hinein hört man von ihm. Sogar die oberschlesischen Polen kannten ihn und nannten ihn Rzepior, während er bei den Tschechen Pan Jan, Herr Johann, geheißen haben soll. Dieser Pan Jan war einst ein Jäger; er wurde von einem großen Hirsch, den er mit einem Pfeile erlegt, aufgenommen und durch die Luft ins Riesengebirge getragen, wo er dann seine Herrschaft begann.

Aus meiner Jugend weiß ich, daß auch bei uns vom Rübezahl die Rede war; was freilich meine Großmutter von ihm erzählt, das kann ich nicht mehr sagen; meines Erinnerns waren es Geschichten, wie sie in den volkstümlichen Rübezahlbüchern umgingen. Und wenn wir auf dem Radchener Mühlberg standen, zeigte sie uns das Riesengebirge und fügte hinzu, da hinten hause er. Seeliger hörte freilich von seiner Kinderfrau, wenn sich an schönen Sommertagen über der Hogolie – das Gebirge war von seinem Geburtsort aus nicht sichtbar – leichtes, weißes Gewölk aufkräuselte: Das ist der Rübezahl.

Von Riesen und ihren Heldentaten weiß man in Schlesien nichts mehr. Dafür erzählt man von Rübezahl eine Riesensage. Bei Nimkau an der Bahnstrecke Liegnitz – Breslau, wo man vom Riesengebirge nichts mehr sieht, befindet sich ein Sandhügel. Da heißt es nun: Als Rübezahl einst vom Zobten kam und ins Katzengebirge wollte, fürchtete er, sich in der überschwemmten Oder nasse Füße zu holen. Er raffte darum bei Borne eine Schürze voll Sand auf, um einen Damm zu schütten und sich einen trockenen Übergang zu erbauen. Aber bei Nimkau zerriß das Schürzenband und der Sand fiel zur Erde, wo er heut noch als spitzer Haufen liegt.

Wikinger-Sagen

303.
Die Halfdansöhne

Hrolf Krati war der Sohn Helgis, und Helgis Bruder war Hroar. Die Geschichte von Helgi und Hroar kennt Saxo Grammaticus, und sehr ausführlich und anschaulich erzählt sie mit manchen Abweichungen die isländische Sage von Hrolf Krati (vierzehntes Jahrhundert), deren Inhalt wir wiedergeben. Den Vater von Hroar und Helgi, Halfdan, hatte dessen Bruder Frodi getötet, das mußten die Söhne rächen. Sie waren noch im Knabenalter, und ihr Erzieher Regin gab sie einem treuen und zauberkundigen Mann Wifil, der auf einer Insel in der Nähe von Frodis Burg hauste und zwei Hunde hatte, die Hopp und Ho hießen. Dort liefen die Kinder des Tages im Wald herum, des Nachts verbargen sie sich in einem Erdhaus. Frodi wollt nun erfahren, wo die Kinder wären, denn er wußte, daß ihm von ihnen große Gefahr drohe. Aber obwohl Zauberfrauen und kluge Männer das ganze Land durchsuchten, fanden sie die Kinder nicht. Ein Zauberer endlich deutete dem König an, daß sie auf einer Insel in dem Meer sein möchten, über die aber ein schlauer Greis durch seine Hexereien Dunkel und Nebel verbreitete. Zweimal fuhren die Mannen des Königs auf die Insel, und zweimal fanden sie nichts und kehrten unverrichteter Dinge zurück. Da machte sich der König selbst auf den Weg. Wifil riet den Knaben, sie sollten sich sofort in ihrem Erdhaus verstecken, wenn er laut nach seinen Hunden Hopp und Ho rufe. Als Frodi kam, führte man Wifil zu ihm. Der König sagte, du bist sehr zauberkundig und schlau. Sage mir, wo die Königssöhne sind, denn du weißt es. Der Mann antwortete: „Grüß Gott, mein Herr. Haltet mich nicht auf, denn der Wolf will meine Herde zerreißen." Der Mann rief gar laut: „Hopp und Ho, gebt auf meine Herde acht, denn ich kann sie jetzt nicht beschützen." Der König sprach: „Was rufst du da?" Der Mann antwortete: „Meine Hunde heißen so. Aber sucht nun, Herr, wie es euch gefällt. Ich glaube zwar nicht, daß die Königssöhne hier gefunden werden, und es wundert mich sehr, daß ihr glaubt, ich wollte die Leute vor euch verbergen." Der König war sehr böse und drohte dem Wifil das Leben zu nehmen. Er konnte sich aber doch nicht dazu entschließen und kehrte nun auch zurück, ohne daß er etwas gefunden. Wifil aber sah, daß er die Kinder nicht länger auf der Insel verstecken konnte, und er schickte sie deshalb zu dem Mann ihrer Schwester Signy, dem Jarl Sefil, dort nannten sie sich Ham und Hrani. Der Jarl wußte nicht, welcher Herkunft sie waren, sie blieben aber drei Jahre bei ihm.

Frodi entbot den Jarl, dem er mißtraute, zum Gastmahl, im Gefolge ritten auch die beiden Halfdansöhne, sie stellten sich närrisch, vermummten sich mit großen Mänteln, ritten auf elenden Pferden, und Helgi setzte sich rückwärts aufs Roß. Da fiel dem Hroar sein Hut vom Haupt, und Signy erkannte den Bruder und sagte es weinend ihrem Gemahl. Sefil stellte sich zornig gegen die Burschen und wollte sie heimschicken; sie aber liefen doch mit in die Halle und trieben dort ihre Narrheiten weiter. Dem Frodi ahnte immer noch Unheil, er gebot deshalb einer Wölwa (zauberkundige Frau) zu sagen, was sie von Halfdans Söhnen wisse. Sie gähnte und lallte halb im Schlaf die Verse, daß ihr die beiden verdächtig schienen, die hinten am Herde hockten, die hätten früher bei Wifil gehaust und Hopp und Ho geheißen. Da warf ihr Signy einen Goldring zu; sie verstand und sagte, was ihr da auf die Zunge gekommen, das sei falsch. Frodi wurde zornig, schöpfte Verdacht gegen Signy, die ihren Platz verlassen, und gebot der Zauberin bei Androhung von Martern noch einmal, sie solle bekennen, was sich ihr offenbart. Da entschloß sich die Frau, die Pläne der beiden anzudeuten und ihre Kühnheit zu schelten, dann lief sie rasch aus der Halle. Die beiden Burschen erkannten, was sie wollte, und liefen ihr nach. Frodi rief, man solle sie verfolgen, doch Regin, ihr Erzieher, löschte die Lichter. In der Dunkelheit fielen die Männer, auch hielten einige, die den Entflohenen günstig gesinnt waren, die anderen zurück. Der König merkte das wohl und verhieß Rache, aber nun, sagte er, werden die Entkommenen froh sein, daß sie entwischt sind. Wir brauchen sie nicht zu fürchten und wollen trinken, solange der Abend währt. Regin ging zu den Schenken und seine Freunde auch. Sie sorgten für reichliche Trunke; bald fielen die Leute des Königs in schwerem Rausch zu Boden, einer lag über dem anderen, und sie schliefen ein.

Des Nachts ritt Regin zu den beiden Burschen in den Wald, er mußte sich aber zornig stellen, auch durfte er nicht mit ihnen reden, da er dem König Frodi die Treue gelobt hatte. Darum redete er wie zu sich selbst, aber so, daß sie es hörten, und deutete ihnen an, sie möchten Frodis Halle anstecken bis auf einen Ausgang für ihre Freunde. Da legten Helgi und Hroar das Feuer, der Jarl Sefil aber kam heraus, ihnen zu helfen.

König Frodi erwachte nun in der Halle, seufzte laut auf und sprach: „Ich habe einen Traum geträumt, Männer, der nichts Gutes bedeutet; ich will ihn euch sagen. Ich träumte, daß mir schien, als würden wir gerufen, und da wurde gesagt: ,Nun bist du heimgekommen, König, und deine Mannen', mir war, als ob ich antwortete und sehr zornig: ,Heim? Wohin?' Da kam die Antwort, und sie war mir so nah, daß ich den Atem des Rufenden spürte: ,Heim zur Hel' sagte die Stimme, und da erwachte ich." In dem Augenblick hörten sie, wie Regin sprach und zu sagen schien, daß des Königs Schmiede, die War hießen, Nägel schmiedeten. In Wahrheit deutete er an, daß die Vorsichtigen (War heißt Vorsicht, und die Vorsichtigen sind Hroar und Helgi) ihre Pläne nun ausführten und daß ein Vorsichtiger (Regin selbst) einen anderen Vorsichtigen (den König Frodi) warnte. Mit dieser List half sich Regin aus seiner zwiespältigen Lage, denn er mußte den König warnen und wollte ihm doch die Halfdansöhne, die er liebte, nicht ausliefern. Die Krieger des Königs ahnten den Doppelsinn nicht, wohl aber Frodi, er ging nach der Tür. Da stand die Halle schon in Flammen. Nun wollte Frodi sich mit Helgi und Hroar versöhnen: Unziemlich sei, sagte er, daß ein Verwandter den anderen erschlage. Die Halfdansöhne fragten ihn aber höhnisch, ob er das bedacht hätte, als er den Bruder erschlug, und sie trieben ihn in die Halle zurück, darin mußte er und sein ganzes Gefolge verbrennen. Alle wurden aber gerettet, die dem Hroar und Helgi freundlich gewesen.

In dieser Sage spürt man wohl noch den heroischen Kern, aber man fühlt, daß die Glieder der Handlung sich verschoben haben, und wird durch ein Zuviel der Ereignisse beunruhigt. Auch Zauber und Traum sind uns in dieser Art in der Heldendichtung bisher noch nicht entgegengetreten, ebensowenig haben wir so kunstvollen Doppelsinn kennengelernt. Die Sage enthält einige Strophen, das werden – ähnlich wie bei dem Lied von der Hunnenschlacht in der Herwararsage – die Reste des alten Liedes sein, aus dem sich dann der Bericht in der Sage von Hrolf Krati entwickelte. Wir versuchen nun im Anschluß an die Forschungen anderer die Hergänge dieses Liedes aus unsrem Bericht herauszuholen.

Die Sage von Hrolf Krati verdoppelt und verdreifacht die Ereignisse. Drei Männer, Wifil, Sefil und Regin, schützen die Knaben, dreimal suchen sie Frodis Mannen und Frodi bei Wifil, zweimal müssen Zauberer sie erspähen, zuerst bei Wifil, dann in der Halle selbst, und in der Halle wird die Enthüllung der Seherin noch unterbrochen. Der Zweck dieser Häufungen ist deutlich, sie wollen den Stoff mehren und abwechslungsreich machen, und sie wollen die Spannung erhöhen. Bei Wifil und Sefil entdeckt Frodi beinahe die Knaben. In der Halle glaubt er sie schon zu halten, dann meint er, als sie entflohen sind, er habe endlich vor ihnen Ruhe. Da aber warnt ihn Regin, und dann ist es zu spät. Immer sind die Knaben wie eine Drohung des Schicksals um den Missetäter, immer will er sie vernichten, und es gelingt ihm nicht, und als er sich von ihnen wenigstens befreit glaubt, zeigen Träume und Warnungen die Rache an, und er erliegt doch seinem Verhängnis. Diese Art, eine Spannung auszukosten und zu dehnen und eine reiche Handlung mit ihr zu verbinden, ist aber nicht die Art der Heldensage, es ist vielmehr die der Volkserzählung und des Märchens. Dies gewann nun, wie wir schon wissen, erst seit dem elften Jahrhundert immer mehr an Boden. Dem alten Lied werden wir uns daher nähern, wenn wir versuchen, die Doppelung und Dreiheit in die Einfachheit zurückzuverwandeln, aus der sie hervorgingen, und das ist nicht so schwer.

Die Weissagung der Seherin in der Halle, als die wirkungsvollste, wird z.B. die ältere gewesen sein, und die mit Wifil zusammenhängende recht gehäufte Zauberei nach ihrem Muster später gebildet. Wer von den drei Beschützern der Knaben war aber der eigentliche und der echte?

Der Jarl Sefil schwerlich; er ist der Überflüssigste, und gerade die Episode bei ihm zeigt eine sehr deutliche märchenhafte Zutat. Die Motive, die Knaben hätten wohl Grind auf dem Kopf (so heißt es einmal in der Sage) und das Rückwärtssitzen auf einem elenden Klepper stammen nämlich aus dem im ganzen Mittelalter sehr beliebten Märchen vom Grindtopf oder vom Goldener. Das erzählt uns, wie ein verlachter und verachteter Grindtopf sich später in den herrlichsten Helden verwandelt. In der Sage, im Zusammenhang der Handlung haben die Narreteien keinen Sinn, denn der Jarl und die Seinen wollen ja den Burschen wohl, und diese brauchen sich deshalb gar nicht zu verstellen.

Der schlaue Wifil mit seinen Zauberkünsten ist eine Figur, wie die isländische Sage sie sehr liebt, der Heldensage ist sie fremd. Dieser Beschützer wird auch erst in Island in unsere Rachesage geraten sein.

Dagegen Regin gehört in die Heldendichtung. In seiner Brust spielt sich ein Konflikt ab, wie ihn die Heldendichtung uns so oft schildert, der zwischen der erzwungenen Treue zum ungeliebten Herren und der natürlichen Treue und Liebe zum hingemordeten Fürsten und seinen Kindern. Saxo Grammaticus in seiner Erzählung von der Vaterrache kennt denn auch wirklich nur den Regin als Beschützer der Knaben. An einer Stelle ist Saxos Bericht reicher als die isländische Saga, und er hat sich hier wohl auch mit Märchenschmuck geputzt. Bei Saxo haben nämlich der Beschützer der Kinder und seine Freunde, damit Frodi fest an den Tod der Burschen glaube, sich Wolfsklauen an die Sohlen gebunden, mit denen sie über den Schnee hin und her laufen. Dazu haben sie die Leichen von Sklavenkindern zerstückelt auf den Schnee geworfen. Nun sind alle davon überzeugt, daß die unglücklichen Kinder von Wölfen zerrissen wurden, nur Frodi glaubte daran nicht.

Trotz dieser Zutat und trotz anderer Irrtümer, die wir im einzelnen hier nicht erwähnen können, gibt Saxo aber in verschiedenen Fällen die bessere und ältere Form der Saga. Mit seiner Hilfe ist es daher möglich, den Inhalt unseres Heldenliedes, von dem wir allerhand spätere Anwüchse schon abtrennten, ungefähr folgendermaßen herzustellen.

Regin schützte Halfdans Söhne, verbarg sie auf der Insel im Erdhaus und rief sie mit Hundenamen. Der König aber fing den Regin und entdeckte die Knaben. Auf die beschwörenden Vorstellungen von Regin ließ er sie frei, doch nur unter der Bedingung, daß jener es dem König anzeigen müßte, wenn die Knaben einen Anschlag gegen ihn führten. Als sie herangewachsen, eilten Halfdans Söhne in Frodis Halle, um ihre Rache zu vollbringen. Sie stellten sich närrisch (oder sie verkleideten sich?), wurden aber halb entdeckt von der Seherin, der sie dann selbst Geld zuwarfen, damit sie in ihren Enthüllungen innehalte, und flohen in den Wald. Dort gab ihnen Regin, der sie nach jahrelanger Trennung in der Halle wiedergesehen, den verhüllten Rat, die Halle zu verbrennen. Darauf warnte Regin den König, doch dieser schlief. Als er aufwachte, erzählte er seinen Mannen seinen Traum, die erinnerten sich nun der Warnung Regins (so ist die richtige Reihenfolge bei Saxo), aber nun war es zu spät, und den Mörder ereilte sein Schicksal. – Dies Lied war reich an mächtigen, dramatischen Szenen. Wie stark und groß muß es die erste Entdeckung der Knaben, die wieder zurückgenommene Enthüllung der Seherin, die doppelsinnige Warnung Regins und den finsteren Traum des Königs geschildert haben. Und wie gut kamen in diesen Vorgängen die Angst, die Gewissensbisse, die Feigheit und die Falschheit des Königs zur Geltung! Sie kontrastierten kräftig genug mit der unwandelbaren und doch so ränkevollen Treue Regins.

Die Entstehungszeit des Liedes war vielleicht die zweite Hälfte des zehnten Jahrhunderts, denn damals spielt ein anderes Lied auf die Rache von Helgi an. Die für uns so neue Liebe zu Zauber, Traum und Doppelsinn würde auf Island als Heimat weisen. Aber volle Sicherheit geben diese Kennzeichen nicht.

Vaterrache, Überfall und Saalbrand sind nun Vorgänge, die uns die germanische Sage immer von neuem vorführte, und so stellt sich die Frage: Stammt dies Lied von den Halfdansöhnen wie die anderen großen Schildungenlieder aus der germanischen Zeit? Da wir kein bestimmtes Zeugnis darüber haben, muß diese Frage offen bleiben. Ja, wir müssen mit Nachdruck auf die Möglichkeit hinweisen, daß kein germanisches Lied bestand, und daß aus den damals oft besungenen, allen bekannten Motiven der alten Helden-dichtung der isländische Dichter des zehnten Jahrhunderts ein neues Lied schuf.

Wir trennen uns nun von den Liedern und Sagen über die Schildungen, nachdem wir einige ihrer größten und schönsten zu schildern und zu verstehen suchten. Freilich konnten wir in das vielfältige Geäst ihrer Überlieferung und Nachwirkung nicht hinein-steigen, obwohl uns gerade dies in so vielen bezeichnenden

Einzelheiten gezeigt hätte, wie lebendig im Norden diese Dichtungen waren und wie sie immer wieder andere Formen gewannen. Doch erklärten uns die Lieder und Überlieferungen von Starkad, Hrolf, Helgi und Hroar jedes von neuem die tieferen Bedingungen ihres langen Lebens und ihres langen Ruhmes. Sie stellten in leuchtenden Bildern, in unvergeßlichen, leidenschaftlichen Vorgängen die bleibenden Vorbilder des Heldentums vor die Augen einer vom Heldengeist durchwehten Zeit. Diesen Idealen gaben sie eine menschliche Wahrheit und Lebensfülle, einen immer wechselnden Reichtum, der sie mit den wirklichen Helden immer von neuem verschmelzen mußte und der vielen Generationen ein Duell der Erfrischung war.

304.
Amleth

Die Sage von Amleth besitzen wir in der ausführlichen Darstellung des Saxo Grammaticus.

Horvendill (deutsch Drendel, nord. Aurwandil), ein leuchtend tapferer Held, besiegte den Coller im Zweikampf auf einer lieblichen Insel und sorgte für sein ehrenvolles Begräbnis. Seine Gemahlin war Gerutha (deutsch Gertrud) und sein Sohn Amleth. Der Bruder Fengo neidete dem Horvendill sein Glück, tötete ihn und führte seine Frau Gerutha heim.

Amleth, dem die Aufgabe der Vaterrache zufiel, stellte sich blödsinnig, damit ihn der König für ungefährlich hielte und damit er seine Rachepläne in Ruhe schmieden könnte. Es regte sich wohl am Hof des Fengo der Verdacht, daß Amleth klug und verschlagen sei, doch wußte er seine Feinde immer von neuem durch Beweise der Narrheit zu täuschen, nur sagte er jedesmal in der Hülle des Unsinns die Wahrheit. So saß Amleth einmal am Herd, wühlte mit den Händen in der Asche, schnitzte hölzerne Pflöcke und härtete sie am Feuer. Auf die Frage, was er treibe, antwortete er, er verfertige Pfeile zur Rache für seinen Vater. Alle lachten, aber die Pflöcke waren ihm später bei seinem Rachewerk wirklich von Nutzen. Nun wollt man den Amleth durch ein schönes Mädchen verführen und dadurch zeigen, daß er ein natürlicher Mensch war wie die anderen und kein Verrückter. Jedoch ein Milchbruder ging mit, um ihn zu warnen, und der Jüngling setzte sich verkehrt aufs Pferd, so daß alle lachten, und gebärdete sich närrischer als je.

Seine Begleiter sagten, als sie einen Wolf sahen, das sei ein Füllen. Amleth erwiderte: Davon sind zu wenig im Gestüt meines Oheims. Die Begleiter sahen dann ein großes Ruder eines gestrandeten Schiffes. Das sei ein sehr großes Messer, meinten sie. Damit kann man freilich einen sehr großen Schinken schneiden, antwortete Amleth und meinte mit dem Schinken das Meer. Den Sand nannten seine Begleiter Mehl, Amleth erwiderte: Er sei gewiß von den weißlichen Meerestürmen gemahlen (hier ist ein Wortspiel, im Nordischen heißt mjöl das Mehl und melr der Sand).

Als Amleth das Mädchen bewältigen wollte, warnte ihn sein Freund durch eine Bremse, an deren Hinterleib er einen Strohhalm befestigt hatte. Das sollte, wie man sagt, bedeuten, daß Aufpasser in der Nähe stünden. Deshalb schleppte der Jüngling das Mädchen dahin, wo keine Menschen waren, und vollbrachte dort an ihr seinen Willen. Da sie ihn liebte, versprach sie ihm gern Schweigen. Amleth sagte zu Hause, er habe das Mädchen beschlafen und dabei auf dem Huf eines Pferdes (das ist die Blume Huflattich, sie heißt im Dänischen Pferdehuf), einem Hahnenkamm (das ist wieder die Blume) und dem Tafelwerk eines Daches (das ist Schilf) geruht. Alle lachten und verstanden nicht den Doppelsinn. Das Mädchen aber beteuerte, Amleth habe ihr nichts getan, und man glaubte ihr. Dem freundlichen Warner sagte Amleth auf seine Weise seinen Dank.

Nun wollten den Jüngling seine Feinde dadurch überführen, daß sie ihn seiner Mutter gegenüberstellten und dabei durch einen Späher belauschen ließen. Amleth stellte sich, als er die Mutter sah, ganz toll. Er sprang wie ein Hahn auf das Stroh, unter dem der Lauscher versteckt lag, spürte ihn, durchbohrte ihn, zerstückelte ihn und warf die Stücke durch den Abtritt dann den Schweinen zum Fraß vor. Darauf schmähte er seine Mutter mit den entsetzlichsten Vorwürfen und schalt sie wegen ihrer tierischen Lüsternheit. Als er gefragt wurde, ob er jenen Späher nicht gesehen, antwortete er achselzuckend, jener sei in die Kloake gefallen, im Kote dort versunken und von den Schweinen schließlich gefressen worden.

Fengo schickte den Amleth, dessen Wesen ihm unheimlicher und unheimlicher wurde, nun nach England. Seinen Begleitern gab er Briefe mit, des Inhalts, daß der König von England ihn töten sollte. Amleth fand die Briefe; er schabte aber die Schriftzeichen fort und schrieb darauf, seine Begleiter sollten getötet werden. Am Hofe des Königs behauptete Amleth nach dem Essen, das Brot sei blutig gewesen, der Wein habe nach Eisen geschmeckt, das Fleisch habe nach Leichen gerochen, der König habe Knechtsaugen und die Königin drei Gewohnheiten von Mägden. Alles stellte sich bei genauen Nachforschungen als richtig heraus. Der englische König gab nun dem Amleth seine Tochter zur Ehe, die Begleiter ließ er aufhängen. Zur Sühne, als Wergeld, empfing Amleth Gold, das er im Feuer schmelzen und in ausgehöhlte Stöcke gießen ließ.

Nach einem Jahre genau kehrte Amleth zurück, als des Königs Mannen gerade seine Leichenfeier lärmend begingen, so hatte er es mit seiner Mutter verabredet, und sie hatte über die Decke der Halle ein Gewebe gespannt. Das anfängliche namenlose Erschrekken und die Bestürzung, als vor den Halbberauschten der Totgeglaubte plötzlich erschien, wich bald dem Übermut der Trunkenheit. Man fragte den Amleth nach seinen Begleitern, da zeigte er die Stöcke, und dieser Einfall wurde wieder mit Jubel begrüßt. Darauf berauschte Amleth die Edelinge ganz, ließ das Netz, das seine Mutter gespannt, von der Halle herunter, verwirrte es durch die Pflöcke, die er vorher gehärtet, in das Unauflösliche und legte Feuer an den Saal, in dem nun alle Mannen verbrannten. Danach begab er sich in das Schlafgemach seines Oheims, nahm dessen Schwert und befestigte an dessen Stelle das eigene, bei dem man ihm, damit er sich nicht damit schade, durch Scheide und Schwert einen Nagel geschlagen. Amleth weckte den Oheim, zeigte ihm die brennende Halle; nun begehre er die Rache für seinen Vater. Fengo sprang auf, vergeblich suchte er das Schwert aus der Scheide zu ziehen und erhielt den Todesstoß.

In dieser seltsamen und großartigen Dichtung werden wir wie bei der von den Halfdansöhnen durch die Fülle der Ereignisse und durch die vielen Doppelsinnigkeiten zuerst verwirrt. Auch erkennen wir wie dort das Bestreben, eine abwechslungsreiche Handlung zu bilden und die Spannung zu dehnen, dazu die Absicht, die

Klugheit Amleths überall zu erhöhen. Überhaupt sind im Inhalt und in der Entwicklung die Ähnlichkeiten zwischen Amleth und der Geschichte von Helgi und Hroar auffällig genug. Hier wie dort vorgebliche Narrheit, eine immer sich verschiebende und endlich ausgeführte Rache am Mörder des Vaters, am Oheim, Doppelsinn der Worte und Märchenmotive. Aber auf engere Verwandtheit führen diese Übereinstimmungen nicht. Sieht man näher zu, so fehlen dem Amleth Zauber und Traum und Regin, und es fehlen bei den Halfdansöhnen das Mädchen und die Mutter. Auch der Wahnsinn äußert sich in beiden Geschichten anders, er verbindet sich mit der von Amleth viel organischer. Beide Sagen gehören zum großen Geschlechte der Rachesagen; es war fast gesetzmäßig, wenn sie sich bei dem gleichen Volk und zu gleicher Zeit ähnlich entwickelten.

Wir sind nun auch bei der Amlethsage zu dem Schluß berechtigt, daß ein älteres, einfacheres Lied zugrunde liegt, und daß seine Vorgänge in der Pflege späterer Erzähler sich wuchernd vermehrten. Die späten Zutaten abzuschälen und das Lied selbst, das die Anspielung eines Skalden vielleicht in das Ende des zehnten Jahrhunderts weist, wieder herzustellen, ist keine ganz unlösbare Aufgabe, wenn auch viele Einzelheiten ungewiß bleiben. Unter den Zutaten sind einige märchenhaft. Von der Briefvertauschung und von Amleths Scharfsinnsproben am Hof des englischen Königs hat die Forschung so gut wie sicher gemacht, daß sie vom Orient stammen und nicht vor dem elften Jahrhundert in unsere Sage kamen, und zwar die Scharfsinnsproben nach Dänemark. Auch ein Wortspiel, das mit dem Pferdehuf, dem Hahnenkamm und dem Dachtafelwerk, bringt einen dänischen Pflanzennamen und klingt, in seiner Freude an krausem und buntem Doppelsinn, nach dem Märchen. Ebenso möchte man die närrische, tolle Grausamkeit Amleths gegen den Lauscher eher eine kindische Märchengrausamkeit nennen als Grausamkeit einer heroischen Sage. Daß Amleth wie Aschenbrödel am Herde hockt und sich in seiner Narrheit verkehrt auf das Pferd setzt, diese Motive schmücken viel Erzählungen, werden also auch bei uns eine späte Ausschmückung sein. Als eine Einfügung, die im Organismus der Rachefrage keine Bedeutung hat und nur die Mannigfaltigkeit der Begebenheiten ins

Romantische steigern soll, erscheint uns schließlich die Verführung des Mädchens. Wir dürfen sie ebenfalls abtrennen.

Andere Motive der Amlethsage sind der klassischen Sage von Brutus entnommen. Sie deuten auf einen Erzähler gelehrter Bildung, der eine germanische Sage aus der klassischen Überlieferung bereichern wollte. In der Brutussage, wie Livius sie uns erzählt, stellt sich Brutus dumm, weil er den Nachstellungen seines königlichen Oheims entgehen will, der ihm den Vater getötet. Brutus wird dann den Söhnen des Tarquinius als Spaßmacher beigegeben. In Delphi opfert er einen einfachen Reisestab, der aber im Innern einen goldenen Stab birgt, er opfert ihn als Symbol seines Geistes. Diesen Stab nahm also der Erzähler, den der töricht sich gebärende Brutus an seinen Amleth erinnerte, in unsere Dichtung. Doch ließ er das Motiv nicht unverändert, sondern glich es künstlich, wenn auch nicht ungeschickt, der germanischen Anschauung an: bei ihm ist das Gold im Stab Wergeld für die Erschlagenen. Schließlich fügte er die Stäbe mit großer Kunst in den Organismus der Dichtung: die Antwort Amleths, meine Gefährten sind diese Stäbe, gab den erschrockenen und verstörten Mannen des Königs die Sorglosigkeit zurück.

Das Geschick, die Gelehrsamkeit und die Kunst in diesem Brutusteil machen wahrscheinlich, daß sein Einfüger ein Isländer war.

Alsdann begegnen wir in Saxos Bericht einer Menge von Doppelsinnigkeiten und Wortspielen. Sie weisen auf einen isländischen Skalden als Dichter, und ein oder zwei davon waren gewiß dem früheren isländischen Liede eigentümlich; später haben sie sich vermehrt. Das erste Wortspiel ist das mit den Pflöcken, der Pflock heißt im Nordischen nämlich krokr, und krokr heißt zugleich die Nachstellung, das zweite ist das von mjöl Mehl und melr Sand, dann kommen die Vergleiche vom Wolf und Füllen, von Messer und Ruder, von Meer und Mühle. Der letztere, der vom Meer, ist einem isländischen Skalden des zehnten Jahrhunderts bekannt, er nennt das Meer Amleths Mühle.

Die für uns nicht ganz klare Warnung durch die Bremse ist ebenfalls in der Manier der Skalden. Auch die Szene von Amleth und seiner Mutter, die dann Saxo durch seine Rhetorik und sein

Pathos etwas aufdonnerte, hat in der nordischen Dichtung ein Gegenstück. In der Dichtung von den Schildungen tritt einmal Hrolf seiner Mutter Yrsa, die sich mit dem geizigen Adils vermählt, ähnlich entgegen wie Amleth der Gerutha. Die isländische Dichtung mag deshalb die Mutterszene enthalten haben.

Wir gelangen nun etwa zu diesem isländischen Lied: Amleth, dem Fengo den Vater erschlug, und mit dessen Mutter er sich vermählte, stellt sich blöde und neckt den König durch doppeldeutige Worte. Der Mutter tritt Amleth mit strafenden Worten gegenüber und macht sie zu seiner Verbündeten. Dann verläßt er, weil Fengos Verdacht wächst, den Hof des Königs und geht nach England. Als man ihn tot glaubt, kehrt er bei einem Gelage zurück, verbrennt die Mannen des Königs und tötet den Wehrlosen, dem er das Schwert vorher geraubt.

Dies isländische Lied erweiterten und bereicherten isländische Erzähler durch künstliche und gelehrte Zutaten, dann ist es wohl nach Dänemark gewandert und hat sich dort mit dem Schmuck des Märchens geschmückt.

In dem isländischen Lied erkennen wir noch eine schöne, mächtig anschwellende Steigerung. Zuerst erscheint der Bursche, den alle verlachen und doch ein wenig fürchten. Dieser Amleth wächst vor unseren Augen, tritt der Mutter strafend gegenüber, gewinnt ihre mächtige Hilfe, und dann, unbarmherzig wie das Schicksal selbst, rächt er den Vater. Vor allem die Schlußszene: Amleths Erscheinung und Rache ist von einer grandiosen dramatischen Wirkung. Der Jüngling, den sie tot glaubten, steht leibhaftig unter den halbberauschten Mannen, die lachend und mitleidig von ihm reden: Er verbrennt die trunkenen und zeigt dem wehrlosen König, bevor er ihn erschlägt, mit einer wilden Gebärde die brennende Halle.

Nun meldet sich wieder, gebieterischer noch als bei der Dichtung von den Halfdansöhnen, die alte Frage: War das isländische Lied von Amleth die Umdichtung eines germanischen, genauer eines dänischen Liedes des siebenten Jahrhunderts, da es ja von dänischen Königen singt? Da wiederum jedes äußere Zeugnis fehlt, werden wir eine Gewißheit auch hier nicht erreichen. Wir können nur sagen, daß die Verwandtschaft von Amleth mit den

Liedern der Völkerwanderung enger ist als die des Liedes von den Halfdansöhnen. Die große Erscheinungsszene am Schluß ist, wie wir bald erfahren werden, der Szene, wie Ermanarich überfallen wird, ähnlich. Wir dürfen auch an die Geschichte von Chlotar erinnern, wie er sich dem Feinde zeigt, der ihn tot glaubt. Fengos Tod, dem man die Waffe nahm, entspricht dem Tod des gotischen Turismod und dem Alboins. Wie bei Alboin verbindet sich auch bei Amleth eine Frau mit dem Rächer, um den Helden ganz wehrlos zu machen, dem der Tod bestimmt ist.

Von Amleth als König erzählt Saxo Grammaticus noch mancherlei, breit, märchenhaft und indem er schon einmal verwandte Motive wiederholt. Auch in Island hat die Sage von Amleth weiter gelebt, im sechzehnten und siebzehnten Jahrhundert erscheint sie dort als Märchen und erhielt sich bis zur Gegenwart. Die dummen und klugen Antworten und die Narrenstreiche sind das Rückgrat dieses Märchens geworden, sein Held heißt Brjam. Vor allem aber hat Shakespeare, wie jedermann weiß, den Bericht des Saxo zu seinem Drama umgebildet. Die alte Dichtung war ein treues und wildes Abbild der Sitten und der Welt unserer Vorfahren, ihrer Rache, ihres Heldentums und ihrer Verschlagenheit. Shakespeares Drama gibt das Bild der Germanen, in deren Brust mit dem Christentum und seinen Zweifeln die Feigheit des Gewissens, des Gedankens Blässe und die Furcht vor der anderen Welt lähmend, quälend und vernichtend einzog, während die Sehnsucht nach dem großen, ungebrochenen Heldentum der Vorfahren niemals erlöschen kann.

305.
Ermanarich

Wir haben gehört, daß die Sage vom Totenkönig Ermanarich im Norden vom neunten bis zum dreizehnten Jahrhundert berühmt war. Von den Liedern, die den Tod der armen Swanhild und die Rache besangen, die ihre Brüder an Ermanarich nahmen, ist uns das großartigste, das Lied von Hamther, in der älteren Edda erhalten, leider nicht ganz vollständig und auch nicht einheitlich, anscheinend hat ein Skalde des zehnten Jahrhunderts zwei Lieder zusammengeschmolzen und bearbeitet. Wir geben das Lied hier, wie wir es haben, mit ganz wenigen Ergänzungen und Aufscheidungen.

In grauer Vorzeit, die ältesten Dinge sind jung dagegen, da reizte Gudrun, Gjukis Tochter, ihre jungen Söhne, die Swanhild zu rächen.

„Was sitzt ihr still, was verschlaft ihr das Leben, verdrießt euch das nie, Heiteres zu schwatzen? Und Jörmunrek ließ doch eure Schwester im zarten Alter durch Pferde zertreten!

Einsam bin ich geworden wie die Espe im Wald, verlassen von den Meinen, wie die Föhre von Zweigen, an Freuden leer, wie die Weide am Laub, auf die brannte die Zweigschädigerin (das ist die Sonne) am heißen Tag.

Allein lebt ihr von meinem Geschlecht, eure Ahnen Helden, ihr seid Memmen!

Ihr gerietet nicht wie Gunnar geriet, ihr seid nicht gesinnt, wie Högni es war, sonst hättet ihr doch ihr Leid gerächt, wenn den Mut ihr hättet meiner Brüder."

Da sprach dies Hamther, der Hochgesinnte: „Du lobtest wenig, Gudrun, die Tat des Högni, als sie deinen Sigurd vom Schlafe weckten. Auf dem Bette lagst du, doch die Mörder lachten.

Deine Bettücher waren, das weiße Linnen, von Wunden gerötet, vom Blut überströmt. Da starb dir Sigurd, du saßest beim Toten. Dein Glück war zerbrochen, so wollte das Gunnar.

Atli wolltest du treffen durch Erps Ermordung, durch Eitils Ende, doch dich trafst du schlimmer. So schwinge jeder das schneidende Schwert, zum Ende der andern, nicht zum eignen Schaden."

Da sprach dies Sörli, weisen Sinnes: „Laßt uns mit der Mutter nicht Worte wechseln, eins hat keiner von euch gesagt; was du Gudrun erbittest, das wird Unglück erzeugen.

Um deine Brüder klagst du, um deine Kinder, dein nächstes Geschlecht, das im Streit dir gefallen. Du wirst auch, Gudrun, uns beide beweinen. Wir sitzen dem Tode geweiht auf den Rossen, fern von der Heimat müssen wir sterben.

Bringt uns die Waffen des Hunnenkönigs! Du hast uns gereizt, das Schwert entscheide."

Lachend wandte sich Gudrun zum Hause, aus den Schreinen

hob sie stolze Helme, breite Brünnen und gab sie den Söhnen. Die schwangen sich stolz auf den Rücken der Rosse.

Da sprach froh des Ruhmes zu ihren Söhnen die schöne Frau mit den schmalen Fingern, sie stand bei den Helden: „Gefahr ist nur, wenn Gehorsam nicht ist, bewahrt das Schweigen bei eurem Kampf. Dann überwinden zwei Helden auch tausend.“

Sie ritten vom Hause, schnaubend vor Zorn, und ritten weit über feuchte Gefilde auf schnellen Pferden, den Mord zu rächen.

Unterwegs sehen beide ihren Stiefbruder Erp, der ihnen seine Hilfe anbietet. Sie schlagen sie aus. „Was kann denn der braune Knirps uns helfen?“

Erp antwortet: „So will ich den Brüdern Hilfe leisten, wie die sehnige Hand der andern hilft oder wie ein Fuß dem andern Fuße.“

Die Brüder erwidern: „Was hilft der Fuß denn dem andern Fuße oder die sehnige Hand der andern?“

Erp gab ihnen noch eine Antwort und wiegte sich stolz auf Rosses Rücken. „Was soll den Feigen den Weg ich weisen?“ Da riefen die Brüder: „Schweig’, du Bastard!“

Aus der Scheide flogen die scharfen Schwerter, die Klingen blitzten, es lachte die tückische Todesgöttin. Um ein Drittel schwächer ward ihre Kraft, sie schlugen den jungen Burschen nieder.

Sie schüttelten die Mäntel, festeten die Schwerter und schmiegten sich fröstelnd in die Gewänder.

Es dehnten sich weit vor ihnen die Straßen, und sie fanden ihren Weg des Unheils, der Schwester Stiefsohn verwundet am Baume, am windkalten Wolfsbaum (das ist der Galgen), im Westen des Hauses. Um ihn kroch die Speise des Kranichs (das ist die Schlange), schlimm war der Anblick. (Der am Galgen hing, war Randwer, der Sohn des Jörmunrek. Der Vater ließ ihn hängen, weil sein böser Ratgeber Biffi den unglücklichen Jüngling verklagte, er liebe seine Stiefmutter.)

Lärm war in der Halle, bierfroh die Mannen, sie hörten nicht der Helden Hengste, da stieß der beherzte Wächter ins Horn.

Es sagten die Boten dem Jörmunrek eilends, man habe behelmte Männer gesehen, „Beratet euch rasch, es sind Helden, die kommen. Mächtigen Männern ließt ihr die Schwester zerstampfen von

Rossen."

Laut lachte Jörmunrek, drehte den Schnurrbart, strich sich den Wangenwald, Mut gab ihm die Trunkenheit, er schüttelte die Locken, sah auf den hellen Schild, schwenkte in der Hand den goldenen Becher.

„Glücklich will ich mich nennen, könnt' ich sie sehen, Sörli und Hamther, in meiner Halle. Ich bände die Burschen mit Bogensehnen; an den Galgen müßten Gudruns Söhne."

Die Halle erdröhnte, die Humpen stürzten, in ihrem Blute lagen die Männer, Blut entströmte der Brust der Goten.

Da rief Hamther, der Hochgesinnte: „Jörmunrek, du wolltest uns beide sehen, die Söhne einer Mutter in deiner Halle. Nun fliegen deine Hände und fliegen deine Füße, die abgehauen, ins heiße Feuer."

Da brüllte auf der Gottentstammte, der Held in der Brünne, wie der Bär nur aufbrüllt. „Wenn Schwerter nicht schneiden, noch eiserne Klingen, werft Steine auf sie, auf Jonaks Söhne."

Sörli sprach: „Schlimm war dies, Bruder, was entfuhr dir die Rede? Aus geschwätzigem Mund kommt böser Rat. Mut hast du Hamther, ach hättest du Sinn! Manches fehlt dem Mann, dem die Klugheit fehlt."

Hamther sprach: „Ab wär' nun das Haupt, wenn Erp noch lebte, der kühne Bruder, den wir erschlugen, der herrliche Held. Die bösen Nornen trieben zum Streit, wir vergingen uns am Kampfgeweihten. Nach Wolfes Art haben wir es getrieben, daß wir uns selbst anfielen im Kampfe, wie die gierigen, grauen Tiere der Nornen, die wilde Einöde sich gebar.

Wie Helden haben wir gekämpft, wir stehen über Goten, über Schwertgetroffenen, wie Adler auf Zweigen. Sterben wir heute, sterben wir morgen, der Ruhm bleibt unser. Wer erlebt den Abend, wenn die Norne es wehrt?"

Da fiel Sörli an des Saales Giebel, und Hamther fiel an der Wand des Hauses.

Die Sage von Ermanarich (Jörmunrek) ist im Norden in einen neuen Zusammenhang gestellt. Die Mutter der rächenden Helden ist die Gudrun der Nibelungensage, die Witwe Sigurds und Atlis. Nach nordischen Berichten hatte sie sich zum dritten Mal mit Jonak vermählt, sie wollte sterben und stürzte sich in das Meer, aber die Wellen trugen sie an das Land. Dem Jonak gebar die Gudrun eben den Sörli, den Hamther und die Swanhild. Diese wurde die Gemahlin Jörmunreks, der ließ sie von Rossen zertreten, und die Brüder mußten das rächen.

Der Gedanke, die Ermanarichsage derart an die Nibelungensage zu hängen, entsprang dem Kopf eines nordischen Dichters und ist nicht sehr glücklich. Was Gudrun erlebt hatte, war schlimm genug, wir gönnen ihr gern den Tod wie der deutschen Kriemhild. Es war aber die Art der Wikinger-Dichtung, das Unglück eines Menschen in das Übermäßige zu erhöhen.

Trotzdem ist diese Konzeption von dichterischer Größe und verwandelt das Schicksal der Gudrun in heldenhafte Tragik. Diese Frau verlor alle, die sie liebte, oder mußte sie in den Tod treiben. Nun zwingen sie die Gebote des Heldentums und der Rache, die letzten Söhne in ihr Verderben zu senden.

Damit stoßen wir auf die beherrschende Idee unseres Liedes: es schildert Geschlechter, die sich selbst vernichten. Ermanarich ist Gudruns Gegenbild. Wozu die Frau das Muß der heroischen Gebote treibt, dasselbe tut der Mann aus Schwäche, Grausamkeit und Tücke, er läßt die Gemahlin zertreten, den Sohn an den Galgen hängen und findet dann das verdiente schmähliche Ende. Er stirbt einen schauerlichen Tod, weil er Frau und Sohn so schimpflich enden ließ. Die Söhne aber der Gudrun erfaßt Verblendung und Verwirrung, und sie wüten nun auch gegen sich. Sie wissen, daß sie in den Tod reiten, die harten Worte der Mutter klingen in ihnen nach, als sie den Erp sehen. So fallen sie über ihn in bissigen Worten her, glauben sich von ihm verhöhnt und töten nun gerade den, ohne den sie ihre Rache nicht vollbringen können. Als sie dem Ermanarich Hände und Füße abgeschlagen, wirft der eine Bruder dem anderen in haßerfüllten Worten Geschwätzigkeit vor, und dieser gibt ihm zurück, daß sie beide an ihrem Ende Schuld seien. Dann erst, als es zu spät ist, erschrecken sie über den eigenen wölfischen Sinn und erheben sich zugleich über ihr Schicksal und sterben den Heldentod.

Unser Lied scheint die ganze Tragik des germanischen Heldentums noch einmal in wenige Strophen zu bannen, die Selbstvernichtung der Helden und das Heldentum, das aus der Vernichtung leuchtend emporsteigt.

Wie steht der Ermanarich des Liedes tückisch, feig, laut, grausam und trunken vor uns! Und wie lebendig ist Gudrun! Sie sieht nur ihr eigenes Leid und sonst nichts, versenkt sich darin, gerät in leidenschaftlichen Zorn und überhäuft ungerecht die Söhne mit wilden Vorwürfen. Der jähzornige, heftige und wortreiche Hamther und der klügere, gesetztere Sörli sind sehr gut gegeneinander gestellt. Es ist auch schön erfunden, daß gerade über Hamther, dessen natürliche Empfindung stärker ist als die des Bruders, die Erkenntnis der Verblendung kommt und daß er die wundervollen Verse über das Heldentum spricht.

In den ersten Strophen scheint Gudrun sich ganz in ihrem Schmerz und ihren Zorn zu verlieren, und der Wortwechsel mit den Söhnen will in unfruchtbare Vorwürfe ausarten. Da klingt das Thema des Liedes an, Sörli sagt zur Mutter: Du schickst uns in den Tod. Nun stößt der Dichter die Handlung vorwärts. Die Brüder reiten über die feuchten Gefilde, fallen bissig über den Stiefbruder und erschlagen ihn, Grauen packt sie, sei reiten weiter, da sehen sie den Sohn Ermanarichs am Galgen: Es ist wie eine düstere Prophezeiung, und sie stürzen vorwärts. In der Halle lärmen die Goten beim Gelage, die Warnung des Wächters kommt zu spät, der berauschte König lacht prahlerisch und stößt unsinnige Drohungen aus, die Mannen springen auf und sinken sofort, zu Tode getroffen, zu Boden, ein ungeheures Getümmel, das Blut strömt über den Boden, die Leichen fallen übereinander, Feuer fliegt in die Halle, dem König sind Hände und Füße abgehauen, und hohnlachend wirft sie Hamther in die Flammen. Da, als das schauerliche Schweigen des Kampfes aufhört und die wilden Schmerzen ihn peinigen, kommt der König zur Besinnung und erinnert sich des Zaubers und schreit auf, daß man die Helden steinigen solle, da Eisen sie nicht verletze. Noch einmal lodert die Zwietracht zwischen den Brüdern auf, dann steht ihr ganzes Heldentum groß und frei vor uns, und ganz einfach, etwa wie eine Chronik, schließt der Dichter seinen Bericht.

Die Kunst der Charakterisierung und des Aufbaues in unserem Lied gründet sich, wie man leicht erkennt, auf die Kunst der

Völkerwanderung. Wir sehen auch die Unterschiede, das Tempo ist noch rascher und abgerissener, zwischen den einzelnen Strophen fehlt bisweilen die Verbindung. Der Dichter beschränkt sich auch nicht auf die Erzählung, mit einer gewissen Eitelkeit legt er uns seltsame und gekünstelte Vergleiche vor, schildert anschaulich das Aussehen und die Bewegungen seiner Helden, versenkt sich in ihre Empfindungen, geht zurück in die Vergangenheit und wirft ahnende Blicke in die Zukunft, auch versucht er unser Grauen zu wecken. Man erkennt, daß der Weg, den seine schon allzu bewußte Kunst geht, zum Virtuosentum führt.

Schon im Anfang des neunten Jahrhunderts hatte sich ein Skalde an der Ermanarichsage versucht, der berühmte Bragi in seiner Ragnarsdrapa. Hier fehlt die Aufreizung der Gudrun, das Gedicht beginnt mit dem Überfall. Auch Erp tritt nicht auf; dagegen ist die Verbindung von der Nibelungensage und Ermanarichsage dem Dichter schon bekannt. Die Ragnarsdrapa ist dem Hamtherliede sehr ähnlich, und sie wurde wohl von seinem Dichter benützt. Allerdings steht Bragi in einer anderen künstlerischen Tradition, er beschreibt nur und erzählt und charakterisiert nicht durch Rede und Gegenrede.

Aus den anderen nordischen Berichten über die Ermanarichsage sei hervorgehoben, daß bei Snorri in der jüngeren Edda der Sohn des Ermanarich, als er gehängt werden soll, dem Vater einen Habicht schickt, dem er die Federn ausrauft. Der alte federlose Vogel soll ein Bild des alten kinderlosen Ermanarich sein. Bei Saxo rauft sich der Habicht gar selbst die Federn aus, und der Sohn wird im letzten Augenblick gerettet. Derselbe Saxo, dem auch die deutsche Tradition über Ermanarich bekannt war, berichtet noch allerhand Märchenhaftes aus Ermanarichs Jugend. Wir erkennen, daß bei diesen Erzählungen die Sage in das Rührende und Abenteuerliche hineingleitet und anfängt, ihren heroischen Charakter zu verlieren. Es ist auch in der Art des rührenden Märchens, wenn die Wölfungensaga erzählt, daß Swanhilds Augen so schön waren, daß die Rosse nicht wagten, die Frau zu zertreten. Man habe erst einen Sack über die Unglückliche werfen müssen. Snorri behauptet, die Brüder hätten den Erp getötet, weil er der Lieblingssohn der Mutter war, und er berichtet weiter, Erp habe den Brüdern angeboten, er wolle ihnen helfen wie die Hand dem Fuße. Nach Erps Tode sei Sörli gleich gestrauchelt, da habe die Hand dem Fuße helfen müssen. Das sind Erklärungen und Erfindungen von Snorri selbst, sie haben für die Sagengeschichte keinen Wert.

Wir vergleichen nun den Bericht des Jordanes mit der nordischen Überlieferung. Die geschichtliche Bedeutung vom Tod des Ermanarich entfiel dem Norden, Ermanarich ist nicht der mächtige König über viele Völker, sondern er vernichtet das eigene Geschlecht. Swanhild ist ganz schuldlos, die Schuld wird auf den König geladen und ein Teil dann auf den bösen Ratgeber gewälzt. Der Vorwurf gegen die Swanhild ist im Nordischen, daß sie den Sohn des Königs liebt und von diesem wiedergeliebt wird. Diese Erfindung klingt mehr nach einer Heldensage, sie mag aber schon früh im Osten, im byzantinischen Reiche, an die gotische Sage gewachsen sein. Der Tod der Swanhild, die Rache der Brüder, die Verstümmelung des Königs blieb, wie sie war. Das Motiv, daß die beiden Angreifer gefeite Rüstungen tragen, scheint Jordanes bereits zu kennen. Das Nordische weiß noch von einem anderen Zauber: Die Helden sollen siegen, wenn sie beim Kampf schweigen. Diesen Zauber hat der Dichter des Hamtherliedes sehr fein verinnerlicht. Die prahlerischen Reden Hamthers wecken nämlich den Ermanarich aus seiner Betäubung, und ihm fällt nun ein, wie er die Helden verderben kann. Wann der dritte Bruder, Erp, den Jordanes nicht nennt, in die Sage kam, ist ungewiß. Da ihn auch Bragi nicht erwähnt und ebensowenig, wie wir gleich sehen werden, die deutschen Quellen, da seine Ermordung außerdem eine in das Virtuose spielende Variation von dem Motiv des Geschlechtes ist, das gegen sich wütet, neigen wir uns der Annahme zu, daß ein Skalde des zehnten Jahrhunderts diesen Erp erfand und ihn kunstvoll in den Organismus der Dichtung einfügte.

Die Veränderungen der Sage von Ermanarich sind leicht zu begreifen und ergeben sich von selbst. Die Tatsachen der Geschichte gerieten wie so oft in Vergessenheit. Zuerst hieß es wohl, der König ließ sein Volk im Stich. dann hieß es, durch des Königs Schuld ging das Volk zugrunde. Zuletzt sagte man: Der König vernichtete sein eigenes Geschlecht. Die Verstümmelung des Königs rief die Meinung hervor, sie sei die Strafe für einen Frevel.

Diesem frevelhaften König trat als notwendiger Kontrast die schuldlose Frau gegenüber. Die Verleumdungen gegen sie brachte ein bestimmter Mann vor, ein tückischer Ratgeber. Die Schuld selbst wurde in Anlehnung an bekannte Motive ausgemalt, und so kam die Sage nach dem Norden. Dort hat sie an künstlerischer Bedeutung gewonnen, geriet aber im Lied an die Grenze des Virtuosentums und streifte später leise an die Abenteuerlichkeit und Rührung des Märchens. Doch bleibt sie, alles in allem, ein wundervolles Zeugnis für die Ehrfurcht und das tiefe Verständnis, das die nordische Dichtung dem germanischen Erbe entgegenbrachte.

Wie groß und reich die Ermanarichsage im Norden sich entfaltete, erkennen wir recht durch einen Vergleich mit den spärlichen deutschen und englischen Zeugnissen und Berichten. Am Ende des zehnten Jahrhunderts sagt Flodoard in seiner Geschichte der Reimser Kirche, der Erzbischof Fulko habe den König Arnulf gewarnt, er möge nicht handeln wie König Ermanarich, der, verleitet durch die tückischen Ratschläge eines Ratgebers, das eigene Geschlecht getötet habe. Um die Wende des elften und zwölften Jahrhunderts klagt Eckehard von Aura in seiner großen Chronik über die Lieder und Fabeleien des Volkes, in denen Theoderich und Odoaker als Neffen des Ermanarich auftreten und in denen es heiße, daß Odoaker den Oheim angestiftet habe, den Theoderich aus Verona zu vertreiben. Das, sagt Eckehard, sei falsch, und nun zitiert er den Jordanes und erwähnt, daß die beiden Brüder vom Volke Sarelo und Hamidiech genannt würden. Im zwölften Jahrhundert kennen auch die Quedlinburger Annalen die falschen Behauptungen über Ermanarich, Odoaker und Theoderich; sie berichten dann von Ermanarichs Reichtum, teilen mit, daß er seine beiden Neffen, Embrica und Fridla, aufhängen ließ, und wissen schließlich, daß er von Hemido, Serila und Adaccarus getötet sei, nachdem man ihm zuerst Hände und Füße abgehauen.

Vom Schatz des Ermanarich, den er sich durch Raub angeeignet habe, meldet dann in England der Dichter des Beowulf, der Widsith, schilt den Ermanarich als bösen und eidbrüchigen Fürsten, sagt aber aus, daß er ihn freigebig beschenkt habe, zu seinem Gesinde hätten die Herelingen, Emerca, Fridla, Freotheric und

Sifeca gehört. Dann erwähnt ganz kurz der Dichter von Deors Klage den wölfischen Sinn des gefürchteten Gotenherrschers.

Den deutschen und englischen Quellen fehlt also die Swanhild, und es fehlt ihnen Erp, natürlich kennen sie auch nicht die Verbindung von Ermanarich und Nibelungensage. Gemeinsam ist den nordischen und deutschen Quellen die Todesart des Ermanarich, der Name der Mörder und der Name des bösen Ratgebers. Gemeinsam ist beiden auch die Auffassung von Ermanarich als dem Zerstörer des eigenen Geschlechts. Nur deutsch ist die Verbindung des Königs mit Dietrich und Odoaker, deutsch und englisch erscheint ein neues Motiv, der Schatz des Ermanarich, den er geraubt hat und um dessentwillen er zwei Brüder, wie es wieder heißt, seine Neffen, töten ließ. Diese Sage hat sich im Breisgau festgesetzt. Der Schatz hieß Brisingamene oder Brosingamene. In späteren deutschen Gedichten wird gemeldet, daß die Besitzer des Schatzes übermütige Jünglinge gewesen seien; sie wurden vom treulosen Sibiche verleumdet, wie auch Ermanarichs Sohn verleumdet wird, sie hätten nämlich ein Auge auf Ermanarichs Gemahlin geworfen. Deshalb tötete und beraubte sie Ermanarich. Der getreue Ekhart rächte die Brüder an dem ungetreuen Sibiche, und von diesem hieß es außerdem, er sei dem Ermanarich zuerst ergeben gewesen und sei – welch' ärmliche Wiederholung! – aus einem Helden ein Bösewicht geworden, weil der König ihm seine Frau entehrte.

Die Sage vom Raub des Schatzes, die ja Widsith bezeugt, wird in alte Zeit zurückgehen. Ermanarich galt als reich, er hatte viele Völker unterworfen. Daraus konnte, wenn Ermanarich sich in den tückischen König verwandelte, die Überlieferung entstehen, Ermanarich habe anderen Völkern wider das Recht ihre Schätze geraubt und ihre Könige getötet. Und von hier aus war nur ein Schritt zu den Herelingen und dem Brisingamene.

Die Geschichte vom Brisingamene hat sich im Norden in die Höhe des Mythus gehoben und mit der Göttersage verbunden.

Noch ein niederdeutsches Lied des sechzehnten Jahrhunderts erzählt von Ermanarich, es ist das Lied von Koninc Ermenrikes Tod. Darin ist Dietrich der Gegner Ermanarichs, er überfällt den Ermanarich und tötet ihn. Wie im nordischen Hamtherlied reiten

Dietrich und seine Helden am Galgen vorbei, der Pförtner will ihnen nicht auftun, Ermanarich ergeht sich in wilder Prahlerei. Vielleicht entspricht der Bloedelin des Liedes, der jung ist und von besonderer Kraft und der Sohn einer Witwe, dem nordischen Erp, und vielleicht entspricht sogar die Frau des alten Hildebrand, die von der Zinne herab dem Helden rät, der Gudrun, die ihren Söhnen nachblickt. Da diese Übereinstimmungen nicht die zwischen sagenhaften Motiven sind, sondern die zwischen Bildern und Auftritten eines Gedichts, müssen wir annehmen, daß unser niederdeutsches Lied ein Nachklang des Hamtherliedes ist; wir wissen ja, daß die nordischen Heldenlieder nach Niederdeutschland wanderten. Sagengeschichtlich betrachtet ist das niederdeutsche Lied ein Zeugnis von sekundärem Wert, sein Interesse gewinnt es für uns, weil es uns zeigt, wie durch lange Jahrhunderte die Erinnerung an Ermanarich fortlebte.

Und das ist überhaupt der Wert der deutschen Sagen und Zeugnisse, daß sie uns noch einmal verkünden, wie vielfältig und wie lebenskräftig die Sage von Ermanarich war. Wenn auch der Geist der alten Heldensage aus den deutschen Berichten entfloh, wie stark muß der Eindruck der Begebenheiten selbst gewesen sein, daß sie so lange im Gedächtnis der Nachlebenden hafteten.

306.
Wieland der Schmied

Die Sage von Wieland dem Schmied entsprang nicht der Geschichte, sondern der Kulturgeschichte, der staunenden Bewunderung der Zeit, die nur Stein und Holz verarbeitete, für die neue Kunst, aus dem Eisen nützliches Gerät, schneidende Waffen und schützende Panzer zu schaffen. Solche Kunst galt als Wunder oder als Zauber, die sie übten, umhüllten sich wohl auch gern mit dem Schutz des Geheimnisses, schufen ihre Werke in der Verborgenheit und lebten in schwer zugänglichen Höhlen. Daraus entstanden dann Sagen vom Schmiede, den niemand sah; vor den Eingang seiner Behausung mußte man ihm legen, was man gebessert zu haben wünschte, dann fand man es am Morgen wunderbar vollendet wieder. Aus einer Sage dieser Art hat sich die von

Wieland dem Schmied gebildet. Das alte englische Epos rühmt seine Waffen als die besten, die Erinnerung an Wieland erhielt sich im englischen Volk bis in unsere Tage. Die alte englische Überlieferung weiß auch von Wielands Leid und Gefangenschaft. Im Lied erzählt die ganze Sage zum erstenmal die ältere Edda im Lied von Wölund. Wir geben es wieder wie das von Ermanarich, so, wie es war, mit ganz wenigen notwendigen Ergänzungen und Kürzungen.

Mädchen flogen vom Süden, durch dunkle Wälder, weiße, junge, des Schicksals zu walten. Da am Meeresstrand saßen sie verweilend, die Frauen vom hellen Süd', spannen köstliches Linnen.

Die Jungfrauen waren Walküren, sie hatten, als sie am Strande ruhten, ihre Schwanenhemden abgestreift. Da kamen drei Brüder, Egil, Slagfidhr und Wölund, die sahen die Schwanenhemden, nahmen sie und vermählten sich mit den Mädchen.

Eine von ihnen umarmte den Egil, das Mädchen den Mann, und schloß ihn an ihre leuchtende Brust.

Die andere war Schwanweiß, ein Schwanenkleid trug sie. Aber die dritte, ihre Schwester, umschlang den weißen Hals des Wölund.

Da saßen sie sieben Winter dort, und den achten versehnten sie ganz, und den neunten trennte die Not. Die Mädchen trieb es zum dunklen Wald, die weißen, jungen, des Schicksals zu walten.

Es kam von der Jagd der helläugige Schütze, Wölund schreitend den langen Weg. Slagfidhr und Egil fanden leer das Haus, gingen aus und ein und sahen herum.

Nach Osten schritt Egil, nach seiner Ölrun, nach Süden Slagfidhr, nach der Schwanenweißen. Doch Wölund saß einsam im Wolfstal.

In rotes Gold schlug er hellen Stein, reihte alle Ringe schön an den Bast, so harrte er der lichten Frau, ob sie wiederkäme zu ihm zurück.

Nidhöd erfuhr das, der Herr der Njaren, daß Wölund einsam saß im Wolfstal. Nächtens fuhren die Mannen, goldbenagelt die Brünnen, ihre Schilde blinkten, nur schmal schien der Mond.

Sie sprangen aus den Sätteln am Giebel des Hauses und gingen hinein in den langen Saal, sahen auf den Bast die Ringe gezogen, wohl siebenhundert, die der Schmied dort besaß.

Sie nahmen sie ab, sie reihten sie an, nur einen nicht, den nahmen sie fort...

Es kam von der Jagd der helläugige Schütze, Wölund schreitend den langen Weg, ging zu braten das Fleisch der braunen Bärin. Aus dürren Reisern flackerten Flammen, trockenes Holz brannte bald vor Wölund.

Auf dem Bärenfell saß er, zählte die Ringe, der Schmiede Bester, suchte nach einem. Er dachte, ihn hätte Hlodwers Tochter – Alwit, du Junge, kamst du zurück?

Lang saß er da, bis er entschlief und erwachte freudenlos. An den Händen fühlte er schwere Bande, die Füße umschlossen eng die Fesseln.

Wölund sprach: „Wer sind die Recken, die mir anlegten Bastgeschnür und mich gebunden?..."

Nidhöd sprach: „Wo erwarbst du Wölund, der Schmiede Bester, all' das Gold dir in unserem Wolfstal?"

Wölund sprach: „ Mein Gold lag nicht auf Granis Pfad, fern liegt unser Land den Gefilden des Rheins. Ich meine, ich könnte mehr besitzen, wäre ich frei in meinem Hause."

Draußen stand die kluge, Nidhöds Gemahlin, sie ging hinein in den langen Saal, stand in der Halle, dämpfte die Rede: „Wild ist der Bursch, der vom Walde kam.

Es funkeln die Augen dem gleißenden Wurme, er fletscht die Zähne, sieht er das Schwert, erblickt er den Ring, der Bödwild nun schmückt. Durchschneidet ihm die Kraft der Sehnen, und setzt ihn dann an des Meeres Strand. „

Nidhöd hatte seiner Tochter Bödwild den Ring gegeben, den seine Mannen dem Wölund genommen, er selbst trug das Schwert, das Wölund besaß. Dem Schmied durchschnitten sie die Sehnen und setzten ihn auf eine Insel dicht am Land, dort mußte er dem König Kostbarkeiten schmieden. Niemand durfte ihm nahen außer dem König.

Wölund sprach: „ Nun leuchtet dem Nidhöd das Schwert am Gürtel, das ich schärfte, so gut ich konnte, das mir härteten meine Künste. Das glänzende Schwert ist immer mir fern. Nun trägt Bödwild die roten Ringe meiner Geliebten, und ich kann es nicht rächen."

Ihn floh der Schlaf, und immer dort saß er und schlug den Hammer, schmiedend schönen Schmuck. Da liefen die jungen, des

Königs Söhne und sahen zu Wölunds Türe herein.

Sie gingen zum Kasten, erbaten den Schlüssel und blickten hinein – da sah er die Rache. Dort lag Schmuckes die Fülle, vor den Augen der Knaben funkelten Gold und Edelsteine.

Wölund sprach: „ Kommt allein ihr zwei, kommt morgen wieder! Das Gold soll alles euer werden! Sagt's nicht den Mägden, nicht den Knechten, verratet es niemand, daß ihr mich fandet!"

Bald sagte der eine Knabe dem anderen, der Bruder dem Bruder: „Laß die Ringe uns sehen."

Sie kamen zum Kasten, erbaten den Schlüssel und sahen hinein – da sah er die Rache. Er schnitt ab das Haupt der beiden Burschen, im Schlamm der Esse barg er die Füße.

Doch die Schädel unter den Haaren beschlug er mit Silber, schickte sie Nidhöd. Und aus den Augen Edelsteine empfing die kluge, Nidhöds Gemahlin.

Und aus den Zähnen der zwei Knaben schuf er Brustgeschmeide, sandt' es der Bödwild.

Bödwild zerbrach ihren Ring, der früher der Geliebten Wölunds gehörte und brachte ihn dem Schmied; sie wagte das nur ihm zu sagen.

Wölund sprach: „Ich büße dir so den Bruch am Ring, daß er deinem Vater schöner scheine und deiner Mutter um vieles besser und dir selbst so wie vorher."

Er gab ihr Bier, daß er's besser vollbrächte, daß auf ihren Sitze sie sanft entschliefe. „Nun hab' ich die Rache für meine Leiden, nur für eines nicht an den Missetätern."

„Frei bin ich", rief Wölund, „frei an den Sehnen, die Nidhöds Mannen mir einst zerschnitten."

Lachend stieg Wölund hoch in die Lüfte, weinend ging Bödwild von seiner Insel, erzitternd von dem Flug des Geliebten, erbebend vor dem Zorn des Vaters.

Draußen stand die Kluge, Nidhöds Gemahlin, und ging hinein in den langen Saal. An der Türe saß sie erschöpft und ruhte: „Wachst du, Nidhöd, du Herr der Njaren?"

Nidhöd sprach: „ Ich wache und wache freudenlos, ich schlafe nicht, seit tot meine Söhne. Mein Haupt ist kalt, kalt war dein Rat, ich will nur eines: mit Wölund reden.

Sage mir Wölund, der Schmiede Bester, was ward aus meinen jungen Söhnen?"

Wölund, der in den Lüften über ihm schwebt, sagt: „Die Eide sollst du mir alle schwören, bei des Schiffes Bord, bei des Schildes Rand, beim Rücken des Rosses, bei der Schneide des Schwertes, daß du nicht peinigst des Wölund Gattin, noch meiner Frau zum Mörder werdest, wär' auch meine Gattin von dir gekannt oder mein Kind in deinem Hause.

Geh' du zur Schmiede, die du geschaffen, dort findest du Bälge, blutbefleckte. Ich schnitt ab das Haupt deiner beiden Söhne, im Schlamm der Esse verbarg ich die Füße.

Doch die Schädel unter den Haaren beschlug ich mit Silber und schickte sie Nidhöd. Und aus den Augen Edelsteine empfing die Kluge, Nidhöds Gemahlin.

Und aus den Zähnen der zwei Knaben schuf ich Brustgeschmeide, sandt' es der Bödwild. Nun geht Bödwild und trägt ein Kind, die einzige Tochter eurer beider."

Nidhöd rief: „Welche Kunde könnte mich bitterer kränken? Ah, könnt' ich, Wolund, nun dich strafen! Doch kein Mann ist so hoch, der vom Hengste dich fällte und keiner so stark, der dich niederschosse, der du nun schwebst da im Himmel oben."

Lachend stieg Wölund hoch in die Lüfte, gebrochen saß Nidhöd und starrte ihm nach.

Nidhöd sprach: „ Steh' auf, Thakkrat, Bester der Knechte. Entbiete Bödwild – ihre Brauen sind weiß, ihr Schmuck leuchtet hell – sie gehe zum Vater!

Ist das wahr, Bödwild, was er mir sagte? Warst du bei Wölund, draußen am Holm?"

Bödwild sprach:" Wahr ist das, Nidhöd, was er dir sagte. Ich saß mit Wölund draußen am Holm, eine Schreckensstunde, hätt' ich nie sie erlebt! Mich seiner erwehren, ich konnte das nicht, mich seiner erwehren, ich wollte das nicht!"

Dem Wielandslied und dem Lied von Ermanarich wird in unserem Gefühl kaum ein unmittelbarer Widerklang antworten, ja es wird sich mancher halbverwundert fragen, was denn an diesen Dichtungen so groß und überwältigend sei. Wir müssen darum wieder etwas tiefer steigen, wenn wir die verborgene Größe auch dieser Schöpfung erwecken und ans Licht fördern wollen.

Das Lied von Wieland besteht aus zwei Teilen, die früher in sich abgeschlossen waren. Der eine ist das Märchen von den Schwanenjungfrauen, denen Sterbliche ihre Gewänder rauben. Sie verweilen bei den Sterblichen, sehnsüchtig nach der alten Kraft, bis sie ihr Gewand wiederfinden, da fliegen sie davon und kommen nie wieder. Das ist eine sehr alte und sehr verbreitete Erzählung, sie fehlt kaum in einer Märchensammlung. Der andere Teil ist die Sage von dem Schmied, der einsam seine Kunst übt, den ein König fängt und fesselt, und der die Schmach an dem König rächt, sich Flügel schmiedet und auch davonfliegt.

Es war die Tat eines nordischen Dichters, daß er diese beiden Teile verband. Sie hatten gewisse Ähnlichkeiten, Wieland und Baduhild (Bödwild) waren beide verlassen, Wieland von der geliebten Frau, Baduhild vom geliebten Mann. Der Dichter deutet uns an, leise, doch erschütternd, daß Baduhild den liebte, der ihr das Leben zerstörte. Beiden entflog das Wesen, an dem ihr Leben hing, sie blieben einsam zurück. Der einsame Schmied war der Anfang der Dichtung von Wieland, da lag es für einen Dichter nah zu erzählen, wodurch er einsam geworden. Für diese Vorgeschichte eignete sich allerdings sehr schön das weitbekannte Märchen von der Schwanenjungfrau, die den Menschen doppelt einsam zurückließ, der lange Jahre ihre Liebe genoß.

Nun, da beide Geschichten verbunden waren, hatte der Dichter noch einen künstlerischen Gewinn. Er konnte allmählich den Wieland aus der Umgebung seiner Brüder herausheben. In den ersten Strophen ist sein Los wie das der anderen auch, diese gehen fort, er bleibt einsam da, ihm gehört nun unsere ganze Teilnahme. Das war nun nordische, besonders isländische Kunst, das Interesse des Hörers langsam auf den Helden zu lenken. Es ist auch sehr schön, wie das Lied mit sehnsüchtiger Erzählung beginnt und, sobald es in die Gegenwart kommt, in das Dramatische, in Rede und Gegenrede, sich erhebt.

Die Geschichte von den Schwanenjungfrauen selbst erscheint im Wielandslied in ganz anderer Gestalt als im Märchen. Nicht wie dort, nicht durch einen Zufall oder durch eine Unachtsamkeit oder durch eine List finden die Schwanenjungfrauen ihr Gewand: Sie bleiben sieben Winter bei den Sterblichen, den achten versehnen sie, im neunten trennt sie die Not, das allgewaltige Schicksal. Denn es sind nicht die Schwanenjungfrauen des Märchens, denen wir im Wielandslied begegnen, es sind Walküren, die des Schicksals und des Krieges walten, die sich selbst am Meeresstrand die Zukunft weben, daß sie irdischen Männern wenige Winter gehören müssen, und die es dann doch unwiderstehlich zurücktreibt zum alten Wesen, zum Flug durch die Lüfte, zum ewigen Kampf.

Wir stoßen hier auf eine bewundernswerte Kunst der Verinnerlichung. Aus einer alten zauberhaften Geschichte ist ein dunkles Schicksalslied geworden und das Vorspiel zugleich zu dem Liede von Wieland dem Schmied. Damit ist dies selbst in die Höhe und Tragik des Schicksals gehoben. Es ist nicht eine grausame Begebenheit, ein seltsames und nie wiederkehrendes Unglück, diese Geschichte von Wielands Knechtschaft und Wielands Rache. Es ist die ewige Schmach der Knechtschaft, das ewige Gebot der Rache, das uns der Dichter nun besingt.

Man darf die Geschichte von den Schwanenjungfrauen auch eine Geschichte der Liebe nennen, das Lied von Wieland ein Lied der Rache. Sind beide verbunden, so ergibt sich für den Künstler noch eine Möglichkeit der Steigerung. Er kann nämlich schildern – und unser Dichter hat es geschildert –, wie die Gefühle der Liebe, von denen Wieland sich zuerst überwältigen läßt, durch die Gefühle der Rache ganz verdrängt werden. Dieser Rache gibt sich Wieland mit noch wilderer Leidenschaft hin als der, die er früher für seine Liebe hatte. Er gibt sich ihr hin, bis sie ihn ganz erfüllt und durchdringt, ja bis sie größer wird als er selbst und ihm überirdische Kräfte zuführt. Nun erst, das ist wieder eine wunderbare Vertiefung des alten Märchens vom Flug des Menschen, nun erst, nicht früher, gewinnt Wieland die Macht, sich Flügel zu schmieden, die alte Freiheit sich zu schaffen, den Peinigern, die ihm das Leben zerstören wollten, in furchtbarer Vergeltung vielfältig zurückzugeben, was sie ihm angetan.

In der Rache selbst liegt eine schaurige Folgerichtigkeit. Man nahm Wieland das Schwert, er tötet die Knaben, des Königs Schwerter. Man nahm ihm den Ring, den er seiner Geliebten geschenkt; er heilt diesen Ring der Baduhild und entehrt sie und unterwirft sie seiner Liebe. Man zwang ihn, Kostbarkeiten zu schmieden; er schmiedet seine besten Kostbarkeiten aus den Schädeln, den Zähnen, den Augen der Königsknaben, die er gemordet. Man durchschnitt ihm die Sehnen und stahl ihm die Freiheit; er schmiedet sich Flügel und ist freier als jemals. Vom Himmel herunterrufend, enthüllt er den Peinigern die furchtbaren Einzelheiten seiner Rache und erhebt sich höhnisch lachend in die Lüfte und überläßt sie ihrem ohnmächtigen Grimm.

Diese Vergeltung ist barbarisch, uns überläuft ein Grauen, wenn sie vor uns aufsteigt. Aber in ihrer unablenkbaren Folgerichtigkeit erhält sie etwas vom Schicksal, das, aus sich selbst waltend, unbekümmert um die Menschen, grauenhaft zerstört, bis es nichts mehr zu zerstören findet. Nun, nachdem der Dichter unsere Empfindungen alle in wilden Aufruhr gebracht, läßt er sein Lied leise und trostlos verklingen, mit den verzweifelnden Worten des Vaters und dem wimmernden Ruf der Baduhild, daß sie des Wieland sich nicht erwehren konnte und nicht erwehren wollte.

Da unser Lied selbst den Rhein nennt, da seine wilden Grausamkeiten am ehesten den Grausamkeiten der alten Franken gleichen, da alle seine Namen deutscher Herkunft sind, und unter ihnen ein spezifisch fränkischer (Hlodwer = Chlodwig) auftaucht, so dürfen wir die Heimat unserer Sage in Franken suchen. Auch die Rolle, die des Königs Gemahlin spielt, als die Anstifterin der Grausamkeiten und des Unglücks und als die schatzgierigste, entspräche ganz dem Auftreten fränkischer Königinnen. Das wird in der Zeit der Völkerwanderung öfter sich begeben haben, daß Könige und Königinnen kunstvolle Schmiede so ausbeuteten, wie Wieland von Nidhöd mißhandelt wurde. Die Vita Severini (sechstes Jahrhundert) erzählt ein ähnliches Begebnis: Giso, die Gemahlin des rugischen Königs Felethens, war eine grausame und harte Frau und hielt ihren Gatten von Gutem zurück. Sie hatte barbarische Goldschmiede in ihrem Gewahrsam, damit sie königlichen Schmuck schmiedeten. Zu ihnen kam einmal, aus kindlicher Neugier, der kleine Sohn des Königs, Friedrich. Da setzten ihm die Schmiede das Schwert auf die Brust und drohten ihn zu morden, wenn jemand zu ihnen käme, ohne vorher einen Eid geleistet zu haben, daß er ihnen nichts tue. Nachher würden sie sich selbst töten, denn sie hätten die Hoffnung zu leben aufgegeben und seien durch die Sklavenarbeit erschöpft. Die Königin zerriß ihre Kleider und rief den heiligen Severin, der leistete den Schmieden den Eid, und sie wurden in Freiheit gesetzt und der Sohn des Königs gerettet.

Vom Fränkischen wanderte die Sage nach England. Dort bestätigen uns viele Zeugnisse die Berühmtheit Wielands. Die Geschichte seiner Knechtschaft und Rache kannte ja der Dichter von Deors Klage. Seine Verse sind erfüllt von Jammer und Unglück. Schmerz und Sehnsucht, sagt er, waren Wielands Gefährten, oft empfand er Weh, nachdem Nidhöd ihn in Fesseln legte, und Baduhild konnte das eigene Unglück weniger noch verwinden als den Tod der armen Brüder. Ein gleich altes, sehr wertvolles Zeugnis für die Sage ist das altenglische Runnenkästchen aus dem achten Jahrhundert, eines der wenigen bildlichen Denkmäler, die uns die Verbreitung der germanischen Heldenlieder bezeugen. Es zeigt die Baduhild, die den Wieland in Begleitung einer Dienerin besucht, unten liegt die Leiche eines Knaben.

In England also war die alte Rachesage bis in alle wesentlichen Einzelheiten ausgebildet, von dort zog sie nach dem Norden. Im Lied von Wölund dehnt sich weit und einsam der Meeresstrand, in den Tälern versteckt liegen dann die Hütten, auf Schneeschuhen ziehen die Jäger auf die Bärenjagd und kehren erschöpft nach weitem Weg heim, die Wölfe hausen im Wald, und Schwäne lassen sich nach langem Flug am Ufer nieder. Das ist eine nordische Landschaft in Finnlands Nähe, und diese kannte unser Dichter.

Wann er gelebt, ist schwer zu sagen; sein Lied ist in vielen Versen weicher und lyrischer, manchmal sogar sentimentaler als die nordische Heldendichtung vor dem elften Jahrhundert. Wie rührend ist Wielands Sehnsucht nach der entflogenen Geliebten, wie herzbrechend Baduhilds Schmerz und Angst, und wie oft kehren ganze Verse und Versreihen wie ein Refrain wieder! Auch die genaue Ausmalung einiger Szenen überrascht uns. Wir finden nicht leicht in nordischer Dichtung Bilder wie den Wieland, der am Feuer sitzend sich die Bärin brät, seine Ringe zählt und der Geliebten nachseufzt, oder der funkelnden Auges, mit fletschenden Zähnen zuschauen muß, wie man ihm seine Kostbarkeiten nimmt, oder wie die Knaben, die neugierig zum Schmied laufen und in seinen Kasten schauen, oder die Baduhild, die erbebend zu dem entfliegenden Geliebten hinaufstarrt. Einige dieser Szenen sind von der idyllischen Art, wie sie das Märchen liebt, und auch die Knechte, die Wielands Ringe zählen und den schönsten nehmen, die Freude an Schmuck, an Ringen und Edelsteinen, die grausame Königin können wir uns im Märchen gut vorstellen. Gerade diese Szenen stehen in merkwürdigem und wohl beabsichtigtem Gegensatz zu der wilden barbarischen Grausamkeit des Liedes, und am Schluß ersteht vor uns das mächtigste Bild: Wieland, der, hoch in den Lüften schwebend, dem König die Einzelheiten seiner Rache zuruft.

Daß Bild und Handlung sich im Liede ablösten, fanden wir schon in der germanischen Dichtung, wir wollen an das Herulerlied und besonders an die fränkischen Lieder erinnern. Die Feinheit und Sorgfalt der Ausführung weist aber das nordische Wölundlied in das zehnte Jahrhundert und eher an sein Ende als an seinen Anfang, und eben dahin weist die Auffassung von den Walküren und die Kunst des Dichters, alte Erzählungen psychologisch aufzufassen und zu vertiefen. Wir dürfen uns vielleicht vorstellen, daß schon ein fränkisches Lied von Wieland die Rache und die Bilder abwechselnd zeigte, daß im alten England die sentimentalen und lyrischen Töne sich verstärkten, und daß der nordische Poet des zehnten Jahrhunderts in diesen Klängen weiter schwelgte, und dem Lied seine Kontraste und seine Psychologie gab.

Zur Stütze unserer Anschauung von der Abfassungszeit des Wölundliedes, das man sonst dem neunten Jahrhundert zuweist, sei uns gestattet, ein nordisches Lied hier zu schildern, das bestimmt in das Ende des zehnten Jahrhunderts gehört und das in seiner Auffassung unserem Lied sehr ähnlich ist. Es ist das Lied von Frodi und den beiden Riesenmädchen, Fenja und Menja, und es gilt dem gleichen Frodi, an dem später Helgi und Hroar sich rächten. Zu diesem König also kamen die zwei Riesenmädchen, und er zwang sie, ähnlich wie Nidhöd den Wieland, zu Magdesdiensten. Sie mußten eine gewaltige Mühle mahlen und mahlen, und der König in seiner Habgier gönnte ihnen keine Ruhe. Da gedachten sie ihrer gewaltigen Vergangenheit, ihrer Riesenkraft, ihres Waltens im Kampf, und riefen aus, ihren Händen zieme der harte Speer und die blutgerötete Waffe. Und nun gewannen sie die alte Macht wieder, vernichteten die Mühle und prophezeiten ihrem Peiniger Unheil und schlimmen Tod; ihre Weissagung aber erfüllte sich. Die Erinnerung an ihre frühere Größe gab diesen erniedrigten Gästen aus dem Riesenland ihre alte Zauberkraft, und sie überantworteten den habgierigen Peiniger seinem Untergang. Wir sehen deutlich die Entsprechung mit Wieland.

Nach langer Zeit, im dreizehnten Jahrhundert, finden wir die Sage von Wieland wieder, in der Thidreksaga, jener großen Sammlung von Heldensagen, die ein nordischer Sagaschreiber aufgrund von Berichten von Kaufleuten aus Soest und Münster aufzeichnete, und die er um Dietrich von Bern ordnete. In den drei Jahrhunderten seit dem Lied von Wölund hat sich aber unsere Sage bis zur Unkenntlichkeit verändert und erweitert.

Der Anfang der Sage berichtet nun von Wielands Jugend, er sei der Sohn Wades gewesen und habe zuerst bei Mimi zur selben Zeit wie Siegfried und dann bei zwei Zwergen das Schmieden gelernt. Diese behielten ihn, weil er so geschickt war, länger bei sich. Zuerst gaben sie dem Wade dafür Lohn, dann aber gereute sie das, und sie knüpften an den Lohn die Bedingung, daß Wielands Leben ihnen verfallen sei, wenn Wade ihn nicht zur rechten Zeit zurückhole. Nach einem Jahr kam Wade, doch wurde er dicht vor dem Ziel, als er sich zur Ruhe gelegt, von einer herabfallenden Klippe erschlagen, und als Wieland ihn gefunden und dies gesehen, tötete er die Zwerge, die sein Leben wollten, nahm ihre Schätze, ging zur Weser, fällte dort einen starken Baum, höhlte ihn aus und schloß beide Teile eng aneinander, setzte vor die Löcher Glas und ließ sich und seine Schätze vom Baum ins Meer tragen, bis Fischer des Königs Nidung in Jütland den Stamm in ihren Netzen fingen und ihn und Wieland ans Land zogen.

Wieland wurde nun vom König Nidung gut aufgenommen und zeigte seine Schmiedekünste. Er schmiedete ein weit besseres Schwert als der Schmied des Königs, obwohl er nur dessen Werkzeuge dabei brauchte. Als seine eigenen Werkzeuge dann gestohlen waren, fertigte er ein Bild des Mannes an, den er beim Diebstahl beobachtet hatte und führte dadurch dessen Entdeckung herbei. Dann schmiedete er mit seinen Werkzeugen ein Schwert so scharf, daß es in einem Strom gegen die Strömung gehalten eine antreibende Wollflocke zerschnitt. Vorher hatte Wieland zweimal das Schwert zerfeilt, die Eisenspäne mit Mehl vermischt und sie den Vögeln zu fressen gegeben, ihre Exkremente schmolz er aus und gewann dadurch sein wunderbares Material.

Der König zog nun in den Krieg, hatte aber seinen Siegstein vergessen. Wieland ritt auf seinem wunderbaren Roß in einem Tag einen fünf Tage langen Weg zurück, holte den Siegstein und begehrte des Königs Tochter, die dieser dem Überbringer des kostbaren Steines versprochen. Ein neidischer Truchseß wollte dem Wieland mit Gewalt den Siegstein abnehmen, wurde jedoch von ihm erschlagen. Da verbannte Nidung den Wieland. Dieser schlich sich, als Koch verkleidet, an Nidungs Hof und tat Liebeszauber in die Speisen der Prinzessin. Doch das Mädchen erkannte das am Klang ihres Messers, das alles Unreine anzeigte, und Wieland wurde gefangen, die Sehnen wurden ihm zerschnitten und er mußte für den König Geschmeide schmieden.

Nun erzählt die Saga, daß Wieland die Söhne des Königs erschlug und aus ihren Gebeinen allerhand Schmuck und Tischgerät fertigte. Er bewältigte auch die Königstochter und heilte ihr dann ihren Ring. Darnach ließ er sie durch seinen Bruder Egil zu sich rufen, und er versprach ihr und sie ihm Treue. Wieland fertigte sich nun aus Vogelfedern ein Fluggewand. Egil sollte es erproben; der stieg, wie es ihm Wieland geraten, gegen den Wind auf und setzte sich mit dem Wind und stürzte ab. Wieland, der mit Recht gefürchtet, Egil würde ihn um sein Flughemd betrügen, wenn er ihn richtig unterwies, setzte ihm auseinander, die Vögel stiegen mit dem Wind auf und setzten sich gegen den Wind. Wieland flog nun auf, und von der Luft herab erzählte er dem König, was er ihm angetan. Nidung befahl dem Egil, nach Wieland zu schießen; dieser, einer Verabredung gemäß, traf nur eine mit Blut gefüllte Blase, die Wieland sich unter den Arm gebunden. Der König glaubte nun, Wieland sei tot. Doch dieser entkam nach Seeland. Dann starb Nidung, sein Sohn versöhnte sich mit dem Schmied und gab ihm seine Schwester, die Prinzessin, zur Frau.

Die alte Größe und Tragik des Wielandliedes ist in dieser Form der Wielandsage bis auf die letzte Spur getilgt. Die Schwanenmädchen, die Königin, die Bedeutung vom Ring und der tiefe Sinn und die Gewalt der Rache, die Einsamkeit, kurz, der ganze Geist der alten Dichtung fehlt. Der Ausgang ist freundlich, und die ganze Sage ist erweitert und mit Wundern und Anekdoten überdeckt, so daß eine schlechte und grobe Erzählung vor uns steht. Sie war für den Geschmack eines niederen Hörerkreises berechnet und wurde ihm wahrscheinlich mit allerhand derben Pantomimen vorgetragen. Freilich müssen wir einräumen, daß schon das nordische Wielands-lied in manchen Szenen dem Märchen entgegenkam.

In Island wohl wird man das Lied von Wölund in eine Saga verwandelt haben, an einzelnen Stellen klingt die Thidreksaga noch an das Lied von Wölund wörtlich an. Einige seiner uns neuen Züge, die nämlich, die aus der Siegfriedsage stammen, vermischten sich wohl dort schon mit der Wielandsaga, nämlich die erste Lehrzeit bei den Zwergen, die Schwertprobe im Strom und die Furcht vor dem neidischen Egil. Andere Motive in dem Bericht der Thidrek-saga wanderten vom Märchen hinüber: der neidische und diebische Ritter, der neidische Truchseß, der Siegstein, das schnelle Roß, der Liebeszauber in der Speise, das Messer, das alles Unreine anzeigt. Da der Ritter auch in seinem Namen dem Ritter Röd entspricht, den besonders das dänische Märchen kennt, und da unsere Erzählung in Jütland und Seeland angesiedelt ist, darf man annehmen, daß wir die märchenhaften Zutaten einem dänischen Erzähler verdanken. Von wieder anderen Zügen endlich machte die Forschung wahr-scheinlich, daß sie in Niedersachsen hinzukamen: der Tod Wades durch die herabfallende Klippe, der Einbaum, die Fahrt auf der Weser, die Schmiedeanekdoten von der Nachahmung des Diebes im Bild und von der Gewinnung des Materials für das Schwert, der falsche und der richtige Rat zu fliegen und die Blutblase.

Je weiter sie sich vom Norden entfernte, um so fremder wurde die Sage von Wieland also ihrem Wesen, und um so eifriger behing sie sich mit märchenhaftem Tand, bis sie endlich sich in der Thidreksaga in eine rohe und aufdringlich aufgeputzte Fabel verwandelt hatte. Ein ähnliches Schicksal ereilte auch andere Helden und Sagen. Starkad, der freilich viel größer blieb und tiefer, wurde in das Reich der Wunder und des Zaubers geführt, über die Balder-Sage, wie Saxo Grammaticus sie uns erzählt, sind eine Fülle von Märchen und Wunderdingen geschüttet, und die Geschichte von Frodi und den geknechteten Riesenmädchen glitt ebenfalls in das Märchenhafte. Wir dürfen wohl kurz andeuten, wie das geschah. Aus der Mühle der Riesinnen wurde eine Zaubermühle, die Glück und Reictum mahlt oder eine Goldmühle. Die Mühle warfen die Riesinnen ins Meer, darum kam eine alte Sage vom Meer zu ihr: es sei darum so salzig, weil auf seinem Grunde eine Mühle unaufhörlich Salz mahle. Dann gesellte sich auschmückend hinzu die Geschichte von dem Zauberding, das nur dem Meister gehorcht, der die Formel kennt, die es löst und bindet. Und endlich vermischte sich mit der so bunt gewordenen Erzählung das Märchen von einem Wunschding, das einem armen Bruder in der Hölle geschenkt wird, wohin ihn der reiche Bruder geschickt hatte; der reiche Bruder wollte sich auch eines holen, fuhr zur Hölle und mußte dort bleiben. – Aber so entstellt und verroht wie die Sage von Wieland ist doch keine andere; ihre Grausamkeiten mögen daran ein wenig schuld sein.

Die alte Dichtung verlor ihr Ansehen nicht, die Nordmänner scheinen sie und die Dichtung von Sigurd in Frankreich erzählt zu haben. Aus ihnen beiden erwuchs dann, indem sie sich mit seltsamen Erinnerungen aus Schlangenmärchen bereicherte, in der Gascogne eine neue wunderbare Erzählung. -

In der Thidreksaga trat neben Wieland sein Bruder Egil auf als wunderbar geschickter Schütze, und die Saga erzählte von seiner Geschicklichkeit und seinem kühnen Trotz eine sehr schöne Geschichte. Egil erscheint im Wielandslied des zehnten Jahrhunderts ja nur in der Geschichte von den Schwanenjungfrauen, doch war er seit langen Jahrhunderten der germanischen Sage bekannt, auch das altenglische Runenkästchen zeigt ihn im Bild. Die ihm geltende Sage kennt auch Saxo Grammaticus, sein Schütze heißt freilich nicht Egil, sondern Toko. Egil rühmte sich und seine Schützenkunst. Der König wollte ihn erproben und hieß ihn einen Apfel vom Kopf seines dreijährigen Söhnchens schießen. Da nahm Egil drei Pfeile aus dem Köcher, und der erste traf den Apfel. Als der König ihn fragte, was er mit den beiden anderen Pfeilen gewollt, erwiderte er, daß er sie dem König zugedacht, wenn er seinen Sohn getroffen hätte. Der König aber verstand und bewunderte diese kühne Antwort und tat dem Schützen nichts zuleide.

Nach Saxo war Toko ein Prahler und behauptete, er könne einen Apfel vom Stock schießen. Diesen Stock ersetzte der König durch das Kind. Toko mußte sich dann noch als Skiläufer erproben und einen steilen Bergabhang herunterfahren. Saxo und wohl auch die Thidreksaga schöpfen aus isländischer Tradition; die Sage von Egil dem Schützen ist in ihrer Art durchaus denen der Völkerwanderung gleich. Ihr Schwerpunkt ist das Verhältnis des Königs zum Gefolgsmann, nicht das Kind und die Liebe zu ihm, das würde Egil opfern. Der Schütz bezwingt sich, als der König die grausame Probe seiner Kunst von ihm verlangt. Dann kommen die verhaltene Qual und der verhaltene Zorn gewaltsam zum Ausbruch, und diese Entladung versteht der König und vergibt ihm in königlicher Milde.

Den gleichen Egil bildet auch das altenglische Runenkästchen als Verteidiger seines Hauses ab. Daran bewahrte eine englische Ballade des sechzehnten Jahrhunderts die Erinnerung, die Ballade von William von Cloudesly. William wurde in seinem Hause von bewaffneter Macht belagert. Er ging in sein stärkstes Zimmer und schoß auf seine Feinde, während sein Weib mit der Axt an die Türe trat. „Der muß sterben, der hier herein will, solange ich dastehe." – „Ergib dich!" rufen die Feinde dem Helden zu. „Gott verfluche ihn, der diesen Rat gibt", antwortete die Gattin. Da legten sie draußen Feuer an. „Verbrennen wir William, sein Weib und seine drei Kinder." Die Flamme schlug hoch auf. „Wehe, daß wir hier sterben sollen!" rief die Frau. Da ließ William Weib und Kind an Tüchern zum Fenster herunter. „Tut ihnen kein Leid", rief er, „an mir nehmt Rache." Und er schoß, bis alle seine Pfeile verschossen waren und das Feuer auf ihn fiel und seine Bogensehnen entzwei brannte. „Lieber mit dem Schwert in den Haufen stürzen", sagte er, „als hier jämmerlich verbrennen", und er nahm Schwert und Schild und rannte in die dichteste Schar und schlug um sich, bis man Fensterläden und Türen über ihn warf, da konnten sie ihm die Hände und Füße binden.

Auf dem Runenkästchen waren von dieser stolzen und im Wesen ganz germanischen Geschichte schon abgebildet der zum Fenster hinausschießende Held, die von Pfeilen beregneten Angreifer, die Frau mit der Waffe unter der Tür und der mit dem Schild sich unter die Feinde werfende Egil, am Boden liegend, von einem anderen am Bein gepackt.

Von der Sage von Wieland drangen nur wenige Namen und der Ruf seiner Schmiedekunst nach dem südlichen Deutschland. Die Sage von Egil dem Schützen, der den Apfel vom Haupt des Sohnes schoß, kam bis in die Schweiz, und auf ihr beruht die Sage vom Wilhelm Tell. Diese ist wirkungsvoller und volkstümlicher, die germanische Sage durch die Gestalt ihres Königs und durch ihre Auffassung von der Gefolgschaft edler und höher. – Wie bunt, abenteuerlich und vielfältig werden nun vor unseren Augen die Schicksale der Heldensage, und wie mächtig war ihr Leben, daß sie sogar unter späten altenglischen Balladen in ihrer alten tragischen Größe überraschend vor uns tritt!

307.
Helgi

Bei den Sagen von Amleth, von Ermanarich, von Wieland und von Egil wurden wir wie von selbst in die Zeit der Völkerwanderung geführt. Bald waren die Lieder, in denen sie uns erhalten sind, in der germanischen Überlieferung bezeugt, bald wiesen ihre Wurzeln auf sie zurück. Die Gedichte von Helgi gehören, wie vielleicht auch das Gedicht von den Halfdansöhnen, in die Wikinger-Zeit, sie entstanden aus Kämpfen der Dänen und Sachsen im zehnten Jahrhundert. Es sind drei Lieder, zwei dem Helgi gewidmet, der die Hundinge erschlug, und eins dem Helgi, dem Sohn Hjörwards, zwei in Bruchstücken, eines vollständig erhalten. Das vollständige und einheitliche ist das echte nordische Wikingerlied, und wir stellen es voran.

Dies Lied berichtet zuerst von Geburt und Benennung des Helden. Fünfzehn Winter alt, bekämpfte und erschlug Helgi den Hunding und seine Söhne, dann erklärte ihm die Walküre Sigrun ihre Liebe. Sie bat um seine Hilfe, ihr Vater wolle sie mit Hödbrodd, Granmars Sohn, vermählen, und den verabscheue sie. Helgi sammelte nun ein Heer und eine Flotte und fuhr in den Kampf. Als der Wächter der Feinde seine Schiffe nahen sah, frage er nach ihrem Führer, und Helgis Bruder Sinfjötli gab höhnische Antwort.

Helgi verwies ihm die schlimmen Reden, er und die Seinen landeten, der Kampf begann, Hödbrodd fiel, und Helgi errang Sigrun als Gemahlin, die ihn jubelnd empfing.

Das ganze Lied ist auf einen Ton gestimmt: auf das Glück, das dem Helden Kampf und Macht gibt. Der Jubel des Herrschers klingt darin wieder, den seine Kühnheit und seine Bestimmung zu Ruhm und Größe auslesen und dem alle Herrschaft und aller Sieg wurde, die er auf Erden für sich erstrebte.

Unter bedeutenden Zeichen kündet sich seine Geburt an, die Nornen spann ihre Fäden von Ost nach West und von Süd nach Nord; überall in diesem Bezirke soll der kaum geborene Fürst herrschen, und nur das Glück soll ihn begleiten. Die Tiere des Schlachtfeldes, Rabe und Wolf, freuen sich über den kaum Geborenen. Der Vater kehrt nach der Geburt des Sohnes, wieder aus siegreicher Schlacht, heim und beschenkt ihn mit reichen Ländern und mit einem blitzenden Schwert. Der Knabe wächst zur Freude aller heran, als Fünfzehnjähriger zieht er in seinen ersten großen Kampf, und mit Ruhm gekrönt kommt er zurück. Dem Kampf folgt die Liebe, eine himmlische, keine irdische Jungfrau ersehnt sich dieser Held. Schicksal, Sehnsucht und Seligkeit dieser Jungfrau sind wieder Kampf und Heldentum. Sie fällt dem Geliebten nicht zu; er muß um sie kämpfen und versammelt um ihretwillen ein gewaltiges Heer und eine gewaltige Seemacht. Zum Kampf gegen die Menschen gesellt sich nun der Kampf gegen die Elemente, die Schiffe ringen sich durch die Stürme des Meeres. An die Schiffswände schlagen die Wellen, als schlage an die Felsen die Brandung, die Schiffe scheinen sich in den Himmel zu heben, und die tückische Göttin des Meeres schlägt nach ihnen mit ihren Pranken. Zu gleicher Zeit steigt auf den Schiffen ein Segel nach dem anderen empor, wie um die Elemente zu verhöhnen und sie zu wilderem Angriff zu reizen; Mann an Mann, Schild an Schild, steht die Heldenschar auf Deck. Sie kommen an Land; ein blutroter Schild, goldumrandet, drängt sich zwischen die weißen Segel, um den Feinden den Kampf zu künden. Die Kampfluft, während der ganzen Seefahrt nur mühsam gebändigt, bricht nun mit ganzer Gewalt heraus, der wildere und rohere Held schleudert auf den Feind greuliche Schmähungen, bevor er sich auf ihn stürzt, der edle

Führer mahnt zur Achtung des tapferen Gegners, dann stürzt alles in Kampf und Sieg. Auf der See suchten die Riesinnen und die Dämonen der Tiefe der Helden Herr zu werden, umsonst! Auf dem Land funkelt und strahlt es plötzlich über den Häuptern der siegreichen Streiter, blutrote Brünnen leuchten auf, und aus den Speeren sprühen die Funken. Die Walküren sind herangeflogen, um ihre Lieblinge zu schützen, wie aber der Sieg errungen, haben sich der Herr der Wikinger und die Herrin der Walküren fürs Leben verbunden.

Wie sehr weicht dies Lied von denen ab, die bisher an uns vorüberzogen! Nicht der leiseste tragische Unterton klingt hinein, uns umbraust nur das Glück und der Stolz des Krieges. Am Schluß schwillt der Jubel der Heldentaten noch einmal zu mächtigen Akkorden an, es erklingt der Preis des Helden, den die himmlische Jungfrau sich erwählte. Auch Stil und Art des Liedes sind von denen der germanischen Lieder ganz verschieden: Der Dialog tritt zurück, die Gleichnisse und Umschreibungen häufen sich, der Dichter erzählt und will einen ganz bestimmten Eindruck in uns wecken. Er gibt uns, darf man sagen, eine Biographie und eine Charakteristik des Helden in Form eines Preisliedes.

Dänen und Sachsen kämpften im zehnten Jahrhundert erbittert um Jütlands Besitz, und zur gleichen Zeit unternahmen die Dänen ihre Eroberungszüge nach Pommern. Die Grundlagen der Kämpfe Helgis gegen Hunding und Hödbrodd sind diese wirklichen Kämpfe. Das zeigen uns noch die Namen des Liedes: Örwasund (Öresund), Hlebjörg (Laeborg), Svarins haugi (Schwerin), Hedhinsen (Hiddensee) usw.

Die Geschichte wurde dann, zuerst in Dänemark, von der ausschmückenden und bereichernden Dichtung durchflochten. Sie rückte den einen Helden Helgi nach ihrer Art in den Mittelpunkt, und sie steigert sein Heldentum und seine edle Menschlichkeit dadurch, daß sie ihn von seinem Bruder abhebt, vom Sinfjötli. Eigentlich gehört dieser in die berühmte Sage von den Wölfungen, und mit dieser wurde die Sage von Helgi im Norden verbunden. Sinfjötli tritt in den Helgiliedern als Vertreter einer wilden und überwundenen Heldenzeit auf, einer Zeit, in der die Helden sich noch in Tiere verwandelten, Menschen erwürgten, mit wüsten

Schmähungen den Gegner anfielen. Den Helden selbst stellt das Lied unter den Schutz überirdischer Mächte, der Nornen und der Walküren. Sonst werden in der nordischen Dichtung die guten Gaben der freundlichen Nornen durch die schlechten einer feindlichen in ihrem Wert gemindert oder gar ins Unheil verkehrt. Es ist wieder bezeichnend, daß unser Lied aus den Nornen Göttinnen des Segens macht. Auch die Liebe Helgis zur Walküre hat es verklärt, vielleicht sogar war es sein Werk, daß es die Sigrun zur Walküre erhob, und das Tragische von ihrer Liebe fortnahm.

Die Tragik der Geschichte zeigt uns der Dichter des anderen, im Inhalt reicheren Helgiliedes. Seine Kunst ist im wesentlichen dänisch, er mag ungefähr ein Zeitgenosse des ersten sein und wie dieser aus dem zehnten Jahrhundert stammen. Wohl stellte ein Sammler von seinem Lied nur Bruchstücke nebeneinander und diese nicht einmal in die rechte Ordnung. Aber die leitende Idee der Schöpfung tritt aus diesen Bruchstücken groß und tragisch heraus, es ist eben die Geschichte der Liebe Helgis zu Sigrun. Sigrun wird zuerst vom Aufzeichner des Lieds in Anlehnung an die Sigrun des ersten Liedes Walküre genannt, doch ihre Liebe und ihr Schicksal sind das der irdischen Frau. Sie hat die Tat von Helgis Jugend, den Kampf mit den Hundingen, jubelnd gesehen, eilte zu dem Geliebten, fiel ihm um den Hals und küßte ihn. Dem Hödbrodd habe sie ihr Vater versprochen, und sie habe doch nur, schon ehe sie ihn erblickt, den Helgi geliebt. Nun fürchte sie den Zorn des Vaters und der Sippe. Helgi tröstete sie, nur ihr solle sein Leben gehören. Nun besiegte Helgi in furchtbarem Kampfe den Högni, den Vater der Sigrun, und seine Söhne und dazu den Hödbrodd; beide erhielten die Todeswunde. Den sterbenden Hödbrodd umarmte Sigrun, pries seinen Edelsinn und versöhnte ihn mit seinem Schicksal. – Wie mild und schön ist dieser Zug im Vergleich mit dem ersten Helgilied! Dort hatte Sigrun für den Hödbrodd nur Worte des Hohnes und sagte, er tauge zum König wie ein Kater.

In dem Kriege wurde nur Dag, Högnis Sohn, verschont; er mußte dem Helgi Treue schwören. Aber Dag opferte den Odhin um Rache, da lieh ihm der Gott seinen Speer, und mit dem durchbohrte er den Helgi im Wald. Das sagte er der Schwester und bot ihr jede

Buße. Sie aber brach in wilde Verwünschungen aus über den Bruder. Alle heiligen Eide sollten ihn verderben, die er einst dem Helgi geschworen; sein Schiff solle fest gebannt bleiben, wenn auch sausender Wind in die Segel fahre; sein Roß solle nicht rennen, wenn ihm auch der Feind auf den Fersen folge; sein Schwert solle nicht schneiden, es sei denn, daß es ihm zum Todesstreich um das Haupt singe; zum Wolf solle er werden, von Leichen sich nähren und von der Überfülle ekler Nahrung endlich bersten. Dann klagte die arme Frau in erschütternden Worten um ihren Gemahl. „Er ragte hervor aus den anderen Helden, wie die helle Esche aus Dornengestrüpp oder wie der Hirsch, der taubesprengte, aus den anderen Tieren des Waldes. Er schreckte die Feinde und ihre Vettern, wie die Geißen rennen vor dem Wolfe, schreckerfüllt den Abhang hinunter."

Sigrun weinte so, daß ihre Klagen und Tränen dem Helden keine Ruhe im Grab ließen, sie fielen auf ihn wie Blutstropfen, kalt und eisig und kummerschwer. Zur Abendzeit erschien er der Magd, die das bestürzt der Herrin sagte, sie eilte zu ihm, und er pflegte, ein wiederkehrender Toter, noch einmal mit Sigrun der Liebe, die den Tod bezwingt und in Seligkeiten schwelgt, die das Leben nicht kennt; Land, Herrschaft und Ruhm dünkten dem Helden nichtig und schal im Vergleich mit ihr. Wundervoll sind die Verse, die uns die dunkle Macht dieser Liebe schildern, in ihrer Mischung von Schauer, Seligkeit und wilder, mächtiger Begierde. Beim Morgengrauen reitet der Held fort, Sigrun mußte ihm in den Tod folgen; nachdem sie den Toten geküßt, gehörte sie selbst dem Tode, und sie starb nur zu gern.

Uns klingen aus dieser Dichtung viele vertraute Töne entgegen. Ihre Klagen, ihre Weichheit und auch ihre Verwünschungen und ihr Schwelgen in Tod und Liebe weisen sie in die zweite Hälfte des zehnten Jahrhunderts und nach Dänemark. Mag sie nun in der Zeit später oder früher als das erste Helgilied gedichtet sein, in der Art steht sie dem germanischen Heldenlied viel näher und hat auch wieder seine Kunst, seinen Dialog, seine Steigerung und seine Konflikte. Die Liebe von Helgi und Sigrun läßt sich der von Hagbard und Signe vergleichen. Beide Paare finden sich gegen den Wunsch der Ihren, und der Mann erschlägt der Frau dort die

Brüder, hier den Vater und die Brüder. Auch der Widerstreit der Gefühle ist uns bekannt, unter dem Sigrun und Dag leiden und der dem Vater die Tochter, die Schwester dem Bruder raubt. Besondere Ähnlichkeiten verbinden noch die Sage von Helgi und die von Hilde, von der wir bald hören werden. Auch Hedhin entführte die Hilde, die ihn zum Gemahl wollte, ihrem Vater und erschlug dann diesen, der dem Entführer seiner Tochter nachgeeilt war. Die Rolle des Dag klingt an die des Ingeld an, der Zorn Sigruns ist dem des Starkad ähnlich, und die Art, wie Helgi von Dag erschlagen und wie Dag von Sigrun verwünscht und wie Helgi von ihr beklagt wird, läßt sich auch mit dem Tod Sigurds und den Verwünschungen vergleichen, die Gudrun für Sigurds Mörder und der Klage, die sie für Sigurd hat. Der Dichter unseres Helgiliedes wird aus Liedern dieser Art sich seine künstlerischen Anregungen geholt haben.

Wenn sie in Verwünschungen ausbrechen, lebt in diesen Menschen noch die alte, ungebändigte heidnische Kraft, sonst steigert das Heidentum weniger als Glaube denn als Schmuck den Eindruck unserer Dichtung. In einem germanischen Liede hätte nicht Odhin dem Dag den Speer gegeben, sondern Dag selbst hätte sich gerächt, und der uralte Wahn, daß die Tränen der Überlebenden dem Toten im Grab keine Ruhe gönnen, soll in unserem Liede nur den Triumph der Liebe von Helgi und Sigrun über den Tod vorbereiten. Die Gewalt der Liebe und ihre wilden und trunkenen Seligkeiten hat uns noch kein nordischer Dichter so besungen wie der unseres Helgiliedes. Bei Wieland war die Liebe nur Vorspiel der Rache oder in die Rache erschütternd verwoben, hier lebt sie um ihrer selbst willen und erhebt mit ihrer Treue auch ihre Leidenschaft über den Tod.

Das eine Helgilied malte die alte germanische Tragik aus und erhöhte sie, das andere entfernte sie und schilderte uns statt ihrer das Wikingertum, froh seines Glücks und froh seiner Siege. So verschieden faßten die Dichter des zehnten Jahrhunderts den gleichen Helden und seine Schicksale auf. Es mußte sie wohl reizen, noch anderes von diesem Helgi zu singen, der gleichsam in seiner Person die germanische Kunst zur Wikinger Kunst leitete.

So wurde denn die Jugend Helgis noch ausgeschmückt. Ein Bruchstück, das in der Edda das zweite Helgilied einleitet, erzählt folgendes: Helgi weilte verkleidet als Kundschafter bei Hunding und meldete, als er entronnen war, einem Hirten, daß er bei Hunding gewesen. Nun schickte König Hunding Männer zu Hagal, dem Pflegevater Helgis, die den Burschen suchen und ihm bringen sollten. Hagal aber zog seinem Pflegling Mägdekleider an und ließ ihn auf einer Mühle mahlen und als einer der Mannen, Blind Bölwis, erstaunte über die scharfen und kühnen Augen der Magd, der wohl das Schwert mehr gezieme als die Mühlenstange, antwortete Hagal, die Magd sei früher eine Walküre gewesen. Diese Erfindungen sind, wie wir sofort sehen, wiederum nordischen Liedern nachgebildet, aus denen die Überlieferungen von Helgi sich so gerne nährten. Der Kundschafter Helgi, nach dem ein König sucht, und den sein Pflegevater versteckt, stammt aus der Sage von den Halfdansöhnen, der verkleidete Helgi aus der Sage von Hagbard und Signe und dorther auch der Verdacht schöpfende Mann Hundings Blind Bölwis (gegen Bölwis Blind bei Hagbard). Die Walküre, die auf der Mühle mahlen muß, kennen wir aus dem Lied von Frodi und den Riesenmädchen.

Dann sangen die Dichter von einem anderen Helgi, dem Sohn Hjörwards und übertrugen auf ihn Erlebnisse, die denen des ersten Helgi glichen und erweiterten sie. Sein Vater Hjörward, hieß es, wollte nur das schönste Mädchen heiraten, da hörte er von Sigrlinn, der Tochter des Svafni und schickte einen Jarl, Atli, nach ihr. Dieser kehrte ohne Erfolg heim. Ein Jarl von Svafni, Franmar, widerriet dem König, seine Tochter diesem Bewerber zu geben. Da fuhr Hjörward selbst, um das schöne Mädchen zu freien, unterdessen aber hatte sich ein anderer König um sie beworben, ihren Vater getötet und sein Land verwüstet, als er sie ihm verweigerte. Hjörward nahm nun die Sigrlinn zur Frau, und Atli vermählte sich mit Franmars Tochter.

Das ist eine Werbungssage, wie wir sie bereits aus dem Germanischen kennen, und wie wir sie in der deutschen Helden-sage noch oft begrüßen werden, vielleicht ist sie deutscher Herkunft. Unser Lied erweitert sie durch die Geschichte von Atli und dem Adler: Ein Adler verwies den Atli auf Sigrlinn als auf eine Braut, die sich für seinen Herrn eigne, und der Vogel verlangte dafür unmäßig große Opfer und Schätze. Diese Unmäßigkeit war vielleicht ironisch gemeint und sollte die Begehrlichkeit mancher Priester verspotten. Nachher ergab sich, daß der Jarl Franmar und der Adler dasselbe Wesen waren, und daß er sich in einen Vogel verwandelt hatte, um die Königstochter zu behüten, als Vogel wurde er von dem ahnungslosen Atli getötet.

Diese Episode war wohl ein Lied für sich, eine Ballade, wie dergleichen noch manche uns erhalten sind, und ihr Inhalt war wohl der, daß ein Vater durch seine Zauberkraft seine Tochter vor Bewerbern schützen will, daß er aber, als er sich deswegen in einen Vogel verwandelt, von einem dieser Bewerber getötet wird. – Wenn in unserem Helgilied der Vogel den Atli auf die schönste Jungfrau verweist, so spielte wohl die Erinnerung an die berühmten Verse von den Waldvögelchen mit, die dem Sigurd von der Brünhild sangen.

Helgi, der Sohn des Hjörward, war stumm und untätig in seiner Jugend, wie mancher andere germanische Held in Märchen und Sage. Gerade darum liebte ihn eine Walküre Swawa; sie weckte seinen schlafenden Heldengeist und beschenkte ihn mit einem leuchtenden Schwert. Nun rächte sich Helgi zuerst am Mörder seines Großvaters, vollbrachte noch manche andere Heldentat und errang sich dann Swawa zur Frau.

Diese Geschichte von Helgi und Swawa ist eine Nachbildung von der von Helgi und Sigrun. Ihr ist nur das Leidenschaftliche genommen, und sie ist in das Strahlende und Märchenhafte, in die Kunst der Ballade hinübergeführt. Noch deutlicher zeigt sich ihre märchenhafte Art bei Saxo Grammaticus. Der Knabe, den sich bei ihm die Walküre wählt, wird von den anderen verachtet und hütet die Schweine.

Auch das Gespräch zwischen Sinfjötli und Granmar im ersten und zweiten Helgilied erhielt in unserem dritten ein Gegenstück, und wieder ein zauberisch erhöhtes, es ist das Gespräch von Atli und Hrimgerd. ·An der Mündung eines Flusses erhob sich die Hrimgerd und versperrte den Schiffen Helgis den Weg. Atli schmähte und schalt sie, und sie erwiderte ihm nach Art der nordischen Riesinnen durch manche Unflätigkeiten. So hielt der Held sie bis zum Aufgang der Sonne hin, da mußte sie versteinern.

Wie diese Sage entstand, können wir uns leicht vorstellen: An der Mündung eines Stroms wird sich ein Felsen erhoben haben, der wie eine riesenhafte steinerne Frau aussah, und dieser erzeugte die Überlieferung, er sei eine zur Strafe versteinerte Riesin.

Noch eine andere Erweiterung wurde, wohl in Anlehnung an die Geschichte von Helgi und Dag, in das dritte Helgilied eingefügt, die Geschichte von Helgi und seinem Bruder Hedhin. Am Juliabend kam Hedhin allein aus dem Walde und traf ein Zauberweib, die ritt auf einem Wolfe und hatte Schlangen an Stelle des Zaumzeuges; sie bot dem Hedhin an, er möge ihr folgen. Er sagte aber nein. Sie erwiderte: „Dafür sollst du büßen, wenn du den geweihten Becher leerst." Am Abend wurden feierliche Gelübde abgelegt; der Eber ward hineingeführt, auf den legten die Männer ihre Hände und leisteten ihre Schwüre bei dem heiligen Becher. Hedhin gelobte, er wolle Swawa gewinnen, die Geliebte seines Bruders Helgi; doch gleich darauf erfaßte ihn so große Reue, daß er auf wilden Pfaden gen Süden eilte und seinen Bruder Helgi aufsuchte. Dieser aber tröstete ihn, denn er ahnte sein Ende, da seine Folgegeister (die Fylgjur) dem Hedhin begegnet waren, als er jene Frau auf dem Wolf reiten sah. Helgi empfing denn auch die Todeswunde drei Tage später im Zweikampf, und der Sterbende bat seine Frau, sie solle den Bruder zu ihrem Gemahl erwählen. Sie aber verhieß ihm, daß sie ihre Gunst niemals einem Unwürdigen schenken würde.

Daß zwei Brüder sich bekämpfen um einer Frau willen und in ihrer Verblendung erschlagen, ist wohl der tragische Kern dieses Liedes, den wir in mancher isländischen Saga wiederfinden. In unserer Darstellungen hat es ein versöhnliches und weiches Ende gewonnen und wurde durch Zaubermotive bereichert und verwirrt, durch die Erfindung von Helgis Folgegeistern, die ihm den Tod künden und durch die andere Geschichte von dem Zauberweib, das dem Hedhin begegnet, seine Liebe fordert und ihn mit Verblendung schlägt, als er sich ihr versagt – wir denken hier an die Ballade von Herrn Olaf.

Wie reich ist doch der Schmuck der Balladen in den beiden letzten Helgiliedern: Die Wiederkehr und Liebe des toten Helgi ist das Thema, das wir aus der Lenore kennen, dazu kommt der Vater, der als Vogel seine Tochter beschützen will, die Liebe des schüchternen und armen Jünglings zur strahlenden Jungfrau und die Begegnung von Hedhin mit dem Zauberweib. In diese Balladen sehen wir eine Gruppe der nordischen Heldendichtung münden und erkennen einen neuen Weg ihres Schicksals. – Sonst ziehen die Lieder von Helgi, weil sie aus so vielen nordischen Liedern ihre Kraft und ihre Kunst schöpfen, wie ein stolzer und reicher Nachklang der nordischen Heldendichtung an uns vorüber.

Jedes der nordischen Heldenlieder, deren Art und Kunst wir zu erfassen suchten, hatte seine besondere Entwicklung und seine besonderen Schicksale, und wir stehen im Norden vor einem seltenen Reichtum künstlerischer Gestaltungskraft. Die Lieder von Ermanarich und von Wieland, wohl auch das von Amleth und die von Egil bildeten germanische Schöpfungen weiter, die von Helgi und vielleicht das von den Halfdansöhnen verwerteten Erfindungen und Motive, die zuerst das germanische Lied schuf und deren Lebens- und Wirkungskraft der Norden ungeschwächt erhielt. Der Ruhm und die Umbildung der alten Lieder dauerte bis in das dreizehnte Jahrhundert und noch länger.

In Dänemark hat sich das germanische Heldentum geläutert und verklärt und fing langsam an, sich zu lockern und dann sich aufzulösen. In Norwegen und Island blieb wie dort die Form der germanischen Dichtung, das Lied, lebendig. Dazu gesellte sich später die der künstlerischen Erzählung in Prosa, die Saga. Die alten germanischen Motive steigerten und erhöhten sich im Norden: Wir denken an die Rache der Halfdansöhne, an die Amleths, an die Wielands. Uns kommt auch in den Sinn die dramatische, fortrei-ßende Kraft in der Schilderung, als Sörli und Hamther den Jörmunrek überfallen, die Szene, wie Amleth vor seinem Vater steht, ihm den Tod seiner Helden meldet und ihn selbst mit dem Ende bedroht. Oder wir erinnern uns an den Schluß des Wölund-liedes, in dem der frei gewordene Knecht dem König, der ihn schändete, seine Rache enthüllt. Die Kunst, alte Zauber- und Wundermotive psychologisch zu vertiefen, ist uns so groß und bewundernswert noch nie entgegengetreten wie in dem Lied von Ermanarich und Wieland, und ebensowenig hat uns ein germani-sches Lied einen solchen Reichtum der Komposition und der Kontrastierung, eine solche vollendete Kunst des Aufbaues gezeigt, wie wir sie bei Amleth, bei Ermanarich, bei dem Lied von Wieland entdeckten.

Alle Lieder, die wir besitzen oder die wir erschlossen, stammten aus dem zehnten Jahrhundert. Das war die Blütezeit der nordischen Dichtung in allen nordischen Ländern. In diesem Jahrhundert flammte der Wikingergeist auch wieder zu großen Taten auf. Wie uns die nordische Dichtung des zehnten Jahrhunderts oft entgegentritt als ein gesteigertes, überhöhtes Gegenbild der germanischen Dichtung des siebenten Jahrhunderts, so scheint uns auch die Wikingerzeit wie das letzte grandiose Aufleuchten der Bewegung, die man die germanische Völkerwanderung nennt; man denke an ihre kühnen Einfälle in Irland und England, in Deutschland und Frankreich, ihre stolzen Eroberungszüge nach dem Osten. Die ähnliche Zeit also schuf sich ähnliche Lieder und ähnliche Helden, ihre bezeichnensten waren Starkad und Helgi.

Daneben erkennen wir auch hier die Mächte, die das alte germanische Lied umgestalten. Die Erhöhung und das Auskosten der Spannung geht in das Übertriebene, Zauber- und Traumgeschichten dringen in die alten Lieder, das finstere Walten des Schicksals wird etwas zu rhetorisch betont, Walküren und Nornen weben um die Helden, die einzelnen Motive häufen, wiederholen und verwirren sich, und die Menschen verlieren sich schwelgerisch in ihre Liebe, ihre Verwünschungen, ihre Aufreizungen. Dazu tritt an Stelle der Kunst die Künstlichkeit, Wortspiele und Doppelsinn, allzu kluge Berechnung und die Überlegenheit des Virtuosen.

Der Weg, den die künftige Entwicklung ging, ist damit angedeutet. Die späteren Dichter schwelgten noch hingegebener in Klage und Melancholie, ergingen sich in endlosen Rückblicken und vertieften zugleich die Kunst der seelischen Mitempfindung. Die Heldenlieder verwandelten sich in Balladen und Volkslieder, die den Zauber, das Wunder und die Liebe nicht entbehren können, oder sie werden in prosaischen Berichten umschrieben und füllen sich an mit Märchenschmuck. Die Dichter, die etwas auf sich hielten, wurden Gelehrte, an Stelle der Poesie trat die Poetik, und die Schätze der Vergangenheit wurden geordnet und gesammelt. Wir erkennen in der Weichheit der Gefühle den Einfluß des Christentums, in der zunehmenden Schätzung der Gelehrsamkeit den Einfluß der Bildung, und diesen Mächten allen erlag langsam, ohne gewaltsame Katastrophe das alte Heldenlied. Auch die Helden, die sich vordem daran erquickten und stählten, waren längst alle in Walhall eingegangen, und die mächtige Wikingerzeit war verrauscht.

Das deutsche
Mittelalter

308.
Geschichte der Sagen

In Deutschland lebten die alten Heldenlieder weiter, Sagen, die auf ihnen beruhen, hatten uns ja Widukind von Corven und Aimoin im zehnten Jahrhundert aufgezeichnet. Doch wenn Ermanarich, Dietrich von Bern und ihre Helden sonst erwähnt werden, so wird dabei gern hinzugefügt, daß nur das Volk sich von ihnen unterhielt, und das Volk wird besonders das Wirksame und Abenteuerliche und Übertriebene der alten Mären betont und wohl auch vergröbert haben.

In der Literatur aber herrschten vor allem die Geistlichen. Sie wollten die Bildung und den Geschmack und die Dichtung des Volkes mit christlichem Geist erfüllen und durchdringen, und in immer neuen Versuchen mühten sie sich, die geistliche, die gelehrte und auch die unterhaltende Dichtung zu pflegen und zu verbreiten. Da vom neunten Jahrhundert an bis tief in das elfte Jahrhundert hinein keiner dieser Versuche einen dauernden Erfolg hatte, so konnten sie weder eine Literatur, noch eine Überlieferung schaffen, nur eine Fülle der verschiedensten und isoliert bleibenden literarischen Versuche erzeugte sich aus ihnen.

Neben den Geistlichen erschienen als Pfleger der Literatur die Spielleute. Doch diese waren nicht die Nachfahren der germanischen Sänger, sondern die Erben der römischen Mime und Gaukler, eine Hinterlassenschaft der alten Welt an das Mittelalter von immerhin zweifelhaftem Wert. Es war eine bunt und üppig durcheinander gewürfelte Gesellschaft; sie traten gerne in Massen auf und führten wohl auch einen Troß von Frauen mit sich. Schauspieler und Seiltänzer, Akrobaten und Musiker, Kundschafter und wandernde Zeitungen, Sänger und Erzähler, alles waren sie in einem. Sie unterhielten das Volk auf den Gassen und rissen es zum Jubel hin, sie sangen auch den Ruhm dessen, der ihnen Brot, Geld und Geschenke gab, und machten sich ihm durch ihre Schlauheit und ihre Verwegenheit unentbehrlich. Natürlich blieben sie selbst auf die Gunst der Mächtigen und Reichen besonders angewiesen. Um den Mönchen und um den hohen geistlichen Herren zu gefallen, trugen sie ihnen daher gewandt und gefügig, wie sie waren, lateinische Schwänke und Lieder in den Formen und Maßen der geistlichen Dichtung vor und suchten zugleich durch ihre derben Späße und durch unterhaltsame Geschichten die geistlichen Poeten aus der Gunst des Volkes zu verdrängen. Auch bemächtigten sie sich der nationalen Dichtung und bildeten sie nach ihrer Art weiter; noch an der Gudrun und an dem deutschen Nibelungenlied erkennen wir die vergröbernden Hände der Spielleute. Es ist daher kein Zufall, wenn die beiden deutschen Heldengedichte, die uns aus dem zehnten und aus dem Anfang des zwölften Jahrhunderts erhalten sind, das eine, der Waltharius manu fortis (Walter Starkhand) einen Geistlichen, das andere, der König Rother, einen Spielmann zum Dichter hat.

1. Walther und Hildegund

Den Waltharius verfaßte im ersten Drittel des zehnten Jahrhunderts der Klosterschüler Eckehard in St. Gallen für seinen Lehrer Geraldus. Noch im elften Jahrhundert verbesserte der vierte Eckehard seinen Stil und sein Latein. Das Gedicht, ein Epos in Hexametern, wurde in den Klöstern gern gelesen und hat sich uns in vielen Handschriften erhalten.

Attila, der König der Hunnen, zog erobernd durch die germanischen Länder. Weil die Franken, die Burgunden und die Aquitanier zu schwach waren zum Widerstand, leisteten sie dem Eroberer hohe Tributzahlungen und gaben ihm Geiseln: Gibicho (Gibich) von Franken den Hagano (Hagen), Herrich von Burgund seine Tochter Hildgund (Hildegund), Alphere von Aquitanien seinen Sohn Walthari (Walther). Die drei Königskinder wurden am Hof der Hunnen sorgfältig und liebevoll erzogen. Attila war dem tapferen Jüngling geneigt und seine Gemahlin der Hildegund. Als Gibich starb, verweigerte sein Sohn Gunther die Tributzahlung, und Hagen entfloh den Hunnen. Attila wollte den Walther nun dadurch für immer an seinen Hof binden, daß er ihn mit einer hunnischen Fürstentochter vermählte. Doch den Walther trieb es, wie seinen Freund, zur Heimat zurück; er wich dem König in geschickten Worten aus und verdoppelte dann sein Vertrauen durch einen glänzenden Sieg, den er für ihn gegen seine Widersacher erstritt.

Als er müde vom Streit zurückkehrte, fand er Hildegund allein im Königsgemach. Sie reichte ihm einen Erquickungstrunk, er erinnerte sie daran, daß sie von Kind auf einander versprochen seien und fragte sie, ob sie nun ihm wieder in die Heimat folgen wolle. Hildegund wagte zuerst kaum den Ernst dieser Frage zu glauben, dann folgte sie gern seinen Vorschlägen. Walther veranstaltete nun zur Feier seines Sieges ein großes Gelage und berauschte dabei den Attila und sein Gefolge: Als sie im tiefen Schlafe lagen, entrann er mit der Geliebten. Das Mädchen hatte – sie war die Schatzmeisterin – aus dem Schatz der Königin zwei große Truhen Goldes entwendet, damit beluden sie Walthers Roß. Hildegund führte es mit der einen Hand am Zaum, mit der anderen trug sie eine Angelrute, damit beide sich durch Fischfang das Leben fristen könnten. Walther in schwerer Rüstung schritt voran.

Attila erwachte aus seinem Rausche erst den nächsten Mittag und rief umsonst nach Walther und die Königin ebenso umsonst nach Hildegund. Voller Grimm verbrachte der König eine schlaflose Nacht: Am nächsten Morgen bot er dem ungeheuren Lohn, der ihm die Flüchtlinge finge und wiederbrächte. Doch von seinen Edlen wagte das keiner.

Nach vierzig Tagen und nach beschwerlicher Wanderung gelangten Walther und Hildegund an den Rhein; sie waren auf versteckten Wegen mehr des Nachts als des Tages fortgeeilt und lebten unterwegs von Jagd und Fischfang. Bei Worms gab Walther dem Fährmann einen großen Fisch für die Überfahrt. Der Fährmann brachte diesen dem König, und bei der Tafel bestaunten alle die Größe des Tieres. Der Fährmann schilderte den Helden, der ihn so reich belohnt, seine Begleiterein und das mit Gold beladene Roß. Da sprang Hagen auf, denn er hatte erkannt, daß dieser Held kein anderer als Walther sein könne. Gunther aber triumphierte, daß er nun den Schatz zurückerhalte, den Attila seinem Vater einst genommen, und trotz der Vorstellungen Hagens machte er sich mit ihm und elf Helden auf den Weg, um dem Walther seinen Schatz zu nehmen.

Dieser war unterdessen vor eine enge Felshöhle gekommen, von der aus er einen weiten Blick über die Landschaft hatte, und die selbst für ihn den besten Schutz bot. Nur ein schmaler Pfad führte zu ihr. Der Held ruhte von der Mühsal der Reise aus, Hildegund bewachte den Schlafenden. Als sie Reiter herankommen sah, weckte sie ihn sanft. Walther erkannte die Franken, von ihnen sagte er, brauche ich nur den Hagen zu fürchten, und der ist mein Freund. Gunther aber schickte an Walther einen Boten: Gegen Schatz, Mädchen und Pferd solle er das Leben behalten. Walther wies diese unerhörte Anforderung zurück und bot dem Gunther hundert Armringe. Hagen beschwor seinen Herrn, dies Angebot anzunehmen, aber Gunther fertigte ihn mit solch höhnischen Vorwürfen ab, daß er sich zornig abwandte und von einem Hügel gleichmütig den Kämpfen zusah, die sich nun entwickelten. Walther erhöhte noch einmal sein Angebot; zweihundert Armringe soll Gunther von ihm nehmen, aber auch das wies der habgierige König zurück und schickte seine Helden gegen Walther vor. Der aber streckte die elf Mannen Gunthers einen nach dem anderen nieder.

Der König flehte nun Hagen um Hilfe. Dieser, im Widerstreit zwischen der Treue zum Freund und der zum Herrn, konnte doch die Erniedrigung seines Königs nicht verwinden. Deshalb schlug er ihm vor, den Walther nicht jetzt in seiner günstigen Stellung, sondern ihn am nächsten Tage auf freiem Feld zu überfallen. Gunther war das zufrieden, und beide Helden ritten davon, damit Walther glaube, er sei nun ganz außer Gefahr.

Der Held von Aquitanien verschanzte sich in seiner Stellung, tröstete die Geliebte und erquickte sich durch Speise und Trank. Dann schlief er die erste, Hildegund die andere Hälfte der Nacht. Am anderen Morgen belud er die Pferde der Erschlagenen mit ihren Waffen. Da er nirgends einen Feind sah, ritt er mit Hildegund davon. Diese aber spähte ängstlich zurück und sah, wie zwei Reiter sie verfolgten. Walther schickte das Mädchen mit ihren Schätzen rasch in den Wald, er selbst stellte sich den Feinden entgegen. Die heftigen Schmähungen Gunthers überhörte er, den Hagen erinnerte er an die alte Treue, und Hagen erwiderte finster, der Tod so vieler junger Helden habe die Freundschaft zwischen ihnen zerrissen, und er müsse auch seinen Neffen rächen, den Walther ihm erschlagen. Nun war also der Kampf unvermeidlich, es wurde für Walther der schwerste von allen. Gunther war ja schwächlich, und ihn brauchte Walther nicht zu fürchten. Aber in Hagen hatte er einen zumindesten ebenbürtigen Gegner. Zweimal wehrte dieser von seinem König den Todesstreich ab, aber das konnte er nicht verhindern, daß Walther dem Gunther sein Bein über dem Knie vom Leibe schlug. Dafür trennte er durch einen Schwertstreich Walthers Hand vom Arm, dieser aber stieß ihm mit seinem Dolch das rechte Auge aus und raubte ihm, Wange und Mund durchschneidend, sechs Zähne.

Hildegund, von Walther gerufen, reichte den nun kampfuntauglich gewordenen Helden den Becher und verband sanft ihre Wunden. Walther und Hagen spotteten in derben Reden über ihre und Gunthers Verstümmelung. Dann setzten sie den König auf sein Pferd, und Hagen brachte ihn nach Worms, Walther aber zog nach der Heimat, führte dort die Geliebte heim und herrschte lange und glücklich über sein Volk.

In diesem Epos, das Eckehard so hübsch und lebendig erzählt, befremden uns Wunderlichkeiten; derselbe Attila, dem drei germanische Fürsten Tribut zahlen und Geiseln stellen, damit er sie verschone, der soll, um zweier Flüchtlinge willen, einen ganzen Tag verdämmern, eine schlaflose Nacht verbringen und keine Krieger haben, die es wagen, den Entflohenen zu folgen? Und schließlich soll er sich bei der Flucht seiner Schützlinge beruhigen? Und ein König und Fürst, was Gunther doch ist, fällt feige, wie ein Wegelagerer, mit beschämend großer Übermacht über den Walther her, der ihm nichts entwendete und auf dessen Schätze nur Attila ein Recht hätte?

Solche Widersprüche in Handlungen und in Charakteren haben die reine alte Heldendichtung niemals entstellt, dagegen sind sie den Erzählungen eigentümlich, die das Volk weiterträgt, wenn es in seiner Art, indem es den Stoff häuft und vermischt, alte Heldensagen wiedergibt. Eine zur Volkssage gewordene Heldensage wird auch dem Eckehard als Stoff für seine Dichtung vorgelegen haben.

Natürlich hat die Forschung versucht, die Sagen wiederherzustellen, aus deren Vermischug deren Waltharins hervorging. Dies Unternehmen schien die reiche Überlieferung der sehr beliebten Walthersage zu begünstigen. Schon altenglische Fragmente des achten Jahrhunderts besingen den Walther, der, vom Kampf ermüdet, von Hildegund ermutigt, gegen Gunther und Hagen sich hält. Die Thidreksaga gibt eine besondere Darstellung der Walthersage, und ein eigenes Gedicht des deutschen Mittelalters aus dem dreizehnten Jahrhundert in nibelungenähnlichen Strophen feiert wiederum den starken Walther. Leider sind uns nur spärliche Bruchstücke erhalten. Die Überlieferung, auf der sie beruhen, war anscheinend dem Dichter des Nibelungenliedes bekannt. Die Bruchstücke schildern, wie Volker den Walther und die Hildegund durch Gunthers Land führt, wie beide Flüchtlinge jubelnd von Hildegunds Eltern begrüßt werden, und wie die Hochzeit des Paares feierlich gerüstet wird, sogar den Etzel und die Frau Helche lädt Walther ein. Über Niederdeutschland drang schließlich im vierzehnten Jahrhundert die Sage sogar nach Polen, wo sie sich dann weiter verwirrte.

In der Thidreksaga wird Walther von dem im Dienst des hunnischen Königs weilenden Hagen verfolgt; dieser erreicht ihn mit elf Begleitern. Walther tötet zuerst diese, verletzt dann den Hagen, daß er ein Auge verliert und beschämt an Attilas Hof zurückkehrt. Einige Forscher erklären diese Form der Walthersage für die ursprüngliche; sie sei auch deshalb alt, weil sie mit der Hildesage Verwandschaft zeige. Darin entführe ein Held einem anderen, der auch Hagen heiße, seine Tochter; die Entführte heiße dort Hilde, hier Hildegund (hild und gund heißt beides Kampf, Hildegund wäre also eine doppelte Hilde). Und in beiden Fällen eile Hagen den Verführern nach. Die Hildegund sei, wie die altenglischen Fragmente zeigten, in der alten Sage nicht so demütig und ängstlich gewesen wie bei Eckehard, sondern kriegerisch und wild wie die Hilde auch, und wie ihr Name es fordert. Ganz deutlich werde der alte Zusammenhang von Hilde- und Hildegundssage aus der polnischen Fassung der Walthersage, in welcher Walther die Hildegund wie Horand die Hilde durch seine Gesangskunst gewinne, ihrem Verlobten entführe und den ihr nachsetzenden Vater besiege.

Gegen diese bestechenden Vermutungen ist einzuwenden, daß der Erzähler der polnischen Fassung in seinem Bericht verschieden Stoffe und Erinnerungen, die er wohl aus mündlicher Überlieferung kannte, durcheinander gebracht hat. Als altes und echtes Zeugnis für die Walthersage kann diese Version nicht gelten, ihr Verfasser hat eben, durch die Ähnlichkeiten verführt, die auch den Forschern der Gegenwart auffielen, beide Sagen, Walthersage und Hildesage, miteinander verschmolzen. Die Ähnlichkeiten zwischen diesen beiden Geschichten sind außerdem ganz äußerlich; sie beschränken sich im Grunde auf die Namen und deuten auf keine Verwandschaft der Sagen. In keiner Fassung der Walthersage ist Hagen der Vater der Hildegund, das Enscheidende aber bei der Hildesage bleibt aber gerade, daß ein kühner Entführer dem Vater die Tochter raubt und daß er diese in den tragischen Konflikt zwischen Vater und Geliebtem treibt. Gegen die Ursprünglichkeit der Fassung der Thidreksaga spricht noch anderes: Einmal weilt Hagen in keiner anderen germanischen Sage am Hofe Attilas, dagegen ist er immer an Gunthers Seite zu finden. Alsdann nimmt in den anderen Fassungen der Walthersage gerade Gunther am Kampf gegen Walther teil, ja er ist der eigentliche Anstifter; so auch schon in den englischen Fragmenten.

Die Vermutungen der Forschung über Hagens Bedeutung in der Walthersage lehnen wir also ab, sehen aber ein, daß es schwer ist, sie durch andere und überzeugendere zu ersetzen. Soviel scheint klar: Der erste Teil der Walthersage ist eine Fluchtsage. Zwei Königskinder werden als Geiseln an Attilas Hof geschickt, sie entfliehen und entkommen durch Kühnheit und Glück den nachstellenden Verfolgern. Solche Flucht begab sich in der Völkerwanderung oft; die Geschichtsschreiber wissen manches davon. Wie sich Geschichten dieser Art in Sagen verwandelten, hat uns etwa das Beispiel von Attalus und Leo gezeigt, das Gregor von Tours, auch er ein Geistlicher, behaglich erzählte. Die nordische Überlieferung besitzt Sagen, die der von Walther und Hildegund noch ähnlicher waren. In der Kormakssaga entführt Bersi die Steinwör, die mit ihm gefangen ist. Beide fliehen auf einem Pferd, er verbirgt sie und das Pferd im Wald und kämpft dann glücklich gegen eine Übermacht der Feinde. In der Gönguhrolfssaga flieht Gönguhrolf mit einer Königstochter und zwei Goldkisten auf einem Pferd, und beide reisen mehr nachts als tags.

Die Kämpfe von Gunther und Walther galten vielleicht ursprünglich dem Streit zweier Fürsten um einen Schatz, auf den beide ein

Recht zu haben glaubten, oder den einer dem anderen geraubt hatte und nun wiedergeben sollte. Damit kann es zusammenhängen, daß Walther bei Eckehard dem Gunther so reichen Ersatz anbietet. In der alten Sage war vielleicht die Stiuation etwa der verwandt, die uns das Lied von der Hunnenschlacht schilderte. Ähnlich wie in Waltharius bricht dort ein Kampf aus, nachdem unmäßige Forderungen eines Bruders und gerechte Anerbietungen des anderen zurückgewiesen sind. Und Walther von Aquitanien ist wie Anganty und Hlöd ein westgotischer Held. – Hieldegund ist eine burgundische Königstochter, Gunther und Hagen sind Franken, Habgier und Kämpfe aber um der Schätze willen sind bezeichnend auch für fränkische und burgundische Fürsten. Gregor von Tours weiß davon nur allzuviel Geschichten. – Der schwächliche, feige, geldlüsterne Gunther hier, der tapfere, wortkarge Hagen dort, der den König verachtet und ihm doch in der Not die Treue hält, sind wiederum Männer, wie sie uns die Geschichtsschreiber der Franken oft schildern. Das für die fränkische Geschichte bezeichnende Verhältnis zwischen König und Hausmeister spiegelt sich in ihnen sehr lebendig wieder.

In der Fluchtsage stehlen Walther und Hildegund den Schatz, in der Kampfsage kämpfen Helden um einen Schatz, der Schatz also brachte beide Sagen zusammen. Wo und wann sie verschmolzen sind, wissen wir nicht. Da aber die altenglischen Fragmente die Fluchtsage nicht erwähnen und nicht zu kennen scheinen, dafür aber den Kampf um den Schatz viel lebhafter und eindringlicher schildern als Eckehard, ist die Annahme erlaubt, daß im achtzehnten Jahrhundert die Kampfsage noch für sich bestand. Die anderen Wege der Sage liegen im Dunkel, und da die Forschung den erhellenden Strahl noch nicht fand, ist es das Geratenste, sie dort zu lassen. Bei Eckehard spielen sich die Kämpfe im Wasgenwald ab.

Die Darstellung des Eckehard zeigt noch einige Eigentümlichkeiten der alten germansichen Dichtung. Wenn wir von Einzelheiten absehen, wie von dem germanischen Lohn, den Attila dem verspricht, der ihm Walther und Hieldegund zurückbringt (er will ihn von Kopf zu Fuß mit einem Berg von Gold umgeben), so darf als germanisch gelten die Freude am Kampf, die Gier nach

Schätzen, der Kampf zwischen Verwandten, die Skrupellosigkeit, mit der Hildegund ihre Wohltäterin, die Königin der Hunnen, beraubt, das nicht auf Liebe, sondern auf Treue gegründete Verhältnis von Walther und Hildegund, der Widerstreit der Empfindungen in Hagens Brust.

Den Charakter der Hildegund hat Eckehard freilich in das Weibliche und in das Christliche herübergezogen; sie ist bei ihm keine germanische Heldin, sondern demütig und gehorsam, und sie blickt ja vor dem letzten Kampf in ihrer Angst zurück und entdeckt, daß Gunther und Hagen den Walther verfolgen. Im Gedicht des Klosterschülers finden wir, wie es nicht anders sein kann, auch sonst allerhand Christliches. Walther bittet seinen Troß, in dem er sich vermißt, alle Franken zu erschlagen, die ihm seinen Schatz rauben wollen, seinem Gott bald reumütig ab, und als der Held wirklich elf seiner Feinde getötet, dankt er voller Demut dem Herrn für seine Gnade und seinen Schutz. Sind auch die bösen und warnenden Träume des Hagen, daß er im Kampf ein Auge und Gunther ein Bein verliert, unter dem Einfluß christlicher Dichtung eingeführt?

Nirgends in dem ganzen Gedicht schiebt sich aber das Christentum aufdringlich vor, und weniger von der Frömmigkeit, als von der Bildung seines Klosters ist die Arbeit seines Schülers ein schönes Zeugnis. Überall in Eckehards Versen finden wir den Einfluß der lateinischen Bibel, daneben den des im Mittelalter so gern studierten Prudentius und schließlich und vor allem den des Vergil. Am deutlichsten wird er in der Schilderung der Einzelkämpfe. Darin bietet Eckehard seine ganze Kunst und seinen Fleiß auf, um Abwechslung zu schaffen. Für ihn sind die Einzelkämpfe das Wesentliche seiner Dichtung; das Germanische ist ein beiläufiger, halb zufälliger Rest, der in der Sage nun einmal da war.

Häufung der Einzelkämpfe und in der Häufung wieder Abwechslung, das ist das eine Ziel von Eckehards Kunst. Charakterisierung, nicht Idealisierung, ist das andere Ziel, das geht aus der Schilderung von Hildegund, von Walther, von Attila, von Hagen und dem Gunther hervor. Der Dichter zeigt uns weniger Helden als Menschen; ein germanischer Hagen hätte z.B. Gunthers Vorwürfe nicht trotzig über sich ergehen lassen, sondern sofort zurückgegeben und dann zugeschlagen.

Eckehards künstlerische Bestrebungen gehören ganz in seine Zeit und in deren künstlerische Art. Er folgt auch darin ihrer Liebhaberei, daß er in seine Darstellung Komik, Derbheit und Übertreibung hineinmischt. Wenn Hagen ein Auge und einige Backenzähne, Gunther ein Bein und Walther seine Hand einbüßt, und wenn die Helden nachher in derben Späßen über ihre Verstümmelungen scherzen, so ist das als derbe Übertreibung gemeint. Natürlich beruht sie nicht auf alter sagenhafter Überlieferung, und weniger die Verletzung selbst als das sonderbare und etwas lächerliche Bild der grotesk verletzten Helden steht dem Dichter vor Augen.

In der Sage vom Riesen Einher, die wohl in unsere Zeit gehört, reitet der Held durch alle Wasser, zieht sein Pferd am Schwanz hinter sich, mäht die Hunnen und Wenden mit seinem Schwert nieder, wie mit der Sense Gras, hängt sie an den Spieß, und trägt sie über den Achseln wie Hasen oder Füchse. Nachher nennt er sie verächtlich quackende Fröschlein. – Der starke Adelgis, den wir schon kennen, bricht Hirsch- und Bären- und Ochsenknochen auf, als wären es Hanfstengel, und wirft sie in großen Haufen unter den Tisch, nachdem er ihr Mark verzehrt. Die Spange, die er am Arm trägt, fällt dem Kaiser Karl bis auf seine Schulter. – Von unserem Walther aber ging die Sage, er habe sich am Abend seines Lebens in ein Kloster zurückgezogen und sei dort Gärtner geworden. Im Auftrag des Klosters habe er einmal gegen Räuber gekämpft, auf seinem alten Pferde sitzend, das nun dem Bäcker sein Korn in die Mühle trug. Nachdem er sich zuerst, den christlichen Lehren des Abtes widerwillig gehorchend, seine Rüstung bis auf die Hose ausziehen ließ, schlug er dann auf einen Räuber seinen Steigbügel, so daß dieser besinnungslos niederfiel. Danach riß er einem Kalb das Schulterblatt aus und schlug damit weiter auf seine Angreifer ein, bis sie alle in voller Angst davonliefen. Einem versetzte er mit der Faust einen solchen Streich über dem Hals, daß ihm das zerbrochene Halsbein sogleich in den Schlund fiel.

Hier haben wir die Entsprechungen zu unserem Waltahrius. Erfindungen dieser Art liebte vor allem die französische Heldendichtung; der alternde Held im Kloster gehört zu ihren Lieblingsfiguren. Von Frankreich her wanderten solche Geschichten in späteren Jahrhunderten noch einmal in die deutschen Heldenepen, z.B. in das vom Mönch Ilsan und von Wolfdietrich. Beide, französische Poeten und Eckehard, werden diese Vorliebe für das Groteske, Derbe und Anschauliche von den Spielleuten übernommen haben, in deren Kunst solche Würze fast eine Notwendigkeit war, da sie ja auf der Wirkung des mimischen Vortrags fast ganz beruhte. Einwirkungen von den Spielleuten her zeigt der Waltharius auch an anderen Stellen, etwa wie Attila, als er vom Rausch aufwacht, die beiden Hände ächzend an seinen Kopf preßt und nachher, wie er von Walthers Flucht hört, nur mit Gebärden seinen Grimm kundgibt, oder wie die Recken den großen Fisch bewundern, den Walther als Lohn gab, und wie der Fährmann lüstern erzählt, in den Truhen seiner Fährgäste sei bei jeder Bewegung des Pferdes das Gold erklungen.

Wie weit hat uns die Betrachtung des Waltharius von der alten germanischen Heldendichtung fortgetragen! Der Stoff des Gedichtes ist, wenn auch keine alte germanische Heldensage, so doch eine Volkserzählung, die aus alten Heldensagen sich bildete. Ihre Menschen sind den Fürsten der Völkerwanderung ähnlich, allerdings mehr in ihren Menschlichkeiten als in ihrem Heldentum. Aber das Germanische tritt sehr zurück, und statt seiner sehen wir die Kunst des zehnten Jahrhunderts. Diese wollte Menschen schildern, erzählte viele Kämpfe, liebte aber Abwechslung in der Erzählung, und ihr besonderer Spaß waren die anschaulichen, derben und grotesken Übertreibungen und die lächerlichen und treffenden Gebärden der vortragenden Spielleute.

310.
König Rother

Die Geschichte von König Rother erzählt uns am ausführlichsten ein deutsches Spielmannsgedicht aus der ersten Hälfte des zwölften Jahrhunderts. Wir geben im Anschluß an Ludwig Uhland und Friedrich Vogt seinen Inhalt wieder:

Am Westmeere sitzt König Rother in der Stadt zu Bare (Bari in Apulien). Er sendet Boten, die um die Tochter des Königs

Konstantin zu Konstantinopel für ihn werben sollen. Als sie hinschiffen wollen, heißt er seine Harfe bringen. Drei Leiche (Spielweisen) schlägt er an; wo sie diese in der Not vernehmen, sollen sie seiner Hilfe sicher sein. Jahr und Tag ist um, die Boten sind nicht zurück. Konstantin, jede Werbung verschmähend, hat sie in einen Kerker geworfen, wo sie nicht Sonne noch Mond sehen. Frost, Nässe und Hunger leiden sie; mit dem Wasser, das im Kerker steht, laben sie sich. Auf einem Steine sitzt Rother drei Tage und drei Nächte, ohne mit jemand zu sprechen, traurigen Herzens seiner Boten gedenkend.

Auf den Rat Berchters von Meran, Vaters von sieben der Boten, beschließt er Heerfahrt, sie zu retten oder zu rächen. Das Heer sammelt sich; da sieht man auch den König Alprian, den kein Roß trägt, mit zwölf riesenhaften Mannen daherschreiten; der grimmigste unter ihnen, Widolt mit der Stange, wird wie ein Löwe an der Kette geführt und nur zum Kampfe losgelassen. Bei den Griechen angekommen, nimmt Rother den Namen Dietrich an. Er läßt sich vor Konstantin auf die Knie nieder; vom übermächtigen König Rother geächtet, suche er Schutz und biete dafür seinen Dienst an. Konstantin fürchtet sich, die Bitte zu versagen. Durch Pracht und Übermut erregen die Schützlinge Staunen und Furcht. Den zahmen Löwen, der von des Königs Tischen das Brot wegnimmt, wirft Alprian an des Saales Wand, daß er zerschmettert wird. Wie leid es dem König ist, er rührt sich nicht. Rother verschafft sich, nach Berchters Rat, durch reiche Spenden großen Anhang.

Da klagt die Königin, daß ihre Tochter dem versagt worden, der solche Männer vertrieben. Die Tochter selbst möchte den Mann sehen, von dem so viel gesprochen wird. Am Pfingstfeste, wo sie mit ihren Jungfrauen zu Hofe kommt, gelingt ihr dies nicht vor dem Gedränge der Gaffer um die glänzenden Fremdlinge. Als es in der Kammer stille geworden ist, geht ihre Dienerin Herlind, Rother zu ihr zu bescheiden. Er stellt sich scheu, läßt aber seine Goldschmiede eilends zwei silberne Schuhe gießen und zwei von Golde. Von jedem Paare schickt er der Königstochter einen, beide für denselben Fuß. Bald kehrt Herlind zurück, den rechten Schuh zu holen und den Helden nochmals zu laden. Jetzt geht er hin mit zwei Rittern, setzt sich der Jungfrau zu Füßen und zieht ihr die

Goldschuhe an. Dabei fragt er sie, welcher von ihren vielen Freiern ihr am besten gefalle. Sie will immer Jungfrau bleiben, wenn ihr nicht Rother werde. Da spricht er: „Deine Füße stehen in Rothers Schoß." Erschrocken zieht sie den Fuß zurück, den sie in eines Königs Schoß gesetzt. Gleichwohl zweifelt sie noch. Sie zu überzeugen, beruft er sich auf die gefangenen Boten.

Darauf erbittet sie von ihrem Vater, als zum Heil ihrer Seele, die Gefangenen baden und kleiden zu dürfen. Des Lichtes ungewohnt, zerschunden und verschwollen, entsteigen sie dem Kerker. Der graue Berchter sieht, wie seine schönen Kinder zugerichtet sind; doch wagt er nicht zu weinen.

Da spricht einer der Gefangenen zum anderen. „Sahst du den Greis da stehen, mit dem schönen Barte, der mich so wunderbar aufmerksam anschaute. Er wandte sich um und rang seine Hände, er wagte nicht zu weinen und zeigte doch die schmerzlichste Gebärde. Wie, wenn der gnädige Gott ein großes Zeichen tun will, daß wir von hinnen kommen? Fürwahr, Bruder, es mag wohl unser Vater sein." Da lachen sie beide voll Freude und voll Leid. Als sie darauf an sicherem Orte, wohlgekleidet, am Tische sitzen, ihres Leides ein Teil vergessend, schleicht Rother mit der Harfe hinter den Vorhang. Ein Leich erklingt. Welcher trinken wollte, der gießt es auf den Tisch; welcher Brot schnitt, dem entfällt das Messer. Vor Freuden sinnlos, sitzen sie und horchen, woher das Spiel komme. Laut erklingt der andere Leich; da springen ihrer zwei über den Tisch, grüßen und küssen den mächtigen Harfner. Die Jungfrau sieht, daß es König Rother ist.

Fortan werden die Gefangenen besser gepflegt; sie werden ledig gelassen, als der falsche Dietrich sie verlangt, um Ymelot von Babylon zu bekämpfen, der mit großem Heere gegen Konstantinopel heranzieht. Nach gewonnener Schlacht wird Dietrich mit den Seinigen zur Stadt vorangesandt, um den Frauen den Sieg zu verkünden. Er meldet aber, Konstantin sei geschlagen und Ymelot komme, die Stadt zu zerstören. Die Frauen bitten ihn, sie zu retten, und er führt sie zu seinen Schiffen. Als die Königstochter das Schiff bestiegen, stößt er ab; Rother entdeckt sie und fährt, begleitet von dem Segen der Königin, die ihren Lieblingswunsch erfüllt sieht, nun ihre Tochter des gewaltigsten Königs Frau geworden, in die

Heimat.

Nun wird Rothers junge Gattin durch einen listigen Spielmann wieder zu ihrem Vater heimgebracht und Rother fährt mit seinen Mannen wiederum nach Konstantinopel und verbirgt sie in einem nahen Walde, während er selbst als Pilger verkleidet in die Stadt zieht. Dort kommt er gerade noch zur rechten Zeit, um Zeuge zu sein, wie seine Gattin gezwungen wird, dem Sohne jedes heidnischen Königs, den er besiegt hatte, die Hand zu reichen. Beim Hochzeitsmahle steckt er ihr einen Ring zu, an dem sie ihn erkennt; aber auch den anderen Anwesenden bleibt er nicht verborgen. Zum Tode verurteilt, wählt er sich selbst die Richtstätte vor jenem Walde, wo die Seinen versteckt liegen. Im entscheidenden Augenblick brechen die Getreuen hervor und richten ein furchtbares Blutbad unter den Heiden an. Konstantin demütigt sich vor Rother, und dieser kehrt mit der Gattin und seinen Mannen abermals heim.

Vollständig ist der König Rother nur in einer Handschrift erhalten, die aus dem Gebiet des Mittelrheins stammt. Kleine Bruchstücke einer anderen älteren Handschrift weisen nach Bayern. Die Darstellung in dieser ist weniger breit, durch formelhafte Wendungen und Reime nicht so aufgeschwellt und frischer und derber, persönlicher und ursprünglicher. Deshalb glaubt die Forschung mit Recht, daß das Gedicht von Rother von Bayern nach dem Rhein wanderte. Für die bayerische Heimat spricht auch, daß der Dichter bayerische Fürsten etwas aufdringlich rühmt und daß Erinnerungen an den Kreuzzug des Bayernherzogs Welf (1101) in den Teilen des Gedichtes nachklingen, die das Auftreten Rothers am Hof des Konstantin schildern.

Im Rother ist der letzte Teil, die Entführung der jungen Gattin durch einen Spielmann und ihre abermalige Gewinnung durch Rother offenbar der Zusatz eines Spielmanns, der nach Art der Erzähler für das Volk den Stoff wiederholte, an dem die Hörer schon einmal ihre Freude gehabt. Wir kennen auch die Quelle, aus der dieser erweiternde Spielmann schöpfte, es ist die Sage von Salman und Morolf, die eigentliche und bezeichnendste Spielmannsdichtung des Mittelalters. Sie kann sich in der Wiederholung und Variierung von Entführungsgeschichten nicht genug tun und preist dabei natürlich die Listen, Kühnheiten und Genialitäten der

Spielleute gebührend. Die Salomonsage kam aus dem Orient ins Abendland und hat durch Vermittlung der Spielleute manche mittelalterliche Dichtung umgestaltet, von den alten Heldendichtungen außer dem König Rother die von Hetel und Hilde.

Die Thidreksaga, die uns die Sage von Rother ebenfalls erzählt, nur daß der Held bei ihr den Namen Osantrix führt, hat nun wirklich die angehängte Entführung des deutschen Gedichtes nicht und steht der urprünglichsten Form der Rothersage also näher. Der Thidreksaga fehlen außerdem Berchter von Meran und seine Söhne. Auch diese gehören nicht in die Geschichte von Rother, sondern in die des Dietrich von Bern. Berchter stammt aus Meran (d.h. aus Dalmatien und Istrien, das ist in der Sage das Stammland der Goten) und ist dem Hildebrand verwandt, ein im Kampf ergrauter Recke, der dem vertriebenen und geliebten König die Treue hält und ihm gern alles opfert, was er besitzt, auch seinen besten Schatz: seine Söhne. Da Rother sich als vertriebener König ausgibt, und sich nach dem vertriebenen König der germanischen Heldendichtung, nach Dietrich nennt, lag es nahe, die Gestalt Berchters von Meran und seiner Söhne mit ihm zu verbinden; besonders empfahl sich das für einen Spielmann. Denn durch diese Einfügung und die mit ihr verbundene, in der damaligen Kunst sehr geliebte Wiedererkennungsszene gewann er die ihm erwünschte Sentimentalität und Rührung für seine Geschichte. Zugleich konnte er durch die Ausmalung von Rothers musikalischen Künsten wirksame Reklame für die eigene Kunst machen. Noch ein anderer König der Germanen, den die Seinen von seinem Erbe vertrieben hatten, hieß Dietrich, es war der fränkische Wolfdietrich. An ihn hat sich, wie wir bald erfahren werden, vor allem die Person Berchters und seiner Söhne gehängt.

In der Thidreksaga verläuft nun die Geschichte von Rother so: Osantrix wirbt um Oda, die Tochter des Königs Milias von Hunnenland. Er schickt zuerst sechs Ritter, die wirft Milias ins Gefängnis; dann schickt er seine Neffen; denen widerfährt das gleiche. Nun kommt er selbst mit seinen Mannen und vier Riesenbrüdern. Er bittet den König Milias um Schutz vor Osantrix, und als dieser ihm dem zu gewähren zaudert, tritt Aspilian, einer der Riesen, vor Wut bis an die Knöchel in die Erde. Einen anderen

Riesen Wiedolt hatte man wie im deutschen Rother schon vorher an die Kette legen müssen. Milias erzürnt sich; da schlägt ihn Aspilian mit der Hand nieder, und Osantrix und seine Mannen erschlagen alle, die sie in der Stadt finden, befreien die Gefangenen und lassen sich Oda bringen. Nun folgt die Geschichte mit dem goldenen und silbernen Schuh. Osantrix gibt sich zu erkennen, versöhnt sich mit Milias und führt die Braut heim. Der Bericht, an den die Thidreksaga sich hielt, erzählte anscheinend mit besonderer Genugtuung die Kraftstücke und die Wildheit der riesischen Begleiter. Nachdem wir bei Waltharius ähnliches kennengelernt, dürfen wir vermuten, daß diese Kraftstücke und die Riesen selbst eine Zutat des zehnten Jahrhunderts sind.

Die Heimat der alten Rothersage ist, wie wir schon andeuteten, wahrscheinlich die Lombardei; es gibt nämlich einen longobardischen König Rother, und die longobardische Sage von Authari steht der von Rother, wenn wir uns diese ohne Riesen, ohne Berchter und ohne das letzte Anhängsel vorstellen, recht nah. Es ist eine Werbungssage, in welcher der königliche Werber, nachdem er von der Schönheit seiner Braut gehört, selbst vor ihr erscheint, den anderen verheimlicht er, daß er selbst kam, der Jungfrau, die er begehrt, gibt er sich in jugendlicher Tollkühnheit zu erkennen. Das Motiv von dem goldenen und silbernen Schuh ist novellistisch und von den Spielleuten wohl ausgestaltet. Die Szene selbst, in der Rother sich vor der Königstochter enthüllt, trägt sogar noch im deutschen Spielmannsgedicht die Kennzeichen germanischer Kunst und ihres dramatischen Lebens. Da Authari um eine bayerische Königstochter wirbt, so wäre, gibt man die lombardische Heimat des Rother zu, leicht zu verstehen, warum die Sage von den Longobarden zu den Bayern wanderte. In der Lombardei selbst kann sie auch die ersten grotesken Zutaten zu sich genommen haben, denn dies Land war, nachdem seine heimische Kunst verfiel, den Nachfahren der römischen Mimi, den Spielleuten, besonders ausgesetzt; und schon den Peredo führte die lombardische Sage nach Konstantinopel und rühmte ihm wie dem Asprian die Bezwingung eines Löwen nach. Die Geschichte vom Riesen Adelgis ist ja auch longobardisch.

Die Entwicklung des Rother hat sich uns nun so dargestellt: Eine longobardische Werbungssage aus dem siebenten oder achten Jahrhundert, wohl in Form eines Liedes, war der Anfang. Sie feierte die Kühnheit des königlichen Jünglings und schilderte die Scham und den Stolz der Spielleute, die dann eine Reihe von Riesen in das Gefolge des Königs aufnahmen, die Szene, in der sich der Werber zu erkennen gibt, novellistisch und anmutig ausgestalteten und auch die Vorgeschichte der Werbung aufputzten und bereicherten. Dann wanderte das Gedicht nach Bayern und weiter nach deutschland nordwärts herauf, dabei änderten sich seine Namen. In dieser Gestalt etwa bringt es uns die Thidreksaga. In Bayern aber erweiterte es sich, wiederum die Spielleute dehnten es, sie fügen den Bercher hinzu und verdoppeln mit Hilfe der Salomonsage die Entführung der Frau. So vollendete sich das deutsche Spielmannsgedicht von König Rother. Viel Germanisches ist auch dieser Dichtung nicht geblieben; sie ist ganz und gar Eigentum der Spielleute geworden. Aber sie ist in ihrer Art wiederum ein Beispiel, wieviel Erzählungsstoff auch in den alten germanischen Heldenliedern schlummerte, und wie dieser, wenn nur die Leute ihn erkannten, die das Erzählen um des Erzählens willen betreiben, aufleben und sich vertreiben kann. In Werbungs- und Entführungssagen haben dann ja gerade die Spielleute geschwelgt und sie allzugern wiederholt und vervielfältigt. Wieviel fremde, antike und orientalische Zutaten sie aber auch ausschmückend hinzufügten, den Anfang und den Grund dieser Werbungsgeschichten zeigt doch die germanische Heldendichtung.

311.
Wolfdietrich

Die Sage von Wolfdietrich und seinem Geschlecht ist fränkischer Herkunft. Der Vater des Wolfdietrich heißt in der Sage Hugdietrich. Hugo Theodoricus, d.i. Hugdietrich, ist aber als Name von Chlodwigs Sohn überliefert. Es ist der gleiche Dietrich, den wir als Überwinder Irminfrieds aus der germanischen Heldendichtung kennen. Wir hörten damals auch, welcher Vorwurf ihn zum Haß und Kampf gegen Irminfried antrieb: der Vorwurf unehelicher Geburt. Seine Brüder, erzählen uns die Geschichtsschreiber, mißgönnten ihm, dem Bastard, die Ansprüche auf sein Reich, und er hatte manchen Kampf zu bestehen, bis er sich durchsetzte. Diese Streitigkeiten der Geschichte klingen in den Kämpfen nach, die der Wolfdietrich der Sage führt. Die Sage verschmolz aber, wie so oft, die Schicksale des Vaters, des Hugo Theodoricus, und die seines Sohnes, des Theodebert. Dieser mußte in der Wiklichkeit Ähnliches erleben wie der Vater, und darum begreift es sich leicht, daß sie in der Erinnerung späterer Geschlechter zusammenfielen. Nicht nur dem Bruder, auch dem Sohne des Bruders machten nämlich Chlodwigs echte Söhne das Reich streitig. Theodebert aber behauptete sich durch die Treue und Standhaftigkeit seiner Dienstmannen.

Der Hergang des alten Liedes über die Kämpfe des Wolfdietrich war demnach wohl der: Die Brüder überfallen und vertreiben den Bastard, dem sie das Reich nicht gönnen, im Elend halten ihm seine Recken die Treue, er gewinnt sich Anhänger, bekämpft mit ihnen wieder die Brüder und besiegt sie. Ein Lied dieser Art entspräche ungefähr den uns bekannten Liedern von den Schildungen und von dem Kampf um Finnsburg.

Dem treuen Ratgeber stellte das Lied den bösen gegenüber. Dieser entwickelte sich wieder aus der Geschichte und zwar aus der fränkischen Geschichte. Die allmächtige Stellung des fränkischen major domus, des königlichen Hausmeisters, gab ihm seine Besonderheit und seine Gewalt, die er dann in unserer Sage mißbraucht, um den Bastard zu verdrängen und um seine Mutter zu verleumden. Dieser böse Ratgeber hieß Sabene; schon der Widsith kennt und nennt ihn, bei ihm heißt er Seofola.

Es hatte nun die Sage vom Wolfdietrich eine große Ähnlichkeit mit der des gotischen Theoderich. Wie dieser wurde der fränkische Theoderich von seinem Erbe vertrieben, lebte nur von wenigen Getreuen begleitet in der Verbannung und eroberte sich schließlich sein Reich zurück. Sogar die Namen beider Herrscher waren die gleichen. Es ist darum kein Wunder, wenn eine Sage die andere beeinflußte, und wenn aus der Sage Dietrichs von Bern der treue Berchter von Meran in die Sage von Wolfdietrich herüberwanderte.

In den deutschen Geschichten des dreizehnten Jahrhunderts von Wolfdietrich hat Berchter sechzehn Söhne; sechs fallen im Kampf mit den Brüdern Wolfdietrichs, und Berchter sieht jedesmal, wenn einer den Todessteich empfängt, lachend zu seinem Herrn herüber und sucht ihn zu trösten. Als dann Wolfdietrich seinem wilden Schmerz um den Verlust der Jugendgespielen sich hingibt, fährt ihn der Alte rauh an, ihm und seinem Weib sollte er die Tränen überlassen, er müsse jetzt an die Flucht denken. Mit den lebenden Söhnen deckt Berchter dem Herrn den Rückzug und ermöglicht ihm die Flucht. Dann harren sie alle auf Wolfdietrichs Wiederkehr. Sie werden von den Brüdern Wolfdietrichs gefangen genommen und müssen in Jammer und Not ihr Leben hinbringen, je zwei zusammengeschmiedet, werden sie auf die Burgmauer als Wache gesetzt. Berchter stirbt vor Herzeleid, als Wolfdietrich nicht zurückkehrt. Als der König endlich, als Pilger verkleidet, zu den Söhnen kommt, sagen sie ihm, den Tod des Vaters wollten sie wohl verschmerzen; den Tod ihres Herrn würden sie niemals verwinden. Mit den Worten: „Lebtest du, Wolfdietrich, du ließest uns nicht in solcher Armut", sei Berchter dahingegangen. Um ihres Herrn willen bieten sie dem Pilger ihren Panzer an, als er sie um Gottes Willen um ein Stück Brot bittet. Das sei ihre einzige Habe, und von dem Erlös könne er sich Brot und Wein kaufen. Wolfdietrich gibt sich nun zu erkennen. Berchters Söhne flehen Gott an, er möge ihre Bande lösen, wenn der Pilger wahr gesprochen. Da springen ihre Fesseln, sie eilen von der Mauer, öffnen das Tor, erobern die Stadt und besiegen Wolfdietrichs Brüder. Mitternachts bemerkt Wolfdietrich einen Sarg neben dem Sarg seines Vaters; es ist der Berchters. Der König reißt die Steine vom Sarg und umarmt und küßt den Toten, dessen Leichnam noch unzerstört ist. Die Söhne entschädigt er durch reichen Lohn für alle Leiden, die sie um seinetwillen erduldet.

Die Treue des Gefolgsmannes gegen den Herrn ist die gemanische Grundlage dieser Erzählung. Aber wie weichlich und sentimental, wie unnatürlich und romanhaft überspannt, wie unwahr erscheint uns diese versechzehnfachte Treue und dieser Jammer, wenn man sie etwa mit der vergleicht, die der Hildebrand des alten Liedes für seinen Dietrich hatte, und mit dem Weheruf, der seinem gequälten Vaterherzen entringt, als er den Sohn verlieren soll. Den stumpfen Hörern, auf die der Dichter des Wolfdietrich wirken wollte, mußte er wohl solche Übertreibungen vorsetzen, damit sie die Treue des Lehensmannes überhaupt fühlen und annehmen und darüber die gebührenden Tränen vergießen sollten. Spielleute und Christentum haben hier zu gleichen Teilen die alte Heldendichtung verweichlicht und ihre hohe und große Hingebung, ihre Überwindung des Todes herabgezogen. Nichts war dem Wesen des germanischen Helden entgegengesetzter als unerwartete und wunderbare Erlösungen, als weinerliche Rührung und als Lächeln in Tränen. Und gerade damit hat der Spielmann die Geschichte von Berchter und seinen Söhnen angefüllt.

Wenn nun die Dichtungen von Wolfdietrich vom dreizehnten bis zum sechszehnten Jahrhundert immer von neuem gelesen und umgedichtet wurden und sich einer besonderen Beliebtheit erfreuten, so kann, wie uns die Geschichte von Berchter zeigt, der Grund dieser Beliebtheit nicht der Geist und die Kunst der alten großen Lieder gewesen sein. Die Heldensage, aus der der Wolfdietrich hervorging, war in den späteren deutschen Gedichten auch nur der Rahmen, und nicht nur den Berchter und das Ende der alten Dichtung haben die Spielleute des dreizehnten Jahrhunderts auf ihre Art umgebildet. Die Gestalt des bösen Ratgebers hat sich zum Beispiel in ihren Händen auch verwandelt, in den bösen Ratgeber, den wir aus Märchen und Legende kennen. Nachdem er die Königin verleumdet hat und in die Verbannung geschickt ist, weiß er nach dem Tode des Hugdietrich die Huld seiner Witwe wiederzugewinnen, verdrängt den treuen Berchter und reizt die beiden älteren Brüder gegen den Jungen auf, ja er bringt sie dazu, daß sie die Mutter, seine Wohltäterin, vertreiben.

Der eigentliche Inhalt und das Anziehende für die wundersüchtigen und unterhaltungslüsternen Zeitgenossen waren in den Dichtungen des späten Mittelalters die Abenteuer, die Wolfdietrich während seiner Verbannung erlebte, die sich fortwährend vermehrten, veränderten und durcheinanderschoben und derentwegen auch sein Vater und seine Geburt mit sonderbaren Erfindungen umgeben wurden.

Wie Wolfdietrich selbst, ist sein Vater Hugdietrich aus einer Vermischung von Vater und Sohn hervorgegangen. Den Namen hat er von Chlodwigs Sohn, die Werbungsgeschichte, die auf ihn die Dichtung des dreizehnten Jahrhunderts überträgt, hat sich aus der alten Sage von Chlodwigs Werbung gestaltet.

Das Heroische dieser alten Sage: Crothilds Rache hat unser Dichter abgestreift. Manches in ihr klang aber auch nach Novelle und Abenteuer: Von Crothilds Schönheit waren die Boten Chlodwigs erfüllt. Ihr Onkel hielt das Mädchen in strengem Gewahrsam und versagte sie dem Werber. Der Bote des Königs mußte sich verkleiden, die Christin wollte dem Heiden nicht folgen. Diese Bestandteile hat der Dichter des dreizehnten Jahrhunderts verstärkt: Walgunt von Salneck (Salonichi) hat eine Tochter Hildburg, deren wunderbare Schönheit der treue Berchter dem Herrn rühmt. Doch der Vater hält sie in einen Turm eingesperrt und will sie keinem Mann geben. Hugdietrichs gelbes Haar reicht ihm bis zu den Hüften, wir erkennen darin den stolzen Schmuck der fränkischen Könige. Dem Spielmann aber war das lange Haar das Zeichen des Weibes, so gab er dem Jüngling ein rosenfarbenes Antlitz zu den goldenen Locken und berichtete, er habe sich als Mädchen verkleidet und sich mit großem Gefolge nach Salneck begeben. Der Griechenkönig, sein Bruder, sagte er dort, habe ihn vertrieben. Hildburg fand solches Gefallen an der lieblichen Jungfrau, daß sie bat, man möge sie ihr zur Gespielin geben. Wirklich wurde sie mit ihr in den Turm eingeschlossen und beschämte die Königstochter und ihre Gespielinnen durch ihre Kunstfertigkeit in weiblichen Handarbeiten. Nach länger als einem halben Jahr erschien der alte Berchter, wie es vorher verabredet war, und brachte die Meldung, nun sei der Zorn des Bruders verraucht. Hugdietrich kehrte also zurück. Nach kurzer Zeit genas Hildburg eines Sohnes, und als Hugdietrich das hörte, kam er noch einmal, aber als Mann, zur Geliebten, küßte sein Kind, versprach ihm Konstantinopel als Erbe, nahm Hildburg zur Frau und führte sie heim.

Die Erfindung, daß sich der Werber als vertrieben ausgibt, brachte uns schon der Rother, und die Geschichte von Hetel und Hilde wird sie uns noch einmal bringen. Sie gehörte, wenn man so sagen darf, zum Inventar der Werbungsgeschichten, die uns die Spielleute erzählen. auch die Idee, daß der Mann, als Frau verkleidet, zur Geliebten dringt, ist uns nicht fremd, die Sage von Hagbard und Signe kannte sie. Dort aber, im dänischen Heldenlied, erschraken die Dienerinnen der Königstochter über die männliche

Rauheit des Wesens, das sich als Mädchen ausgab, und sie nannte sich stolz und trotzig eine Walküre. In der deutschen Spielmannsdichtung ist Hugdietrich weiblicher noch als ein Weib, und die Geschichte seiner Werbung wird nicht ohne versteckte Lüsternheit vorgetragen. Mit der alten Heldenart hat sie wieder nichts gemein, und es ist sehr möglich, daß unser Spielmann die ganze Erfindung nicht aus der germanischen Überlieferung, sondern aus einer der spätgriechischen Geschichten holte, die das Mittelalter seiner Zeit kannte und liebte.

Von Wolfdietrichs Geburt erzählt die Geschichte von Hugdietrich noch weiter, daß Hildburg das Kind vor ihren Eltern verbarg. Einmal trat ihre Mutter unerwartet in den Turm, da ließ sie das Kind in das Gebüsch am Fuß des Turmes herab. Dort fand es ein Wolf und trug es als Speise zu seinen Jungen in die Höhle, doch die waren noch blind und taten dem Kleinen kein Leid. Am nächsten Tag, während Hildburg verzweifelt und umsonst nach ihrem Knäblein suchte, fand es ihr Vater bei den Wölfen, entzückte sich über seine Schönheit, trug es zu seiner Frau und ließ es taufen. Nun begibt sich eine Familienszene. Als die Mutter ihrer Tochter das Wunder erzählte, da offenbarte sich ihr Hildburg und erhielt ihre Verzeihung. Die Mutter aber brachte des Nachts im ehelichen Bette das Geheimnis ihrem Manne bei. Der war zuerst sehr ungebärdig und stellte dann nach Art der Männer durch eine genaue Untersuchung den Hergang der Dinge noch einmal fest. Als ihm dabei klar wurde, daß er eine gewisse Schuld daran habe, ließ er den Vater seines Enkelchens holen, der denn auch gern den Sohn anerkannte.

Viel hübscher und kindlicher erzählt eine andere Fassung des Wolfdietrich die Geburt unseres Helden. Wir geben sie mit Ludwig Uhlands Worten wieder:

Zu Konstantinopel herrschte ein gewaltiger König namens Hugdietrich; zwei Söhne hat ihm seine Gemahlin geboren, beide hießen Dietrich. Einst mußte er zum Kriege ausziehen. Reich und Gemahlin empfahl er dem Schutze des Herzogs Sabene. Dieser aber suchte die Königin zu unerlaubter Liebe zu verleiten; als sie ihn zürnend abwies, verredete er seine schmähliche Zumutung, es sei nur eine List gewesen, um ihre Treue zu erproben. Die Königin glaubte ihm und versprach, darüber zu schweigen. Noch in Abwesenheit des Königs genas sie eines dritten Sohnes, den sie bei seiner Abreise im Schoße getragen. Der König freut sich bei seiner Heimkehr des neugeborenen Kindes. Sabene aber verleumdet die Königin, sie habe dem König die Treue gebrochen, und der junge Sohn sei eines teuflischen Unholds Kind.

Der König hat einen treuen Mann, Herzog Berchter von Meran; diesem befiehlt er, das Kind zu töten. Lange weigert sich der Treue, erst die schrecklichsten Drohungen bringen ihn zum Nachgeben. Er empfängt das Kind und reitet mit ihm in den Wald; aber wie das unschuldige Kind mit seinen Panzerringen lachend spielt, bringt er den Mord nicht übers Herz, und doch schämt er sich wieder, um eines Kindes willen so zage zu sein, da er doch in heißer Schlacht schon gar manchen Mann gefällt. So kommt er, schwankenden Sinnes weiterreitend, zu einem Gewässer, in dem Seerosen blühen. Hier legt er das Kind an den Rand und überläßt es seinem Geschick; er meint, es werde nach Kinderart nach den Wasserrosen haschen, und so werde sich des Königs Wille erfüllen, ohne daß ihn Blutschuld belaste. Aber das Kind spielt auf der Wiese bis in die Nacht hinein. Da kommen Wölfe aus dem Wald und schnobern es an; das Kind greift nach ihren Augen, die in der Dunkelheit wie Lichter glänzen, aber keines der Tiere tut ihm etwas zuleide. Darüber staunt Berchter und beschließt, den Knaben zu retten; einem Wildhüter gibt er es zur Erziehung und nennt es Wolfdietrich.

Die Königin, der das Kind, während sie schlief, weggenommen worden war, bricht beim Erwachen in lautes Wehklagen über den Raub aus, der König schiebt, nach des bösen Sabene Rat, alle Schuld auf Berchter. Berchter wird gefangen genommen und vor Gericht gestellt; niemand wagt für ihn einzutreten, da der König auf den Rat des tückischen Sabene allen seinen Mannen es verboten. Schon soll das Urteil gesprochen werden, da tritt Berchters Schwager, Baltram, in den Ring und verlangt ein Gottesurteil; wer Berchter des Mordes bezichtige, der solle mit dem Angeklagten kämpfen. Sabene weigert sich, und als ein Schriftstück eröffnet wird, worin Berchter den ihm gewordenen Auftrag und die Schicksale Wolfdietrichs berichtet, ist seine Schuld offenbar. Sabene soll gehängt werden, aber eingedenk der früheren Freundschaft schenkt ihm auf seine flehentlichen Bitten Berchter das Leben. Doch muß er als Verbannter das Land verlassen. Wolfdietrich aber wird aus dem Walde geholt und von Berchter in Gemeinschaft mit den eigenen Söhnen erzogen.

In dieser Erzählung lebt die Unschuld und Einfalt unserer Legenden und Märchen, und wir entzücken uns daran wie an den Geschichten, nach deren Vorbild sie wohl geschaffen wurde, wie an der von der armen Genovefa und dem bösen Golo oder an dem Märchen von der verleumdeten unschuldigen Königin oder an dem von dem armen Kind, das eine grausame Stiefmutter töten lassen wollte, und das zu töten der Diener doch nicht über das Herz brachte.

Dem ganzen Bericht von Wolfdietrichs Geburt hat das Märchen und die Legende einer alten Sage eine Lieblichkeit und Anmut geschenkt, die vorher ihrem Wesen fremd war und an der wir uns dankbar erquicken, wenn sie auch nicht heroisch ist.

Die alte Sage, der die beiden Berichte von Wolfdietrichs Geburt entsprangen, ist, wie wir vermuteten, eine Sage, wie sie gerade die alten Franken liebten: Daß ein Held darum so kräftig und unbändig war, weil er von Wölfen abstammt. Von Krafttaten und Unbändigkeiten des Knaben Wolfdietrich wissen auch die Spielleute manches zu melden, sie gleichen denen des starken Hans im Märchen und denen des jungen Siegfried in späterer Überlieferung.

Von den Heldentaten des vertriebenen Wolfdietrich wurde sehr gefeiert die, daß er einen Drachen und seine Brut besiegte, der einem mächtigen König Ortnit das Leben genommen. Es war ein schwerer Kampf, das eigene Schwert sprang dem Helden in Stücke, und er siegte erst, als er in der Höhle, in die ihn der Drache geschleppt, Ortnits Schwert fand. Nach Art des Märchens erwies er sich als der Sieger, indem er als Wahrzeichen einem lügnerischen Nebenbuhler, der die Köpfe brachte, die Zungen des Untiers entgegenhielt. Der Königin gab er sich dann durch einen Ring zu erkennen. Dann wurde Wolfdietrich der trotzigen Vasallen der Königin Herr, und sie reichte ihm ihre Hand und die Krone. Nun erst konnte er ausziehen, um Berchter und seine Söhne zu befreien.

Den Inhalt des Gedichtes von Ortnit erzählt uns Ludwig Uhland

SO:

Ortnit, der junge König in Lamparten (Lombardei) auf der Burg zu Garden (Garda), findet keine kronwürdige Braut, weil alle Könige diesseits des Meeres ihm dienen. Darum will er nach der Tochter des Heidenkönigs Machorel zu Muntabur fahren, obgleich schon viele Häupter der Werber um sie auf den Zinnen der Burg stecken. Zuvor reitet er in die Wildnis am Gartensee (Gardasee), von dem wunderkräftigen Stein eines Ringes geleitet, den ihm die Mutter gegeben. Vor einer Felswand, aus der ein Quell fließt, sieht er auf blumigem Anger eine Linde stehen, die fünfhundert Rittern Schatten gäbe. Unter der Linde liegt ein schönes Kind im Grase, köstlich gekleidet, mit Gold und Gesteinen reich geschmückt. Es ist der Zwergkönig Alberich, dem Berge und Tale dienen. Lange neckt und prüft der starke Zwerg den Jüngling: Zuletzt entdeckt er sich als dessen Vater. Dann geht er in den Berg und holt für Ortnit eine leuchtende Rüstung samt dem herrlichen Schwert Rose. Zum Abschied verspricht er, dem Sohne stets gewärtig zu sein, solange dieser den Ring habe.

Die Zeit der Meerfahrt ist herangekommen. Zu Messina eingeschifft, fahren sie erst nach Suders, der Heiden Hauptstadt, wo vor allem Iljas, König aller Reußen, Ortnits Oheim, als Heidenvertilger wütet. Von da ziehen sie vor die Königsburg Muntabur, auf des Gebirges Höhe. Alberich hat seines Wortes nicht vergessen; er saß die ganze Fahrt über auf dem Mastbaume, keinem sichtbar, als wer den Ring am Finger hatte. Überall schafft er Rat und Hilfe. Jetzt weist er die Straße nach Muntabur, dem Heere mit dem Banner vorreitend; aber nur Roß und Fahne sind sichtbar, der Träger nicht. Er neckt den Heidenkönig, wenn dieser nachts, sich zu kühlen, an die Zinne tritt, rauft ihm den Bart, wirft das Wurfgeschütz und die Särge der Heidengötter in den Graben. Er zeigt der Königstochter von der Zinne den Helden Ortnit, wie er herrlich im Streite geht, sein Harnisch leuchtend, blutig das Schwert. Da spricht sie: „Er ist eines hohen Weibes wert." Alberich führt sie heimlich zur Burg hinaus, wo Ortnit sie vor sich zu Rosse gebt und mit ihr davonrennt. Mit den verfolgenden Heiden besteht der Held siegreichen Kampf; des Heidenkönigs schont er um der Tochter willen. Auf dem Meere wird sie getauft und erhält den Namen Liebgart

(Sidrat nach anderen Fassungen), nach der Heimkunst aber wird ihre Krönung zu Garten gefeiert.

Der alte Heidenkönig, Versöhnung heuchelnd, sendet reiche Geschenke. Zugleich aber bringt sein Jäger zwei junge Lindwürmer mit, die er im Gebirg oberhalb Trient in einer Felsenhöhle großzieht. Nach Jahresfrist kommen sie heraus und schweifen gierig umher. Ihr Pfleger selbst ist ihnen kaum entronnen. Niemand wagt mehr die Straße zu ziehen; die Äcker werden nicht eingesät, die Wiesen nicht gemäht. Bis vor die Burg von Garten wird das Land verwüstet. Tod droht dem Helden, der sie zu bestehen wagt.

Da beschießt Ortnit, der Not des Landes zu steuern. Umsonst fleht ihn die Unheil ahnende besorgte Gattin, von dem Unternehmen abzustehen; er reißt sich aus ihren Armen und heißt sie, wenn er fallen solle, dereinst seinem Rächer ihre Hand zu reichen. Ohne Gefolge reitet er in den wilden Wald, um den Lindwurm aufzusuchen und zu bestehen. Fahrtmüde rastet er unter einem Baume und versinkt in tiefen Schlaf. Da wälzt sich der Lindwurm heran; vergeblich sucht der treue Hund durch Bellen und Scharren seinen Herrn zu wecken, zu tief ist sein Schlaf. So findet Ortnit von dem Lindwurm, der ihn verschlingt, den Tod.

Die Spielleute haben in diesem Gedicht die Neckereien des Alberich gewiß mit besonderer Freude und mit drastischen Gebärden vorgetragen. Als alten Bekannten begrüßen wir sonst darin die Werbungssage. Mit ihr ist aber eine andere Geschichte verschmolzen. Der überirdische Helfer, der unsichtbar machende Stein, die Rüstung und das Schwert gehören nämlich in das Märchen von dem Helden, der in die Hölle fährt, oder der eine Jungfrau aus der Gewalt eines Unholdes oder Behausung eines Riesen befreit und dabei die Hilfe eines gütigen Wesens von überirdischer Kraft genießt. Auf diesem Märchen beruht wohl das französische Heldengedicht von Hüon von Bordeaux. Darin hilft Oberon dem Hüon, wie Alberich dem Ortnit, eine schöne Sultanstochter zu entführen. Den Hüon wiederum wird unser deutscher Spielmann gekannt und verwertet haben. Auch der Wolfdietrich der Spielleute glich, gerade in seinem Zusammenhang mit Ortnit, einer altfranzösischen Heldendichtung, dem Karlmeinet. Dieser berichtet, wie ein Thronerbe von seinen neidischen Verwandten vertrieben wird, sich in der

Ferne die Gunst eines anderen Königs erwirbt und mit dessen Hilfe sein mächtiges Reich zurückerobert. Die Lieblingsgeschichte der französischen Epen, daß der alternde Held ins Kloster geht, wird ja auf den deutschen Wolfdietrich übertragen und dort hat er außerdem mit den Seelen derer zu kämpfen, die er im Leben erschlug.

Germansich an dem Gedicht von Ortnit ist der Name Alberich. Auch das mag, wie wir schon andeuteten, eine germanische Vorstellung sein, daß Alberich sich als den Vater des Helden enthüllt. Ursprünglich war er wohl die Seele des verstorbenen Vaters oder eines anderen Vorfahren und lieh ihm, unsichtbar wie die Seelen der Verstorbenen wirken, seine mächtige Hilfe. Die Schönheit des Alberich und sein Aussehen, daß er einem Kinde gleicht, wird in der deutschen Sage gerade den Seelengeistern, z.B. den mit den Elben verwandten Kobolden, beigelegt.

Sehr verwunderlich scheint uns der Schluß des Gedichtes: Daß der heidnische König dem Ortnit gleich zwei Lindwürmer ins Land schickt, daß der Held vor dem Kampf einschläft, daß ihm Alberich nicht hilft und daß der treue Hund sich vergeblich müht, ihn zu wecken. Germanisch klingt diese Erfindung nicht – welcher germanische Held wäre wohl vor einem Kampfe eingeschlafen? –, doch gleicht sie persischen Erzählungen. Da der Ortnit in seinen Namen (Machorel und Muntabur) und auch sonst sehr deutliche Erinnerungen an Kreuzzüge (die von 1212, 1217 und 1218) zeigt, ist es wahrscheinlich, daß mit diesen Erinnerungen auch der Schluß des Gedichtes aus dem Orient in das deutsche Gedicht wanderte.

Wolfdietrich selbst zeigt ebenfalls manche Einflüsse von der Fabulierfreude des Orients, von Geschichten, die als Erinnerungen von den Kreuzzügen nach dem Abendlande zogen. Die Kämpfe zwischen Löwen, Drachen und Elefanten oder die zwischen den Löwen und einem Serpant, die sich darin begeben, sind wohl orientalischer Herkunft, und ebenso scheint das Messerwerfen eine orientalische Kunst, Wolfdietrich übertrifft darin einen Heiden, der sich auf seine Götter verläßt. Die Tochter des Heiden liebt unseren Helden. Doch weil sie nicht getauft ist, widersteht er ihr, trotzdem ihre Reize und ihre Zärtlichkeiten ihn verwirren. Wolfdietrich zeigt hier die gleiche übernatürliche Keuschheit, durch die manche

Heilige der Legende sich hervortun. Der Erzähler übertreibt sie absichtlich und sogar in das Komische hinein, denn seine Hörer hätten sonst kaum aufgemerkt, sie verlangen grobe Reize. Deshalb malte der Spielmann auch die Schönheit und die Verführungsversuche der Heidin recht derb und lüstern aus. Zornig, daß er sie verschmähte, bringt die Schöne am nächsten Morgen den Helden in Not, indem sie, als er fortreiten will, vor ihn einen See und einen Wald zaubert, doch dieser und anderer Spuk verschwindet, als Wolfdietrich Gott anruft.

Die anderen Abenteuer der Gedichte führen uns zu den Zwergen, Riesen, wilden Leuten, Wassergeistern und ihresgleichen. In einer Fassung gelangt Wolfdietrich nach mühseliger Wanderung an das Meer, schön und anschaulich schildert der Dichter den Weg, den der Held zwischen Geröll und umgestürzten Bäumen hinabgeht, und die See, deren Wogen sich tosend an hohen Felswänden brechen. Als er, zu Tode erschöpft, eingeschlafen, entstiegt ein Meerweib den Fluten, weckt den Helden, wirft ihre Hülle ab und steht in leuchtender Schönheit als Herrin aller Wassergeister vor ihm. Wolfdietrich weist ihre Werbung zurück, trotzdem erquickt sie ihn und sein Pferd mit einer Zauberwurzel und weist ihm den Weg.

In einer anderen Fassung sind die Erlebnisse des Wolfdietrich noch bunter und vielfältiger. Als er nachts im Walde Wache hält, naht sich ihm, liebebegehrend, auf allen Vieren kriechend, ungeschlacht wie ein Bär, ein Waldweib, die rauhe Elfe; er weist sie entsetzt zurück, da schlägt sie ihn mit Sinnenverwirrung, so daß er noch in der Nacht zwölf Meilen hin und her läuft und schließlich unter einem Baum das liebegierige Ungestüm wiederfindet. Als er sich ihr voller Widerwillen nochmals versagt, wirft sie einen noch stärkeren Zauber auf ihn, er sinkt betäubt nieder, und sie schneidet ihm zwei Haarlocken vom Kopf und die Nägelspitzen von den Fingern. Nun ist ihm alle Kraft genommen, und der Arme läuft, verzaubert wie ein Tor, im Wald umher und nährt sich von den Kräutern der Erde; endlich erbarmt sich Gott seiner und befiehlt durch einen Engel dem Weib, den Zauber aufzuheben. Nun will Wolfdietrich sich mit der rauhen Elfe vermählen, wenn sie sich taufen lasse. Da führt sie ihn zu Schiff in das Land Troja, wo sie Königin ist, läßt sich dort in einem Jungbrunnen taufen, steigt daraus als Schönste der Frauen hervor, heißt Sigeminne, und Wolfdietrich vermählt sich nur zu gern mit ihr.

Später – das ist wieder eines der Anhängsel und eine Stoffvermehrung, wie die Spielleute sie lieben – verliert Wolfdietrich die Frau, als er zur Jagd ausreitet. Als Pilger verkleidet eilt er ihr nach, und nach langer Wanderung findet er sie endlich wieder. Ein wilder Mann hatte sie verschleppt, er wollte die Widerstrebende zum Weib. Wolfdietrich besiegte ihn und die Scharen der ihm gehorchenden Zwerge. Dann entraffte ihm doch der Tod die kaum wiedergewonnene Frau. Der Held war nun wieder frei und konnte den Kampf mit dem Drachen bestehen, dem Ortnit erlag.

Das Abenteuer mit der Meerfrau und das mit der rauhen Elfe sind im Geschmack der höfischen Epen, die von Artus und seinen Rittern erzählen, von Iwein und von Erec, von Wigalois, von Lanzelot und den anderen. Diese Helden treffen auf ihren Fahrten wunderbare überirdische Frauen, sie werden verzaubert und mit Sinnenverwirrung geschlagen, oder sie erlösen durch ihren Mut ein Wesen, das zuerst als häßliches Ungetüm sie erschreckt und sich dann, als der Ritter seine Tapferkeit behält und das Erlösungswerk auf sich nimmt, in die schönste Frau verwandelt. Unser Erzähler fügt in seinem Bericht den Herrn und einen Engel hinzu und macht ihn dadurch gottgefälliger. Durch die wilden Leute und Zwerge erhöht er andererseits seine Volkstümlichkeit. Uns wäre die Geschichte der rauhen Elfe in der einfachen Gestalt lieber, die sie vielleicht in einer früheren Form unsres Gedichtes besaß; daß die Frau den Wolfdietrich verzaubert, sich seiner erbarmt, nachdem sie ihn genug gestraft und ihm dann, als Ersatz für seine Leiden, ihre ganze liebliche Schönheit enthüllt und schenkt.

Die wirre Abenteuermasse der Wolfdietrichdichtungen ist noch reicher. Wir wollen sie hier nicht ganz ausbreiten und wollen noch weniger, da auch die Forschung noch nicht zur Klarheit gelangte, uns in Vermutungen ergehen, von wem die einzelnen Geschichten stammen und in welcher Folge und in welcher Art sie sich an und in die Gedichte von Wolfdietrich setzten. Daß verschiedene Dichter sich an diesen Epen versuchten, ging auch aus unseren Angaben hervor, wir fanden neben der Einfalt und Anmut der Legende freche Spielmannserfindungen, neben frischer, lebendiger und humorvoller Erzählung endlose Breiten und Stoffanhäufung.

Nacheinander sind bei dieser Betrachtung des einen Epos von Wolfdietrich alle Gattungen an uns vorübergezogen, die für die deutsche erzählende Dichtung im Mittelalter Bedeutung gewannen: Legenden und Märchen, Novellen und Fabeleien aus dem Orient, französische Heldendichtung und das höfische Epos. Unserem Gedicht haben diese Zusätze einen ganz ungewöhnlichen Stoffreichtum gegeben, aber sie machten es auch immer zusammenhangloser und wirrer. Statt der Heldendichtung steht in Wolfdietrich schließlich ein nicht enden wollender abenteuerreicher und formloser Roman vor uns, recht von der Art, wie sie das Volk immer will; seine Grundlage, das Heldenlied, ist von dem Erzähler unter der Fülle der späteren Erfindungen ganz verdeckt worden. Gegen den Reichtum der Ereignisse im Wolfdietrich war die späte Form der Wielandsage fast arm. Wir genießen es aber bei dem deutschen mittelalterlichen Gedicht dankbar, daß, wenn auch dunkle oder aufgebauschte, so doch Erinnerungen an die Treue und die Wildheit der alten Heldensagen in diesem Gewirre der Abenteuer erklingen, und daß unter den vielen Geschichten so liebliche und anmutige, so zarte und so kindliche auftauchen.

312.
Dietrich von Bern

Die Entwicklung der Sage von Theoderich ist uns bekannt. Im Gegensatz zur Geschichte galt er als verbannter König. Odoaker hatte ihn vertrieben, und nachdem er lange die Gastfreundschaft Attilas genossen, eroberte er sich endlich die Heimat zurück. So erzählte uns im achten Jahrhundert das Hildebrandslied. Außer dem Theoderich galten nun noch einem anderen gotischen König oft erzählte Sagen, dem Ermanarich. Dieser Ermanarich drängte sich dann in die Sage von Dietrich von Bern ein, davon wissen zuerst Zeugnisse des elften und zwölften Jahrhunderts. Er wurde darin der Oheim des Dietrich, und auf Anstiften des Odoaker, der auch sein Neffe war, vertrieb Ermanarich den Dietrich. Dann verschwand Odoaker, dem keine besondere Sage galt, ganz aus der Überlieferung. An seine Stelle trat der böse Ratgeber Sibiche, dessen

Aufstachelung bewog den Ermanarich zur Grausamkeit und Heimtücke gegen den Neffen, bis dieser vor seiner Übermacht fliehen mußte und bei Etzel Schutz und Hilfe fand. Die deutschen Gedichte des dreizehnten Jahrhunderts ziehen die Geschichte von Dietrichs Verbannung in die Länge. Dem Dietrich gelingt die Eroberung Italiens erst beim zweiten Versuch, beim ersten wird er zurückgetrieben. Bevor er in sein Elend ziehen mußte, lassen sie den Dietrich den Ermanarich einmal besiegen, und dazu erfanden die Dichter noch allerhand andere Kämpfe und Siege; in ihren Epen verwandelt sich die Sage in ein wirres, zielloses und endloses Hin und Her.

Den Inhalt der beiden großen Gedichte, die uns von der Verbannung und Heimkehr Dietrichs derart breit und weitschweifig erzählen – es sind das Gedicht von Dietrichs Flucht (besser das Buch von Bern) und das von der Rabenschlacht –, faßt Ludwig Uhland so zusammen.

Sibiche reizt den Ermenrich, seinen Neffen, den Dietrich von Bern zu verraten und sein Erbe an sich zu ziehen. Randolf von Ancona wird, unter Verheißung reichen Lohnes, als Bote nach Bern abgefertigt; der König wolle über Meer fahren, der Harlungen Tod zu büßen. Dietrich möge kommen und so lange des Reiches Pfleger sein. Als Randolf die Straße reitet, trocknen ihm die Augen nicht, wenn er des Mordes denkt, den er werben soll. Zu Bern richtet er die Botschaft aus, wie er geheißen ist, warnt aber den jungen Fürsten, er solle die Reise lassen und seine Festen besetzen. Dann reitet er zurück und meldet, daß Dietrich nicht komme. Fürder will Randolf nicht mehr zu dem Könige stehen, sondern alles für Dietrich wagen. Ermenrich rüstet nun große Heerfahrt und wütet mit Mord und Brand, bis Dietrich in nächtlichem Überfall das feindliche Heer vertilgt. Ehrlos entflieht Ermenrich und läßt seinen Sohn mit achtzehnhundert Helden in Dietrichs Hände fallen.

Dietrich hätte nun gerne den Recken gelohnt, die ihm Land und Ehre gerettet. Aber leer sind die Kammern, die sein Vater Dietmar voll Schatzes hatte. Hildebrand trät ihm sein und der Seinigen Gut an, und Bertram von Pola bietet so viel, als fünfhundert Säumer tragen können. Sieben Recken werden mit Bertram nach dem Golde gen Pola gesendet: Hildebrand, Sigeband, Wolfhart, Helmschart, Amelolt, Eindolt und Dietleib von Steier. Da legt Ermenrich an die Straße fünfhundert Mann unter Witege; sie überfallen Dietrichs Recken auf der Heimkehr und führen sie samt dem Schatze gefangen nach Mantua. Dietleib allein entrinnt und sagt die Märe zu Bern. Dietrich, nur um seine Recken, nicht um das Gold klagend, erbietet sich, für die Lösung der Sieben den Sohn Ermenrichs und die Achtzehnhundert, die mit ihm gefangen wurden, freizulassen. Ermenrich aber droht, die Recken Dietrichs aufzuhängen, wenn dieser nicht all seine Städte und Lande für sie hingebe. Man rät dem Berner, um die Sieben nicht alles zu verlieren, aber er ließe lieber alle Reiche der Welt als eine getreuen Mannen; so willigt er in Ermenrichs Begehren.

Ermenrich zieht nun mit Heereskraft vor Bern. Dietrich aber reitet aus der Stadt zu des Königs Zelt, steigt ab und beugt mit nassen Augen das Haupt ihm zu Füßen. „Gedenke", spricht er, „daß ich bin deines Bruders Kind, daß meine Einsicht noch schwach ist! Nimmer will ich deine Huld verwirken; laß ab von deinem Zorne!" Lange schweigt Ermenrich, dann heißt er drohend den Jüngling aus seinen Augen gehen. Um die eine Stadt Bern fleht Dietrich, nur bis er zum Manne gewachsen. Umsonst; Ermenrich droht nur grimmiger. Da bittet Dietrich nur noch um seine sieben Mannen und will mit ihnen von hinnen reiten. Auch diese Ehre wird ihm nicht gelassen, zu Fuß soll er seines Weges ziehen. Mehr denn tausend Frauen kommen aus dem Tore, für ihren Herrn bitten. Zuvorderst geht Frau Ute mit vierzig Jungfrauen; sie fallen vor Ermenrich nieder und mahnen ihn bei aller Frauen Ehre, an seinem Neffen königlich zu handeln. Er stößt sie von sich und gestattet auch ihnen nicht, in der Stadt zu bleiben. Da scheiden Männer und Frauen zu Fuß von Hab und Gut, Hildebrand hat Frau Ute an der Hand, der anderen Recken jeder die seinige. Jammervoll ob all der Schmach geht Dietrich von seinem Erbe, nimmer soll man ihn lachen sehen bis zum Tage, da er sein Leid rächen könne. Die Frauen werden nach Garda geführt, das der treue Amelolt besetzt hält. Ein Stein hätte weinen mögen, wie jetzt Frau und Mann, Mutter und Kind sich zum Abschied küssen. Fünfzig Getreue gehen mit Dietrich ins Elend, durch Isterreich in das Land der Hunnen. Dietrich wird von Etzel gütig aufgenommen und weilt an seinem Hofe. Er wird dort hochgehalten, aber er kann den Schmerz um sein verlorenes Erbe und seine gefallenen Helden nicht verwinden. Die milde Königin Helche bemerkt seine beständige Trauer; ihn zu trösten, vermählt sie ihm die schöne Herrad, ihre Nichte, und Etzel verspricht, zum Frühjahr ein Heer auszurüsten, mit dem Dietrich Italien wieder erobern soll. Das Frühjahr kommt, zu Etzelnburg sammelt sich ein Heer, zahlreich wie keines zuvor. König Etzel hat zwei herrliche junge Söhne, Scharpf und Ort. Diese wünschen sehnlichst, mit Dietrich zu reiten und seine gute Stadt Bern zu sehen. Sie wenden sich erst an die Mutter. Frau Helche sieht ihre Kinder traurig an, ihr hat geträumt, ein Drache sei durch ihrer Kammer Dach geflogen, habe vor ihren Augen die beiden Söhne hinweggeführt und sie auf weiter Heide zerrissen. Als aber die Jünglinge nicht ablassen, legt die Mutter selbst Fürbitte bei Etzel ein. Ungerne gewährt er. Dietrich verheißt, sie treulich zu behüten und nicht über Bern hinaus reiten zu lassen. Mit viel Tränen werden sie entlassen. Das Heer zieht durch Isterreich gegen Bern (Berona). Hier sollen Etzels Söhne zugleich zurückbleiben. Dietrich befiehlt sie auf Leben und Ehre dem alten Helden Elsan. Niemals sollen sie auch nur vor das Tor kommen; er droht, den Pfleger mit eigener Hand zu töten, wenn ihnen irgend Leides geschehe. Er bricht nun mit dem Heere gen Raben auf, wo Ermenrichs Kriegsmacht liegt. Den Jünglingen aber ist herzlich leid, daß man sie nicht mitgenommen. Sie knien vor ihrem Meister Elsan nieder und küssen ihm die Hände, daß er sie nur vor die Stadt reiten lasse, all den herrlichen Bau zu sehen. Er widersteht ihren Bitten nicht, und ehe er noch sich gerichtet, sie zu begleiten, sind sie schon zur Stadt hinaus. Es naht schon dem Herbste, wo die Nebel stark sind; so kommen die drei Jünglinge auf einen unrechten Weg, der sie über die weite Heide gegen Raben (Ravenna) führt. Elfan reitet ihnen nach und findet sie nirgends um die Stadt; laut ruft und jammert er, niemand antwortet ihm. Vor dichtem Nebel kann er sie auch auf der Heide nicht erschauen. Den ganzen Tag streichen sie hin und übernachten im Freien. Am Morgen reiten sie weiter, nach dem Meere zu. Diether fängt an, diese Irrfahrten zu bereuen. Als aber der Nebel weicht und die Sonne heiter scheint, da bewundern Etzels Söhne die Herrlichkeit des Landes, darin der Berner immer mit Freuden wohnen sollte.

Da erblicken sie den Recken Witege, der mannlich unter seinem Schilde hält. Sie wollen diesen Verräter an Diether und seinem Bruder sogleich angreifen, obschon sie, statt Harnischen, nur Sommerkleider anhaben. Umsonst warnt Witege mehrmals. Scharpf reitet zuerst ihn an und schlägt ihm starke Wunden: Da zuckt Witege mit Grimm das Schwert Mimung, mit gespaltenem Haupte schießt der Jüngling vom Rosse. Wäre er zum Mann erwachsen, ihm hätten alle Reiche dienen müssen. Ort will den Bruder rächen und erleidet gleichen Tod, obschon Diether ihm beigestanden. Dieser kämpft noch bis zum Abend zu Fuße; seine Gewandheit, darin ihm niemand gleich ist, fristet ihn so lange; zuletzt fällt auch er, durch das Achselbein bis auf den Gürtel gehauen. Ihn betrauert Witege, Dietrichs Zorn fürchtend; er will zu Rosse steigen, aber die Kraft versagt ihm, und er muß sich auf der Heide niederlegen.

All das geschah um die Zeit der zwölftägigen Schlacht, worin Ermenrich bei Raben von dem Berner besiegt wurde. Er entflieht zur Stadt; den Verräter Sibiche fängt der treue Eckhart und führt ihn, quer auf das Roß gebunden, durch das Heer. Dietrich freut sich auf der Walstatt des Sieges, da kommt Elfan und meldet, daß er die jungen Könige verloren. Mit eigenen Händen, wie gedroht war, schlägt Dietrich ihm das Haupt ab. Die drei Erschlagenen werden auf der Heide gefunden. Dietrich küßt ihre Wunden, verflucht den Tag seiner Geburt und weint vor Jammer Blut. „Armes Herz", spricht er, „daß du so fest bist!" An der Größe der Wunden erkennt er, daß sie mit dem Schwert Mimung geschlagen sind.

Da sieht man Witege rasch über die Heide reiten. Grimmig springt der Berner auf und reitet so hastig nach, daß keiner der Seinigen ihm folgen kann; Feuer sprüht von den Hufschlägen. Speer, Helm und Schild hat er auf der Walstatt zurückgelassen, nur das Schwert führt er mit sich. Er ruft Witege an, mahnt, fleht ihn bei Heldenruhm und Frauenehre, zum Kampfe zu halten, verheißt Bern und Mailand, verheißt sein ganzes Reich, wenn Witege obliege. Aber Witege jagt nur stärker voran. Rienold, sein Neffe, der mit ihm reitet, schämt sich der Flucht und will auch ihn zum Kampfe bewegen: Zu zweien würden sie den Berner bezwingen. Witege will nicht hören, befiehlt den Neffen in Gottes Schutz und jagt weiter. Rienold sticht seinen Speer auf den Berner, dieser haut ihn vom Rosse, reitet Witege nach und reizt ihn, Rienolds Tod zu rächen. Je länger, je mehr eilt Witege, mahnt unablässig seinen Schemming, verspricht ihm Gras und lindes Heu in Fülle. Schemming macht weite Sprünge. Dietrich klagt, daß Schemming, einst ihm gehörig, seinen Feind von hinnen trage; er treibt sein jetziges Roß Falke, daß es von Blute trieft; vor Zorn glüht er, daß sein Harnisch weich wird. Kaum eines Roßlaufs Weite ist noch zwischen den beiden, Witege ist bis an das Meer getrieben, er gibt sich verloren. Da kommt die Meerfrau Waghild, seine Ahnmutter, und nimmt ihn samt dem Roß auf den Grund des Meeres. Der Berner reitet bis zum Sattelbogen in das Meer nach; er muß umkehren und wartet vergeblich, ob Witege wieder erscheine.

Noch erstürmt Dietrich die Stadt Raben, daraus Ermenrich, die Seinen verlassend, um Mitternacht entweicht, während die Stadt in Flammen aufgeht. Doch der Sieg führt zu keiner dauernden Behauptung Italiens, Dietrich muß zu den Hunnen zurückkehren und sendet Rüdiger voraus, daß er ihn bei Etzel und Helche entschuldige; er selbst wagt noch nicht, ihnen vor die Augen zu treten. Als der Markgraf mit seinen Helden zu Gran ankommt, laufen die herrenlosen Rosse der zwei jungen Könige mit blutigen Sätteln auf den Hof. Die Königin will eben mit ihren Frauen in einen Garten gehen, an den Blumen ihr Auge zu weiden, da sieht sie die blutigen Rosse ihrer Kinder stehen. Im ersten Schmerz verwünscht sie den Berner: Doch sie wird versöhnt, als Rüdiger meldet, daß Dietrich mit ihnen den eigenen Bruder verloren. Sie ist selbst Dietrichs Fürsprecherin bei Etzel. Der Berner kommt nach Etzelnburg, geht in den Saal, neigt sein Haupt auf Etzels Fuß und bietet sein Leben zur Sühne. Die Königin weint, und Etzel richtet mit neuer Huld ihn auf.

Der schmerzliche und tränenreiche Ton in dieser Geschichte, der breite und weitschweifige Vortrag und die mühselige und unbeholfene Diktion sind nicht in der Art und dem Geschmack der alten Heldendichtung. Freilich ermüden und verdrießen sie in den Gedichten selbst den Leser viel mehr als in Uhlands gedrängter Wiedergabe. Ebensowenig war das Auftreten Dietrichs in den alten Gedichten des siebenten Jahrhunderts so sanft und so demütig. Trotzdem wittern wir in diesen Epen sofort eine ganz andere Kunst als in den Gedichten von Wolfdietrich. Wir fühlen, daß ihnen alte heroische Lieder und Szenen zugrunde liegen oder Dichtungen, die mit ganz eigener und eindringlicher Kraft alte heroische Themen verwerten.

Der Bote Randolf, der den Dietrich verräterisch einladen soll, und der den jungen Helden doch warnt, erlebt einen Konflikt, wie ihn germanische Helden erleben. Wir erinnern an den Regin der nordischen Sage, der die Söhne Halfdans warnte, obwohl er dem Frodi Treue geschworen. Eine ähnliche verzweifelte Lage wie dem Randolf war auch einem sächsischen Sänger beschieden. Er sollte im Auftrag des Königs Magnus den Herzog Canut einladen. Magnus aber wollte Canut hinterrücks ermorden. Der Sänger wußte das, hatte jedoch vorher dem Magnus geschworen, daß er es nicht verraten werde. Doch die Ahnungslosigkeit des Canut, der nicht einmal ein Schwert nahm, rührte ihn, und da sang er ihm das berühmte Lied der Treulosgkeit der Kriemhild gegen ihre Brüder. Canut aber überhörte die Warnung und ritt in sein Verderben.

Die Dichtung vom Tode der Etzelsöhne reicht wohl auch in die Zeit der Völkerwanderung zurück. Um die Mitte des fünften Jahrhunderts besiegten die germanischen Stämme das Heer der Söhne Attilas und Ellak, der bedeutendste von ihnen, fand dabei den Tod. Die Erinnerung an diesen Sieg wird in der Sage nachgeklungen sein und das Lied von dem Sohn des mächtigen Königs geschaffen haben, der einen grausamen Tod starb.Vielleicht ist der Bericht im Nibelungenlied, in dem ja Hagen den Sohn von Etzel und Kriemhild tötet, auch ein Nachklang eines Liedes dieser Art.

In unserem mittelalterlichen Gedicht von der Rabenschlacht überraschen uns zwei Szenen, weil sie der alten germanischen Kunst entsprechen. Die erste ist die Gegenüberstellung von Etzels Söhnen und ihrem jugendlichen ungestümen Tatendurst und Heldensinn gegen den harten, unbeweglichen Witege. Die andere ist die Verfolgung des Witege durch Dietrich. Sie erscheint uns wie eine Umkehrung des alten Liedes von Chlothars Sieg über die Sachsen. Dort war der Verfolgte der Beredte und Heimtückische, der Verfolger still. Hier scheint der Verfolgte immer noch stiller und verstockter zu werden, und der Verfolger ergeht sich in den leidenschaftlichsten Beschwörungen, Bitten und Klagen. Diese beiden Szenen mögen dem germanischen Lied gehört haben. indem er sie in das Traumhafte und Visionäre steigerte und die gleiche düstere Stimmung des Traumes über das ganze Gedicht breitete, schuf dann ein deutscher Dichter aus der alten germanischen eine mittelalterliche Dichtung von seltsamer rührender und phantastischer Kraft. Wäre sie uns doch selbst erhalten, wie sie der Dichter des Meier Helmbrecht noch kannte, und müßten wir sie doch nicht aus der allzubreiten Umschreibung des Epos von der Rabenschlacht herausholen!

Der bange Traum der Helche leitet das Gedicht ahnungsschwer ein. Nebel verwirrt die Helden und raubt die Jünglinge das erste Mal ihrem alten Erzieher Elsan. Wie ein Traumgesicht von wunderbarer und beseeligender Schönheit taucht Ravenna vor ihnen auf. Unwirklich, wie eine finstere Erscheinung, steht dann plötzlich Witege vor den jungen Helden und tötet einen nach dem anderen. Grausam und ganz gegen die eigene Natur erschlägt Dietrich den Elsan. Die Stummheit und die rasende Flucht des verfolgten Witege wächst immer mehr in das Unheimliche und Traumhafte, so daß wir uns kaum noch wundern, als seine Ahnmutter den Fluten entsteigt und den Sohn rettend zu sich zieht. Die herrenlosen Rosse, die mit blutigen Sätteln auf den Hof der Königsburg laufen, sehen wir wieder vor uns wie die jammervollen Bilder, die ein quälender Traum uns zeigt, und sie sind doch der schmerzliche und milde Nachklang des Gedichtes und geben ihm zugleich durch die Klage der Mutter die rührendste und menschlichste Trauer.

Das alte Gedicht von der Rabenschlacht mag um die Wende des zwölften und dreizehnten Jahrhunderts entstanden sein. Die Umschreibung, in der wir es besitzen, gehört dem Ende des dreizehnten Jahrhunderts. Wie stark der Eindruck des alten Gedichtes war, erkennt man auch daraus, daß es einem anderen zum Vorbild diente, dem Gedicht von Alpharts Tod. Dies ist seinerseits wohl durch manche Zusätze entstellt, aber auch wenn man es sich davon gereinigt denkt, so steht nur ein Werk der Epigonenkunst vor uns. Besonders in seinem ersten Teil ist es eindrucksvoll und lebendig vorgetragen, und man erkennt darin gute künstlerische Muster und Meister, freilich hält es sich von Übertreibungen, Breiten und

Weinerlichkeiten nicht frei. Aus der alten heroischen Überlieferung hat es nirgends geschöpft.

Das Lied schildert, wie der junge Alphart, Hildebrands Neffe, allein auf der Warte gegen Ermenrich reiten will und seinen Willen durchsetzt, obwohl alle Helden der Jugend Alpharts wegen es widerraten. Frau Ute waffnet ihn selbst und läßt ihn dann weinend ziehen, seine junge Frau bittet ihn kniefällig, er möge doch nicht allein ausreiten, aber er küßt sie nur und jagt sie dann davon. Hildebrand will die Kraft des Jünglings prüfen und reitet ihm nach, mißt sich mit ihm, ohne daß er sich zu erkennen gibt, und bereut es bitter; denn der junge Held richtet den Oheim übel zu. Dann begegnet Alphart der Vorhut des Feindes, achtzig Rittern, die er besiegt und tötet, nur acht entfliehen blutend und verbreiten Schrecken in Ermenrichs Lager. Ermenrich verspricht den höchsten Lohn dem Helden, der gegen Alphart kämpfen wolle. Keiner wagt es. Endlich ruft er den Witege und Heime auf. Als Witege kommt, verweist ihm Alphart den Verrat an Dietrich, schleudert ihn aus dem Sattel und streckt ihn auch im Schwertkampf nieder. Wie tot liegt er unter dem Schild. Heime bietet dem Alphart an, er solle zurückkehren, sie wollten sagen, daß sie ihn nicht angetroffen, doch der junge Held verschmäht den Vorschlag, er will Witege zum Pfand. Der hat sich wieder erhoben, erinnert nun den Heime an die Treue, die er ihm geschworen, und beide dringen auf Alphart ein. Als der auch den Heime schwer trifft, brechen die beiden Angreifer das Versprechen, das sie vorher dem Gegner gegeben, Witege fällt ihn von hinten an, Heime von vorne, der junge Held, nach tapferster Gegenwehr, muß sein Leben lassen und verwünscht sterbend die ehrlosen Mörder.

Witege und Heime gehören schon in die germanische Heldensage, denn der altenglische Widsith nennt ihre Namen. Der Held der Geschichte, aus dem der Witege der Dichtung entsprossen, ist einmal der König der Ostgoten Witgis. Wenn man sich erinnert, wie Prokop diesen König schildert, seine Treue, sein tapferes Ausharren in allen Wechselfällen des Kampfes, sein mannhaftes Heldentum und sein Unglück – er mußte sich in Ravenna ergeben –, so versteht man wohl, daß die germanische Heldendichtung diesen König gern besang. Außerdem meint man, daß der tapfere

Gotenheld Widigoia, der durch die Hinterlist der Hunnen fiel und nach dem Zeugnis des Jordanes im Liede gefeiert wurde, in Witege fortlebe. Doch kennen deutsche Heldengedichte des Mittelalters einen eigenen Helden Witegouwe. Ob Heime einem Helden der Geschichte sein Dasein verdankt, wissen wir nicht.

Die beiden, Witege und Heime, waren in den alten Liedern andere als in den deutschen Epen des dreizehnten Jahrhunderts. Selbst in diesen ist die Erinnerung an ihr starres aufrechtes und vorbildliches Heldentum nicht ganz gewichen, und darin muß früher ihr eigentliches Wesen bestanden haben. Wohl durch eine Verwirrung der Sagenerzähler wurden sie aus Helden Dietrichs zu Helden Ermanarichs, und diese Verwirrung hat vielleicht die Vorstellung von ihrer Untreue geschaffen und sie endlich, wie Ludwig Uhland das ausdrückt, in finstere und kalte Mordrecken verwandelt. Das Gedicht von Dietrichs Flucht schiebt den Witege gewissermaßen zwischen Dietrich und Ermanarich hin und her. Witege geht von Ermanarich zu Dietrich über und übergibt dann wieder verräterisch an Ermanarich die Stadt Ravenna, die Dietrich in seiner Hut gelassen. Einen ähnlichen Verrat beging in der Geschichte Odoakers Feldherr Tufa, und es ist nicht ganz ausgeschlossen, daß auch eine Erinnerung daran das Wesen von Witege befleckt hat.

Am ehesten vergleicht sich Witege in seiner Entwicklung wohl dem nordischen Starkad. Beide Helden werden aus Vorbildern der Treue und des Heldentums zu Verrätern. Die wilde Kampflust des Starkad zeigt der Witege der Thidreksaga, und wie Starkad zu einem Wasserriesen, wird Witege zum Sohn einer Meerfrau; auch er steigert sich also in das Mythische.

Die seltene Beliebtheit, die Dietrich von Bern während des ganzen Mittelalters genoß, verdankt er zu einem Teil der heroischen Überlieferung, mit der er verwachsen war und außerdem seiner Persönlichkeit, in der Volk und Helden ihr eigenes Wesen wiederfanden. Denn dem Dietrich blieb seine Langmut und seine Geduld erhalten, ja sie verklärte sich im Lauf der Jahrhunderte und dazu trug wohl das Christentum das Seine bei. Aber auch die Kraft des Dietrich blieb die alte, und wenn er sich zum Kampfe entschloß, war sein Angriff stärker und unwiderstehlicher als der irgendeines anderen Helden, es hieß sogar, daß er mit seinem Feueratem den Gegner versengte.

Das Volk liebte den Dietrich und sang von ihm auch noch aus anderen Ursachen. Es gab ihm nämlich die Freude am Kampf und die Siege, die vorher der alte Gott Donar besaß und die im altenglischen Epos der Beowulf besitzt. Dietrich zeigte sie wie jene im unablässigen, übermächtigen Wirken gegen die Mächte, die die Arbeit des Bauern bedrohen, gegen die Riesen von Wind und Wetter und die anderen Unholde alle. Von diesen Kämpfen erzählen uns eine Fülle von Gedichten aus dem dreizehnten Jahrhundert, von denen einige das Mittelalter überlebten. Leider ist das Volkstümliche und das im germanischen Sinn Mythische aus diesen Liedern fast ganz verdrängt; nur der Riese Fasolt und die böse, Steine und Lawinen schleudernde Riesin Runze entstammen dem alten Volksglauben. Sonst sind die alten Sagen durch Erfindungen und Erzählungen im höfischen Geschmack und nach den höfischen Vorbildern der Artusdichtung ersetzt oder überwuchert.

Die Kunst der Spielleute drang natürlich auch in sie hinein. Dabei wurde auch die alte schwere Bedeutung der Kämpfe vergessen; so wie die Dichter des dreizehnten Jahrhunderts sie erzählen, sollen sie nur unterhalten, wie eben die höfischen Romane unterhielten. Da besiegt der Riese Sigenot den Berner, und Hildebrand befreit ihn nach schwerem Kampf, oder Dietrich hilft der Bergkönigin Virginal vor den Riesen, die sie bedrängen, oder es dringen Dietrich und seine Helden in das Reich des Laurin, das mit einem Seidenfaden umgeben ist und das kein Irdischer betreten darf; sie wollen aber den Zwerg strafen, weil er die Künhilt, die Schwester eines ihrer Helden, entführt. Laurin wird erst besiegt, als sie ihm seinen Gürtel abreißen, der ihm die Stärke von zwölf Männern verlieh. In dem Reich des Zwergkönigs werden die Helden herrlich bewirtet und weiden sich an dem funkelnden Glanz und der Pracht, die sie überall umgibt. Dann aber bezaubert und fesselt der tückische Zwerg die Helden und nur durch die Hilfe der entführten Künhilt werden sie wieder sehend und überwinden noch einmal ihren hinterlistigen Wirt.

Den Inhalt des hübschesten und beliebtesten dieser Gedichte, den Inhalt des Eckenliedes, teilen wir wieder mit Ludwig Uhlands

Worten mit:

Auf Jochgrimm sitzen drei königliche Jungfrauen. Sie haben Dietrichs Lob vernommen und wünschen sehnlich, ihn zu sehen. Drei riesenhafte Brüder, Ecke, Fasolt und Ebenrot, werben um die Jungfrauen. Ecke, kaum achtzehn Jahre alt, hat schon manchen niedergeworfen; sein größter Kummer ist, daß er nichts zu fechten hat. Ihn verdrießt, daß der Berner vor allen Helden gerühmt wird, und er gelobt, ihn gutlich oder mit Gewalt, lebend oder tot herzubringen. Zum Lohne wird ihm die Minne einer der Königinnen zugesagt. Seeburg, die schönste, schenkt ihm eine herrliche Rüstung, womit sie selbst ihn wappnet. Auch ein treffliches Roß läßt sie ihm vorziehen, aber ihn trägt kein Pferd, und er braucht auch keines, vierzehn Tage und Nächte kann er gehen ohne Müdigkeit und Hunger. Zu Fuß eilt er von dannen über das Gefild, in weiten Sprüngen, wie ein Leopard; fern aus dem Walde noch, wie eine Glocke, klingt sein Helm, wenn ihn die Äst rühren. Durch Gebirg und Wälder rennend, schreckt er das Wild auf; es flieht vor ihm oder sieht ihm staunend nach, und die Vögel verstummen. So läuft er bis nach Bern und, als er dort vernimmt, daß Dietrich ins Gebirg geritten, wieder an der Etsch hinauf in einem Tage bis Trient.

Den Tag darauf findet er im Walde den Ritter Helfrich mit Wunden, die man mit Händen messen kann: Kein Schwert, ein Donnerstrahl scheint sie geschlagen zu haben. Drei Genossen Helfrichs liegen tot. Der Wunde rät Ecken, den Berner zu scheuen, der all den Schaden getan. Ecke läßt nicht ab, Dietrichs Spuren zu verfolgen. Kaum sieht er ihn im Walde reiten, als er ihn zum Kampfe fordert. Dietrich zeigt keine Lust, mit dem zu streiten, der über die Bäume ragt. Ecke rühmt seine köstlichen Waffen, von den besten Meistern geschmiedet, Stück für Stück, um durch Hoffnung dieser Beute den Helden zu reizen. Aber Dietrich meint, er wäre töricht, sich an solchen Waffen zu versuchen. So ziehen sie lange hin, der Berner ruhig zu Roß, Ecke nebenher schreitend und inständig um Kampf flehend. Er droht, Dietrichs Zagheit überall zu verkünden, er mahnt ihn bei aller Frauen Ehre, er gibt dem Gegner alle Himmelsmächte vor.

Endlich willigt der Berner ein, am Morgen zu steiten. Doch Ecke will nicht warten, er wird nur dringender. Schon ist die Sonne zu Rast, als Dietrich vom Rosse steigt. Sie kämpfen noch in der Nacht; das Feuer, das sie aus den Helmen schlagen, leuchtet ihnen. Das Gras wird vertilgt von ihren Tritten, der Wald versengt von ihren Schlägen. Sie schlagen sich tiefe Wunden, sie ringen und reißen sich die Wunden auf. Zuletzt unterliegt Ecke. Vergeblich bietet Dietrich Schonung und Genossenschaft, wenn jener das Schwert abgebe. Ecke trotzt und zeigt selbst die Fuge, wo sein Harnisch zu durchbohren ist. Dietrich beklagt den Tod des Jünglings, nimmt dessen Rüstung und Schwert Eckesachs, das er seitdem führt, und bedeckt den Toten mit grünem Laube. Dann reitet er hinweg, blutend und voll Sorge, man möchte glauben, er habe Ecke im Schlaf erstochen. Schwere Kämpfe besteht er noch mit Eckes Bruder Fasolt, der mit wilden Hunden eine Jungfrau durch den Wald hetzt, und mit dem übrigen riesenhaften Geschlechte, namentlich der wilden Runze, die lawinengleich eine Berglehne herabsaust und mit einer Hand eine ganze Burg wegfegt. Das Haupt Eckes führt er am Sattelbogen mit sich und bringt es den drei Königinnen, die den Jüngling in den Tod gesandt.

Die Dichtungen von Wolfdietrich und Dietrich von Bern sind sich auch darin verwandt, daß sie Abenteuer und Fabeleien nach Art der höfischen und Spielmannsdichtung auf einen alten Helden und auf seine heroischen Kämpfe übertragen. Die Gedichte über Dietrich von Berns wunderbare Kämpfe und Erlebnisse stehen aber frei und locker nebeneinander, sie verschlingen sich nicht wie bei Wolfdietrich zu einer Einheit, die dann doch keine Einheit ist. Darum wird das Wesen des Dietrich von Bern auch von diesen Abenteuern nicht erdrückt, es hat sich auch hier alles in allem in großer Reinheit erhalten.

Die Frömmigkeit und Einfalt der Legende fehlt den mythischen Gedichten von Dietrich von Bern, und vom Märchen lebt mehr das Phantastische, wunderbar Verwirrende als das Kindliche in ihnen. Am meisten aber entzückt in ihrer Kunst die Schilderung der Natur. Im Ortnit und im Wolfdietrich fanden wir auch Szenen von einer Freude an der Natur und von einer Gabe, ihre Lieblichkeit und Größe wiederzugeben, die wir vorher in der Heldendichtung noch nicht endeckten, wir erinnern uns etwa an die Szene, in der Ortnit unter der Linde auf blühendem Anger den Albrich entdeckt, oder an die Geschichte vom Knäblein Wolfdietrich, das an dem von Seerosen bewachsenen Teich sitzt und den Wölfen in ihre glühenden Augen faßt, oder an den Weg Wolfdietrichs, den Abhang herunter zum Meer. Anschaulicher und großartiger noch ist die Natur in den Gedichten von den Abenteuern Dietrichs erfaßt, und wir können die Art dieser Schilderungen wieder nicht besser erzählen als mit den Worten Ludwig Uhlands.

„Im Eckenliede rauscht noch immer der unbändige Sturmgeist, zum Schrecken der Vöglein und alles Getieres, durch die krachenden Bergwälder. Selbst in dem späten Dichtwerke Virginal waltete noch immer, mitten unter dem geziertesten Hofwesen, ein reger Sinn für die großartige Gebirgswelt, deren gewaltsamtste Erscheinungen als Riesenvolk und Drachenbrut dargestellt sind. Die Abenteuer bewegen sich im wilden Lande Tirol, im finsteren Walde, darin man den hellen Tag nicht spürt, wo nur enge Pfade durch tiefe Tobel, Täler und Klingen führen, zu hochragenden Burgfesten, deren Grundfels in den Lüften zu hängen scheint; wo der Verirrende ein verlorener Mann ist, der einsam Reitende sich selbst den Tod gibt. Dort, wo ein Bach vom hohen Fels her bricht, da springt der grimmige Drache, Schaum vor dem Rachen, fort und fort auf den Gegner los und sucht ihn zu verschlingen; wieder ‚bei eines Brunnen Flusse‘ vor dem Gebirg, das sich hoch in die Lüfte zieht, schießen große Würmer her und hin und trachten, die Helden zu verbrennen; bei der Herankunft eines solchen, der Roß und Mann zu verschlingen droht, wird ein Schall gehört, recht wie ein Donnerschlag, davon das ganze Gebirg ertost. Leicht erkennbar sind diese Ungestüme gleichbedeutend mit den siedenden donnernden Wasserstürzen selbst. Dazwischen ertönt, ebenso donnerartig, das gräßliche Schreien der Riesen; als Dietrich mit tödlichem Steinwurf einen jungen Riesen getroffen htte, stößt dieser einen so grimmen Schrei aus, als bräche der Himmel entzwei, und seine Genossen erheben eine Wehklage, die man vier Meilen weit über Berg und Tann vernimmt, die stärksten Tiere fliehen aus der Wildnis, es ist, als wären die Lüfte erzürnt, der Grimm Gottes im Kommen, der Teufel herausgelassen, die Welt verloren, der jüngste Tag angebrochen; ein starker Riese ‚Felsenstoß‘ läßt seine Stimme gleich einer Orgel erdröhnen, man hört sie über Berg und Tal, überall erschrecken die Leute, und selbst der sonst unersättliche Kämpe Wolfhart meint, die Berge seien entzwei, die Hölle aufgeweckt, alle Recken sollen flüchtig werden; auch die Riesen hausen am betäubenden Lärm eines Bergwassers, bei einer Mühle und zunächst einer tiefen Höhle."

Der weiteren reichen, bald abenteuerlichen und spielerischen, bald breiten und aufzählenden Entwicklung von Kämpfen Dietrichs von Bern und seiner Recken können wir nicht mehr folgen, wir haben auf unseren Wanderungen nun gar zu oft die eigentliche Heldensage aus den Augen verloren.

Die Kirche war dem Dietrich von Bern von jeher abhold; sie hat ihn zuerst gehaßt, weil er ein Ketzer war, und dann, weil das Volk so leidenschaftlich an ihm hing. Es gab von dem König eine Sage, daß er nicht gestorben, sondern in einen Berg entführt sei, wo er nun schlafe. Diese verwandelte die Kirche: Den Dietrich habe ein schwarzes Roß, und das war niemand anderes als der Teufel selbst, entführt und ihn in den Ätna getragen, in dessen Feuergluten er seine Sünden noch immer büßen müsse. Aber wie oft diese alte Erzählung auch wiederholt und dem Volke vorgehalten wurde, aus seinem Herzen hat sie diesen König nie reißen können. Und so vermehrt gerade sie unser Staunen und unsere Rührung darüber, daß Jahrhunderte diesem treuesten König die Treue hielten und ihn als das verklärte Abbild des eigenen Wesens liebten. Zum Schluß führen alle Sagen von Dietrich von Bern doch wieder zu ihm selbst und zu der Seele unseres Volkes zurück.

313.
Hilde und Gudrun

Das Gedicht von Gudrun ist uns in einer einzigen, in der berühmten Ambraser Handschrift überliefert, die im Anfang des sechzehnten Jahrhunderts der Schreiber Hand Ried in Bozen für den Kaiser Maximilian schrieb. Die Vorlage des Hans Ried war eine Handschrift des dreizehnten Jahrhunderts, und aus dem dreizehnten Jahrhundert, wohl aus seinem zweiten Jahrzehnt, stammt die Gudrun.

Ihr erster Teil ist dem Hagen, dem König von Irland, gewidmet. Wie er ein Knabe war, raubte ihn bei einem großen Fest seiner Eltern ein Greif und schleppte ihn auf ein ödes Eiland. Das Kind sollte den Jungen des Vogels zum Fraß dienen. Aber es kroch aus dem Nest, erschlug die Greifen und fand auf der Insel drei Königstöchter, die von den Vögeln ebenfalls dorthin verschleppt waren und die sich durch Flucht gerettet. Diesen fristete Hagen durch seine Jagdbeute sein Leben, und er nahm an Stärke und Wildheit unmäßig zu, nachdem er vom Blut eines rätselhaften Tieres, eines Gabilunes, getrunken, das er vorher erlegt. Dann fuhr an der Insel ein Schiff vorbei, seine Mannen hörten die Rufe Hagens und nahmen ihn und seine Gespielinnen auf. Sie brachten sie in die Heimat zurück, nicht ohne daß Hagen vorher die Schiffleute durch seine Kraft in Schrecken gesetzt und sich ihrer Hinterlist erwehrt hätte. Sigebant, der Vater, überließ nun dem Hagen die Krone, und der nahm sich die schönste der Jungfrauen, Hilde, zum Weib.

Als König war Hagen durch seine Wildheit, seine Stärke und seine Strenge gefürchtet. Seine Tochter, die wieder Hilde hieß, versagte er jedem Freier, die Boten ließ er hängen. Die Schönheit des Mädchens wurde weithin gerühmt, von ihr hörte auch der mächtige König Hetel von Dänemark, dessen Herrschaft weit über die Nordsee und Ostsee reichte. Seine Helden bereiteten sich, ihm die Braut zu gewinnen. Es waren Wate von Stürmen, Horand und Frute von Dänemark, Morung von Rifland und Irold von Ortland. Die Helden rüsteten ein Schiff aus mit prächtigem Schmuck, Kostbarkeiten und Gewanden und verkleideten sich als Kaufleute, in den Schiffsraum aber legten sie gewaffnete Krieger. In Irland gaben sie vor, der gewaltige König Hetel habe sie vertrieben, sie erbaten den Schutz Hagens, und er wurde ihnen gern gewährt. Frute breitete in den Häusern, die man den Recken eingeräumt, seine Schätze aus und verkaufte sie wohlfeiler, als sie je ein Kaufmann verkauft hatte, ja, er gab auch allen denen gern, die ohne Kauf etwas begehrten. Die seltene Freigebigketi der Fremden eregte überall staunende Verwunderung, auch die junge Königstochter hörte von ihnen und wollte sie natürlich sehen. So lud man denn die Kaufleute an den Hof, dort schufen ihnen ihre reiche und prächtige Kleidung und ihr ritterliches Auftreten neue Freunde und Verehrer.

Wate maß sich mit Hagen in der Kunst des Fechtens, dabei zeigte er sich dem starken König ebenbürtig. Horand aber sang so schön, daß Hagen und die Seinen hingerissen zuhörten; auch die Tiere im Walde ließen ihre Weide stehen und die Würmer im Grase, die Fische im Wasser lauschten. Hilde entbot den Sänger heimlich zu sich, da sang er ihr seine schönsten Weisen und trug ihr dann die Werbung seines Herrn vor. Die Jungfrau will gern dem König Hetel folgen, wenn Horand auch dort morgens und abends ihr vorsingen wolle, das verspricht ihr der Held gern, doch seien bei Hetel zwölf Sänger, die ihn an Kunstfertigkeit überträfen, am schönsten aber singe der König selbst.

Nun nahmen die Gäste Abschied vom König; Hetel habe nach ihnen gesandt und ihnen Sühne geboten. Hagen geleitete sie auf ihre Schiffe, um auch selbst die dort ausgestellten Schätze zu betrachten. Hilde ging auf das reichste Schiff, auf das Frutes. Sowie sie mit ihren Jungfrauen an Bord war, wurden die Anker gelöst und die Segel aufgezogen, die verborgenen Gewappneten sprangen hervor, und vor den Augen ihrer Eltern fuhr Hilde davon. Hagen, in heller Wut, wollte den Flüchtigen sofort nach, doch seine Schiffe waren leck und nicht fahrbereit. Aber bald hatte er eine Flotte gesammelt, und als Hilde ankam und Hetel seine Braut empfing, erschienen am Horizont auch Hagens Schiffe. Am Strand begann nun ein grimmer Kampf. Hetel wurde dabei von Hagen verwundet, aber Wate war stärker selbst als der König von Irland und brachte ihm eine Wunde bei. Da flehte Hilde bei Hetel für den Vater und der schied den wütenden Streit der Helden. Wate, der von einem wilden Weib die Heilkunst gelernt, heilte die Verwundeten. Hagen verzieh gern seiner Tochter und erfreute sich ihres tapferen Gemahls, hätte er noch mehr Töchter, sagte er, so würde er sie alle zu Hetel und den Hegelingen senden.

Hetel und Hilde gewannen zwei Kinder: einen Sohn Ortwin und eine Tochter Gudrun. Die Tochter übertraf die Mutter noch an Schönheit, und sie wurde gleich ihr allen Freiern versagt. Der erste Werber war der heidnische König Siegfried von Morland. Er drohte, als er zurückgewiesen wurde, dem Hetel sein Reich zu verbrennen.

Der zweite Werber Hartmut, der Sohn Ludwigs von der Normandie, schickte Boten, die nichts ausrichteten; dann kam er selbst, unerkannt, an Hetels Hof, gewann den Zutritt zu Gudrun und gab sich ihr zu erkennen; doch sie bat ihn nur, er möge forteilen, wenn ihm sein Leben lieb sei. Der dritte Werber, Herwig von Seeland, überzog den Hetel, als er verschmäht wurde, mit Krieg. Beim Zweikampf erprobte Hetel die Mannlichkeit des jungen Helden und gewann zu ihm Zuneigung. Gudrun, die dem Kampf der beiden zusah, fühlte Stolz und Sorge zugleich und fühlte, wie die Liebe zu Herwig in ihr Herz einzog. Sie schied und versöhnte beide Kämpfer und wurde dem Herwig anverlobt.

Als Siegfried das hörte, fiel er, um sich zu rächen, in Herwigs Land ein. Dieser eilte zurück und Hetel zog mit ihm, um dem Bräutigam der Tochter Beistand zu leisten. Da vernahmen wieder Ludwig und Hartmut, daß Hetels Land und Helden entblößt seien; sie kamen mit einer großen Flotte und raubten Gudrun und ihre Jungfrauen. Als Herwig und Hetel die böse Botschaft hörten, schlossen sie Frieden mit Siegfried, und der gewährte ihnen sogar seine Hilfe. Alle eilten sie den Räubern nach, und auf dem Wülpenwerk erreichten sie die Normannen, wie sie gerade Rast hielten. Hetel erkämpfte sich die Landung, wieder erhob sich eine furchtbare Schlacht, die tapferen Helden beider Heere fielen, im Kampf wurde Hetel von Ludwig erschlagen. Nachts fuhren die Normannen mit Gudrun davon, Herwig und die Seinen aber waren durch ihre Verluste so geschwächt, daß sie ihnen nicht folgen und sie nicht in der Normandie angreifen konnten. So kehrten sie heim, die Rache mußten sie verschieben, bis die Kinder der Erschlagenen heranwuchsen.

Gudrun verweigerte Hartmut ihre Hand, sie könne dem nicht als Gemahlin folgen, dessen Vater ihren Vater erschlug, und sie wollte dem Herwig die Treue halten. Gerlint, Hartmuts Mutter, bot der Gudrun ihre Krone an, aber die Jungfrau blieb fest. Wie nun der junge König auf neue Heerfahrten zog, peinigte Gerlint die Gudrun und ihre Jungfrauen. Die stolze Königstochter mußte die Dienste einer Magd verrichten, mit ihren Haaren den Staub von Tischen und Bänken fegen und den Ofen heizen. Hartmut wiederholte seine Werbung und blieb immer ritterlich, Ortrun, seine Schwester, redete der Gudrun gütig zu, doch es blieb alles vergebens. Schließlich mußte Gudrun Tag für Tag die Kleidung Gerlints und des Gesindes am Meeresstrande waschen. Die treueste ihrer Gefährtinnen, Hiltburg, teilte gern ihr Los und ihre Erniedrigungen.

So vergingen dreizehn Jahre. Da ermahnte Frau Hilde die Helden an die Rache. Ortwin, Herwig, Frute, Wate und Horand führten ein starkes Heer über die See. Sie erreichten die normannische Küste und verbargen hinter einer waldigen Insel ihre Flotte. Herwig und Ortwin machten sich sofort auf zur Kundschaft.

Der Gudrun aber erschien, als sie am Strande wusch, auf den Wellen schwimmend ein Vogel; der verkündete ihr, ein Bote Gottes mit menschlicher Stimme, daß ihr Verlobter und ihr Bruder lebten, und daß ihre Freunde nun bald kommen würden, sie zu befreien. Die beiden Mädchen, voller Freude über das Gehörte, versäumten sich im Waschen und mußten abends einen besonders grimmigen Zornausbruch der Gerlint über sich ergehen lassen. Am nächsten Morgen war Schnee gefallen, und ein eisiger Märzwind wehte. Aber Gerlint wollte den beiden keine Schuhe geben, barfuß und im Hemd mußten sie durch den Schnee an den Meeresstrand waten. Dort erblickten sie endlich das ersehnte Boot und zwei Männer darin; als die Helden ans Land springen, wollen die Jungfrauen voller Scham fliehen, doch der Ruf der beiden hält sie zurück. Sie beben vor Frost, der Wind hat ihre Haare ganz zerzaust, und ihr schneeweißer Leib schimmert durch das Hemd. Die Helden bieten ihnen Mäntel an, doch sie weisen sie zurück. Noch erkennen sie sich nicht, und Ortwin fragt nach dem Fürsten des Landes und nach der Königstochter, die vor Jahren hergeführt wurde. Die sei vor Jammer gestorben, sagt Gudrun. Da fließen die Tränen aus den Augen der Männer. Dann aber erkennen Gudrun und Herwig eins an dem andern die goldenen Ringe an der Hand, Braut und Bräutigam küssen sich, und die Helden scheiden mit dem Versprechen, sie würden am nächsten Tag mit gewaltigem Heer vor der Burg erscheinen.

Gudrun aber will nicht länger dienen, nachdem zwei Könige sie geküßt und umarmt, und sie wirft das Linnen der Gerlint in das Meer. Der alten Königin, die sie zur Rede stellt, begegnet sie mit trotziger Antwort. Die droht ihr, sie würde sie mit Ruten peitschen und sie grausamer als je züchtigen. Gudrun verheißt ihr Rache, wenn sie einst gekrönt unter mächtigen Königinnen stehen würde und erklärt sich plötzlich geneigt, dem Hartmut die Hand zu reichen. Gerlint verzeiht ihr nun gern, sie jubelt, daß die Stolze sich endlich ergab. Hartmut eilt freudig herbei und will die Braut umarmen, sie deutet auf ihre ärmliche Kleidung und weist ihn zurück, noch sei sie nur eine arme Wäscherin. Dann bittet sie für sich und für ihre Jungfrauen um die gebührende Speise und Pflege. Die wird ihr gern gewährt. Als sie dann in ihrer Kemenate mit ihren Jungfrauen zusammen sitzt, teilt sie ihnen mit, was sie erlebt und lacht jubelnd und in wildem Triumph auf – als sie das Lachen hört, fürchtet die alte Königin, aber nur sie, Unheil.

Am nächsten Morgen sieht eine Jungfrau beim ersten Tagesschein und beim ersten Glanz des Wassers das Meer voller Segel und das in Waffen leuchtende Gefilde. Der Wächter weckt Ludwig und seine Helden und der Enscheidungskampf beginnt. Die Normannen tun sich durch große Tapferkeit hervor, Ludwig bringt den jungen Herwig in schwere Bedrängnis, wird aber endlich von ihm erschlagen. Nur die Fürbitte Gudruns und Herwigs Dazwischentreten, das ihm fast das Leben kostet, vermag es, den Wate von Hartmut fortzureißen. Nun stürmt der Alte in die Burg und erschlägt dort auch die Kinder, damit sie nicht zum Schaden der Nachkommen heranwachsen. Die alte Gerlint zieht er, trotz Gudruns hochherziger Fürbitte, aus ihrem Versteck hervor und schlägt ihr das Haupt ab. Ortrun wird von der dankbaren Gudrun beschützt. Das Land aber wird zerstört und die Burgen gebrochen.

Nachdem Sieg und Rache vollendet, löst eine große Versöhnung den Kampf und Streit und verwandelt ihn in Frieden und Freude. Hartmut erhält sein Land zurück und wird mit Hiltburg vermählt. Seine Schwester Ortrud erhält Ortwin zum Gemahl, Siegfried von Morland erhält Herwigs Schwester, vor allem aber vereinen sich Herwig und Gudrun für immer, und Herwig führt die Braut nach Seeland heim.

Wenn wir die Gudrun unbefangen auf uns wirken lassen und uns dabei die alten Heldenlieder und die mittelalterlichen Dichtungen vergegenwärtigen, die nun schon in langer Reihe an uns vorüberglitten, so fühlen wir wohl manchen Anklang und manches

Motiv aus der heroischen Zeit, und diese verstärken sich am Ende des Gedichtes. Besonders nah scheinen uns die Beziehungen der Gudrun zur dänischen Heldendichtung. Aber die Ähnlichkeiten, die das Gedicht mit den Spielmannsgedichten des deutschen Mittelalters verbinden, sind auffallender. Es hat die gleiche Liebe für den Reichtum und die Fülle der Erzählung. Der Geschichte von der Hilde und von der Gudrun schickt es die von Hagen voran, eine abenteuerliche Erfindung, für die zuerst die Kreuzzüge mit ihren seltsamen und wunderbaren Erlebnissen und namentlich die Berichte von den merkwürdigen und sonderbaren Taten und Reisen des Herzogs Ernst den Boden geschaffen haben. Die Geschichte der Hilde verbindet wie der König Rother die Werbung mit der listigen Entführung, die zuerst der Orient ersann. Der Dichter der Gudrun verweilt dabei weniger bei dem Heldentum der Mannen Hetels als bei ihrem Reichtum, ihren Kostbarkeiten und ihrem vornehmen Auftreten. Endlich die Geschichte der Gudrun ist in gewissem Sinne eine Vermehrung und Steigerung von der Geschichte der Hilde, wie die Gudrun die Mutter ja auch an Schönheit übertrifft. Drei Werber, nicht wie bei Hilde einer, bemühen sich um Gudruns Gunst. Der Einfall Siegfrieds in Herwigs Land, der Einfall der Normannen bei Hetel, der Kampf von Hetel zuerst gegen Herwig, dann gegen Hartmut und Ludwig, verwickeln und bereichern die Handlung. Herwig führt die Braut erst heim, nachdem diese ihren Vater verloren und eine schwere Zeit der Prüfung überstanden, der Geschichte des glücklichen Werbers Herwig steht die des unglücklichen, des Hartmut gegenüber. Der Bericht über Gudruns Prüfungszeit gleitet in das Märchenhafte, die Gerlint peinigt sie wie die böse Stiefmutter des Märchens die ihr verhaßten Kinder, und die Wundererscheinung, durch die Gudrun getröstet und beseligt wird, gibt den Begebnissen dann noch einen besonderen Schimmer des Wunderbaren.

Der Dichter der Gudrun wandte sich, wie wir sehen, den Spielleuten gleich an Hörer, die unterhalten sein wollten, und er wußte mit einem Geschick, das uns weder der Rother, noch der Wolfdietrich, noch gar die Gedichte über Dietrich von Bern zeigen, die Begebnisse zu verdoppeln, zu steigern und immer reicher, verwickelter und großartiger zu gestalten. Wie die Spielleute sorgte er neben der Unterhaltung für die Rührung. Er läßt sich ebensowenig wie der Dichter des Rother und des Wolfdietrich eine Wiedererkennungsszene entgehen. Als Herwig und Ortwin und Gudrun sich nach langer Trennung begrüßen, weinen sogar die Männer. Die Wiedererkennung wird dadurch noch ergreifender, daß die Königstochter zuerst sagt, die Gudrun, sie selbst, sei vor Jammer gestorben. In ganz großem Stil aber brachte der Dichter das gute Ende, das seine Hörer verlangten. Nicht so einfach stellte er es her wie bei der Hilde, Tod und Wehklage gehen ihm voraus, dann aber finden sich nicht nur Herwig und Gudrun, auch Hartmut, Siegfried, Hildburg und Ortrun scheiden als glücklich Vermählte von uns.

Die einzelnen Ereignisse, Feste, Werbungen, Botenreisen, Beratungen, Rüstungen, Überfälle, Kämpfe, Seefahrten, putzt und schmückt der Dichter überall. Welche Fülle der Helden: Hagen, Hetel, Wate, Horand, Frute, Morung, Irold, Herwig, Ortwin, Hartmut, Ludwig, Siegfried. An den Kämpfen selbst läßt der Dichter unendliche Mengen teilnehmen und übertreibt die Zahlen in das Phantastische. Der Kampf der Könige vollzieht sich nach ritterlichem Brauch, und die Helden fechten wie die der französischen Heldengedichte auch friedlich miteinander, um ihre Kräfte zu messen. Bei dem Kampf der Waffen hören wir den dröhnenden Klang der Schwerter, fühlen die Hiebe auf den Gegner niederprasseln, sehen die Funken aus Helmen und Klingen springen, entzückt gleiten die Blicke des Dichters über die in wundervoller Ordnung anrückenden Scharen, er schildert, stolz über seine Kenntnisse, die einzelnen Heerzeichen, wie er denn auch bei Empfängen und Festen auf die Wahrung des Zeremoniellen sehr bedacht ist.

Überall erkennen wir den Reichtum, die Buntheit und die Freude an der Fülle der Ereignisse und Schilderungen, und darin begrüßen wir das Mittelalter, das die Kreuzzüge und das Rittertum geschaffen haben. Eine ritterliche Dichtung, aber nicht im exklusiven Geschmack der höfischen Epen, sondern eine ritterliche Dichtung, durch die ein Spielmann breite Massen von Hörern erfreuen wollte, das war die Gudrun.

Der Eindruck, den das Gedicht auf uns Gegenwärtige macht, ist, während wir es lesen, recht wechselnd. Neben frischen und starken Stellen stehen Weitschweifigkeiten, matte und erfindungsarme

Verse, eine mühselig sich weiterschleppende Erzählung, eine Art, in endlosen Wendungen, die nur wenig voneinander abweichen, im Grund immer wieder das gleiche zu sagen. Es ist darum nicht zu verwundern, daß die Forschung sich bemühte, diese schwachen und unvollkommenen Teile zu entfernen und das Gedicht in alter Reinheit und Größe wiederherzustellen. Aber diese Versuche gingen von falschen Voraussetzungen aus, sie meinten, wenn sie die späteren Zutaten abtrennten, gewännen sie ein wuchtiges Gedicht des heroischen Stils; das wollte und konnte aber die Gudrun niemals sein. Die alten Lieder und Sagen aus der heroischen Zeit, die sie verwertet, bildet sie ja nach ihrem Geschmack um; sie waren ihr auch viel weniger durch ihren heroischen Charakter als durch ihren wechselvollen Inhalt, durch die Geschichten von Werbung und Kampf willkommen. Gerade was uns als Weitschweifigkeit erscheint, verlangte vielleicht die Zuhörerschaft des alten Dichters. Dadurch, daß er sich oft wiederholte, machte er seine Verse eindringlicher und einprägsamer, als wenn er die Dinge nur einmal ausgesprochen hätte. Wenn die Gudrun überhaupt jemals wesentlich anders war als so, wie sie nun vor uns steht, so war sie doch immer eine Spielmannsdichtung und dem König Rother und dem Herzog Ernst enger verwandt als den alten Heldenliedern. Aus dieser literarischen Stellung unseres Gedichtes dürfen wir uns auch ableiten, daß der Dichter so gern formelhafte Wendungen und Reime bringt, die seinen Hörern vertraut waren, sich in Variationen ergeht und anderen Dichtungen, von denen er wiederum annahm, daß seine Zuhörer sie kannten, allerhand Einflüsse auf sein Werk gestattete.

Aus der reinen Spielmannsdichtung ragt die Gudrun doch wieder hervor, nicht allein durch die Kunst ihres Aufbaues, auch durch ihre Kunst, Charaktere zu erfassen und zu schildern.

Wieviele haben schon an Hagen und Wate, an Hartmut und Horand, an Hilde und Gudrun sich gefreut, wie nah und wie lebendig sind uns diese Menschen! Hagen und vor allem Wate sind sicher und mit leichter Überlegenheit erfaßt, Hagen bei aller seiner Wildheit streng und gerecht, Wate ein Vorbild stürmischer und unersättlicher Tapferkeit, Haudegen und doch das Muster eines Helden, voll rasenden Zorns, wenn die Wildheit des Kampfes über ihn kommt, sonst ein Wahrer heroischer Sitte, einfach und gradaus, ja voll entzückender Kindlichkeit und voller Freude an bunten märchenhaften Geschichten. Sehr hübsch steht diesem rauhen, männlichen, ungefügen Recken der schmiegsame, verführerische und doch so ritterliche Horand gegenüber, dem die Herzen aller Frauen zufliegen. Für Herwig tut der Dichter weniger, sein Glück nach langer Leidenszeit und die Liebe, durch die Gudrun ihn auszeichnet, war ihm wohl genug. Dagegen hebt er den unglücklichen Nebenbuhler Hartmut. Niemals verliert dieser der Gudrun gegenüber seine ritterliche Zartheit und Schonung, immer schützt er sie, wo er nur kann, vor dem Zorn und der rohen Mißhandlung Gerlints und Ludwigs. Als die Geliebte sich ihm zusagt, als er sie umarmen will, sie aber sich ihm entzieht, da tritt er bescheiden zurück und gönnt ihr und ihrem Gefolge gern ihre Freude. Er beschwichtigt sogar die mißtrauische Gerlint. Es liegt gewiß eine Tragik darin, daß er gerade, als er nach jahrelangem Harren sich endlich am Ziel seiner Wünsche wähnt, überwunden und seines Glücks und Landes beraubt wird. Reizend ist Hilde. Dem Bater, an den sich sonst niemand heranwagt, streichelt sie den Bart und bettelt ihm eine Erlaubnis ab. Voller Scheu und doch glücklich, einmal etwas Verbotenes zu tun und etwas Interessantes zu erleben, empfängt sie den Horand, und sie erklärt sich nur dann bereit, dem Hetel zu folgen, wenn auch bei ihm Horand ihr jeden Morgen und Abend etwas vorsinge.

Die reichste und größte unter ihnen bleibt aber, wie wir alle wissen, Gudrun. Der Dichter läßt sie nach germanischer Art vor unseren Augen wachsen, nicht im Glück, erst in Not und Elend zeigt sie ihre ganz Größe und Treue. Durch ihre Ruhe, mit der sie gelassen und königlich alle Demütigungen erträgt, erhebt sie immer von neuem sich über die Gerlint und reizt diese dadurch zu heftigerem und doch ohnmächtigem Zorn. Als die Vergeltung naht, ist sie ganz germanische Heldin in ihrer Verschlagenheit, ihrem listigen Trug und ihrem wilden Triumph. Mitten im Kampf enthüllt sich ihre Hochherzigkeit und Milde, sie schont die Ortrun, sie will sogar ihre Peinigerin, die Gerlint, schonen, und das ist vielleicht der schönste Zug in ihrem Wesen. Dabei bleibt Gudrun als Königin und als Wäscherin immer ganz Frau, voll zarten Gefühls für Schicklichkeit und Scham. Die Feinfühligkeit der psychologischen Schilderung haben wir im Germanischen noch nicht, wohl aber in der dänischen Heldendichtung entdeckt, die Milde und Großmut hat wohl das Christentum der Gudrun gegeben.

Der Charakter der Gudrun bringt uns den heroischen Anfängen des Gedichtes nah. Wir haben schon angedeutet, wo vor allem wir diese suchen müssen: in Dänemark.

Hetel ist dänischer König, und sein Reich erstreckt sich weit über Nord- und Ostsee. Es entspricht ungefähr dem Dänemark vom Ende des neunten Jahrhunderts. Damals herrschte Dänemark in England und unternahm Beutezüge nach Irland. Hagen aber, Hildes Vater, ist irischer König. Horand und Frute sind dänische Helden, Frute ursprünglich der freigebige und milde dänische König Frodi. Wo Wates Mark Stürmen liegt, ob bei Verden oder in Holstein, ist ungewiß. Und ebenso bleibt es unsicher, ob wir Herwig in Seeland ansiedeln dürfen. Siegfried von Morland ist wieder ein Dänenfürst, der im neunten Jahrhundert in Frankreich und den Niederlanden einfiel und im Kampf gegen die Friesen seinen Tod fand. Hartmut und Ludwig sind Normannen, die Normannen hatten enge Beziehungen zu England im zehnten Jahrhundert, England aber gehörte im zehnten Jahrhundert auch zu Dänemark. Der Wülpenwerk (wulp heißt ein Brachvogel, der in der Gegend dort nistet) ist bei der Scheldenmündung im westlichen Friesland nachgewiesen. Diese Namen und Orte weisen, soweit sie sicher sind, auf die Dänen des neunten und zehnten Jahrhunderts und ihre Kämpfe mit germanischen Völkern, mit den Friesen und den Normannen und außerdem mit den Iren. Die noch unsicheren Namen widersprechen diesen Zeugnissen nicht.

In dieselbe Zeit und in dieselben Kämpfe führt auch, manchmal allerdings auf Umwegen, der Inhalt der Gudrun. Von Hetel und Hilde erzählt der Isländer Snorri:

Ein König, der Hagen genannt ist, hatte eine Tochter, die Hild hieß; sie nahm als Kriegsbeute ein König, der Hedin hieß, der Sohn des Hjarrandi. Da war der König gerade gefahren zu einer Königsversammlung. Aber als er erfuhr, daß in seinem Reiche geheert war und seine Tochter fortgenommen, da machte er sich mit seinen Mannen auf, um Hedin zu suchen, und erfuhr über ihn, daß er nach dem Norden zu gefahren sei. Als der König Hagen nach Norwegen kam, erfuhr er, daß Hedin weitergesegelt sei, nach Westen, da segelte Hagen ihm immer nach, bis zu den Orkney-Inseln, und als er dorthin kam zu der Insel, die Haen heißt, da lagen Hedin und sein Gefolge vor ihm. Nun fuhr Hild zur Begegnung mit ihrem Vater und bot ihm einen Vergleich an von Hedins Seite, aber in demselben Atem sagte sie, daß Hedin zum Schlagen bereit sei, und Hagen solle sich keine Hoffnung darauf machen, er werde ihn irgendwie schonen. Hagen antwortete kurz seiner Tochter; aber als sie zu Hedin zurückkehrte, sagte sie ihm, daß Hagen keinen Vergleich wollte, und bat ihn, sich zum Kampfe zu rüsten. Das tun sie nun beide, sie gehen auf die Insel, und ihre Heere folgen. Da ruft Hedin den Hagen an als seinen Verwandten und bietet ihm einen Vergleich und viel Gold als Buße. Hagen antwortet: „Zu spät botest du das, wenn du einen Vergleich willst, denn nun habe ich Dainsleif das Schwert aus der Scheide gezogen, das die Zwerge machten, das eines Mannes Mörder werden soll, jedesmal daß es entblößt wird, und niemals verfehlt es einen Hieb, und die Wunde wächst nicht zu, die es schlägt." Da antwortet Hedin: „Du rühmst dich des Schwertes, aber nicht des Sieges, mir ist jede Waffe gut, die dem Herrn gehorcht." So begannen sie den Kampf, der der Kampf der Hjadninge genannt wird, und schlagen sich den ganzen Tag, und am Abend gingen die Könige zu ihren Schiffen. Aber Hild ging in der Nacht auf die Wahlstatt und weckte sie auf durch Zauberei, alle, die tot waren, und den anderen Tag gingen die Könige zum Kampfplatz und schlugen sich ebenso alle, die am vorigen Tag gefallen waren. So ging dieser Kampf einen Tag nach dem anderen, daß alle Männer, die fielen, und alle Waffen, die auf den Kampfplatz lagen, zu Steinen wurden. Aber als es tagte, standen alle toten Männer auf und schlugen sich, und alle Waffen wurden neu. So ist es gesagt in den Gedichten, daß die Hjadninge so die Götterdämmerung erwarten.

Die Sage von Hetel und Hilde ist uns vom neunten bis zum vierzehnten Jahrhundert in nordischen Ländern bezeugt und wurde also gern erzählt und besungen. Ihre Größe und Wildheit macht das leicht verständlich. Wir finden die Sage in der Skaldendichtung, in Anspielungen, bei Saxo Grammaticus, in der isländischen Saga und schließlich in Balladen. Sogar eine Ballade, die 1774 ein schottischer Reisender auf den Shetlandinseln hörte, bewahrt eine Erinnerung daran, vermischt sie allerdings mit anderen Erinnerungen z.B. mit solchen aus den Liedern von den Nibelungen und von Hagbard und Signe. Genau stimmen die anderen Berichte nicht immer mit denen von Snorri überein. Aber die Abweichungen geben sich meist als Zutaten späterer Erzähler leicht zu erkennen. Zum Beispiel hat Saxo, indem ihn die Erinnerung an einen anderen Kampf verwirrte, den Kampf von Hedin und Hagen verdoppelt, und er hat seine Erzählung mit Motiven aus dänischen Liebessagen vermischt. Eine späte isländische Saga fabelt, die Göttin Frena hätte den Kampf zwischen den Hjadningen heraufbeschworen, um den Odhin zu versöhnen, dem sie die Treue gebrochen. Bei diesen beiden Gewährsmännern sind Hagen und Hedin, wie viele Helden der isländischen Saga, bevor sie sich verfeinden, Blutbrüder.

In dem Bericht von Snorri erscheint dem ersten Blick und auch vielen Forschern der ewige Kampf der Hjadninge als das Älteste und Mythische. Wer genauer zusieht, erkennt, daß in der Erzählung von diesem Kampf die unersättliche Kampflust der Wikinger sich zeigt und ihr Hang, eine alte einfache tragische Sage in das Phantastische zu erhöhen, in das Endlose zu erweitern. Im Bericht von Snorri ist außerdem manches sonderbar, er wirrt den Tod und die Versteinerung der Helden durcheinander und hat vergessen, daß urspünglich die Seelen der Gefallenen, sie allein, in jeder Nacht, und nur nachts, weiterkämpfen. Die ganze Erzählung von dem ewigen Kampf ist eigentlich eine Erzählung für sich, hängt mit der Hildesage gar nicht zusammen und wurde erst im Nordischen, schwerlich vor dem elften Jahrhundert und wahrscheinlich in Island, mit der Hildesage verbunden. Auch die Geschichte von dem unheilbringenden Schwerte Hagens ist nicht heroisch, sondern eine der schönen und finsteren Erfindungen, die gerade die isländische Saga liebt, wir denken etwa an die Herwarasaga.

Trennen wir beides ab, so steht die Dichtung vor uns, daß Hedin die Hilde liebt, daß sie seine Liebe erwidert und ihrem Vater zum Trotz ihm folgt. Ihr Geliebter raubt sie, ihr Vater verfolgt das Paar, Vater und Geliebter kämpfen miteinander und fallen beide, sie bleibt einsam zurück. In dieser Gestalt ist die Dichtung der dänischen von Hagbard und Signe und der dänischen von Helgi und Sigrun sehr ähnlich. Sie hat wohl auch im Dänemark des neunten Jahrhunderts ihre Heimat und ist von dort nördlich nach Island, südlich nach Deutschland gewandert.

Da der Widsith die Namen von Hagen (Hagena), Hedin (Heoden) und Wate (Wada) unmittelbar nebeneinander nennt, ist es wahrscheinlich, daß die Anfänge der Hildesage aus der germanischen Zeit stammen. Widsith nennt auch die Reiche, die diese Fürsten beherrschten, doch sind deren Namen noch nicht befriedigend gedeutet. Die Ereignisse aus der Wikingerzeit hauchten der germanischen Sage neues Leben ein, und das ist das Leben, das wir kennen. In dem deutschen Gedicht ist der alte tragische Ausgang nicht wie im Nordischen in das Mythische und Endlose gesteigert, sondern, wie in dem jüngeren Hildebrandslied und in der späten Wielandsage, in das Freundliche und Versöhnliche umgewandelt, so wie es eben die Hörer des Dichters wollten. Außerdem ist die Sage bereichert und erweitert durch Frute, Horant und Wate.

Frute ist von diesen der unwesentlichste und hängt mit der Sage nicht organisch zusammen. Die Spielleute, denen ein freigebiger König immer willkommen war, haben einen der freigebigsten und reichsten – denn das war Frute – natürlich mit besonderem Wohlbehagen in ihre Dichtung eingefügt.

Der Name Horand klingt an das altenglische Heorrenda an – dieser Sänger hat den Deor aus der Gunst seines Herrn verdrängt – und an das nordische Hjarrandi. Im Nordischen ist Hjarrandi der Vater Hedins und erscheint auch einmal als ein Beiname des Gottes Odhin. Dieser Beiname scheint uns einen wichtigen Beitrag zum Verständnis der Sage von Horand zu liefern. Ursprünglich war der Name Hjarrandi, wie sein Klang zeigt, wohl der eines Sängers. Keiner aber war des Gesanges, seiner Zauberkraft und seiner betörenden Gewalt mächtiger als der nordische Odhin. Mit Zauber und Gesang gewann er sich widerstrebende Jungfrauen und machte sie seinem Willen gefügig, wie die Rind und wie die Gunnlöd. Dieser Art war gewiß auch einmal der nordische Inhalt der Horandsage. Bei Snorri ist dann Horand Hedins Vater, im Deutschen singt er im Auftrag seines Herrn, statt des singenden Gottes und des germanischen Sängers erscheint in der Gudrun der ritterliche Spielmann.

Wate in seiner unbändigen Kampflust, in der Vorbildlichkeit seines Heldentums, erinnert wieder an einen dänischen Helden, an den Starkad. Wie jener steht er als erprobter und ergrauter Krieger dem jungen König bei und hält auch seiner Gemahlin und seinen Kindern unverrückbar die Treue. Wie jener ist er unerbitlich in der Rache und erschlägt sogar die Kinder, damit sie nicht heranwachsen. Die Ähnlichkeiten reichen noch weiter, wie Starkad wurde Wate in späteren Sagen mit einem Wasserriesen verschmolzen, den die deutschen meeranwohnenden Stämme kannten. Dem deutschen Dichter der Gudrun erscheint dieser alte Held gar zu wild, und er hält ihn zurück und entreißt ihm seine Opfer, damit er nicht gar so vernichtend wüte. Er gibt auch seinem Wesen, wie wir gesehen haben, eine hübsche Kindlichkeit.

Ob der deutsche Dichter oder ob schon dänische Erzähler den Wate und Horand mit der Hildesage verbanden, läßt sich nicht entscheiden. Zugunsten des deutschen Dichters würde es sprechen, daß er überhaupt den Inhalt seiner Dichtung sehr geschickt erweiterte und steigerte, zugunsten des dänischen, daß die Helden alle dänische Helden sind.

Nun, da sich uns die Geschichte der Sage von Hilde und Hetel geklärt hat, wenden wir uns der von der Gudrun zu. Sie wiederholt das Hauptmotiv der Hildesage, die Entführung des Mädchens. In der Gudrun ist Hartmut der Entführer, Hetel der Verfolger, die List bei der Werbung ist abgestreift, Raub und Kampf stehen an ihrer Stelle, das Ende ist der Tod Hetels. Wir betreten hier also wieder den Boden der Heldendichtung und, wie wir bereits andeuteten, die Sage der Gudrun birgt reichere Schätze aus der alten Heldendichtung als die Sage der Hilde.

Es ist verkehrt, wenn man die Sage der Gudrun eine Doublette der Hildesage nennt. Denn einmal ist, wie wir eben zeigten, die Entführung in ihr ganz anders und viel heroischer geschildert und außerdem ist in dem Teile des Gedichtes, der Gudrun gilt, der Kern gar nicht die Entführung, sondern die lange und sorgfältig vorbereitete Rache für eine schwere Niederlage. Dieser Kern ist aber im wesentlichen, wenn auch die Folge der Ereignisse nicht ganz genau sich entspricht, auch der Kern der germanischen Sage vom Kampf um Finnsburg. Auch dort wird zuerst die Niederlage erzählt und hinterher nach langer Vorbereitung die Rache. Auch dort wird ein plötzlicher Überfall der Feinde beim ersten Aufleuchten des Morgens geschildert, auch dort verbindet sich die Geschichte der Kämpfe mit der Rückeroberung einer Frau, die der vorher siegreiche Feind entführte. Im Kampf um Finnsburg heißt die entführte Hildburg, und neben der deutschen Gudrun erscheint plötzlich als ihre Leidensgefährtin auch eine Hildburg. Am Schluß des Gedichtes reicht sie dem Hartmut, dem Fürst der Feinde, die Hand, wie die Hildburg der alten Sage eine Zeitlang dem Fürsten der Feinde als Gemahlin gehörte. Das letzte mag nur ein hübscher Zufall sein, aber er hat etwas Ermutigendes. Und vor allem: Der Kampf um Finnsburg tobte zwischen Dänen und Friesen, und in der Gudrun ist Hetel ein Däne und der Wülpenwert liegt im westlichen Friesland.

Wahrscheinlich also war der Anfang der Gudrundichtung ein germanisches Lied vom Kampf der Friesen und Dänen, und dies war dem Lied vom Kampf um Finnsburg nah verwandt.

Gudrun verhält sich zu ihren Werbern anders als ihre Mutter Hilde. Im Grunde wählt sie zwischen Hartmut und Herwig, und in der Dichtung, die unserer deutschen Gudrun als Quelle vorlag, wird sie bei der Werbung ihren Vater gar nicht gefragt, sondern selbst zwischen den Werbern entschieden haben. Eine Entscheidung dieser Art trafen aber gerade dänische Frauen: die Signe und die Sigrun. Wie Signe teilt Gudrun nun auch Leid und Glück mit ihren Jungfrauen, und sogar die Gerlint der Gudrun, über welche die gedemütigte Königstochter triumphiert, darf man mit der Mutter Signes vergleichen, in der Art, wie ihr Hagbard gegenübertritt. Sie will ja den Hagbard auf seinem letzten Weg verhöhnen, er aber fügt ihr einen noch wilderen Schmerz zu und bleibt der Sieger. An die Sigrun aber erinnert die Gudrun in ihrem Verhältnis zu Hartmut, insofern die Sigrun des zweiten Heldenliedes den Hödbrodd edelmütig tröstete, den sie zurückwies und der um ihretwillen fiel. In dem deutschen Gedicht ist das Verhältnis von Gudrun zu Herwig und Hartmut nicht ganz klar geschildert, besonders die Bemerkungen über Herwig widersprechen sich, bald erscheint er als mächtiger König, bald als ein Held niedriger Herkunft. Vielleicht war in der Dichtung, aus der unser deutscher Spielmann schöpfte, die Gudrun dem Hartmut, ihr Vater dem Herwig freundlich gesinnt.

Die im Leiden unsäglich stolze Gudrun erinnert uns an jene Riesenmädchen, die der habgierige Frodi knechtete, und ihre Verschlagenheit in der Rache ist, wie wir wissen, die Verschlagenheit der germanischen Frau. Die Gerlint hat der deutsche Dichter gar zu sehr in das Märchenhafte gezogen. Die Szene, in der Gudrun als Wäscherin von Bruder und Bräutigam getröstet wird, wiederholen die Balladen von der geraubten Schwester und ihrer Befreiung durch den Bruder; dabei bleibt aber ungewiß, ob diese Balladen der Gudrun entsprangen, oder ob umgekehrt der Dichter der Gudrun aus ihnen schöpfte.

Die Sage, die dem dänischen König Siegfried von Morland galt, kennen wir nicht genau, und ebenso ist es unsicher, aus welcher dichterischen Überlieferung Herwig stammt, ob er wirklich einmal ein nordischer Seekönig, ein Wiking war, der sich kühn und gewalttätig die Braut raubte.

Eine genauere Kenntnis und eindringendere Untersuchung der dänischen Heldendichtung würde wohl noch manches neue Licht bringen – möchte sie uns doch Axel Olrik, der Berufenste, schenken! Dann würde auch die Vorgeschichte der deutschen Gudrun sich noch in vielem aufhellen lassen, und man könnte das Material abgrenzen, das der deutsche Dichter kannte.

Doch das Wesentliche dieser Hinweise wird, wie wir hoffen, bestehen bleiben. Aus germanischen und dänischen Überlieferungen ist die Gudrun gewachsen, und im deutschen Mittelalter hat sie ein Dichter umgedichtet, der den Spielleuten nahestand; alles in allem mit großer Kunst des Aufbaues und der Charakterisierung, aber dem Geschmack seiner Hörer gegenüber gar zu nachgiebig.

Unsere Gudrun ist in Bayern niedergeschrieben worden. Ob auch ein Bayer die Gedichte von Hilde und Gudrun, die von Dänemark und Niederdeutschland her rheinaufwärts wanderten, erweitert, verbunden und verschmolzen hat? Wir wissen es nicht. Bekannt ist uns nur, daß ein rheinischer Dichter aus dem ersten Drittel es zwölften Jahrhunderts, der Pfaffe Lamprecht, der allerdings vieles durcheinanderrührt, noch den tragischen Ausgang des Kampfes um Hetel und Hilde kennt. Doch er verlegt diesen Kampf auf den Wülpenwert, der doch in dem späteren Gedicht der Schauplatz des Kampfes um die Gudrun war. Namen aus der Gudrun sind uns dann in Bayern seit dem zwölften Jahrhundert bezeugt.

Die Zeitgenossen haben die Gudrun nicht so geliebt und geschätzt wie wir. Wahrscheinlich ist sie ihnen nicht bunt und abenteuerlich genug gewesen, zu fest gefügt und gerade durch ihren alten heroischen Inhalt doch zu eintönig; sie liebten wohl nicht diese sich ewig wiederholenden und im Grunde einander so ähnlichen Entführungen und Kämpfe. Erst im neunzehnten Jahrhundert haben sich die Augen für die Kunst der Gudrun geöffnet; seine Forscher haben freilich lange Zeit hindurch ihren heroischen Gehalt überschätzt, ihre mittelalterliche Art verkannt.

Nun hat auch unsere Wanderung durch die Heldendichtung des deutschen Mittelalter, soweit sie außerhalb des Nibelungenliedes liegt, glücklich ein Ende. Es war oft ein beschwerlicher Weg, und er führte durch allzu dichte Wirrnis der Abenteuer. Wie mühsam aber wäre die Fahrt erst geworden, hätten wir unsere Leser durch alle Schlachten und durch alle ärmlichen Erfindungen der Epen von Dietrich von Bern oder durch alle Erlebnisse des Wolfdietrich geschleppt. So fanden wir in der bunten Fülle der Geschichten, in der kindlichen Einfalt und Unschuld des Märchens und der Legende und in der heiteren Freude am Fabulieren reichen Ersatz für die Verluste im Heldenhaften. Wie froh ist doch das Mittelalter über seine Mären, und wie gern und viel und hübsch hat es manchmal erzählt, dieselbe Zeit, die man immer noch die finstere nennen hört, und die so viel bunter, heiterer und kindlicher war als die strenge und unbarmherzige Zeit der Völkerwanderung. Es war natürlich, daß in diesem Mittelalter die Heldensage viel von ihrem heroischen Charakter verlor. Seltsam erscheint es uns freilich, daß in unserer Überlieferung gerade ein Geistlicher als erster den Weg geht, der von der Dichtung, die stählen und hart machen will, führt zu der anderen, die nur die Unterhaltung liebt. Unter der bunten Decke der mittelalterlichen Fabeleien zogen wir aber manchmal noch das alte Heldentum hervor und erkannten, daß es in manchen Helden und Heldinnen, wie im Dietrich von Bern und in der Gudrun, rein und groß blieb wie in den alten Tagen, ja daß es sich läuterte. Bei der Gudrun hat sich unsere Kenntnis der alten Sagen und Lieder sogar bereichert.

Die Geschichte der Kaiser- und Herrensagen

314.
Die falsche Berta

Auf dem Schlosse Weihenstephan bei Freising wohnte eine Zeitlang der Frankenkönig Pipin. Als er sich zu vermählen gedachte, ließ er die Tochter des Königs von Britannien durch seinen Hofmeister für sich werben. Die Werbung war von Erfolg, und die Königstochter Berta zog mit Geleite nach Deutschland. Der Hofmeister aber war ein böser, betrügerischer Mann und hatte auf seiner Burg in Schwabenland eine Tochter, die er an die Stelle Bertas zu setzen gedachte. Zwischen Würm- und Ammersee zog er der fremden Braut die königlichen Gewänder aus, nahm ihr den von Pipin geschenkten Verlobungsring, schmückte seine Tochter damit und befahl seinen Knechten, die fremde Braut in das Dickicht zu führen und zu töten. Von der Schönheit und den Tränen des unglücklichen Fürstenkindes gerührt, schenkten ihr die Knechte das Leben und töteten statt ihrer ein Hündlein, dessen Zunge sie ihrem Herrn zum Wahrzeichen vorzeigten. Des Hofmeisters Tochter aber nahm der König zum Weibe, weil er den Betrug nicht ahnte.

Berta hatte den Knechten geloben müssen, sie nicht zu verraten und nicht wieder heimzuziehen. Ein Müller nahm sie aus Mitleid auf und behielt sie sieben Jahre bei sich. Sie hatte ihre Werkzeuge zum Wirken mit sich geführt, auch Seide und Goldfäden, und wirkte deshalb so schöne Borten, daß der Müller sie nach Augsburg in die Stadt trug und zwei Denare dafür erhielt. Weil er soviel Geld löste, kaufte er neue Seide und Goldfäden und ließ die Jungfrau weiter arbeiten. Das ging drei Jahre so fort, und die Käufer hätten gern gewußt, wer so künstlerische Börtchen wirkte, die niemand im Lande machen konnte; aber der Müller antwortete, wenn sie nicht nachließen, danach zu fragen, was ihm zu sagen verboten sei, so gehe er weiter. Durch die Arbeit der Jungfrau wurde er reich; sie selbst aber begehrte nichts dafür als ihre Nahrung und Wohnung und tat auch des Hauses Dienste gern und willig.

Nach sieben Jahren jagte König Pipin im Walde zwischen Gauting und Starnberg und kam von seinem Gefolge ab, so daß nur ein Sterndeuter und ein Knecht bei ihm blieben. Die Umherirrenden wurden von einem Köhler zur Reismühle geführt, wo sie sich für Kaufleute ausgaben. Der Müller gewährte ihnen Herberge. In der Nacht trat der Sterndeuter vor die Hütte, schaute zum Himmel, kam hocherstaunt zurück und meldete dem Könige: „Herr, in den Sternen steht geschrieben, daß du heute noch bei deinem Gemahl sein sollst und sie dir einen Sohn schenken wird, vor dem sich Christenkönige und Heidenfürsten neigen werden!"

Der König erkannte ebenfalls, verstand aber die Worte nicht. Als der Sterndeuter noch einmal hinausging und ihm die Botschaft des Himmels in gleicher Weise nochmals verkündete, stürmte Pipin auf den Müller ein, ihm zu sagen, ob jene Frau nicht bei ihm wäre. Der Müller gestand mit Zittern und Zagen, er habe eine engelschöne Jungfrau im Hause, von der er nicht wisse, woher sie sei. Der König ließ sie holen, und es war viel Frage und Antwort zwischen ihnen, bis dem König endlich offenbar wurde, wer sie war, und wie ihm der tückische Hofmeister die rechte Gemahlin bisher vorenthalten hatte. Pipin gebot allen das tiefste Schweigen bei Leib und Leben. Als er wieder fortzog, ließ er seine Gemahlin noch in der Mühle. Sie gebar ihm hier einen Sohn, den der Müller am selben Tage zur Taufe brachte und Karl nannte. Der König hatte dem Müller befohlen, ihm einen Pfeilbolzen zu bringen, wenn das Kind ein Knabe, eine Kunkel (einen Spinnrocken), wenn es ein Mädchen sei. Deshalb begab er sich zu Pipin und brachte ihm nach der Verabredung einen Pfeilbolzen. Da saß der König mit seinen Räten zu Gericht, ließ den ungetreuen Hofmeister und dessen Weib, das ihm den teuflischen Ratschlag gegeben, eines schmählichen Todes sterben und ihre Tochter in Gewahrsam bringen. Frau Berta aber holte er aus der Reismühle mit großem Gepränge heim und zog frohgemut mit Weib und Kind ins Frankenreich, nachdem er den Müller reichlich belohnt hatte.

Bertas Sohn aber wuchs und ward stark im Geiste, und das war Karl der Große.

315.
Der lombardische Spielmann

Auf seinem siegreichen Kriegszuge nach Italien weilte Karl der

Große in dem hochberühmten Kloster Novalicium, dem heutigen Novalesa. Als nun der Longobardenkönig Desiderius die Kunde vernahm, daß Karl gegen ihn ziehe, gaben ihm die Großen seines Reiches den Rat, alle Täler und Zugänge, die von Gallien nach Italien führten, durch eine starke Mauer zu verschließen und durch Bollwerke und Türme den Zugang zu verwehren. Das geschah denn auch, und Karl konnte mit seinen vielen tausend Söldnern nirgends einen Übergang finden. Dabei erlitt sein Heer manche Verluste durch den Sohn des Königs Desiderius, Algis mit Namen, einen riesenstarken Jüngling. Er pflegte mit einer eisernen Stange herumzureiten und damit die Feinde kühnen Mutes zu Boden zu schlagen. Tag und Nacht hielt er Wache, und wo er Franken sah, die sich der Ruhe überließen, fiel er von links und rechts mit seinen Mannen über sie her und richtete ein furchtbares Blutbad unter ihnen an.

Das ereignete sich Tag für Tag, und Karl wußte nicht, wie er die Verluste verwinden sollte. Da kam von ungefähr ein langobardischer Spielmann zu ihm und sang ein kleines Lied mit dem Inhalt: „Welcher Preis gebührt dem Manne, der Karl ins Reich Italien führt, auf solchen Wegen, wo sich keine Lanze wider ihn erhebt, wo kein Schild zurückgestoßen wird und keiner von den Seinen Schaden erleidet?" Als der König diese Worte vernahm, rief er den Sänger zu sich und versprach, ihm nach erlangtem Siege alles zu geben, was er fordern würde. Der Spielmann führte ihn nun über die Berge auf einem geheimen Pfade, der noch bis auf den heutigen Tag Frankensteig genannt wird. In der Ebene stellte Karl die Seinen in Kampfordnung auf. Der Langobardenkönig hatte erwartet, daß Karl sein Heer von vorn angreifen würde. Als er sich nun plötzlich im Rücken bedroht sah, floh er eilends nach Pavia. Den Franken stand das Land weit und breit offen, und Karl nahm es in Besitz. Jetzt kam der Spielmann und forderte seine Belohnung. Karl sagte: „Fordere, was du willst, ich werde mein Versprechen einlösen!" Jener antwortete: „Gut denn, ich werde auf diesen Berg steigen und ins Horn stoßen. So weit man meinen Hornruf hört, soll alles mir gehören mit Männern, Weibern und Kindern; das soll mein Lohn sein!" Der König wunderte sich ob solchen Verlangens, aber er erwiderte: „Es geschehe nach deinen Worten!"

Der Spielmann stieg auf einen hohen Berg und blies gewaltig ins Horn, dann ging er in die Dörfer und Felder und fragte jeden, den er traf: „Hast du ein Horn blasen hören?" Und wenn ihm nun einer antwortete: „Ja, ich habe es gehört", gab er ihm einen Backenstreich und sagte: „Du bist mein eigen!" Davon hat man die Untertanen des Spielmannes, der von nun an das Land beherrschte, die Zusammengeblasenen genannt.

Karl wollte Pavia belagern, aber eine Fügung des Himmels hinderte ihn daran, die Stadt einzunehmen, solange der heilige Theodor, der Bischof der Stadt, noch seines Amtes waltete. Darum zog Karl vorerst weiter und eroberte alle übrigen Städte. Erst als jener Bischof gestorben war, zog Karl mit einem großen Heere vor die Stadt Pavia und schloß sie ein. In der Stadt weilte der flüchtige König Desiderius mit seinem Sohn Algis und einer Tochter. Desiderius aber war fromm und beachtete die kirchlichen Gebote sehr genau, und wenn er sich um Mitternacht erhob, um mit den Seinen zur Kirche des heiligen Michael oder an eine andere heilige Stätte zu gehen, wie er jede Nacht zu tun pflegte, öffneten sich bei seinem Anblick die Tore sogleich von selbst.

Als die Stadt schon lange belagert wurde, schrieb die Königstochter einen Brief an Karl und schoß ihn mit einer Armbrust über den Tizinusfluß in das Lager Karls des Großen, dem sie mitteilte, sie würde ihm die Stadt samt allen Schätzen des Vaters ausliefern, wenn er sie zur Ehe nehmen wolle. König Karl antwortete ihr in einer Weise, daß ihre Liebe zu ihm noch heftiger wurde. Daraufhin stahl sie heimlich die Schlüssel zum Stadttore, die zu Häupten des schlafenden Vaters lagen, und benachrichtige davon wieder durch die Armbrust den Frankenkönig, damit dieser sich für die Nacht bereithielte. Als sich Karl der Große mitten in der Nacht dem Stadttore näherte und in die Stadt hineindrang, war das Mädchen glücklich und sprang dem Frankenkönig entgegen; aber es geriet unter die Hufe der eindringenden Rosse und wurde im Dunkel der finsteren Nacht zertreten.

Durch das Wiehern der Rosse wurde des Königs Sohn Algis aufgeweckt. Er riß das Schwert aus der Scheide und erschlug eine Menge Franken. Als Desiderius sah, daß er verloren war, verbot er seinem Sohne, den Kampf weiter fortzuführen. Algis aber, der sich nicht ergeben wollte, floh. König Karl bemächtigte sich der Stadt und war nun siegreich in ganz Italien.

316.
Der Eiserne Karl

Nach einer anderen Sage soll sich die Eroberung von Pavia so zugetragen haben:

Als Karl die Langobarden besiegt hatte, nahm er zur Sicherheit die Tochter des Langobardenkönigs Desiderius zur Frau, verließ sie aber später wieder, weshalb sich Desiderius gegen Karl auflehnte und dieser veranlaßt wurde, mit einem mächtigen Heere gegen seinen früheren Schwiegervater zu Felde zu ziehen. Als Desiderius von der Ankunft des großen Frankenheeres hörte, floh er davon. Sobald Karl näherkam, stieg er mit einem anderen Fürsten, Otker, der ebenfalls vor Karl geflohen war, auf einen hohen Turm, von dem man weit ins Land hinausblicken konnte. Zuerst kam der Troß des Frankenheeres, und Desiderius sprach: „Ist Karl vielleicht in diesem großen Heere?" Doch Otker, der früher an dem Hofe Karls des Großen gelebt hatte, gab zur Antwort: „Noch nicht." Darauf kam das Heer der Völker, im ganzen Reiche gesammelt, und Desiderius wandte sich an Otker: „Wahrscheinlich ist Karl unter diesem Kriegsvolke?" Doch Otker erwiderte: „Noch nicht und auch jetzt noch nicht." Da begann jener zu zittern und zu beben und sprach: „Was sollen wir denn tun, wenn noch immer mehr kommen?" Otker aber sagte: „Du wirst sehen, wenn er kommt; was jedoch mit uns geschieht, ich weiß es nicht." Und als sie noch so redeten, erschien die große Menge des Hausgesindes und Desiderius rief voll Furcht aus: „Das ist Karl!" Doch Otker entgegnete: „Noch ist er es nicht und immer noch nicht!" Hierauf erblickte man die Bischöfe, Äbte und Geistlichen, die Kapläne mit ihren Begleitern, und stammelnd brachte Desiderius die Worte hervor: „Laß uns hinabsteigen und unter die Erde verbergen gegen die Wut eines so entsetzlichen Feindes!" Doch Otker, der die Kriegsausrüstung des unvergleichlichen Karl kennengelernt hatte, sagte: „Das ist Karl immer noch nicht. Wenn du siehst, daß das Gefilde von einer eisernen Saat starrt und der Po und Tizinus mit den von Eisen dunklen Meereswogen gegen die Mauern heranströmen, dann kannst du Karl erwarten!"

Kaum hatte er seine Worte beendet, als es von Westen her wie eine dunkle Wetterwolke heraufstieg; es waren die Franken und bei ihnen der eiserne Karl, bedeckt mit eisernem Panzer um die eherne Brust und die beiden Schultern. In der Linken hielt er eine eiserne, hochragende Lanze, denn die Rechte war immer bereit, den unbesiegten Stahl zu führen. Die Schenkel waren mit eisernen Schuppen geschützt; an seinem Schilde sah man nichts wie Eisen, und auch sein Roß war mit Eisen gepanzert. Wer voranzog und nachfolgte, trug die gleiche Rüstung. Eisen erfüllte die Straßen und Felder, daß die Strahlen der Sonne sich in dem Glanze des Eisens widerspiegelten. Und Otker wandte sich zu Desiderius und stammelte die Worte: „Siehe, das ist Karl, den du so lange eifrig gesucht hast!" Bei diesen Worten stürzte der König fast leblos nieder. Am anderen Tage wurden die Tore der Stadt freiwillig geöffnet.

317.
Der starke Algis

Als Karl schon längst Italien beherrschte und er erstmals in der Stadt Pavia Hof hielt, wagte es der in der Verbannung lebende Algis, des Desiderius Sohn, allein auf Kundschaft zu kommen, um zu sehen, was man hier tat und sagte, und ob er noch Hoffnung auf das Reich hegen dürfte. Der kühne und furchtlose Jüngling kam auch heimlich in die Stadt; zuletzt erkannte ihn am Königshofe ein Mann, der ihm früher sehr vertraut gewesen war. Als Algis sah, daß er nicht länger verborgen bleiben konnte, flehte er den früheren Freund an, ihn nicht zu verraten. Dieser gewährte ihm die Bitte und sagte: „Bei meiner Treue, ich werde dich nicht verraten, solange ich dich zu verheimlichen vermag."

Dieser Freund hatte aber die Aufgabe, dem König die Speisen auf den Tisch zu setzen, darum sagte Algis: „Setze mich heute, wenn der König speist, an das Ende des Tisches und sorge dafür, daß mir alle Knochen vorgelegt werden, die vom Tische kommen, einerlei, ob sie noch mit Fleische bedeckt sind oder nicht." Das geschah. Aber Algis brach alle Knochen, aß das Mark heraus und warf sie dann unter den Tisch. Schließlich stand er auf und ging davon, ehe der König die Tafel aufhob. Als aber der König das Mahl beendete und beim Hinausgehen den Haufen Knochen unter dem Tische sah, fragte er: „Wer, um Gotteswillen, hat denn so viele Knochen zerbrochen?" Da antwortete einer: „Ich sah hier einen starken Kriegsmann sitzen, der alle die Knochen von Hirschen, Bären und Ochsen zerbrach, als wären es dünne Halme." Der König ahnte, daß jener starke Kriegsmann nur Algis gewesen sein könnte, und geriet in Zorn, weil er ungestraft davongekommen war. Da sagte einer von den Seinen: „Auf einem Schiff ist er gekommen, o Herr, und ich denke, er wird auf ihm wieder davon fahren." Und ein anderer von des Königs Manne fragte: „Willst du, Herr, daß ich ihn verfolge und töte, dann gib mir deinen Armring."

Als Karl ihm seine goldene Armspange gegeben hatte, eilte er zu Lande hinter Algis her, rief ihn an und sagte, Karl sende ihm seinen goldenen Armring, warum er sich heimlich davongemacht habe. Da näherte sich Algis mit seinem Fahrzeuge dem Ufer, doch als er merkte, daß der Franke ihm die Gabe auf der Spitze einer Lanze herüberreichen wollte, erkannte er sogleich die Gefahr, die ihm drohte. Rasch warf er sich den Panzer über, griff zur Lanze und rief: „Wenn du mit einer Lanze die Gabe herlangst, werde ich sie auch mit der Lanzenspitze empfangen. Wenn übrigens dein Herr in arger List Geschenke sendet, damit du mich zu töten vermagst, will ich nicht geringer erscheinen als er und auch meinerseits eine Gabe bieten." Darauf gab er ihm seine Armspange für den König.

Getäuscht mußte der Franke zurückkehren. Als er dem König die Armspange des Algis brachte, zog Karl sie sogleich an, aber sie fiel ihm bis auf die Achseln zurück. Erstaunt rief er aus: „Wahrlich, bei solchen Armen ist es nicht zu verwundern, wenn jener Mann so gewaltige Kraft hat!"

318.
Herzog Arichis von Benevent

Als Karl der Große den Langobardenkönig Desiderius endlich überwunden hatte, blieb als alleiniger Gegner in Italien nur noch Arichis, der Herzog von Benevent übrig, der sich durchaus nicht unterwerfen wollte. Er verachtete Karls Gebote, weil er selbst eine kostbare Krone auf seinem Haupte trug.

Als Karl solches vernahm, wurde er höchst erzürnt und schwur hoch und teuer: „Wenn ich mit dem Zepter, das ich in meiner Hand trage, dem Arichis nicht die Brust einstoße, will ich nicht mehr leben !"

Als sich später die Verhältnisse änderten und die Großen des Reiches ihn baten, dem Alrichis Gnade zu geben, meinte er: „Wie kann ich das, da ich doch einen Schwur getan habe, ich wollte nicht leben, wenn ich mit dem Zepter, das ich in meiner Hand führte, dem Arichis nicht die Brust durchstieße!" Aber die Bischöfe und anderen Großen fanden einen Ausweg. Sie zeigten ihm ein großes Bild des Gegners, das in der Ecke einer Kirche stand. Anfangs meinte Karl, man wollte mit ihm seinen Spott treiben, aber schließlich befolgte er den Rat seiner Diener, ging auf jenes Bild zu und zerschlug mit dem Zepter die Brust des Bildes, ließ die gemalte Krone zerstören und sprach dabei die Worte: „Also ergehe es jedem, der sich aufsetzt, was ihm nicht zukommt!"

Nun schloß der König einen festen Frieden mit den Beneventa-nern und ließ sich von ihnen Geiseln stellen, worauf er wieder in sein Land zog.

319.
Grimoald

Karl hatte sich das Langobardenreich dienstbar gemacht (774), doch im Süden des Reiches, in Benevent, saß noch immer der Herzog Arichis, der sich mit dem griechischen Kaiser in Konstanti-nopel verbunden hatte und sich gegen Karl auflehnte. Der Sohn des Herzogs Arichis, Grimoald mit Namen, lebte als Geisel an Karls Hofe, und Karl glaubte, sobald dessen Vater gestorben wäre, würde seine Herrschaft auch in Benevent gesichert sein. Als Herzog Arichis nun starb, ließ Karl der Große, Grimoald zu sich rufen und teilte ihm mit, daß sein Vater tot sei, doch der schlanke Grimoald erwiderte: „Großer König, soviel ich weiß, ist mein Vater vollkom-men gesund, und sein Ruhm steht in der besten Blüte; ich wünsche nur, daß er alle Jahrhunderte hindurch noch wachsen möge!" Karl erwiderte: „Ich rede im Ernst, Grimoald, dein Vater ist wirklich tot." Darauf antwortete Grimoald: „Großer König, von dem Tage an, wo ich in deine Gewalt gekommen bin, habe ich weder an Vater, Mutter, noch Verwandte gedacht; denn du, Herr, bist mir alles!"

Karl der Große war über solche Rede sehr erfreut; denn er fühle sich nun seiner Herrschaft vollständig sicher. Da die Benenventaner ihn gebeten hatten, Grimoald zurückzusenden, erfüllte er ihre Bitte und gab diesen frei. Doch vorher mußte er versprechen, daß er ihm treu bleiben wolle. Als Zeichen der Treue sollte auf den Münzen und auf öffentlichen Urkunden der Name König Karls allen anderen voranstehen; auch sollten die Langobarden keine langen Bärte mehr tragen dürfen; endlich verlangte Karl, daß Grimoald die Festungen der Städte schleifen ließe. Grimoald gab das Versprechen und zog heim. Die Langobarden strömten ihm in großer Zahl entgegen und hießen ihn freudig willkommen. Er übernahm die Herrschaft über das Erbe seines Vaters, konnte es aber nicht übers Herz bringen, die festen Mauern zerstören zu lassen, weil ihn die Bürger mit Tränen in den Augen baten, die schönen Städte doch zu verschonen. Als Grimoald unschlüssig war, riet ihm ein Mann, er möge nur ruhig die Mauern niederreißen, dann habe er ja sein Versprechen erfüllt; er solle dafür aber sofort stärkere und dauer-haftere Mauern an ihrer Stelle errichten. So geschah es; der Mann, der ihm den Rat gegeben hatte, erhielt als Belohnung seinen Wunsch erfüllt, und Grimoald schenkte ihm den ausbedungenen reichen Hermelinpelz. Grimoald verbündete sich ebenfalls, wie sein Vater, mit dem griechischen Kaiser, wurde allerdings dafür von Karls Sohn Pipin, der von Karl dem Großen zum Könige in Italien ernannt worden war, mit Krieg überzogen. Doch ist es den Franken niemals gelungen, in Süditalien festen Fuß zu fassen.

Die sächsischen Kriege Karls des Großen sind in der älteren Sage wenig bedacht, wenigstens stehen uns keine so reich fließenden Quellen der Überlieferung zu Gebote, wie z.B. für die italienischen und spanischen Kämpfe Karls. Daß aber auch sie schon die Sage vielfach beschäftigten, zeigen uns einzelne Bruchstücke der Über-lieferung.

320.
Widukind

Karl der Große zog mit gewaltiger Heeresmacht gegen Widukind in den Krieg. Als sie zusammengetroffen waren, kamen beide Fürsten überein, daß sie allein miteinander zum Zweikampfe schreiten wollten, und daß demjenigen das gesamte Kriegsvolk unbedenklich gehorchen sollte, dem das Geschick den Sieg gewähren würde. Nun griffen sie einander an und stritten lange und wacker, bis Karl der Große endlich den Erfolg davontrug.

Hierauf ließ sich Widukind mit seinem gesamten Heere taufen. Der Kaiser nahm ihn gnädig bei sich auf, ließ vom Bischof Bonifatius die Taufe an ihm vollziehen und hob ihn selbst aus dem geweihten Wasser empor. Ein so erbitterter Feind und Vernichter der Kirche Widukind vorher war, ein so gläubiger Eiferer wurde er jetzt.

Heinrich von Herfort erzählt uns das Ende von Widukinds Kampf anders. Er sagt, als Karl gegen Widukind zog, schlug er die Sachsen in dreitägiger Schlacht so vollständig, daß Widukind keinen Widerstand mehr leisten konnte. Der Frankenkönig berief ihn dann zu sich und ließ ihn im christlichen Glauben unterrichten, bis er die Taufe nahm und wieder heimkehrte.

Nach wieder einer anderen Erzählung hatten sich die Sachsen an der Ohre bei Wolmirstädt versammelt, um den Franken Widerstand zu leisten. In einer Nacht aber bestieg Widukind einen Kahn, fuhr an das andere Ufer hinüber und suchte Karls Streitkräfte zu erforschen. Es war am Tage des Osterfestes; Widukind bemerkte, daß sich die Franken feierlich versammelten und mischte sich unter die Menge, wurde jedoch an seinem krummen Finger erkannt. Vor den König Karl geführt und gefragt, warum er hergekommen sei, antwortete er frei und offen: „Ich kam, um das Heer zu erkunden." Der Kaiser forschte weiter, was er gesehen habe. Widukind sagte: „Gestern kamt ihr mir verstört vor, trostlos und traurig, und mein Herz war deshalb voller Freude. Heute aber sah ich euch mit reichem Schmucke bekleidet, und vor jenem kleinen Tische (er meinte den Altar) erblickte ich einen Mann in Purpur gekleidet, der von dem Tische einen herrlichen Knaben nahm und euch in den

Mund gab, einem nach dem anderen. Aber den Mund einiger verschmähte er, mit zornigem Antlitz blickend; in den Mund anderer ging er mit Freuden."

Als Karl der Große solches hörte, ließ er ihn im christlichen Glauben unterrichten und bekehrte dann das ganze Sachsenvolk.

Es war aber das Wunder des heiligen Abendmahls, das Widukind hier am Osterfeste geschaut hatte, und das den sächsichen Häuptling zur Annahme des Christentums bewog.

321.
Widukind und die Armen beim Mahle

Karl der Große soll fünfzehnmal gegen den König der Sachsen zu Felde gezogen sein und fünfzehnmal verloren haben. Erst in weiteren drei Schlachten siegte er und bekam den Sachsenfürsten in seine Gewalt.

Einst saß nun Karl bei der Mahlzeit, wie es Sitte war, auf einem erhöhten Platze, während die Armen demütig auf dem Boden saßen. Der gefangene König Widukind, der ferne vom Kaiser an einer anderen Tafel speiste, ließ ihm deswegen durch einen Boten sagen: „Euer Christus spricht, in den Armen habt ihr mich aufgenommen! Mit welcher Stirn redet ihr uns denn ein, daß wir unseren Nacken beugen sollen vor dem, den ihr so verächtlich behandelt und dem ihr nicht die geringste Ehrerbietung erweiset?" Bei diesen Worten wurde der Kaiser in seinem Herzen getroffen und errötete, weil die evangelische Lehre aus dem Munde eines heidnischen Mannes zu ihm drang.

322.
Frankfurts Gründung

Unter der Regierung Karls des Großen entstand ein Krieg zwischen den Seinen und den Sachsen. Die Franken sahen sich in einer Schlacht besiegt und mußten über den Main gehen, an dem sie umherirrten, ohne eine sichere Furt zu wissen. Da aber ging eine Hirschkuh vor ihnen her und zeigte ihnen vermöge der Barmherzigkeit Gottes den Weg; ihr folgten sie also und fanden hocherfreut das rettende Ufer. Daher wurde die Stelle die Frankfurt genannt.

Auf diesem Zuge ging der Kaiser, als er sich vom Feinde überwunden sah, fliehend voran und sagte: „Es ist mir lieber, daß die Leute schmähend sagen, ich sei hier geflohen, als daß ich falle, weil ich hoffen kann, die zugefügte Schmach zu rächen, falls ich das Leben behalte."

In der Sage werfen die Normannen, die erst im 9. Jahrhundert der Schrecken des Frankenreiches wurden, schon zu Zeiten Karls des Großen ihre Schatten voraus.

323.
Gold und Eisen

Einst brachten einige Könige der Normannen Gold und Silber vor Karl den Großen, um ihre Unterwürfigkeit zu zeigen, und wollten auch ihre Schwerter überreichen. Der König ließ das Gold verächtlich zu Boden werfen, aber die Waffen erprobte er, faßte selbst ein Schwert an beiden Enden und versuchte, die Spitze so herumzubiegen, daß Griff und Spitze sich berührten; aber es zerbrach in seiner Hand. Ein fränkisches Schwert, das er sich nunmehr reichen ließ, bestand jedoch die Probe. Stumm und ängstlich blickten die Normannen einander an und sagten dann zu sich: „Möchte doch auch in unserem Lande das Gold so gemein und das Eisen so kostbar erscheinen!"

324.
Die Normannen

Während Karl einst an der Küste im Süden Frankreichs weilte, kamen normannische Schiffe. Einige meinten, es seien Fahrzeuge jüdischer Handelsleute, andere sagten, es wären Afrikaner, wieder andere glaubten, es segelten britische Schiffe heran, doch Karl erkannte schnell die Seeräuber an der leichten Bewegbarkeit ihrer Schiffe und wollte sie verfolgen, aber in kurzer Zeit waren sie verschwunden.

Als Karl sich bald mit den Seinen wieder versammelte und zu

Tische setzte, erhob er sich vom Mahle, trat ans Fenster, blickte in die Ferne und ließ dicke Tränen aus seinen Augen strömen. Von seinem Gefolge ängstlich gefragt, was ihn so betrübe, sagte er: „Ich sehe voraus, daß meinen und euren Nachkommen von jenen schnellen Räubern bitteres Leid geschehen wird!"

Von dem Tage ab ließ er alle Küsten seines Reiches bewachen, baute Leuchttürme und Schiffe und besichtigte seine Flotte, so oft es nur möglich war.

325.
Der Riese Eisheere

In Karls Heer war ein Riese mit Namen Eisheere; er stammte aus der Landschaft Thurgau am Bodensee. So oft er an den Thurfluß (Dura) kam, nahm er sein Roß beim Zügel und zog es schwimmend nach sich mit den Worten: „Du sollst mir folgen, du magst wollen oder nicht!" Selbst wenn der Fluß durch Gießbäche aus den Alpen angeschwollen war und über seine Ufer trat, achtete er der Strömung nicht. Der Riese Eisheere, d.h. schrecklicher Mann, mähte die Feinde wie das Gras auf der Wiese und spießte sie wie Vögel auf seine Lanze. Wenn er siegreich nach Hause zurückkehrte, und die Leute nach seiner Beute fragten, sagte er voll Verachtung von den Feinden: „Was soll ich mit diesen Kröten! Sieben oder acht oder auch neun von ihnen spießte ich auf meine Lanze und trug sie hierhin und dorthin, weiß nicht, was sie dazu brummten; unnützerweise haben der Herr König und wir uns gegen solche Bürger abgemüht."

Der hauptsächlichste und in sich am vollständigsten abgeschlossene Sagenkreis Karls des Großen ist uns im Rolandsliede erhalten; es ist um die Mitte des 12. Jahrhunderts einem Zeitgenossen Karls des Großen, dem Erzbischof Turpin, fälschlich beigelegt worden.

Wie sehr im Rolandsliede das Bild des Kaisers schon ins Riesenhafte geht, zeigt uns die Beschreibung der Person des Kaisers selbst. Es heißt nämlich: Karl war acht seiner Füße hoch, sein Bart eine Elle lang, seine Stirn einen Fuß breit, sein Löwenauge funkelte wie Kohlen; er aß wenig Brot, aber täglich verzehrte er ein Viertel eines Hammels oder zwei Hühner, eine Gans oder ein

Spanferkel oder einen Hasen, dazu trank er täglich einen Eimer Wein. Er war so stark, daß er mit einem Schlage seines scharfen Schwertes einen bewaffneten Reiter vom Scheitel bis an den Sitz spaltete und mit dem Schwerte noch tief in das Pferd hineinhieb. Einen bewaffneten Mann stellte er auf seine flache Hand, hob ihn bis an sein Haupt empor und stellte ihn dann wieder nieder.

326.
Die Helden Karls des Großen

Der Umfang der karolingischen Heldenüberlieferung des fränkischen Sagenkreises ist im allgemeinen folgender. Nachdem Karl, der in früher Jugend durch die Ränke seines Stiefbruders vom Erbe verstoßen und in die Dienste eines sarazenischen Königs in Spanien eingetreten war, sich den väterlichen Thron wieder erkämpft hatte, erwarb er sich in zahllosen Kriegen zwölf treue Genossen, die ihm fortan tapfer zur Seite standen; zu ihnen gehörten u.a. Roland, Oliver, Erzbischof Turpin, Hayms von Bayern, Milon von Anglant. Sie zogen mit ihm zum heiligen Grabe, wurden als Streiter Gottes anerkannt und durch einen Strahlenkranz geweiht, der im Tempel über ihren Häuptern erschien. Als solche Gottesstreiter kämpften sie in vielfachen Feldzügen gegen die heidnischen Sachsen und die Ungläubigen in Spanien, bis sie endlich nach vielen wunderreichen Taten und Schicksalen im Tale Roncesval gemeinsam Helden- und Märtyrtod erlitten, verraten durch Ganelo. Karl selbst blieb mit wenigen seiner Getreuen zwar noch am Leben, aber doch nur, um jene Helden zu rächen, zu verherrlichen und zeitlebens zu betrauern.

Nur einige Ausschnitte aus diesem Sagenkreise mögen hier Platz finden.

327.
Der Schäftewald

Als Karl nach Spanien zog, belagerte er Arl. Diese Belagerung dauerte über sieben Jahre; denn die Feinde erhielten durch Wassergänge unter der Erde Wein zugeführt. Als Karl endlich die

Ursache bemerkte, warum ihm die Eroberung nicht gelingen wollte, schitt er ihnen die Zufuhr ab. Nun machten sie einen verzweifelten Ausfall, und es kam zu einem heißen Kampfe, in dem auf beiden Seiten unsäglich viel erschlagen wurden, so viel, daß man Christen und Heiden nicht mehr unterscheiden konnte. Über Nacht aber fand man die Christen alle in wohlgezierten Särgen begraben, während die Heiden unbedeckt auf der Walstatt lagen.

Nun ließen sich die Feinde taufen, und Karl konnte seinen Siegeszug fortsetzen. Endlich zog er wieder zurück, doch wurden ihm auf dem Rückzuge alle seine Christen von dem im Hinterhalte liegenden Feinde erschlagen, so daß nur er allein entkam und weinend auf einem Steine saß. Der Stein ist noch heute naß. Ein Engel mußte den Kaiser trösten, und dieser riet ihm, statt der erschlagenen Männer Jungfrauen kommen zu lassen. Das geschah auch, und es kamen 50366, die sich im Karlstal versammelten.

Als die Feinde durch ihre Späher Nachricht über die neuen Kämpfer erhielten, erstaunten sie nicht wenig über die breitbrüstigen Männer und meinten, die erschlagenen Christen seien vom Tode wieder auferstanden. Sie gaben dem König Karl Geiseln und ließen sich taufen. Als aber die Jungfrauen abends auf grüner Wiese lagerten und ihre Schätze oder Lanzen in den Boden steckten, grünten diese während des Schlafes, und es bildete sich ein Wald, der seitdem der Schäftewald heißt.

Karl ließ an dieser Stelle eine Kirche bauen zum ewigen Angedenken an die Hilfe des Himmels.

328.
Rolands Heldentod

In der Nähe von Saragossa, so erzählt die Sage, lebten zwei Könige der Sarazenen, Marsilius und sein Bruder Beligand. Sie unterwarfen sich äußerlich Karls Macht; ihre Treue aber war erheuchelt. Karl ließ ihnen durch seinen Gesandten Ganelo sagen, sie möchten sich taufen lassen und Tribut zahlen. Sie gingen auf Karls Vorschlag ein, bestachen aber Ganelo mit vielem Gelde, daß er dem König Karl sagte, Marsilius wollte Christ werden und rüste sich, ihn zu besuchen, um sich in Gallien taufen zu lassen.

Karl glaubte Ganelos Worten und entschloß sich, sofort nach Gallien zurückzukehren. Beim Marsche durch die Pyrenäen befahl er einigen tausend Rittern, unter anderem seinem Neffen Roland, mit den besten Streitern und zwanzigtausend Mann die Wacht zu halten, bis er mit dem übrigen Heer das Gebirge überschritten hätte. Und so geschah es. Als Karl aber schon eine große Strecke weitergezogen war, stürmten plötzlich Marsilius und Beligand mit fünfzigtausend Sarazenen im Morgengrauen aus dem Walde und aus den Bergen hervor, wo sie sich auf Ganelos Rat zwei Tage und zwei Nächte verborgen gehalten hatten. Die zwanzigtausend Franken konnten dem ungestümen Ansturm der Übermacht wohl eine Zeitlang Widerstand leisten, wurden aber dann niedergemacht, und nur wenige konnten sich retten, darunter auch Roland.

Aber Held Roland ging nicht gleich zu seinem König, sondern kehrte noch einmal zurück, um die Heiden auszukundschaften. Er fand einen vom Streite erschöpften Sarazenen im Walde liegen, den er fesselte und so liegen ließ. Als er dann von fern die Feinde sah, stieß er in sein elfenbeinernes Horn, und auf seinen Ruf kehrten etwa hundert Christen, die sich zerstreut hatten, zu ihm zurück. Mit diesen wenigen zog er gegen die Sarazenen, kam zu dem gefesselten Manne, löste ihm seine Bande, erhob sein entblößtes Schwert über das Haupt des Gefangenen und sagte: „Kommst du mit mir und zeigst mir den Marsilius, dann will ich dich unbeschädigt am Leben lassen, wenn nicht, dann erleidest du den Tod!"

Der Gefangene war willig und zeigte ihm Marsilius von der Ferne, wie er mitten unter den Seinen auf feuerfarbenem Rosse ritt, gedeckt mit einem runden Schilde.

Da ließ Roland den Gefangenen gehen und warf sich auf die Sarazenen. Mitten unter den anderen erblickte er einen Mann, der größer war als alle. Er hieb ihn samt seinem Rosse von oben bis unten mit seinem Schwerte durch, so daß man zur Rechten und zur Linken je eine Hälfte des Sarazenen und seines Rosses fallen sah. Als die Feinde das erblickten, wurden sie von Grauen ergriffen, ließen Marsilius mit wenigen auf dem Felde zurück und flohen nach allen Seiten. Roland stürzte dem bald fliehenden Marsilius nach und erschlug ihn.

In diesem Kampfe aber fielen die hundert Genossen, und nur er allein blieb übrig, schon von vier Lanzen getroffen und durch Speer- und Steinwürfe wund und auf den Tod matt.

Als Beligand von seines Bruders Tode hörte, kehrte er mit den anderen Sarazenen auf das Schlachtfeld zurück. Matt und müde von Kampfesmühe, traurig um die Christen und wackeren Helden, auch durch Schwerthieb und Lanzenstoß zum Tode wund, so ritt Roland verlassen durch den Wald. Endlich hielt er ermüdet unter einem Baume an, neben einem Marmorfelsen, der sich auf einer herrlichen Wiese über Roncesval erhob. Er sprang von seinem Rosse, und sein Blick fiel auf das klirrende Schwert. Das war von schöner Härte, von wunderbarem Glanze und hieß Duranda nach seiner Härte; denn eher erlahmte der Arm als das harte Schwert zersprang. Roland zog es aus der Scheide, hielt es in der Hand, schaute es an und sagte mit tränenerstickter Stimme: „O Schwert, so schön und glänzend, so lang und von erprobter Härte! Ein elfenbeinener Griff ziert dich, mit goldenem Kreuz bist du geschmückt, vergoldet ist dein Stahl, scharf ist deine Schneide, und durch jede edle Eigenschaft zeichnest du dich aus. Wer dich besitzt, wird unbesieglich sein, keine Furcht vor dem Feinde wird ihn scheuen, kein Wahnbild ihn schrecken, Gottes Kraft ist mit ihm. Wer soll dich fortan besitzen, halten und führen? O, du glückliches Schwert, schärfer als die schärfsten Degen, nie mehr gleicht ein anderes dir! Derjenige, dem du eine Wunde schlugst, vermochte nicht mehr zu leben, sollte dich deshalb ein Sarazene oder ein anderer Ungläubiger führen? Es wäre mir leid um dich!" Und da er fürchtete, sein Schwert möchte in die Hände der Feinde fallen, ergriff er es mit beiden Händen, schlug dreimal mit mächtigem Hieb auf den Marmorblock, und da er das dritte Mal schlug, war der Stein von oben bis unten gesprungen, aber das Schwert blieb unverletzt in seiner Hand.

Dann begann er zu blasen und stieß mit solcher Kraft in das Horn von Elfenbein, daß es in der Mitte zerbrach und die Adern seines Halses zersprangen. Engel aber trugen den Klang herüber zu Karls Ohr, der in seinem Lager war. Aber der Verräter Ganelo wußte ihn zu betören und sagte: „Kehre nicht zurück, mein König! Täglich stößt Roland um nichtiger Dinge willen ins Horn; vielleicht verfolgt er jagdeifrig ein Wild durch den Wald!" Da ließ sich Karl abhalten, sofort aufzubrechen. Roland aber lag auf der Wiese, nach Wasser verlangend, um den brennenden Durst zu löschen. Da kam ein treuer Diener zu ihm, der seinen Todesruf gehört hatte. Wohl suchte dieser nach Wasser, doch er fand es nicht, und als er sah, daß der Tod über den Helden kam, segnete er ihn. Weil er fürchtete, er könnte in die Hände der Feinde fallen, bestieg er Rolands Roß und sprengte zu seinem König, den tiefe Klagen über den Tod seines treuen Helden erfüllten.

329.
Der Ruf zur Befreiung des Heiligen Landes

Im Jahre 808 kamen zwei Mönche zu Karl dem Großen und brachten ihm die Schlüssel des heiligen Grabes, des Kalvarienberges, des Ölberges und der Schönen Pforte, die sich dem Petrus von selbst geöffnet hatte, ferner die heilige Lanze und Fahne. Sie wünschten, daß dem Kaiser seine Aufgabe zur Befreiung des Christenvolkes völlig klar würde. Karl der Große, der ein Freund der Pilger war, ließ in Jerusalem ein Schutzhaus für die Wallfahrer erbauen, dem er Gärten, Ländereien und Weinberge im Tale Josaphat zuwies, wie außerdem eine Büchersammlung.

330.
Der Zug ins Morgenland

König Karl befahl, eine starke Flotte zu bauen, ließ die ganze Menge der Schiffe versammeln, sich vom Papste Leo den Segen geben und trat dann seine Reise ins Morgenland an. Er kam an das Meer, das sich zehnmal hundert und noch mehr Meilen in die Länge erstreckte; aber Brücken ließ er schlagen über die weite Meeresfläche, und soviel Volk schickte er vor sich her, daß niemand die Menge zählen konnte. Sobald Harun al Raschid, der König des Morgenlandes, von seiner Ankunft hörte, zog er ihm entgegen und richtete ein Freundschafts- und Eintrachtsbündnis mit ihm auf. Als Karl zum heiligen Grabe in Jerusalem kam, zierte er die heilige Stätte mit Gold und Edelsteinen und richtete dort ein goldenes Banner von wunderbarer Größe auf. Nicht allein schmückte Karl alle heiligen Orte, sondern König Harun al Raschid stellte auch die Krippe und das Grab des Herrn unter seine Gewalt, wie er es gewünscht hatte. Unendliche Schätze und Heiligkeiten des Morgenlandes an Gewändern, Spezereien und anderen Kostbarkeiten hat Harun al Raschid dem Könige Karl dargebracht. Von hier wandte sich der weise Karl und gelangte mit Harun al Raschid bis nach Alexandrien, und die Franken und die Morgenländer lebten so in Freude zusammen, als wären sie Blutsverwandte.

Endlich wurde König Karl von seinem Freunde entlassen, und er kehrte in sein Reich heim. Als er nach Konstantinopel kam, errichtete er mit dem griechischen Kaiser einen Frieden und festen Bund. In Rom brachte er dem heiligen Petrus reichliche Gaben, und an Siegen und Ehren reich kehrte er nach dem Frankenlande zurück.

331.
Die griechischen Gesandten

Karl der Große sandte einst einen Bischof und einen Herzog an den griechischen Hof, die aber beide von dem griechischen Kaiser schlecht behandelt und lange aufgehalten wurden und erst nach langer Zeit und mit großem Schaden an ihrem Schiff und Gepäck nach Hause zurückkehren konnten.

Nicht lange nachher schickte der griechische Kaiser Gesandte an den glorreichen Karl. Als sie ankamen, mußte sich der Marschall in der Mitte seiner Diener auf einen hohen Sessel setzen, so daß man ihn gar nicht für einen anderen als den Kaiser halten konnte. Die Gesandten warfen sich vor ihm auf den Boden und wollten ihn begrüßen, wurden aber von den Dienern genötigt, weiter vorzugehen. Da sahen sie den Pfalzgrafen in der Mitte der Großen zu Gericht sitzen, hielten ihn für den Kaiser und warfen sich auf den Boden. Auch hier mußten sie weiter vorgehen und fanden nun den königlichen Truchseß mit schön geschmückten Dienern. Wieder hielten sie ihn für den Kaiser, warfen sich zur Erde nieder, gingen bestürzt weiter und fanden im inneren Gemache die Kämmerer des Kaisers und ihren Herrn, von dem es gar nicht zweifelhaft schien, daß er der Gebieter der Sterblichen wäre. Doch auch der Kämmerer leugnete, daß er der Kaiser sei, versprach aber, sich mit den Ersten des Palastes zu bemühen, um die Gesandten vor die Augen des erhabenen Kaisers gelangen zu lassen. Von seiten des Kämmerers wurden nun einige Fürsten abgeschickt, um sie ehrenvoll hereinzuführen. Der glorreiche Karl stand an einem Fenster, strahlend wie die helle Sonne, mit Gold und Edelsteinen geschmückt und gestützt auf den Bischof, der früher in Konstantinopel gewesen und schmählich behandelt worden war. Von allen Seiten umgab es ihn wie die himmlischen Heerscharen, nämlich seine drei jungen Söhne, die schon Teil am Reiche erhalten hatten, und die Töchter mit ihrer Mutter, nicht weniger mit Weisheit und Schönheit, als mit Geschmeide geziert; Bischöfe, unvergleichlich an Gestalt und Tugend, und die durch hohe Abkunft und Heiligkeit vorzüglichen Äbte; Herzöge aber so, wie einst Josua im Lager von Galgala erschienen und Kriegsleute wie diejenigen, die die Syrer mit den Assyrern aus Samaria verjagten. Da wurden die Gesandten bestürzt, warfen sich stumm zu Boden und erhoben sich erst nach langer Zeit.

Karl der Große ist nicht nur der gewaltige Held in Krieg und Sieg, der erfolgreiche, gefürchtete und gepriesene Kriegsmann. Er ist nach der deutschen Sage auch der Hüter und Heilige des deutschen Rechts, der Urquell und Schöpfer aller Gesetzgebung und Rechtspflege.

332.
Die Friesen

Als König Karl aus Franken und König Radbod aus Dänemark in Friesenland widereinander stießen, behauptete jeder, das Land wäre sein. Weise Leute versuchten, den Streit zu schlichten; aber die Herren wollten es ausfechten. Endlich legte man die Entscheidung in die Hand der beiden Könige selbst: Wer von ihnen den anderen an Stillstehen überträfe, der sollte gewonnen haben. Die Herren standen ein Etmal (Zeit von Tag und Nacht) in der Runde, von ihren Getreuen umgeben. Da ließ König Karl seinen Handschuh fallen. König Radbod hob ihn auf und reichte ihn König Karl, der sprach: „Ha, ha, das Land ist mein!" und lachte; darum hieß der Ort Hachense. „Warum?" sagte Radbod. Und Karl erwiderte: „Ihr seid mein Mann worden." Da sprach Radbod: „O wach" (o weh); darum hieß sein Ort Wachense. Und er mußte das Land verlassen.

König Karl wollte nun ein Ding (Gericht) halten; das vermochte er nicht, denn es war nicht soviel lediges Landes da, um darauf zu dingen. Da sandte er in die sieben Seelande und befahl ihnen, ihm eine freie Stelle zu geben, auf der er dingen möchte. Sie kauften mit Schatz und Schilling Deldemanes. Hier dingte er und lud die Friesen ein, dahin zu fahren und sich ihr Recht und Gesetz geben zu lassen. Sie aber erlangten die Bestätigung ihres angestammten Rechtes und erbaten Frist zu ihrer Besprechung. Des anderen Tages ließ er sie wiederkommen. Sie erwählten zwölf alte und weise Männer als Vorsprecher, die begehrten eine neue Frist. Des dritten Tages hieß er sie ebenfalls wiederkommen. Da zogen sie Notschein (berieten sich auf gesetzliche Hindernis), des vierten Tages ebenso, des fünften auch so. Dies sind die zwei Fristen und die drei Notscheine, die die freien Friesen mit Recht haben sollen. Des sechsten Tages hieß er sie Recht hören. Sie sprachen, sie könnten nicht. Da sagte der König: „Nun gebe ich euch dreierlei Wahl. Was ist euch lieber, daß man euch töte, oder daß ihr alle eigen (leibeigen) werdet, oder daß man euch ein Schiff gebe, so fest und so stark, daß es eine Ebbe und eine Flut ausstehen mag, aber ohne Riemen und Ruder und Tau ist?" Sie erkoren das Schiff und fuhren mit der Ebbe aus und so fern weg, daß sie kein Land mehr sehen mochten. Da war ihnen leid zumute. Und einer, der aus Wittekinds Geschlecht war, sprach: „Ich habe gehört, daß unser Gott, als er auf Erden war, zwölf Jünger hatte, und er selbst der dreizehnte war und zu ihnen kam bei verschlossenen Türen und sie tröstete und lehrte. Warum bitten wir nicht, daß er uns einen dreizehnten sende, der uns Recht lehre und zu Lande weise?" Da fielen sie alle auf ihre Knie und beteten inniglich. Und als sie vom Gebet aufstanden, sahen sie einen dreizehnten am Steuer sitzen und eine Achse auf seiner Achsel, mit der er gegen Strom und Wind ans Land steuerte. Als sie zu Land kamen, warf er mit der Achse auf das Land und warf einen Erdwasen auf. Da entsprang auf der Stelle ein Born, der Achsenhof genannt wurde. Bei Eschwege kamen sie zu Land und wohnten um den Born herum; und was der dreizehnte sie lehrte, das nahmen sie zu Recht an. Doch wußte niemand, wer der dreizehnte war, so gleich war er jedem unter ihnen. Als er ihnen das Recht gewiesen hatte, waren ihrer nur noch zwölf. Der König wunderte sich sehr, als er sie wieder vor sich kommen sah, und tat nach ihren Wünschen. Darum sollen in dem Land allzeit dreizehn Richter sein, und ihr Urteil sollen sie fällen zu Achsenhof und zu Eschwege, und wenn sie entzwei sprechen (verschiedener Meinung sind), dann geben sieben den Ausschlag. So ist das Landrecht aller Friesen.

333.
Die Glocke

Damit die Untreue vermieden und die Gerechtigkeit gefördert würde, ließ Karl der Große eine helle Glocke aufhängen und ein Haus darüber machen, auch zwei Männer anstellen, die die Glocke hüteten. Wenn ein armer Mann das Recht von ihm begehrte, sollte er die Glocke klingen lassen, dann wußte jeder, wer Recht gesprochen haben wollte. Wer die Glocke zog, wurde vor den König geführt, selbst dann, wenn dieser zu Tische saß. So lieb war ihm das Recht von Jugend auf bis an seinen letzten Tag.

Es fügte sich eines Tages, daß er mit seinen Fürsten und Herren an der Tafel saß. Da hörte man die Glocke läuten. Der König sprach: „Geht hin und laßt den armen Mann herein! Hat ihm jemand ein Leid getan und er ist im Recht, so soll ihm sein Recht hier werden!" Die Hüter gingen zum Glockenhause, doch es war geschlossen, und sie sagten das dem Kaiser. Alsbald aber hörte man die Glocke von neuem erklingen. Der Kaiser wurde zornig über die Hüter und sprach: „Es ist doch ein armer Mann draußen, und ihr laßt ihn nicht vor mich kommen, ihr sollt des Todes sterben!" Die Hüter eilten von neuem hin und sahen wieder niemanden, schlossen die Tür auf und fanden auch keinen Menschen in dem Hause. Sie verschlossen das Haus von neuem und legten sich auf die Lauer, ob sie niemand erspähten, aber kurze Zeit darauf erklang die Glocke von neuem. Sie sprangen herzu, erblickten aber wieder keine Seele. Da ging des Kaisers Marschall selbst hinaus und wollte die Hüter gefangen nehmen lassen. Als er in das Haus kam, sah er eine große Natter am Glockenseile hängen. Die Hüter sprangen herzu und wollten sie töten, doch der Marschall rief: „Tut es nicht, wenn euch euer Leben lieb ist, laßt uns nachsehen, was sie will!" Da kroch die Natter hin zu dem Marschall, legte ihr Haupt auf seinen Fuß und ließ sich vor ihm nieder. Der Marschall sandte seinen besten Diener zum Kaiser und ließ ihm berichten, was geschehen war. Der Kaiser sprach: „Laßt den Wurm hereinkommen!" Der Marschall ging zum Kaiser, und das Tier kroch ihm nach. Da sprach der Kaiser: „Laßt den Wurm gehen und tut ihm kein Leid, wenn euch meine Huld lieb ist, denn es muß ein besonderes Zeichen von Gott sein." Die Natter kroch zu ihm, legte ihr Haupt auf seine rechten Fuß, kam dann näher heran und streckte sich vor dem Kaiser nieder. Dieser sprach: „Ich gebiete dir bei dem Namen Gottes, dem nichts verborgen ist, daß du mir deinen Kummer klagst!" Die Natter neigte ihr Haupt, dankte ihm und ging dann in einen Baumgarten. Vier Männer folgten ihr nach und sahen, wie sie unter ein Strohdach kroch, das in dem Baumgarten war. Hier sah man ein Nest, doch eine große Kröte hatte sich hineingelegt und wollte den Platz nicht verlassen. Als die vier Männer das sahen, nahm einer einen Stein und warf die Kröte aus dem Nest heraus, brachte sie auch vor den Kaiser, der nun der Natter Recht sprach nach ihrer Klage. Er hieß die Kröte spießen und zu dem Strohdach hinausstecken. Da kam die Natter hervor, neigte ihr Haupt und kroch dann wieder in ihr Nest zurück. Der Kaiser ließ gebieten, wer einem anderen nicht wolle Recht tun, der solle darum gestraft werden an Leib und Gut.

Hervorragend war Karls Fürsorge für Wissenschaft und Kunst, für Kirche und Schule. Gelehrte und Künstler, besonders Baukünstler rief er an seinen Hof; viel Sorgfalt widmete er der Bildung der Geistlichen, die er häufig ganz aus eigenem Willen und aus der Eingebung des Augenblicks heraus berief; bekannt sind seine eifrigen Bemühungen um das Schulwesen. All dise Richtungen der Regierungtätigkeit des großen Kaisers beleuchtet auch die Sage in eigener Weise.

334.
Alcuin

Einer der eifrigsten und gebildetsten Männer an dem Hofe Karls des Großen war Alcuin. Als Karl einmal bekümmert ausrief: „Hätte ich doch nur zwölf so gelehrte Männer, wie Hieronymus und Augustin es gewesen sind!" sagte Alcuin: „Großer König, das dünkt mir nicht bescheiden zu sein. Bisher hat der Schöpfer des Himmels und der Erden nur zwei solcher Männer hervorgebracht, und du willst gleich zwölf davon haben!"

Nach der Sage ist Alcuin auf folgende Weise an den Hof Karls des Großen gekommen:

Einst landete an der fränkischen Küste ein Schiff mit vier Männern, die das Aussehen von Kaufleuten hatten, und zu denen deshalb die Einwohner kamen und fragten, was für Waren sie hätten. Die Fremden waren Angelsachsen und antworteten: „Wir bieten Weisheit feil!" Das schien den Leuten lächerlich, sie gingen enttäuscht fort und machten sich über die vermeintlichen Händler lustig. Endlich gelangte das Gerücht von den merkwürdigen Kaufleuten, die Weisheit feilboten, bis zu Karl dem Großen. Er ließ die Angelsachsen sofort holen und faßte eine besonders große Zuneigung zu Alcuin, den er fortan an seinem Hofe hielt.

335.
Bischof Hildebold

Hildebold, der 19. Bischof von Köln, wurde im Jahre 784 gewählt. Als sein Vorgänger Ricolfus gestorben war, entstand ein langer Streit über den Nachfolger. Karl der Große weilte in Aachen; er setzte sich auf sein Pferd und ritt gen Köln. In der Nähe der Stadt hörte er in einem Kirchlein zur Messe läuten, stieg ab und trat an den heiligen Ort. Er war gekleidet wie ein Jäger, hatte wie diese ein Hornfaß umhängen und opferte auf dem Altar einen Gulden. Als die Messe zu Ende war, nahm der Priester des Kirchleins, der Hildebold hieß, den Gulden und sprach zu dem Kaiser, den er nicht kannte: „Freund, nehmt den Gulden zurück, hier opfert man keine Gulden!" Er glaubte nämlich, der Kaiser habe spotten wollen.

Doch dieser antwortete: „Behaltet den Gulden, ich gebe ihn euch gern!" worauf Hildebold erwiderte: „Ich sehe wohl, ihr seid ein Jäger; schickt mir lieber die Haut von dem ersten Rehe oder einem anderen Wilde, das ihr erjagt, denn mein Meßbuch hat einen Überzug sehr nötig. Euern Gulden aber behaltet!" Als der Kaiser diese offene, gerade Rede hörte, fragte er die Umstehenden über des Priesters Lebensweise aus und vernahm, daß er ein frommer und rechtschaffener Mann war. Dann ritt er weiter gen Köln, hörte den Streit und sagte, da sich die Wähler nicht einig werden konnten: „Ich will euch einen Bischof wählen!" ließ den Priester herbeiholen und erhob ihn zum Bischof. Hildebold regierte vierunddreißig Jahre.

Als Kaiser Karls Sohn, Ludwig, Kaiser wurde, krönte Hildebold ihn.

Nach seinem Tode wurde Hildebold in St. Gereon zur rechten Hand neben dem ersten Altar begraben.

336.
Der Aachener Kaiserpalast

Rings um das Schloß zu Aachen ließ Karl nach seiner Anweisung die Wohnungen für seine Leute so erbauen, daß er durch das Gitter seines Söllers alles sehen konnte, was einging und ausging und was anscheinend verborgen vor ihm geschah. Auch die Wohnungen seiner Vornehmen waren so eingerichtet, daß diese sich vor den Augen des scharfsichtigen Kaisers nicht verbergen konnten.

Ein ungetreuer Hausmeister, Liutfried mit Namen, der die Bauten des Kaisers sorgfältig herstellen, auch die Arbeiter und anderen Leute nähren und lohnen mußte, wurde für seine Untreue durch einen plötzlichen Tod bestraft, der im Traum von einem armen Manne vorhergesehen worden war. Als dem Kaiser der Tod des ungetreuen Hausverwalters gemeldet wurde und die Werkleute seinen Geiz und seine Habsucht ohne Scheu an den Tag brachten, ließ er dessen Schätze unter die Bauleute und Armen verteilen.

337.
Das Aachener Münster

Nachdem Kaiser Karl nun zu Rom gekrönt und Kaiser geworden war, baute er unserer lieben Frauen zu Aachen ein Münster zur Zierde und Würdigkeit. Er bezwang den bösen Geist, daß er selbst marmelsteinerne Säulen von Rom und Ravenna herbeitragen mußte. Karl sah keine Kosten noch Arbeit an, und als das Münster geweiht wurde, kam eine solch große Menge von Herren, daß davon viel zu sagen wäre. Der Papst selbst war mit 365 Bischöfen anwesend, mit Fürsten und Herren aller Länder, und einstimmig wurde beschlossen, das Münster zu Aachen zur Hauptkirche in deutschen Landen zu machen und zur Stätte, wo der Kaiser seine erste Krone empfangen sollte.

Denn es ist zu wissen, daß ein Kaiser drei Kronen in Empfang nehmen muß. Die erste Krone ist eisern, sie bedeutet, daß ein Kaiser stark und mutig sein soll; diese empfing er von dem Bischofe von Köln in unserer lieben Frauen Münster zu Aachen. Die andere Krone ist silbern und bedeutet, er solle lauter und gerecht sein; er empfing sie von dem Bischofe von Mailand in der Kirche zu Monza bei Mailand. Die dritte Krone ist golden und bedeutet, daß ein Kaiser an Adel, Gerechtigkeit und anderen Tugenden alle Herren übertreffen solle, wie das Gold alles andere Geschmeide; diese Krone empfing er von dem Papste zu Rom.

Und diese drei Kronen nahm der würdige Kaiser Karl mit Andacht und Demütigkeit, daß davon viel zu sagen wäre.

338.
Kirchen- und Brückenbauten

Es ist zu wissen, daß König Karl vierundzwanzig Kirchen gebaut hat, nämlich soviel, als Buchstaben in dem Abc sind, und jeder Kirche gab er einen Buchstaben, der war golden und wog hundert Pfund Gold.

Er mehrte auch insonderheit vier Bistümer, nämlich Trier, Mainz, Köln und Salzburg, und baute zehn Jahre an einer Brücke bei Mainz über den Rhein. Und als er sie gemacht hatte und meinte, sie sollte ewig währen, da kam von Ungeschick ein Feuer und verbrannte sie, daß sie zerfiel. Aber für alles, was er baute, hatte er nicht soviel Liebe wie für Aachen.

339.
Karls Sünde

Nach diesen Kämpfen und Siegen und nach so großer irdischer Herrlichkeit beging Kaiser Karl eine Sünde, so groß, daß er sie niemandem als dem heiligen Ägidius beichten wollte. Er bat den Heiligen, er möchte doch für ihn zu Gott beten, damit er sich über ihn erbarme. Da geschah es, als der heilige Ägidius die Messe las und für den König betete, daß ein Engel vom Himmel erschien und einen Brief brachte, in dem die Sünde verzeichnet stand. Der heilige Ägidius ging zu Karl und las ihm die Sünde aus dem Briefe vor, und nun bekannte und beichtete der König, und Gott der Herr vergab ihm seine Sünde.

340.
Die feinen Hofleute

Die feinen Leute kleideten sich in seidene Gewänder, zierten sich mit Pfauenfedern, verbrämten sich mit bunten Streifen oder hüllten sich in goldbeschmückte Hermelinfelle. Karl durchstreifte mit ihnen den Wald, so daß die feinen Kleider von Baumzweigen und Dornen zerfetzt wurden, und schickte sie erst in später Nacht wieder heim, befahl ihnen aber, am nächsten Tage vor ihm in denselben Kleidern zu erscheinen, die nunmehr in farbloser Häßlichkeit und in Fetzen am Körper hingen.

341.
Die Schulprüfung

Einmal ging Karl, nachdem er siegreich nach langer Abwesenheit von einem Feldzuge zurückgekehrt war, in die von ihm errichtete Schule und ließ sich die Knaben vorstellen. Als er merkte, daß die von geringen und niederen Leuten abstammenden Knaben über alles Erwarten fleißig und weise gewesen waren, die Vornehmen aber faul und nichts gelernt hatten, stellte er jene zur Rechten, dankte ihnen und versprach ihnen eine schöne Zukunft in seinen Diensten; gegen die anderen aber war er streng, weil sie die Zeit mit Wohlleben, Spiel und Nichtstun verbracht hatten, und rief, er gebe auf ihren Adel und ihr hübsches Aussehen nichts, sie würden von ihm nichts Gutes zu erwarten haben, wenn sie nicht besserten.

342.
Das Reisegeld

Einen der trefflichsten unter den armen Schülern, die sich bei der Schulprüfung hervorgetan hatten, machte er später zum Bischof. Dieser Schüler hatte nämlich eines Tages beim Tode des alten Bischofs, der nur zwei Pfund Silber für die Armen bestimmt hatte, geäußert: „Ein dürftiges Reisegeld für einen so langen und weiten Weg!" Karl hörte die Worte und meinte: „Glaubst du, daß du mehr Sorge tragen würdest, für die lange und weite Reise zu verwenden, wenn du ein Bistum erhalten würdest?" Der junge Mann fiel ihm zu Füßen und sprach: „Herr, das liegt in Gottes Macht und in eurer Gewalt!" Der König gab ihm das Bistum und meinte, er möge dafür sorgen, daß er dermaleinst ein besseres Reisegeld für ihn und sich bestimmt habe.

Vielfach sind auch die nächsten Angehörigen Karls durch die Sage verewigt worden, so Mutter, Vater, Geschwister, Gemahlin und Töchter. Von seiner zweiten Gemahlin Hildegard singt die Sage das Hohelied der Treue.

343.
Die Heimkehr aus Ungarland

Als König Karl nach Ungarn und der Wallachei fahren wollte, die Heiden zu Christen zu machen, gelobte er seiner Frau, in zehn Jahren heimzukehren. Wäre er nach Verlauf dieser Zeit ausgeblieben, so solle sie seinen Tod für gewiß halten, würde er ihr aber durch einen Boten sein goldenes Fingerlein zusenden, dann möge sie auf alles vertrauen, was er ihr durch den Mann entbieten lasse.

Nun geschah es, daß der König schon über neun Jahre fort gewesen war und sich zu Aachen Raub und Brand über alle Länder erhob. Da gingen die Herren zu der Königin und baten, daß sie sich einen anderen Gemahl auswählte, der das Reich behüten könnte. Die Frau antwortete: „Wie möchte ich so wider König Karl sündigen und meine Treue brechen! Er hat mir auch das Wahrzeichen nicht gesandt, das er mir kund tat, als er von hinnen schied." Die Herren aber redeten ihr so lange zu, weil das Land in dem Kriege zugrunde gehen müsse, daß sie ihrem Willen endlich zu folgen versprach. Nun wurde eine große Hochzeit angestellt, und die Königin sollte auf den dritten Tag mit einem reichen König vermählt werden.

Gott der Herr aber, der dies hindern wollte, sandte einen Engel als Boten nach Ungarland. Als König Karl die Kundschaft vernommen hatte, sprach er: „Wie soll ich in drei Tagen heimkehren, einen Weg, der hundert Raste lang ist und fünfzehn Raste dazu, bis ich in mein Land komme?" Der Engel versetzte: „Du weißt, Gott kann tun, was er will, denn er hat viel Gewalt. Geh zu deinem Schreiber, der hat ein gutes, starkes Pferd; das soll dich in einem Tage über Moos und Heide bis in die Stadt zu Rab tragen; das sei deine erste Tagweide. Den anderen Morgen sollst du früh ausreiten, die Donau hinauf bis gen Passau; das sei deine andere Tagweide. Zu Passau sollst du dein Pferd lassen; der Wirt, bei dem du einkehrst, hat ein schönes Füllen; das kaufe ihm ab, es wird dich den dritten Tag bis in dein Land tragen!"

Der Kaiser tat, wie ihm geboten war, handelte dem Schreiber das Pferd ab und ritt in einem Tage aus der Bulgarei bis nach Rab, ruhte über Nacht und kam den zweiten Tag bei Sonnenschein nach Passau. Abends, als die Viehherde einging, sah er das Füllen, ergriff es bei der Mähne und sprach: „Herr Wirt, gebt mir das Roß, ich will morgen über Feld reiten!" „Nein", sagte dieser, „das Füllen ist noch zu jung und du bist ihm zu schwer, als daß es dich tragen könnte." Der König bat ihn von neuem; der Wirt sagte: „Ja, wenn es gezäumt oder geritten wäre!" Der König bat ihn zum drittenmal, und weil der Wirt sah, daß es Karl so lieb war, wollte er das Roß ablassen; der König verkaufte ihm dagegen sein Pferd, das er die zwei Tage geritten hatte und von dem es ein Wunder war, daß es den Ritt ausgehalten hatte.

Also machte sich der König des dritten Tages auf und ritt schnell und unaufhaltsam bis gen Aachen vor das Burgtor, wo er bei einem Wirt einkehrte. Überall in der ganzen Stadt hörte er großen Schall und Singen und Tanzen und fragte, was da wäre. Der Wirt sprach: „Eine große Hochzeit soll heute gefeiert werden, denn unsere Königin wird einem reichen König vermählt; da wird große Kost gemacht und Jungen und Alten, Armen und Reichen Brot und Wein gereicht und ungemessen Futter vor die Rosse getragen." Der König sprach: „Hier will ich mein Gemach haben und mich wenig um die Speise bekümmern, die sie in der Stadt austeilen; kauft mir für meine Guldenpfennige, was ich bedarf, schafft mir viel und genug!" Als der Wirt das Gold sah, sagte er bei sich selbst: „Das ist ein rechter Edelmann, desgleichen meine Augen nie erblickten!" Nachdem die Speise köstlich und reich zugerichtet und Karl zu Tische gesessen war, forderte er einen Wächter vom Wirt, der sein des Nachts über pflegte, und legte sich zu Bette. Im Bette liegend, rief er den Wächter und mahnte ihn teuer: „Wann man im Dom Läuten höre; dies gülden Fingerlein will ich dir geben!" Als nun der Wächter die Glocke vernahm, trat er vor den schlafenden König ans Bett: „Wohlan, Herr, gebt mir meinen Ring, eben läuten sie im Dom!" Schnell stand Karl auf, legte ein reiches Gewand an und bat den Wirt, ihn zu geleiten. Dann gingen sie vor das Burgtor; aber es lagen starke Riegel davor. „Herr", sprach der Wirt, „du mußt unten durchkriechen, doch dann würde es ganz zerrissen!" „Daraus mach ich mir wenig und würde es ganz zerrissen!" Nun krochen sie zum Tor hinein. Der König, voll weisen Sinnes, hieß den Wirt um den Dom gehen, während er selbst hineinging. Nun war es altes Recht in Franken, daß, wer auf dem Stuhl im Dom saß, König sein mußte. Das deuchte ihm gut; er setzte sich auf den Stuhl, zog sein Schwert und legte es bar über seine Knie. Da trat der Meßner in den Dom und wollte die Bücher vortragen; als er aber den König mit barem Schwert und stillschweigend sitzen sah, begann er zu zagen und verkündete eilends dem Priester: „Als ich zum Altar ging, sah ich einen greisen Mann mit bloßem Schwert über die Knie auf dem gesegneten Stuhle sitzen." Die Domherren wollten dem Meßner nicht glauben; einer von ihnen griff ein Licht und ging unverzagt zu dem Stuhle. Als er die Wahrheit sah, wie der greise Mann auf dem Stuhle saß, warf er das Licht aus der Hand und floh erschrocken zum Bischof. Dieser ließ sich zwei Kerzen von Knechten tragen, die ihm leuchten mußten; da sah er den Mann auf dem Stuhle sitzen und sprach furchtsam: „Du sollst mir sagen, was für ein Mann du bist, geheuer oder ungeheuer, und wer dir ein Leids getan, daß du an dieser Stätte sitzst!" Da hob der König an: „Ich war dir wohl bekannt, als ich König Karl hieß, an Gewalt war keiner höher als ich!" Mit diesen Worten trat er dem Bischof näher, daß er ihn recht ansehen könnte. Da rief der Bischof: „Willkommen, liebster Herr! Solcher Kunde will ich froh sein!" umfing ihn mit seinen Armen und leitete ihn in sein reiches Haus. Alle Glocken wurden geläutet, und die Hochzeitsgäste fragten, was der Schall bedeute. Als sie aber hörten, daß König Karl zurückgekehrt wäre, stoben sie auseinander, und jeder suchte sein Heil in der Flucht. Doch der Bischof bat, daß ihnen der König Frieden gäbe und der Königin wieder hold würde, es sei ohne ihre Schuld geschehen. Karl gewährte die Bitte und gab der Königin seine Huld.

344.
Hildegard

Während Kaiser Karl auf einem Heereszuge war, mutete Karls Stiefbruder, Taland, der schönen Gemahlin Hildegard zu, daß sie ihm zu Willen sein möchte. Aber die tugendhafte Frau wollte lieber den Tod leiden, als ihrem Herrn die Treue brechen; doch verstellte sie sich und gelobte dem Bösewicht, in sein Begehren zu willigen, sobald er ihr dazu eine schöne Brautkammer habe bauen lassen. Alsbald baute Taland ein kostbares Frauengemach, ließ es mit drei Türen verwahren und bat die Königin, hineinzukommen und ihn zu besuchen. Hildegard tat, als ob sie ihm nachfolgte, und bat ihn, vorauszugehen; als er fröhlich durch die dritte Tür gesprungen war, warf sie diese schnell zu und legte einen schweren Riegel vor. In diesem Gefängnis blieb Taland eine Zeitlang eingeschlossen, bis Karl siegreich aus Sachsen heimkehrte; da ließ sie ihn aus Mitleiden und auf vielfältiges erheucheltes Flehen und Bitten los und dachte, er wäre genug gestraft. Sobald Karl ihn erblickte, fragte er, warum er so bleich und mager aussähe. „Daran ist eure gottlose, unzüchtige Hausfrau Schuld!" antwortete Taland; „Sie hat bald gemerkt, wie ich sie sorgsam gehütet habe, daß sie hat keine Sünden begehen dürfen und darum einen neuen Turm gebaut und mich darin gefangen gehalten." Der König betrübte sich heftig über diese Nachricht und befahl im Zorn seinen Dienern, Hildegard zu ertränken. Sie floh und barg sich heimlich bei einer ihrer Freundinnen; sobald der König ihren Aufenthalt erfuhr, verordnete er aufs neue, sie in einen Wald zu führen, zu blenden und so, beider Augen beraubt, des Landes zu verweisen. Was geschah? Als die Diener sie hinausführten, begegnete ihnen ein Edelmann des Geschlechts von Freudenberg, den ihre Schwester, Gräfin Adelgund, gerade mit einer Botschaft zu Hildegard abgesandt hatte. Als dieser die Gefahr und Not der Königin sah, entriß er sie den Henkersknechten und gab ihnen seinen mitlaufenden Hund. Dem Hunde stachen sie die Augen aus und hinterbrachten sie dem König zum Zeichen, daß sein Befehl geschehen wäre. Hildegard aber zog, als sie mit Gottes Hilfe gerettet war, in Begleitung einer Edelfrau nach Rom und übte die Heilkunst, die sie ihr Lebtag gelernt und getrieben hatte, so glücklich aus, daß sie bald in großen Ruhm kam. Mittlerweile strafte Gott den bösen Taland mit Blindheit und Aussatz. Niemand vermochte ihn zu heilen, und endlich hörte er, zu Rom lebe eine berühmte Heilfrau, die diesem Siechtum abhelfen könnte. Als Karl nach Rom zog, war Taland auch im Gefolge, erkundigte die Wohnung der Frau, nannte ihr seinen Namen und begehrte Arznei und Hilfe für seine Krankheit; er wußte aber nicht, daß sie die Königin war. Hildegard gab ihm auf, seine Sünden dem Priester zu beichten und Buße und Besserung zu geloben, dann wollte sie ihre Kunst erweisen. Taland tat es und beichtete; darauf kam er wieder zu der Frau hin, die ihn frisch und gesund machte. Über diese Heilung wunderten sich Papst und König über die Maßen, wünschten die Ärztin zu sehen und bestellten sie zu sich. Allein sie erbot sich, tags darauf in das Münster St. Petri zu gehen, wo sie dem König alsbald die ganze Geschichte berichtete, und wie man sie verraten hatte. Karl erkannte sie mit Freuden und nahm sie wieder zu seiner Gemahlin; seinen Stiefbruder verurteilte er zum Tode. Doch bat die Königin sich sein Leben aus, und er wurde bloß in das Elend (aus dem Lande) verwiesen.

Von einer anderen Gemahlin, Fastrada, weiß die Sage für die Zuneigung des Kaisers zauberhafte Ursachen zu berichten, was noch häufiger von einer Verbindung des Kaisers mit einer nicht ebenbürtigen Frau erzählt wird.

Der berühmte italienische Dichter Petrarca (1304 – 1374) hörte auf seiner Reise durch Deutschland von den Priestern zu Aachen eine Geschichte erzählen, die sie für wahrhaft ausgaben und die sich von Mund zu Mund fortgepflanzt haben soll.

345.
Der Zauberring

Vorzeiten verliebte sich Karl der Große in eine gemeine (nicht adelige) Frau so heftig, daß er alles andere vergaß, seine Geschäfte liegen ließ und selbst seinen eigenen Körper darüber vernachlässigte. Sein ganzer Hof war verlegen und mißmutig über diese Leidenschaft, die gar nicht nachließ; endlich verfiel die geliebte Frau in eine Krankheit und starb. Vergeblich hoffte man, daß der Kaiser nunmehr seine Liebe aufgeben würde; aber er saß bei dem Leichnam, küßte und umarmte ihn und redete zu ihm, als ob er noch lebendig wäre. Die Tote hub an zu riechen und in Fäulnis überzugehen; nichtsdestoweniger ließ der Kaiser nicht von ihr ab. Nun ahnte der Erzbischof Turpin, es müsse eine Zauberei dabei walten. Als Karl eines Tages das Zimmer verlassen hatte, befühlte er deshalb den Leib der toten Frau allseits, ob er nichts entdecken könnte; endlich fand er im Munde unter der Zunge einen Ring, den nahm er weg. Sowie nun der Kaiser wieder ins Zimmer zurückkehrte, tat er erstaunt wie ein Aufwachender aus tiefem Schlafe und fragte: „Wer hat diesen stinkenden Leichnam hereingetragen?" und befahl zur Stunde, daß man ihn bestatten sollte. Das geschah, aber nunmehr wandte sich die Zuneigung des Kaisers auf den Erzbischof, dem er allenthalben folgte, wohin er ging. Wie der weise, fromme Mann das merkte und die Kraft des Ringes erkannte, fürchtete er, daß er einmal in unrechte Hände fiele, nahm ihn und warf ihn in einen See nahe der Stadt. Seit der Zeit gewann der Kaiser den Ort so lieb, daß er nicht mehr aus der Stadt Aachen weichen wollte, hier ein kaiserliches Schloß und ein Münster bauen ließ und in jenem seine übrige Lebenszeit zubrachte, in diesem aber nach seinem Tode begraben sein wollte. Auch verordnete er, daß alle seine Nachfolger sich in dieser Stadt salben und weihen lassen müßten.

Die Königin Fastrada, die dritte Gemahlin Karls des Großen, die den Kaiser aus Herrschsucht mit einem Zauberring an sich zu fesseln wußte, starb 794 in Frankfurt a. M. und wurde in Mainz begraben; ihren Leichnam soll der Kaiser aber vorher lange Zeit selbst auf Reisen mit sich geführt haben, weil er sich nicht von ihm zu trennen vermochte, bis der in ihrem Haar versteckte Stein oder Ring gefunden und in ein Gewässer bei Aachen geworfen wurde.

346.
Einhard und Imma

Ein eigentümliches Verhältnis herrschte in der Familie Karls des Großen. Hroutrud, die älteste Tochter Karls, war dem griechischen Kaiser zur Gemahlin bestimmt, der sie aber nie erhalten hat. Die zweite Tochter, Berta, gebar dem Angilbert zwei Söhne. Durch die Einwilligung Karls wurde diese Verbindung zu einer rechtmäßigen Ehe. Die Sage, die seit jeher in Liebschaften einen willkommenen Stoff vorfand, verwischte auch hier die wirklichen Tatsachen und übertrug die Rolle Angliberts auf Einhard. Diese Geschichte ist unzählige Male in Gedichten und Liedern, in gebundener und ungebundener Rede gefeiert worden. Die ursprüngliche Form geht auf einen Mönch von Lorsch zurück, der sie ums Jahr 1070 bei Erwähnung einer von Einhard gemachten Schenkung mitteilt.

Einhard, der Erzkaplan und Geheimschreiber Karl des Großen, wurde wegen seiner großen Verdienste von allen geliebt, am meisten aber von des Kaisers Tochter, die Imma hieß und mit dem König der Griechen verlobt war; ihre gegenseitige Liebe wuchs von Tag zu Tag, aber die Furcht vor dem Zorn des Königs hielt sie ab, die Gefahr einer Zusammenkunft zu wagen. Heftige Liebe jedoch siegt über alles, und als der treffliche Mann von unheilbarer Liebe glühte und sich nicht durch einen Boten dem Ohr der Jungfrau zu nahen wagte, faßte er zuletzt Mut und schlich sich nächtlicherweise heimlich in das Gemach des Mädchens, klopfte leise an und wurde eingelassen, weil er sagte, er habe an die Jungfrau eine Botschaft vom König zu bestellen. Sobald Einhard aber mit Imma allein war, wechselten sie trauliche Reden, küßten sich und folgten dem Drange der Liebe.

Als Einhard nun vor Anbruch des Tages in nächtlicher Stille auf dem Wege zurückkehren wollte, den er gekommen war, merkte er, daß inzwischen ein starker Schnee gefallen war und wagte nun nicht fortzugehen, um nicht durch seine Fußstapfen verraten zu werden; die Angst, die beiden das Bewußtsein des Geschehenen verursachte, zwang sie, drinnen zu bleiben. Als sie in ihrer Not berieten, was zu tun sein, kam das schöne, durch die Liebe kühn gemachte Mädchen auf den Einfall, ihn auf ihrem Rücken in seine Wohnung zu tragen und dann in ihren eigenen Fußstapfen wieder zurückzukehren.

Der Kaiser hatte die Nacht schlaflos zugebracht. Als er in der ersten Dämmerung aufstand und aus seinem Palaste schaute, sah er, wie seine Tochter, unter der Last einherschwankte, daß sie kaum gehen konnte, kurze Zeit darauf aber schnellen Schrittes zurückkehrte. Er sagte nichts von dem, was er gesehen hatte. Dem Einhard aber schlug das Gewissen, und er wurde sich bewußt, daß der nächtliche Besuch auf keinen Fall verborgen bleiben konnte. In seiner Not trat er vor den Kaiser und bat ihn kniefällig um seine Entlassung, indem er verwirrt erklärte, seine vielen und großen Verdienste würden nicht so belohnt, wie es sein müßte. Auch jetzt hielt der Kaiser mit jeder Anklage zurück und versicherte nur, er würde seiner Bitte bald entsprechen.

Kurze Zeit darauf ließ er alle Räte und Großen des Reiches zu sich entbieten und sagte, er sei in seiner kaiserlichen Würde schwer beschimpft und mißachtet worden; denn einer seiner Schreiber habe eine unwürdige Verbindung mit seiner Tochter angeknüpft. Als er die Räte aufforderte, ihm ihre Meinung darüber kundzutun und zu sagen, was er tun solle, meinten einige, es müsse eine Strafe ohne Beispiel erfolgen; andere waren der Ansicht, der Verführer müsse in die Verbannung geschickt werden; wieder andere wollten so gegen ihn verfahren wissen, wie es dem Kaiser gerade in den Sinn käme. Nur wenige hatten ein mildes Herz und baten den

König inständig, doch die Sache genau zu prüfen und dann erst eine Entscheidung zu treffen. Da sagte der Kaiser, er wolle wegen der betrübenden Tat über seinen Schreiber keine Strafe verhängen, denn dadurch werde die Schande seiner Tochter eher vergrößert als verringert; er wolle vielmehr beide durch rechtmäßige Ehe miteinander verbinden und so eine schimpfliche Sache mit dem Schleier der Ehrbarkeit verstecken.

Über diesen Spruch entstand eine große Freude, und die Größe seiner Seele und seine Milde wurden laut gepriesen. Inzwischen wurde Einhard herbeigerufen. Als er eintrat, begrüßte ihn der König unerwartet freundlich und sprach mit heiterem Gesicht zu ihm: „Schon neulich ist deine Klage zu mir gekommen, daß du nicht belohnt würdest, wie du es verdienst. Aber um dir die Wahrheit zu sagen, fällt die Hauptschuld auf deine eigene Nachlässigkeit; denn hätte ich etwas von deinem Wunsche erfahren, würde ich deine Verdienste gebührend geehrt haben. Doch um nicht viel Worte zu machen, will ich deine Beschwerde durch das köstlichste Geschenk abhelfen, das ich dir bieten kann, und dir meine Tochter zum Weibe geben, deine Trägerin nämlich, die sich schon neulich willfährig genug gezeigt hat, dein Joch auf sich zu nehmen."

Dann wurde auf des Kaisers Befehl die Tochter herbeigeführt und hocherrötend aus der Hand des Vaters in die Hand Einhards gegeben, zusamt einer reichen Aussteuer mehrerer Landgüter, zahlloser goldener und silberner Geschenke und vieler anderer kostbarer Gerätschaften. Dem allem fügte der fromme Kaiser Ludwig nach dem Tode seines Vaters die Besitzungen in Seligenstadt hinzu.

Erst nach dem 12. Jahrhundert setzten die Mönche von Seligenstadt dem berühmten Stifter ihres Klosters eine Grabschrift, in der es heißt:

Einhard war ich, im Leben berühmt durch der Könige Liebe,
Und vom mächtigen Karl hatt' ich die Tochter zum Weibe.

Nach einem im Schlosse zu Erbach befindlichen Grabstein soll Einhard der erste Herr zu Erbach gewesen sein und das Kloster Seligenstadt 829 gebaut und gestiftet haben. Auf dieses Zeugnis oder eine damit in Verbindung stehende Überlieferung sich stützend, führen die Grafen von Erbach ihren Ursprung auf Einhard und Karl den Großen zurück.

Mit seinen Verwandten lebte Karl nach der Überlieferung nicht immer im besten Einvernehmen.

347.
Tassilo

In Bayern regierte der mächtige Herzog Tassilo, der gegen den Kaiser eine Verschwörung angezettelt haben sollte. Er hatte eine Tochter des von Karl unterworfenen Königs Desiderius zur Frau, die den Kaiser bitterlich haßte. Karl erfuhr von dem Plane der Verschwörung und lud Tassilo auf den großen Reichstag der Franken zu Ingelheim, um sich zu verantworten, selbst die bayerischen Großen traten gegen ihn auf, weil der Herzog in allen Dingen dem bösen Rate seiner Frau Liutberga folgte. Karl wollte seinem Schwager Tassilo das Leben nicht nehmen, ließ ihn aber dadurch blenden, daß er ihn zwang, ganz nahe auf einem im Feuer glühend gemachten Schild zu sehen. Sein langes Haar wurde abgeschnitten und er in das Kloster Lorsch gesteckt. Auch die Herzogin Liutberga mußte den Schleier nehmen, wie auch ihr Sohn verurteilt wurde, sein Leben lang im Kloster zuzubringen.

Nach langen Jahren kam Karl einmal in das Kloster Lorsch, hatte aber den dort weilenden Tassilo längst vergessen. Als er zur Nachtzeit einmal betete, sah er durch den Kreuzgang einen blinden Mönch wandeln, von einem Engel Gottes geleitet. In der nächsten Nacht bemerkte Karl ihn wieder, ging ihm aber mit dem aufmerksam gemachten Abte in seine Zelle nach. Der Abt wußte nicht, wer der Mönch war, doch als dieser nunmehr erzählen mußte, erkannte der Kaiser ihn, und auch der blinde Greis wußte jetzt, wer vor ihm stand, küßte des Kaisers Hand, sank zur Erde und verschied.

348.
Der bucklige Pipin

Nach dem Siege über die gewaltigen Feinde wurde Karl von den

Seinen mit listigem, aber doch vergeblichem Truge umgarnt. In Regensburg wäre er von seinem eigenen Sohn Pipin fast gefangen genommen worden. Als dieser sich mit den Verschwörern in der Peterskirche beriet, war zufällig unter einem Altar ein Geistlicher verborgen, der nunmehr den Plan der Verschwörer erfuhr und ihn dem Kaiser offenbarte, so daß die Verschwörer gefangen genommen und bestraft werden konnten. Der kleine buckelige Pipin wurde unbarmherzig gegeißelt und dann in ein Kloster gesteckt.

Wunderbar, wie Karls Leben, war auch sein Tod und sein Begräbnis.

349.
Vorzeichen auf Karls Tod

Als das Ende Karls des Großen herannahte, trugen sich mancherlei Ereignisse zu, die nicht bloß von anderen, sondern auch von ihm selbst auf seinen nahen Tod gedeutet wurden, und vor allem kundgaben, daß einer der größten Menschen die Erde verlassen würde. Die letzten drei Jahre hindurch kamen häufiger Sonnen- und Mondfinsternisse vor, und in der Sonne sah man einmal einen großen schwarzen Fleck sieben Tage lang. Der Säulengang, der zur Verbindung seines Palastes und der Kirche mit großen Kosten erbaut worden war, stürzte am Himmelfahrtstage bis auf die Grundmauern in sich zusammen. Die Brücke über den Rhein bei Mainz, die er in zehn Jahren mit unsäglicher Mühe und Anstrengung aus Holz so erbaut hatte, daß sie Jahrhunderte hindurch zu überdauern schien, war innerhalb dreier Stunden so völlig vom Feuer verzehrt, daß außer demjenigen, was das Wasser bedeckte, auch nicht ein einziger Balken übrig blieb. Auf seinem letzten Zuge nach Sachsen gegen den Dänenkönig Gottfried sah Karl eines Tages, als er schon vor Sonnenaufgang aus dem Lager gegangen war, wie eine große Feuerkugel bei heiterer Luft vom Himmel fiel und von der rechten Seite nach der linken flog. Seine Begleiter starrten das Schauspiel verwundert an und fragten nach seiner Bedeutung, des Kaisers Pferd wurde von dieser Erscheinung scheu und warf ihn so heftig zur Erde, daß seine Mantelspange zerbrach und sein Degengehänge zerriß. Der Wurfspieß, den er zufällig in der Hand gehabt hatte, war mehr als zwanzig Schritte weggeschleudert. Dazu kam, daß sein Palast in Aachen häufig erzitterte und die hohen Leuchter in seinem Hause beständig knarrten, ferner, daß in der Kirche, in der er nachher begraben wurde, der Blitz einschlug und einen goldenen Apfel, der die Spitze des Daches zierte, bis über die Priesterwohnung, die an die Kirche stieß, fortschleuderte.

350.
Turpins Gesicht

Es war ein seliger Bischof, Turpin genannt, der war Karl sehr vertraut. Und als die zwei einst beieinander waren, da gelobten sie sich gegenseitig, wer eher sterbe, sollte es dem anderen anzeigen, daß der Tod zu ihm käme. Und als nun Gott zuerst an Karl herantrat, sandte er einen Boten zum Bischof Turpin und ließ ihm sagen, daß er sterben wollte. Nun war der Weg lang, so daß Karl schon tot war, als der Ritter zu Turpin kam. Dieser aber war gerade zu der Zeit, als Karl starb, im Gebete begriffen und sah eine Unmenge schwarzer Ritter mit einem wilden Geschrei vorbeieilen; hinter ihnen kam unwillig und hinkend ein einziger, der mit sich selbst redete und sprach: „Ich weiß wohl, daß wir nichts schaffen." Als der Bischof diese Worte hörte, beschwor er ihn, daß er ihm sage, wohin seine Gesellen und er wollten. Der Teufel antwortete: „Der große Kaiser Karl liegt im Tode, und wir wollen versuchen, ob er uns werden möge." Turpin antwortete. „So gebiete ich dir in der Kraft Gottes, daß du hier zu mir kommst und mir kundtust, was ihr geschafft habt!" Damit ging der selige Bischof Turpin wieder an sein Gebet, und über eine Weile sah er, wie die Teufel traurig wieder zurückkehrten. Er fragte den einen, was sie geschafft hätten, und dieser sprach: „Wir haben nichts ausgerichtet; wir legten seine bösen Werke auf eine Wagschale und die guten auf die andere, und unser Teil hätte die Wagschale schier niedergezwungen, aber es kam ein Mann ohne Haupt von Galizien, Jakobus genannt, und legte soviel Steine und Holz auf die andere Schale, daß diese niederging. Da eilten die Engel herbei, nahmen Karl und entführten ihn mit Freuden in das Paradies, und wir sind um ihn gekommen."

Als das der Bischof hörte, lobte er Gott. Gleich darauf kam der Ritter und sagte, Karl läge im Sterben. Turpin antwortete. „Seine Seele ist schon im Paradies", und erzählte ihm, was er gesehen hatte.

351.
Karls des Großen Beisetzung

Der kenntnisreiche Ademar von Chabannes in Angoulime (gest. 1035) schrieb eine Geschichte, in der zum Jahre 814 folgende Aufzeichnung über Karl des Großen Begräbnis zu finden ist:

Karl wurde zu Aachen in der Basilika der Gottesmutter, die er selbst gebaut hatte, begraben. Sein Körper wurde einbalsamiert und auf goldenem Sessel in der Wölbung des Grabmals hingestellt, umgürtet mit goldenem Schwerte, ein goldenes Evangelium in den Händen und auf den Knien haltend, die Schultern an den Thron gelehnt und das Haupt würdevoll erhoben, indem man es mit einer goldenen Kette an das Diadem befestigte. In das Diadem wurde ein Stück vom Kreuze Christi gelegt. Das Grab wurde mit Wohlgerüchen, Salben, Balsam, Moschus und mit Schätzen gefüllt, der Körper mit den kaiserlichen Gewändern und das Antlitz unter dem Diadem mit einem Schweißtuch bedeckt. Das goldene Zepter und der goldene Schild, den Papst Leo geweiht hatte, wurden vor ihn hingestellt und das Grabmal versiegelt. Niemand kann erzählen, wie groß die Trauer um ihn im ganzen Lande war. Selbst von den Heiden wurde er wie der Vater des Erdkreises beklagt.

Ademars Werk wurde später von vielen abgeschrieben, aber auch viel verändert. Ein Mönch z. B. schob folgende Stücke eigener Erfindung ein, die sich dann der Sage zufügten: Auf den Leib wurde das härene Büßergewand gezogen, das der Kaiser stets heimlich trug, und über die kaiserlichen Gewänder die goldene Pilgertasche gelegt, die er auf der Romfahrt zu tragen pflegte.

Ein anderer Geschichtsschreiber, Vincentinus von Beauvais (gest. 1264), berichtet über die Grablegung Karls des Großen in folgender Weise:

Karl wurde also zu Aachen in der runden Kirche begraben, der schönsten und ehrenvollsten Kapelle im ganzen römischen Erdkreise. Über seinem Grabe wurde ein vergoldeter Bogen errichtet. Papst Leo war mit den römischen Fürsten, mit Herzogen, Grafen, Äbten, Bischöfen u.a. zugegen. Sie bekleideten den Körper des Toten mit den kaiserlichen Gewändern und setzten ihm wie bei hohen Festen die goldene Krone aufs Haupt. Dann ließen sie ihn wie einen lebenden Richter auf goldenem Throne sitzen. An der Krone brachten sie eine goldene Kette an und verbanden sie mit dem Throne, damit das Haupt des Toten nicht herabhinge. Auf seine Knie legten sie den mit goldenen Buchstaben geschriebenen Wortlaut der vier Evangelisten, so daß die rechte Hand das Evangelium, die linke aber das goldene Zepter hielt. Den goldenen Schild, den ihm die Römer gemacht hatten, stellten sie vor ihm auf, erfüllten das steinerne Gewölbe mit kostbaren Wohlgerüchen und verschlossen und versiegelten das Grabmal sorgfältig.

352.
Das Steinbild

Es war ein Ritter, der hatte etwas wider Kaiser Karl getan, so daß er seine Huld verloren hatte und nicht mehr vor sein Angesicht kommen durfte. Nachdem der Kaiser nun gestorben war und man ein Bild von ihm gemacht hatte, das man noch zu Aachen sehen kann, ging derselbe Ritter mit frevelhaftem Spott vor das steinerne Bildnis des heiligen Karl und sprach: „Nun bist du von Gottes Gnaden tot und magst mir nichts mehr tun, des freue ich mich!" Und er sah ihn fest an und spottete seiner. Das aber wollte Gott nicht zulassen, und das steinerne Bild des heiligen Karl zog das Schwert halb heraus. Als das der Ritter sah, erschrak er so sehr, daß er niederfiel und starb.

353.
Ludwig der Fromme

Nach der Hochwelle der Sagenbildung, die um Karl den Großen flutet, folgt eine Zeit der Ebbe. Die anderen Karolinger „waren nicht geeignet, durch ihre Persönlichkeit der Sagenpoesie weiten Schwung zu geben". Ludwig der Fromme, der nächste Nachfolger des großen Kaisers, kam weniger für die Sagendichtung als die Legendenbildung in Betracht, die sich auch nur in der Richtung seiner Frömmigkeit und seines kirchlichen, selbst klösterlichen Lebens bewegt.

Aus der Jugendzeit Ludwigs des Frommen wird uns eine Geschichte berichtet, die schon seine spätere Eigenart anzeigt:

354.
Ludwig der Fromme und Erzbischof Paulinus

Einstmals befand sich der Bischof Paulinus im Dome zu Aachen, als zufällig die drei Söhne Karls ihren Weg durch diese Kirche nahmen. Zuerst kam der älteste Sohn, der nach seinem Vater Karl hieß; er setzte seinen Weg ruhig fort und kümmerte sich weder um die Kirche, noch um den Bischof. Ähnlich war es mit Pipin, dem zweiten Sohne, der von einer Anzahl von Hofleuten umgeben war; der Bischof verbeugte sich ehrerbietig, aber auch Pipin ging vorüber und kümmerte sich um nichts. Schließlich erschien Ludwig, der damals (794) schon König von Aquitanien war; er ging aber nicht vorbei wie seine Brüder, sondern kniete nieder und verrichtete mit größter Andacht sein Gebet. Paulinus erfuhr den Namen des jungen Fürsten und schritt auf Ludwig zu, der sich seinerseits erhob, um den Bischof zu begrüßen; der fromme Jüngling wurde von diesem umarmt.

Als der Bischof Paulinus einige Tage später von König Karl an seinen Hof geladen wurde, fragte ihn dieser, warum er solch großen Unterschied zwischen seinen Söhnen gemacht hätte. Der Bischof antwortete, er habe das deshalb getan, weil, wenn nach Gottes Willen einer von den Söhnen zur Regierung gelangen sollte, Ludwig sich am besten dazu eignen würde.

Selbst die Bestimmung des späteren Herrschers wird gleichsam durch höhere Einwirkung zu erkennen gesucht.

355.
Der Hahnenkampf

Einst kam Karl der Große auf sein Schloß bei Kempten zu seiner Gemahlin Hildegard. Als sie nun eines Tages zu Tische saßen und mancherlei von der Vorfahren Regierung redeten, während ihre Söhne Pipin, Karl und Ludwig daneben standen, hub Pipin an und sprach: „Mutter, werde ich dann König, wann einmal der Vater im Himmel ist?" Karl aber wandte sich zum Vater und sagte: „Nicht Pipin, sondern ich folge dir nach im Reich!" Ludwig, der Jüngste, bat beide Eltern, daß sie ihn doch König werden lassen möchten. Als die Kinder so stritten, sprach die Königin: „Euren Zwist wollen wir bald ausmachen; geht hinab ins Dorf und laßt euch jeder einen Hahn von den Bauern geben!" Die Knaben stiegen mit ihrem Lehrmeister und den übrigen Schülern die Burg hinab und holten die Hähne. Hierauf sagte Hildegard: „Nun laßt die Hähne aufeinander los. Wessen Hahn im Kampfe siegt, der soll König werden!" Die Vögel stritten, und Ludwigs Hahn überwand die beiden anderen. Dieser Ludwig erlangte nach seines Vaters Tod auch wirklich die Herrschaft.

Weit bekannter ist die Sage, die Ludwig mit Hildesheim in Verbindung bringt.

356.
Die Gründung Hildesheims

Die Gegend, in der heute Hildesheim liegt, war früher von häßlicher Wildheit entstellt, von Sümpfen bedeckt, von Wäldern starrend und gut zur Jagd.

Kaiser Ludwig der Fromme, der Sohn Karls des Großen, hatte die Absicht, die Kirche zu Elze zum Haupt und Sitz eines Bistums zu erheben und besuchte diesen Ort häufig. Einmal überschritt er in der Leidenschaft der Jagd die Leine und ließ an der Stelle, die jetzt die Kirche von Hildesheim einnimmt, sein Zelt aufschlagen, hörte dort auch bei den herübergebrachten Heiligtümern aus der königlichen Kapelle die Messe. Nach Gottes Vorsehung waren das aber die Heiligtümer der Gottesmutter Maria.

Als der König nach Elze zurückkehrte und dort die Messe hören wollte, erinnerte sich der Kaplan, daß er die Heiligtümer im Walde vergessen hatte. Vom Stachel der Angst getrieben, ging er zurück und fand sie da, wo er sie hingehängt hatte, nämlich am Ast eines Baumes, der eine sehr klare Quelle beschattete. Aber, o Wunder, die Heiligtümer, die er leicht mit der Hand aufgehängt hatte, vermochte er mit keiner Anstrengung wieder abzunehmen. Er lief zurück, um dem Kaiser die wunderbare Nachricht zu melden; dieser eilte schnell herbei und ließ eine Kapelle an der Stelle errichten. Den Ort, von dem dadurch erwiesen war, daß er der Gottesmutter so sehr gefallen hatte, begann König Ludwig mit allem Eifer zu fördern und machte ihn anstatt Elze zum Hauptsitz des Bistums.

Bei einem so kirchlich frommen Kaiser kann es uns nicht wundern, daß die Sage von manchen himmlischen Zeichen berichtet, die mit ihm und seinen Taten wie seinem Leben in Verbindung stehen, besonders mit seinem Tode.

357.
Ludwigs Tod

Am Tage vor Himmelfahrt, am 12. Mai 840, trat eine Sonnenfinsternis ein, die so bedeutend war, daß selbst die Sterne sichtbar wurden und auf der Erde sich die Farbe der Dinge veränderte. Kaiser Ludwig wurde in diesen Tagen von einer Krankheit ergriffen und begann zu siechen. Zu Schiffe nach Frankfurt am Main gebracht und von dort nach einigen Tagen auf eine Rheininsel nahe bei Ingelheim, nahm seine Krankheit stets zu, bis er am 20. Juni sein Leben endete.

358.
Ludwig der Deutsche

Unter Ludwig dem Frommen schon hatte der unselige Kampf der Söhne Ludwigs gegen den unglücklichen Vater begonnen, nach seinem Tod tobte er unter den Brüdern weiter. Durch den Vertrag von Verdun (843) wurde das große Frankenreich geteilt und der

Grund zum eigentlichen Deutschland gelegt. Kampf und Streit, Hader und Zwietracht aber durchwühlten Frankenhäuser, und Volksstämme, Aberglauben und Wahnvorstellungen nahmen überhand, Hungersnöte und außergewöhnliche Vorgänge wurden als Strafe des Himmels betrachtet. Der Hunger raffte in Verbindung mit Seuchen Tausende dahin; Hinterlist und Verschlagenheit suchten sich gegenseitig zu überbieten, Haß und Neid trachteten zu schaden, wo sie nur vermochten, am meisten am Königshofe selbst.

359.
Die Hungersnot

Im Jahre 850 zog ein Mann mit seinem Weib und seinem kleinen Sohn von Grabfelden nach Thüringen, um das Elend seiner Not zu lindern. Auf dem Wege machte er in einem Walde halt und redete sein Weib also an: „Ist es nicht besser, daß wir den Knaben hier töten und sein Fleisch essen, als daß wir alle vom Hunger umkommen?" Als sie jedoch widersprach, daß er ein solches Verbrechen nicht begehen sollte, riß er endlich, weil der Hunger drängte, den Sohn gewaltsam aus den mütterlichen Armen. Und er hätte seinen Willen durch die Tat erfüllt, wenn ihm Gott nicht in seiner Erbarmnis zuvorgekommen wäre. Wie der Mann nachher in Thüringen erzählte, als er den Degen aus der Scheide gezogen hatte und schwankend den Mord aufschob, sah er von ferne zwei Wölfe bei einer Hirschkuh stehen und ihr Fleisch zerreißen. Sogleich lief er, den Sohn verschonend, zu dem Aas der Hirschkuh und kehrte mit dem unversehrten Sohn zu der Frau zurück. Er war nämlich, als er den Sohn aus den Armen der Mutter genommen hatte, etwas seitwärts gegangen, damit sie den Knaben nicht sterben sähe oder hörte. Als die Frau nun den Mann mit dem frischen, blutüberströmten Fleisch kommen sah, glaubte sie, ihr Sohn sei getötet, und fiel rücklings fast leblos nieder. Ihr Mann aber kam herzu, tröstete sie, richtete sie auf und zeigte ihr den lebenden Knaben. Da atmete sie auf und dankte Gott, daß sie für wert geachtet sei, ihren Sohn wiederzubekommen. Nicht weniger auch dankte der Mann dem Schöpfer, der ihn vom Mord des Kindes reinzuerhalten gewürdigt habe.

360.
Das Unwetter zu Worms

Als Ludwig der Deutsche einst einen Hof nach Worms geboten hatte und zu Gericht saß, geschahen Zeichen am Himmel, daß ihm alle seine Mannen entwichen: eine große Wolke zog heran, und ein so gewaltiger Donnerschlag kam, daß alle Leute zur Erde fielen; noch andere gewaltige Feuerblitze und Donnerschläge folgten, und die halbe Stadt verbrannte. Die Herren kamen nicht wieder zusammen, der König mußte gehen, und es stand übel im Lande.

361.
König Ludwigs Rippe kracht

Von König Ludwig des Deutschen Härte und Stärke wird folgendes erzählt. Es geschah auf einem Heerzug, daß eine Laube oder Kammer unter ihm nachgab, er hinunterstürzte und eine Rippe brach. Allein er verbarg den Schaden jedermann, vollbrachte seine Reise, und es heißt, diejenigen, die ihn begleiteten, hätten seine Rippe klappern hören. Wie alles ausgerichtet war, zog er nach Aachen, ließ sich recht verbinden und lag zwei Monate im Bett.

362.
Der vom Teufel besessene Sohn

Im Monat Januar des Jahres 873 beschloß Kaiser Ludwig der Deutsche in Frankfurt a.M. Tag zu halten. Hier geschah etwas Merkwürdiges. Als er am 26. Januar in die Versammlung getreten war, fuhr in seiner Gegenwart und vor den Edlen, Bischöfen und Grafen der böse Geist in seinen Sohn Karl und quälte ihn gewaltig, so daß er von sechs der stärksten Männer kaum konnte gehalten werden.

Das geschah verdientermaßen; denn derjenige, der den von Gott erwählten und eingesetzten König täuschen wollte, wurde selbst getäuscht. Und der seinem Vater hinterlistig Stricke zu legen gekommen war, fiel selbst in die Stricke des Teufels, damit er aus der teuflischen Qual erkennen sollte, daß kein Antlitz wider Gott besteht. Aber der König und alle, die mit ihm waren, vergossen Tränen vor heftiger Betrübnis. Und als der Sohn zur Kirche geführt wurde, damit die Bischöfe für seine Genesung den Herrn anflehten, schrie er bald mit schwacher, bald mit lauter Stimme und drohte diejenigen, die ihn hielten, zu beißen. Nachdem aber der Anfall des Teufels vorüber war, erzählte der Sohn mit lauter Stimme, daß er ebensooft der feindlichen Gewalt überliefert gewesen, so oft er gegen den König eine Verschwörung eingegangen sei.

363.
Der schlafende Landsknecht

Als Heinrich, König Ludwigs Bruder und Erzbischof zu Reims, einst im Sommer über Land reiste und der Hitze wegen um Mittag ein Schläfchen tat, ruhten sich auch einige seiner Landsknechte aus. Die übrigen aber, die Wacht hielten, sahen aus dem offenen Munde einer der schlafenden Landsknechte ein kleines, weißes Tierchen, gleich einem Wiesel, herauskriechen und auf das nächste Bächlein zulaufen. Am Gestade des Bächleins lief es hin und wieder und konnte nicht hinüberkommen. Da ging einer von denen, die dabeistanden, hinzu und legte sein entblößtes Schwert wie eine Brücke hin; das Tierlein eilte hinüber und entschwand. Über eine kleine Weile kam es jenseits wieder zurück und suchte emsig die vorige Brücke, die der Kriegsknecht mittlerweile weggetan hatte. Darum brückte er sein Schwert von neuem über das Bächlein, das Tierlein benutzte es, näherte sich dem noch aufgetanen Munde des schlafenden Landsknechtes. Seine Spießgesellen fragten, was ihm im Schlafe begegnet sei. Er antwortete: „Mir träumte, ich wäre arg müde wegen eines weiten Wegs, den ich zog, und auf diesem Wege mußte ich zweimal über eine eiserne Brücke gehen." Die Landsknechte konnten daraus abnehmen, daß ihm im Traum wirklich vorgeschwebt hatte, was sie mit eigenen Augen gesehen.

364.
Die Königin im Wachshemd

Ludwig der Deutsche hinterließ drei Söhne, Karl, Ludwig und

Karlmann. Unter diesen nahm sich König Karl eine schöne und tugendsame Gemahlin, deren reines Leben ihr bald Neider am Hofe erweckte. Als der König eines Morgens früh in die Mette ging, folgte ihm sein Dienstmann Siegerat und sprach: „Herr, was unsere Frau und Herrin begeht, geziemt sich nicht, mehr darf ich nicht sagen." Der König blickte ihn an und sagte traurig: „Sage mir schnell die Wahrheit, wo du irgend etwas gesehen hast, was wider des Reiches Ehren verstößt!" Der listige Alte versetzte: „Leider, ich werde nimmermehr froh, seit ich gesehen habe, daß unsere Frau andere Männer minnet; lüge ich, so heißt mich an einen Baum hängen!" Der König eilte schnell in seine Schlafkammer zurück und legte sich stillschweigend an der Königin Seite. Da sprach die Frau: „Des bin ich ungewohnt, warum bist du schon wieder gekommen?" Er gab ihr einen Faustschlag und sagte: „Weh mir, daß dich meine Augen je gesehen und ich meine Ehre durch dich verloren habe; das soll dir ans Leben gehen!" Die Königin erschrak und weinte: „Schone deine Worte und halte auf deine Ehre! Ich sehe, daß ich verlogen worden bin; ist es aber durch meine Schuld, so will ich den Leib verloren haben!" Karl zwang seinen Zorn und antwortete: „Du pflegst unrechter Minne, wie möchtest du länger dem Reiche zur Königin taugen!" Sie sprach: „Ich will auf Gottes Urteil dingen, daß ich es nimmermehr getan habe, und vertraue, seine Gnade wird mir beistehen!"

Die Frau sandte nach vier Bischöfen, die ihre Beichte hören und immer bei ihr sein mußten; sie betete und fastete, bis der Gerichtstag kam. Bischöfe, Herzöge und eine große Volksmenge hatten sich versammelt, und die Königin bereitete sich zu der schweren Arbeit vor. Als die edlen Herren vermitteln wollten, sprach sie: „Das wolle Gott nicht, daß man solche Reden von mir höre und ich länger die Krone trage!" Da jammerte es alle Fürsten.

Die Frau zog mit erhobenen Augen und unter manchem guten Segen ein Hemd an, das dazu gemacht worden war. Gebete wurden gesungen und gelesen, und an vier Ecken zu Füßen und Händen zündete man ihr Hemde an. In kurzer Stunde brannte es von ihr ab, das Wachs floß auf das Steinpflaster nieder, unversehrt und ohne Arg stand die Königin. Alle sprachen: „Gott lob!" Der König ließ die Lügner an einen Galgen hängen. Die Königin aber schied fröhlich von dannen, zog sich von der Welt zurück und diente Gott ihr übriges Leben.

365.
Karl der Dicke

Karl der Dicke war der unwürdigste der Karolinger. Ein tüchtiger Mann hätte an seiner Stelle Großes leisten können; manche Erfolge fielen dem Kaiser sogar trotz seiner trägen Art und seiner Untüchtigkeit in den Schoß, so daß er fast das ganze Reich Karls des Großen noch einmal in seiner Hand vereinigte. Gleich nach seinem Regierungsantritt gewann er die Schlacht bei Andernach (876). An Stelle der Avaren, mit denen Karl der Große zu tun gehabt hatte, waren die Ungarn in die Ebenen der Theiß und Donau eingedrungen und bedrängten unter Karl dem Dicken zum ersten Male das deutsche Reich ebenso, wie die Normannen zum ersten Male deutsches Reichsgebiet verheerten und brandschlagten.

Um die für das Geschick Deutschlands so wichtige Schlacht von Andernach ranken sich mehrere Sagen.

366.
Die Rosse bei Andernach

Als König Ludwig im Jahre 876 in Frankfurt sein Leben beschlossen hatte, sammelte sein Bruder Karl der Kahle, römischer Kaiser und westfränkischer (französischer) König, mit großer Schnelligkeit ein Heer, um die Herrschaft an sich zu reißen. Der Sohn des verstorbenen Königs, der jüngere Ludwig (III.), dem von Rechts wegen die Krone zufiel, mußte ebenfalls ein Heer versammeln, um sein Recht zu sichern. Bei Andernach trafen die Gegner aufeinander. Trotzdem Karl ein größeres Heer hatte, gelang es ihm nicht, den Sieg davonzutragen. Den Ausgang der Schlacht soll ein Wunder bewirkt haben. Danach blieben die Rosse der Westfranken, obgleich man sie blutig spornte, wie angewurzelt stehen und konnten sich nicht bewegen. Niemand wurde durch die fränkischen Waffen verletzt, die wie abgestumpft erschienen. So vermochte Ludwig mit den Seinen über die anderen herzufallen und die dichtgedrängte Schlachtreihe zu durchbrechen. Wie der ins Stroh geworfene Feuerbrand im Augenblick alles verzehrt, so vernichteten die Mannen Ludwigs mit dem Schwerte des Feindes kriegerische Kraft. Karls Heer wandte sich zur Flucht, und dem rechtmäßigen Erben blieb das angestammte Reich.

367.
Gottesgericht vor der Schlacht bei Andernach

Als Ludwig der Deutsche gegen Karl den Kahlen zog, der ihm das Erbe seines Vaters streitig machen wollte, ließ er vorher das Recht oder Unrecht seiner Sache durch ein Gottesgericht entscheiden. Zehn Männer gaben sich der Probe des heißen Wassers hin, zehn trugen das glühende Eisen, zehn unterwarfen sich der Prüfung durch das kalte Wasser. Während dieses Gottesgerichtes lag das Heer auf den Knien und betete zu Gott, er möge durch sein Urteil offenbaren, ob dem Westfrankenkönig Karl dem Kahlen nach Recht und Gerechtigkeit ein größerer Teil des streitigen Landes Lothringen zukomme, als er schon besitze, oder ob er sich mit seinem bisherigen Anteil begnügen müsse.

Nach dem Gottesurteil fand man alle dreißig Männer unversehrt; das gab dem deutschen Heere neuen Mut, und die Schlacht bei Andernach wurde gewonnen.

368.
Chorknabe sagt die Feinde an

Im Jahre 881 waren die Normannen wieder in das deutsche Reich eingefallen. Sie überfluteten Franken und Lothringen und plünderten Lüttich, Köln, Bonn und alle benachbarten Städte. Aus der kaiserlichen Pfalz zu Aachen machten sie einen Stall für ihre Pferde, und als sie, nachdem sie alles ausgeraubt hatten, wieder abzogen, zündeten sie Stadt und Pfalz an. Sie kamen schnell und unerwartet, wie uns folgende Geschichte aus Tongern erzählt:

Es war in der Christnacht, als ein Chorknabe in der Frühmesse die Worte sagen sollte: „Geb heut, Herr, deinen Segen..." Da vernahm sein scharfes Ohr in der Ferne ein Geräusch, und statt weiter zu lesen, rief er, als wüßte er selbst nicht, was er täte: „Feinde, Feinde am Tor!" Der Lehrer schlug den Knaben um seiner vermeintlichen Unachtsamkeit willen und befahl ihm, recht zu lesen, aber wieder schrie er: „Feinde, Feinde auf dem Markte!" Und plötzlich erscholl von allen Seiten das Jammergeschrei; bald loderten die Flammen hoch auf und strahlten in die Kirche hinein. Da blieben von den Menschen nur wenige übrig und von den Wohnungen keine.

369.
Die Vorfahren Karls in der Hölle und im Paradies

Während Karl (der Dicke) am Weihnachtstage frühmorgens nach der Mette ruhen wollte und fast schlummerte, vernahm er eine schreckliche Stimme, die zu ihm sprach: „Karl, jetzt soll dein Geist aus deinem Leibe gehen, das Gericht des Herrn zu schauen und dann wieder zurückzukehren!" Und alsobald wurde sein Geist entzückt, und der ihn wegzuckte, war ein ganz weißes Wesen, das einen leuchtenden Faden hielt, ähnlich dem fallender Sterne, und sagte: „Fasse das Ende dieses Fadens, binde ihn fest an den Daumen deiner rechten Hand, ich will dich daran zum dem Ort der höllischen Pein führen!" Nach diesen Worten schritt das geisterhafte Wesen vor ihm her, indem es den Faden von dem leuchtenden Knäuel abwickelte, und leitete ihn durch tiefe Täler voll feuriger Brunnen; in diesen Brunne war Schwefel, Pech, Blei und Wachs. Karl erblickte darin die Bischöfe und Geistlichen aus der Zeit seines Vaters und seiner Ahnen und fragte furchtsam, warum sie also leiden müßten. „Weil wir", sprachen sie, „Krieg und Zwietracht unter die Fürsten streuten, statt sie zum Frieden zu mahnen." Während sie noch redeten, flogen schwarze Teufel auf glühenden Haken heran, die sich sehr mühten, den Faden zu sich zu ziehen und den König zu Fall zu bringen; allein der, welcher ihn führte, warf ihm den Faden doppelt um die Schulter und hielt ihn stark zurück.

Hierauf bestiegen sie hohe Berge, zu deren Füßen glühende

Flüsse und Seen lagen. In diesen befanden sich die Seelen der Leute seines Vaters, seiner Vorfahren und Brüder, einige bis zu den Haupthaaren, einige bis zum Kinn, andere bis zum Nabel. Sie huben an, ihm entgegen zu schreien und heulten: „Karl, Karl, weil wir Mordtaten begingen, Krieg und Raub, müssen wir in diesen Qualen bleiben!" Und hinter ihm jammerten andere; da wandte er sich um und sah an den Ufern des Flusses Elfenofen voller Drachen und Schlangen, in denen er bekannte Fürsten leiden sah. Einer der Drachen flog herzu und wollte ihn schlingen, aber sein Führer wand ihm den dritten Schleif des Fadens um die Schulter.

Nächstdem gelangten sie in ein ungeheuer großes Tal, das auf der einen Seite licht, auf der anderen dunkel war; in der dunklen Gegend lagen einige Könige, seine Vorfahren, in schrecklicher Pein. An dem Lichte, das der Faden warf, erkannte Karl in einem Faß mit siedendem Wasser seinen eigenen Vater, König Ludwig, der ihn kläglich ermahnte und ihm links zwei gleiche Kufen zeigte, die ihm selbst zubereitet wären, wenn er nicht Buße für seine Sünden tun würde; da erschrak er heftig. Der Führer brachte ihn deshalb schnell auf die lichte Seite des Tales; da sah Karl seinen Oheim Lothar auf einem großen Edelstein sitzen, andere Könige um ihn her, gekrönt und in Wonnen. Sie ermahnten ihn und verkündigten, daß sein Reich nicht mehr lange dauern würde; denn es sollte an Ludwig fallen, Lothars Tochtersohn. Und im gleichen Augenblick sah Karl dieses Kind vor sich stehen. Sein Ahnherr Lothar sprach: „Hier ist Ludwig, das unschuldige Kind, dem übergib jetzt deines Reiches Gewalt durch den Faden, den du in deiner Hand hältst!" Karl wand den Faden vom Daumen und übergab dem Kinde das Reich; augenblicklich knäulte sich der Faden, glänzend wie ein Strahl der Sonne, in des Kindes Hand zusammen.

Hierauf kehrte Karls Geist in den Leib zurück, ganz müde und abgearbeitet.

370.
Richardis

Die Gemahlin Kaiser Karls des Dicken, Richardis, war so weise und fromm, daß sie von allem Volke geliebt wurde. Doch die

Höflinge hatten des Kaisers Sinn betört und klagten sie der Untreue gegen ihn an. Diese schmachvolle Verleumdung ging Richard so zu Herzen, daß sie darüber erkrankte. Da trat eines Tages ein junger Rittersmann hervor und erbot sich nach der Sitte jener Zeit, für die Unschuld der Kaiserin gegen die Verleumder zu kämpfen. Doch keiner wagte es, den Kampf aufzunehmen. Die Kaiserin aber wollte die Schmach nicht länger tragen, zog ein weißes, seidenes und mit Wachs bestrichenes Hemd an und wanderte damit bekleidet durch die Flammen. Hemd und Körper blieben unversehrt, und so wurde ihre Unschuld vor der Welt erwiesen und sie in Ehren gehalten. Ihre Widersacher wurden zuschanden gemacht.

Richardis aber war ihres ungerechten, finstersinnigen Gemahls sowie alles Glanzes, der sie in ihrer hohen Würde umgab, recht müde und gelobte, Gott allein bis zum Ende ihrer Tage zu dienen und zu seinen Diensten ein Kloster zu bauen. Das aber sollte sich in einer recht wilden Gegend erheben, damit sie ganz entfremdet von der Welt leben könnte. Sie schickte daher den jungen Ritter, der sie so mutig verteidigt hatte, ins vogesische Gebirge hinaus, um tief in der Wildnis, weit entfernt von jeder menschlichen Wohnung, eine Stätte als Zufluchtsort zu suchen. Während dieser Zeit zog sie sich in das Kloster St. Stephan in Straßburg zurück und wies alle Aufforderungen des Kaisers, wieder am Hofe zu erscheinen, mit Entschiedenheit zurück.

Der Rittersmann durchstreifte, getreu dem Befehle seiner Herrin, das Gebirge und kam schließlich in ein einsames, tannenbewachsenes Tal, durch das ein wildes Bächlein rauschte. An dem Wasser trank ein Bär, der seine Jungen in einer Höhle in der Nähe hatte. Das deuchte dem Ritter Einsamkeit und Wildnis genug, und er kehrte mit seiner Kunde zu Richardis zurück. Auch der Kaiserin gefiel der Ort, und sie ließ hier deshalb ein Kloster erbauen, in das nur Fürstinnen, Gräfinnen und Freifrauen aufgenommen wurden. Der junge Ritter aber mit Namen Andelo wurde des Klosters Schirmvogt und der Stammvater der Herren von Andlau. Darum zeigt sein Wappen ein Kreuz auf goldenem Felde und darüber ein Helm mit einem Diadem.

Richardis wurde in der Klosterkirche begraben. In der Gruft zeigt man heute noch die Vertiefung, in der die Bärin mit ihren

Jungen lag. Ihr Fell wird als heilkräftig gegen Beinschäden angesehen. Lange Zeit hielt man lebendige Bären in der Kirche und schaffte sie erst ab, als einer von ihnen ein Kind gefressen hatte. Seitdem steht ein in Stein gehauener Bär hinter der Kirchentür, und das zum Unterhalt der lebendigen Bären bestimmte Geld wird an einem gewissen Tage unter die Armen verteilt. Bis in die neueste Zeit erhielt auch jeder vorüberziehende Bärenführer ein Brot und drei Gulden.

371.
Arnulf von Kärnten

Das karolingische Geschlecht neigte seinem Ende zu; es war, als ob der Würgengel durch Karls des Großen Haus schritte, denn in wenigen Jahren starben alle Zweige der Karolinger fast vollständig aus. Aber vor dem vollständigen Verlöschen strahlte das Haus noch einmal in prächtiger Frische. Arnulf von Kärnten war ein stattlicher und tapferer Mann voll heiteren Sinnes und offenen Gemütes, mit den schönsten Herrschertugenden geziert. Er war Herzog von Kärnten und Steiermark, nahm aber, zur Regierung des Reiches berufen, sofort als starke Persönlichkeit die Zügel fest in die Hand, wischte die Schmach wieder aus, die dem deutschen Reich von seinem Vorgänger durch den jammervollen Vertrag mit den Normannen zugefügt worden war und besiegte diese. Nun ließ er sich, wie viele seiner Nachfolger, vom Glanz der römischen Kaiserkrone verlocken und zog nach Italien, wo er glückliche Kämpfe führte, aber von wo er todkrank zurückkam, wie man sagt, von einem Gifttranke.

Aus Arnulf von Kärntens Leben sind nur seine Kriegszüge in Italien von der Sage bedacht worden.

372.
Eroberung Roms

Nach Karls des Großen Tode war Italien der Schauplatz vieler Kämpfe zwischen den einzelnen Reichen. Zuletzt schien Wido die Oberhand zu behalten; er wurde 895 zu Pavia gekrönt. Seine

Gegner riefen König Arnulf aus Deutschland gegen ihn zu Hilfe, der mit seinem Heer mühelos bis nach Rom gelangen konnte. Doch die Tore dieser Stadt waren ihm verschlossen, da die Stadt von Agiltrude, der Witwe des mittlerweile verstorbenen Wido, besetzt war. Arnulfs Heer war in großer Not; an eine Eroberung der Stadt war nicht leicht zu denken, sie wurde kräftig verteidigt. Plötzlich aber kam den Deutschen ein merkwürdiger Zufall zu Hilfe.

Eines Tages enstand nämlich vor den Mauern der Stadt ein großer Lärm; ein Hase wurde aufgescheucht, der im vollen Laufe der Stadtmauer zueilte. Wie es ähnlich überall zu geschehen pflegt, liefen einige deutsche Krieger mit lautem Geschrei hinter dem Tier her. Die Römer auf der Mauer meinten, es sei das Geschrei der heranstürmenden Kämpfer und verließen erschreckt ihre Posten, da sie diese Stelle für unhaltbar hielten. Als die Deutschen das sahen, holten sie eiligst Leitern herbei, stiegen auf die Mauer, öffneten die Tore und zogen in die Stadt ein, ohne einen Blutstropfen vergießen zu müssen. Agiltrude floh, und bald war ganz Rom in Arnulfs Gewalt.

373.
Der Zaubertrank

Weil Arnulf die Truppen der Witwe Widos verfolgte und sie in eine Burg eingeschlossen hatte, begann die Frau mit Schlangengift darauf zu sinnen, wie sie den König ums Leben bringen könnte. Sie ließ einen der vertrautesten Diener Arnulfs zu sich kommen und suchte ihn durch große Geschenke für sich zu gewinnen, schenkte ihm Gold und Geld und beauftragte ihn, seinen Herrn aus einem Becher, den sie ihm reichte, zu trinken zu geben; der Trunk werde des Königs Leben nicht gefährden, sondern nur der Seele Wildheit mildern. Um ihren Worten Glauben zu verschaffen, ließ sie in seiner Gegenwart aus dem Becher einen Diener trinken, der eine Stunde lang vor seinen Augen verweilte und dann gesund hinwegging. Daraufhin nahm der Diener den tödlichen Trank und reichte ihn dem Könige. Kaum hatte dieser ihn genommen, als er in einen so tiefen Schlaf verfiel, daß er selbst von dem gewaltigen Lärm des ganzen Heeres während dreier Tage hindurch nicht aufgeweckt werden konnte. Seine Diener suchten ihn bald durch großen Lärm, bald durch kräftiges Rütteln zu wecken; der König aber blieb mit offenen Augen gefühllos liegen, ohne ein vernehmliches Wort reden zu können. Man hörte ihn nicht sprechen, sondern nur wie einen Wahnsinnigen brüllen. Dieses Ereignis bewog das Heer, ohne Kampf den Rückzug anzutreten.

374.
Arnulfs Tod

Arnulf von Kärnten ist eines schmählichen Todes gestorben. Er wurde vom Ungeziefer, wie man sagt, von Läusen, aufs äußerste gequält, bis er seinen Geist aufgab. Man erzählt, das Ungeziefer habe sich bei ihm in so großer Menge erzeugt, daß es durch kein ärztliches Mittel zu vertilgen gewesen sei.

375.
Ludwig das Kind

Der letzte Karolinger war Ludwig das Kind, der mit sieben Jahren auf den Thron kam und schon mit 18 Jahren starb; eine solche junge Persönlichkeit konnte noch nicht aufs Volk wirken. Unter ihm fehlte die starke Gewalt; die Großen handelten ganz nach ihrem eigenen Sinne, und Vorgänge ereigneten sich, wie sie von Bischof Hatto und Adalbert von Bamberg mitgeteilt werden, Vorgänge, die noch in die Zeit des Nachfolgers hinüberspielen. Das Reich hatte jeglichen Halt verloren. Elend und Not, Jammer und Unglück allenthalben. Das war die Zeit, in der das einst so ruhmvolle Geschlecht der Karolinger mit Ludwig dem Kinde zu Tode getragen wurde. In dem wüsten Wirrwarr aber achtete man so wenig auf sein Ende, daß nicht einmal Tag und Ort seines Todes überliefert wurden; wir wissen nur, daß er in Regensburg begraben liegt.

376.
Adalbert von Bamberg und
Hatto von Mainz

Auf seinem Schlosse zu Bamberg lebte Adalbert in großer Feindschaft mit dem Reiche. Schon oft war König Ludwig mit allen seinen Streitkräften gegen ihn ausgezogen. Adalbert aber stellte sich ihm entgegen, nicht etwa in der Nähe seiner Burg, sondern fern von seiner Feste. Er wußte seine Feinde so zu überlisten, daß sie ihn nicht eher erkannten, als bis sie sein kampfbegieriges Schwert auf ihren Nacken spürten.

Als König Ludwig, nachdem er Adalbert sieben Jahre verfolgt hatte (in Wirklichkeit waren es ungefähr vier Jahre), einsah, daß er solche Tapferkeit und Kühnheit nicht anders als durch List besiegen könnte, wandte er sich an den Erzbischof Hatto von Mainz um Rat. Hatto versprach auch, ihm zu helfen und sogar zu veranlassen, daß Adalbert selbst zu ihm komme, er möge dann dafür sorgen, daß er nicht wieder heimkehre.

Voll Vertrauen auf seine Klugheit begab sich Hatto nach Bamberg und tat, als ob ihn teilnehmende Freundschaft für Adalbert leitete. Er sprach zu ihm: „Warum führst du Krieg gegen deinen Herrn? Du mußt doch einsehen, daß es auf die Dauer zwecklos ist! Dein Kampf ist um so weniger zu begreifen, als du beim Könige in hoher Gunst stehst. Folge meinem Rat und gehe selbst zu König Ludwig! Ich schwöre dir, daß ich dich unverletzt und wohlbehalten, so wie du deine Burg verläßt, auch wieder hereinführen werde!"

Adalbert ließ sich durch Hattos honigsüße Reden gewinnen oder vielmehr täuschen, nahm den Eidschwur des Bischofs entgegen und war so voller Freude, daß er diesen zum Mahle einlud. Hatto aber weigerte sich, bei ihm etwas zu genießen, und verließ unverweilt die Feste, von Adalbert begleitet. Doch kaum waren sie außerhalb der Burg, als Hatto sagte: „Es tut mir doch leid, daß ich deinem Rate gemäß mich nicht durch etwas Speise gestärkt habe, zumal ich jetzt den langen Weg vor uns sehe." Ohne zu ahnen, welches Verderben ihm diese Worte bringen würden, erwiderte Adalbert: „Ei, laß uns doch sofort umkehren, damit du dich stärken kannst!" Hatto willigte in diesen Vorschlag ein und ging mit Adalbert denselben Weg wieder zurück, auf dem sie die Burg verlassen hatten. Er stärkte sich, und beide eilten noch an demselben Tage ins Lager des Königs. Hier war die Erregung groß, weil es Hatto wirklich gelungen war, den schlimmsten Feind des Königs in dessen Lager zu bringen. Der König berief seine Fürsten zu sich, ließ sie zu Gericht sitzen und sprach: „Ihr wißt, wieviel Blutsvergießen Adalbert jetzt fast sieben Jahre lang angerichtet, wieviel Unruhen er herbeigeführt, welchen Schaden er uns durch Rauben und Brennen verursacht hat. Jetzt sprecht euer Urteil!" Durch einstimmigen Ausspruch wurde Adalbert des Hochverrats für schuldig erklärt und zur Enthauptung verurteilt. Als er gebunden zur Richtstätte geführt wurde, blickte er Hatto an und sagte: „Ein Meineidiger bist du, wenn du zugibst, daß ich sterbe!", worauf Hatto erwiderte: „Ich habe gelobt, dich unverletzt aus deiner Burg heraus- und ebenso wieder hineinzuführen, und das meine ich erfüllt zu haben, als ich dich, gleich nachdem wir deine Burg verlassen hatten, unverletzt und wohlbehalten wieder in sie hineinführte!" Da beklagte Adalbert seufzend, daß er den hinterlistigen Betrug Hattos zu spät erkannt habe.

377.
Die goldene Kette

Auf dem Bischofsstuhle zu Mainz saß Hatto, ein Mann von scharfsinnigem Rate, regem Geiste und durch die ihm eigene Listigkeit vielen Menschen überlegen. In der Absicht, sich König Konrad und zugleich dem Volke der Franken gefällig zu zeigen, machte er sich mit gewohnter Kunst an den Mann, der dessen Feind war, ließ ihm eine goldene Kette machen und lud ihn zu sich zu Gaste, um ihn mit reichen Geschenken zu ehren. Währenddessen ging der Bischof in die Werkstatt des Goldschmiedes, um sich nach der Arbeit umzuschauen, und seufzte beim Anblick der Kette. Der Goldschmied fragte ihn nach der Ursache seines Seufzers, worauf ihm Hatto erwiderte, jene Kette müsse mit dem Blute eines trefflichen und ihm sehr teuren Mannes genetzt werden, nämlich mit dem Blute Heinrichs. Der Goldschmied verbarg in Stillschweigen, was er gehört hatte, vollendete die Arbeit und überreichte sie. Dann erbat er sich Urlaub, eilte dem Herzog Heinrich entgegen und teilte ihm mit, was er gehört hatte. Dieser war heftig erzürnt, rief des Bischofs Gesandten, der schon vor längerer Zeit zu ihm gekommen war, um ihm die Einladung Hattos zu überbringen und sagte ihm: „Geh, sage Hatto, daß Heinrich keinen härteren Hals hat als Adalbert, und daß ich es für besser erachtet habe, zuhause zu bleiben, als ihm jetzt durch die Menge meiner Begleiter beschwerlich zu fallen." Sogleich nahm Heinrich alle Güter Hattos in Sachsen und Thüringen in Besitz, auch Burghardt und Bardo, von denen der eine des Königs Schwager war, setzte er dermaßen zu und bedrängte sie so sehr durch häufige Angriffe, daß sie das Land räumten, worauf er deren ganzes Besitztum unter seine Vasallen verteilte. Als aber Hatto sah, daß seinen Ränken ein Ziel gesetzt war, starb er, durch übergroßen Kummer wie durch Krankheit aufgerieben, nicht lange Zeit darauf. Einige Leute erzählten auch, er sei vom Blitzschlage getroffen und sei durch diesen Schlag aufgelöst.

378.
Konrad I. von Franken

Ein kraftvoller Mann kam nach Ludwig dem Kinde auf den Thron, Konrad von Franken. Er hatte die besten Absichten, das Reich aus dem Elend zu bringen, indem er die mächtigen Stammesherzöge unterwarf; das war einem Größeren vorbehalten.

Von Konrad I. wird berichtet, er sei einmal zu Gast im Kloster St. Gallen gewesen, habe willig das einfache Gericht, Brot und Bohnen, mit den Brüdern geteilt und sich nachher die Klosterschüler vorführen lassen. Dabei steckte er einem kleinen Buben zur Belohnung ein Goldstück in den Mund, doch der spie es verächtlich aus. Nach der Mahlzeit zogen die Kinder in andächtiger Haltung in der Kirche an ihm vorbei. Der Kaiser warf eine Anzahl Äpfel vor ihre Füße, so daß sie darüber schreiten mußten; aber nicht einmal die Kleinsten reckten ihre Hände danach oder wandten ihren Blick den rotbackigen Früchten zu. Für die gute Zucht und Ordnung der Schüler verordnete der erstaunte Kaiser ihnen jährlich drei freie Spieltage.

Kaiser Konrad war, wie schon aus dieser hübschen Überlieferung hervorgeht, leutselig und freundlich; er war aber auch
ritterlich und uneigennützig, vor allem fehlte ihm die Selbstsucht,
die so oft hindernd zwischen die deutschen Fürsten und Stämme
trat. Wohl führte er scharfe Kämpfe mit den Sachsen, erkannte aber
deren Überlegenheit unter den deutschen Stämmen an und sorgte
der schönen Sage gemäß bei seinem Tode dafür, daß die Sachsen-
herzoge den Thron einnahmen.

379.
Eberhard von Franken

Kaiser Konrad schickte seinen Bruder Eberhard von Franken mit
einem Heere nach Sachsen, um König Heinrich I. mit Krieg zu
überziehen. Eberhard lagerte sich vor der Festung Eresburg und
berannte sie hart. Heinrich selbst wollte Hilfstruppen herbeiholen,
um die Stadt zu entsetzen, übergab deshalb den Oberbefehl an den
verständigsten und freudigsten Kriegsmann und befahl ihm, sich bis
zu seiner Rückkehr stille zu verhalten, soviel es sich tun ließe. Weil
deshalb die Belagerten nie einen Ausfall machten, ließ Herzog
Eberhard höhnische und üppige Worte vernehmen, wo denn nun
die stolzen, frechen Sachsen wären, wenn sie Mannesmut hätten,
sollten sie sich doch herausmachen und wie zuvor im Felde sehen
lassen, denn er hätte Lust, mit ihnen zu streiten, und wollte ihnen
Arbeit genug geben.

Doch die Sachsen kamen, ehe er es gedacht hatte, und fielen ihn
an, daß er wünschte, sie wären gar ausgeblieben. Als er sich's am
wenigsten versah, überraschten sie ihn und lieferten ihm eine
Schlacht, wo so viele Franken tot blieben, daß ein Reim sagte:

> Eine so weite Hölle findet man kaum,
> Da alle diese Toten haben Raum.

So wurde Herzog Eberhard seine vorigen übermütigen Sorgen
los, er mußte mit neuen Sorgen für seine eigene Person die Flucht
nehmen. Das geschah im Jahre 916.

Sein königlicher Bruder suchte die erlittene Schmach wieder abzuwischen und eilte selbst mitten im Winter mit einem Heere herbei, worüber folgende Sage geht.

380.
Thiadmars Kriegslist

König Konrad I. versammelte nach der Niederlage seines Bruders Eberhard bei Eresburg ein neues Heer und zog den Sachsen selbst entgegen, die sich unter Heinrich in die Festung Grona zurückgezogen hatten. Konrad sandte eine Botschaft an Heinrich, forderte ihn zu freiwilliger Ergebung auf und sagte, er werde ihn als Freund empfangen, nicht als Feind. Während die Gesandten diese Botschaft an Heinrich ausrichteten, kam sein Freund Thiadmar, ein der Kriegskunst kundiger und sehr listiger Mann heran. Er war aus fernen Landen zurückgekehrt und überschaute mit einem Blick die ganze Lage, wollte aber verhindern, daß sein Herr mit den verhaßten Franken Freundschaft schlösse; darum fragte er in Anwesenheit der Königsboten sogleich, wo sein Heer das Lager aufschlagen sollte. Als Heinrich von einem Heere hörte, wurde er guten Mutes; er war schon willens gewesen, sich den Franken zu ergeben. Aber Thiadmar hatte absichtlich trügerisch gesprochen, in Wirklichkeit hatte er nicht mehr als fünf Mann mitgebracht. Als sich Herzog Heinrich nach der Zahl seiner Mannen erkundigte, sagte Thiadmar, er führe gegen dreißig Haufen herbei. Die Königsboten waren Zeugen der Unterhaltung und mußten enttäuscht zu Konrad zurückkehren, der aus Furcht vor dem nun unvermeintlich vergrößerten Heere Heinrichs sein Lager verließ und wieder in die Heimat zog.

381.
Konrad von Franken und
Heinrich von Sachsen

König Konrad I. hatte in Bayern mit Arnulf gestritten und war verwundet aus dem Kampfe zurückgekehrt. Als er fühlte, daß sein Glücksstern unterging, rief er seinen Bruder zu sich und sprach:

„Lieber Bruder, ich fühle, daß ich dieses Leben nicht länger erhalten kann, da es Gott nach seinem Ratschluß so gebeut und die Macht der Krankheit mich bezwingt. Deshalb rate ich dir, sorge für das ganze Frankenland, indem du auf meine Worte achtest. Wir können, lieber Bruder, Truppen und Heere aufbieten und anführen; wir haben Burgen und Waffen und auch die Zeichen der königlichen Herrschaft und alles, was die königliche Würde erfordert, nur kein Glück und keine Befähigung. Das Glück samt der herrlichsten Befähigung steht aber auf seiten Heinrichs des Sachsen, und darum liegt das Heil des Reiches in der Sachsen Hand. Nimm also die Zeichen der königlichen Würde, die heilige Lanze, die goldene Spange nebst dem Mantel, das Schwert und die Krone der alten Könige, gehe hin zu Heinrich und mache Frieden mit ihm, damit du ihn immer zum Verbündeten haben mögest! Denn warum soll das Frankenvolk samt dir vor Heinrich hinsinken? Er wird in Wahrheit ein König sein und Herrscher vieler Völker!" Eberhard erwiderte unter Tränen, er wollte tun, was sein Bruder ihm gesagt habe, und begab sich nach Konrads Tode (31. Dezember 918) zu Heinrich, stellte sich ihm mit allen seinen Schätzen zur Verfügung, schloß Frieden und erwarb sich dessen Freundschaft, die er bis an sein Ende treu und vertraulich bewahrte.

Sagen
Österreichs

382.
Barbarossa im Berge

Steigt man zwischen Kleblach und Lengholz, unweit Lind im oberen Drautale Kärntens, am linken Flußufer auf den Hügel hinauf, so kommt man alsbald in der Richtung gegen das Kreuzeck auf eine Hochfläche, wo der Erdboden unter den Schritten ganz dumpf und hohl klingt. Das soll von den unterirdischen Höhlen im Innern des Berges herrühren. In einer dieser Höhlen liegen die Kriegsscharen Barbarossas verborgen und schlafen. Es ist aber nur ein Teil seiner Heeresmacht hier, die sich auch noch in zwei andern Bergen aufhalten soll.

Einmal ging der Sohn des Seifensieders von Blaßnig von der alten Kirche zu Lind allein nach Hause. Es war in der heiligen Nacht nach der Mette. Als er die Hochfläche betrat, sah er Krieger in großer Zahl aufmarschieren. Ihre Waffen glänzten im Mondlichte, und er vernahm ganz deutlich eine kriegerische Musik. Er war von dem Anblick überrascht, lief schnell zur Koflerhütte und weckte seinen Kameraden, den Koflersohn.

Nun sahen beide dem wunderbaren Schauspiele zu, bis die Kriegsschar mit klingendem Spiel abzog und im Walde verschwand. Am nächsten Tage erzählten sie alles ihren Nachbarn, und einige von ihnen konnten es bestätigen; denn sie hatten gleichfalls die Erscheinung gesehen und die Musik gehört.

Von Salzburg bis Villach im Kärntner Drautale, so erzählt die Sage, ziehen sich die unterirdischen Klüfte des Untersberges hin. Darin sitzt Kaiser Friedrich Barbarossa mit seinen Getreuen, und alle schlafen und warten auf ihre Erlösung. Öfters sind auch schon gewöhnliche Sterbliche in das unterirdische Reich gekommen. Zwölf Tore führen in den Untersberg, und eines davon soll in der Gegend von Villach zu finden sein.

Ein Fuhrmann hatte mehrere Fässer Wein auf seinem Wagen, da trat ihm ein Untersberger in den Weg und verlangte den Wein. „Gegen reichliche Bezahlung", so sagte er. Der Fuhrmann war einverstanden und fuhr mit dem Männlein. Da kamen sie mitten im Walde zu einem schönen Marmortor, auf dem in Goldbuchstaben der Name Untersberg stand. Eine schöne Straße führte in den Berg hinein, das Tor war aber „verblendet" und daher nicht für jeden sichtbar. Endlich kamen sie zu der Stelle, wo Kaiser Friedrich schlief. Sein Bart ging schon zweieinhalb Mal um den steinernen Tisch, an dem er saß.

Der Fuhrmann fragte, wann er denn erwachen werde, und der Untersberger antwortete: „Wenn der letzte Glaubenskrieg kommt." Danach gingen sie rings um den Berg, und überall sahen sie zu beiden Seiten der Straße Krieger in voller Waffenrüstung liegen und schlafen. Da zog der Fuhrmann einem der Männer das Schwert zur Hälfte aus dem Gehänge, und sogleich erwachte dieser und rief: „Ist es Zeit?" „Nein", sagte der Unterberger und stieß das Schwert zurück. Dann wandte er sich gegen seinen Begleiter und sagte: „Mensch, laß die Schwerter unberührt, sonst ergeht es dir schlimm!" Der Krieger aber fiel zurück und schlief weiter. Als der Fuhrmann endlich wieder aus dem Berge herauskam, waren sieben Jahre der irdischen Zeit verstrichen.

Östlich vom Kamme der Saualpe im Osten Kärntens, gegen das Lavanttal zu, liegen drei kleine Seen. In ihrer Tiefe dehnt sich ein Reich aus, in das nur große Helden nach ihrem Tode aufgenommen werden. Dort herrscht Kaiser Rotbart. Er sitzt an einem steinernen Tisch, und um ihn herum sitzen seine Tapferen. Neben ihm steht der Trompeter und wartet, bis der Kaiser winkt; dann stößt er in sein Horn und gibt allen ein Zeichen, daß sie sich erheben.

Der Bart des Kaisers ist um den Tisch gewachsen; aber erst dann, wenn er dreimal um den Tisch geht, ist die Zeit des Erwachens da. Dann wird die Trompete erschallen, und neue Völker werden auferstehen, die Seen werden aus ihren Ufern treten und das Tal überschwemmen. Nach dem Ablaufen des Wassers wird ein Krieg entbrennen, wie ihn die Welt noch nicht erlebt hat. Allen voran reitet Barbarossa, in seiner Rechten schwingt er das Schwert, und so führt er seine Getreuen zum Kampfe. Er wird siegen und wird Herrscher sein über das neue Reich.

383.
Kaiser Karls Raben

In den Tiefen des Salzburger Untersberges schläft Kaiser Karl der

Große. Von Zeit zu Zeit erwacht er und mit ihm sein Gefolge. Dann eilt ein Edelknabe zum Geiereck, um zu sehen, ob die Raben noch um den Berg fliegen. Sobald es der Fall ist, und der Edelknabe davon Kunde bringt, neigt der Kaiser mit einem leisen Wehruf sein Haupt und versinkt samt seinem Gefolge wieder in Schlaf.

Wenn vierundzwanzig Raben, nicht mehr und nicht weniger, um den Berg kreisen, erwacht Kaiser Karl gleichfalls. Aber es ist dann für ihn noch immer nicht die Zeit gekommen, den Berg zu verlassen, sondern er muß noch so lange auf seine Erlösung warten, bis der Zwergenstein gefunden ist, der die Kraft hat, alle Zwerge des Untersberges in irdische Menschen zu verwandeln. Erst dann kehrt er auf die Welt zurück.

In seiner Rechten hält der Kaiser beständig ein großes goldenes Zepter. Gelänge es irgend jemand, ihm diese zu entwinden und damit drei Streiche gegen den Berg zu führen, so wäre das Erlösungswerk vollbracht und der Bann gebrochen, der auf Karl und den Seinen lastet. An der Spitze seines Heeres würde er dann aus dem Untersberge hervorbrechen und der allgemeine Weltkrieg beginnen. Dann wäre auch der Jüngste Tag nicht mehr fern.

384.
Das Weltende

In Oberösterreich wird erzählt: Gegen das Ende der Welt bricht ein Krieg aus, der letzte, aber auch der schrecklichste, so kurz er auch sein wird.

Plötzlich ist er da und tobt durch das ganze Land, so daß der Bauer auf dem Felde nicht mehr Zeit hat heimzugehen; er greift nur nach dem Pflugeisen und dem Reitl und wehrt sich.

So kurz wird der Krieg sein, daß einer, der einen Laib Brot und ein Randstück vom Brotlaib in den Kampf mitnimmt, sich gar nicht erst bücken soll, wenn ihm der Laib hinabfällt; er hat mit dem Brotstück genug.

Es kommen aber nur wenige mit dem Leben davon. Ist der Krieg zu Ende, so bricht ein großer Brand aus, der die ganze Welt, sogar die Steine, zu Asche brennt.

385.
Der verschwundene Hochzeitszug

Im Salzburgischen ging einmal ein reiches Brautpaar samt einigen Hochzeitsgästen aus dem Heimatdorf des Bräutigams in ein anderes, wo die Eltern der Braut wohnten. Dort wollten sie die Hochzeit feiern. Sie waren alle herzhaft fröhlich und sangen zu dem Spiel der Musikanten, die vor ihnen daherzogen. So kamen sie zum Untersberg. Da fing einer aus dem Zuge zu erzählen an, daß in diesem Berg ein Kaiser mit einem großen Heere verschwunden sei und daß man seither in dieser Gegend schon öfters Geister bemerkt habe, die den Vorüberziehenden Geschenke austeilten. Sogleich rief der Bräutigam, es möchte ihnen doch auch einer etwas schenken. Da öffnete sich auf einmal der Berg und ein graues Männlein mit weißem Haar erschien und zeigte ihnen eine Tür, die ins Innere führte. Das Brautpaar und seine Gefolgschaft gingen voll Neugierde hinein. Sie kamen durch eine Reihe schöner Zimmer, und in einem davon stand eine gedeckte Tafel mit Speisen und Getränken im Überfluß. Sie setzten sich alle zu Tisch, und da sie Hunger und Durst hatten, so genossen sie nach Herzenslust von allem. Bald nach dem Mahle schliefen sie ein.

Als sie erwachten, führte sie der Berggeist wieder hinaus. Aber siehe da, trotzdem es heller Tag war, war ihnen die Gegend ganz fremd, und die Leute, die ihnen begegneten, verstanden ihre Sprache nicht. Ja, es war ihnen, als ob sie in einem fremden Lande wären. Nach einiger Zeit kamen sie in ein Dorf. Sie fragten, wie der Ort heiße, und als sie den Namen hörten, wußten sie, daß es derselbe war, aus dem sie am Hochzeitstage weggegangen waren. Ihre Häuser fanden sie aber nicht, ja, es standen ganz neue an dem alten Platz. Sie gingen darauf zum Pfarrer und fragten ihn, wie denn das alles zuginge. Der schlug die Bücher auf und fand endlich, daß vor hundert Jahren ein junges Brautpaar samt einigen andern Leuten spurlos verschwunden sei.

386.
Der Schatz auf der Hohenburg

Im Schloßhügel von Hohenburg bei Igls nächst Innsbruck liegt schon seit uralter Zeit ein Schatz verborgen, der hat früher manchmal als hoch auflodernde Flamme „geblüht".

Einmal waren die Leute in der heiligen Nacht in die Christmette nach Igls gegangen, und nur ein altes Weib war in dem Bauernhause bei der Hohenburg zurückgeblieben. Auf einmal sah die Alte das ganze Schloß erleuchtet. Weil ihr das Licht ausgegangen war und sie das Feuerzeug nicht finden konnte, so ging sie zum Schlosse hinüber, um von dort Feuer zu holen.

Sie kam in ein Zimmer und sah eine Frau vor einem Kohlenfeuer sitzen. Sie bat die Frau um Licht, diese lächelte freundlich und trug der Alten auf, die Schürze auszubreiten. Die Bäuerin tat es, und nun griff die Frau in die glühenden Kohlen und warf der Alten ein paar in die Schürze. Das Weib erschrak heftig und schüttete die Glut wieder aus, weil sie fürchtete, daß ihre Schürze verbrenne.

Da seufzte die Frau tief auf und sagte: „Hättest du die Kohlen nach Hause getragen, so wären sie zu Gold geworden und ich wäre erlöst." Darauf wurde es wieder finster, und das Weib ging traurig heim.

387.
Das versunkene Dorf

In dem Seitental des Lechtales, wo jetzt die Alpe Almajur liegt, stand einst ein schönes Dorf. In der Nähe war ein Silberbergwerk, in dem die meisten Leute aus dem Dorfe arbeiteten, wodurch sie steinreich wurden. Aber der Reichtum machte sie stolz und übermütig, und in ihrer Ausgelassenheit wußten sie oft gar nicht, was sie beginnen sollten.

So schlossen sie einmal am hellen Tage alle Türen und Fensterläden; denn sie brauchten nicht Gottes Licht, so sagten sie, und könnten sich ihre Stuben und Säle selbst beleuchten.

Endlich war das Maß ihrer Frevel voll, und das ganze Dorf versank in einer stürmischen Nacht, so daß man keine Spur mehr davon erblickte.

Lange Zeit nachher ging einmal ein Mann aus dem Dorfe Hägerau noch spät nachts an diesem Orte vorbei. Zufällig kam er in einen unterirdischen Gang, zündete eine Kerze an, die er bei sich hatte, und kam bis in das Chor der versunkenen Kirche.

Als er aber den Hochaltar erblickte, der in schönstem Schmucke dastand und auf dem die Silberleuchter funkelten, war er starr vor Staunen. Er faßte sich aber wieder, nahm einen Leuchter, besah alles genau und trat den Rückweg an.

Als er eben aus der Kirche hinausgehen wollte, erblickte er im hintersten Betstuhl einen alten Mann, der so dasaß, als ob er schliefe. Er richtete sich aber sogleich auf, als der Hägerauer näherkam, und fragte ihn um das Jahr der Zeitrechnung.

Der Mann sagte es ihm; aber der Alte seufzte und sprach: „Es ist noch nicht Zeit;" dann sank er wieder auf die Bank zurück. Da packte den Mann die Furcht, er stürzte hinaus und lief über Stock und Stein nach Hause. Er erzählte sogleich alles, was er gesehen und gehört hatte, seinem Weibe und zeigte ihr den kostbaren Leuchter. Dann legte er sich zu Bette, aber aus dem Schlafe erwachte er nicht mehr.

388.
Die Schlangenkönigin

Zu Schnifis bei St. Gerold in Vorarlberg erzählt man von den „Odern" (Nattern), die ein goldenes Krönlein auf dem Kopf haben. Ein Hirtenbub entdeckte einmal ein ganzes Nest von solchen Nattern. Eine davon trug ein besonders schönes Krönlein. Das funkelte wie ein Diamant. Die Nattern lagen gerade so übereinander, daß sie den Buben nicht bemerkten.

Er schlich näher hinzu, um das Krönlein der Königin zu erhaschen und sah, wie sie zu einem Brunnen kroch und vor dem Trinken das Krönlein ablegte. Im Nu erhaschte er die wunderschöne Krone und machte sich schnell auf und davon, den Berg hinunter nach Schnifis zu.

Als er schon weit unten war, bemerkte die Natter, daß ihr die Krone fehlte, und eiligst schoß sie dem Buben nach. Es wäre ihm übel ergangen, wenn er nicht die Krone weggeworfen hätte und schnell hinuntergelaufen wäre. So wenig als der Schifiser Bub, hat sonst jemand ein „goldi Krönele" erwischt. Die Nattern dürfen es nicht zurücklassen, sie wehren sich auf Tod und Leben.

Einmal gingen mehrere Leute von St. Georgen (Oberösterreich) ins Nachbardorf Beinberg zum Kirchweihfest. Da mußten sie auch an einem Teich vorüber. Die meisten hatten ihn schon hinter sich, da rief einer, der zurückgeblieben war, plötzlich aus: „Seht her, was da liegt!" und er hob etwas Glänzendes vom Boden auf. Das Ding sah wie eine Krone aus, und alle, die zurückgeeilt waren, mußten sich darüber verwundern.

Einer von ihnen, ein alter Mann, hatte es kaum erblickt, so rief er: „Lauft, soviel ihr könnt, und verliert es nicht! Es ist von einer Schlangenkönigin die Krone und mehr wert als ein Königreich." Sogleich rannten alle davon, denn es wußte jeder, daß er verloren sei, sobald die Schlangenkönigin den Verlust entdecke und den Räuber noch in ihrem Gebiete finde.

Sie waren schon nahe bei der Grenze, als sie einen seltsamen Pfiff hörten. Von allen Seiten erhoben sich die Schlangen und schossen den Flüchtigen nach. Sie taten aber keinem ein Leid und verfolgten nur den, der die Krone hatte. Dieser gewann einen kleinen Vorsprung und glaubte schon, der Gefahr entronnen zu sein. Gerade wollte er den letzten Vorsprung über einen kleinen Bach tun, als sich eine große Schlange um seine Füße wand. Er zog rasch sein Messer, um sich freizumachen, es war aber zu spät. Mehrere Schlangen hatten ihn schon erreicht und ringelten sich um seinen Körper. Er fiel zu Boden. Sie zogen sich nun immer fester zusammen, und er glaubte schon, seine letzte Stunde sei gekommen, da fiel ihm ein, daß sie vielleicht von ihm ablassen würden, wenn er die Krone herausgäbe.

Das tat er, und kaum war die Krone zu Boden gefallen, so löste sich das Gezücht von seinem Körper und zog sich zurück. Eine der Nattern nahm die Krone und brachte sie der Königin. Inzwischen hatten sich die Leute beeilt, über die Grenze zu kommen, und von hier aus sahen sie dem Kameraden zu, konnten ihm aber nicht helfen. Ein zweiter hatte sich auch hinüber gewagt, und dem erging es ebenso. Nachdem nun die beiden befreit waren, begaben sich alle zum Kirchweihfest. Von dort gingen sogleich mehrere Männer mit geladenen Gewehren zu dem Platze hin, es war aber von den Schlangen nichts mehr zu sehen.

389.
Die Tödin bei der Quelle

In der Gegend von Feffernitz im Unterdrautal Kärntens, nördlich von Bleiberg, wurde seit jeher viel Flachs gebaut, und die Leute erzählen dort, daß in den Brechelhütten eine schwarze Frau in der Nacht Flachs spinne und dabei singe und lache. Je öfter man sie hörte, desto sicherer konnte man auf eine gute Flachsernte hoffen. Doch hüteten sich die Leute, des Nachts zu den Brechelhütten zu gehen, denn die schwarze Frau, so hieß es, sei niemand anderer als die Tödin und bestrafe jeden Neugierigen mit dem Tode.

Oft sah man dort nachts eine dunkle Gestalt, die huschte über die Moorwiesen des Dorfes hinunter zu einer Quelle am Ufer der Drau, die von dichtem Gesträuche umgeben war.

Einmal hörten mehrere Burschen aus dem Dorfe in später Nacht die Tödin an der Quelle waschen. Da schlich einer von ihnen, den die Neugierde plagte, ganz nahe zu ihr hin, um ihr zuzusehen. Auf einmal hörten seine Kameraden, die oben auf ihn warteten, einen Schlag und danach einen kläglichen Schrei. Da bekamen sie eine große Angst und liefen schnell ins Dorf zurück.

Als sie am nächsten Morgen nachschauten, sahen sie ihren Freund tot an der Quelle liegen. Noch heutzutage erzählt dort alt und jung von der Tödin, und jedermann fürchtet sich, in der Nacht zu der Quelle zu gehen.

390.
Das Donauweibchen

Die Nixen sehen wie Menschen aus, nur haben sie mitunter an den Zehen eine Schwimmhaut, oder sie tragen einen Schilfgürtel um den Leib. Oft erkennt man sie nur an dem nassen Saum ihres Kleides als Wassergeister; der Saum ist aber unmerklich.

Eine solche Nixe hatte bei Wien in den Tiefen der Donau ihren

Palast. Sie soll die Tochter des Donaufürsten gewesen sein, und es wird von ihr folgendes erzählt: In der Nähe des Stromes wohnte in einer ärmlichen Fischerhütte ein alter Fischer mit seinem Sohne. Der Vater war nicht wenig stolz auf den prächtigen Burschen, der das Handwerk beinahe schon so gut verstand wie er selber.

An einem Winterabend saßen die beiden Fischer in der warmen Stube beisammen, besserten ihre Netze aus und erzählten einander ihre Erlebnisse. Draußen war es eisig kalt, und der Strom sah wie eine riesige Eisfläche aus.

Der Alte redete viel vom Wassermann mit seinen grünen, spitzigen Zähnen und von den Nixen, die mit ihrem wunderbaren Gesang und Saitenspiel die Burschen bezaubern und betören, so daß sie ihnen willenlos in die Tiefe folgen und dem sicheren Tode verfallen.

Der Bursche wollte dies alles nicht glauben und schüttelte öfters den Kopf. Plötzlich ward es in der Stube taghell, und eine wunderschöne Jungfrau stand vor den beiden. Ihr schlanker Körper war in ein langes, weißes Kleid gehüllt, und in den Haaren trug sie weiße Wasserrosen.

Die beiden Fischer erschraken und fuhren von ihren Sitzen in die Höhe; sie aber sage: „Fürchtet euch nicht, ich meine es gut mit euch. Ich will euch nur vor den Schrecknissen warnen, die den Uferleuten bevorstehen. In wenig Tagen wird Tauwetter eintreten, und alles Eis wird in Stücke gehen. Die Fluten werden steigen und eure flachen Ufer überschwemmen. Verlaßt diese Gegend und bringt euch in Sicherheit!"

Die Fischer standen wie betäubt da. Ehe sie sich fassen konnten, war die wundersame Erscheinung verschwunden. Die Voraussage der Nixe traf ganz genau ein. In wenig Tagen waren die Uferlandschaften der Donau in einen endlosen See verwandelt.

Das gierige Wasser erbeutete bei Wien glücklicherweise nur leere Fischerhütten; denn die beiden Fischer hatten sogleich, nachdem ihnen die Nixe erschienen war, ihre Kameraden gewarnt und samt ihnen die Gegend verlassen. Gar oft gedachten die geretteten Fischersleute der gütigen Wasserfee, die so gnädig ihr Leben beschützt hatte, und alle Leute glaubten fest, das Donauweibchen selbst sei ihre Retterin gewesen.

Nach und nach fiel das Wasser. Als der Frühling in das Land kam, fingen die Fischer an, ihre Hütten wieder herzustellen. Jung und alt war voll freudiger Zuversicht; denn alle glaubten, die mächtige Wasserfee der Donau sei ihre Beschützerin und deshalb sahen sie auch getrost in die Zukunft.

Nur der junge Fischer war seit dem Tage, an dem er die schöne Nixe gesehen hatte, schwermütig und traurig und fand an nichts mehr Freude. Er hatte eine unstillbare Sehnsucht nach der Wasserfee und fuhr in seinem Kahn oft tagelang auf dem Strom und seinen Nebenarmen umher. Sein einziger Wunsch war, die Fee noch einmal zu sehen. Seinem Vater, der das alles bemerkte, wurde schrecklich bange; ihn erfüllten trübe Ahnungen.

Eines Tages sahen einige Fischer, die gerade auf dem Wasser beschäftigt waren, einen führerlosen Kahn daherschwimmen und zogen ihn an das Ufer. Der trostlose Alte erkannte ihn sogleich und wußte nun, daß die schöne Nixe seinen armen Jungen in die Tiefen des Stromes hinabgelockt habe. Seither hat niemand mehr das Donauweibchen gesehen.

Im Stadtpark zu Wien ist die schöne Wasserfee in Stein dargestellt, und man sieht, wie sie gerade mit entblößtem Oberkörper aus dem Wasser emportaucht. In den Falten ihres Gewandes hält sie einige gefangene Fischlein.

391.
Das Mühlmandl von Lichtenau

Ein Spielmann aus Haslach an der Großen Mühl in Oberösterreich ging einmal nach St. Oswald. Unweit des Schlößchens Lichtenau begenete ihm ein seltsames Männlein. Es hatte ein braunes Gesicht, und seine Haare und sein Bart waren wie die grünen Pflanzen, die man am Grunde der Mühl findet.

„Wohin gehst du?" fragte es den Spielmann. „Nach St. Oswald", antwortete dieser, „dort ist eine Hochzeit, und da soll ich geigen." „Laß die Oswalder", sagte der Zwerg, „die werden auch ohne dich tanzen. Komm mit mir, ich habe heute meine Hochzeit, da sollst du mir aufspielen."

Das Mandl führte ihn zur Mühl und ging mit ihm in das Wasser.

Sie kamen zu einem Tore, das sich von selber öffnete, und dann in einen Saal, der mit Zweigen und grünen Pflanzen aufgeputzt war. Viele Zwerge mit ihren Begleiterinnen am Arme schritten durch eine Tür herein, und der Tanz begann. Der Haslacher fiedelte den ganzen Tag, daß ihm seine Finger weh taten; endlich hatten die Zwerge genug und verließen den Saal. Der letzte aber kam auf ihn zu und sagte: „Begehre keinen Lohn und sage, du seiest mit dem zufrieden, was im Kehricht hinter dem Besen liegt."

Es dauerte nicht lange, so kam der Bräutigam wieder und fragte, was er denn für die Musik schuldig sei. „Ich bin mit dem zufrieden, was im Kehricht hinter dem Besen liegt", antwortete der Spielmann. „Gut gewählt", sagte lachend der Zwerg, „es sind nur drei Kreuzer. Nimm sie dir, bewahre sie aber gut auf, und sooft du Geld wünschest, schlage auf die Tasche, und du hast so viel, als du willst." Darauf führte das Mandl den Geiger aus dem Saale, und sogleich stand er wieder neben der Mühl auf der Wiese. Er wußte nicht gleich, ob er wache oder träume. Als er aber um sich sah, erblickte er das Schlößchen und weiter weg den Kirchturm von Haslach.

Er ging dem Orte zu, da kam ein Reiter auf einem prächtigen Schimmel vorüber. „Was kostet der Schimmel?" fragte der Haslacher. „Hundert Gulden", war die Antwort. Da schlug der Spielmann voll Erwartung auf die Tasche, in der die drei Kreuzer waren, und sogleich fühlte er, daß sie schwer war. Er holte die hundert Gulden heraus und kaufte den Schimmel.

Von nun an schlug der Spielmann fleißig auf seine Tasche und war bald ein reicher Mann. Er erwies den Haslachern viele Wohltaten und ließ auch rings um den Ort starke Mauern anlegen, die den Bewohnern gar oft, besonders in den Hussitenkriegen, gegen ihre Feinde sicheren Schutz boten.

392.
Der Kedntumpf

Der Kedntumpf ist ein Wasserbecken, das der Krumbach, östlich von der Koralpe an der kärntisch–steirischen Grenze, mit der Zeit im Felsen ausgehöhlt hat. Er schießt hoch herunter, daß es rauscht wie bei einen Donnerwetter. Was man hineinwirft, kommt wieder zurück, und deshalb glauben die Leute, daß das Wasser nichts leidet, nicht einmal einen Stein oder sonst etwas, und alles wieder hinauswirft. Oft haben Leute in dem Tumpfe einen Fisch gesehen, so groß wie eine Strohgarbe, aber niemand hat sich getraut, ihn zu fangen.

Einmal fischte ein Bursche an einem Sonntagvormittag im Bach und kam auch zum Kedntumpf. Er hielt die Angelschnur hinein, aber kaum hatte er das getan, so sprang ein Fisch aus dem Wasser heraus, der hatte lange Ohren und Augen, wie sie der Bursche noch nie bei einem Tiere gesehen hatte. Da bekam er eine Heidenangst und lief auf und davon. Aber das Tier war hinter ihm her, und er entkam nur mit Mühe über die Felsen hinauf, obwohl er zur selben Zeit noch flink war.

Der Kednbauer hatte eine Tochter, die war dreizehn Jahre alt und hatte ein schreckliches Laster: Sie fluchte sehr viel. Sie hütete die Schafe ihres Vaters und trieb sie am liebsten in die Nähe des Tumpfes, weil sie dort gar so gerne blieben. Einmal kam das Mädchen gar nicht nach Hause. Man glaubte, die Schafe hätten sich verlaufen, und sie traue sich nicht heim. Als sie aber am nächsten Tage auch nicht kam, ging man sie suchen; man fand aber nur die Schafe, die auch in der Nähe des Tumpfes ruhig weideten, das Mädchen aber fand man nicht. Man suchte und fragte, aber niemand hatte von ihr etwas gesehen oder gehört.

So vergingen sieben Jahre. Da kam auf einmal die Tochter wieder, sie hatte aber einen langen Strick um den Hals. Sie habe damals in der Nähe des Tumpfes auf einem Felsen gespielt, so erzählte sie, da sei aus dem Wasser plötzlich der Wassermann gekommen und habe sie mit in den Tumpf genommen. Die ganze Zeit habe sie da unten zugebracht, jetzt aber habe sie es nicht mehr ausgehalten und habe ihn so lange gebeten, sie noch einmal nach Hause zu lassen, bis er einwilligte. Den Strick aber habe er ihr um den Hals gegeben, und wenn er das erstemal zupfe, müsse sie über die Schwelle sein, beim zweitenmal aber über den Triftzaun.

Jetzt fiel sie ihrer Mutter um den Hals und bat sie, sie möchte ihr doch helfen, daß sie nicht mehr zurückmüsse, es sei gar zu schrecklich im Wasser unten. Die Mutter machte nun den Strick los und band ihn um einen Nußbaum, der im Hofe stand und wohl so dick war wie ein Faß. Die Tochter aber gab sie in den Stall zu einer kohlschwarzen Sau, denn da konnte der Wassermann nicht hinein. Als es nun das erste Mal zupfte, merkte man noch nicht viel; beim zweiten Mal bewegte sich schon der Wipfel des Baumes, beim dritten Mal aber riß es ihn um, wie wenn es nur ein Zaunstecken gewesen wäre.

In der Nacht kam der Wassermann selber, und da ging es so schrecklich zu, daß die Leute glaubten, alles gehe zugrunde. Als er aber sah, daß er nirgends hineinkonnte, warf er ein und ein halbes Kind beim „Rauchfenster" hinein und verschwand. Knietief war um den Stall alles ausgetreten, aber hinein war er doch nicht gekommen.

393.
Das Blümlein Widertod

In der Schlucht von Croisbach, am linken Donauufer oberhalb Spitz in Niederösterreich, stand vor Zeiten eine Mühle. Ein Müller, der dort hauste, hatte eine kranke Frau, die seit Jahren siech daniederlag. Alle Ärzte weit und breit hatte er schon um Rat gefragt, aber es war umsonst, es ging ihr mit jedem Tag schlechter. Die Leute sagten, es könne ihr nur das Wunderblümchen Widertod helfen, wenn es um Mitternacht bei Vollmondschein mit reinem Herzen und reiner Hand hoch oben am Jauerling gepflückt werde.

Es sei aber so selten, daß nicht einmal ein Sonntagskind hoffen dürfe, es zu finden. Doch sei es das einzige Kräutlein, das den Tod sicher banne.

Das hörte die Tochter der Müllersleute, ein dreizehnjähriges Mädchen, und weil sie ihr Mütterchen über alles liebte, so machte sie sich gleich in der nächsten Vollmondnacht auf, um das Blümlein zu suchen.

Spät abends stieg sie durch die Schlucht des Croisbaches hinauf, immer höher und höher, und achtete nicht der Mühen des Weges und der Schrecknisse des Waldes, sie hatte nur eines im Sinne, ihr Mütterlein wieder gesund zu machen.

Als sie so dahineilte, stand sie auf eimal vor einem herrlichen

Schlosse. Sie ging hinein, da kam ihr eine wunderschöne Frau entgegen, grüßte sie liebreich und führte sie durch einen wahren Zaubergarten in einen prächtigen Saal. Darin spielten viele, viele Kinder, und das Mädchen sah ihnen an, daß sie alle froh und glücklich waren.

Die schöne Frau war aber niemand anders als die Bergkönigin selber; und weil ihr das Mädchen so gut gefiel, so lud sie es ein, bei ihr im Schlosse zu bleiben, da sei sie von aller Not und Kümmernis befreit und genieße Freude und Glückseligkeit ohne Ende.

Für die Müllerstochter war das alles in höchstem Maße verlokkend; denn sie hatte eine solche Pracht noch nie gesehen und sehnte sich nach Glück und Freude. Aber sie dachte gar nicht daran, hier länger zu verweilen, und hatte kein Auge für die schönen Dinge, die in dem herrlichen Saal zu sehen waren. Ihre Gedanken waren auf nichts anderes gerichtet als auf ihre kranke Mutter und auf das Blümlein Widertod. Darum bat sie die schöne Frau, ihr nicht zu zürnen, daß sie nicht bleiben könne, und ihr das Blümlein zu schenken; denn ohne ihr Mütterchen hätten alle Herrlichkeiten der Welt für sie keinen Wert.

Und weil sie der Versuchung widerstand und mit solcher Liebe an ihrer Mutter hing, bekam sie von der Bergkönigin das Wunderblümchen und obendrein noch viele herrliche Geschenke. Als sie aber heimkam, fand sie ihr Mütterchen gesund und fröhlich wieder.

394.
Die Berchtra

Die Berchtra oder Perchtl ist ein riesiges Weib, hat nur Lumpen oder ein Tierfell am Leibe und trägt am Rücken eine Kuhschelle aus Messing und in der Hand eine Ofengabel. So erzählt das Volk in Kärnten. Am Perchtltag, dem Vorabend des Dreikönigstages, durchzieht sie mit ihrem Gefolge die Dörfer und erweckt Neugierde und Schrecken, besonders unter den Kindern. Den braven schenkt sie Nüsse und Bäckerei, widerspenstige und unfolgsame nimmt sie mit sich und knirscht dabei mit ihren langen Zähnen wie eine Hexe. Im Gehen ruft sie: „Kinder woder Speck, derweil geah i nit weck!" Darum gibt man ihr auch hier und da Speck, Wurst oder Mehl und dergeichen.

Am Perchtltage soll man Mohnkuchen essen. Wer das nicht tut, dem schneidet die Perchtl den Bauch auf und stopft ihn mit Häckerling und Sägespänen voll. Nicht selten sieht sie sich den Rocken der Spinnerinnen an, und wenn noch Werg daran hängt, so verdirbt sie jedes Gespinst. Oder sie nimmt das Werg herab, wickelt es um den Finger der Spinnerin und verbrennt es daran. An diesem Tage werden im ganzen Lande die Häuser und die Stallungen ausgeräuchert, indem man Weihrauch und Speik auf die Glutpfanne streut und mit geweihter Kreide die Anfangsbuchstaben von den Namen der heiligen drei Könige an die Türen geschrieben, damit nicht die gefürchtete Berchtra über die Schwelle trete und Unheil stifte.

In manchen Gegenden, so im Mölltale, erscheint sie als grausliches Weib in einem Tigermantel und ohne Kopf. Zeigt sie sich mit dem Kopfe, so hat sie Augen wie Glasscheiben. Sie erschien aber auch schon als ein Haufen von Ästen, als „Labdrift'n" und als grauer „Wuzel" voll Schellen. Wenn sie von den in der Dreikönigsnacht aufgestellten Speisen kostet, oder wenn nachts der Himmel klar ist, so gibt es ein gutes Jahr. Wo man aber an ihrem Abende zu räuchern vergißt, da erscheint sie wie bei einem Bauern in der Fragant, wo sie des Nachts einen Menschen aus dem Hause holte. Als sie ihn am Morgen wieder brachte, war er tot und hatte fremde Blumen an den Händen und Füßen. Wahrscheinlich hatte sie ihn in ferne Länder getragen.

Bisweilen spannt sie auch eine Kette um den ganzen Ort, so daß die Leute weder heraus- noch hineinkönnen. Erst durch allerlei fromme Verrichtungen wird der Bann gelöst. Besonders gefürchtet ist das unheimliche Gelichter, das mit ihr zieht und das man weder durch fromme Lieder noch durch Bannsprüche verscheuchen kann. Diese greulichen Gäste kamen oft in die Häuser, in denen nicht geräuchert worden war, rissen mißratene Kinder heraus und sprangen mit ihnen im Mondschein über die Zäune, ja sogar über Bäume. Oft fand man die Kinder im Schnee wieder, manchmal aber war keine Spur mehr von ihnen zu entdecken. Im Glantale heißt es, man höre die Berchtra oft in der Nacht am Flusse waschen. Sie erschreckt dort auch gern die Weiber und Mädchen, die am

Samstag nach Feierabend noch waschen.

395.
Die Perchtl und der Knecht

Eine Bäuerin in Kallwang, im Nordosten von Leoben in Steiermark, hielt die Frau Perchtl hoch in Ehren, weil sie sich der unschuldigen Kinderseelen so liebreich annahm, und sorgte dafür, daß in der Perchtlnacht der Tisch stets mit frischem Linnen gedeckt sei, stellte jedesmal eine volle Schüssel Milch hin und legte mehrere Löffel dazu. Auch sagte sie ein Segensprüchlein für die Frau Perchtl und für die armen Seelen der Kinder. Um Mitternacht, wenn die Hausbewohner schliefen, kam dann die Frau Perchtl auf den Bauernhof zu, und hinter ihr gingen in einem langen Zuge die Kinder. Sie ging ins Zimmer, setzte sich mit ihnen zum Tische und jedes bekam etwas von der Milch.

Die Bäuerin hatte aber einen spottlustigen, neugierigen Knecht, der lachte immer, sobald von der Frau Perchtl die Rede war, und nahm sich vor, sie zu belauschen. Er glaubte aber nicht, daß an dem Gerede etwas Wahres sei.

Da kam die Dreikönigsnacht wieder heran, und die Bäuerin richtete in der Stube für die Frau Perchtl und ihre Kinder alles her. Gegen Mitternacht versteckte sich der Knecht in der Kammer daneben und schaute durch das Schlüsselloch unverwandt in das Zimmer und auf den Tisch.

Auf einmal ging die Türe auf, und die Frau Perchtl trat in die Stube, diesmal als uraltes Weiblein mit unzähligen Runzeln im Gesicht und mit schneeweißen Haaren, und hinter ihr kam eine riesige Kinderschar, so daß der Knecht glaubte, es hätten gar nicht alle Platz in der Stube. Jetzt sah der Knecht ein, daß es mit der Frau Perchtl doch seine Richtigkeit habe, und es wurde ihm angst und bange, und er wäre gern weit weg gewesen. Die Perchtl wußte aber, daß sie belauscht werde, und sagte zu einem der Kinder: „Decke die Lücke zu!"

Als der Knecht diese Worte hörte, war es ihm, als fahre ihm plötzlich etwas über das Gesicht; und von diesem Augenblick an sah er nichts mehr. Am Morgen erzählte er den Leuten, was für ein

Unglück ihm widerfahren sei, und da wurde ihm geraten, in der nächsten Perchtlnacht an denselben Platz zu gehen und durch das Schlüsselloch zu schauen, vielleicht werde ihn dann die Perchtl wieder sehend machen.

Das Jahr verging, und es kam wieder die Dreikönigsnacht. Nun befolgte der Knecht den Rat und lauschte bei der Türe. Kaum war er an seinem Platz, so hörte er, wie die Haustüre aufging und unzählige Füßchen über den Boden trippelten. Danach sprach die nämliche Stimme wie im Vorjahr: „Decke die Lücke wieder auf!" und jetzt sah der Knecht auf einmal den Tisch und das Licht darauf und die Milchschüssel mit den Löffeln daneben. Sonst aber war im Zimmer niemand mehr zu erblicken.

396.
Das Fräulein von der Ruckburg

Auf dem Ruckberg wohnte vor Zeiten ein Fräulein, das war die Schönste in der Gegend. Eine Menge Ritter begehrten sie zur Frau, aber das Fräulein war immer so seltsam ernst und wollte keinen von den Rittern zum Manne nehmen.

Einmal ging sie am Abend spazieren, da traf sie eine Bettlerin, die gerade hart am Wege saß und strickte. Das arme Weib klagte dem Fräulein ihre Not und weinte dabei und erzählte, was sie schon mitgemacht habe in ihrem traurigen Leben.

„Ihr würdet es nicht glauben, gestrenges Fräulein", sagte sie, „was ich all mein Lebtag gelitten habe! Aber Ihr wißt eben nicht, was Kummer und Sorge ist!"

Diese Worte verdrossen das Fräulein ein wenig, und sie antwortete: „So sag mir, was Kummer und Sorge ist!" und gab dem Weiblein ein Geldstück.

Das Bettelweib aber gab dem Fräulein das Knäuel Garn und sagte: „Da, traget das Knäuel in den Tannenwald hinauf, bis Ihr die Seele vom Knäuel findet, dann erfahret Ihr bestimmt, gestrenges Fräulein, was Kummer und Sorge ist."

Das Fräulein nahm das Knäuel und ging munter in den Tannenwald hinauf und wickelte dabei in einem fort das Knäuel ab.

Inzwischen fing es an langsam zu dämmern, und als die Dunkelheit da war, ging das Knäuel aus, und dem Fräulein blieb eine Baumnuß in der Hand, um die der Faden gewickelt war; und die Baumnuß war die Seele des Knäuels, und das Fräulein sah jetzt freilich ein, was Kummer und Sorge sei. Denn das zarte Wesen stand jetzt in einem schwarzen Tannenwald mutterseelenallein, wußte keinen Weg und keinen Steg zum Schloß zurück, hatte Hunger und Durst, nichts zu essen und zu trinken, wollte schlafen und hatte kein Bett, wollte sich wärmen und hatte keine Stube.

Da fing sie zu weinen an und gelobte, in ein Kloster zu gehen, wenn sie wieder zu Leuten käme.

Darauf ging sie weiter, zwischen den Tannen und Föhren hindurch, und betete vor sich hin, und die kalte Nachtluft zerzauste ihr die Locken.

Mit einem Male sah sie ein Lichtlein durch die Tannen flimmern und schrie auf vor Freude und ging auf das Lichtlein zu und kam zu einer Hütte und klopfte.

Ein altes, buckliges Weiblein mit einem Licht in der Hand machte ihr auf.

„Nimm mich auf über Nacht", sagte das Fräulein, „ich habe mich verirrt und finde nicht mehr heim."

„Nun, so sei es", sagte das Mütterlein und führte das Fräulein in die Stube. „Aber", so setzte sie hinzu, „das Ding ist nicht sicher, ich fürchte, der Jäger kommt; das ist ein wilder, ungeschlachter Kerl, der keinen Menschen leiden will. Nur mir tut er nichts, ich sei schon geschlagen genug, sagt er, mit meinem Buckel. Tageweise geht er fort und macht Jagd auf Hochwild, und so Gott will, kommt er in dieser Nacht nicht mehr heim."

Das Fräulein horchte auf und atmete schwer vor Kummer und Sorge.

Auf einmal hörte man draußen bellen und heulen, und der Jäger war vor der Hütte und fluchte. Das Fräulein war ganz weiß vor Schrecken, sprang auf und wollte fliehen; aber unter der Tür erblickte sie der Jäger, nahm einen Säbel und hieb ihr das flatternde Haar ab.

Das Fräulein war froh, daß ihr der Kopf noch oben geblieben war, und lief weiter, in den Wald hinein.

Das geschah im Herbst. Aber der Jäger war von dieser Zeit an nicht mehr derselbe wie sonst. Das Bild des Fräuleins kam ihm jetzt, nachdem sein Zorn verraucht war, immer und immer wieder vor die Seele. Er machte Kränze und Blumen aus ihrem Haar und sah oft und oft all diese Sachen an und weinte.

„Weib", sagte er eines Tages zu dem alten Mütterlein, „mich treibt es jetzt weiter, ich gehe in die Welt und suche das Fräulein; ich kann das Leben nicht mehr ertragen ohne sie."

Und der Jäger zog mitten im Winter fort und ging auf gut Glück von Schloß zu Schloß. Aber er fand nirgends die eine, die er suchte, und die ihm jetzt in der Erinnerung wie ein Engel erschien.

Endlich kam er im Schwabenland zu einem Kloster und bat um ein bißchen warme Suppe. Und wer gab sie ihm? Das Fräulein von der Ruckburg, der er zugetan war, wie wenn sie seine Braut gewesen wäre.

Weiß wie die Wand waren beide, als sie einander ansahen, und die Klosterschwester schlug schnell wieder die Türe zu. Der Jäger aber lag am andern Morgen erfroren bei der Pforte.

397.
Der Had

Zu einem Bauer am Pressingberge, unweit Leoben im Kärntner Katschtale, kam einmal ein Mann, der so schrecklich groß und ungeschlacht war, daß es dem Bauer bei seinem Anblick kalt über den Rücken lief. Der Riese oder Had hatte so große Augen, daß er die Lider wie Balken mit der Hand emporheben mußte, um den Weg zu sehen. „Du", sagte er zu dem erschrockenen Bauer, „ich kann meine Augen nicht mehr so lange offen halten und finde den Weg nicht recht bergauf. Geh, führe mich hinauf zu meiner Wohnung, du wirst dafür eine gute Belohnung kriegen." Der Bauer gehorchte; weil ihm aber vor dem Riesen graute, so nahm er seinen größten Stock mit, der eine tüchtige Eisenspitze hatte. So stiegen sie miteinander zur Höhe hinauf, der Bauer voran und hinterher der Had, der sich an dem Stock festhielt, den ihm der andere zurückreichte.

Als sie schon den Wald hinter sich hatten und über eine Wiese gingen, wollte der Had rasten, um auszuschauen. „Nun, du hast mich schon recht geführt", sagte er und schob seine Augenbalken in die Höhe, „ich fände jetzt wohl allein weiter, weil ich aber nichts bei mir habe, um dich zu belohnen, so mußt du noch ein Stück mit mir gehen." Danach schritt er weiter. Endlich blieb er vor einer Wacholderstaude, die an einem Felsblock stand, stehen, schob den Felsen weg, und nun sah der Bauer den Eingang zu einer Höhle. Der Had winkte, und der Bauer ging hinter ihm hinein.

Zuerst kamen sie in eine Höhle, die leer war, dann in einen größeren Raum. Da lag eine Unmenge Schuhzeug umher, Sohlen, Ober- und Unterleder, fertige und halbfertige Stiefel, und es sah aus, als ob alles nur auf den Meister warte. „Jetzt bringe ich, was ich dir versprochen habe", sagte der Had. „Bleib da, verlange aber selbst keinen Lohn!" Danach ging er weg und ließ den Bauer allein. Der sah sich in der Höhle um und sagte zu sich selbst: „Was braucht er denn lange zu suchen, es ist ja genug da. So ein Paar Stiefel könnte ich sehr gut brauchen!" Da kam der Had wieder auf ihn zu und sagte: „Warum hast du dir selbst den Lohn gewählt? Schau, hättest du es nicht getan, so hätte ich dir das Ganze hier gegeben!" und er hielt ihm einen großen, goldgelben Karfunkel hin. „So aber bekommst du nur das", sagte er und gab ihm ein kleines Steinlein, das aber noch immer ein Königreich wert war. „Das Paar Schuhe, das du willst, kannst du haben. Aber wohlgemerkt! Geh nie damit auf den Friedhof!" setzte er hinzu.

Der Bauer dankte und wollte gehen, aber der Had sagte: „Halte deinen Finger her, ich will sehen, wie stark die jetzige Welt ist!" Der Bauer sah den Had mißtrauisch an, überlegte einen Augenblick und hielt ihm die Spitze seines Bergstockes hin. Der Had faßte sie und zerdrückte sie wie Butter. „Sie ist nicht einmal gar so schwach", sagte er, „aber unsere Leute waren doch weit stärker." Darauf ging der Bauer mit leichtem Herzen heim.

Viele Jahre trug er die Schuhe, die ihm der Had geschenkt hatte. Da mußte er einmal zu einer Bestattung gehen, vergaß aber auf das Verbot und betrat mit diesen Schuhen den Friedhof. Als er wieder heimkam, hatte er statt der Schuhe nur Lumpen an den Füßen.

398.
Die wilden Frauen im Untersberg

Die Grödinger Einwohner und Bauersleute erzählten vor Zeiten, es seien oftmals die wilden Frauen aus dem Wunderberge zu den Knaben und Mädchen herausgekommen, die nächst dem Loche innerhalb Glanegg das Weidvieh hüteten, und hätten jedesmal den Kindern Brot zu essen gegeben.

Mehrmals kamen die wilden Frauen zum Ährenschneiden. Sie kamen frühmorgens herab, und abends, wenn die andern Leute Feierabend machten, gingen sie in den Wunderberg hinein, ohne die Abendmahlzeit einzunehmen. Einmal saß ein kleiner Knabe auf einem Pferde, das sein Vater zum Ackern eingespannt hatte. Da kamen auch die wilden Frauen aus dem Berge hervor und wollten diesen Knaben mit Gewalt wegnehmen. Der Vater aber, dem die Geheimnisse und Begebenheiten dieses Berges schon bekannt waren, eilte ohne Furcht zu den Frauen hin und nahm ihnen den Knaben ab mit den Worten: „Was erfrecht ihr euch, so oft herauszugehen und mir jetzt sogar meinen Buben wegzunehmen? Was wollt ihr mit ihm machen?" Die wilden Frauen antworteten: „Er wird bei uns bessere Pflege haben, und es soll ihm besser bei uns gehen als zu Hause; der Knabe wäre uns sehr lieb, es wird ihm kein Leid geschehen." Allein der Vater ließ seinen Knaben nicht aus den Händen, und die wilden Frauen gingen fort und weinten bitterlich.

Abermals kamen danach die wilden Frauen aus dem Wunderberge heraus, nächst der Kugelmühle (oder Kugelstatt), die bei diesem Berge schön auf der Anhöhe liegt, und nahmen einen Knaben mit sich fort, der das Weidvieh hütete. Diesen Knaben, den jedermann wohl kannte, sahen die Holzknechte erst über ein Jahr in einem grünen Kleid auf einem Stock des Berges sitzen. Am folgenden Tag nahmen sie seine Eltern mit sich. Diese beeilten sich, das Kind am Berge aufzusuchen, aber sie gingen alle umsonst: der Knabe kam nicht mehr zum Vorschein.

399.
Das Hexenknable zu Stanzach

Der Gemeindehirt von Stanzach im Lechtale Tirols schickte einmal frühmorgens sein kleines Mädchen hinaus, damit es das Vieh heimhole. Da aber das Kind sehr lange ausblieb und auch das Vieh nicht kam, so fürchtete man, es könne ein Unglück geschehen sein, und so machten sich einige Leute auf, um das Kind zu suchen.

Sie riefen und johlten unablässig, aber sie bekamen keine Antwort und fanden nirgends eine Spur der Vermißten. Da machte sich am zweiten Tage alles, was nur konnte, auf die Beine, und nach allen Richtungen zogen Leute aus. Sie schrien wieder aus Leibeskräften, endlich hörte man in einer ganz abgelegenen wilden Gegend aus einem dichten Gestrüpp her die Stimme des Kindes, und als die Leute nähertraten, rief es, man solle ihm etwas zum Anziehen geben, denn es habe kein Flecklein Gewand mehr am Leibe. Da traten die Weiber zu dem Mädchen ins Gebüsch und gaben ihm ihre breiten Schürzen, damit es sich zur Not bekleide, und brachten es dann ins Tal.

Das Mädchen erzählte nun, wie es ihm ergangen sei. Es habe das Vieh, das auf der Weide nach allen Richtungen zerstreut war, sammeln wollen, da sei auf einmal ein wunderschönes kleines „Knable" gekommen und habe sie angelacht. Dann sei es nähergetreten, habe an seinen Kleidern gezerrt und gezupft und sein mutwilliges Spiel getrieben. Endlich habe der Knabe sie erfaßt und sich mit ihr in die Luft erhoben und habe mit ihr um die Schroffen und Bergspitzen herumgetanzt.

So seien sie immer weiter weg und über allerlei Joche und Schneiden gekommen, und da habe sie an den zackigen Felsen ihr Gewand immer mehr zerrissen. Endlich habe sie nichts mehr von sich gewußt und könne auch nicht sagen, wie sie unter das Gestrüpp gekommen sei, wo man sie gefunden habe.

Niemand konnte sich das merkwürdige Vorkommnis erklären, aber es hieß allgemein, daß dieses Knable ein „Hexenknable" oder ein „Bergmännle" gewesen sei, und so wurde in Stanzach von diesem wunderlichen Vorfall noch lange Zeit eifrig geredet.

400.
Der Gretler von Schattwald

In Schattwald, westlich von Reutte in Tirol, lebte vor langen Jahren ein Wildschütz, der hieß allgemein der „Gretler" und verstand sich auf alle Teufelskünste. Er konnte sich „verblenden" und in einen „Stock" verwandeln, wenn ihm gerade ein Jäger in den Weg kam.

Einmal hatte er sich wieder verwandelt, da kam der Förster, dem er eben entgehen wollte, auf ihn zu, setzte sich auf den Stock nieder und fing an, sein Brot zu verzehren. Der verzauberte Gretler hatte damals große Angst, der Förster könnte das Messer, mit dem er sein Brot schnitt, in den Stock hineinstoßen; denn es wäre dann in seinen Leib gegangen.

Auch das Bannen verstand er und bannte einmal einen Förster mitten auf einem Waldwege, daß er keinen Schritt mehr vorwärts oder rückwärts machen konnte. Der Gretler aber ging ruhig seines Weges, und als er hernach einem Manne begegnete, bat er ihn, er möge dem Förster, wenn er ihn treffe, sagen, jetzt könne er wieder weitergehen. Der Mann tat es, und sogleich war der Bann aufgehoben, und der Förster konnnte sich frei bewegen. Am liebsten und öftesten aber „stellte" er das Wild, das er dann bequem und ohne Mühe erlegte. Selbst Fische im Wasser bannte er nach Belieben und fing sie.

Einmal, es war zur Kriegzeit, kamen kaiserliche Soldaten, die gegen Bregenz zogen, durch das Tannheimertal und nahmen, wie es ihnen befohlen war, alle kräftigen und gesunden Männer mit, um sie in das Militär einzureihen. Der Gretler aber, dem seine Freiheit lieber war, verwandelte sich in einen alten Mann, sobald er einen Offizier erblickte, und so ließen sie ihn laufen.

Für gewöhnlich hatte er ein Säcklein bei sich, darin war eine Hummel, die nannte er nur den „Jordan", es war aber der Teufel. Zu Hause bewahrte er ihn meistens in der Kammer in einem Büchslein auf.

Einmal faßte er den Vorsatz, sich zu bessern. Deshalb wollte er sich vom Teufel lossagen, trug das Säcklein mit der Hummel zu einem Wasserfall und warf es in die Schlucht hinab. Als er aber nach Hause kam, war der Jordan schon wieder in der Kammer unter dem Tisch.

Seit der Zeit blieb der Gretler sein ganzes Leben lang verstockt und starb auch ohne Reue und geistlichen Trost. Unter seinem Kopfkissen fand man hernach die Schrift, in der er sich dem Teufel verschrieben hatte.

401.
Der Teufelsturm beim Greiner Strudel

Einst fuhr Kaiser Heinrich III. zu Schiff hinab durch den gefährlichen Strudel unweit Grein in Oberösterreich. Auf einem anderen Schiff war Bruno von Würzburg, des Kaisers Vetter. Als nun der Bischof durch den Strudel fahren wollte, sah er auf einem Felsen, der weit ins Wasser hineinragte, einen schwarzen Mann sitzen. Er sah wie ein Mohr aus und war so abscheulich und häßlich, daß man darüber erschrecken mußte. Als das Schiff näherkam, schrie er dem Bischof Bruno zu: „Höre, höre, Bischof! Ich bin dein böser Geist, du bist mein eigen! Fahre hin, wohin du willst, so gehörst du doch mir! Jetzt will ich dir nichts tun, aber bald wirst du mich wiedersehen!"

Alle, die das hörten, erschraken und fürchteten sich. Der Bischof machte ein Kreuz und segnete sich. Danach sprach er etliche Gebete. Es dauerte nicht lange, so verschwand der Geist vor den Augen aller. Nicht weit davon, etwa zwei Meilen Weges, fuhr der Kaiser mit den Seinen ans Land. Er wollte da in einem Flecken, Pösenbeiß (Persenbeug) geheißen, über Nacht bleiben. Daselbst empfing ihn Frau Richilda, die Witwe des Grafen Adelbar von Ebersdorf, gar herrlich, lud ihn zu Gaste und bat ihn nebstbei, den Flecken Pösenbeiß und einige Höhen ringsum, die ihr Gemahl als Vogt besessen und verwaltete hatte, dem Sohne ihres Bruders, Welf III., verleihen zu wollen.

Der Kaiser ging in die Stube, und während er bei dem Bischof Bruno, dem Grafen Aleman von Ebersberg und der Frau Richilda stand, ihr die Rechte gab und die Bitte gewährte, stürzte jählings der Boden der Stube ein. Der Kaiser fiel auf den Boden der Badestube hinab, nahm aber keinen Schaden, desgleichen auch

Graf Aleman und die Frau Richilda. Der Bischof hingegen fiel auf eine Badewanne, stieß sich ein paar Rippen und das Herz ein und starb bald darnach.

402.
Der Schatz auf der Dobraburg

In den Ruinen der Dobraburg am Kamp im Waldviertel Niederösterreichs ist ein Schatz verborgen, und wer in früherer Zeit des Nachts auf der Straße dort vorbeiging, der konnte das greuliche Geschrei des Schatzmeisters Devil hören, der aber niemand anderer war als der Teufel selber.

Das Geschrei kam aber von der Wetzlaser Seite herab, gerade von der Teufelskirche, die auf dem Berg droben steht, gegenüber von der Ruine Dobra, und sobald es die vorübergehenden Leute hörten, sagten sie: „Jetzt putzt der Teufel seine Zwanziger, und deswegen schreit er vor Vergnügen."

Es ist noch nicht lange her, da stand auf den Trümmern der Burg am Rande des Turmes eine Föhre. Der Baum war dem Teufel schon längst zuwider, denn er wußte genau, daß nur derjenige den Schatz auf Dobra heben könne, der in der Wiege gelegen sei, die man aus dem Holz des Baumes gezimmert habe.

Einmal aber kam der Teufel als Sturmwind dahergefahren, riß den Baum samt den Wurzeln aus dem Boden und warf ihn über das Mauerwerk hinab. Und dabei jauchzte er, soviel er konnte, aus Freude darüber, daß jetzt lange lange Zeit kein Mensch den Schatz heben könne.

Erst bis wieder ein anderer Baum herausgewachsen und aus dem Holze dieses Baumes eine Wiege gezimmert worden ist, kann das Kind, das darin gelgen ist, einst den Schatz heben.

Bis dahin aber wird der Teufel noch oft darüber jauchzen, daß der Schatz auf Dobra auf lange Zeit wieder sein Eigen ist.

403.
Der gefoppte Teufel

Ein Bauer aus Eberstallzell in Oberösterreich, der viele Schulden hatte, ging einmal durch den Wald. Da gesellte sich der Teufel zu ihm und fragte ihn, warum er denn so traurig sei. Der Bauer klagte ihm seine Not, und der Teufel versprach ihm Geld, mehr als genug, wenn er ihm seine Seele verschreibe. Er war aber besorgt, daß er den Bauer vielleicht nicht drankriege, und so sagte er: „Wenn ich einmal komme, um dich zu holen, so brauchst du nicht mitzugehen, falls du mir eine Arbeit aufträgst, die ich nicht ausführen kann."

Der Bauer besann sich eine Zeitlang, dann ging er aber doch auf den Vorschlag ein, weil ihn die Not gar zu sehr drückte. Nun bekam er Geld in Hülle und Fülle, zahlte seine Schulden und nahm sich ein Weib.

Ehe aber noch der Hochzeitstag zu Ende war, erschien der Teufel und sagte: „Na also, jetzt bin ich wieder da! Solange du mir aber eine Arbeit gibst, mit der ich nicht fertig werde, kannst du noch leben!"

Da befahl ihm der Bauer, die Felder zu bestellen und einzuernten. Damit war aber der Teufel in einem Tage fertig.

Nun mußte er dreschen und das Stroh schneiden; aber auch damit war er „schnell beinander".

Da hieß ihn der Bauer einen Wald schlagen und das ganze Holz spalten und schneiden; aber auch darüber verging nicht mehr als ein Tag.

Darüber war der Mann ganz verzweifelt und ging zu seinem Weibe und klagte ihr seine Not. Die aber sagte: „Da ist leicht geholfen", fuhr sich an den Kopf und riß sich ein Haar aus. Das gab sie ihrem Manne und sagte: „Schau, das laß ihn streichen, bis es grad wird."

Darauf ging der Bauer zum Teufel und sagte: „Setz dich nieder und streich das Haar da so lange, bis es grad wird!"

Und der Teufel sitzt jetzt noch auf demselben Fleck und streicht das Haar gerade.

404.
Der Hexenstuhl

Ein neugieriger Bauernbursche aus dem Schüttachgraben wollte gar zu gerne wissen, welche Frauenzimmer aus seiner Gegend mit dem Teufel zu tun haben und Hexen seien. Dazu brauchte er einen Hexenstuhl. Einen solchen anzufertigen ist aber keine leichte Sache. Es gehören dazu neunerlei Hölzer von Bäumen und Sträuchern, aber nur von solchen mit Nadeln. Diese Hölzer dürfen nur in der Walpurgisnacht gesammelt und in der Thomasnacht zugeschnitten werden und stets nur mit der linken Hand. Dabei muß alles sehr gut zusammenpassen. Denn wer die Hexen vorüberziehen sehen will, muß die einzelnen Teile des Stuhles in der heiligen Nacht, während es Mitternacht schlägt, schnell zusammenfügen, den fertigen Stuhl in eine Ecke der Dorfkirche stellen und sich daraufsetzen. Wenn dann die Leute aus der Mette gehen, kann er sämtliche Hexen kennenlernen.

Der Bursche hatte also mit allem Fleiße an dem Hexenstuhl gearbeitet und auch nicht vergessen, in der Christnacht auf dem Wege zur Kirche über kein fließendes Wasser zu gehen und für einen geweihten Weidenstock zu sorgen, um sich im Notfalle zu wehren. Als er nun zur Strowolner Brücke kam, wurde er plötzlich von einer Schar Hexen, deren Anführerin auf einem Schweine ritt, überfallen. Obwohl er sich kräftig wehrte und mit seinem Weidenstock derb dreinschlug, entrissen sie ihm den Stuhl, ehe er noch damit zur Kirche kam. Die Balgerei mit dem Hexenpack war so arg, daß ihm der Mantel zerrissen und die Tasche, in der er den Hexenstuhl trug, ganz zerfetzt wurde.

405.
Der Mondsee

Wo jetzt der Mondsee (in Oberösterreich) liegt, stand vor Zeiten auf einem Hügel eine Burg, und weit umher lagen schöne Äcker und Wiesen. Der Burgherr und seine Frau hatten ein mildes Herz und taten den Armen viel Gutes. Nach und nach entstand um den Burghügel eine Ortschaft, und in ihrer Mitte wurde eine Kirche gebaut.

Der letzte Burgherr war aber grausam und beutegierig, überfiel und beraubte die Burgen der andern Ritter und steckte sie in Brand. Aber die Strafe blieb nicht aus. Einst erschien dem Priester des Ortes im Traume die Gottesmutter und hieß ihn die Bewohner auffordern, den Ort zu verlassen; denn der Zorn des Herrn ruhe schwer darauf.

Des andern Tages tat der Priester, wie ihm befohlen worden war. Er rief die Leute zusammen, erzählte ihnen seinen Traum und trug ihnen auf, so rasch, als es nur ginge, aus der Gegend zu fliehen. Sie waren auch sogleich dazu bereit, nahmen ihre Habe und zogen fort, bis sie in die Gegend des heutigen Ortes Mondsee kamen; hier ließen sie sich nieder.

Der Ritter hatte von seiner Burg aus dem Zug der Leute nachgesehen, dabei aber aus vollem Halse gelacht und das Volk albern und furchtsam genannt. Dann verbrachte er den Tag inmitten seiner Zechgenossen und trank mit ihnen im Übermaß. Da zog sich abends ein schreckliches Gewitter zusammen, das wurde immer heftiger und stand bald über der Burg. Aber die Leute darin hatten keine Sorge und zechten lustig weiter.

Da fuhr auf einmal ein fürchterlicher Blitz durch die Luft und am Gemäuer der Burg hinunter, daß sie erzitterte; ein Donner folgte dem andern, die Erde begann furchtbar zu beben, und der Boden, auf dem die Burg stand, senkte sich immer tiefer und tiefer. Aus den Spalten der Erde quoll unablässig Wasser hervor und erfüllte die Höhlungen des versunkenen Erdreiches. Von dem Ritter und seinen Gesellen blieb keine Spur mehr zurück.

Der See, der so entstand, hatte eine mondförmige Gestalt und bekam davon den Namen. Wenn das Wetter recht trocken ist und der Wasserspiegel ruhig liegt, sieht man, so heißt es, die Spitze des Kirchturms der versunkenen Ortschaft.

406.
Die Hundefrau von der Schallaburg

Unweit Loosdorf in Niederösterreich, westlich von St. Pölten, steht die Schallaburg. Darin ist es nicht geheuer, denn die Hundefrau treibt zeitweilig ihren Spuk. Sie war die Tochter eines Burgherrn namens Georg, der seinen leiblichen Bruder getötet hatte.

Ritter Georg war mit Leib und Seele Jäger. Nichts in der Welt war ihm lieber als das Gebell der Hunde und der Schall der Hörner, wenn es zur Jagd ging. Oft ließ er sich den ganzen Tag auf der Burg nicht blicken, und dann war das Getier in seinem Forst in arger Not. Daheim aber fand er nicht Ruhe und Rast, und es war, als ob ihn sein böses Gewissen aus den engen Wänden seiner Burg immer hinaustriebe. War er zu Hause, so hatte seine Frau schlimme Zeiten. Die Hunde hatten es besser als sie und fraßen aus silbernen Schüsseln. Wenn ihm aber seine Frau darüber Vorwürfe machte, dann bekam sie die Peitsche zu fühlen.

Einmal war der Burgherr wieder auf der Jagd; es war aber ein schlechter Tag für ihn, denn er traf nichts, obwohl ihm viel Wild über den Weg lief. Darüber geriet er in hellen Zorn, und in der übelsten Laune kehrte er auf seine Burg zurück. Unterwegs sah er ein gottgeweihtes Bild, auf dem der Heiland mit ausgestreckten Armen hing und das im Volksmunde das rote Kreuz hieß.

Da faßte den Ritter aus neue eine sinnlose Wut, und er schrie: „Weil ich heute gar nichts getroffen habe, so will ich doch sehen, ob ich nicht dich treffe!" Und im nächsten Augenblick sauste sein Geschoß durch die Luft und traf das Heilandsbild mitten in das Herz. Da erscholl ein furchtbarer Schrei, den das Echo von den Bergen zehnfach zurückgab. Die ganze Natur geriet in fürchterlichen Aufruhr, der Sturm brauste durch den Forst, und ein schreckliches Gewitter ging über die Burg nieder.

Bleich wie ein Wachsbild kam der Ritter nach Hause. Kaum hatte er die Burg betreten, so erhielt er die Nachricht, seine Frau habe ein Mädchen bekommen, das aber entsetzlich mißgestaltet sei und einen Hundekopf und Hundepfoten habe.

Da stieß der Ritter einen gräßlichen Fluch aus und rannte in wahnsinnigem Schrecken davon. Seither hat ihn kein Mensch wieder erblickt.

Wenn aber das Jahr zu Ende geht, besonders in den Zwölf Nächten zur Zeit der Jahreswende, da saust der unselige Burgherr im wilden Galopp samt seiner Meute um die Schallaburg.

Das unglückliche Mädchen hat niemand gesehen, man hat die Mißgeburt, so heißt es, in den unterirdischen Gang geworfen, der die Schallaburg mit der Burg Sichtenberg verband.

Der Hundekopf aber wurde zum Wahrzeichen der Schallaburg und ist auf der Burg noch jetzt im Bilde zu sehen.

407.
Der Wörthersee

Des Nachts beim Mondenschein soll auf dem Wörthersee bisweilen ein Klingen und Läuten zu hören sein, und man erzählt davon folgendes: Einst stand hier eine schöne Stadt, und die Bewohner waren reich und stolz, aber ruchlos und genußsüchtig, so daß sie sich in einer Christnacht zum Tanz und zur Schwelgerei versammelten. Schon rief die Glocke zur Messe, aber niemand hörte darauf.

Als die Lust aufs höchste gestiegen war, öffneten sich mit einemmall die Türen, ein kleines graues Männlein trat ein und musterte erstaunt die lärmende Menge. Nach einer Weile sprach es mit einer unheimlich grollenden Stimme: „Besinnt euch jetzt und lasset ab von eurer tollen Lust; gehet heim und tuet Buße, ehe es zu spät ist." Aber im Freudenlärm verhallten die Worte, und die wenigen, die sie gehört hatten, lachten darüber.

Kurz vor Mitternacht kam der Graue zum zweiten Mal herein, und diesmal trug er ein Fäßlein im Arm. Wieder sprach er mit drohender Gebärde von Umkehr und Buße. „Öffne ich den Hahn", rief er, „so ist es um euch geschehen." Abermals gingen seine Worte im Lustgeschrei unter. Da schlug es Mitternacht. „Nun seid ihr verloren!" schrie das Männlein mit lauter Stimme.

Da erzitterte die Halle von einem gewaltigen Sturm, ein schwerer Regen prasselte nieder, durch alle Spalten stürzten die Wassermassen herein, erfüllten den Raum, stiegen immer höher und verschlangen alles, was lebte. Nachdem das Wasser hoch über die Häuser und Türme gestiegen war, stand es still. Von der Stadt war jede Spur getilgt; das Gewässer blieb aber tückisch und den Menschen feind, und bis auf den heutigen Tag fordert der See noch immer jedes Jahr seine Opfer.

408.
Der Sauerbrunnen zu Preblau

Wo jetzt der Preblauer Sauerbrunnen ist, war schon vor langer Zeit eine Quelle, aber es rann nicht saures Wasser, sondern purer

Wein heraus. Der ließ sich trinken wie Met. Wenn aber die Leute von diesem Wein etwas wegtragen wollten, so wurde er zu klarem Wasser, das nichts taugte und keinen Geschmack hatte.

An einem Sonntage kamen einmal wie gewöhnlich viele Bauern zu der Quelle, ließen sich den Wein gut schmecken, sangen und plauderten und waren fröhlich. Als sie aber schon ein bißchen zu viel im Kopfe hatten, wurden sie mürrisch und stänkerisch.

Da kam ein altes, grauhaariges Bettelmandl des Weges und wollte auch von der Quelle trinken. Als das die Bauern sahen, gingen sie auf das Mandl los und wollten es fortjagen. Das Mandl bat recht schön, es trinken zu lassen, die Bauern aber sagten: „Was denn nicht noch? Du willst Wein trinken? Der ist nicht für euch alte Leute, der tät dir sicher schaden!" Da bat das Mandl noch einmal. Jetzt schimpften und prügelten sie es und sagten: „Für dich ist das Wasser da und nicht der Wein, den läßt unser Herrgott nur für uns reiche Bauern herrinnen!"

Da wurde das Mandl wild und schrie: „Weil ihr großen, noblen Leute gar so hartherzig seid und mich nicht ein Tröpflein habt trinken lassen, so sollt ihr, so gewiß ein Gott im Himmel ist, keinen Wein mehr von dieser Quelle kriegen, nicht einmal mehr Trinkwasser; es soll ein rechtes Sauerwasser herausrinnen!"

Darauf sah man es in der Ferne wetterleuchten, das Bettelmandl aber verschwand, und seit dieser Zeit rinnt dort nur mehr Sauerwasser aus der Erde.

409.
Wildbad Gastein

Vor langen Jahren sah einmal ein Ritter und Jäger aus Goldeck in Salzburg im Gebirge in der Gegend von Oberland einen Hirsch und schoß einen Pfeil auf ihn ab, ohne ihn aber auf den Tod zu treffen. Das Tier hatte noch die Kraft zu entfliehen und verschwand alsbald aus den Augen des Jägers. Dieser aber folgte unablässig der blutigen Spur des Wildes, und auf einmal sah er in einer Vertiefung des Felsens Dampf aufsteigen und erblickte das Tier wieder, doch auch zwei Männer dabei, die pflegten es und wuschen ihm in einer warmen Quelle seine Wunde. Dies waren zwei Einsiedler namens

Primus und Felizian, die im einsamen Tale hier ihre Zelle gebaut hatten. Die baten nun den Jäger, sein blutiges Handwerk aufzugeben, erzählten ihm auch von der wunderbaren Kraft der Quelle und besprachen sich mit ihm, wie sie den Menschen das heilsame Wasser zugänglich machen könnten. Die Zelle der beiden stand am Badberg unterhalb der Schreck, hart am Felsen.

Später einmal erschienen im Pongau drei fremde Männer, die fromm und ehrwürdig aussahen. Sie verkündigten, daß droben im Gebirge eine Heilquelle verborgen liege, und zeigten den Leuten über die Berge und Felsen aufwärts einen Pfad bis zu dem gesegneten Ort. Dann verschwanden die drei mit einemmal. Die Leute aber staunten über das Wasser, das heiß aus der Tiefe hervorsprang und alsbald seine Heilkraft offenbarte. Es war imstande, Wunden zu heilen, Schwache zu stärken und den Lahmen den Gebrauch der Glieder zu geben.

Junge Knospen schlossen sich darin sogleich auf, unreife Früchte wurden saftig und verwelkte Blumen ganz frisch. In einer Kapelle, die bald darauf bei der Quelle entstand, zeigt ein Altarbild die beiden Einsiedler Primus und Felizian, wie sie das verwundete Wild baden, und eine andere Kapelle, die westwärts auf der Anhöhe zwischen Klammstein und dem Bärenkogel steht, wird „Zu den drei Wallern" genannt; ein Bild darin stellt dar, wie die drei Pilgrime zur Höhe des Wildbades emporsteigen.

410.
Die Wunderstatue

Oberhalb Spitz in Niederösterreich, wo die Berge ganz nahe an die Donau herantreten, liegt am rechten Ufer das Dorf St. Johann an der Mauer. In der Kirche dort steht eine hölzerne Statue des heiligen Albinus, die in früherer Zeit viele Wunder bewirkt hat.

Von allen Seiten kamen damals fromme Pilger herbei und verrichteten vor dem Standbilde des Heiligen ihre Gebete, oder sie legten sich vor der Kirche draußen die heilkräftige Erde auf und wurden gesund.

Die Statue des Heiligen wurde aber auch noch zu einem eigenartigen Gottesurteil benutzt. Wer nämlich eine Missetat begangen hatte, war nicht imstande, die Statue, obwohl sie ganz leicht war, auch nur einen Finger breit zu rücken; wer aber rein und schuldlos war, konnte sie ohne viel Mühe heben.

Eines Tages wurde die Statue von Schiffsknechten geraubt und auf einem Schiffe stromabwärts nach Sankt Nikolai geführt. Als aber die Schelme das Standbild ans Land bringen wollten, war es verschwunden.

Nach einiger Zeit mußten dieselben Schiffer wieder stromaufwärts fahren. Bei St. Johann blieben aber die Pferde, die am Ufer längs des Stromes das Schiff zogen, stehen und waren trotz aller Mühe nicht weiterzubringen. Es wurden andere Pferde angespannt, aber auch diese rührten sich nicht von der Stelle.

Da gingen die Knechte zum Pfarrer und gestanden reumütig ihre Missetat. Der Pfarrer gab ihnen nun den Rat, den Heiligen durch ein Opfer von mehreren Hufeisen zu versöhnen. Die Schiffer befolgten den Rat, und als sie dem Heiligen ihre Gabe dargebracht hatten, zogen die Pferde sogleich wieder tüchtig an, und die Schiffe konnten weiterfahren.

Durch solche Wunder wurde der Heilige weit und breit berühmt, und der Zulauf zu ihm wurde immer größer und größer. Gegenüber von St. Johann, auf der Höhe oberhalb Schwallenbach, hauste aber der Teufel; dem war das unaufhörliche Wallfahren, Singen und Beten schon ein Greuel. Er nahm sich deswegen vor, des Nachts quer durch die Donau eine riesige Mauer zu bauen, dadurch den Strom abzusperren und alle Wallfahrer samt ihrem Heiligen in diesem Schwalle zu ertränken.

Er machte sich alsbald mit seinen Gehilfen an die Arbeit, und es dauerte nicht lange, so stand eine gewaltige Mauer da, die weit in den Strom hinein reichte. Schon fingen die Höllischen an, den Strom zu schwellen, da krähte plötzlich im Dorfe drüben ein Hahn, und nun mußte der Böse sogleich von seinem Vorhaben ablassen.

In seinem Zorn schoß er aber dem Hahn einen Pfeil in den Hinterleib, und deswegen hat der Turmhahn von St. Johann zur Erinnerung an diese Begebenheit noch heutzutage einen Pfeil im Hinterleibe.

Manche Leute meinen sogar, dieser Pfeil im Leibe des Turmhahnes sei der echte Höllenpfeil, den der Böse damals auf den Hahn abgeschossen habe, weil gar kein wirklicher Hahn, sondern der eiserne Wetterhahn selber gekräht habe.

411.
Der Lindwurm zu Klagenfurt

Zu Klagenfurt steht, aus Stein gehauen, ein riesiger Lindwurm und vor diesem ein Jüngling, der mit einer Keule zum Schlage ausholt. Davon lautet folgende Sage: Als das Land ringsum noch eine Wildnis war, hauste ein greulicher Lindwurm darin. Der verschlang Menschen und Tiere und war der Schrecken der Gegend. Der Herzog des Landes, Karast genannt, der auf der Karnburg herrschte, hatte schon die mutigsten seiner Männer aufgeboten, damit sie dem Ungetüm nachspürten. Aber keiner war wiedergekommen.

Da ließ er an einer sicheren Stelle, wohin der Lindwurm nicht kam, einen festen Turm aufführen und ließ das Untier beobachten. Dann versprach er ein Stück Land samt dem Turme demjenigen, der die Gegend von der furchtbaren Plage befreie. Ein heldenhafter Jüngling beschloß, den Kampf zu wagen.

Er band einem Stier eine Kette um den Leib, die einen riesigen Widerhaken hatte, und trieb ihn vor sich her in die Ödnis. Es dauerte nicht lange, so fing der Stier zu brüllen an. Da schoß der gräßliche Wurm blitzschnell heran und stürzte sich mit weit aufgesperrtem Rachen auf den Stier. Als er ihn aber verschlingen wollte, bekam er das Eisen zu spüren und schlug mit entsetzlicher Gewalt um sich. In diesem Augenblick sprang der Jüngling hinzu und schlug mit übermenschlicher Kraft auf den Wurm los, so daß er sich bald nicht mehr rührte.

Zum Andenken an dieses Ereignis nahm die Stadt Klagenfurt, die später hier entstand, den Lindwurm samt dem Turm in ihr Wappen auf.

412.
Ursprung des Stiftes Kremsmünster

Wo jetzt das Stift Kremsmünster steht, war einst ein dichter Wald, in dem viel Wild aller Art hauste. Einmal, es war im Winter des Jahres 777, jagten Herzog Tassilo von Bayern und sein Sohn Günter, die das Weidwerk liebten, in dieser Gegend. Der Prinz verfolgte einen gewaltigen Eber, der waldeinwärts flüchtete. Dabei entfernte er sich aber immer mehr und mehr von seinem Gefolge. Endlich erreichte er den Eber und erlegte ihn.

Aber im Kampfe mit dem wütenden Tiere wurde Günter am Fuße schwer verwundet und verblutete, noch ehe Hilfe kam. Da er lange ausblieb, machte sich Tassilo samt seinem Gefolge auf und suchte ihn. Plötzlich erschien ihnen ein weißer Hirsch, dessen Geweih hell in Flammen leuchtete. Voll Staunen folgten sie dem Tiere und fanden die Leiche Günters. Tassilo war außer sich vor Schmerz und ließ den Prinzen auf das prächtigste bestatten. Auch beschloß er, an dem Orte, wo dieser den Tod gefunden hatte, zu Ehren des Heilands ein Kloster zu bauen, damit seine Seele Ruhe finde.

So entstand das herrliche Stift Kremsmünster, das zur Erinnerung an diese Begebenheit das Bild eines Ebers im Wappen trägt. Ein Teich, der nach Günter benannt ist, wird noch jetzt als der Platz bezeichnet, wo sein Leichnam lag. Auch das Denkmal, das ihm dort errichtet wurde, erinnert an den Vorfall.

413.
Margareta Maultasch

In Kärnten und Tirol erzählen die Einwohner viel von der umgehenden Margareta Maultasch, welche vor alten Zeiten Fürstin des Landes war und nach dem großen Maul, das sie gehabt hat, benannt worden ist. Zu Klagenfurt im Zeughaus, wird ihr Panzer verwahrt, aber es geht da niemand gern hinein, wenn abends die Betglocke schon geläutet wurde, denn man sagt, daß es dann von unsichtbaren Händen Maulschellen gibt.

Bei dem großen Brunnen, wo der erzerne Drache steht, sieht man sie allnächtlich auf einem dunkelroten Pferde reiten. Auch auf dem alten Schlosse zu Meran erscheint der kriegerische Geist der Maultasch, neckt die Gäste und soll da einmal, bei einer Hochzeit auf dem Schlosse, mit dem bloßen Schwerte auf das neuvermählte Brautpaar eingehauen haben, ohne aber jemand zu treffen.

Unfern vom Schlosse Osterwitz (in Kärnten) steht ein altes Gemäuer; dem kamen manche Hirten, die da auf dem Felde ihre Herden weideten, unvorsichtig allzu nahe und wurden mit Peitschenhieben empfangen.

Man hat deshalb in dieser Gegend gewisse Zeichen aufgesteckt, und über diese hinaus treibt dort keiner sein Vieh, und selbst das Vieh mag das schöne, fette Gras nicht fressen, wenn es von unwissenden Hirten, die den Spuk nicht kennen, mit Mühe dorthin getrieben worden ist.

In ihrem Leben war diese Margareta kriegerisch, stürmte und zerstörte Burgen und Städte und vergoß oft unschuldiges Blut.

414.
Die Maultaschschütt bei Osterwitz

Als das Schloß Dietrichstein von Margareta Maultasch belagert und zerstört wurde, flüchteten sich viele Einwohner, Herren und Knechte, mit Weib und Kind aus dem Schloß und zogen eiligst gegen Osterwitz, eine Burg, welche dem edlen Ritter Reinherr Schenk gehörte. Der nahm auch die Flüchtigen gern auf seiner starken und stattlichen Burg auf, die eine Meile Weges von St. Veit gegen Völkermarkt rechter Hand auf einem sehr hohen und steilen Felsen liegt, wo man weder mit Sturmlaufen noch mit Steingeschossen etwas ausrichten konnte.

Die kühne Fürstin aber zog desungeachtet mit vielem Kriegsvolk vor die Burg und war entschlossen, hier so lange zu liegen, bis sie der Mangel droben in ihre Hand geben würde und die vielen Herren und Frauen, die dort hinauf geflohen waren, ihre Gefangenen wären.

Herr Reinherr Schenk bereitete alles zur tapferen Gegenwehr vor. Er verteilte sein Kriegsvolk, das nur wenig über dreihundert Mann zählte, zweckmäßig auf die hohen Mauern und Türme und ließ fleißig Wache halten. Inzwischen rückte das feindliche Heer immer näher heran, umkreiste den Felsenberg und schloß ihn so enge ein, daß niemand mehr zu den Belagerten hinauf konnte und auch niemand herunter und durch die Belagerer hindurch.

Aber damit wollte sich das feste Schloß noch immer nicht

ergeben, und die Zeit verstrich ohne Erfolg, so daß endlich Margareta den Burgherrn aufforderte, ihr das Schloß gegen freien Abzug sämtlicher Bewohner zu übergeben. Darauf ließ der Ritter Schenk ihr sagen: Er müsse, wenn er etwas nach ihrem Drohen fragen wollte, fürwahr ein furchtsames Kind sein.

Da also die Aufforderung zur Übergabe von Osterwitz nichts fruchtete, so sollte nun der Ort ausgehungert werden, und es entstand in der Tat zuletzt ein furchtbarer Mangel droben, besonders an Wasser, so daß täglich viele Personen starben. Die dreihundert Kriegsmänner schmolzen zu einem Häuflein von einhundert zusammen und mußten sich mit den abscheulichsten Speisen von solchen Tieren sättigen, von denen man sonst das Fleisch verachtet. Da kam es nun darauf an, einen guten Rat zu ersinnen, und das gelang Herrn Reinherr Schenk, nachdem aller Vorrat an Lebensmitteln aufgezehrt war bis auf einen mageren Stier und zwei Vierling Roggen.

Man schlachtete den Stier, füllte in die frische Haut den Roggen und warf sie, wohl vermacht, über den Berg hinab, so daß sich die Belagerer darüber sehr verwunderten. Als dies Frau Maultasch erfuhr, stieß sie einen zornigen Schrei aus und rief: „Das sind die Klausraben, die sich ihr Futter auf eine lange Zeit in die Kluft zusammengeschleppt und auf den hohen Felsen sich versteckt haben! Die werden wir nicht leicht in unsere Klauen kriegen. Lassen wir sie in ihrem Nest sitzen, und suchen wir uns andere gemästete Vögel!"

Und in derselben Stunde noch befahl die Herrin ihren Kriegsleuten, daß ein jeder seine Sturmhaube mit Erde füllen und sie auf einem ebenen Felde, gleich Osterwitz gegenüber, ausschütten solle. Dies geschah und aus dieser Erde ist ein ziemlich großes Berglein geworden, das man lange Zeit im Land zu Kärnten die Maultaschschütt genannt hat. Im Jahre 1580 ließ der Landeshauptmann von Kärnten, Herr Georg Khevenhüller, Freiherr zu Aichelburg, das Bildnis der Frau Maultasch in schönem weißen Stein aushauen, und diese Säule wurde fortan das Kreuz bei der Maultaschschütt geheißen.

415.
Heiligenblut

Heiligenblut in Kärnten führt der Sage nach seinen Namen auf eine Reliquie zurück, die vom heiligen Briccius stammt und dort noch jetzt zu sehen ist. Auch die Kapelle oberhalb des Ortes hat von dem Heiligen ihren Namen. Von ihm wird erzählt: Briccius war ein Däne von Geburt und zog nach Byzanz, wo er sich unter Kaiser Leo durch Kriegstaten berühmt machte. Auch waren ihm hohe Geistesanlagen und große Frömmigkeit eigen. Er wurde der Feldherr des Kaisers und sein Liebling. Als ihn aber später die Sehnsucht nach der Heimat überkam, da bat er den Kaiser um seine Entlassung und gab die Absicht kund, in seiner Heimat die Heiden zu bekehren.

Für den Kaiser war es ein großer Schmerz, seinen edelsten Diener zu verlieren. Doch er gab ihn frei und erlaubte dem treuen Feldherrn, ihn um eine Gunst zu bitten. Da bat Briccius um einige Tropfen des heiligen Blutes, das einst aus einer geweihten Hostie geflossen war, die ein Frevler durchstochen hatte – nach andern waren es einige Tropfen von dem Blut, das Christus am Kreuze vergossen hatte – und das in der Sophienkirche zu Konstantinopel aufbewahrt wurde. Obwohl es dem Kaiser sehr große Mühe kostete, so erfüllte er die Bitte seines Getreuen. Briccius trat nun mit dem Heiligtum den Weg in die Heimat an.

Er landete in Italien und zog nach mühseliger Wanderung den norischen Alpen zu. Aber an der Stelle der späteren Briccuskapelle überfiel ihn ein ungeheurer Schneesturm, und er fand darin den Tod. Bergknappen sahen später (einige sagen: erst zwei Jahrhunderte nachher) an dieser Stelle mitten im Schnee drei blühende Weizenähren. Sie forschten weiter und fanden den Toten und an seinem Leibe eine Kapsel mit einer Schrift, worin geschrieben stand, wer er sei, ferner ein kleines Fläschchen mit einer dunkelroten Flüssigkeit. Dies alles wurde dem Erzbischof von Salzburg berichtet, der es dem Patriarchen von Konstantinopel mitteilte und von ihm die Nachricht erhielt, es seien das einige Tropfen vom Blute Christi.

Andere erzählen: Nachdem der Leichnam aufgefunden ward,

sollten ihn zwei Ochsen auf einem Wagen auf den Friedhof führen. Die Tiere blieben aber unterwegs stehen und waren nicht dahinzubringen, daß sie weitergingen. Darauf wurde der Leichnam vom Wagen genommen und an dieser Stelle beerdigt. Nach einigen Tagen sah man jedoch einen Fuß des Toten aus dem Grabe herausragen. Der trug einen Verband, und darunter fand sich in einer tiefen Wunde das Fläschchen mit seinem ehrwürdigen Inhalt. Nun wurde der Leichnam wieder herausgenommen, zum zweiten Mal in die Erde gesenkt und alles Vorgefallene nach Salzburg berichtet. An dieser Stelle ward sodann eine Kapelle errichtet, die den Namen des Heiligen führt und noch heute zu sehen ist.

Im Jahre 1438 wurde Briccius als der Schutzheilige dieser Gegend in der neuerbauten gotischen Kirche zu Heiligenblut bestattet und auf den Sarg seine Holzstatue gestellt. Bald zeigte sich aber, daß viele Besucher von der Statue einen Splitter abschnitten und zum Andenken mitnahmen. Diesem Treiben wurde dadurch ein Ende gemacht, daß um die Statue ein Gitter aufgestellt wurde. Das heilige Blut wird bis zum heutigen Tage sorgsam aufbewahrt und auch jedem Besucher der Kirche nach Wunsch gezeigt. Der Ort Heiligenblut, der hier entstand, hat auch danach den Namen erhalten.

416.
Der erlöste Feuermann

Ein Bauer aus Wilhelmsburg im Traisental (Niederösterreich) wurde öfters am Abend von einem feurigen Mann aufgehalten, gerade dann immer, wenn er durch das Gitter in seinen Hof einfahren wollte. Der bat ihn, er möge herabsteigen und ihm helfen, den Stadl (die Scheune) ein wenig hineinzurücken.

Der Bauer bekam jedesmal eine große Angst, und zudem kam ihm das Begehren überaus seltsam vor, ja, er hielt es für ganz unausführbar.

Einmal bat der feurige Mann wieder recht inständig und setzte hinzu: „Ich meine, es wird gehen." Da stieg der Bauer vom Wagen und lehnte sich neben dem feurigen Mann an den Stadl, bloß um ihm einmal seine Bitte zu erfüllen, und wunderbarerweise rückte der Stadl etwa um einen ganzen Schuh weiter hinein.

Jetzt bedankte sich der Feuermann gar herzlich bei dem Bauern und versprach ihm, er werde ihn nie mehr belästigen; denn jetzt sei er erlöst.

Der Feuermann war niemand anderer als ein früherer Eigentümer des Hauses. Der hatte damals den Stadl einen Schuh weit auf einem fremden Grund gebaut, und deswegen konnte er keinen Frieden finden, bis er sein Unrecht gutgemacht hatte.

417.
Der steinerne Fuchs

Wo jetzt im Norden von Klagenfurt das Zollfeld ist, stand einst die römische Stadt Sala. Lange Jahre nach ihrer Zerstörung fand man auf den Feldern, die auf dem Boden der einstigen Römerstadt angelegt worden waren, einen sehr schweren Stein, der wegen seiner seltsamen Form der „steinerne Fuchs" genannt wurde. Die Bauern benutzten ihn bei der Ackerarbeit, indem sie ihn auf die Egge legten, und so wanderte er von einer Hand in die andere.

Da träumte einmal einem Zollfelder Bauern, es habe ihm jemand aufgetragen, auf die Villacher Brücke zu gehen, er werde dort sein Glück finden. Der Mann nahm den Traum ernst, und schon am nächsten Tage war er nach Villach unterwegs. Als er am Ziele war, ging er auf der Brücke fortwährend auf und ab und sah dabei immer heimlich auf den Boden; denn er glaubte, daß er hier sein Glück finde.

Als er eine Weile hin und her gewandert war, ohne etwas Besonderes zu erblicken, und sich wieder auf den Heimweg machen wollte, bemerkte er einen Bettelmann, der auf ihn zukam und ihn fragte, ob er etwas verloren habe. Der Zollfelder antwortete: „Es ist eine dumme Geschichte! Mir hat geträumt, ich soll auf die Villacher Brücke gehen, da werde ich mein Glück finden." Der Bettler erwiderte, auf solche Träume sei nichts zu geben. Ihm habe auch geträumt, daß hinter Maria Saal am Zollfeld ein steinerner Fuchs liege. Wenn er ihn hole, so könne er reich werden.

Der alte Zollfelder, der ein pfiffiger Kopf war, gab dem Manne ein paar Geldstücke und wußte nun, daß er den Weg nicht umsonst gemacht habe. Er lief, was er laufen konnte, und als er zu Hause ankam, holte er den steinernen Fuchs vom Felde und zerschlug ihn. Da fielen eine Unmenge Goldstücke heraus, und nun ging ihm erst ein Licht auf, warum der Stein, der gar nicht besonders groß war, ein so riesiges Gewicht hatte.

418.
Der Lantschnig

Im Norden des Pfarrdorfes St. Ulrich bei Feldkirchen (nordöstlich vom Ossiachersee in Kärnten) liegt der Lantschnig. Der steht für sich ganz allein da und ist auch nicht von Menschen bewohnt. Der Lantschnig ist unermeßlich viel wert. Man könnte aus dem Gold, das im Berge ist, eine goldene Kette machen und könnte sie rundherum um den Berg legen.

Am Lantschnig ist ein „verwunschenes" Schloß. Einmal gingen zwei Mädchen und ein Knabe auf den Berg hinauf. Auf einmal standen sie vor einem Schloß. Nicht weit von ihnen stand eine weiße Frau, und beim Tore sahen sie einen Hund. Die Frau lud die Kinder ein, in das Schloß zu kommmen, sie trug ihnen aber auf, recht achtzugeben und den Hund nicht zu stoßen.

Voll Neugierde gingen die Kinder mit der weißen Frau in das Schloß. Da sahen sie drei Haufen Bohnen liegen. Die Frau führte sie hinzu und füllte dem Knaben mit den Bohnen den Hut ganz voll, und den beiden Mädchen füllte sie die Schürzen. Dann sagte sie zu allen dreien, sie mögen nur die Bohnen nach Hause tragen.

Als die Kinder fortgingen, trug sie ihnen wiederum streng auf, den Hund auf der Schwelle ja nicht zu stoßen. Die zwei Mädchen gingen an dem Hund vorbei, ohne ihm etwas zuleide zu tun. Aber der Knabe gab ihm beim Vorübergehen einen Stoß. Plötzlich erscholl ein schreckliches Gepolter, und das ganze Schloß war verschwunden.

Die Kinder hörten nur das Heulen des Hundes und die Stimme der Frau, die ihnen zurief, sie wären bestimmt gewesen, sie selber und das ganze Schloß zu entzaubern, wenn sie ihr gefolgt und den Hund nicht gestoßen hätten. Nun müsse sie wieder lange warten.

Ein Vogel werde mit einem Nußkern im Schnabel vorbeifliegen, den werde er fallen lassen. Aus dem Kern werde ein Baum wachsen, und das Kind, das in der Wiege liegen werde, die aus dem Holz dieses Baumes gemacht sei, das werde erst wieder imstande sein, sie und das Schloß zu entzaubern.

Die Kinder gingen nach Hause, und als sie dort ankamen, wollten sie der Mutter die Bohnen zeigen. Da waren die Schürzen der Mädchen mit Talern gefüllt, der Hut des Knaben war aber voll Würmer. Der Nußbaum, aus dem die Wiege gezimmert werden soll, steht noch jetzt am Lantschnig.

Bei einem kleinen Haus in St. Martin bei Sittich im Glantale (Kärnten) ging einmal eine Kuh verloren. Der Keuschler, dem sie gehörte, ging im frischen Schnee ihrer Fährte nach, und sie führte ihn auf den Lantschnig. Aber auf einmal hörte die Spur auf, gerade vor einer Felswand. Der Keuschler suchte und suchte, aber er konnte die Spur nicht mehr finden.

Da stand mit einem Mal ein kleines Mandl vor ihm. Er fragte es, wo die Kuh hingekommen sei. Sie müsse da sein, weil die Spur bis daher führe und auf einmal hier aufhöre. Das Mandl sagte: „Die Kuh habe ich. Ich habe lang gesucht und keine rechte gefunden, die da aber hat mir gepaßt, weil sie am Neusonntag (Sonntag, an dem Neumond ist) geboren ist. Ich werde für die Kuh schon zahlen, wie es recht ist."

Das Mandl verschwand, aber es kam gleich wieder und zahlte dem Keuschler den Preis, den er für die Kuh verlangte.

419.
Das Lahnwaberl

In der mittleren Steiermark, besonders im Westen, treibt ein Kobold in Weibsgestalt, das Lahnwaberl, sein Unwesen. Das Lahnwaberl war bei Lebzeiten eine Zauberin und besaß ein Schloß, das soll aber in der Lahn, einem sumpfigen Fluß, versunken sein, und seither erscheint sie öfters in dieser Gegend, besonders um Groß–Florian. Bei Tage zeigt sie sich in altertümlicher Tracht mit einem Schlüsselbund am Gürtel; manchmal erscheint sie auch ohne Kopf, in der Nacht aber nicht selten als wanderndes Licht.

Häufig sieht man sie an Stegen, die über Sümpfe führen. Da verstellt sie den Leuten, die hinübergehen wollen, den Weg und hält ihnen einen Blumenstrauß unter die Nase und ruft: „Schmeck, schmeck!" Riecht man dann, so verwandeln sich die Blumen in Dornen, und man sticht sich tüchtig in die Nase. Wenn ein Wagen auf der Straße fährt, so setzt sich das Lahnwaberl hinauf und macht ihn so schwer, daß er kaum von der Stelle zu bringen ist. Den Leuten, die zur Mühle fahren, macht der boshafte Geist die Säcke auf, ohne daß sie es bemerken, so daß die Körner herausfallen und die Säcke halb leer in die Mühle kommen.

Einmal wollte ein Bub, der aus der Schule ging, in der Laßnitz Krebse fangen. Er erwischte auch bald einen recht großen, steckte ihn in seinen Schulsack und lief voll Freude nach Hause. Aber der Sack wurde immer schwerer und schwerer, so daß ihn der Bub nicht mehr tragen konnte. Es wurde ihm dabei angst und bange, er wußte sich aber nicht zu helfen, warf die Last weg und lief davon. Als er dann zurückschaute, sah er, daß eine menschliche Gestalt aus dem Sack herauskam. Das war niemand anderer als das Lahnwaberl.

Überhaupt hat es der heimtückische Kobold auf Kinder abgesehen, besonders auf ungetaufte, wenn sie zur Taufe gebracht werden. Mit List und Gewalt sucht er den Säugling in seine Hände zu bekommen und verschwindet dann mit ihm im Wasser.

Einmal sah ein Bursche, wie das Lahnwaberl unter einer großen Fichte auf einer ausgespannten Plache Geld ausbreitete. An jeder Ecke der Unterlage stand ein schwarzer Hund und bewachte den Schatz. Da hörte der Bursche, wie sie sagte: „Faß an, laß aber nichts zurückfallen!" Er wußte, daß diese Worte ihm galten, aber er getraute sich nicht, der Stimme zu folgen, und ging weiter. Plötzlich hörte er hinter sich ein Getöse und Gejammer, ihm selbst geschah aber nichts. Er erzählte sein Erlebnis weiter, und ein paar furchtlose Burschen beschlossen, den Schatz unter dem Fichtenbaum zu heben.

Sie machten sich an das Werk, es war aber vergebens. Erst als sie ein zweites Mal gruben, stießen sie auf Geld, das in einem Fasse lag. Sie holten ein Seil und fingen an, das Faß daran festzumachen. Da rief einer von oben: „Habt ihr es schon?", und einer in der

Grube antwortete: „Ja." Da versank plötzlich das Faß mitsamt dem Seile so tief in die Erde, daß keine Spur mehr davon zu sehen war.

420.
Das Lamprechtsofenloch

Im Lamprechtsofenloch, südlich von Lofer in Salzburg, liegen unermeßliche Schätze, die von einer weißgekleideten Jungfrau und einem großen schwarzen Hunde bewacht werden. Davon wird erzählt: Der letzte aus dem Geschlechte der Saalecker, die auf der Burg Saaleck am nahen Schlösselberge hausten, hinterließ zwei Töchter. Die eine war blind, die andere aber war über die Maßen habgierig, und als das väterliche Erbe geteilt wurde, maß sie sich jedesmal einen vollen Scheffel Gold zu, ihrer Schwester aber gab sie immer nur so viel, als auf dem umgestürzten Scheffel Platz hatte und ließ sie dann mit der Hand darüberstreichen, damit sie glaube, sie habe das volle Maß erhalten. Zur Strafe dafür wurde die neidische Schwester nach ihrem Tode in das Lamprechtsofenloch verwünscht, wo sie die unrechtmäßig erworbenen Schätze hütet und auf ihre Erlösung wartet.

Zum Ofenloch führte ein Weg, der immer gut gangbar war, ohne daß sich ein Mensch um seine Erhaltung kümmerte. Auch führten zur Winterszeit im Schnee oft Fußspuren hin, die denen eines Pferdehufes ähnlich waren, und dann hieß es immer, der Teufel habe im Lamprechtsofenloch seinen Besuch gemacht.

421.
Die Weizenkörner

Ein Bauer von Wildschönau ging einmal ins Inntal hinaus, um auf dem Sankt–Margareten–Markt eine Kuh zu kaufen.

Als er so dahinschritt, sah er auf einmal ein Häuflein vom schönsten Weizen mitten auf der Straße liegen. Da dachte er, es wäre doch schade, wenn die schöne Gottesgabe von den Wagen und Fuhrwerken zermahlen würde, oder wenn die Leute, ja vielleicht gar das Marktvieh, mit den Füßen darauf treten würden.

Deswegen griff er schnell mit beiden Händen zu und stopfte so viel Körner in seine Taschen, als er nur hineinbringen konnte.

Als er endlich auf dem Marktplatz ankam, wurden seine Taschen schwer und immer schwerer, ja es war ihm, als ob er nichts als Blei darinnen hätte.

Er griff nun in die Tasche hinein und fand zu seinem größten Erstaunen, daß sich die Weizenkörner in unzählige Silbermünzen verwandelt hatten.

Seine Überraschung war so groß, daß er ganz und gar auf den Kuhhandel vergaß und so schnell, als ihn nur seine Beine trugen, zu dem Weizenhäuflein zurücklief, um auch noch die anderen Körner einzuheimsen. Aber es war alles weg, nicht ein einziges Körnlein lag mehr an der Stelle, wo er den Schatz gefunden hatte.

422.
Das Pelzweibl

Im Aisidl, einem Wald bei Drosendorf im Norden Niederösterreichs, ist das Pelzweibl zu Hause. Es ist klein und hat seinen Namen von seinem Überkleid, das es im Sommer und im Winter anhat. Das Volk erzählt, das Pelzweibl sei ein böser Geist, der die Leute in das Verderben locke.

Einmal ging ein Mann aus Drosendorf in der Nacht aus einem Nachbarorte nach Hause. Als er noch etwa eine Viertelstunde Weges von Drosendorf entfernt war, kam das Pelzweibl zu ihm und lockte ihn fortwährend, indem es sagte: „Geh mit, geh mit!" Der Mann erwiderte kein Wort und ging weiter, bis er zu einer Kapelle kam, die am Wege stand. Hier drehte er sich plötzlich um und gab dem Pelzweibl mit einem Knüttel mehrere tüchtige Hiebe auf den Kopf und sprang dann schnell durch die offene Tür hinein. In die Kapelle traute sich aber das Pelzweibl doch nicht hinein, und darum blieb es draußen und sagte nur: „Es ist dein Glück, daß du in die Kapelle hinein bist, sonst hättest du mir gehört!" und darauf verschwand es.

423.
Die Lichtmandln

Im Süden der Saualpe in Kärnten und von da gegen das Glantal zu hört man allerlei von den Lichtmandln erzählen. Sie fliegen bei Nacht blitzschnell um die Felder herum, und dabei sieht man von ihnen nichts als die helle linke Hand samt den fünf Fingern, die stark leuchten.

Einmal sah ein Bauer auf dem Diexerfelde, südöstlich von Hohenfeistritz, ein solches Mandl hin und her irren. Er blieb stehen und beobachtete es. Da kam es auf ihn zu und sagte: „Setz ich den Markstein dorthin, so ist es nicht recht, und setz ich ihn daher, so ist es auch nicht recht. Wo setze ich ihn also hin?" Der Bauer antwortete: „Setz ihn dorthin, von wo du ihn genommen hast!" Da bedankte sich das Mandl für den Rat und sagte, es habe schon hundert Jahre darauf gewartet, dann verschwand es.

Einem Burschen aus Göseling, östlich von Launsdorf am linken Ufer der Gurk, begegnete um Mitternacht ein Lichtmandl. Als er es so vor sich leuchten sah, sagte er: „He, Klaner, laß mir an deiner Fackel den Toback anfeuern!" Das Lichtmandl ließ es geschehen, aber kaum brannte das Kraut, so bekam er eine solche Maulschelle, daß ihm von den Fingern des Lichtmandls im Gesicht ein Feuermal zurückblieb, das er zeitlebens nicht mehr wegbringen konnte.

424.
Der Kaputzer

Im Gebirge Salzburgs, im Tal der Gasteiner Ache und um Rauris, haust ein Bergkobold, den nennen die Bergknappen Kaputzer, und sie fürchten ihn sehr; andere nennen ihn auch den kleinen Butz. Wer dort den Kaputzer noch nicht gesehen hat, glaubt doch, er habe ihn schon gehört. Sein Ton ist es, wenn die Gletscher krachen und die Steine mit Geräusch zerspringen. Dann tun sich reiche Erzgänge in der Nähe auf. Es wird für ein Glück gehalten, das Huschen des Geistes zu hören, nur darf kein Knappe fluchen oder lästern, sonst rächt es der Geist ganz fühlbar. Doch sonst ist der Kaputzer gutmütig und frommen Knappen gar günstig gesinnt;

bisweilen neckt er sie auch, aber ohne ihnen zu schaden.

Einst ging ein Knappe über den Hügel nahe vom Goldberg hin. Der hatte einen Laib Brot an einer Schnur hängen und trug ihn auf der Schulter. Da kam der Kaputzer wie ein Windstoß daher und entführte ihm das Brot. Ein anderes Mal ging derselbe Knappe wieder dort und trug zwei Brotlaibe, und wieder entriß ihm der neckende Berggeist einen Laib und rollte ihn bergabwärts. Da warf der Knappe den andern Laib hinterdrein und rief: „Hast du den einen, so nimm auch den andern!" Seitdem heißt dieser Hügel der Brotschnagel. Der Knappe wurde aber darauf ein glücklicher Finder von Erzlagern und kam zu großen Reichtümern. Der Kaputzer blieb ihm hold.

425.
Der Grüneckensee

Hoch über dem Tauerntunnel bei Mallnitz in Kärnten liegt am Ostabhang der Gamskarspitze der kleine Grüneckensee. Er ist ganz dunkelgrün, und wenn die Sonne hineinleuchtet, so schillert das Wasser, und deswegen sagt auch das Volk, daß am Grunde des Sees viel Gold liegt.

Da war einmal ein Hirt oben am See mit seinen Ochsen. Zwei davon waren immer ganz mager, die andern aber dick und fett. Und in der Früh, wenn der Hirt die Ochsen gesehen hat, waren die zwei immer naß. Der Hirt hat sich darüber entsetzt und auch der Bauer, und sie haben immer gedacht, was denn das sein kann, daß die zwei Ochsen nicht anders werden. Einmal hat der Hirt aufgepaßt und hat bis Mitternacht gewartet; aber es war nichts. Das zweite Mal hat er dann bis zwei Uhr gewartet, aber da war auch nichts, und in der Früh waren die zwei wieder naß. Das dritte Mal war er die ganze Nacht auf, und da ist das Bergmandl gekommen und hat die Ochsen weggetrieben. Da hat er das Mandl angerufen und hat gefragt, was es denn mit den Ochsen macht. Darauf sagt ihm das Bergmandl, er soll sie ihm nur noch einmal lassen, er werde gut belohnt dafür, und es hat auch noch gesagt, was auf den Hörnern ist, das gehört dem Bauer, und was auf dem Schwanz ist, das gehört ihm. Dann sind die Ochsen wieder zurückgekommen.

Auf den Hörnern haben sie Goldklumpen gehabt und auf dem Schwanze auch. Von da an sind sie Tag für Tag besser (fetter) geworden.

Das Mandl, so heißt es, soll das Gold aus dem Berg heraus in den See geführt haben, weil es so viel geneckt und verfolgt worden ist. Zu dem, der es vertrieben hat, soll es gesagt haben: „Ich nichts und du nichts!"

426.
Entstehung des Lavanttales

Zu der Zeit, als das Lavanttal noch ein See war, gab es schon viele Erzgruben in den Ufergegenden, und von da brachten viele Bergleute das Eisen ans Tageslicht.

In der Tiefe hausten aber Gnomen und Bergmännlein, die waren den Erzsuchern feind, und wo sie nur konnten, verwehrten sie ihnen den Eingang.

Einmal arbeiteten mehrere Bergleute in einer Grube, da fielen die Berggeister über sie her, und es entstand ein hitziger Kampf.

Die Gnomen konnten aber von ihren übernatürlichen Kräften Gebrauch machen, und es gelang ihnen, die mutigen Knappen zu vertreiben. Die aber hatten einen Gnomen gefangengenommen und schleppten ihn mit sich.

Er wurde an einen sicheren Ort gebracht, und jetzt hatten die Bergleute lange Jahre vor den Bergmännlein Ruhe. Die hüteten sich wohl, die anderen zu reizen, solange sie einen von ihrer Schar in den Händen hatten.

Der Gefangene sehnte sich aber zurück in seine unterirdische Heimat, in ihre wunderbaren Klüfte und Gänge, wo er mit seinen Brüdern zusammenlebte, und er bat die Bergleute oft, sie möchten ihn freilassen. Er wollte sich gerne loskaufen und versprach, er werde ihnen viel Erz schenken, ja sogar einen Teil seines Reiches werde er ihnen überlassen; denn er sei ein reicher Berggeist, einer von den Fürsten unter den Gnomen.

Aber all sein Bitten war vergebens; er lag dreißig Jahre lang, ja darüber noch, auf der Oberwelt gefangen.

Da kamen nach und nach andere Bergknappen, weil die alten

weggestorben waren, und jetzt bat der Gnom aufs neue um seine Freiheit.

Er versprach den Bergleuten ein großes, schönes Stück Land, so groß wie der See, an dem sie wohnten, und schwur ihnen mit einem Eid, daß er sein Wort halten werde. Sie waren damit zufrieden und entließen ihn aus der Gefangenschaft.

Der Gnom hielt Wort. Es dauerte nicht lange, so sahen die Bergleute auf der Wasserfläche kleine Wirbel, wie sie entstehen, wenn unterirdisch das Wasser abfließt. Auch wurde das Wasser von Tag zu Tag weniger, endlich verlief sich der See in die unterirdischen Höhlen, wo ihm die Gnomen einen Ausweg geöffnet hatten.

Als endlich alles Wasser weg war, da war an seiner Stelle ein schönes Tal da, und mittendurch floß ein klares Wasser, das von den Bergen herabkam. Die Knappen nahmen das Tal in Besitz und bebauten es aufs beste, so daß es bald das fruchtbarste im ganzen Lande war.

Später entstanden rings im Umkreise schöne Burgen und Dörfer, und ganz im Süden des Tales, gegen die Drau zu, wurde ein großes Stift gegründet; das wurde St. Paul genannt.

So hat das Lavanttal von einem Geschenk des Gnomenfürsten seinen Ursprung genommen.

427.
Die Salkweiber

Im Rosentale in Kärnten, besonders in der Umgebung von Rosegg, lebten einst viele Salkweiber (Bergfrauen). Sie hatten mißgestaltete Füße, hielten sich am Ufer der Drau auf und lebten von Fischen. Sie galten als menschenscheu, wenn sie aber zufällig mit einem Menschen zusammenkamen, so standen sie ihm mit Rat und Tat bei.

Einmal ging ein Bauer aus der dortigen Gegend im Winter nach Hause. Da rief ihm von den Felsen am andern Ufer der Drau eine Stimme zu: „Bauer, sä' Bohnen!" Er war gerade gut aufgelegt, und so tat er, wie ihm geheißen wurde, und säte ein ganzes Schaff Bohnen auf den Schnee. Als er am nächsten Tage an derselben Stelle vorüberkam, sah er hochaufgewachsene grüne Ranken; doch fand er nirgends eine Schote daran.

Als er so in Gedanken dastand, hörte er wieder dieselbe Stimme wie am Tage vorher, und sie rief ihm zu, er solle die Schweine aus dem Stall lassen. Der Bauer tat es, und die Tiere fielen über das grüne Futter her und ließen es sich gut schmecken. Jetzt sah sich der Mann die Stengel näher an und fand, daß sie mit Früchten dicht gefüllt waren. Schnell erntete er die Bohnen ein, und von diesem Tage an blieb er den Salkweibern dankbar sein Leben lang.